U0519751

中华文明传播史研究丛刊

东亚汉籍与汉文学论集
初编

刘玉才 ◎ 主编

商务印书馆
The Commercial Press

图书在版编目(CIP)数据

东亚汉籍与汉文学论集. 初编 / 刘玉才主编. —北京：商务印书馆，2023
（中华文明传播史研究丛刊）
ISBN 978-7-100-22403-1

Ⅰ.①东… Ⅱ.①刘… Ⅲ.①汉语—古籍研究—东亚—国际学术会议—文集②汉语—文学史—东亚—国际学术会议—文集 Ⅳ.①G256.23-53②I310.09-53

中国国家版本馆CIP数据核字（2023）第075093号

权利保留，侵权必究。

（中华文明传播史研究丛刊）
东亚汉籍与汉文学论集 初编
刘玉才 主编

商 务 印 书 馆 出 版
（北京王府井大街36号　邮政编码 100710）
商 务 印 书 馆 发 行
北京富诚彩色印刷有限公司印刷
ISBN 978-7-100-22403-1

2023年9月第1版　　开本 787×1092　1/16
2023年9月第1次印刷　印张 31 1/4
定价：198.00元

《中华文明传播史研究丛刊》
编委会

甲编　第二种

主　任　袁行霈
委　员　程郁缀　顾　青　荣新江　刘玉才
　　　　潘建国　张　剑　党宝海　程苏东

目 录

韓朋溯源
　——關於吳氏藏韓朋畫像石 ………………… 黑田彰 撰　孫彬 譯　1
从日本伎乐的戏剧因素看南朝乐府的表演功能 ……………… 葛晓音　113
《周易》在日本的传播与影响
　——以日本记纪神话的影响研究为中心 …………………… 占才成　131
庆应义塾图书馆藏《论语疏》
　卷六的文献价值 ……………………… 住吉朋彦 撰　陈捷 译　145
庆应义塾图书馆藏《论语疏》卷六的文献价值
　——通过校勘发现的特征 …………………………… 种村和史　161
存唐旧貌：延文旧抄本《毛诗郑笺》
　抄传经纬考略 ……………………………………………… 陈　翀　176
日本金刚寺建治写本白居易《文集抄》校议 ………………… 刘玉才　195
中国古代典籍的流传、重组、变异
　——以空海《秘密漫荼罗教付法传》为中心 …………… 河野贵美子　203

作为日本古代汉籍接受形态的"取意略抄"
　　——日本国立历史民俗博物馆所藏反町茂雄旧藏典籍
古文书《贞观政要一节》的简介 ·············· 高田宗平 撰　刘青 译　222
中世日本的"坡诗讲谈师"与"东坡诗抄物" ············ 王连旺　232
中日韩曾巩研究管窥 ··· 张　剑　260
赴日使节与日本文人之间的诗文交往
　　——以渤海国与琉球国之使节为例 ················ 绀野达也　278
从古文书看汉籍在琉球的流传与再生 ·········· 王小盾　吴云燕　290
明清以来书目文献在日本之传藏 ······················ 林振岳　314
明代公案小说的文本抽毁与东亚流播
　　——以余象斗《皇明诸司廉明奇判公案》为例 ·········· 潘建国　327
讽寓阐释的异域回响
　　——江户时代《古诗十九首》日本注本考论 ············ 卞东波　351
服部南郭对杜甫诗的接受路径 ···················· 严　明　陈　阳　374
关于岳飞"文艺"在日本演变的初步调查 ·············· 松浦智子　399
舶载小说的重新发现：
　　从江户到大正的"三言二拍"学术史 ················ 周健强　425
古城贞吉及其对《楚辞》的收藏与研究 ·················· 郑　幸　449
近代日本的《庄子》译注
　　——以福永光司、金谷治、兴膳宏的译注本为中心 ········ 李　庆　466
后　记 ·· 492

韓朋溯源[*]

——關於吳氏藏韓朋畫像石

黑田彰 撰　　　　　孫彬 譯
（日本佛教大學）　（清華大學外國語言文學系）

題　記

敦煌出土的變文《韓朋賦》與日本的《曾我物語》之間有着深刻的聯繫，而這一點早在昭和三十五年（1960）就曾被早川光三郎所指出，後來亦有部分相關研究的進展，然而，變文《韓朋賦》與日本軍記物語之間的關係方面却仍存在謎團。但進入21世紀之後，關於韓朋傳說的研究環境出現了巨大的變化：世紀交替以來，西漢漢簡、配有榜題（題記）的畫像鏡以及畫像石等資料交替出現；關於《北户録》《崔龜圖注》的最新研究亦表明，變文《韓朋賦》中所述説的韓朋故事不僅停留於敦煌，甚至傳播到中國各地。

本論文立足於上述文學領域的最新研究成果，在對新出的吳氏藏韓朋畫像石圖像進行解説的同時，以時間軸的形式將中日韓朋傳説的傳播過程加以呈現，并以逆向回溯的方式探求韓朋傳説在漢代以前的原始樣態，試圖釐清變文《韓朋賦》與日本文學之間長期以來千絲萬縷的關聯。因篇幅較長，論文原分爲上、下兩篇，上篇日文版已發表於日本《京都語

---

[*] 本文是爲北京大學國際漢學家研修基地"中華文明傳播史"系列工作坊之"東亞漢籍傳播研究"國際研討會撰寫，亦是深圳金石藝術博物館所發起的"北朝文化研究事業"的成果之一。爲反映文獻原貌，更準確地表述筆者的觀點，本文行文採用繁體。

文》第28期（2020年11月），下篇日文版發表於日本《佛教大學文學部論集》第105期（2021年3月），敬請參考。

一、變文《韓朋賦》與《曾我物語》《朗詠注》

最近，我有幸看到了深圳吳强華先生所藏的東漢時代極爲珍貴的畫像石上的兩幅圖像。這兩幅圖像應該是由原本安放於祠堂兩側的畫像石中的一面斷裂後的正反兩面，其珍貴之處在於，共由四層畫像所構成的第三層畫像中繪有極爲珍貴的韓朋圖。如果加上該吳氏藏畫像石的話，現存韓朋圖已有二十例之多。應吳先生之邀，我對該吳氏藏韓朋畫像石進行考察，并對其內容進行解説。韓朋圖的背後存在中日兩國從古代以來的韓朋傳説的發展與傳播軌迹，其載體則是以文學、幼學（注釋、唱導）的形式來實現的，其傳播與發展不僅範圍很廣，而且在深度上亦少見與其比肩者。本論文通過對中日兩國韓朋故事的發展與傳播進行全面考察，分析韓朋故事形成的主要節點，并對吳氏藏韓朋畫像石進行深入分析與考察。敦煌出土的變文《韓朋賦》所記載的韓朋故事之梗概，如下所示（借用西川幸宏所概括的内容[①]）：

古代有位賢士，名叫韓朋，獨自一人贍養老母。韓朋有出仕爲官的志向，擔心母親無人照看，於是娶了名爲貞夫的女子爲妻。其後韓朋出仕宋國，三年未歸。其妻貞夫修書給韓朋，書信雖然寄到韓朋處，但由於其疏忽掉落在皇宫殿前。宋王看到書信，愛其文采，臣下中有名叫梁伯之人自告奮勇要前去韓朋家中帶貞夫來見宋王。梁伯來到韓朋家中，果真將貞夫帶到宋王殿前，宋王愛其貌美，將貞夫奉爲皇后。而貞夫却由於思念韓朋而病倒，由於貞夫悶悶不樂，宋王向臣下尋求讓貞夫擺脱此種狀態的方法。梁伯進言道：如果將年輕英俊的韓朋貶爲奴隸之身的話，貞夫對其就會變心，而傾心於宋王。於是，宋王采納梁伯之言，將韓朋貶爲奴隸，命其修築清陵臺。其後，貞夫請旨前往清陵臺見到正在

[①] 西川幸宏《「韓朋賦」の性格をめぐって》，《待兼山論叢》2007年41期，第36—37頁。

喂馬的韓朋，貞夫問韓朋説：你爲什麼不向宋王復仇呢？韓朋回答説：你是否已經變心，傾心於宋王了呢？聽到上述回答，貞夫寫了一封血書，用弓箭發送給韓朋。韓朋讀了血書之後，自行了斷身亡，於是貞夫向宋王請旨前往韓朋之墓憑吊。貞夫提前使衣料腐爛，然後穿着這樣的衣服投身跳入韓朋墓穴之中。這樣，即便侍從試圖抓住貞夫，然而由於衣料腐爛無法拉住貞夫。其後，宋王遣人檢查墓穴，却沒有發現貞夫的遺骸，只是發現了青白兩塊石子，宋王命人將青白二石分別埋於東西兩側，於是從東側長出桂樹，西側長出梧桐樹，兩樹上面枝葉纏繞，下面盤根交錯，并從兩樹之間湧出泉水。宋王命人砍伐二樹，則從樹幹處流出血水，二樹殘片化爲兩隻鴛鴦，飛走之時落下一片羽毛，宋王用羽毛拂拭身體，拂拭之處的肌膚光潔靚麗。因此宋王用羽毛拂拭頭部，則宋王人頭落地。其後三年不到，宋國滅亡，梁伯父子亦流放邊遠之鄉。這正是行善之人有福，作惡之人招災。

　　上述韓朋故事在中日兩國間有着深遠的聯繫及獨特的發展與傳播。在考察其故事流傳的深度與廣度之時，暫且將中國與日本的情况分別來看比較方便，這裏首先考察日本的情况。

　　在考察故事（傳説）的傳播之時，可以發現"引用"這一手段所起的作用非常之大。我們需要注意到，作爲被引物，我們經常見得到的事物會在各種契機與方式下被引用出來[①]。在韓朋故事中，作爲後來引用中經常出現的關鍵概念有若干個，其中代表性概念爲"鴛鴦"。而作爲"鴛鴦"的派生詞彙，此外還有"鴛鴦劍羽（思羽）"等詞語。那麼，所謂的"鴛鴦劍羽（思羽）"究竟是何種毛羽呢？又有何種含義呢？接下來，筆者將通過具體文獻來進行解説。假名本《曾我物語》第五卷中有對"貞女故事"的引用，該故事中有"鴛鴦劍羽之事"的記載，原文如下（真名本中欠缺這一部分描述）：

[①] 關於其具體用例，請參照黑田彰《中世説話の文学史の環境》，和泉書院，1987年，Ⅱ二2。

又貞女不事二夫。大國有王名師具宗，有臣下名爲漢白。某日，漢白掉落繫在辮髮上的書信一封。王見後問是何書信，漢白對曰：臣仕官無暇，多日未歸，妻擔心而修書於我。王愈奇之，宣旨欲覽書信，漢白無法違背王命，只能從之。王閱後宣旨召見修書之人，漢白只得從命，呼妻見王。王見之，強留之。漢白心急如焚，無可奈何。其妻每日憂傷，思念夫君。王異之，召關白良白問策。良白對曰，將漢白致殘，其妻見之，定將移情。王命人削去漢白之耳鼻，撕裂其口。妻見之，嘆此下場皆由己生，愈發憂鬱。王再召關白問策，對曰殺之，王因殺漢白沉於深淵。妻聞之，思漢白之情稍減，求見沉夫之淵，王見其思念之情減，喜之，偕公卿大臣前往深淵處管弦遊樂。妻靜佇水旁，片刻躍入淵中身死。王與衆人皆驚，無望而返。未幾，淵中出二紅石，相擁纏抱，人皆異之，謂漢白夫婦重生。王聞之，音容難忘，又偕官衆行幸其淵。御覽之，果如人言，下有二石，石上盤旋鴛鴦一對，鴛鴦衾下二鳥相熱而戲。王疑之爲二人之精所變而細觀之，此鴛鴦振翅而起，以思羽（翎羽）斬斷王首，飛入深淵匿其蹤影。此謂"思羽"又稱"劍羽"之由。所謂貞女不事二夫，乃此女之事。（岩波書店《日本古典文學大系》）

關於該故事在《曾我物語》中的引用，有些情節需要説明。《曾我物語》中男主人公五郎時致與化妝坂的遊君相戀，其情敵爲梶原景季。在與遊君共度良宵的翌日，五郎即將迎來在富士野的復仇行動。然而，却在片瀨旅宿中遇見了情敵景季。景季要與五郎決鬥，五郎由於復仇行動在即，不能應戰，被景季追趕至平塚旅宿，景季没能追到五郎，只好嘲笑其膽小而後離去。後來，遊君由於思念五郎，出家并去各地遊歷，後來拜訪了曾爲十郎祐成戀人的大磯之虎，成就了往生之夙願。上述《曾我物語》故事中之所以引用"貞女故事"，其原因在於該故事開頭部分的a"貞女不事二夫"，《韓朋賦》原文中女主人公貞夫自殺前亦説過此話，《史記》等文獻中亦有此説法。引人注目的是，這一説法或故事中所隱藏的深刻含義，那就是——身體屬於誰？心屬於誰？——這一無論古今中外羅曼史中永恒的話題。例如，特里斯坦與伊索爾德的故事就是這一問題。此外，b"鴛鴦劍羽"或"思羽"的含義在上述故事中有很好地説明（後面將詳細闡述是何種毛羽）。從上述可知，"貞女故事"與《韓朋賦》之間有着密切的關聯，這可謂一目了然。

然而，問題是"貞女故事"的出典，除《韓朋賦》以外，完全找不到其他資料①（同類資料有《搜神記》卷十一的韓憑故事，但其内容與"貞女故事"完全不同）。然而，三十年前，在我查找幼學四部書籍之一的《和漢朗詠集》注釋之時，曾在《國會本朗詠注》中看到韓朋（伯）故事，非常驚訝②。該故事收録於《國會本朗詠注》下卷"雜""戀"中的"貞女峽空"（源爲憲）注中，原文如下：

貞女者，貞女峽，太唐明月峽云。於巴峽有三。一、巫山峽，二、巴東峽，三、西河峽也。而第二巴東峽乃猿之名所也。此巴峽，亦稱明月峽。明月峽又云貞女峽，緣故如下。太唐簫宗皇帝時，有名爲韓伯者，其妻甚美。簫宗皇帝聞之，奪其妻爲后。妻思韓伯，不事君王。簫宗以妻思韓伯貌美而不仕君王，因召韓伯，削其耳鼻，剥其面皮。韓朋耻之，行彼明月峽，投峽身死。后聞此事，愈泣而嘆之，伺機出宫而行，投身於韓朋身死之明月峽。其時，人形合抱之石現於峽水，即化爲鴛鴦。因貞女不嫁二夫，名之爲貞女峽。

該注與上述《曾我物語》之間有緊密關聯，僅從人名的發音上即可明確，例如：該注中的"韓伯"，在《曾我物語》中稱爲"漢白"，日語發音均爲"かんはく"；此外，主人公仇敵的名稱在該注中爲"簫宗"，在《曾我物語》中稱爲"師具宗"，日語發音均爲"しそう"。《國會本朗詠注》屬於見聞系《朗詠注》體系，從見聞系《朗詠注》中派生的"書陵部本系"（玄惠注）中亦有該注故事的簡略版，因此，需要留意的是，

---

① 早川光三郎《変文に繋がる日本所伝中国説話》，《東京支那學報》1960年6期。
② 黑田彰《中世説話の文学史的環境　続》，和泉書院，1995年，Ⅱ四2。

從屬於國會本的見聞系《朗詠集》的創作可上溯到平安時代這一情況[①]。

基本可以斷言，《國會本朗詠注》是《曾我物語》的出典。但有一點存疑，即《曾我物語》中的 b "鴛鴦劍羽"（鴛鴦用劍羽斬斷王之首級）的情節在《國會本朗詠注》中完全找不到。當時，我認爲這有可能是國會本中情節脫落的結果。然而，其後不久這一疑問就得到了印證，那是在讀了鈴木元所著有關連歌學的著作中關於《匠材集》中的"鴛鴦劍羽"的注釋之後[②]。《匠材集》中的原文如下：

鴛のつるきは
むかし思羽と云羽にて、王の首を切事有。それより
の名なり。漢白靈の事なり（古活字本）

譯文：

鴛鴦劍羽
古有思羽和云羽，斬王之首之事。其名
由此而來。乃漢白靈之事（古活字本）

從《匠材集》中男主人公的名字叫"漢白"（國會本中叫"韓伯"）這一點來看，好像《匠材集》是以《曾我物語》爲出典的。其實，見聞系《朗詠注》所派生出來的"書陵部本系"亦將男主人公名字寫爲"漢白"（順帶提一下，其仇敵的名字爲"唐蕭宗"）。可以認爲，主人公名字由原來的"韓朋"被以訛傳訛地寫作"韓伯""漢白"等情況，是早在見聞系《朗詠注》之中就出現了的，《匠材集》不過是這一過程的投射而已。因此，在這個意義上，鈴木認爲"從《匠材集》這一資料的特點來看，很難想象《曾我物語》是其直接的出典依據"，這一説法值得首肯[③]。

[①] 關於《朗詠注》各版本系統，請參照前揭拙著《中世説話の文学史的環境》Ⅳ四。上述版本還收錄於伊藤正義、三木雅博編《和漢朗詠集古注釈集成》一～三，大學堂書店，1989—1997年。
[②] 鈴木元《室町の歌学と連歌》，新典社，1997年，緒言Ⅱ。
[③] 鈴木元《室町の歌学と連歌》，第11頁。

鴛鴦劍羽很早就作爲"歌語"在和歌中使用，例如《拾遺集》第325和歌中就有"別るゝをおしとぞ思つる木はの身をよりくだく心地のみして"（中文譯作"思我惜別心，仿若鴛劍羽，痛斬凌亂身"，摘自《新編國歌大觀》）。由於其中包含的搶奪人妻、男女主人公的死亡、報仇與斬首等過激情節，因此被歌人們所忌諱，從歌語史來看，此後這一歌語再無流傳。然而，出人意料的是，這一歌語卻在連歌界得到了流傳，這一點亦是文學史中應該注意的地方。

從鈴木發現《匠材集》開始，其後韓朋傳説資料得到了很大的充實，再加之中國方面的研究，其研究資料的充實度令我們驚訝[1]。能夠確證見聞系《朗詠注》原有一條鴛鴦劍羽故事的記載，島原松平文庫藏《古事談拔書》（室町中期文安四年［1447］）中"廿五貞女峽事"則是其重要資料。其原文翻譯如下[2]（摘自《島原松平文庫藏古事談拔書之研究》）：

貞女峽空唯月色 窈窕堤舊獨波聲云云

貞女峽云，昔，男有好妻。國王殺其男，取其妻爲女御。然而，此女戀本夫，求見夫死之所，國王許之。女向峽頭投身而死。其後，此池出鳥一雙，今鴛鴦是也，其貌端嚴。諸人集而見之。國王聞之，行幸其所御覽之，其間，雄鳥飛起，持劍羽斬王首。其後，稱其劍羽也。鴛鴦乃此夫妻所成也。云云。

上述文本並不存在於《古事談》原書之中，而是《古事談拔書》於

---

[1] 下述文章可作爲參考：渡瀬淳子《仮名本『曽我物語』巻五「貞女が事」の典拠——「韓朋賦」をめぐって》，《早稻田大學教育學部學術研究》（國語・國文學編）2008年第56期；渡瀬淳子《仮名本『曽我物語』をとりまくもの——連歌・注釈・お伽草子》《韓憑故事の受容と変容》（收録於渡瀬淳子《室町の知的基盤と言説形成——仮名本『曽我物語』とその周辺》，勉誠出版，2016年，一部2、三部3）；豐田幸惠《鴛鴦説話——『韓朋賦』と『曽我物語』》，《奈良教育大學國文》1994年第17期；和田和子《敦煌本「韓朋賦」と「語り」の時空》，《御茶水女子大學中國文學會報》2017年第36期；和田和子《韓朋説話と悲恋の表象》，《御茶水女子大學中國文學會報》2019年第38期。
[2] 《古事談拔書》中的原文摘自池上洵一《島原松平文庫藏古事談拔書の研究》，和泉書院，1988年。

他處的引用。而上述文本在開頭之處對《和漢朗詠集》"雜""戀"中源爲憲詩句的引用，則表明其爲對《朗詠注》的引用。值得注意的是，《曾我物語》中有b"鴛鴦劍羽"故事的記載，可看作是《朗詠注》自身原本記錄有鴛鴦劍羽故事的確鑿證據。從目前資料極其稀少的現狀來看，《古事談拔書》中的上述資料的學術價值不可估量[①]。

據推斷創作於鎌倉末期或初期的穗久邇文庫本《女訓抄》二、三中有"てい女、をしのつるき羽の事"（貞女、鴛鴦劍羽之事）的故事[②]，正如其標題所顯示的那樣，其講述的是有關鴛鴦劍羽的故事，譯文如下所示：

某國有女，名貞女，美貌聞名於天下。少時嫁爲人婦，對夫君忠貞不貳。帝王聞其貌美，召而立之爲后。然貞女不爲所動，唯戀己夫，未曾傾心於王。爲獲芳心，王召公卿問策。臣下曰：后不聽王命，因戀其夫。剝其夫面皮，損其容顏，令其行於人前，后見之，定驚而厭之，如此一來，奈何不從王命？王從其議，剝其面皮，令其行於人前，令后見之。山中有深井，名坑，其後將其帶到此井，欲沉之入井。此男曰：容顏至此，無可奈何，切莫執著於我。言畢投身入坑。王因對后曰：事已至此，無復留戀，該當順從於我。貞女曰：今實無奈，既如此，請帶我往夫所沉之井，確認實情。王允之，着人帶貞女至坑井畔。貞女悲慟不已，曰：君因我至此！言畢，投身入井。王得稟奏，命人下井尋找未果。水下現鳥一雙，互相嬉戲。王異之，往而觀之，雄鳥乃男所變，雌鳥乃貞女所變，二鳥齊飛，雄鳥脅下化出利劍，斬王首級。此鳥乃今鴛鴦也。

---

① 有研究認爲《國會本朗詠注》和《玄惠抄》是江注系的，其中包含了從室町末期到近世初期的改編（參見渡瀬淳子〈韓憑故事の受容と変容〉，《室町の知識基盤與傳說的形成——假名本〈曾我物語〉及其周邊》三部3注21以及第259頁），對上述研究，筆者存有異議。從根本上來說，《朗詠江注》中并沒有韓朋傳說的記載，《國會本》中亦不可能有室町末期或近世初期的記載，這一點從文安四年（1447）的手抄本《古事談拔書》中亦能明確。見聞系《朗詠注》中所見的韓朋傳說的創作可以上溯到室町中期。
② 穗久邇文庫本《女訓抄》之原文摘錄於美濃部重克、榊原千鶴編《女訓抄》，《傳承文學資料集成》17，三彌井書店，2003年。

所謂鴛鴦劍羽，乃因此而來。較之他鳥，夫婦情深。所謂貞女不事二夫，乃由此而來。如此忠貞之人，無論何人，豈可輕看。即便男人遠離，亦當長久。切記。

從上述文章主人公名爲"貞女"這點來看（與《曾我物語》相同），其名字很有可能出自"貞女峽"，這說明《女訓抄》與《朗詠注》之間很可能有所關聯。此外，從"山中有深井，名坑"的説法來看，"坑"對於韓朋傳説在日本的傳播方面，是一個不可回避的問題。因爲"坑"是吞没男主人公的場所，亦是女主人公投身而死的場所，同時還是情敵（王）搜尋二人屍骸的場所（其結局是"尋找未果"）。這一場所的設定，只有變文《韓朋賦》中才有，《韓朋賦》原文中爲"壙（曠）"。"壙"指的是墓穴，在《聚類名義抄》中有"壙……墓穴"的説法。其原文如下（摘自《敦煌變文集》上）：

（宋王）輒百丈之曠(掘)，三公葬之禮也……（貞夫）臨曠(壙)喚君……天下大雨，水流曠(壙)中……宋王即遣人掘之。不見貞夫。

上述場所——壙，除了在變文《韓朋賦》中出現過，還在段公路所撰《北户錄》（該書有可能引用了變文《韓朋賦》）第三卷"相思子蔓"的崔龜圖注所引《無名詩集》中出現過，其原文爲"始得壙空。不見韓朋貞夫"。此外，同樣被看作變文系的敦煌本注《千字文》的S5471的"女慕貞潔"中有非常珍貴的關於"廣（壙）"的唯一記載"——（貞夫）投朋廣而死"，這裏的"廣"應爲"壙"，"朋廣"就是韓朋投身而死之墓穴的意思。而這一場所在《女訓抄》中則音讀爲"かう"，其旁邊的"坑"字爲校訂者所注漢字，亦可注爲"壙"，這亦可證明變文系韓朋傳説在日本的傳播很廣。

此外，《女訓抄》亦可看作是基於見聞系《朗詠集》而作，現僅存國會本一例資料，其内容呈現出與變文非常相近的可能性。這一點從《女訓抄》中可以看出。

在傳説故事集中，受《朗詠注》顯著影響的韓朋故事還有以下資料。那就是《平假名本三國傳記》卷二中第11條"貞女之事"的前半部分。首先，引用卷二第11條全文如下①：

貞女之事

唐肅宗皇帝時期，有臣下名爲韓白，仕於朝廷，久未歸家。其婦修書，訴思慕之情。帝聞之，召見其妻。見其美貌舉世無雙，大喜，納入後宮。然婦戀韓白，悲而泣不止。爲斷其婦思戀，帝命人削去韓白耳鼻，使婦得見（其醜態）。然婦不改其思戀，哀嘆不已，帝怒，遂殺韓白。婦聞之，潛出宮外而至淵，投身而死，其淵稱貞女峽。

宋有名韓憑者，其妻貌美。宋康王奪其妻爲宮女。然此女不從。王怒曰，天下女子皆喜入宮，奈何汝之不願。女對曰，狐貉成雙，不羡神龍；魚鱉入水，不住高臺；烏鵲歸巢，不羡鳳凰；庶人之妻，不戀宋王。其後懸梁自盡，夫韓憑聞之，亦自殺身亡。後二人分葬於二墓，墓上一夜生出樹木，世人訝異，樹根各異，樹梢相連。宋人稱其爲相思樹。是爲連理枝之謂也。

《三國傳記》爲室町時期沙彌玄棟所撰，爲傳説文學史掉尾之巨著，共十二卷360篇，通篇由漢字和片假名所寫，具有濃重的漢文語感。《平假名本三國傳記》則是在此基礎上，將其改編爲十五卷303篇。在文字表達上，則采用淺顯易懂的平假名，各篇均有改編痕迹②。上述傳説是基於《三國傳記》卷一第26篇"宋韓憑妻事（并）相思木(樹)事"（引自刊本目録，括號中標注爲國會本）而改編，《平假名本三國傳記》的特色是將韓朋傳説的a、b兩篇均收録其中。雖然大體內容相同，但是在一則傳説故事中能夠將兩篇內容一起收録是非常少見的。首先，後半部分b篇

---

① 《平假名本三國傳記》原文摘自黑田彰、谷口博子編《黒田彰藏平仮名本三国伝記》（翻刻篇），《幼学の研究》2017年第1期。
② 關於《平假名本三國傳記》，請參照前揭《黒田彰藏平仮名本三国伝記》（影印篇）的解題部分。

是基於《三國傳記》卷一第26篇改編而成，而前半部分a篇則是《平假名本三國傳記》新增的內容，這一點值得深思。這就意味着，《平假名本三國傳記》的編纂者對《三國傳記》中原有的b篇并不滿足，因而增加了a篇。這一點，爲我們考察《平假名本三國傳記》的改編動機提供了重要信息。

另一方面，《平假名本三國傳記》中的a篇可以看作是基於見聞系《朗詠集》所作，這一點從"唐肅宗皇帝""韓白"等人名上即可看出，這亦可以說明從《平假名本三國傳記》的創作上能看出《朗詠注》對傳說文學的影響。《三國傳記》原書深受位列四部古書之一的《和漢朗詠集和談抄》以及繼承了四部古書并成爲三注之一的《胡曾詩玄惠抄》的影響，并對諸多因素加以吸收保留，關於這一點，筆者曾有過論述①。此外，《三國傳記》卷八第7篇"父母恩德深重事"傳說與《父母恩重經變》之間，卷九第1篇"目連尊者救母事"傳說與《目連變》等敦煌俗講或變文之間有着密切的聯繫，關於這點，筆者亦曾作過考察②。此外，關於其與幼學或變文之間的關係，亦已考察到《平假名本三國傳記》的階段。關於《平假名本三國傳記》中所出現的b篇傳說，請見後述。

二、《將門記》與《海道記》

對韓朋傳說進行引用的日本最古文獻應該是《將門記》。《將門記》是記錄承平天慶之亂時的平將門之亂（935—940）始末之書，全書採用漢文體（變體漢文）進行叙述，是軍記物語源流作品。從卷末的"天慶三年六月中記文"來看，戰亂結束（平將門是在天慶三年［940］二月十四日被討伐的）不久，此書就開始進行創作了。根據《將門記》中的叙述，承平七年（937）八月十九日，平將門的伯父平良兼活捉平將門的妻子（平將門的妻子是平良兼的女兒），并於翌日將其帶往上總國，其妻在其弟弟密探幫助下，於九月十日逃回平將門處，《將門記》中生

---

① 請參照《中世說話の文学史的環境》，Ⅰ三2、3以及Ⅰ三1。
② 請參照《中世說話の文学史的環境》，Ⅰ三4以及Ⅰ三5。

動地描寫了其妻與丈夫生離死別時的心情。《將門記》中記錄如下（摘自《新編日本古典文學全集》41）：

其日，將門令婦乘船靠彼之岸。然敵得探報攔截其船，於七八艘船中共繳物三千餘，妻子皆被生擒，并於二十日押往上總國。將門妻去，獨留此地，憤懣之情不可盡數，其身雖生，其魂如死。<u>妻則憤慨不已，旅宿難眠。妾恒存貞婦之心，欲與韓朋共赴生死</u>。夫則如漢王欲往楊家，尋妻不得。謀略之間，數旬相隔，尚相懷戀，相逢無期。然妾舍弟相謀，竊於九月十日使返豐田郡，既背同氣，返歸夫家。譬若遼東之女隨夫討伐父國，將門之妻叛父，歸逃夫家。

上文中下劃綫部分"妾恒存貞婦之心，欲與韓朋共赴生死"則是借韓朋傳說故事，表達了平將門的妻子與丈夫生離死別的悲憤之情。上述《將門記》底本爲真福寺本（承德三年［1099］寫），此外，《將門記》文本還有楊守敬本（平安中期寫，比真福寺本早）、《將門略記》諸本。其中《將門略記》中并沒有上述劃綫部分内容，因此，關於上述内容，需要考察真福寺本與楊守敬本之内容。

圖1爲上述下劃綫内容在真福寺本（右）與楊守敬本（左）中的原文①，如僅呈現漢字内容的話，則如下所示：

妾恒存真婦之心，與幹朋欲死（真福寺本）
妾恒存貞婦之心，與幹朋欲死（楊守敬本）

上述兩個版本均將韓朋的"韓"字寫成"幹"字；真福寺本中的"朋"字很像"明"字，可以看作是"朋"字。這樣一來，上述兩個版本的差別就在於如下一處：

真婦（真福寺本）

---

① 圖1摘自《（新裝版）平將門資料集（付藤原純友資料）》，新人物往來社，2002年，第36頁。

貞婦（楊守敬本）

那麼，上述內容對於韓朋傳說在日本的傳播究竟有着何種意義呢？從近期的中日韓朋傳說研究進展來看，關於日本最早的韓朋傳說引用方面出現了令人驚嘆的進展。例如，1979年在敦煌馬圈灣出土而後於1999年由裘錫圭報道而一躍聞名於世的敦煌漢簡496AB[①]，刷新了韓朋傳說在中國研究的狀態。圖2即敦煌漢簡496AB[②]。

敦煌漢簡的製作年代爲西漢後期，裘錫圭將A解讀爲"□書，而召榦倗問之。榦倗對曰，臣取婦二日三夜，去之來遊，三年不歸，婦□□"（B爲"百一十二"），筆者認同其解讀。A與變文《韓朋賦》有着密切

>> 圖1 《將門記》（楊守敬本［左］、真福寺本［右］）

的聯繫，關於這一點，將在後文叙述。A可以上溯到西漢這一時代，是現存韓朋傳說最早的資料，這一點毋庸贅述。在敦煌漢簡中所記載的"榦"字爲"幹"的本字，與《將門記》中的"幹"等字相同；"倗"與"朋"相同（《周禮·秋官》中關於士師"七日爲邦倗"的說法，鄭注爲"故書朋作倗"），與《將門記》中的"朋"一致。也就是說，敦煌漢簡與《將門記》中男主人公（韓朋）的名字雖然寫法不同，但是是相通的，古時爲"幹朋"，後來變化爲現在的"韓朋"（或"韓憑"），并固定下來。

然而，問題是，筆者查遍了韓朋傳說的其他資料，將故事主人公的名字寫作"幹朋"的除了敦煌漢簡，別無其他。而《將門記》中"幹朋"這一寫法，與變文《韓朋賦》中的"韓朋"以及《搜神記》中的"韓憑"

---

① 參見裘錫圭《漢簡中所見韓朋故事的新資料》，《復旦學報》1999年第3期。
② 圖2摘自甘肅省文物考古研究所編《敦煌漢簡》上卷，中華書局，1991年。從全書資料來看，894中的"□出三年比行須□月以□□子……"有與496有所關聯的可能性。

皆不相一致，與此相一致的，只有敦煌漢簡。那麼，這又說明什麼呢？在探討這一問題之前，需要先考察一下女主人公名字的寫法。

在《將門記》中，如前所述，有"妾恒存真婦之心"的説法。這裏的"真婦"與後文的"與韓朋共赴生死"相呼應，可以看作是與主人公"韓朋"相呼應的稱呼，因此應爲女主人公名字。因此，"真婦"這一稱呼不應當作"恒保有貞節之心"之類的語句來處理。舉例來説，在《將門記》關於"真婦"的頭注35中，有"有可能指的是擁有真正的女性所應具有的氣質的夫人"，筆者認爲這種解釋是有問題的。如果給出注釋的話，筆者認爲此句應解釋爲"（平將門的）妻子經常以（韓朋傳説中女主人公）真婦爲榜樣，以其氣概爲己氣概"。而前文曾提及，《將門記》的不同版本中女主人公的名字寫法亦有所不同，真福寺本寫作"真婦"，楊守敬本寫作"貞婦"。從字形上來説，"真"和"貞"比較相似，所以很有可能是其中一個寫錯了。然而，如果問哪一個才是正確的，當下很難對此進行判別。首先，《敦煌漢簡》中只是將其寫

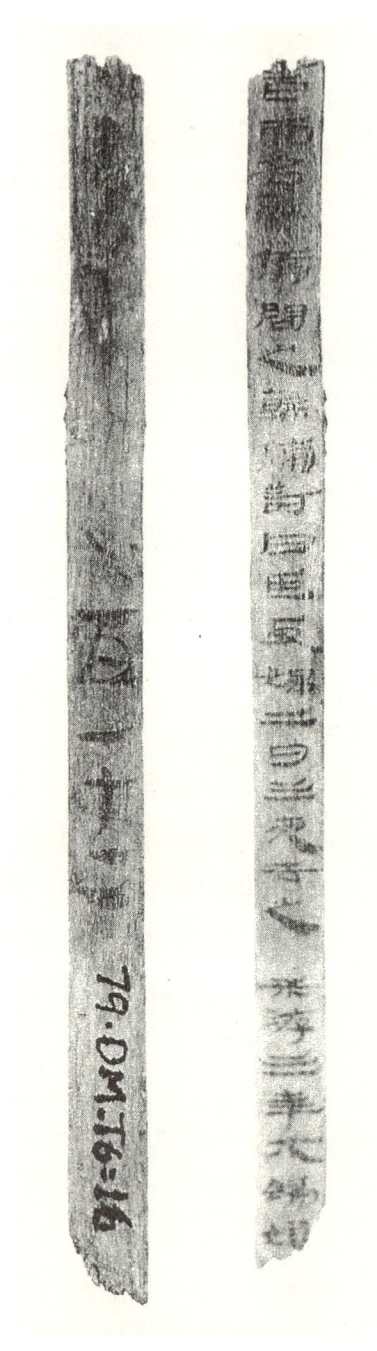

>> 圖2　敦煌漢簡 496A（右）、B（左）

作"婦",而楊守敬本中的"貞婦"則與變文《韓朋賦》中女主人公"貞夫"的名字非常相近;而從婦(fù)與夫(fū)有着相同發音這一點來看,楊守敬本中的"貞婦"看起來是正確的。然而,關於真福寺本中的"真婦",亦有需要考慮的方面。如果從發音上來看,真(zhēn)和貞(zhēn)有着同樣的發音,加之在後文提及的將韓朋傳說圖像化的東漢畫像石女主人公名爲"信夫",該名字由榜題標注,這樣的榜題有兩處(圖版七之12南武陽功曹闕東闕;圖版七之13山東東平石馬莊東漢畫像石)。此外,"貞夫"這一女主人公名字,除變文《韓朋賦》之外,東漢畫像石榜題標注尚有兩例(圖版二浙江省文物考古研究所藏宋王貞夫銘畫像鏡;圖版三孔震氏藏貞夫銘畫像鏡)。也就是說,在東漢之前,女主人公曾有"貞夫"和"信夫"兩個名字,"貞"和"信"在"忠誠"的含義上是相通的("真"亦如此),因此會出現上述使用這兩個字的名字寫法。故而,針對《將門記》中女主人公的名字,不能輕易排斥真福寺本的寫法,而這一問題只能留待將來解決。

關於《將門記》中對於韓朋傳說的引用,在最近圖像學的進展中,尚有一點不明。即《將門記》中所說的"既背同氣,返歸夫家",說的是平將門之妻背棄血緣關係,逃往夫家的情況。如用譜系圖來看的話,則如下所示:

平良兼
|
平將門 ── 妻

上圖表示了平將門之妻的譜系關係。上文的"同氣"指的是親子等血緣關係,這裏表示的是妻子背棄了父親,選擇了丈夫。這一關係在變文《韓朋賦》或《搜神記》中完全得不到解釋,而上述《平將門》中"譬若遼東之女隨夫討伐父國"中引用了其他的傳說故事,可以使之得到合理解釋。另一方面,韓朋傳說在《搜神記》卷十一第294則中是中國戰國時代宋康王時候的故事,而到了晉朝干寶的《搜神記》與唐代的變文

《韓朋賦》之時，則經過了大約六百到一千年以上的時間，而距新出現的西漢後期敦煌漢簡亦有三百年左右的間隔。而這期間韓朋傳說的形成過程尚處於未知領域。在這種情況下，與敦煌漢簡同樣起到給韓朋傳說研究帶來劃時代意義的，是圍繞東漢時期的畫像鏡、畫像石的研究。而此方面的研究成果之一，是以將傳說故事中的男主人公稱爲"孺子"這一榜題爲切入點的研究（圖版一吳氏藏韓朋畫像石；圖版七之12南武陽功曹闕東闕。所謂孺子，指的是孩童）。

然而，在變文《韓朋賦》以及《搜神記》卷十一第294則故事中，完全找不到將主人公的名字稱爲"孺子"的情況。不過，如果探尋韓朋傳說故事中出現的歌謠（韓朋遺失在殿前的書信亦爲其中之一）之傳承軌跡的話，則可以明確的是，通稱爲"烏鵲歌"的二首歌謠中的第一首實際上是從叫做"紫玉歌"的不同歌謠發展而來的（《越絕書》逸文、《搜神記》卷十六第394則。後述）。這一方面說明，"紫玉歌"或者"紫玉傳說"是韓朋傳說形成的淵源之一；另一方面也意味着在韓朋傳說的形成過程中，有各種不同的要素在發揮作用。最有趣的是，主人公紫玉（《越絕書》中爲"幼玉"）所處的地位和狀況。從傳說故事來看，紫玉的戀人是"童子"韓重（《搜神記》卷十六第394則。《越絕書》中則稱爲"書生"。此外，"韓重"與"韓朋"兩個名字之間的重複亦值得注意），紫玉的父親爲吳王夫差。在該傳說故事的設定中，與男主人公韓重相對立的是紫玉的父親。如果用示意圖來表示的話，則如下所示：

```
        吳王夫差
           │
  韓重 ── 紫玉
```

從這一設定來看，該圖示與上述《將門記》中平將門之妻的身份設定完全一致。此外，能夠解釋圖像榜題上將韓朋傳說的男主人公名字寫作"孺子"的，亦只有紫玉傳說。而關於《將門記》中所引用的韓朋傳説,其具體情況仍不清楚①。但因其與新發現的最古敦煌漢簡有共通之處,這提示我們平安時代以前就有韓朋傳説傳到日本并傳播到了關東,並且在注釋、幼學方面綻放出色彩紛呈的花朵。我們期待針對上述情況,今後的研究能得到進一步發展。

建保七年(1219)正月二十八日,鎌倉幕府三代將軍源實朝被其侄子源公曉所暗殺。後鳥羽上皇趁着幕府實力削弱與混亂的局面,於承久三年(1221)五月十四日發出了追討執權北條義時的院宣(由藤原光親起草),承久之亂由此爆發。這是由上皇所發起的久而有之的討幕意圖所導致的結果,天皇軍隊與幕府軍隊之間的武力衝突波及了全國,成爲導致了其後的南北朝時代的日本歷史上具有象徵意義的重大事件。從結果來看,該戰亂以一個月後幕府軍隊的勝利而告終。相傳爲鴨長明或源光行(現在被否定)所作的中世日記紀行文學的代表作《海道記》,記錄了作者從承久之亂兩年後的貞應二年(1223)四月四日到四月十八日之間經由東海道的種種情況。該作者從京都出發,兩周後回到鎌倉,在菊川(十二日)、經由浮島原來到木瀨川(十四日)、遇澤(十五日)等時間點,其作品特地提及了因承久之亂而遭到連坐并被處刑的藤原宗行與藤原光親。在承久之亂的一個月後,幕府軍隊於六月十五日進入京都,北條時房、北條泰時於十六日進駐六波羅(後來的六波羅探題)。上皇提出六名戰亂謀劃者的名單(《承久記》下),藤原宗行於二十四日被關押在六波羅,并於七月一日被宣旨判罪。北條泰時爲避開公卿等

---

① 參見柳瀨喜代志《『將門記』の表現——特に初學書・流行の漢籍所出典故をめぐって》,《日中古典文學論考》,汲古書院,1999年,Ⅱ一。初版爲1988年。
　柳瀨指出,"關於以《搜神記》爲出典的情況……現行本之中將其名標注爲'韓憑',但没有其他相同的字樣的標注,因此很難將其看作是其出典依據。在其(敦煌本注《千字文》S5471)中,將韓朋的妻子叫做'貞夫'……而《將門記》中的'貞婦'與'貞夫'非常相似,可以推知這很有可能是某種《千字文》注傳到日本并得到了傳播,並被作者得知了'貞潔'之'婦'的故事而得到了傳播"(第323—324頁)。上述柳瀨的説法筆者并不贊同。之所以這樣説,是因爲與變文《韓朋賦》相同,敦煌本注《千字文》中的男主人公的名字是"韓朋",女主人公的名字是"貞夫",而《將門記》(敦煌漢簡)中男主人公的名字却爲"幹朋",與其根本不一致。

人在京都處刑,將處刑日定在他們離開京都趕赴鐮倉之時。記載承久三年七月這次處刑的史料爲數衆多。

> 十二日……幕府遣武田信光於駿河加古坂將前權中納言正二位按察使藤原光親斬首。
>
> 十四日,幕府遣小山朝長於駿河藍澤將前權中納言正三位藤原宗行斬首。(四,410頁)

從各種史料中可知,藤原光親早於藤原宗行兩天被行刑斬首(《吾妻鏡》二十五中的記録爲"於加古坂梟首訖")。《海道記》四月十四日木瀨川中則記載了關於藤原宗行的如下事項,譯文如下(原文摘自《新編日本古典文學全集》48):

> 於木瀨川留宿,於萱屋下休息。斯納言詠和歌一首,留筆迹於屋中柱上:今日即將過,身來浮島原,黃泉路已定。適才已聽聞尋此歌緣由,納言經過浮島原,路遇肩扛物品之人,問而知其爲按察使光親卿之僮僕,泣而曰其乃拾主君之遺骨歸都。見之乃知己身,魂由生而消亡。雖知不可遁逃,但如出於虎口,有龜毛命之由也。猶待之心,聽聞命將休矣,自浮島原起,魂不守舍,任馬而行,不得安住。苟活今日,與枕下之蟗共哭至天明,作此歌而出。斯人所留不只傷悲,而是泣之情深。
>
> 我命似虛無,惜之鴛劍羽,別離浮島原。

上文記述的是,兩年前藤原宗行與作者同樣經由海道來到木瀨川的旅宿,并在房間的柱子上題了一首和歌。該和歌表達的是,藤原宗行來到浮島原,(從藤原光親的僮僕那裏)聽到"黃泉路已定(自己很快會被處刑的命運)"的消息,對自身命運的感慨。此外,上文亦介紹了與上述和歌相關的歷史背景以及作者對藤原宗行心境的體會與感慨,文章最後一行的和歌是作者有感而發[①]。

---

① 《吾妻鏡》中亦有關於該情況的記載:"今日(七月十三日),入道中納言宗行過駿河國浮島原。荷負疋夫一人,泣相逢於途中。黃門問之,按察卿僮僕也。昨日梟首之間,

在上述《海道記》中，作者所作和歌中有對"鴛鴦劍羽"的引用，由此可知韓朋傳說對其之影響。在此想探討一下關於末尾部分作者所作和歌之含義。在《新編日本古典文學全集》中，長崎健做了如下解釋："生命應憐惜，死在鴛鴦劍羽之刃下，真是令人哀傷的浮島原啊！"（56頁）此外，在《新日本古典文學大系》51中，大曾根章介、久保田淳做了如下釋義："宗行卿誠然憐惜生命，然而在此浮島原之上却要體會非鴛鴦劍羽之劍斬首之痛，與人間告別應是悲哀的心境啊。"（105頁脚注20）[①]

上述釋義雖不存在錯誤，但對"鴛鴦劍羽"的解釋并不充分。正如前文"鴛鴦劍羽古有……斬王之首之事……乃漢白靈之事"所說的那樣，"鴛鴦劍羽"是背負着韓朋傳說的關鍵詞，尤其是"斬斷王首"之處。因此，上述詩句應該作如下理解："果真生命如此令人珍惜啊！鴛鴦劍羽在中國是斬斷宋王首級（而消解心中怨恨）之劍，若被此劍所斬，那我將與今生訣別，這真的是令人哀傷的浮島原啊！"如果將"鴛鴦劍羽"按照上述進行解釋的話，那麼尚存一點不明之處，即關於"浮島原"（静岡縣沼津市、富士市）的解釋。對於藤原宗行來說，浮島原正是其邂逅肩扛藤原光親首級的僮僕之處，亦是悟到自己即將走向黃泉之路之處。那麼，此處"令人哀傷的浮島原"應該是藤原宗行見到藤原光親僮僕肩上之首級，悟到自身命運之結局的辛酸之處，是"與今生相別離之浮島原"。

（接上頁）拾主君遺骨，歸洛之由苔。浮生之悲非他上，彌銷魂。不可遁死罪事者，兼以雖插存中，若出於虎口，有黽毛命乎之由，猶殆恃之處，同過人已定訖之間，只如亡。察其意，尤可憐事也。休息黄瀬河宿之程，依有筆見之次，注付傍。"（《國史大系》）"見之乃知己身，魂由生而消亡。雖知不可遁逃，但如出於虎口，有黽毛命之由也。猶待之心，聽聞命將休矣"（《海道記》）；"浮生之悲非他上，彌銷魂。不可遁死罪事者，兼以雖插存中，若出於虎口，有黽毛命乎之由，猶殆恃之處，同過人已定訖之間，只如亡。察其意，尤可憐事也"（《吾妻鏡》）。將上述《吾妻鏡》中段落與《海道記》相比較，可知《吾妻鏡》大段摘抄《海道記》中的文字，因此可以斷定《吾妻鏡》是依據《海道記》而作（參見八代國治《吾妻鏡の研究》，明世堂書店，1913年，第六章，第129—130頁）。

[①] 括號中的頁數是所引書的頁數。參見先坊幸子、森野茂夫《干宝搜神記》，白帝社，2004年。

那麽，上述長崎健所作的解釋則只停留於普通和歌，沒有注意到這一層含義，這一點需要引起重視。此外，大曾根章介、久保田淳在脚注20（105頁）中，將"鴛鴦劍羽"解釋爲"'劍羽'爲鴛鴦雄鳥身體兩側具有銀杏形狀的羽毛。思羽"。筆者對於這一解釋有很大的疑問，將在後文叙述。

三、《三國傳記》與變文《韓朋賦》

在研究文學作品的出典之時，似懂非懂的傳說之出典研究是最讓人無可奈何的了。對筆者來說，《三國傳記》中韓朋傳說就是其中一個例證，經常讓筆者百思不得其解。其譯文版本如下：《平假名本三國傳記》正文有a和b版本，其中a版本來自《朗詠注》，b版本則是《三國傳記》的平假名譯本。b中《三國傳記》卷一第26則"宋韓憑妻事（相思木事）"原文（摘自寬永刊本，括號部分參考國會寫本）如下：

漢言，宋代人有曰韓憑者。其妻貌美，故宋康王奪之爲妃。然彼女不隨，康王怒曰，成爲後宮之人，乃衆女所望，汝何愚乎。時女曰：

狐格（貉）有雙，不冀神龍。龜鱉居水，不冀高臺。烏鵲之巢，不冀鳳凰。庶人之妻，不冀宋王。

遂自害，夫韓憑聞之亦自殺。彼等二人屍骨埋於道路兩邊，一宿樹生，屈枝相接體相就。宋人名其曰相思樹。夫婦志深，是以此爲本矣。

同樣文本亦見於《榻鴫曉筆》卷十三第21則，可以看作是以《三國傳記》爲基礎改編的。

下面，將按照時間順序介紹中國的韓朋傳說資料。正如在《將門記》中所見，最早的資料爲《敦煌漢簡》。其次是三國時代魏文帝所撰《列異傳》逸文，這是在考察《三國傳記》來源之時，最應參考的資料，在時間上僅晚於《敦煌漢簡》。再次，是與其有着密切關聯的干寶所撰二十卷本《搜神記》卷十一294則。《列異傳》原文如下（摘自《藝文類聚》九十二）：

《列異傳》曰，宋康王埋韓憑夫妻。宿夕文梓生，有鴛鴦雌雄各一。恒棲樹上，晨夕交頸。音聲感人。

以上爲其中所載韓朋傳説全文，但只是傳説的後續内容，而且非常簡略，非常之可惜。但慶幸的是，與其同系統的《搜神記》中記載了上述内容的全貌。《搜神記》的原文如下：

宋康王舍人韓憑，娶妻何氏。美，宋康王奪之。憑怨，王囚之，淪爲城旦。妻密遺憑書，繆其辭曰，其雨淫淫，河大水深，日出當心。既而王得其書，以示左右，左右莫解其意。臣蘇賀對曰，其雨淫淫，言愁且思也。河大水深，不得往來也。日出當心，心有死志也。俄而憑乃自殺。其妻乃陰腐其衣。王與之登臺，妻遂自投臺。左右攬之，衣不中手而死。遺書於帶曰，王利其生，妾利其死。願以屍骨，賜憑合葬。王怒，弗聽。使里人埋之，冢相望也。王曰，爾夫婦相愛不已。若能使冢合，則吾弗阻也。宿昔之間，便有大梓木生於二冢之端。旬日而大盈抱，屈體相就，根交於下，枝錯於上。又有鴛鴦，雌雄各一。恒棲樹上，晨夕不去。交頸悲鳴，音聲感人。宋人哀之，遂號其木曰相思樹。相思之名，起於此也。南人謂此禽即韓憑夫婦之精魂。今睢陽有韓憑城，其歌謠至今猶存。

《搜神記》與《三國傳記》有着密切的關聯，只從《搜神記》中的"宋康王"或"韓憑"等人名的稱呼以及男女主人公死後的情節内容非常相似這一點，就能够看出。池上洵一認爲《三國傳記》中的"該故事的源泉爲《法苑珠林》二十七《至誠篇感應緣》，而該篇又是基於《搜神記》而來"，并在主人公死後情節的補注中將《法苑珠林》所引的《搜神記》原文列出來，這絶不是没有緣故的做法[①]。

然而，在《三國傳記》中，其情節爲女主人公死去後韓憑隨之死

---

① 池上洵一校注《三国伝記》上，《中世文學》6回，三彌井書店，1976年。參見第101頁頭注以及第357頁補注44。

去,然而到了《搜神記》中,這一順序則成了相反的情況。這些疑點讓人深思,然而,讓筆者百思不得其解的是《三國傳記》中女主人公所作的"狐格(貉)有雙"的詩與《搜神記》中的"其雨淫淫"的詩完全不一致這一點。那麼,在上述情節內容上非常相似的中日兩份資料中究竟發生了什麼呢?爲了解決這個問題,首先需要看變文《韓朋賦》及其相關資料。敦煌本《韓朋賦》原文如下所示(引自《敦煌變文集》):

昔有賢士,姓韓名朋,少小孤單,遭喪遂失其父,獨養老母。謹身行孝,用身爲主意遠仕。憶母獨注[住],故娶賢妻,成功索女,始年十七,名曰貞夫。已賢至聖,明顯絶華,刑[形]容窈窕,天下更無。雖是女人身,明解經書。凡所造作,皆今天符。入門三日,意合[合]同居,共君作誓,各守其軀。君亦不須再取[娶]婦,如魚如水;妾亦不再改嫁,死事一夫。韓朋出遊,仕於宋國,期去三年,六秋不歸。朋母憶之,心[中]煩惚[怨]。其妻念之,内自發心,忽自執筆,遂[淫]字造書。其文斑斑,文辭碎金,如珠如玉。意欲寄書與人,恐人多言。意欲寄書與鳥,鳥恒高飛。意欲寄書與風,風在空虛。書若有感,直至朋前。書若無感,零落草間。其妻有感[書],直到朋前。韓朋得書,解讀其言。書曰,浩浩白水,回波如流①[而]。皎皎明月,浮雲曀之。青青之水,冬夏有時。失時不種,禾豆不滋。萬物吐化,不違天時。久不相見,心中在思。百年相守,竟好一時。君不憶親,老母心悲。妻獨單弱,夜常孤棲,常懷大憂。蓋聞百鳥失伴,其聲哀哀;日暮獨宿,夜長悽悽[悽悽]。太山初生,高下崔嵬。上有雙鳥,下有神龜,晝夜遊戲,恒則同歸。妾今何罪,獨無光暉。海水蕩蕩,無風自波。成人者少,破人者多。南山有鳥,北山張羅。鳥自高飛,羅當奈何。君但平安,妾亦無他。韓朋得書,意感心悲,不食三日,亦不覺飢。韓朋意欲還家,事無因緣。懷書不謹,遺失殿前。宋王得之,甚愛其言。即召群臣,幷及太史。誰能取得韓朋妻者,賜金千斤,封邑萬戸。梁伯啓言王曰,臣能取之。宋王大喜,即出八輪之車,爪騧[騧]之馬,前後仕從,便三千餘人。從發道路,疾如風雨。三日三夜,往到朋家。使者下車,打門而喚。朋母出看，心中驚怕。即問喚者，是誰使者。使者答曰，我是宋國使來，共朋同友。朋爲公曹[功]，我爲主簿[簿]。朋有私書，來寄新婦。阿婆回語新婦，如客此言，朋今事官[仕]，且得勝途。貞夫曰，新婦昨夜夢惡，文文莫莫。見一黃虵[蛟]，皎委床脚。三鳥並飛，兩鳥相搏[搏]。一鳥頭破齒落，毛下分分[紛紛]，血流落落。馬蹄踏踏，諸臣赫赫。上下不見鄰里之人，何况千里之客。客從遠來，終不可信。巧言利語，詐作朋書。朋言在外，新婦出看。阿婆報客，但道新婦，病臥在床，不勝醫藥。並言謝客[承]，勞苦遠來。使者對曰，婦聞夫書，何故不憘[喜]？必有他情，在於鄰里。朋母年老，不能察意。新婦聞客此言，面目變青變黃，如客此語，道有他情，即欲結意[詰]，返失其里[理]。遣委看客，失母賢子。姑從今已後亦夫婦[承]，婦亦失姑[失]。遂下金機[機]，謝其王事[玉梭]，千秋萬歲，不當復織。井水淇淇[湛湛]，何時取汝？釜電尣尣[竈]，何時吹汝？床席閨房，何時臥汝？庭前蕩蕩，何時掃汝？園菜青青，何時拾汝？出入悲啼，鄰里酸楚。低頭却行，淚下如雨。上堂拜客，使者扶譽[譽]。貞夫上車，疾如風雨。朋母於後，呼天喚地，號咷大哭，鄰里驚聚。貞夫曰，呼天何益，喚地何免，駟馬一去，何得歸返。梁伯迅速，日日漸遠。初至宋國，九千餘里，光照宮中。宋王怪之，即召群臣，并及太史。開書問卜，怪其所以。博士答曰，今日甲子，明日乙丑，諸臣聚集，王得好婦。言語未訖，貞夫即至，面如凝脂，腰如束素，有好文理。宮人美女，無有及似。宋王見之，甚大歡憘[喜]。(b)三日三夜，樂不可盡。即拜貞夫，以爲皇后。前後事從[侍]，入其宮裏。貞夫入宮，燋悴不樂[憔]，病臥不起。宋王曰，卿是庶人之妻，今爲一國之母。有何不樂！衣即綾羅，食即咨口[恣]。黃門侍郎，恒在左右。有何不樂，亦不歡憘[喜]。貞夫答曰②，辭家別親，出事韓朋。生死有處，貴賤有殊。蘆葦有地，荆棘有叢。豺狼有伴[豺]，雉兔有雙。魚鼈有水，不樂高堂。燕雀群飛，不樂鳳凰。妾是庶人之妻，不樂宋王之婦。夫人愁憂不樂。王曰，夫人愁思，誰能諫之。梁伯對曰，臣能諫之。朋年卅未滿，二十有餘，姿容窈窕，黑髮素絲，齒如珂佩，耳如懸珠。是以念之，情意不樂。唯須疾害朋身，以爲囚徒。宋王遂取其言，即打韓朋雙板齒落。并着故破之衣裳，使築清陵之臺[青]。貞夫聞之，痛切忓腸，情中煩惌，無時不思。貞夫諮宋王曰，既築清陵之臺訖，乞願蹔往觀看。宋王許之。乃賜八輪之車，爪騮之馬，前後侍從，三千餘人，往到臺下。乃見韓朋，剉草飼馬，見妾羞恥，把草遮面。貞夫見之，淚下如雨。貞夫曰，宋王有衣，妾亦不着。王若有食，妾亦不嘗。妾念思君，如渴思漿。見君苦痛，割妾心腸。形容燋悴，決報宋王，何以羞恥，取草遮面，避妾隱藏。韓朋答曰，南山有樹，名曰荊蕀，一技兩刑，葉小心平。形容燋悴，無有心情。蓋聞東流之水，西海之魚，去賤就貴，於意如何。貞夫聞語，低頭却行，淚下如雨。即裂裙前三寸之帛，卓齒取血，且作私書，繫箭頭上，射與韓朋。朋得此書，便即自死。宋王聞之，心中驚愕，即問諸臣，若爲自死，爲人所殺。梁伯對曰，韓朋死時，無有傷損之處。唯有三寸素書，繫在朋頭下。宋王即取讀之。貞夫書曰，天雨霖霖，魚游池中，大鼓無聲，小鼓無音。宋王曰，誰能弁之。梁伯對曰，臣能弁之。天雨霖霖是其淚，魚游池中是其意，大鼓無聲是其氣，小鼓無音是其思。天下是其言，其義大矣哉。貞夫曰，韓朋已死，何更再言。唯願大王有恩，以禮葬之，可不得利後人。宋王即遣人城東，鞕百丈之壙，三公葬之禮也。貞夫乞往觀看，不敢久停。宋王許之。令乘素車，前後事從，三千餘人，往到墓所。貞夫下車，繞墓三匝，嗟啼悲哭，聲入雲中，臨壙喚君，君亦不聞。回頭辭百官，天能報此恩。蓋聞一馬不被二鞍，一女不事二夫。言語未訖，遂即至室，苦酒侵衣，遂眭如蔥，左攬右攬，隨手而無。百官忙怕，皆悉搥胸。即遣使者，走報宋王。王聞此語，甚大嗔怒，床頭取劍，殺臣四五。飛輪來走，百官集聚。天下大雨，水流壙中，難可得取。梁百諫王曰，只有萬死，無有一生。宋王即遣人拾之。不見貞夫，唯得兩石，一青一白。宋王睹之，青石埋於道東，白石埋於道西。道東生於桂樹，道西生於梧桐。枝枝相當，葉葉相籠，根下相連，下有流泉，絕道不通。宋王出遊見之，問曰，此是何樹。梁伯對曰，此是韓朋之樹。誰能解之。梁伯對曰，臣能解之。枝枝相當是其意，葉葉相籠是其恩，根下相連是其氣，下有流泉是其淚。宋王即遣人誅伐之。三日三夜，血流汪汪。二札落水，變成雙鴛鴦，舉翅高飛,還我本鄉。唯有一毛羽,甚好端正。宋王得之,遂即磨拂其身,大好光彩。唯有項上未好,即將磨拂項上,其頭即落。生奪庶人之妻,枉殺賢良。未至三年,宋國滅亡。梁伯父子,配在邊疆。行善獲福,行惡得殃。

此外,與上述變文《韓朋賦》有着密切關聯的資料現存尚有兩種。其一爲敦煌本注《千字文》(S5471)第41"女慕貞潔"注;其二爲西夏本《類林》六"貞潔"中的內容(金人王朋壽所編《類林雜說》中沒有此內容)。二者均爲極爲少見而珍貴的資料,其原文如下①。

敦煌本注《千字文》:

喻貞夫之事韓朋,宋王聞其美[美],聘以爲妃捨賤。曰,卿本庶人之妻,今爲一國之母。衣即綾羅,食則恣口。何有不樂,而不歡喜。貞夫曰,妾本辭家別親,出適韓朋。生死有処[死],貴賤有殊。雙狐有黨,不樂神龍。魚鼈[龜]水居,不樂高堂。鵲雀有群,不樂鳳皇。庶人之妻,不樂大王。韓朋須賤,結髮夫婦。宋王雖貴,非妾獨有。又辭曰,蓋聞,一馬不被二鞍,一車不串四輪。妾既一身,不事二君。乃投朋壙[壙]而死。此貞潔之志全也。斯之者,世代之所希奇。當今之時,未見也。

西夏本《類林》:

韓憑妻甚美,宋康奪之,使韓憑爲青陵臺,而欲娶其妻。妻作詩曰,南山有鳥,北山張羅。鳥自高飛,羅當奈何。又曰,狐狸有伴,不樂北王。魚鼈有水,不樂高堂。鴇鵲有巢,不樂鳳凰。女身賤醜,不樂宋王。遂自殺。韓憑聞之,亦自殺。宋王怒,命葬彼等屍道旁。後各生一樹,屈體相就。宋人遂號曰相思樹。周宋時人。此事《搜神記》中説。

---

① 敦煌本注《千字文》原文出自幼學會《上野本千字文注解》,和泉書院,1989年,第177頁;西夏本《類林》原文出自史金波、黄振華、聶鴻音《類林研究》,寧夏人民出版社,1993年,第121頁。

《韓朋賦》是敦煌出土的一種變文種類,1957年刊行的《敦煌變文集》中收錄了六種《韓朋賦》原典,如下所示:

P2653（原卷）

S2922（甲卷。《敦煌變文集》,伯有誤）

S3227（乙卷）

P3873（丙卷。《敦煌變文集》,斯有誤）

S4901（丁卷）

S3904（戊卷）

《敦煌變文集》最初是以P2653爲底本,將從甲卷到戊卷進行校勘。其後,又發現了S10291與Дx10277兩個版本（在原卷的卷首題與尾題中有"韓朋賦一首（卷）"的字樣,現存共有八個版本,五個系統①（丁、戊卷以及S10291是同一系統,Дx10277只有三行,與甲卷是同一系統）。敦煌本注《千字文》沒有標注出典,而西夏本《類林》中結尾處則有"此事搜神記中説"（復原本287頁中有"出搜神記"）的字樣,這種以《搜神記》爲出典的情況很耐人尋味。儘管如此,將其與《搜神記》第十一卷294則相比較,發現其中兩首歌謠完全不同（第二首與敦煌本注《千字文》有共通點,而且全部收錄在變文《韓朋賦》中）,很難認爲其出於《搜神記》。

現行《搜神記》二十卷本是以明朝萬曆年間（1573—1620）刊行的胡震亨所編《秘册彙函》本爲原版,從其不能再往前追溯這一點來看,很難想見現行本是晉朝干寶所作的原版本。結合八卷本與敦煌本句道興《搜神記》版本的存在,關於西夏本《類林》中所引《搜神記》（以及敦煌本注《千字文》）的原文,需要今後進一步的考證。目前,西夏本《類林》中上述説法雖然不能在《類林雜説》中找到,但是從其末尾處存在《搜神記》等出典標注這一點來看,《類林》原典存在該標注的可能性非

---

① 荒見泰史《敦煌本『韓朋賦』より見た「韓朋」故事の展開》,收錄於林雅彦《絵解きと伝承そして文学》,方丈堂,2016年,第621—627頁。該文對上述五個系統分了五列進行比對、翻刻,並對各版本之間字句的異同進行比較,請參照。

常大。《類林》原典雖然已經散逸，但是對以《蒙求》等幼學爲首的後世學問具有重大影響。編者于立政卒於初唐666—667年間①。從這些情況看來，西夏本《類林》上述標注所揭示的《搜神記》韓朋故事之形態，作爲提示隋唐以前《搜神記》形態以及變文《韓朋賦》淵源的資料，應該對其進行重新定位。

下面，筆者將針對《三國傳記》所引歌謠，來探究其來源。該歌謠如下：

狐格[䢼]有雙，不冀神龍。
龜鼈居水，不冀高臺。
烏鵲之巢，不冀鳳凰。
庶人之妻，不冀宋王。

關於韓朋傳說中的歌謠，《搜神記》末尾處有"今睢陽有韓憑城，其歌謠至今猶存"的說法（睢陽在今河南省商丘縣南），從這點可知，其歌謠很早就已經開始流傳。《搜神記》中女主人公何氏所作謎題歌"其雨淫淫，河大水深，日出當心"可以看作是其歌謠的一種。變文《韓朋賦》中亦有六首歌謠，前文中標注了①—⑥序號（此外，a—c 是與《無名詩集》之間的關聯）。①爲身在故鄉的貞夫寫給身在宋國的丈夫韓朋的歌謠（《烏鵲歌》之一）；②爲貞夫答復宋王的歌謠（《烏鵲歌》其二）；③爲貞夫向飼馬人韓朋詢問愛意的歌謠；④爲韓朋應答貞夫之歌謠；⑤爲貞夫向韓朋發射箭書上的歌謠；⑥爲貞夫留給宋王的遺書之歌謠。上述變文《韓朋賦》六首歌謠中，與《三國傳記》中的歌謠有關聯的是②貞夫答復宋王的歌謠。

② 辭家別親，出事韓朋。
　　生死有処，貴賤有殊。

---

① 內田知也《隋唐小說研究》，木耳社，1977年，第二章第七節，第185頁。此外，關於《類林》，可以參照山崎誠「『類林』追考——中世史漢物語の源流」，收錄於山崎誠《中世学問史の基底と展開》，和泉書院，1993年，III。初版爲1991年。

蘆葦有地，荊棘有叢(聚)。
豺狼有伴，雉兔有雙。
魚鱉有水，不樂高堂。
燕雀群飛，不樂鳳凰。
妾是庶人之妻，不樂宋王之婦。

可知第七句以後與《三國傳記》歌謠關係緊密。而這一歌謠在敦煌本注《千字文》中則表述如下：

② 妾本辭家別親，出適韓朋。
生死有処(処)，貴賤有殊。
雙孤有黨，不樂神龍。
魚鱉(龜)水居，不樂高堂。
鷫雀有群，不樂鳳凰(皇)。
庶人之妻，不樂大王。

從這裏可以看出，這一歌謠與變文《韓朋賦》之間有着密切的關聯。從第五句之後有着明顯的對應關係。敦煌本注《千字文》中缺失了變文《韓朋賦》歌謠②中的第五、六句。

再將視綫轉到西夏本《類林》，其中有兩首歌謠，如下所示：

① 南山有鳥，北山張羅。
鳥自高飛，羅當奈何。
②（又曰）狐狸有伴，不樂北王。
魚鱉有水，不樂高堂。
鴛鴦有巢，不樂鳳凰。
女身賤醜，不樂宋王。

可知，《三國傳記》中的歌謠與西夏本《類林》上述第二首歌謠②有所對應。而西夏本《類林》歌謠②與《三國傳記》中的一樣，缺失了變文《韓朋賦》中歌謠的第一至第六句，亦缺失了敦煌本注《千字文》歌謠

②的第一至第四句。而且，西夏本《類林》中尚有敦煌本注《千字文》中所缺失的歌謠①的內容。這與變文《韓朋賦》中歌謠①有着明顯的對應關係（缺少第五、六句），如下所示：

① 南山有鳥，北山張羅。（將、有）
　　鳥自高飛，羅當奈何。（恒）（乃）
　　君但平安，妾亦無他。（高平）（不）

上述這些對應關係可以證明變文《韓朋賦》、敦煌本注《千字文》以及西夏本《類林》是同類作品。下面，本文將《三國傳記》中《狐貉歌》與其他版本中歌謠之間的對應關係進行比對，如圖3所示（加入了歌謠⑤）。

四、關於烏鵲歌

簡單來說，圖3所示內容是《三國傳記》中的《狐貉歌》與變文《韓朋賦》歌謠②的後半部分有對應關係；而歌謠②又與敦煌本注《千字文》、西夏本《類林》中歌謠的後半部分有着相似之處。而且，在西夏本《類林》中尚可見變文《韓朋賦》歌謠①的內容（欠缺第五、六句）。而《搜神記》中的歌謠則與變文《韓朋賦》歌謠⑤有着對應關係。此外，如果將《三國傳記》與變文《韓朋賦》等文本歌謠②仔細比對的話，可知第一句"狐貉有雙"的"狐"字只有西夏本《類林》中有，敦煌本注《千字文》中是"孤"字，"雙"字則只見於敦煌本注《千字文》；此外日文"雙ヘル有リ"（中文譯作"有雙"）的説法，與變文《韓朋賦》中歌謠第二句的"有雙"相一致。第二句中的"神竜タラン事ヲハ不冀"（中文譯作"不冀神龍"）的説法，只有敦煌本注《千字文》中的"不樂神龍"與其相一致。第三句"魚鼈水ニ居シテ"（中文譯作"魚鼈水居"）的説法則只與敦煌本注《千字文》相一致。第五句中的"烏鵲"（喜鵲之意）雖然與變文《韓朋賦》敦煌本注《千字文》中的"燕雀"有相似之處，但應提起注意的是，"烏鵲"一詞在後文中成爲《烏

三国伝記

狐格双ヘル有リ、神竜タラン事ヲハ不ㇾ冀
亀鼈水ニ居シテ、高台不ㇾ冀、
烏鵲ノ巣、鳳凰ヲ不ㇾ冀、
庶人ノ妻、宋王ヲ不ㇾ冀（寛永刊本、頭書末）。

変文（賦）

① 南山有鳥、北山張羅、
鳥自高飛、羅当奈何、
君但平安、
妾亦無他。

② 辞家別親、出事韓朋、
生死有処、貴賤有殊、
蘆葦有地、荊棘有叢、
豺狼有伴、雄兔有双、
魚鼈有水、不楽高堂、
燕雀群飛、不楽鳳凰、
妾是庶人之妻、不楽宋王之婦。

⑤ 天雨霖霖、魚游池中、
大鼓無声、小鼓無音。

敦煌本千字文注

② 妾本辞家別親、出適韓朋、
生死有処、貴賤有殊。

双孤有党、不楽神竜、
魚鼈水居、不楽高堂、
燕雀有群、不楽鳳凰、
庶人之妻、不楽大王。

捜神記

⑤ 其雨淫淫、河大水深、
日出当心。

② （又曰）狐狸有伴、不楽北王、
魚鼈有水、不楽高堂、
鶴鶉有巣、不楽鳳凰、
女身賤醜、不楽宋王。

西夏本類林

① 南山有鳥、北山張羅、
鳥自高飛、羅当奈何、

>> 圖3 《三國傳記》之《狐貉歌》

鵲歌》命名的源頭。從用詞上來看，可以明確的是，《三國傳記》中的《狐貉歌》與韓朋傳說中的《烏鵲歌》應屬於同一譜系。第六句則與變文《韓朋賦》等各種版本的説法均相一致。第七句則與變文《韓朋賦》、敦煌本注《千字文》相一致；第八句則與變文《韓朋賦》、西夏本《類林》相一致。以上爲細節之處的比較。綜上所述，可知《三國傳記》與變文《韓朋賦》等資料比對過程中，存在僅與其中一個典籍相一致的情況，亦有與兩個以上的典籍相一致的情況，此外，還有完全不一致的情況。問題是，《三國傳記》中的《狐貉歌》目前只能在上述變文《韓朋賦》等三種資料中找到。筆者管見，與此相類似的説法，尚有宋代贊寧所作佚書《物類相感志》中的詩句①，如下所示：

（……乃作詩，以明意。）
<u>以庶人妻，不願奉公王</u>

上文引自《香藥抄》，《金寶抄》中亦有此文。文中只有下劃綫内容與《狐貉歌》的第七、八句有所雷同，很難認爲是《三國傳記》的出典。

關於《三國傳記》中的《狐貉歌》，也即變文《韓朋賦》中的歌謡①②，尚有另一問題需要考慮。即該歌謡與《烏鵲歌》之間的關係問題。所謂《烏鵲歌》，清代沈德潛在《古詩源》卷一"古逸"中有如下説明：

烏鵲歌（彤管集。韓憑爲宋康王舍人。妻何氏美。王欲之，捕舍人，築青陵之臺。何氏作烏鵲歌以見志。遂自縊。）
南山有烏，北山張羅。烏自高飛，羅當奈何。
烏鵲雙飛，不樂鳳凰。妾是庶人，不樂宋王。（略）

上文中所説"彤管"指的是女官所使用的朱筆之意。《古詩源》中提到的《彤管集》已經散逸，現在流傳的是將其進行重新編輯之後由明代張之象所輯《彤管新編》八卷本。現摘取《彤管新編》卷二宋"韓憑

---

① 請參照牧野和夫《舶載書二種について——『物類相感志』『搜神広記』》，收録於牧野和夫《日本中世の説話・書物のネットワーク》，和泉書院，2009年。初版爲1995年。

妻何氏"原文如下（引自《四庫全書存目叢書補編》13）：

宋韓憑妻何氏
烏鵲歌
韓憑，戰國時，爲宋康王舍人。妻何氏美，王欲之，捕舍人，築青陵臺。何氏作烏鵲歌，以見志，遂自縊死。韓亦死。王怨埋之。宿夕木生墳，有鴛鴦棲其上，音聲感人。化爲胡蝶。臺今在開封。
南山有鳥，北山張羅。鳥自高飛，羅當奈何。
其二
烏鵲雙飛，不樂鳳凰。妾是庶人，不樂宋王。
答夫歌
何氏答夫歌云云。康王得其書，以問蘇賀。賀曰，雨淫淫，愁且思也。河深深，不得往來也。日當心，有死志也。俄而憑自殺。何氏亦死。
其雨淫淫，河大水深，日出當心。

所謂的《烏鵲歌》究竟能夠上溯到什麽時候呢？明代陳耀文所撰《天中記》卷十八"夫妻"中有"何氏作烏鵲歌"的記載，其出典舉了"九國志、玉臺新詠"。從這點來看，應該可以上溯到宋代路振所撰《九國志》以及南朝徐陵所撰《玉臺新詠》，然而在當今流傳的文本裏却找不到其記載（這兩首歌謠在宋代楊齊賢關於李白《白頭吟》中"青陵臺"的注中可見，詳見《分類補注李太白詩》四）。關於《烏鵲歌》的説法，據筆者的考察，能夠上溯到元代周達觀所撰《誠齋雜記》（收錄於《重教説郛》卷三十一）中的"何氏作烏鵲歌"（《誠齋雜記》上卷中亦有記載）。

與此相對，第一首歌謠亦稱爲"青陵臺歌"（明代楊慎撰《風雅逸篇》卷六中有"青陵□歌（九域志）"；此外，明代馮惟訥撰《古詩紀》卷一中有"二首見彤管集。一作青陵臺歌。見九域志，上前一首"等説法。"九域志"應該指的是《新定九域志》的佚文，參見清代杜文瀾輯《古謠諺》卷二十六。"青陵臺"見於變文《韓朋賦》，爲宋王命韓朋所築臺之名稱。其故事情節最早可見於晉代袁山撰《郡國志》，收錄於《太平寰宇記》卷十四以及《太平御覽》卷一百七十八）。

《古詩源》中的記載并不明確，而《彤管新編》中的"烏鵲歌"是由兩首歌謠組成的。那麼《烏鵲歌》爲何如此重要呢？關於這一問題，如果從這兩首歌的淵源——變文《韓朋賦》中去尋找，就會有答案（參照圖4）。

從圖4可知，《烏鵲歌》的第一首是從變文《韓朋賦》的歌謠①中摘取的，只是欠缺第五、六句；第二首應該是從變文《韓朋賦》歌謠②中摘錄的，但是只有第十一至第十四句有對應關係，缺失了第一至第十句。變文《韓朋賦》中的歌謠①②的作者均爲貞夫，而歌謠所指向的對象則不同，歌謠①爲貞夫的丈夫韓朋，歌謠②則爲敵對角色宋王。其故事情節發展可謂奇迹，來自女主人公的書信①被韓朋疏忽掉落在宋王殿前，從而成爲推動整個故事情節的導火索；另一方面，歌謠②則是貞夫面對宋王表明自己對丈夫的愛。從這點上可以說，歌謠①和②雖然内容完全不同，但是均爲分別意義上的歌謠。這裏需要明確的是，《彤管新編》等中所收錄的二首《烏鵲歌》并不是摘自《搜神記》。再次申明，目前來看，其第一首，尤其是第二首歌謠的淵源只能在變文《韓朋賦》之後的三種資料以及日本《三國傳記》中能夠見到，這是個重要問題。尤其是《烏鵲歌》這一題目，原本是來自第一句開頭的"烏鵲"一詞，可是到了變文《韓朋賦》、敦煌本注《千字文》中則變成了"燕（鸎/鶖）雀"；在西夏本《類林》中則變成了"鴗鵠"；寫作"烏鵲"的只有《三國傳記》，這是非常值得思考的情況。此外，變文《韓朋賦》中的歌謠②，在與《烏鵲歌》相對應的四句之前，尚有十句；而敦煌本注《千字文》中在對應詩句之前，尚有八句；西夏本《類林》以及《三國傳記》兩者在對應詩句之前，均有四句不同内容（請參照圖3）。後兩者的歌謠②中的句子形式非常一致，這說明《三國傳記》的出典很有可能是于立政所編撰的《類林》（《日本國見在書目錄》中可見"類林五"的記載）。總而言之，筆者所強調的是，《烏鵲歌》第二首出典所依據的資料，是

彤管新編二

烏鵲歌二首

南山有烏、北山張羅、烏自高飛、羅当奈何。

其二

烏鵲双飛、不樂鳳凰、妾是庶人、不樂宋王。

変文（賦）

① 南山有烏、北山張羅、烏自高飛（恆）、羅当奈何（乃）、君但平安（高平）、妾亦無他（不）。

② 辞家別親、出事韓朋、生死有処、貴賎有殊、蘆葦有地、荆棘有叢（棗）、豺狼有伴、雄兔有雙、魚鼈有水、不樂高堂、燕雀群飛、不樂鳳凰、妾是庶人之妻、不樂宋王之婦。

>> 圖4 《烏鵲歌》與變文《韓朋賦》

上述包含《三國傳記》在内的變文《韓朋賦》等四種資料。

對於《烏鵲歌》第一首，即變文《韓朋賦》中的歌謠①，還有其他的考察視角。也就是在叙述《將門記》的前文中曾提到的歌謠①的別名爲"紫玉歌"（《樂府詩集》第八十三卷），其中故事的主人公名爲韓重，可以從這一故事的角度進行考察。衆所周知的韓重（紫玉）故事的來源應爲《搜神記》第十六卷第394則，其原文如下：

吴王夫差小女，名曰紫玉。年十八，才貌俱美。童子韓重，年十九，有道術。女悦之，私交信問，許爲之妻。重學於齊魯之間，臨去，屬其父母，使求婚。王怒，不與女。玉結氣死，葬閶門之外。三年重歸，詰其父母。父母曰，王大怒，玉結氣死，已葬矣。重哭泣哀慟，具牲幣，往吊於墓前。玉魂從墓出，見重。流涕謂曰，昔爾行之後，令二親從王相求，度必克從大願。不圖別後，遭命奈何。玉乃左顧宛頸而歌曰，

南山有烏，北山張羅。烏既高飛，羅將奈何。
意欲從君，讒言孔多。悲結生疾，没命黄壚。
命之不造，冤如之何。羽族之長，名爲鳳凰。
一日失雄，三年感傷。雖有衆鳥，不爲匹雙。
故見鄙姿，逢君輝光。身遠心近，何當暫忘。

歌畢，歔欷流涕，要重還冢。重曰，死生異路。懼有尤愆，不敢承命。玉曰，死生異路，吾亦知之。然今一別，永無後期。子將畏我爲鬼而禍子乎。欲誠所奉，寧不相信。重感其言，送之還冢。玉與之飲讌，留三日三夜，盡夫婦之禮。臨出，取徑寸明珠，以送重，曰，既毁其名，又絶其願。復何言哉。時節自愛。若至吾家，致敬大王。重既出，遂詣王，自説其事。王大怒曰，吾女既死，而重造訛言，以玷穢亡靈。此不過發冢取物，託以鬼神。趣收重。重走脱，至玉墓所訴之。玉曰，無憂。今歸白王。玉妝梳，忽見玉（王），驚愕悲喜。問曰，爾緣何生。玉跪而言曰，昔諸生韓重，來求玉，大王不許。玉名毁義絶，自致身亡。重從遠還，聞玉已死。故齋牲幣，詣冢吊唁。感其篤終，輒與相見，因以珠遺之。

不爲發冢，願勿推治。夫人聞之，出而抱之，玉如烟然。

與上文基本相同的內容亦載於《錄異傳》(《太平廣記》卷三一六"韓重"所引），其中女主人公的名字爲"玉"。"紫玉"這一名字在不同典籍中有不同的稱呼，例如，《越絕書》中稱爲"幼玉"，《吳越春秋》卷四中稱爲"滕（勝）玉"，南齊焦度撰《稽神異苑》(《永樂大典》卷二二五六）中稱爲"紫珪"，《異苑》卷六中稱爲"劉元"等。下面，將上述《搜神記》中的《紫玉歌》抽取出來，原文如下：

<u>南山有鳥，北山張羅。烏既高飛，羅將奈何。</u>
意欲從君，讒言孔多。悲結生疾，没命黄壚。
命之不造，冤如之何。羽族之長，名爲鳳凰。
一日失雄，三年感傷。雖有衆鳥，不爲匹雙。
故見鄙姿，逢君輝光。身遠心近，何當暫忘。

從上述內容可以看出，劃綫部分第一至第四句與韓朋故事中的《烏鵲歌》第一首完全相同。然而，《搜神記》中的韓重傳說并不是後來的新故事，從《越絕書》中亦記載了該故事這一點亦可説明。唐代陸廣微撰《吳地記》"女墳湖"（江蘇省吳縣）條所引《越絕書》原文如下：

越絕書曰，夫差小女字幼玉，見父無道，輕士重色，其國必危，遂願與書生韓重爲偶。不果，結怨而死。夫差思痛之，金棺銅槨，葬閶門外。其女化形而歌曰，南山有鳥，北山張羅。鳥既高飛，羅當奈何。志欲從君，讒言孔多。悲怨成疾，没身黄壚。

在其文末亦有對《紫玉歌》的引用，與前文的《紫玉歌》相比更爲短小，缺少第九至第二十句（還有"鳥"和"烏"等文字上的不同）。與變文《韓朋賦》等典籍中所見的《烏鵲歌》相同，《紫玉歌》亦存在在不同版本中而出現變化的情況。問題是，韓朋、韓重兩個傳說故事擁有同一首歌謠，然而，迄今爲止，對這兩個故事之間關聯的研究却基本没有[1]。其關聯并不是所謂的變文《韓朋賦》引用了《搜神記》中的《紫玉歌》之類的單純的情况。如果變文《韓朋賦》是唐代所作的話，這種看法尚屬可行。然而，從圖像學的最新成果來看，變文《韓朋賦》的內容，最早可以上溯到漢代；并且，從其男主人公稱謂在榜題上顯示爲"孺子"這點來看，其與韓重傳説中的"童子韓重"（《搜神記》《録異傳》）、"書生韓重"（《越絶書》）等有着密切的關聯（後述）；甚而在韓重傳説中，韓重的外出遊學時間爲"三年"，韓重與紫玉的結婚時間爲"三日三夜"，從這些情况來看，韓朋傳説與韓重傳説之間也有着密切的關聯。那麼，韓朋與韓重兩個傳説故事是否有可能原本就是圍繞着《烏鵲歌》而從一個故事中生發出來的呢？

從這樣的假設來看的話，貞夫擁有不可思議的力量，能够將無法傳遞的歌謡①成功地傳遞到韓朋身邊；紫玉亦能在死後從墓中走出，現身於活人韓重身邊，兩位女主人公在浪漫的愛情故事中皆能超越時空并擁有不可思議之力量；從另一個角度來看，韓朋能够在死後以象徵性的鴛鴦劍羽殺死宋王，而韓重"有道術"（《搜神記》），能够從地下冥界順利返回陽間，上述兩位男主人公皆能超越生死。上述兩個角度分別是從男主人公和女主人公擁有共性的方面來考慮的。韓朋生前看起來没有什麼特殊的能力，然而一個叫做韓壽的人，與韓朋有着某種關聯。賈充之女愛慕韓壽，常常吟誦表達愛慕之情的戀歌（歌詞失傳），後來韓壽拜訪該女，二人結爲連理[2]（《世説新語》卷六"惑溺"5。該故事情節在幼

---

[1] 參照佐野誠子《二十卷本『搜神記』「紫玉」条の成立》，《東京大學中國語中國文學研究室紀要》1999年第2期。該文指出，《烏鵲歌》和《紫玉歌》之間"有着某種密切的關係"，同時指出，同樣的"開頭四句……起到對後續歌謠的引導作用"，并提出類似的慣用句"很有可能早已流傳"，因此在兩個不同的傳説故事"産生之際，會有與此相關的同樣的歌謠被使用"的可能性。此外，荒見泰史在論文《敦煌本『韓朋賦』より見た「韓朋」故事の展開》中指出，變文《韓朋賦》中的歌謠①有可能是從《搜神記》中轉用的（亦可參考佐野誠子論文注13）。

[2] 作爲參考，在此將《世説新語》卷六"惑溺"5之原文（摘自《新釋漢文大系》78）摘抄如下：壽美姿容，賈充辟以爲掾。充每聚會，賈女於青璅中看，見壽，悦之。恒

學《蒙求》413"韓壽竊香"注釋中亦有采用,非常有名)。韓壽不過是一介美男子而已,然而却擁有常人不能匹敵的翻越牆壁的特殊能力,其中描繪的情形正仿佛傳奇故事中崑崙奴磨勒的形象。也就是說,圍繞歌謠所出現的浪漫故事最後變成人人口傳的傳説,這其中一定會發生各種各樣的故事與情況。因此,若要瞭解韓朋故事的原貌,需要打開文學這一框架,從跨學科的角度來動員人文學的各方面的方法與資源。

例如,在韓朋傳説的産生與流傳過程中,《彤管新編》中的兩首《烏鵲歌》與變文《韓朋賦》中歌謠①②之間一定隱藏了很多不爲人知的問題。在《彤管新編》中,在兩首《烏鵲歌》之後,以"答夫歌"爲題收録了《搜神記》中的"其雨淫淫"歌謠(《古詩紀》卷一中題爲"韓憑妻答夫歌",明代梅鼎祚撰《皇霸文紀》卷六中題爲"遺夫書"。此外,該書在上述內容之後將"王利其生,不利其死,願以屍骨,賜憑而合葬乎"歌謠稱爲"與康王書",出典爲"干寶搜神記")。此外,以韓憑的"憑"字爲首,《彤管新編》與《搜神記》之間的共通之處有很多。然而,由於《烏鵲歌》不可能以現行《搜神記》版本爲出典,而且女主人公的最終結局有"自縊死"或者"化爲蝴蝶"(《太平寰宇記》卷十四所引《搜神記》中,有"化爲蝶"的説法,并且,李商隱曾在《青陵臺》一詩中有"莫訝韓憑爲蛺蝶"的詩句),以及青陵"臺今在開封"等情節均爲特異情況。《彤管新編》是以《彤管集》爲基礎版本的,但在《分類補注李太白詩》卷四《白頭吟》中楊齊賢注中有如下説法,可以説與其非常一致:

　　戰國韓憑,爲宋康王舍人。妻何氏美。使舍人,築青陵臺。何氏作

(接上頁)懷存想,發於吟詠。後婢往壽家,具述如此,并言女光麗。壽聞之心動,遂請婢潛修音問,及期往宿,壽蹻捷絶人,踰牆而入,家中莫知。自是充覺女盛自拂拭,説暢有異於常。後會諸吏,聞壽有奇香之氣,是外國所貢,一著人,則歷月不歇。充計武帝唯賜已及陳騫,餘家無此香,疑壽與女通。而垣牆重密,門閤急峻,何由得爾。乃託言有盜,令人修牆。使反曰,其餘無異。唯東北角如有人跡,而牆高,非人所踰。充乃取女左右婢考問,即以狀對。充秘之,以女妻壽。

詩曰，南山有鳥，北山張羅。鳥自高飛，羅當奈何。又，烏鵲雙飛，不樂鳳凰。妾是庶人，不樂宋王。遂自縊。韓亦死。王怒埋之。宿夕木生墳，有鴛鴦棲其上，音聲感人。化爲胡蝶。臺在開封。

因此，在這個意義上來説，解開圍繞《彤管新編》之謎，也即《烏鵲歌》的産生問題，對於變文《韓朋賦》歌謡①②的研究來説，是不可或缺的課題。

或許可以説，如果站在變文《韓朋賦》整體與歌謡之間關係這一立場上的話，那麼，容肇祖曾提出的變文《韓朋賦》中韓朋、貞夫死後故事與詩歌《爲焦仲卿妻作并序》（《孔雀東南飛》）之間存在密切的聯繫這一説法就需要引起注意[①]。《爲焦仲卿妻作》是東漢末期建安年間（196—220）作品，焦仲卿妻劉氏，名蘭芝，被夫家遣回，回到娘家而被逼再嫁，在這種情況下，焦仲卿妻投水自殺，而焦仲卿亦吊死在院里的樹上。《爲焦仲卿妻作》是在這一事件之後不久由無名氏所創作的享譽文壇的長篇叙事詩（1745字）傑作。容肇祖所指出的存在密切聯繫的部分是《爲焦仲卿妻作》的末尾部分，即夫婦墓前所植松柏、梧桐相連合一，一對鴛鴦在樹上相向鳴叫直到天明，現將原文摘録如下：

> 兩家求合葬，合葬華山傍。
> 東西植松柏，左右種梧桐。
> 枝枝相覆蓋，葉葉相交通。
> 中有雙飛鳥，自名爲鴛鴦。
> 仰頭相向鳴，夜夜達五更。
> 行人駐足聽，寡婦起彷徨。
> 多謝後世人，戒之慎勿忘。

從上文可知，該内容對於《搜神記》"宿昔之間……音聲感人"的

[①] 容肇祖《敦煌本〈韓朋賦〉考》，《敦煌變文論文録》，上海古籍出版社，1982年。初版爲1935年。

内容以及變文《韓朋賦》中"道東生於桂樹……還我本鄉"等内容帶來了影響。可以說變文《韓朋賦》受其影響這一點是非常明確的,這不僅與韓朋傳說在文學史意義上的產生具有直接關聯,蘊含着重大問題,而且,在變文《韓朋賦》的創作上具有不可忽視的影響。然而,遺憾的是,現今尚無真正意義上對變文《韓朋賦》所作的注釋工作。我們期待能有從跨學科的角度對其進行研究的成果。

五、《無名詩集》——圍繞變文《韓朋賦》的流傳

前文提到過,韓朋傳說在魏文帝撰《列異傳》中有收錄。考察諸文獻,可知其傳說故事亦可見於南齊焦度撰《稽神異苑》(佚失。《永樂大典》卷一四五三六中所引)、唐代李冗撰《獨異志》中以及《法苑珠林》卷二七等典籍,上述典籍中的相關内容均引自《搜神記》,因此,可以窺知《搜神記》所影響範圍之廣。與此相對,《韓朋賦》則是到了20世紀初,作爲變文之一才被人們所認識。然而,正如前文所述,《搜神記》無法解釋日本的《曾我物語》《三國傳記》以及《朗詠注》中的韓朋傳說,對於上述文本進行解說只能依靠變文《韓朋賦》。關於變文與日本文學的關聯,筆者曾就《父母恩重經變》《目連變》與《三國傳記》中的"父母恩德深重事"與"目連尊者救母事"等之間的關聯進行考察①。而前引《曾我物語》等文本與上述可謂完全相同的情況。而上述《三國傳記》中的情況則說明《大報父母恩重經》《目連救母經》是傳說和變文共同依據的經典,因此,可得出變文與傳說可謂兄弟般的關係的結論。然而,我們在《曾我物語》等文本與變文《韓朋賦》之間并沒有找到其共同依據的典籍,這是當前研究的最大難題。因此,關於《曾我物語》等文本與變文之間的關係方面,完全沒有研究途徑。

然而,最近關於韓朋傳說却有很多最新的研究成果,其研究與此前相比變化很大。這裏介紹一項關於韓朋傳說,尤其是關於變文《韓朋

---

① 《中世説話の文学史的環境》,I 三 4、5。

賦》傳播問題方面的重要研究成果。這就是陶敏、陶紅雨在2005年發表的《〈北户錄〉崔龜圖注所引〈韓朋賦〉殘文考論》的論文[①]（下文略稱爲"兩陶論文"）。如果用一句話來概括兩陶論文的成果，那就是發現了《四庫全書》本《北户錄》注中所引用的《韓朋賦》殘文。《北户錄》是晚唐段公路逗留嶺南期間所撰，對該地的珍稀物産進行介紹説明的三卷本書籍[②]。"北户"一詞指的是，由於地軸傾斜，北半球通常是陽光由南而來，然而在北回歸綫（北緯23度27分）以南的地方，陽光則是由北向南的方向，因此需要在房屋的北側安裝窗户（户），因此該詞是對嶺南的詼諧稱呼。針對《北户錄》一書，同時代的崔龜圖爲其加上了注釋，此人學識廣博，推知應爲嶺南人。

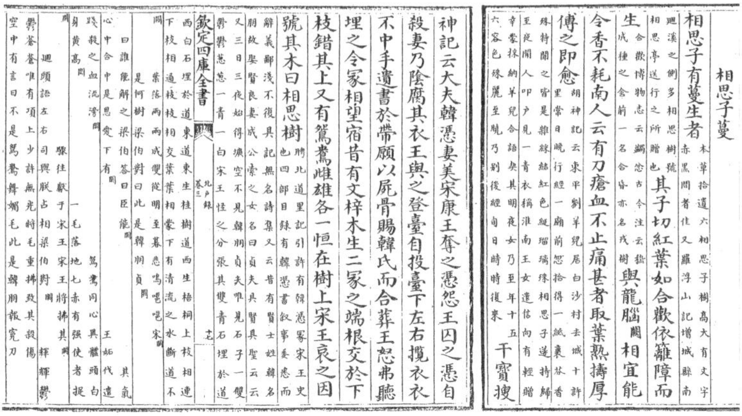

段公路在《北户錄》卷三"相思子蔓"條中提及《搜神記》結尾中的相思樹，而崔龜圖在對相思樹作注的時候引用了無名詩集。兩陶論文所探討的正是該無名詩集中所出現的殘簡。學界迄今爲止并未注意到這點的原因在於，崔龜圖的該注并没有出現在通行本崔龜圖注《北户錄》之中，將該注進行收録的是《四庫全書》中的《北户錄》（參見圖5）。

>> 圖5　文淵閣《四庫全書》本《北户錄》卷三"相思子蔓"崔龜圖注

---

① 陶敏、陶紅雨《〈北户錄〉崔龜圖注所引〈韓朋賦〉殘文考論》，《文史》2005年第4期。
② 關於段公路和《北户錄》，請參看鈴木正弘《段公路撰『北户錄』について——唐末期の嶺南に関する博物学の著述》，《立正史学》1996年第79期。

該《四庫全書》本爲兩淮鹽政采進本（《四庫提要》），是非常稀有的重要傳本。段公路在介紹"相思子蔓"的起源時，只是引用了《搜神記》一書，而崔龜圖注中所引用的却有《本草拾遺》《羅浮山記》《博物志》《古今注》《胡神記》等多種書籍。此外，關於段公路所引《搜神記》，崔龜圖亦加諸了《聘北道里記》《韓憑書》（據説四部目録中有收録）、《無名詩集》等罕見典籍，上述典籍均已佚失。因此，在考察變文《韓朋賦》的流傳問題上，能夠提供有價值參考的應該就是最後的《無名詩集》了。下面將上述崔龜圖注《北户録》原文抄録如下：

《北户録》崔龜圖注
聘北道里記引許有韓憑冢。宋王史也。四部目録有韓憑書。叙事委悉，而辭義鄙淺。不復具記。無名詩集又云，昔有賢士，姓韓名朋。故娶賢良妻。成公索之女，名曰貞夫。具賢具聖云云。又，三日三夜，始得壙空。不見韓朋貞夫，唯見石子一雙。郁郁蒽蒽，一青一白。宋王怪之，分張其雙。青石埋於道西，白石埋於道東。道東生桂樹，道西生梧桐。上枝相連，下枝相通。枝枝相交，葉葉相憐。下有清流之水，斷道不闕　葉落，兩兩成雙。從明至暮，悲鳴噰噰。宋闕　　　是何樹。梁伯對曰，此是韓朋貞闕　　　曰，誰能解之。梁伯答曰，臣能闕　　其氣，心中合中，是恩愛，下有闕　　　王妬伐，遣踐殺之，血流滂闕　　　鴛鴦。同心異體，頭白身黄。高闕　　一毛落地，七赤有強。使者捉闕　　　驟往，獻於宋王。宋王將拂，其闕　　回頭，語左右同，與朕占相。梁伯對闕　　輝輝，鬱鬱蒼蒼，唯有項上，少許無光。將毛重拂，致其殺傷。空中有言曰，不是鴛鴦舞媚毛，此是韓朋報冤刀。

令人驚訝的是，上述崔龜圖注中所引《無名詩集》中的内容與變文《韓朋賦》別無二致。這裏對此稍加探討。表一爲《無名詩集》的内容與變文《韓朋賦》之間内容的比對及其關聯（下劃綫處）。

首先從變文《韓朋賦》的故事情節出發，將《無名詩集》中的内容分爲a、b、c三個部分。變文《韓朋賦》與a、b、c之間的具體對應關係用下劃綫來表示。實綫部分爲兩者之間的直接對應關係，虛綫部分爲內容上的間接對應關係。從比較可以看出，《無名詩集》與變文《韓朋賦》內容基本一致。首先從兩者開頭部分來看：

　　a 昔有賢士，姓韓名朋。故娶賢良妻。成公索之女，名曰貞夫。具賢具聖云云（《無名詩集》）

　　a 昔有賢士，姓韓名朋……故娶賢妻，成功(公)索(素)女，始年十七，名曰貞夫。已賢至聖（變文《韓朋賦》）

　　從上述內容來看，兩個文本開頭部分內容非常相似。此外，關於《無名詩集》中b"三日三夜"的說法，變文《韓朋賦》中則有三處b"三日三夜"的說法，這三處說法均與《無名詩集》中的b相一致。然而，《無名詩集》的三處b的前後均有若干字節的省略。c的內容，在變文《韓朋賦》中則是大團圓的結局。最後，來看一下兩個文本中關於c內容的比對（表1）。

　　c 始得壙空。不見韓朋貞夫，唯見石子一雙。鬱鬱蔥蔥，一青一白。宋王怪之，分張其雙。青石埋於道西，白石埋於道東。道東生桂樹，道西生梧桐。上枝相連，下枝相通。枝枝相交，葉葉相蒙。下有清流之水，斷道不[1]（闕　　）葉落，兩兩成雙。從明至暮，悲鳴嗷嗷。宋[2]（闕　　）是何樹。梁伯對曰，此是韓朋貞[3]（闕　　）曰，誰能解之。梁伯答曰，臣能[4]（闕　　）其氣，心中合中，是恩愛，下有[5]（闕　　）王妬伐，遣踐殺之，血流滂[6]（闕　　）鴛鴦。同心異體，頭白身黃。高[7]（闕　　）一毛落地，七赤有強。使者捉[8]（闕　　）驟往，獻於宋王。宋王將拂，其[9]（闕　　）回頭，語左右司，與朕占相。梁伯對[10]（闕　　）輝輝，鬱鬱蒼蒼，唯有項上，少許無光。將毛重拂，致其殺傷。空中有言曰，不是鴛鴦舞媚毛，此是韓朋報冤刀。（《無名詩集》）

無名詩集	變文（賦）
無名詩集又云，昔有賢士，姓韓名朋。故娶賢良妻。成公索之女，名曰貞夫。其賢其聖云云。又三日三夜，始得壙空。不見韓朋貞夫，唯見石子一雙。鬱鬱葱葱，一青一白。宋王怪之，分張其雙。青石埋於道西，白石埋於道東。道東生桂樹，道西生梧桐。上枝相連，下枝相通。枝枝相交，葉葉相蒙。下有清流之水，斷道不（阌1）（　）從明至暮，悲鳴喤喤。宋（阌2）（　）葉落，兩兩成双。 ）是何樹。此是韓朋貞（　）曰，誰能解之。梁伯答曰，臣能（阌3）（4ab）（　）其气，心中合中，是恩愛，下有（阌4b）（　）王妃伐，遣踐殺之。血流滂。鴛鴦，同心異体，頭白身黄。高（阌5）（　）一毛落地，七尅有強。使者捉（阌6）（　）驟往，献于宋王。宋王將扑，其（阌7）（阌8）（　）廻頭，語左右司，与朕占相。梁伯対（阌9）曰，輝輝，鬱鬱蒼蒼，唯有（阌10）項上，少許無光。空中有言曰，不是鴛鴦舞媚毛，此是韓朋報冤刀将毛重扑，致其殺傷	昔有賢士、姓韓名朋、少小孤單、遭喪遂失其父、獨養老母。謹身行孝、用身為主意遠仕。成功索女、始年十七、名曰貞夫。已賢至聖、明顯絶華、刑容窈窕。憶母獨注〔母〕、故娶賢妻、天下更無。雖是女人身、明解経書、凡所造作、皆今天符…… 三日三夜……〔b〕 三日三夜……〔b〕 三日三夜……〔b〕 即遣使者、走報宋王。王聞此語、甚大嗔怒、床頭取剣、殺臣四五。飛輪来走、百官集聚。見貞夫、唯得兩石、一青一白。宋王親之、青石埋於道東、白石埋於道西。道東生於桂樹、道西生於梧桐。枝枝相当、葉葉相籠、根下相連、下有流泉、絶道不〔通〕宋〔解之〕王即遣人拕不問曰、此是韓朋〔之樹〕。是何樹。梁伯対曰、葉葉相籠、〔根下相連是其恩、〔根〕下相連是其意、誰能解之。梁伯対曰、臣能〔解之〕宋〔解之〕王即遣枝相当之。3日三夜、血流汪。汪、二札落水、変成双鳥。宋王得之、即遣磨扑其身、大好光彩。唯有項上未好、即将磨扑有一毛羽、甚好端正。3日三夜、血流汪汪、二札落水、変成双鳥。宋王得之、遂即磨扑其身、変成双鳥。唯有項上未好、即将磨扑其頭即落、其頭即落、枉殺賢良。未至三年、宋國滅亡。梁伯父子、配在辺疆。行善獲福、行惡得殃

>> 表1 《無名詩集》（崔龜圖注所引）與變文《韓朋賦》

c 天下大雨，水流壙中，難可得取。梁伯諫王曰，只有萬死，無有一生。宋王即遣人掘之。不見貞夫，唯得兩石，一青一白。宋王觀之，青石埋於道東，白石埋於道西。道東生於桂樹，道西生於梧桐。枝枝相當，葉葉相籠，根下相連，下有流泉，絕道不[1]（通）。宋[2]（王出遊見之，問曰，此）是何樹。梁伯對曰，此是韓朋[3]（之樹）。誰能解之。梁伯對曰，臣能[4a]（解之。枝枝相當是其意，葉葉相籠）是其恩，（根下相連是）其氣，下有[5]（流泉是其淚。宋）王即遣人誅伐之。三日三夜，血流汪[6]（汪。二札落水，變成雙）鴛鴦，舉翅高[7]（飛，還我本鄉。唯有）一毛羽，甚好端正。宋王得之，遂即磨拂其（身，大好光彩。）唯有項上未好，即將磨拂項上，其頭即落。生奪庶人之妻，枉殺賢良。未至三年，宋國滅亡。梁伯父子，配在邊疆。行善獲福，行惡得殃。

　　從上述文本比對來看，兩個文本可謂互爲寫本，雖然明顯存在些許不同，但是完全一致的字句亦不止一二。因此，可以看出《無名詩集》和變文《韓朋賦》之間存在着密切的關聯。然而，上面《無名詩集》c部分有十處用括號括出來的文字缺失部分（《四庫全書》中將其用小字"闕"來表示。此處加上了數字），所缺失的文字大致在2—7字之間，基本上6字較多（第2、3、4、6、7、8）。令人驚訝的是，在比對過程中，通過使用變文《韓朋賦》的內容，可以將現行《無名詩集》中十處缺失文字的部分填補上八處。現將填補復原的內容用括號展示如下（依據變文《韓朋賦》原文，[ ] 中的內容爲筆者所補充）：

1. 絕道不（通）葉落
2. 宋（王出遊見之問曰此）是何樹
3. 此是韓朋貞（[夫]之樹 [宋王問]）曰誰能解之
4. 臣能（解之根下相連是）其氣
5. 下有（流泉是其淚宋）王妬伐
6. 血流滂（[滂] 二札落水變成雙）鴛鴦
7. 高（飛還我本鄉唯有）一毛落地

8. 宋王將拂其（身大好光彩）

　　從上述內容可知，《無名詩集》中所缺失的文字，通過變文《韓朋賦》可以得到復原。這充分說明其中所引用的韓朋傳說應該就是現行變文《韓朋賦》本身。崔龜圖除了在《北戶錄》卷三"相思子蔓"的注釋中引用《無名詩集》，還在"鶴子草"的注釋中亦對其進行了引用（"鶴子草"即"鷺草"）。不僅崔龜圖，段公路自己亦在《北戶錄》卷三"香皮紙"（"香皮紙"爲廣東地區特產的紙名）中引用了《無名詩集》①。這說明《無名詩集》對中國南方地區的物產非常熟知。這裏需要提起注意的是，從中國西部出土的變文《韓朋賦》已經在當時尚未開化的中國南方的廣東周邊開始流傳的情況。韓朋傳說在南方受人歡迎、廣爲流傳的情況，從段公路自身在關於"相思子蔓"的說明中引用《搜神記》這點就能看出來。此外，晚唐劉恂撰的《嶺表錄異》中，在關於"韓朋鳥"的介紹中亦引用了《搜神記》。其中，對擁有傳說男主人公名字的鳥，有如下記載："韓朋鳥者，乃鳧鷺之類。此鳥每雙飛，泛溪浦。水禽中鸂鶒、鴛鴦、鵁鶄，嶺北皆有之，惟韓朋鳥未之見也。"從這裏可知，韓朋鳥是南方特有鳥類。如上所述，韓朋傳說在唐代已經在南方廣爲流傳，并且變文《韓朋賦》亦已流傳開來。因此，結合貞女峽傳說，關於韓朋傳說的傳播與接受方面的問題，是今後一大重要課題。

　　此外，以《無名詩集》爲媒介，變文《韓朋賦》從敦煌向廣東地區的傳播問題，對於以研究變文爲中心的中國俗文學研究亦是以往所不曾涉獵的重大發現。變文絕不是只限於敦煌地區的文學形式。這一點在考察變文《韓朋賦》與日本文學之間關係方面亦能有所突破。例如，作爲假說，《朗詠注》等中的韓朋傳說很有可能是通過《無名詩集》等典籍，接觸到作爲出典的變文《韓朋賦》而被編寫出來的。古代日本傳入了數

---

① 爲方便參考，現將《北戶錄》原文以及崔龜圖注中所引《無名詩集》摘錄如下，《北戶錄》卷三"香皮紙"所引《無名詩集》："武舍之中行雲，胡從何等來，氍毹氍毹五木香。"《北戶錄》卷三"鶴子草"崔龜圖注所引《無名詩集》："無名詩集，月黃星黶，鵝黃黎黶，皆數。"

量衆多的漢籍，其中很多已經散逸不見。例如，9世紀編撰的藤原佐世的《日本國見在書目錄》卷卅九《別家集》中有如下記載：

無名師々十[集]
無名々十[集]
無名々十八[集]

此外，在通憲入道藏書目錄中，亦有"無名抄一帙"等記載。上述情況，對我們考察變文《韓朋賦》在日本的傳播情況等方面提供了各種想象的空間。前文曾提及的早川光三郎認爲《曾我物語》的原典即爲變文《韓朋賦》的說法，亦應有其依據。

在《曾我物語》中韓朋傳說的大團圓結局處，出現了鴛鴦的形象。這在變文《韓朋賦》和《搜神記》中完全一致，鴛鴦可謂象徵韓朋傳說的鳥類，并且，擁有劍羽（思羽）的鳥應該也只有鴛鴦了。在這次考察韓朋傳說之時，筆者發現了鴛鴦身上存在着一個意想不到的重大問題，下文將有所涉及。前文在考察鴛鴦之時，提到了《海道記》中的鴛鴦劍羽。其中提及了《新大系》腳注中對"劍羽"的解釋："'劍羽'爲鴛鴦雄鳥身體兩側所長銀杏葉形狀的羽毛。思羽。"鴛鴦是日本古代就很知名的鳥類，古代《日本書紀》歌謠中曾有如下對鴛鴦的詠歎。

山川に鴛鴦二つ居て偶よく（《日本書紀》二十五大化五年三月）
山川居鴛鴦，二隻好配偶（中譯）
鴛鴦の住む君がこの山齋今日見れば（《萬葉集》4511）
鴛鴦與君住，山齋今日見（中譯）
鴛鴦の惜しき我が身は（《萬葉集》2491）
鴛鴦惜我身（中譯）

關於"鴛鴦"，《日本國語大辭典》第二版中有如下說明："雁鴨科水鳥。全長約45厘米。雄鳥美麗，背部有通稱爲'思羽'的銀杏葉狀羽毛。雌鳥全身顏色灰暗，背部爲暗褐色。雄鳥在夏季會變成與雌鳥同樣的顔色。在河流、湖泊等地成群棲息，夏季通常會在深山樹上洞穴做巢産卵。分布於西伯利亞東南部、中國和日本等地。學名爲 *Aix galericulata*。"（請參照圖6）從上文來看，前文提及的《海道記》的說法沒有問題。

然而，讓筆者驚訝的是，在參考文獻中讀到青木正兒名著《中華名物考》（1959）的時候，其關於"鴛鴦與鸂鶒"的介紹讓筆者愕然。青木正兒認爲，所謂的"鴛鴦"并不是真正意義上的"鴛鴦"。下面介紹他關於"鴛鴦與鸂鶒"的原文①：

我上學的時候，有一次回到下關的老家，發現院子池塘中游着一隻不知是野鴨還是鴛鴦的沒見過的水鳥。據說是鄰居從朝鮮帶到日本送給我家的，雖然不知道學名叫什麽，但據說送的人將其稱爲"朝鮮鴨"。因爲家裏池塘小，氣候也不合適，加之飼養方法不當，很快就死了。後來再回去就沒有見過。後來在某個機會得知漢字寫作"鴛鴦"的鳥並不是日本人通常說的"鴛鴦"，日本人通常所說的"鴛鴦"其實就是"鸂鶒"。想來，我家原來在池塘里養的"朝鮮鴨"應該就是漢字稱謂的"鴛鴦"。宋代羅願的《爾雅翼》卷十七"鴛鴦"條中有如下說明：

鴛鴦蓋鳬屬。其大如鶩，其質杏黃色，頭戴白長毛，垂之至尾，尾與翅皆黑。今婦人閨房中飾以鴛鴦，黃赤五彩，首有纓者，乃是鸂鶒耳，然鸂鶒亦鴛鴦之類，其色多紫。李白詩所謂"七十紫鴛鴦，雙雙戲亭幽"，謂鸂鶒也。

明代李時珍在其《本草綱目》卷四十七之"鴛鴦""鸂鶒"條中有如下概括：

鴛鴦，鳬類也。大如小鴨。其質杏黃色，有文采，紅頭翠鬣，黑翅黑尾，紅掌，頭有白長毛垂之至尾。

鸂鶒，其形大於鴛鴦，而色多紫，亦好并遊，故謂之紫鴛鴦也。毛

---

① 青木正兒《中華名物考》，春秋社，1959年，名物零落（2）。"鴛鴦與鸂鶒"亦收錄於《全集》8。

有五采，首有纓，尾有毛如船柁形。

根據上述內容，可知日本所謂的"鴛鴦"實際上是"鸂鶒"。其如"船舵形"的毛羽正是日本古典中所謂的"劍羽"或"思羽"。而鴛鴦則沒有劍羽，從整體上來看沒有鸂鶒漂亮。天明年間，岡元鳳的《毛詩品物圖考》中曰"日本不產鴛鴦，時有船舶來者"。這正讓我聯想起了鄰居曾經從朝鮮帶回送給我家的那隻鴛鴦。

圖6爲明末清初陳淏子所撰《秘傳花鏡》（亦作《花鏡》）卷四中所收錄的鴛鴦和鸂鶒圖，該圖亦作爲青木正兒上述文章的插圖出現。

青木正兒在上文中提到自己年輕時見到過鴛鴦，并對鴛鴦特點進行概括。概括而言，即用漢字稱呼的"鴛鴦"其實并不是日本人通常所說的"鴛鴦"，而是"鸂鶒"。青木在考證時所使用的是《爾雅翼》和《本草綱目》二部典籍。在考證完畢之後，青木作出如下結論：

根據上述內容，可知日本所謂的"鴛鴦"實際上是"鸂鶒"。其如"船舵形"的毛羽正是日本古典中所謂的"劍羽"或"思羽"。而鴛鴦則沒有劍羽，從整體上來看沒有鸂鶒漂亮。

>> 圖6　鴛鴦（左）與鸂鶒（右）(《秘傳花鏡》)

接下來，青木下面的附言亦很重要，"天明年間，岡元鳳的《毛詩品物圖考》中曰'日本不産鴛鴦，時有船舶來者'"。在這之後，青木做了"這正讓我聯想起了鄰居曾經從朝鮮帶回送給我家的那隻鴛鴦"的結尾。青木的這番考證被稱爲"名物學"，其論證前後呼應，邏輯自洽。

那麼，正如青木所指出的那樣，我們通常稱爲"鴛鴦"的鳥其實并不是"鴛鴦"，而是叫做"鸂鶒"的鳥。從根本上來說，日本其實没有"鴛鴦"，我們通常也見不到鴛鴦①（岡元鳳的《毛詩品物圖考》〈天明五年［1785］刊行〉卷四"鳥"部"鴛鴦於飛"中有"倭中不産鴛鴦。時有海舶來者"的説法）。然而，説古代人没見過鴛鴦的説法有點難以理解。也就是説，原來的那種將該鳥看作鴛鴦的想法如何而來呢？而且，將"劍羽"或"思羽"等銀杏羽看作鴛鴦之羽的説法是否正確呢？

六、鴛鴦與鸂鶒——鴛鴦劍羽

青木正兒的見解，有着讓筆者非常驚訝的内容，這亦使得筆者的考察方向開始轉向"鴛鴦"一詞的詞語史方面。在回顧日語"おし（どり）"和"鴛鴦"之間關聯的時候，更讓筆者驚訝的是，還有一個人物與青木

---

① 岡元鳳曾指出朱舜水（1600—1682）也有過同樣的説法。他在新井白石的《東雅》卷十七"禽鳥"中"鴛鴦"的附注中作過如下説明："朱舜水亦指出'鴛鴦'乃'鸂鶒'也。此國見不到鴛鴦。《本草綱目》中'鸂鶒形大於鴛鴦'的説法有誤。東璧［李時珍的字］雖作'鴛鴦'注解，但并非'鴛鴦'。藏器《本草》中有'形小於鴨'的説法。舜水之時，應非訛傳。此物之名，上古之時未聞。應是後來之人見其雌雄未曾相離而賦予其名。"此外，人見必大的《本朝食鑑》［1697年刊］卷六"華和異同"中"鴛鴦"中有"必大按，本邦未見若斯者，本邦自古稱鴛鴦者，鸂鶒也"。此外，《東雅》中亦有如下説法："《倭名抄》中引用崔禹錫［崔豹之誤。有可能與掌禹錫（《嘉祐本草》撰者）相混淆］的《古今注》，'鴛鴦即おし，雌雄未曾相離。人得其一，則其一思而死。故名匹鳥也'。《漢語抄》中有'鸂鶒'注中説，'據陳藏器《本草》説，此鴛鴦即鸂鶒'［陳藏器《本草》爲陳藏器所撰《本草拾遺》十卷，其中并没有鴛鴦和鸂鶒的條目。因此，這一説法看起來是新井白石的誤解，但是，實際上在李時珍的《本草綱目》中將原本應爲"嘉祐本草"的寫法錯誤寫作"藏器曰"（金陵本亦爲"藏器曰"），新井白石的誤解應該源於此］。正如楊氏所言。然唐人詩中，賦爲紫鴛鴦，則爲此物，用鴛鴦之字，不應爲誤，乃爲不解鴛鴦之義。"早於《和名抄》一個多世紀，也就是説，早於被齋一個多世紀，新井白石就能做出上述結論，表明了其遠見卓識。

有着同樣的見解。那就是考證學者狩谷棭齋（1775—1835），其《箋注和名類聚抄》在當今仍有很高的學術價值。在其卷七"鴛鴦"箋注中，除了有與上述青木同樣的見解，還明確提出了古代日本"おし（どり）"詞語史及其概念的形成史存在巨大的問題。下面，筆者將引用狩谷棭齋的《箋注和名類聚抄》，對其見解進行介紹說明。在此之前，筆者將青木所提倡的名物學的内容作爲鋪墊。其理由在於名物學這一學問與狩谷棭齋的方法有着密切的關聯。

關於名物學這一學問，青木首先引用了白井光太郎的《本草學論考》，對其進行定義[①]：

所謂名物學是將物之名稱與其實物進行對照調查，將歷史上各種典籍中出現的禽獸草木以及物品的名實進行區別分辨。此學問很有必要。典籍中寫有各種物品，但如果不知道實物是什麽就不是對該典籍的真正理解。名物學在古代很必要，在當今亦很必要。（3頁）

接下來，青木指出名物學的起源，"作爲訓詁學的一部分，與其有着密不可分的關係而產生發展起來"（5頁）。《爾雅》十九篇是現存最早的訓詁書，到了東漢劉熙撰《釋名》八卷本之時，名物學得以獨立。然而，《釋名》系統則在此後斷絕，《爾雅》系統與從《詩經》訓詁學所分離出來的系統構成了名物學的骨架，并促進其發展。對於後者，青木進行了如下説明：

因爲《爾雅》亦是以《詩經》的訓詁爲主幹而發展起來的，因此，名物學的根源可謂在於《詩經》的名物研究。那麼，《詩經》的名物學因何會被重視呢？那是因其根植於孔子的詩教。在《論語·陽貨》篇中，孔子列舉了學詩的七條益處，最後一條是"多識於鳥獸草木之名"。因爲《詩經》中歌詠了很多動植物的名稱，通過學習《詩經》，可以對其進行識別，這是孔子的教誨。這亦是後世多《詩經》名物學研究出現的原因，

[①] 青木正兒《中華名物考》"名物學序説"，第3頁。

因此可將其稱爲"多識之學"。此後首先出現的是三國時期（三世紀前期）吳國陸璣的《毛詩草木鳥獸蟲魚疏》。（13頁）

在此，需要提起注意的是，"名物學的根源可謂在於《詩經》的名物研究"這一説法。因爲《詩經·小雅》中有"鴛鴦"。青木認爲"真正的名物學從這裏開始"（13頁）。在該部分的最後，青木舉出了"天明年間，岡元鳳的《毛詩品物圖考》"七卷本爲參考依據，以該書中"日本不產鴛鴦"（268頁）的説法爲證據。青木進而指出，在《爾雅》系統中，宋代有"兩大專門研究名物的名著"（15頁）。其一爲陸佃撰《埤雅》二十卷，"另一部爲南宋初期羅願的《爾雅翼》三十二卷。根據自序可知，該書於孝宗淳熙元年（1174）完成。類分六門，即釋草、釋木、釋鳥、釋獸、釋蟲、釋魚。此書考據精博在陸氏《埤雅》之上，并且主要在形狀之描述上明確詳盡，可謂已然脱離了訓詁學的範圍達到名物學的境地。并且在保持與經學之關係的同時，仍存明經之意，其本身仍保持與本草學不同之性格"（15頁）。

在前文關於鴛鴦和鸂鶒的內容中，該書卷十七"鴛鴦"詞條曾作爲引文被青木引用。關於上述這種獨立的名物學研究，青木以"名物學的發展"爲題專設一節，對名物學的發展過程分了從甲至己六個方面，并逐次進行了説明：（甲）禮學（方面），（乙）格古，（丙）本草，（丁）種樹，（戊）物產，（己）類書。

首先是（甲）禮學，在關於《周禮》《儀禮》《禮記》"三禮"方面，"其中多含服飾、器用、飲食、宮室等之名及其解説"（17頁）。其次是（乙）格古，所謂格古，是"通過鑑賞辨別古器物，來考察器物的性狀爲其重"（17頁）。第三是（丙）本草，"藥物學中，動植物、礦物等名甚多，其等以藥效研究爲最終目的，但其性狀的識別研究"則與名物學相關聯。第四是（丁）種樹，"是爲園藝學，究其作物之性狀"（17頁）。第五是（戊）物產，在"研究記錄諸國物產"（17頁）方面，與名物學相關聯。最後是（己）類書，青木認爲"將自古以來關涉萬般物品事象方面的文獻進行分類編輯，以爲研究者提供索引之便，其中關於名物文獻居多，且包含以名物爲主所編文獻，可謂斯學資料之一大淵叢"（17—18頁）。青木在闡述上述名物學發展過程之後，主要説明了自清代開始，名物學與考證學合二爲一的過程，篇幅有限，下面將就上述發展過程中的具體問題進一步説明。其理由在於，後文所提到的源順（911—983）的《和名類聚抄》，如果從日本文學的立場來看，是國語史研究中不可或缺的漢和體古辭書，但是青木給其的定位則令我震撼，青木在（己）類書的末尾説道，"如我國平安中期出現的源順《和名類聚抄》二十卷本之流，是爲以漢名之上加諸和名爲主旨的語言方面之類書，因其致力於通過多方漢籍的引用來明確物之性狀，可謂達到類聚性名物學之境地"（24頁）。這是將《和名類聚抄》看作是中國學的一個領域的看法，如此明確的定位的確意味深刻，值得注意。當然，對其進行注釋的狹齋的方法亦稱得上是扎根於考證意義上的名物學的。

此外，針對青木所述"鴛鴦與鸂鶒"之間的關係的問題，前文圖6中所提到的明清之際陳淏子所撰《秘傳花鏡》等典籍是非常重要的園藝書籍，并且，早在昭和十八年（1943）就有杉本行夫的日譯本出版，而青木爲其作序①（《秘傳花鏡》日譯本之序）。而圖6則是青木從該名物學典籍中所引。此外，青木在關於（戊）物産方面的論述亦不可忽略，摘録如下：

此（晉嵇含撰《南方草木狀》三卷）後，唐代段公路之《北户録》三卷亦爲作者在廣州居住期間所著記録當地風土物産之書。唐代劉恂的《嶺表録異》三卷亦同樣是記録廣東地區物産的書籍。由於廣東與中央風土不同，珍稀物産較多，關於此方面著録的書籍後來亦陸續出現。

段公路在《北户録》中對"相思子蔓"做了記録（爲其作注的崔龜圖所引的《無名詩集》中又引用了變文《韓朋賦》），劉恂在《嶺表録異》中

---

① 青木正兒《中華名物考》"發端"（《秘傳花鏡》譯本序）。

對韓朋鳥做了記錄,從根本上來説,上述記錄均爲對廣東地區特産之植物或鳥類所作的名物學意義上的記録。從這個角度來説,我們在上述内容中追溯了唐代名物學的成果。最後,將對(丙)本草的項目進行引用。在箋注中,柀齋所引用的本草書目有《證類本草》《嘉祐本草》等。關於其引用,他在注解之中一方面對各系統的分流進行説明,一方面做了儘量具體的講解。在下文的引用中,青木一方面對本草學這一普遍概念進行説明,另一方面將其歷史上的基本知識亦普及出來。

(丙)本草方面　本草是藥物學兼動植礦物方面的學問。此學在周代已有相關著作,從《史記》列傳記載來看,丞相李斯上書皇帝建議禁止流通的書籍之外的典籍有"醫藥、卜筮、種樹"等。然而,《漢書・藝文志》中却一部本草方面的書籍都没有記載。而《隋書・經籍志》中却有很多記載。其中最早的當屬《神農百草》八卷本,雖然編者不詳,但却記載了有可能是張仲景或華佗的説法。撰者名字有明確記載的最早的典籍有東漢末蔡邕的本草與華佗弟子吴普的本草。此學應從此時開始興盛。其後,南朝梁之陶弘景精於此學,著有《本草經集注》七卷本,但佚失没有流傳。唐代蘇恭、陳藏器、李珣等有所著述,但均佚失没能流傳。現存的有宋代編著的唐慎微《經史證類大觀本草》三十一卷本、《重修政和經史證類備用本草》三十卷、寇宗奭《圖經衍義本草》四十二卷。其後到明朝萬曆十八年(1590)完成的李時珍《本草綱目》五十二卷成爲此學集大成者。本草學是以藥性研究爲前提而以其名物學方面的研究爲必須,因此,是名物學者們寶貴的財富。然而,對於日本人來説,研究上的第一障礙是動植物的漢名與和名之間的對應關係,因此我們必須繼承先賢的研究成果,主要有平安時代深江(根)輔仁的《本草和名》與丹波康賴的《本草和名傳抄》。其後,江户時代貝原益軒的《大和本草》二十卷以及小野蘭山的《本草綱目啟蒙》四十八卷,則相對於藥性更重視動植物學方面的研究,可謂本草名物學。

下面,筆者將《箋注和名類聚抄》七羽族部的鳥名"鴛鴦"原文摘錄如下（其**大字**爲《和名抄》原文，中字爲其原注，小字爲梜齋所作箋注。箋注之底本爲十卷本，對於本條來説，暫不探討其與二十卷本之間的差異）：

崔豹古今注云，"鴛鴦〈宛鴦二音，乎之。漢語抄云，"鸂鶒其音溪敕"。○下總本有和名二字。本草和名，"鴛鴦，和名乎之"。乎之，又見孝德紀野中川原史滿歌。下總本有楊氏二字。吳都賦注云："鸂鶒，水鳥也。色黃赤有斑文。"按證類本草引嘉祐本草，鴛鴦、鸂鶒並載。又李時珍曰："鸂鶒，其形大於鴛鴦，而多紫。亦好並遊。故謂之紫鴛鴦也。"是鴛鴦、鸂鶒不同可見也。本草和名以鴛鴦爲乎之，漢語抄以鸂鶒爲乎之。二説不同。源君混引爲一條非是。按爾雅翼："鴛鴦，其質杏黃色。頭戴白長毛，垂之至尾，尾翅皆黑。今婦人閨房中，飾以鴛鴦黃赤五采者。有纓者皆鸂鶒耳。然鸂鶒亦鴛鴦之類，其色多紫。"嘉祐本草云："鸂鶒五色。尾有毛如船舵。小於鴨。"今乎之其色多紫，有羽如船舵。謂之思羽。無頭長毛至尾者。依之乎之非鴛鴦，以充鸂鶒爲允。〉**雌雄未嘗相離，人得其一則其一思而死。故名匹鳥也"**〈○伊勢本無下其字。原書鳥獸條作"則一思而至死"。太平御覽引作"則一者思死"。並無其字。與伊勢本合。原書名作曰。太平御覽作"謂之"二字。〉

注

一、爲《和名抄》的原文。晉崔豹撰《古今注》卷中"鳥獸第四"中有"鴛鴦……雌雄未嘗相離。人得其一則一思而至死，故曰疋鳥"（《增訂漢魏叢書》）。"疋"爲"匹"（《和名抄》），漢語中原本爲不同的字，因爲日語發音相同，因此作爲同字處理。

二、爲《和名抄》的原注。（直到○爲止。○以下爲狩谷梜齋之箋注）。《漢語抄》爲源順所引用的内容。

三、《漢語抄》（二十卷本《楊氏抄》）亦稱《楊氏漢語抄》，曾被認爲是楊梅顯直在寬平年間（889—897）所撰，現在的觀點認爲是楊胡史真身所撰，創作時間提前到養老年間（713—724）。其十卷本現存若干，極爲簡略，今本中没有"鴛鴦"條。從《和名抄》中《楊氏漢語抄》的其他引用内容來看，此處應爲"鸂鶒［乎之］其音溪敕……"。

四、《本草和名》亦稱《輔仁本草》，爲深江（根）輔仁於延喜年間（901—923）受敕命而撰，爲漢和對照本草書，二卷。以唐代《新修本草》二十卷（佚失）爲基礎，上卷收録了卷十三"木中"之前的内容，下卷收録了卷十四"木下"之後的内容。在《本草和名》卷下十五分的"禽獸"中，有"鴛鴦……和名乎之"的説法。此外"乎之，又見孝德紀野中川原史滿歌"指的是《日本書紀》卷十五孝德天皇大化五年三月的記載，其内容如下："於是，野中川原史滿，進而奉歌。歌曰：'山川居鴛鴦，兩隻好配偶，誰牽妹之手。'"

五、《文選》卷五《吴都賦》"鸂鶒"條中有李善注"鸂鶒，水鳥也。色黄赤有斑文"的説法。

六、在了解《證類本草》《嘉祐本草》之時，需要對中國南北朝之後的本草典籍的脈絡有所了解。岡西爲人所著《本草概説》[①]恰好解決了這一問題。下面，筆者將通過岡西的書籍，將南北朝之後的發展脈絡進行簡單説明。

中國的本草學，由南朝陶弘景於齊梁年間整理了《神農本草經》三卷，並創作《神農本草經集注》七卷，從而奠定了本草書的基礎。唐以後，蘇敬等人於顯慶二年（657）奉高宗之敕編撰《新修本草》二十卷，其本經367種、別録369種，新增114種本草，共收録850種本草（佚）。其後多數本草書，皆以此書爲基礎。其後，陳藏器於開元二十七年（739）編撰《本草拾遺》十卷（佚），收録了《新修本草》所未收録的本草（後述。據唐慎微考證，共有488種，但只是其中的一部分）。北宋時，開寶六年（973），劉翰奉太祖敕命撰《開寶新詳定本草》二十卷，開寶七年進行修訂，撰《開寶重定本草》二十卷（均佚）。後者在《新修本草》的850種之上，又加入新藥134種，總共收録984種本草。柀齋在箋注中所説

---

① 岡西爲人《本草概説》，創元社，1977年。

的《嘉祐本草》，其全稱爲《嘉祐補注神農本草》，二十卷，爲掌禹錫等人在嘉祐二年（1057）受仁宗之詔，於嘉祐六年（1061）編寫完成（佚）。之所以被稱爲"補注"，是因爲該書直接繼承了《開寶重定本草》的原文，只是在原來984種的基礎上，新增了100種，共收錄了1084種本草。值得一提的是，新增的100種本草共分兩類，唐以後的83種被稱爲"新補"，當時的17種被稱爲"新定"。需要引起注意的是，本論中所要探討的鴛鴦、鸂鶒是在新增的83種"新補"類別中。也就是說，鴛鴦、鸂鶒等鳥類，在《嘉祐本草》之前的本草書上並沒有記載，直到《嘉祐本草》才開始有其記錄。這就是板齋之所以在無數的本草典籍中唯獨提及嘉祐本的原因。《嘉祐本草》之後的便是《證類本草》。《證類本草》的全稱爲《經史證類本草》，存在若干個系統。最早的《證類本草》是紹聖四年（1097）之後由唐慎微所編《經史證類備急本草》三十一卷，但在尚未完成未刊載的狀態下就佚失了。萬幸的是，其全部內容被其後的《大觀本草》《政和本草》所繼承（上述三部典籍爲通常所說的"證類本草"），因此我們今天亦能窺知其內容。證類本草之中，現存的有《大觀本草》和《政和本草》。《大觀本草》全稱爲《經史證類大觀本草》，三十一卷，由艾晟在唐慎微的基礎上進行若干增刪，於大觀二年（1108）刊行，作爲證類本草中最初的刊本，獲得高度評價；《政和本草》全稱爲《政和新修經史證類備用本草》，三十卷，奉徽宗之敕由曹孝忠對前者進行校正，並於政和六年（1116）刊行。南宋淳祐九年（1249）蒙古張存惠刊行《重修政和經史證類備用本草》三十卷，而明代李時珍的《本草綱目》則正是基於此書而作。在理解上述內容方面，岡西爲人製作的"主要本草系統表"（54—55頁）與"證類本草版本系統表"（146—147頁）非常明瞭易懂，引用如下（圖7）[①]：

關於板齋所使用的《證類本草》，筆者想請教專家啓示，《大觀》《政和》兩部本草均在卷十九禽部的"十三種新補"之中的末尾十二、十三處

[①] 圖7中的1、2均引自岡西爲人的《本草概說》。

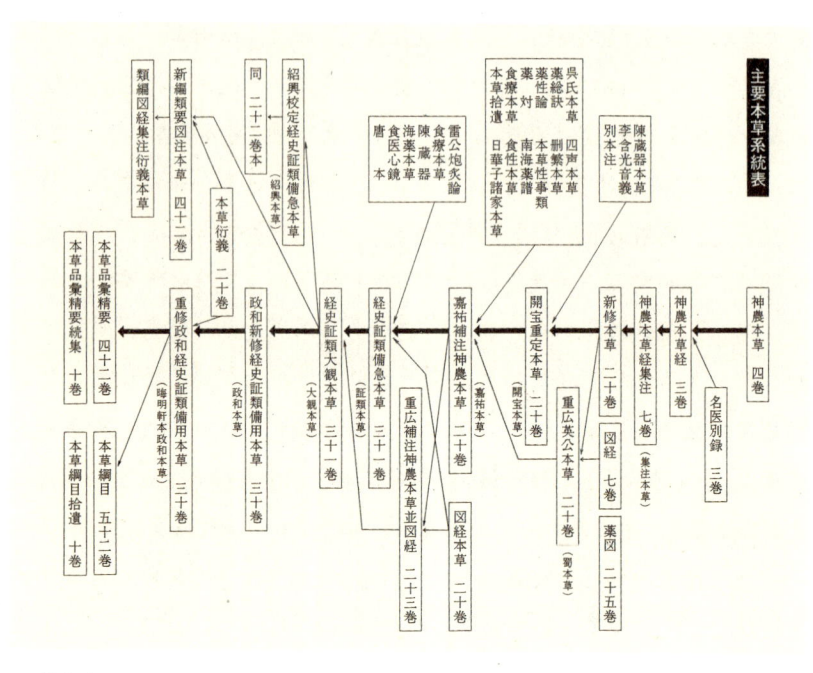

>> 圖 7-1

>> 圖 7-2

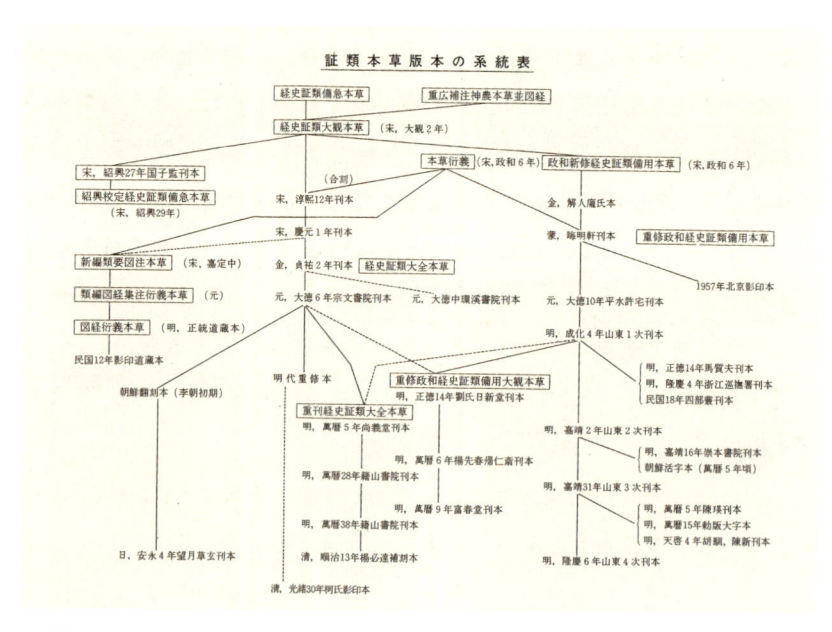

作了鴛鴦、鸂鶒的記録，並均在文末加了"新補"的小字注釋，這説明此内容是《嘉祐本草》的"新補"内容（其原文將在注［十一］中摘録）。二鳥應該是不同的鳥。

七、明代李時珍撰《本草綱目》卷四十七禽部"鸂鶒"釋名中，有"其形大於鴛鴦，而色多紫，亦好並遊，故謂之紫鴛鴦也"的説法。"鸂鶒"的前一項是"鴛鴦"，這裏將二鳥當做不同的鳥來處理。

八、請參照注四。

九、請參照注三。

十、宋代羅願的《爾雅翼》第十七卷"釋鳥五"之"鴛鴦"中有"（鴛鴦）其質杏黃色。頭戴白長毛，垂之至尾，尾與翅皆黑。今婦人閨房中，飾以鴛鴦黃赤五彩，首有纓者，乃是鸂鶒耳。然鸂鶒亦鴛鴦之類，其色多紫"的説法。

十一、《嘉祐本草》中有"鸂鶒五色。尾有毛如船柂。小於鴨"的説法（柯氏本《大觀本草》卷十九禽部"十三種新補"之"溪鵝"所引。《政和本草》有同樣記録）。《嘉祐本草》此後又引用了吴國沈瑩所撰《臨海異物志》（《太平預覽》卷九二五所引），這是關於鸂鶒的最早文獻。此外，關於鸂鶒尚有南朝宋謝惠連（以《康熙字典》為首，經常被人們把他和其兄謝靈運弄錯）的《鸂鶒賦》（《漢魏六朝百三家集》卷七十一所引）非常有名。

十二、原書指的是單行《古今注》。請參照注（一）。《古今注》亦被《太平御覽》所引，其卷九二五中有"古今注曰，鴛鴦……雌雄未嘗相離。人得其一則一者相思死。故謂之疋鳥"的記載。柀齋所説的a《和名抄》、b《古今注》以及c《太平御覽》所引《古今注》三者之間的異同如下所示：

a 人得其一則其一思而死，故名匹鳥也

b 人得其一則一思而至死，故曰疋鳥

c 人得其一則一者相思死，故謂之疋鳥

七、《和名抄》及其箋注

下面將以上述箋注的注解爲參考，梳理梂齋的見解。梂齋的見解集中在"吴都賦注云"之後的内容（從注釋順序來看，在注五之後）。筆者將其分爲兩部分，前半部分爲注五至注十，後半部分在注十之後。

在前半部分，梂齋首先從《吴都賦》的注釋開始，對鸂鶒進行説明。接下來，提到《嘉祐本草》（《證類本草》所引）中對鴛鴦和鸂鶒均有記載，并且引用了李時珍對鸂鶒的説明（這裏提到了鸂鶒的别名"紫鴛鴦"的説法），并作出了鴛鴦與鸂鶒是不同種類的鳥的結論。换句話説，日文"おし（どり）"如果用中文名稱來對應的話，應該是"鴛鴦"和"鸂鶒"兩種鳥。接下來，梂齋提到了《本草和名》與《楊氏漢語抄》，針對《楊氏漢語抄》，源順在原注（注二所示）中指出其所探討的"鴛鴦"在《古今注》的發音爲"冤鴛"，是日本發音爲"乎之"的鳥。《楊氏漢語抄》中將"乎之"看作是"鸂鶒"，其發音爲"溪敕"。與此相對，針對《和名本草》，梂齋在源順的原文與原注中指出"鴛鴦……乎之"，并在箋注中提出其依據。梂齋指出在日本，針對"おし（どり）"，既有漢名將其稱爲"鴛鴦"的《本草和名》的説法，亦有將其看作是"鸂鶒"的《楊氏漢語抄》等兩種説法。指出源順在《和名類聚抄》羽族部的説法，正如"鴛鴦。崔豹古今注云……鴛鴦［原注］乎之。漢語抄云，鸂鶒"那樣，一方面引用《楊氏漢語抄》，一方面却將"おし（どり）"與漢名"鴛鴦"相對應，并且在結論中認爲這是"非是（錯誤）"的。

如上所述，箋注的前半部分可看成是針對源順《和名抄》中"鴛鴦"條記載，梂齋所進行的梳理和批判，這是箋注所要達到的目的。與此相對，從"按"開始的後半部分，則是梂齋闡述自身觀點的部分。前半部分的結論是"源君……非是"，最終結論是"源順錯誤"；後半部分則是梂齋自身的見解，有其重要意義。梂齋在引用了《爾雅翼》（青木亦引用此書）和《嘉祐本草》之後，指出鴛鴦和鸂鶒是不同鳥類，并且在此基礎上作出おし（どり）—鸂鶒（——并非鴛鴦）的結論。其依據爲

《爾雅翼》中的如下描述，（一）鴛鴦的體色（"杏黄色"）；（二）頭有白色長毛，垂至尾處；（三）女性在卧室中裝飾有鴛鴦五色，有纓翎的其實是鸂鶒；（四）鸂鶒體色多爲紫色；（五）《嘉祐本草》中所說鸂鶒有五色體色；（六）尾如船柂形。共有六個方面。其中（一）與（五）之間是對照，（五）與（三）亦有關聯。

柀齋針對上述六點，指出"今乎之"即我們所謂的"おし（どり）"的特徵爲以下三點，即A其體色以紫色居多，B有船柂形的尾羽，C頭上有長及尾處的翎羽。如果將上述三點與《爾雅翼》《嘉祐本草》中的六點相比對的話，可以發現，A與（四）、B與（六）、C與（二）相一致，這就得出柀齋所說的おし（どり）就是鸂鶒的結論。

如上所述，將箋注中柀齋的考證過程具體考察一遍之後，即可懂得柀齋是使用考證學、名物學的方法進行嚴謹推理後得到其結論的。并且，因其考證過程嚴謹，因而極難對其進行反論。而且，上述情況也適用於青木對"鴛鴦和鸂鶒"的考證上。在這個意義上，筆者完全贊同青木和柀齋的説法。如果說柀齋和青木認爲おし（どり）就是鸂鶒而并非鴛鴦的説法是正確的話，那麼，我們認爲おし（どり）就是鴛鴦的理解就大錯特錯了。所以，現在的要務應該是對各類注釋書與詞典等進行訂正。

然而，對於青木和柀齋的説法，尚有幾點需要探討。首先是兩人均涉及的鴛鴦劍羽（思羽）的情況。這個問題亦與本論有直接關聯，是筆者探查這一問題的直接動機。首先，青木做了如下論述："明代李時珍在其《本草綱目》卷四十七中鴛鴦與鸂鶒條做了如下概括……'○鸂鶒……尾有毛如船柂形'。據此來看，毫無疑問，我國所謂的おしどり其實正是鸂鶒。其如船柂般的尾羽正是我國所謂的'劍羽'或'思羽'。鴛鴦是没有這個的，從整體上來看，没有おしどり漂亮。"（267—268頁）

接下來，看柀齋的説法："嘉祐本草云：'鸂鶒五色。尾有毛如船舵。小於鴨。'今乎之其色多紫，有羽如船舵。謂之思羽。"讓筆者不解的是，上述兩種說法均將所謂的"劍羽"（思羽）直接斷定爲鸂鶒的銀杏狀尾羽。關於"鴛鴦劍羽"的說法長時間以來一直沒有被人正確理解，筆者在前文亦提過此問題。問題是鴛鴦劍羽的說法是和韓朋傳說聯繫起來的，因爲人們忘記了韓朋傳說，所以鴛鴦劍羽的說法亦變得含義模糊起來了。如果通過《匠材集》中的"鴛鴦劍羽，古稱思羽和雲羽，斬王之首之事"和歌來復原該句含義的話（其故事背景爲韓朋傳說，這一點通過後文中"乃漢白靈之事"可知），讓筆者疑惑不解的是，如果說鴛鴦（鸂鶒）的劍羽就是銀杏狀尾羽的話，那麼用其真的能將人的首級砍落嗎？如果以葉脈爲縱軸的話，銀杏葉的實際大小僅爲寬12.5厘米，高9厘米左右。無法想象這樣的銀杏葉，10厘米左右的刀刃，如何能將人的首級砍落下來呢？第一，銀杏葉形狀與劍的形狀相隔其遠，無論傳說帶有多少浪漫主義色彩，這都有些過分離譜。下面，筆者將對韓朋傳說中的鴛鴦劍羽進行考察。今將與此相關的史料——變文《韓朋賦》與《無名詩集》（《北戶錄》崔龜圖所引）摘錄如下。

變文《韓朋賦》

二札落水，變成雙鴛鴦，舉翅高飛，還我本鄉。唯有一毛羽，甚好端正。宋王得之，遂即磨拂其身，大好光彩。唯有項上未好，即將磨拂項上，其頭即落。

《無名詩集》

（……二札落水，變成）鴛鴦。同心異體，頭白身黃。高（飛，還我本鄉。唯有）一毛落地，七赤有強。使者捉（闕）驟往，獻於宋王。宋王將拂，其（身大好光彩）回頭，語左右司，與朕占相。梁伯對（闕）輝輝，鬱鬱蒼蒼，唯有項上，少許無光。將毛重拂，致其殺傷。空中有言曰，不是鴛鴦舞媚毛，此是韓朋報冤刀。

如上所述，鴛鴦的劍羽首先是一根羽毛（變文《韓朋賦》"一毛羽"；《無名詩集》"一毛"），在《無名詩集》末尾明確說明其呈現出刀的形狀（"此是韓朋報冤刀"）。尤其是《無名詩集》中的"……變成）鴛鴦。

同心異體，頭白身黃"中下劃綫部分，非常重要。其中所説鴛鴦特徵與青木、楸齋共同所引的《爾雅翼》中的"鴛鴦，其質杏黃色，頭戴白長毛"（箋注所引）完全一致。這表明，這裏的鳥并非鸂鶒，而是鴛鴦。更爲意味深長的是，《無名詩集》中的"……唯有）一毛落地，七赤有强"中下劃綫内容。按照發音來看，這裏的"赤"應該是"尺"字，應爲"七尺有强"；"一毛"即鴛鴦劍羽。舉例來説，唐代的一尺，大約是現在的30.1厘米，漢代以前的話，大約是22.5厘米，其長度换算過來應該是1.2米之上，是足以將人的首級砍落的長度。這是從傳説中所能得知的關於鴛鴦劍羽的信息。與此相對，從高度來看，鴛鴦的銀杏狀尾羽尚不足上述長度的十二分之一，可以説將"劍羽"看作是銀杏狀尾羽是很不符合邏輯的。如果從鴛鴦的劍羽呈現出刀劍的形狀這一點來看（《無名詩集》），其羽應爲字面所述的劃開空氣的飛羽，并且特指初級飛羽（鳥的飛羽從外向内分爲初級飛羽、次級飛羽和三級飛羽）。此羽正如螺旋槳一樣，有從空氣中獲得推力的作用①。銀杏狀尾羽屬於三級飛羽中的一種，有增加上升力的作用。因此，鴛鴦的劍羽應該就是鴛鴦的劍羽，絶不是鸂鶒的銀杏狀尾羽。故而，對於韓朋傳説來説，鴛鴦"劍羽"一詞一定不能與鸂鶒的銀杏狀尾羽相混淆。

　　鴛鴦的"劍羽"一詞是非常古老的詞語，然而，該詞語究竟是何時産生的尚不明確，只知道是在《拾遺集》之前②；亦有可能是源順以前，

---

① 東昭《生物の飛行　その精緻なメカニズムを探る》，講談社，1983年，第135頁。
② 現在關於《拾遺集》中鴛鴦劍羽的解釋亦非常混亂。例如《拾遺集》卷六第325首佚名所作"別るゝをおしとぞ思つる木はの身をよりくだく心地のみして"（譯作："思我惜別心，仿若鴛劍羽，痛斬凌亂身"）的和歌中使用了這一詞語。在《新日本古典文學大系》中，小町谷照彦對"つる木"所作的注解是"'つる木'是劍刃的雙關語。'劍羽'是鴛鴦或雄雞尾兩側所立的銀杏形狀的尾羽，因爲與劍的前端相似，因有此稱呼"。讀了小町的解釋，可知其并沒有從韓朋傳説出發進行解釋，并且讓人驚訝的是，其解釋中竟然有雄雞亦有劍羽的説法。這應該是小町的錯誤，從雄雞尾羽上能夠取下來的羽毛是用於叫做毛鈎的釣魚用具，叫做劍羽根。因其被稱爲"劍羽根"，看起來與"劍羽"相似，但日語的發音却不同，并且與我們現在探討的"劍羽"沒有任何關係。因此，雄雞并没有"尾兩側所立的銀杏形狀的尾羽"，亦不會"與劍的前端相似"，這是一種誤解，然而，這種誤解好像已經蔓延到學術界了。關於用作毛鈎的"劍羽根"，

即將"おし（どり）"看成是鴛鴦的《本草和名》以前；還有可能是採取上述説法的源順的《和名抄》之後。從語言史的角度來看，在柭齋明確提出驚人事實之前，兩種説法並存的時期，即對於日語"おし（どり）"，既有將其看作漢語"鸂鷘"的説法（《楊氏漢語抄》），又有將其與鴛鴦相聯繫的説法（《本草和名》）。在這種情況下，源順在《和名抄》中將日本的"おし（どり）"看成是"鴛鴦"的説法，在歷史上不斷被重複，造成了日語語言史上的混亂。也就是説鴛鴦，這一日本所不存在的鳥被看作是日本的"鸂鷘"，并被誤解爲"おし（どり）"——即鴛鴦。因而，鸂鷘的銀杏狀尾羽被看作是鴛鴦的劍羽①。因此，如果源順能夠正

（接上頁）開高健曾有過非常有趣的説法，摘録如下（開高健《釣り人語らず》，《潮文庫55》，1985年，第55頁）："關於毛鈎，一隻朝鮮高麗雉雞的劍羽根只能出兩支，在釣馬蘇大馬哈魚時，這一劍羽根能使釣量不斷攀升，非常好用。因此漁具店就開始進口朝鮮高麗雉雞的劍羽根了。很多重視環保的釣魚者都慨歎日本的馬蘇大馬哈魚會不會因此滅絶。"在校正之時，發現小學館的《日本國語大辭典》"思羽"詞條上寫着"鴛鴦、孔雀、野鴨、雉雞等禽類尾兩側的銀杏狀尾羽。劍羽"（第一版）。另外，在"劍羽"詞條上亦基本是同樣的説法（今井友子教示），并且後者尚有"形狀類似劍尖"的補充説明，其例證就是《拾遺集》中的該和歌以及假名本《曾我物語》中的末尾部分（上述情況出於第一版，第二版亦是如此）。將鴛鴦劍羽（思羽）與作爲釣魚用具毛鈎的劍羽根完全混淆，這完全是個巨大的誤解。孔雀、野鴨、雉雞等禽類之羽，只是釣魚用具毛鈎的材料，與鴛鴦劍羽（思羽）没有任何關係。并且，其形狀并非"類似劍尖"，而是類似刀劍本身。如果小町谷只是引用上述材料的話，那麼責任則不僅在於小町谷一人。

① 在柭齋之前，注意到日本的"おし（どり）"并非是鴛鴦的學者亦有若干（參照《古事類苑》動物部九、鳥二"鴛"第606頁内容）。例如，慶長十二年（1607）4月，林羅山遠赴長崎，得到一部李時珍的《本草綱目》，并將其進獻給德川家康（《德川實紀》的"臺德院殿實紀"中記録）。以此爲開端，日本近世興起了對《本草綱目》等本草學方面的研究。林羅山自身亦注意到了"おし（どり）"與二鳥之間的關係，在其《多識篇》下禽部中有"鴛鴦於志登利""鸂鷘於保於志登利"等關於二鳥稱呼之區别。此外，向井元升的《庖厨備用倭名本草》（貞享元年 [1684] 刊行）卷十水禽中有"鴛鴦""鸂鷘"條（引用了元代李杲撰《食物本草》四禽類，很是少見）；人見必大撰《本朝食鑑》（元禄十年 [1697] 刊行）卷五水禽中有"鴛鴦"，卷六"華和異同"中有"鴛鴦"詞條；小野蘭山撰《本草綱目啓蒙》（享和三年 [1803] 刊行）的卷三十二水禽中有"鴛鴦""鸂鷘"條，均與柭齋表述内容一致。下面，將摘録其中關於本文所探討的鴛鴦劍羽（思羽）的部分内容：

確地將"おし（どり）"看作是鸂鶒的話，那麼日本歷史上就不會出現將其看作是鴛鴦的誤解了。

鴛鴦劍羽的說法是在《拾遺集》中所見，那麼，是否可以認爲這一說法在11世紀初就被人們所知曉呢？晚於《和名抄》七八十年左右，該和歌作者佚名，其差距還有縮短的可能性。如果《日本國見在書目錄》所載的"無名集十""無名集十八"就是該《無名詩集》的話，那麼其傳入日本的時間就應該比《和名抄》早五六十年，因此，在源順之時，韓朋傳說就應該在日本爲人所知。這些雖是臆測，但這是在關於鴛鴦劍羽（思羽）與鴛鴦、鸂鶒之間關係混亂的歷史背景下，筆者所做的一些梳理。此外，尚存一點關於栿齋的說法的問題，是關於《楊氏漢語抄》的作者問題。關於源順所參照、引用的《楊氏漢語抄》的大體情況，正如箋注注解中注二所闡述的一樣。而關於該書作者，則有如下說法。在現存十卷本的卷末，有如下記錄：

楊梅亞槐漢語抄十卷，自官庫潛求之外，［以］東山左

（接上頁）元升曰，觀此說，可知今俗稱之"おし（どり）"並非鴛鴦。今云"おし（どり）"，並無從頭垂至尾處之白長毛，有所謂"思羽"。下云鸂鶒，乃今之"おし（どり）"。《倭名抄》將鴛鴦與鸂鶒載於同條，此後鴛鴦與鸂鶒並無區分，俱爲"おし（どり）"。後世云思羽爲"おしどり"之羽，不知眞正之鴛鴦（《庖厨備用倭名本草》"鴛鴦"）。鸂鶒。《倭名抄》將其與鴛鴦載於同條，日文名稱俱云"おし"……考本草……尾有毛，如船柁鬚者，俗云思羽也。鴛鴦並無此羽，頭有白長毛，長垂至尾（同書"鸂鶒"）。

［集解］形小似鴨。毛羽有五采。頭有玄纓。頸有紅絲。尾前有小羽，如船柁。或如摺扇之半邊。俗稱劍羽。是據世談之誕以名乎（《本朝食鑑》"鴛鴦"）。

尾之間，有鴨脚樹（銀杏樹）葉形之羽，左右各一。茶褐色，深黑帶有翠光，此爲思羽（京），一名銀杏羽（防州），亦稱劍羽（《本朝食鑑》）。集解云，如船柁形（《本草綱目啓蒙》"鸂鶒"）。

以上所述，在《本草綱目》廣爲流傳、接受之時，鴛鴦的劍羽（思羽）被看作鸂鶒的銀杏狀尾羽，並開始被人們接受。這樣看來，栿齋在箋注中所述內容，絕不是全新之內容，只是將近世本草的成果用箋注的方式表達出來而已。但是，需要留意的是，注意到尚有與鴛鴦不同、被稱爲"鸂鶒"的鳥，其尾部有如船柁形狀的尾羽（銀杏羽）。第一部提及鸂鶒的典籍爲《嘉祐本草》。栿齋是唯一注意到這一點並針對《證類本草》中所引佚文進行解讀，並在箋注中對此進行注解的第一人，令人欽佩。

府之御本校合畢。尤當家之重書也。
　　文明元年乙丑十二月下浣日
　　　　［一條］桃華老叟兼良書之
右十卷之秘書，楊梅大納言顯直卿之漢語抄也。今度之
秘録撰集之砌，依敕寫之畢。
　　天正六年乙亥三月下旬
　　　　清給事中洞霞老人書之
　　　　　　　　　　（早大本［　］內爲京大本）

　　上述內容分別爲一條兼良（1402—1481）於文明元年（1469）、清原國賢（1544—1614。木田章義教示）於天正六年（1578）所作的記録，兩者均認爲撰者爲楊梅大納言顯直（不詳）。然而，上述情況，早已爲瀧川政次郎所否定并加以訂正。瀧川在昭和三年（1928）刊行的《新注皇學叢書》2中所收録的《令集解》五職員令主殿寮的"頭一人。掌供御輿輦"中的"輿輦"集解中，做了如下記載："……古記云，輿無輪也。輦有輪也。漢語（抄）云，輿，母知許之。腰輿，多許之。"

　　然後又針對《漢語（抄）》做了如下注釋："［漢語抄］爲《和名類聚抄》中所引《楊氏漢語抄》。此爲現在所知最古之漢和字書，奈良時代撰。撰者雖不明，推爲聖武天皇之天平二年詔取弟子二人傳習漢語之楊胡史真身。此書今亡而不傳。"①（111頁）將《楊氏漢語抄》的作者推定爲楊胡史真身。然而，此後這一問題在半個多世紀中并沒有被人注意到。直到昭和五十九年（1984），使得瀧川學説得到彰顯的是太田晶二郎。太田在《尊經閣三卷本色葉字類抄解説》中的"甲、日本辭書史

---

① 三浦周行、瀧川政次郎《新注皇學叢書》2《令集解》，內外書籍株式會社，1931年。該書後來改書名爲《定本令集解釋義》，在同一出版社以單行本形式發行。此外，關於注釋人瀧川的問題，在卷末所附"物集高量在《新注皇學叢書》第二卷《令集解》卷末語"中有如下説明："三浦博士在標注執筆過程中，由於前往中華民國出差，而煩請其所推薦之前九州帝國大學教授瀧川政次郎爲標注起稿。"

一"①中有如下闡述：

　　《大寶令》的注釋書——即所謂的《古記》中，顯然使用了日本人所作的辭書《漢語抄》。這是對日本辭書史進行回溯而到達的結果。其時間可以精確到奈良時代天平十年前後，非常珍貴。《古記》的出現是經過考證的。從後來的《倭名聚類抄》中所知，《漢語抄》亦有幾種，多以編者名來區分，仿佛冠以人名的《楊氏漢語抄》最好。將此"楊氏"看作是楊胡史真身的是瀧川政次郎之卓見。楊胡史真身一方面是法律專家，參與過《養老律令》的撰修。《楊氏漢語抄》（佚）中引用了《垂拱留司格》這種非法曹不懂的引證，這亦是上述説法之旁證。並且，在《倭名抄》序中，關於《楊氏漢語抄》，有"養老所傳"的説法。雖然某國語學者説"認爲《漢語抄》是養老時期的古書的説法很可疑"，但是由於已獲天平時期的確證，那麼如果楊氏就是楊胡史真身的話，那麼將《楊氏漢語抄》上溯到養老年間亦無可厚非。此外，楊胡（亦寫作"楊侯"）氏是漢系歸化族［新撰姓氏録］，亦是此因吧。楊胡史真身於天平二年，奏請"取弟子二人，令習漢語"，並得到許可［《續日本紀》卷十，天平二年（720）三月二十七日條］。其官奏上文中有"諸蕃異域，風俗不同。若無譯語，以通事難"的説法。用現在的語言來説，"漢語"明確指的是"中國語""中文"，是教授外語的學問。那麼教授中文漢語的楊胡史真身所編撰的《漢語抄》中的"漢語"就等於"中文"，而《漢語抄》中又多見口語性、俗語性的表達方式，這亦能證明其上述身份（例如，"鈴子""篦子""疊子""胡燕子""春鳥子"名詞接尾詞"子"的用法；此外，將"鼬"稱作"鼠狼"等説法）。也就是説，《漢語抄》並不是現在的《漢和辭典》，而是《中文辭典》或《中國語辭典》，這一理解非常重要。我們需要銘記的是，日本

---

① 太田晶二郎《尊經閣三卷本色葉字類抄解説》（收録於《太田晶二郎著作集》4），吉川弘文館，1992年。初版爲1984年。此外，論及《和名抄》所引《楊氏漢語抄》的論述，尚有藏中進《『和名抄』所引『楊氏漢語抄』的俗語語彙》，《武庫川國文》1995年46期；藏中進《『和名抄』所引『楊氏漢語抄』考》，《東洋研究》2002年145期。藏中進在前者附記中指出，現行十卷本"與《楊氏漢語抄》完全不同，應該是相隔很遠的後世"。

辭（字）書史是由與外國——唐朝之間外交活躍期中出現的中國語辭典發端而來。

對於上述太田的文章，筆者需要補充的是，關於楊胡氏祖先，在《新撰姓氏錄》卷二十一"左京諸蕃漢"中有"楊侯忌寸。出自隋煬帝之後達率楊侯阿子（了）王也。楊胡史。同上"的記載；在卷二十九"和泉國諸蕃漢"中有"楊侯史。楊侯忌寸同祖。達率楊公阿了王之後也"（《群書類從本》）的記載（太田的注釋十二中亦有引用）。

上文提到了隋煬帝（604—617在位）的子孫——"楊侯阿子（了）王"，即楊胡史之祖先，關於這一點，《日本書紀》卷二十二中記錄如下：推古十年（602）十月，百濟僧人觀勒來到日本，獻奉了曆法、天文地理、遁甲方術等書籍。朝廷遴選書生三四人向觀勒學習，其中一位書生"楊胡史祖玉陳習曆法"。但是602年隋煬帝尚未即位，其父文帝（楊堅）在位。關於這一點，在舊大系的注釋中，有"可能因爲年代對不上，所以後來稱爲隋煬帝子孫吧"的推測（179頁）。關於"達率"，栗田寬認爲"達率相當於百濟官職十六品中第二品"（《新撰姓氏錄考證》十八，1110頁）。《周書》卷四十九列傳四十一《異域上·百濟傳》中，有"百濟者……官有十六品，左平五人，一品，達率三十人，二品，恩率三品……"的說法。此外，《三國史記》卷二十四《百濟本紀》中有"［古爾王］二十七年春正月又置達率……達率二品"的記載，從這裏來看，這一官職應該是百濟古爾王（234—285在位）二十七年（260）所設置。此外，《續日本紀》卷一文武四年（700）八月二十日條中有"命僧通德還俗，賜陽侯史之姓，久爾會之名"的記載。

綜上所述，正如太田所指出的那樣，《楊氏漢語抄》之撰者——楊胡史真身所從屬的楊胡史一族爲"漢系歸化族"，亦可理解爲中國系朝鮮人。從上述內容來看，源順在《和名抄》的"鴛鴦""おし（どり）"詞條執筆之時，手邊既有記錄"鸂鶒［乎之］其音溪敕……"的《楊氏漢語抄》，又有記載"鴛鴦……和名乎之"的《本草和名》，這是非常意味深長的（記載鸂鶒特有銀杏羽的《嘉祐本草》尚未問世）。那麼，楊胡史真身作爲對大陸情況熟知的渡來人，有很高的可能性知道中國既有叫做鴛鴦又有叫做鸂鶒的兩種鳥類。並且，很有可能知道日本并没有鴛鴦，鸂鶒就是"おし（どり）"的情况。然而，對於源順來說，其手邊的兩種典籍在關於"おし（どり）"的漢語詞條則是相互對立的，其一將"おし（どり）"看作是鸂鶒，其一則把其當作鴛鴦。但這却是完全不同的兩種鳥。

從結果來看，源順應該迫於選擇的壓力，最終將日本"おし（どり）"的對應鳥類選作"鴛鴦"（《和名本草》）。然而，在《和名抄》的原注中却保留了異説——鸂鶒的説法（《楊氏漢語抄》）。我們可以通過箋注想象到源順當時執筆時的處境。并且，在圍繞《楊氏漢語抄》撰者的問題上，如果將瀧川的發現和太田的闡釋相結合的話，則可知曉，在古代日本曾有圍繞日語"おし（どり）"而產生的"鴛鴦"與"鸂鶒"之爭，并且由此出現源順的選擇。也即我們因之窺見了這一詞語在日語中的形成史以及混淆狀况。

在日語史上，尤其是表記史的黎明期，在類似"おし（どり）"一詞該和何種漢語詞彙相配的問題上，學者們一定經過了不少摸索。日本很早就有雌雄相伴的"おし（どり）"，并且這一發音在古代就已確定。在用漢語表記之時，在面對中國的"鴛鴦"和"鸂鶒"兩個選項之時，選擇更加知名的"鴛鴦"的可能性很高。其代表文獻爲《本草和名》。然而，日本人并不知道其正確與否。知道日本并没有鴛鴦亦是很久以後的事了，至少在源順之前人們無從了解。然而，此時的日本并非没有對大陸物產熟悉之人，那就是對日本古代文化的形成有深入影響的渡來人。例如，楊胡史真身就是其一。他所撰《楊氏漢語抄》可以看作是既熟知大陸物產又懂日語的渡來人所編撰的漢和辭典。他很有可能既知道鴛鴦是什麼鳥，又知道日本不產鴛鴦，甚至還有可能知道日本人所説的"おし（どり）"是中國的鸂鶒這一鳥類。正因如此，才會有棭齋這一"鸂鶒［乎之］其音溪敕"在當時來講難得的高水準見識。

然而，這很難被理解。那是早在《和名抄》創作之前遣唐使就被廢止，大陸文化不再被人們高度評價的弘揚國風文化的時期。即便學識如源順，亦不能正確評價《楊氏漢語抄》中關於該内容的價值。《楊氏漢語抄》的價值，鴛鴦和鸂鶒的對比情況，即便在本草學故鄉的中國，得到廣泛認識與肯定亦是北宋嘉祐六年（1061）《嘉祐本草》面世之後的事了。而楊胡史真身提出"おし（どり）"就是鸂鶒的說法，則是三百多年前。那時的日本就有如此人物，我們應該感到驚訝。又是一百多年之後，該書擺到了源順面前，源順抛棄了《楊氏漢語抄》的真見卓識，而採取了《本草和名》的說法。他因何沒有選擇鸂鶒一直是個謎團。很有可能是因爲當時的時代大背景吧。從後來的國語史方面的混亂情況來看，其罪大矣。其後，鸂鶒雖然出現在《類聚名義抄》和《色葉字類抄》等典籍之中，但到了《文明本節用集》《下學集》以及《諸節用集類》等階段，就已經銷聲匿跡了。鸂鶒重新出現在人們的視野中則是進入近世之後，當《本草綱目》傳入日本，而隨之帶來本草學盛況之後。此後，取代"おし（どり）"＝鴛鴦，鸂鶒則被人們所注意。與此相對，含義不明的鴛鴦"劍羽"這一古語亦被人們所誤解，一直被人們當作"銀杏羽"。其"銀杏羽"這一說法甚至上溯不到中世。因此，這一說法應該是近世之後由某個本草學者所提出來的。將這種沒有依據的說法沒有任何考證地加諸《拾遺集》之前的古語之上，是一種大錯特錯的做法。在日本語言史上，日本人能夠正確認識"おし（どり）"的機會有兩次。一次是10世紀，源順撰述《和名抄》之時；另一次是19世紀，棭齋執筆箋注之時。遺憾的是，第一次機會由於源順的錯誤選擇而錯過了，大約九百年之後，棭齋則完美地改正了這一錯誤。然而，問題是棭齋之後的近代國學者們的態度，他們對棭齋的業績完全置之不理，這一點只要翻看其辭書類典籍就會明了。正是因其對源順的錯誤聽之任之，所以才造成現在的我們對"おし（どり）"知識的缺乏。對於錯誤的詞語，如果不採取措施進行補救就等於動搖學術基礎。這也意味着對真理的背叛，只能導致學術的荒涼。

關於鴛鴦與鸂鶒的問題，中國網絡知名博主擷芳主人（董進）曾在網上發表了一篇很不錯的文章《"白頭偕老"輸給顏值爆表——古代鴛鴦和鸂鶒》（http://www.douban.com.not/713591566，孫彬教示）。下面將就董進的這篇論文中出現的史上最古老的鴛鴦圖進行介紹。圖8是東漢望都漢墓前室東壁左下方所繪鴛鴦圖之模圖①。圖中鴛鴦沒有銀杏狀尾羽，從其體色來看，顯然并非鸂鶒。此外，董進推斷古代鴛鴦即現在的赤麻鴨（英文名 Ruddy Shelduck，學名 Tadorna ferrginea），筆者認同其觀點。圖9上為現代中國的赤麻鴨，下為鴛鴦（英文名 Mandarin Duck，學名 Aix galericulata）②。從圖9可以得知令人驚訝的信息，即在中國亦發生了將鴛鴦和鸂鶒相混淆的情況，關於這一問題，筆者將在以後的文章中進行探討。

>> 圖8　鴛鴦圖（望都漢墓，摹圖）

① 圖8摘自《望都漢墓壁畫》，中國古典藝術出版社，1955年，圖版九。
② 趙欣如、卓小利、蔡益《中國鳥類圖鑑》，山西科學技術出版社，2015年，第32—33頁。

八、文學研究與圖像學

　　韓朋傳說有着非常悠久的歷史，有着很强的生命力。這一點通過澤田瑞穗的論文《連理樹記》①能够得到很好的體現。該論文在學界非常著名，是韓朋傳説研究者的必讀書目。該論文廣泛收集了在中國南方所保存至今的韓朋傳説，非常值得重視。將澤田的工作繼承下去，對韓朋傳説進行進一步探討和深化是生活在21世紀的我們不可推卸的責任和義務。在此基礎上，將有着悠久歷史背景的"比翼連理"的故事進行正確梳理，并構建韓朋傳説的文學史，則是一項艱巨而不朽的事業。而近年來關於該傳説的資料評價亦出現了令人驚歎的發展，關於這一點以及澤田的研究，我認爲有必要對某些問題加以訂正。本論文在介紹澤田對學界貢獻的同時，嘗試對其研究中出現的問題加以修正。

>> 圖9　赤麻鴨（上）、鴻鵠（下）

　　例如，關於"比翼"，澤田做了如下定義："所謂比翼鳥，原本爲想象中的鳥，據傳爲雌雄同體，各有一目一翼，作爲一體常比翼齊飛……總之爲一身兩首之異鳥，如非雌雄同體則不展翅飛翔，因此常被人們比喻爲形影不離的夫婦。"（第5、6頁）

　　此外，關於"連理"，澤田則定義如下："連理木或連理樹是根幹各異的兩株樹木在上部相連接，仿佛一株一樣，這在植物界是常見的現象，然而這種連理樹木的種類各異……古人在看到珍奇樹種的連理樹後，往往會賦予其陰陽和合或君臣同心等含義，并爲此作詩作賦……更

---

① 澤田瑞穗《連理樹記》，《中國の伝承と説話》，研文出版，1988年，Ⅰ。初版爲1980年。

有甚者，還有將其類比爲男女相擁的姿態，從而與'比翼'成爲固定搭配的詞語。"（第6頁）

上述兩個定義在充分列舉資料的基礎上做出，可謂非常明瞭清楚。然而，這裏所舉關於《水經注》中連理樹的内容却是意味深長。本論將以此展開論述。

在《拾遺和歌集》六別中，有一首佚名和歌，"別るゝをおしとぞ思つる木はの身をよりくだく心地のみして"，中文譯作："思我惜別心，仿若鴛劍羽，痛斬凌亂身。"從這裏可以看出，韓朋傳説傳播到日本的時間最早可追溯到11世紀初。由於在這首和歌中吟詠了上述鴛鴦劍羽，因此可知其中所述故事并不是《搜神記》中所記載的故事情節，而是在諸如《曾我物語》與變文《韓朋賦》中出現的故事情節。也就是說，該和歌中所表達的内容并不是通常的戀人分別之痛。對於該和歌，首先應該了解的是其故事背景，這是關乎生死存亡的二男一女之間的三角關係，而這種關係所導致的故事結果是惡人被鴛鴦劍羽斬斷首級的大團圓結局。因此在解讀上述和歌的時候，一定要將上述情況帶入其中。然而，在上述和歌中，鴛鴦劍羽作爲歌語出現，之後很快就銷聲匿迹了，從這點上來看，上述和歌迄今以來并沒有被正確地解讀。

關於該和歌，除了上述鴛鴦劍羽的句意，尚有很多不明之處，其中尤其使筆者注目的是，該和歌中的"仿若鴛劍羽，痛斬凌亂身"中的"斬身"（日文爲"身をよりくだく"）的説法。在《新日本古典文學大系》中，小町谷照彦所作的注解是"仿佛是劍刃將身體扭斷斬碎一樣的心情"，此外，還將表示"斬斷"之意的日語"よりくだく"釋義爲"縒り碎く"和"よじり碎く"。然而日語"よじり"的原形"よじる"等於"捩じる"，表示扭或擰的含義，因此這與《匠材集》中所解釋的"鴛鴦劍羽斬斷王之首級"中的"斬斷"的説法不符。在這裏，《拾遺集》中對該和歌的注解給我們做了很好的提示，《拾遺集》認爲，從其中"身を"一詞的發音來看，該詞并不表示作爲身體之意的"身を"，而是作爲"江河湖海中船隻通行之水路"的"みお"（漢字爲"水脉""澪"），

該詞爲《萬葉集》以來的歌語，在韓朋傳説中表示與相思樹相關聯的"水脉"這一重要情節。如果從變文（賦）中來看的話，此情節應該出現在貞夫投身自殺於韓朋之墓以及宋王爲找尋其遺骸掘墓而出青白二石等情節之後。引用該文如下：

宋王覩之，青石埋於道東，白石埋於道西。道東生於桂樹，道西生於梧桐。枝枝相當，葉葉相籠，根下相連，下有流泉，絶道不通。

此外，《無名詩集》（引自《北户録》崔龜圖注）中亦有同樣的描寫。

宋王怪之，分張其雙。青石埋於道西，白石埋於道東。道東生桂樹，道西生梧桐。上枝相連，下枝相通。枝枝相交，葉葉相蒙，下有清流之水，斷道不（通　）葉落，兩兩成雙。從明至暮，悲鳴嗢嗢。

上文兩處下劃綫處有"下有流泉"與"下有清流之水"等説法，此外，文中還有"絶道不通""斷道不（通　）"等關於道路的情況。那麽，上述兩處"流泉""清水"與兩種樹木和道路之間的方位關係是怎樣的呢？這是筆者的疑問。不過，澤田氏所引用的《水經注》卷七《濟水》"東出過滎澤北"注，對於上述疑問做了很好的解答，據此，我們可以瞭解上述變文《韓朋賦》中所闡述的具體情況。現將《水經注》原文列舉如下：

水出西溪東流，水上有連理樹，其樹柞櫟也。南北對生，凌空交合，溪水歷二樹之間，東流注于魚水。

通過上文可知，此連理樹爲柞櫟之樹，據傳北魏酈道元（466或472—527）曾親眼見過，因此做了非常詳細的記述。從上文來看，從西溪流向東方的河流兩旁生有柞櫟之連理樹，從方位上來説，其連理樹爲南北相對而生，於高空合體爲一，其兩株樹之間有一條溪水自西向東流出，注入魚水。如果將上述《水經注》中的記述和上述變文（賦）相比對可知，在變文（賦）中道東爲桂樹和白石，道西爲梧桐和青石；而在

《無名詩集》中，青石和白石則對調了位置，兩株樹的位置則爲東西相向，是《水經注》中位置調轉了逆時針的九十度的結果。如果按照《水經注》中的記載來看，變文《韓朋賦》中的"流泉"、《無名詩集》中的"清流之水"則是在東西相向的兩樹之間流動。圖10爲《水經注》和變文（賦）中所説的連理樹和水脉之間位置關係示意圖。

從《水經注》中還可以明確一點，就是圖10所示道路。從變文《韓朋賦》中的"絶道不通"以及《無名詩集》中的"斷道不（通　）"的

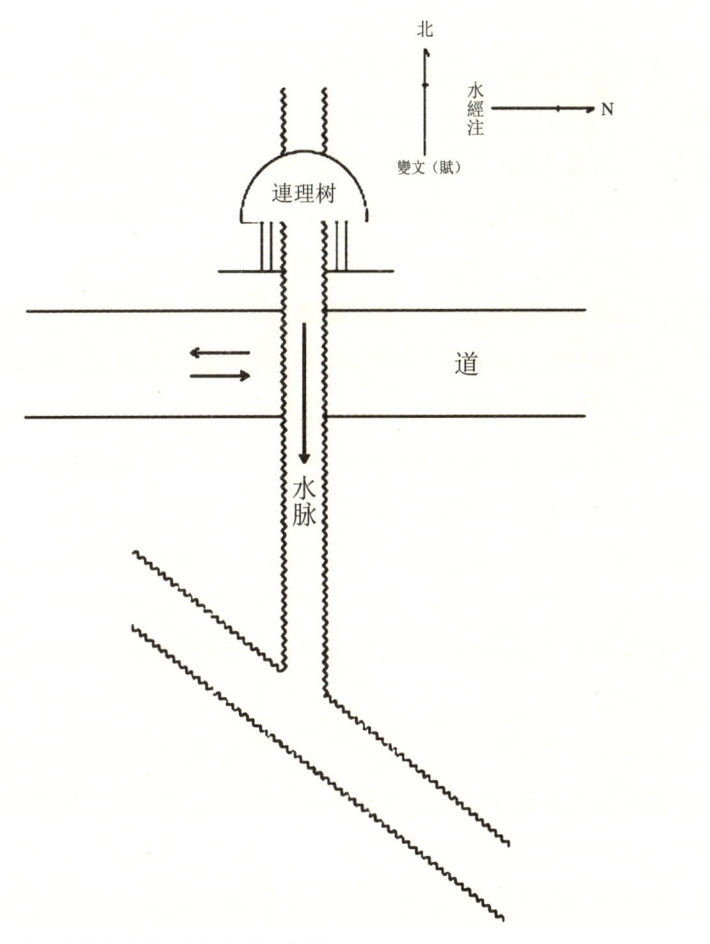

>> 圖10　連理樹與水脉（みお）位置示意圖

説法來看，從位置上來説，水脉應該是橫斷道路的，因此，在這點上來看，該道路應該與南北方向的水脉呈垂直相交，是東西方向延伸的道路。韓朋傳説中出現的水脉應該是這種情況。

在韓朋傳説中，水脉超出我們想象，具有非常重要的意義。例如，在變文《韓朋賦》中出現的"流泉"，梁伯對宋王解釋説"是其涙也"。而在《搜神記》的"相思樹（連理樹）"中則好像并没有關於水脉的記述，而在《搜神記》中唯一出現過一次的相關記述，則是何氏的"其雨淫淫，河大水深，日出當心"的説法。在這裏，首先"雨"與"水"相關，此外，"河大水深"指的應該就是水脉。而在《搜神記》中，大臣蘇賀（相當於變文《韓朋賦》中的梁伯）爲宋王破解貞夫書信之謎時，解爲"不得往來也"，這相當於變文《韓朋賦》中的"絶道不通"，而在《無名詩集》中則爲"斷道不（通）"，其含義完全相同。《搜神記》中的"其雨淫淫"詩句表達的是必死的決心（"心有死志"），是之後韓憑自殺的直接原因，該詩句相當於變文《韓朋賦》中貞夫所發送的箭書之詩句，即"天雨霖霖，魚游池中，大鼓無聲，小鼓無音"（其中，"雨""魚"和"池"均與水相關聯）。上述詩句成爲韓朋自殺直接原因的依據在於，變文《韓朋賦》中有"朋得此言，便即自死"的記述，《搜神記》中則有韓朋屍體被處理之後梁伯的"唯有三寸素書，繫在朋頭下"的説法。這裏尤其需要提起注意的是，梁伯對宋王所説的"天雨霖霖是其涙"的説法，而在《搜神記》中則是"其雨淫淫"的説法。從上文來看，除了詩句作者同爲女主人公，其文辭、作品中的位置以及解謎的人物均不相同，但是如果追溯韓朋傳説的本源的話，可以認爲這是同樣的故事在後來出現的變異情況。

從變文《韓朋賦》的記述來看，宋王伐二樹後，從砍伐處連續三天三夜流出血水并落下二札（札爲何物，不詳），後化爲一對鴛鴦。筆者認爲，流出來的血水一定會匯入涙河之水脉（中文中有"血涙"一詞），而這對鴛鴦後來飛向故鄉，遺留下一隻美麗的劍羽，該劍羽則成爲上述《拾遺集》和歌的問題所在。如果從韓朋傳説上述大團圓結局中的水脉

來看，"別るゝをおしとぞ思つる木はの身をよりくだく心地のみして"和歌中的"つる木はの身をよりくだく（仿若鴛劍羽，痛斬凌亂身）"應該解釋爲"劍羽（つるぎば）の水脈（みお）より斬（くだ）く（仿若鴛劍羽，痛斬血水脉）"。其中"斬"字帶有上述"くだく"讀音，最早見於《地藏十輪經》卷一（883年注解版本，日本東大寺圖書館藏）中的記載①。"くだく"通常意爲將物品切成小塊，這裏指的是"斬斷"之意，而將物品切成小塊的第一步則是將其斬爲兩段，因此，可推斷"斬斷"之意應由此而來。在這個意義上，可以想見這裏的"くだく"說的一定是鴛鴦劍羽最後將宋王斬首之意。從這點看來，可知《拾遺集》和歌作者一定熟知上述韓朋傳說故事，即男女主人公死去後變爲連理樹，從連理樹間流過的是二人淚水所化的淚河（水脉），鴛鴦劍羽將宋王斬首之大團圓結局。可以說，上述和歌作者一定是熟知這一故事情節才會將其詠進和歌之中。該和歌中"心地のみして［（思）我此心］"的說法應該是在熟知該故事（相愛的二人被迫分離并死去的前途黯淡的情節）的前提下所作。因此可知，韓朋傳說早在《拾遺集》編纂之時就已經爲人們所瞭解，而水脉（日語發音爲"みお"）一詞作爲男女主人公分別的淚水之象徵亦已深入人心。

此外，還有一首和"水脉"相關的和歌非常引人注目，即《源氏物語》"須磨"章節中所出現的和歌，日文原文爲："逢瀨なき涙の川にしづみしや流るゝみをのはじめなりけん。"中文譯作："相思淚成河，此身隨波轉。"如果紫式部知道韓朋傳說的話，那這首和歌該如何解讀呢，希望能得到專業人士的解答。

而在澤田瑞穗所搜集整理的現代中國民間傳說中，尚有爲數衆多的、受韓朋傳說影響的與水相關的民間傳說故事。澤田使用民俗學的方

---

① 中田祝夫《改訂版古点本の国語学的研究》（譯文篇），勉誠社，1979年，第7頁。初版爲1954年。中田氏在該書"關於譯文之判例"中指出，"《地藏十輪經》卷一第七頁第126行中的'煩惱の賊を斬ること（下白、クダク）'的說法意味着下欄用白筆將'斬'字標注發音爲'クダク'。上述883年的注解已經作爲"斬"字的詞條之一，被編入小學館出版的《日本國語大辭典》之中。

法，對流傳至今的可謂韓朋傳説後裔的六個珍貴的民間傳説故事進行了整理與彙報，現列舉如下：

1. 福建的"連理墓"傳説（第四章）。
2. 上海的青藤樹傳説（第六章。值得注意的是，女主人公名叫"貞姑"）。
3. 西藏的名爲"情人"的傳説。
4. 貴州省彝族地區傳承的"一雙彩虹"傳説。
5. 彝族支系雲南撒尼族傳承的"彩虹"傳説。
6. 漢族民間傳説《薈蕞編》中第十九卷"鮑烈女"（七章）傳説。

其中第2個故事從敵人將男主人公的屍體拋入河中開始進入高潮，最後以大團圓收尾，該傳説故事情節的展開與河水密切關聯。第3個傳説的故事設定是男女主人公被河水相隔，死後分別葬在兩岸，其遺骨化爲兩株大樹，大樹樹枝跨河相交，成爲連理樹。其大團圓結尾以及故事情節的發展依然離不開河水。第4個傳説中雖然沒有河流的出現，但其故事情節中有許多地方與韓朋傳説相雷同。例如，男主人公用鮮血書寫遺書；女主人公將衣服浸泡在鹽水中使之腐爛，以便在投身自殺時沒有阻礙；敵人砍伐連理樹并從中迸射出鮮血……毋庸置疑，上述種種情節均采自韓朋傳説。第4與第5兩個傳説均爲死去的戀人最後化爲彩虹的故事，如果從化爲彩虹需要下雨這一前提來看，這兩個故事均與水相關。在此，筆者對澤田氏所搜集的上述各種傳説不做深入分析探討，但從其研究來看，韓朋傳説現今仍在民間流傳，保持着其生命力。可以明確，在闡明韓朋傳説之學術意義方面，澤田的研究是不可或缺的基礎領域。期待學界今後出現更進一步的類似相關方面傳説故事的發掘與整理。

韓朋傳説在日本的傳承中亦與水有着密切的關係。例如，國會本《朗詠注》中故事情節發展的舞臺爲"貞女峽"；而在《古事談拔書》中雖引用了上述《朗詠注》中的"貞女峽空"的説法，但却將其説成"池"；而在《女訓抄》中，雖將女主人公稱爲"ていちょ（貞女）"，但却將故事情節發展的舞臺稱爲"かう（坑）とて、山にふかき井有"（坑，山中有深井）。上述説法均可看作是"貞女峽"所派生出來的。"峽"爲兩山之間急流所出之地，與水脉相關，據考證，貞女峽傳説起源於貞女石，該石據傳爲秦朝來此取螺之女所化，最早見於南朝宋王韶之所撰《始興記》等書，其原文如下（摘自《藝文類聚》卷六所引。其他版本見《藝文類聚》卷九七，《太平御覽》卷五三，《太平廣記》卷三九八。此外，類似傳説在《搜神後記》卷一第十、《水經注》卷三九之中亦有記載）：

　　王韶之始興記曰……中宿縣有貞女峽。峽西岸水際，有石，如人形，狀似女子。是曰貞女。父老相傳，秦世有女數人，取螺於此。遇風雨晝昏，而一女化爲此石。

在這一傳説中，石的出現是非常值得注意的。石、水脉（與峽相關）在韓朋傳説故事的展開過程中起到了重要的作用。并在上述傳説轉變爲當地傳説之時，亦占據了基礎性的地位。竊以爲，當地古時應該有韓朋傳説中的要素，而其中一部分則被《朗詠注》所記載并保存下來。但該傳説要素在當地已經失去傳承的可能性很高，這一點需要到當地考察之後才能有所瞭解。

　　在澤田的論文中，包含有許多關於韓朋傳説的珍貴資料的解説，這在20世紀80年代來看，是非常優秀的解説，代表了當時學界的普遍理解，其研究對當時乃至於現代的研究者來説，都是榜樣，我想和我持有同樣觀點的學者一定很多。然而，正如上文所説，進入21世紀以來，關於韓朋傳説的研究環境出現了劇烈的變化。因此，我們要做的工作是，在澤田研究的基礎上，將變化的内容增加進去，指出其變化的産生在哪裏，并對此加以評價，以此來應對現階段的研究環境之變化，并補充其研究的不足之處。需要補充説明的是，筆者下面的説法并没有任何批判澤田研究的意圖，只是對20世紀80年代的資料解説與21世紀20年代之間的最新研究進行對照、加以補充而已。下文首先引用澤田對韓朋傳説的解讀，然後，在此基礎上提出我對澤田所闡述内容的看法，將用大寫的一、二等序號進行標注。

　　從古至今，使用連理樹或雌雄對鳥這一素材來表示相思相愛的夫婦悲劇的傳説故事中，韓憑夫婦的傳説是非常著名的。韓憑這個名字在不同的傳説中會被寫作"韓馮"或"韓朋"。有可能是由於古音相通，也有可能是發音之訛傳。記録該傳説的文獻最早可追溯到晉代干寶的《搜神記》。……韓憑官職爲舍人或大夫，爲戰國時代宋國人，據傳爲宋康王時代的人，宋國亡於公元前286年。該傳説中包含諸多故事情節，例如，無道國君搶奪臣子之妻；主人公夫婦分別自殺；爲使自殺無人阻攔，韓憑之妻使所穿衣料腐爛并從高臺跳下自殺；宋王遣人將韓憑夫婦分別埋葬；夫妻墳墓上長出連理樹並出現鴛鴦鳥等情節。從宋滅亡到東晉干寶將該傳説記録下來（317—325年）的六百年間，正如"今睢陽有韓憑城，其歌謡至今猶存"所説的那樣，韓憑傳説之地作爲當地古迹而傳承，其悲劇作爲歌謡（或叙事詩）被流傳下來。韓憑城遺迹所在的睢陽原爲宋之都城，晉代時爲梁之予州，即後來的河南商丘縣城。此外，在《情史》的末尾有"韓憑冢在今開封府"的記載。總之，韓憑傳説應出現在河南東部一帶。後來由於永嘉之亂（307—312年）東晉被石勒攻打，予州陷落而導致的晉人南遷的緣故，韓憑傳説也傳播到江南，唐代則進一步傳播到嶺南（兩廣地區）。（6—8頁）

　　敦煌石窟中所發現的各種俗文學作品中，有《晏子賦》《燕子賦》等諸多被稱爲"賦"的文學作品，《韓朋賦》亦在其中。這裏所謂的"賦"並不是漢代辭賦那樣由文人們鋪陳生僻詞語、堆砌辭藻的作品，而是像《高唐神女賦》《洛神賦》那樣的以叙事爲主的語言押韻的故事作品。雖然其創作或書寫年代無法確定，但和之前的不過兩百字的《搜神記》中的韓憑故事相比，該《韓朋賦》中却加入了各種情節的點綴，其文章長度幾乎是前者的十倍左右。……如果從其情節的若干改變（大臣蘇賀改爲使者梁伯，夫婦重逢等）來看，與其説《韓朋賦》直接取材於《搜神記》，不如説其是將民間傳承的歌謡中加入了新的材料而創作的押韻叙事賦。從其

押韻這點看，有可能有實際演出的機會，也有可能是作爲演出脚本而寫作的作品。（9—11頁）

如上所述，在唐五代期間，韓憑傳説從其故事發生地河南一直傳播到遥遠的嶺南地區。在唐末劉恂所作的《嶺表錄異》（《太平廣記》卷四六三"禽鳥"）中，有關於嶺南韓朋鳥的記載。

韓朋鳥者，乃鳧鷖之類。此鳥爲雙飛，泛溪浦。水禽中鸂鶒、鴛鴦、鸂鶒，嶺北皆有之，唯韓朋鳥未之見也。案干寶《搜神記》云……又有鳥如鴛鴦，恒棲其樹，朝暮悲鳴。南人謂此禽即韓朋夫婦之精魂，故以韓氏名之。

該韓朋鳥爲嶺南特有的水禽，與野鴨類似，從其名稱來自於韓朋傳説這一點來看，該傳説在"南人"之間非常普及。（16—17頁）

上文爲對澤田研究的引用，接下來筆者將針對上文的澤田研究提出自己的問題和看法。

一、很長時間以來，人們一直認爲韓朋傳説的最早的文獻資料是《搜神記》（更爲正確的説法應是曹丕所作的《列異傳》），然而，1976年出土的敦煌漢簡976A、B則徹底改變了這一狀況，其内容爲"□書，而召䏁（韓朋）倗問之。䏁倗（韓朋）對曰，臣取婦，二日三夜，去之來遊，三年不歸，婦□"（A。B爲"百一十二"），雖然只有短短一行文字（裘錫圭《漢簡中所見韓朋故事的新資料》，《復旦學報（社會科學版）》1999年第3期），其内容與《搜神記》并不對應，反而與變文《韓朋賦》中"（韓朋）娶賢妻……入門三日……出遊，仕於宋國，期去三年……不歸"等内容相一致，這使得我們對變文《韓朋賦》的看法產生根本上的改變（後述）。因其出現，韓朋傳説的最古文獻資料可以明確爲敦煌漢簡976，而這比《搜神記》早了大約四百年。

二、澤田將公元前286年以後的河南省東部看成是韓朋傳説的發生地，認爲其向江南的傳播是在永嘉之亂（307—312）所引起的晉人南遷之時，而其向嶺南（廣東、廣西省）的傳播則爲唐代。筆者認爲，韓朋傳説之向南傳播很有可能要早於上述時間很多（後述）。

三、澤田認爲《韓朋賦》"與其説直接取材於《搜神記》，不如説其是將民間傳承的歌謡中加入了新的材料而創作的押韻叙事賦"。可以説，澤田否定了《韓朋賦》與《搜神記》之間的直接關係。而關於《韓朋賦》和《搜神記》之間内容差異的問題，學界歷來没有涉及。兩者之間的差異首先在於，《搜神記》中所出現的只是變文《韓朋賦》中的大團圓——結局部分的内容，這也只占了變文《韓朋賦》結尾的不足三分之一的内容，而另外三分之二的内容，在《搜神記》中也不過是以"宋康王舍人韓憑，娶妻何氏。美。康王奪之。憑怨，王囚，淪爲城旦"寥寥數語帶過而已，其中具體情節，完全没有提及。而變文《韓朋賦》則詳細叙述了其中細節。這表明，《搜神記》的側重點在於相思樹故事——即整個故事的大團圓結局，而不是韓朋傳説的全部内容。正如澤田所説，兩者故事同根，但在情節上却有不同的側重點和角度。然而，澤田認爲，與《搜神記》相比，變文《韓朋賦》中"加入了各種情節的點綴，其文章長度幾乎是前者（《搜神記》）的十倍左右"，兩者之間存在"情節的若干改變"，從澤田上述表述來看，好似變文《韓朋賦》是基於《搜神記》而創作的。而澤田的這一看法正是我們所要避免的誤解。我們當下應該把變文《韓朋賦》與《搜神記》當成完全不同的兩個故事來對待。真正應該重視的問題是，變文《韓朋賦》的成立是否比《搜神記》要早的問題。現在通行的變文《韓朋賦》版本應該是9世紀的寫本，而寫本的創作時期却不一定就是作品的創作時期。而筆者在前文中所闡述的變文《韓朋賦》中與敦煌漢簡相一致的"（韓朋）娶賢妻……入門三日……出遊，仕於宋國，期去三年……不歸"等内容的創作可以追溯到西漢（《搜神記》中無此記述）。此外，本論文接下來所使用的關於韓朋傳説圖像的新資料[①]却只能由變文《韓朋賦》來解釋説明。包括下面的六個場景[②]：

[①] 21世紀新近發現的關於韓朋傳説圖像的四面畫像鏡，分別爲浙江省文物研究所、孔震（兩面）和周曉剛收藏。
[②] 森下章司《漢代の説話画》，《國立歷史民俗博物館研究報告》2015年第194期；陳秀慧

A 宋王想得到貞夫

B 梁伯迎接貞夫

C 宋王迎貞夫爲皇后

D 梁伯（宋王）迫害韓朋

E 韓朋成爲囚徒餵馬

F 貞夫向韓朋發送箭書

上述六個場景之中，除去第六個場景F場景外，《搜神記》中均未涉及，其餘的五個場景占據了變文《韓朋賦》篇幅的三分之二還多的內容（F中箭書情節是導致男女主人公自殺的導火索，從F開始的情節出現在《搜神記》之中，并形成最後的大團圓結局）。如果用我們此前看待變文《韓朋賦》和《搜神記》的角度和方法，則完全無法解釋上述情況。從這裏可以推斷，變文《韓朋賦》與敦煌漢簡之間相關聯的內容，包括上述從A—F的場景均創作於漢代以前。不僅如此，變文《韓朋賦》中上述之外的內容亦可推斷爲漢代以前的創作。當然，現行變文《韓朋賦》不可能是漢代韓朋傳說的本來面目，可以想見這其中一定經歷了各種情況下的改編與取捨。這也將是我們將來的研究課題。總之，筆者認爲，現階段我們應該修正以往對變文《韓朋賦》的錯誤認識，將其看作是漢代以前的作品。

四、澤田氏認爲韓朋傳說從其發生地河南省傳播到嶺南地區的時間爲唐五代，其依據是晚唐劉恂的《嶺南錄異》中有"韓朋鳥"詞條。不僅如此，差不多同時代的段公路所著《北戶錄》卷三中"相思子蔓"詞條中亦有類似的記載。而在崔龜圖注版本中，《無名詩集》書名之下有對變文《韓朋賦》的引用（《四庫全書》本）。從這裏可知，無論是韓朋鳥，還是相思子蔓，都與韓朋傳說有關，可以確定在唐代的嶺南，韓朋傳說已經是家喻戶曉了。筆者不禁要問的是，韓朋傳說的南傳時期真的是唐五代嗎？在干寶《搜神記》的末尾部分，有"南人謂此禽即韓憑夫

（接上頁）《漢代貞夫故事圖像再論》，《南方文物》2017年第4期。

婦之精魂"的説法,從這裏可以推知,至少在干寶的時代,南人即南方人對韓朋傳説早已是家喻户曉。因此,在這個意義上,認爲韓朋傳説的南傳以永嘉之亂(307—312)爲契機的説法未免有些牽强。至少從《搜神記》中的記録可以看出,南人在《搜神記》之前就已對韓朋傳説熟知。更爲重要的是,被南人所周知的韓朋傳説故事却離不開變文《韓朋賦》的影響。這亦可以認爲,《搜神記》中所記載的韓朋故事,除了《搜神記》,尚有變文《韓朋賦》這一系統的傳説故事流行於南方地區。因此,劉恂所記録的"韓朋鳥"故事,很有可能在干寶的時代之前就已經流傳開來。上述問題均是今後的課題,而上述《搜神記》末尾的説法亦藴含着不容忽視的問題。

九、韓朋圖像

2019年11月,深圳市金石藝術博物館理事長吴强華先生給予我非常重要的關於韓朋畫像石的資料提示(圖版一、圖版一b)。筆者將這一畫像石暫稱爲"吴氏藏韓朋畫像石"(東漢),該畫像石由右石和左石二石組成(圖版一b),而韓朋圖則在左右三層(圖版一)。這一新出韓朋圖是前所未有的伴有珍貴題字的資料,在韓朋圖的研究方面,尤其在韓朋傳説的淵源研究方面具有極高的學術價值。本論文在介紹吴氏藏韓朋畫像石的同時,將對其圖像内容(圖版一)進行分析探討。

目前,包括該吴氏藏韓朋畫像石在内,筆者所知的韓朋圖像共有下述20件文物資料①。其中第2—5四件文物爲銅鏡,其餘十五件爲畫像石。此外,20-b爲畫像石斷片。下面所列舉的資料,對於標注有榜題或題記的文物,筆者在其數字下方標注※,并在文物名稱后面的括號中對其榜題或題記進行記録。A—F表示上述銅鏡(2—4)的榜題,亦表示韓朋畫像的六個場景(後述)。

① 在1—20的20件文物之中,其中6—12的七件文物曾被我推定爲舜圖或伯奇圖(請參見黑田彰《孝子伝図の研究》,汲古書院,2007年,Ⅱ二2,第780—784頁;Ⅱ二1,第719—720頁),謹以此文加以訂正。

1※ 吳氏藏東漢畫像石（右石三層。榜題從右至左分別爲"下寺吏／□庭持""此孺子""此宋王二子""此孺子妻"）

2※ 浙江省文物考古研究所藏宋王貞夫銘畫像鏡（A"宋王""侍郎"，F"貞夫"）

3※ 孔震氏藏貞夫銘畫像鏡（F"貞夫"）

4※ 孔震氏藏宋王皇后銘畫像鏡（A"宋王""侍郎"，C"皇后"）

5 周曉剛氏藏無銘貞夫畫像鏡

6 東漢武氏祠畫像石（左石室七石1層）

7 泰安大汶口東漢畫像石（六石）

8 嘉祥南武山東漢畫像石（二石3層）

9 嘉祥宋山二號墓石祠（西壁2層）

10 嘉祥宋山三號墓石祠（西壁中層）

11 松永美術館藏東漢畫像石（上層）

12※ 南武陽功曹闕東闕（西面1層。"孺子""信夫""宋王"）

13※ 山東東平石馬莊東漢畫像石（前室東門眉左。"信夫""立子二人""宋王"）

14 榆林橫山東漢畫像石（墓門右門柱1—3層）

15 莒縣東漢畫像石（2層）

16 嘉祥洪山村東漢畫像石（三石1層左）

17 嘉祥紙坊鎮東漢畫像石（3層）

18 孝堂山石祠（東壁上石3層右端）

19 波士頓美術館藏洛陽八里臺西漢壁畫

20 魏曹操高陵出土畫像石（3層右）

20-b※"宋王車"榜題斷片（"宋王車"）

本論文篇尾部分所列圖版一～圖版九呈現了上述1—20中的韓朋圖像。關於圖版一所呈現的吳氏藏韓朋畫像石，筆者將在後文進行探討，在此首先對2—5（圖版二～圖版五）的四幅銅鏡上所繪韓朋圖進行考察。

如上所述，2—5四面銅鏡所繪韓朋圖是在進入21世紀以後才被人發現的文物資料，尤其是2浙江省文物考古研究所藏宋王貞夫銘畫像鏡與敦煌漢簡的出現，共同成爲顛覆此前韓朋圖以及韓朋傳説研究的里程碑式的文物資料。圖版二是文物2的整體圖示，通過圖示可知，文物2是由四鈕所劃分的四幅韓朋故事場景所構成。圖版二b則是文物2的上述四個場景的局部擴大圖（文物3、文物4、文物5的b圖也是如此［分別爲圖版三b、圖版四b、圖版五b］）。現在所知的韓朋故事銅鏡文物（下文統稱爲"韓朋鏡"）共有上述2—5四面，其所繪韓朋故事之圖像爲下述A—F的六個場景。

A宋王想得到貞夫

B梁伯迎接貞夫

C宋王迎貞夫爲皇后

D梁伯（宋王）迫害韓朋

E韓朋成爲囚徒餵馬

F貞夫向韓朋發送箭書

關於銅鏡與故事場景之間的對應關係，學界曾有此方面的研究，例如有韓朋鏡2（2006年）對應A、D、E、F四個場景，韓朋鏡3對應F場景的研究[1]。然後又出現了韓朋鏡4（2012年）對應B、C二場景的研究[2]，以及韓朋鏡4對應A場景、韓朋鏡5（2012年）對應F場景的研究。上述研究加之敦煌漢簡的發現，共同給韓朋圖和韓朋研究帶來巨大的震動，一改此前的研究現狀，形成了分水嶺式的突破。

圖版二呈現了韓朋鏡2的全貌，圖版二b則呈現了韓朋鏡2中的A、D、E、F等四個場景；圖版三呈現了韓朋鏡3的全貌，圖版三b則呈現了韓朋鏡3中的F場景；圖版四呈現了韓朋鏡4的全貌，圖版四b則呈現其中A、B、C的三個場景；圖版五呈現了韓朋鏡5的全貌，圖版五b則

---

[1] 王牧《東漢貞夫畫像鏡賞鑒》，《收藏家》2006年第3期。陳長虹《漢魏六朝列女圖像研究》，科學出版社，2016年，第二章第一節。森下章司《漢代の説話画》，《國立歷史民俗博物館研究報告》2015年第194期。

[2] 陳秀慧《漢代貞夫故事圖像再論》，《南方文物》2017年第4期。

呈現其中的F場景。如果將韓朋鏡2—5四面銅鏡中所繪韓朋故事場景製成一覽表的話，則如下所示。

2. A　　　　D、E、F
3. 　　　　　F
4. A、B、C
5. 　　　　　F

下面，我們將根據上面的一覽表，按照韓朋鏡2—5的順序來分析韓朋圖的A—F的六個場景。

圖11爲韓朋鏡2與韓朋鏡4中的A場景。在韓朋鏡2中，共繪有三個人物，其中右數第一人身形被描繪得格外大，而其他二人則身形較小，三人均爲右向立姿。其中右數第一人的腰部左側有"宋王"榜題，右數第三人的腰部左側有"侍郎"榜題，可知右數第一人爲宋康王，其餘二人均爲侍者。

韓朋鏡4構圖相同，相比之下，韓朋鏡4比2多了一人，所繪四人均爲跪坐，其中右數第一人爲左向，其餘三人均爲右向。其中右數第二人身形格外大，該人物面部右側有"宋王"榜題，右數第四人左側（左邊銅鈕的右上方）有"侍郎"榜題，可知右數第二人爲宋康王，其右邊二人爲侍者。從後文對B場景的考察來看，右數

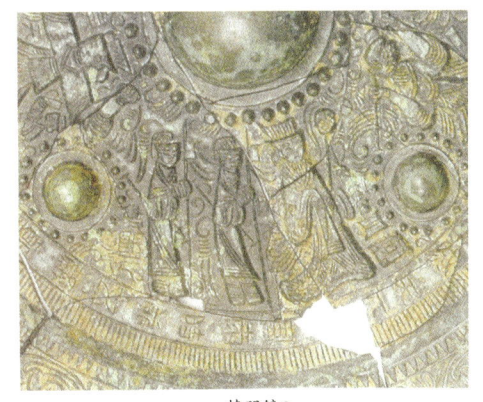

韓朋鏡2

韓朋鏡4

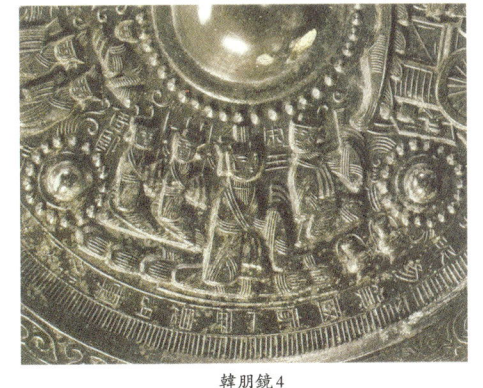

>> 圖11　A宋王想得到貞夫

第一人應爲梁伯。值得注意的是，韓朋鏡4宋康王與其左方兩個侍者的構圖與韓朋鏡2的構圖完全一致。

　　韓朋鏡2整體場景布局順序爲：A宋王想得到貞夫→D梁伯（宋王）迫害韓朋→E韓朋成爲囚徒餵馬→F貞夫向韓朋發送箭書。從這一布局順序來看，韓朋鏡2中A場景之後爲D、E、F三個場景（參照圖版二b）；韓朋鏡4整體場景布局順序爲：A宋王想得到貞夫→B梁伯迎接貞夫→C宋王迎貞夫爲皇后。從這一布局順序來看，韓朋鏡4中A場景之後爲B、C兩個場景（參照圖版四b）。也就是説，包含圖2中A場景在内的從A到F的六個場景皆與變文《韓朋賦》相一致，甚至可以説只和變文《韓朋賦》相一致，因此可以斷定，韓朋鏡2和韓朋鏡4所依據的韓朋故事一定是變文《韓朋賦》之祖本。這是驚人的事實，從根本上改變了我們以往對於變文《韓朋賦》的定位和看法。也就是説，現行的變文《韓朋賦》之祖本的創作，要上溯到漢代以前，關於這一點，需要我們今後將其作爲學術課題進行認真深入的研究與探討。

　　在這一思路的指導下，下面將對韓朋鏡2與韓朋鏡4中A場景相對應的變文《韓朋賦》中的原文進行比對，引文括號中的文字是爲了便於理解而由筆者增添上的。

　　A宋王想得到貞夫

　　（［韓朋］懷書不謹，遺失殿前）宋王得之，甚愛其言。即召群臣，并及太史。誰能取得韓朋妻者，賜金千斤，封邑萬户。

　　圖12呈現了韓朋鏡4中的B場景。如上所述，韓朋鏡4中含有韓朋故事A、B、C三個場景，是非常珍貴的銅鏡資料。如果從第一個A場景（有"宋王""侍郎"等榜題）及其後續B場景（有"皇后"榜題。參照圖版四b）的先後關聯來看，圖12中B描繪的應該是梁伯在宋康王授意之下驅車將貞夫帶往王宮的場景。B場景中右向之御者與A場景中右數第一人相同，應爲梁伯。而馬車後方門扉大開，將半身探出的左向之人，應該是回首遥望故鄉的貞夫。此外，文物20-b魏曹操高陵出土

畫像石斷片上有"宋王車"的榜題（參照圖版九之20-b），其圖像有很大的可能性爲描繪B之場景。與圖3中B場景相對應的變文《韓朋賦》原文摘錄如下。

B 梁伯迎接貞夫

梁伯啓言王曰，臣能取之。宋王大喜，即出八輪之車，爪騮之馬，前後仕從，便三千餘人。從發道路，疾如風雨。三日三夜，往到朋家……

圖13呈現的是韓朋鏡4中C場景。整個畫面配置有三個人物，中央左向端坐的女性身形格外高大，其左方有"皇后"榜題，可推知此人爲受梁伯迎接并成爲宋康王皇后的貞夫。其右方有一人呈左向坐姿，爲梁伯，其左方有一右向而立的女性，應爲侍者。與圖13中C場景相對應的變文《韓朋賦》原文摘錄如下。

C 宋王迎貞夫爲皇后

宋王見之，甚大歡憘。三日三夜，樂不可盡。即拜貞夫，以爲皇后。前後事從，入其宮裏。

圖14呈現了韓朋鏡2中D場景。整個畫面繪有三個人物。左右站立的兩人中間有一個頭朝右躺在地上的人，此人的身形非常小。站

韓朋鏡4
>> 圖12　B梁伯迎接貞夫

韓朋鏡4
>> 圖13　C宋王迎貞夫爲皇后

在右邊的人面向左方而頭向右傾斜，高舉的左手中握着戟，而站在左邊的人則面向中央，高舉雙手，其右手好似握着劍的中部。此左右站立的二人面部有共同的特徵，其造型爲：眉毛呈倒八字，怒目而視，咬牙切齒作怒吼狀。與此相反，被兩人夾在中間的人物表情雖有些不好辨別，但看上去呈痛苦狀，并且好像手握着什麽東西高舉至頭部上方。

對於圖14，森下章司指出，"另外一幅畫面（指的是圖14）中没有榜題。其圖像看起來似手執武器的二人在制裁躺在腳邊的身形很小的人。可以認爲這是宋王的手下迫害韓朋的場景。這裏的韓朋手持類似書信之物"①，筆者同意森下的這一分析。現將與圖14中D場景相對應的變文《韓朋賦》原文摘録如下。

韓朋鏡2
>> 圖14　D梁伯（宋王）迫害韓朋

D梁伯（宋王）迫害韓朋

王曰，夫人愁思，誰能諫之。梁伯對曰，臣能諫之。朋年卅未滿，二十有餘，姿容窈窕，黑髮素絲，齒如珂珮，耳如懸珠。是以念之，情意不樂。唯須疾害朋身，以爲囚徒。宋王遂取其言，即打韓朋雙板齒落。并着故破之衣裳，使築清[青]陵之臺。

圖15呈現了韓朋鏡2中E場景。圖15中央爲一匹右向的馬，右方爲一名男性右向而立，左方爲一樓閣，繪有臺階。此圖中右方站立男性爲

---

① 森下章司《漢代の説話画》，《國立歷史民俗博物館研究報告》2015年第194期，第190頁。但是，筆者對其中"韓朋手持類似書信之物"的説法存有疑問。根據變文《韓朋賦》中的叙述來看，貞夫從故鄉寄給遠在宋國的韓朋之書信（所謂《烏鵲歌》的前半。記載在變文《韓朋賦》中六首歌中的①）已被韓朋疏忽掉在殿前，應該在宋王手中。

韓朋，其左手中仿佛持有某種物品，畫面左方的樓閣爲清陵臺。此畫面描繪了身受迫害成爲囚徒修建清陵臺的韓朋餵馬的場景。關於這一場景，森下曾做過如下分析："其橫向左方區域所描繪的（指圖15中E場景）牽馬之人是韓朋，手中所持之物是來自貞夫的書信。其中所描繪的應爲《韓朋賦》中韓朋被貶餵馬的場景。旁邊的高樓爲宋王命人修建并遣韓朋服徭役的清陵臺。"① 森下的上述説法中存在問題，即圖15右方韓朋左手所持之物爲何物的問題。

如果按照森下的韓朋"手中所持之物是來自貞夫的書信"的説法來看，那麽，韓朋鏡2中E場景（圖15）與後續F場景之間的順序則會顛倒，變成F→E的順序（書信應爲場景F中貞夫所發箭書而來。參照圖版二、圖版二b）。這樣一來，韓朋鏡2中以銅鈕爲中心逆時針展開的A→D→E→F的場景配置就會因F→E的順序顛倒而被破壞（韓朋鏡4有三個場景，其場景配置是以銅鈕爲中心逆時針展開的A→B→C順序。參照圖版四、圖版四b）。根據變文內容來看，作爲囚徒的餵馬人韓朋（E）與貞夫會面之後，貞夫向韓朋發送箭書（F），從這一情節發展來看，韓朋鏡2中E場景和F場景之間的順序必然爲E→F的順序。那麽，圖15中韓朋究竟手持何物呢？關於這一點，陳秀慧曾指出"一男子持斧而立"②，筆者贊成這一説法。韓朋左手所持之物應爲"刔草"（變文《韓朋賦》。刔爲斬切之意）所使用的斧頭這一工具。

韓朋鏡2

>> 圖15 E 韓朋成爲囚徒餵馬

---

① 關於韓朋手持物品的問題，楢山滿照亦認可森下的説法，指出"韓朋……手中所握確實是箭書"。楢山滿照《後漢鏡の図像解釈——中国美術史上における儒教図像の意義》，《アジア遊学》2019年第273期。
② 陳秀慧《漢代貞夫故事圖像再論》，《南方文物》2017年第4期，第209頁。

關於E場景，此外還有一例韓朋畫像石中亦有刻畫（參照圖版八之15右側）。此外，圖15左方從清陵臺上一直延伸到左下方的臺階也非常引人注目，該臺階是韓朋接收貞夫所發箭書之地，在韓朋畫像石1、6之外的諸多畫像石上均有刻畫。現將變文《韓朋賦》中與圖15、韓朋鏡4中E場景和畫像石15右側場景相對應的內容摘錄如下：

E韓朋成爲囚徒餵馬

（貞夫聞之，痛忓(肝)切腸，情中煩惌(悶)，無時不思。貞夫咨宋王曰，既築清陵之臺記[青]，乞願暫往觀看。宋王許之。乃賜八輪之車，爪騮(騧)之馬，前後侍從，三千餘人，往到臺下。）乃見韓朋，刬草飼馬，見妾羞恥，把草遮面。貞夫見之，淚下如雨。

圖16呈現了韓朋鏡2、3、5的F場景（韓朋鏡4中缺少F場景）。在韓朋鏡2中，有兩名身形較大的女性分立左右，其中右方女性向左而立并平舉兩臂，其右臂的上下空白處分別附有"貞"和"夫"的榜題，可知右方女性爲貞夫。左方的女性應爲侍女。韓朋鏡3中同樣刻畫了兩位女性，其中右方女性平舉雙臂，左手持弓，向右而立，其右手的上部有"貞夫"榜題，可知該女性爲貞夫。左方女性應爲侍女。從整體構圖上來看，韓朋鏡2、3中除了貞夫面部朝向不同，其餘完全一樣，這非常耐人尋味。韓朋鏡2中的貞夫雖然沒有手持弓箭（韓朋鏡5亦是如此），但其原型應爲韓朋鏡3中的貞夫，因此，可以將圖16韓朋鏡2、5的F認定爲貞夫向韓朋發送箭書的場景。圖16的三圖中，5周曉剛氏藏無名貞夫畫像鏡（圖版五）中的F場景，筆者個人認爲應算作韓朋圖。其依據是，首先，正如在韓朋鏡3中所見的那樣，貞夫向韓朋發送箭書的F場景是可以獨立作爲一個場景繪製的（參照圖版三、圖版三b）；其次，韓朋鏡5中的女性造型與貞夫造型非常相似；此外，韓朋鏡2中貞夫兩上臂之下繪有兩個孩童（參照圖16。韓朋鏡3中兩個孩童被配置到貞夫持弓的左臂之下）。變文《韓朋賦》中完全沒有提及貞夫育有兩子的情況，然而，事實上貞夫在給韓朋發送箭書的時候與宋王之間已育有兩子，這

一點在後述吳氏藏韓朋畫像石"此宋王二子"的題記（參照圖版一）中可以得到印證，此二子在圖版六及韓朋鏡2、3中亦有描繪。而韓朋鏡5中貞夫兩臂下的兩個孩童形象基本上原封不動地出現在韓朋鏡2中。與圖版六及韓朋鏡2、3、5中F場景相對應的變文《韓朋賦》中的原文如下：

F貞夫向韓朋發送箭書

貞夫聞語，低頭却行，淚下如雨。即裂裙前三寸之帛，卓齒取血，且作私書，繫箭頭上，射與韓朋。朋得此書，便即自死。

綜上所述，韓朋鏡2—5中所描繪的A—F六個場景（圖11—圖16）與變文《韓朋賦》之間均有一一對應關係。從這點可知，變文《韓朋賦》中以及韓朋鏡中所出現的A—F各部分的創作應該可以追溯到漢代以前。此外，西漢後期的敦煌漢簡中的部分內容與變文《韓朋賦》的開頭部分有非常一致的地方，因此可以認定，變文《韓朋賦》中開頭部分的創作可以追溯到漢代以前。具體內容對應如下：

敦煌漢簡

□書，而召䅬偹(韓朋)問之。䅬偹(韓朋)對曰，臣取婦，二日三夜，去之來遊，三年不歸，婦□

變文《韓朋賦》開頭部分

昔有賢士，姓韓名朋，少小孤單，遭喪遂失其父，獨養老母。謹身行孝，

韓朋鏡2

韓朋鏡3

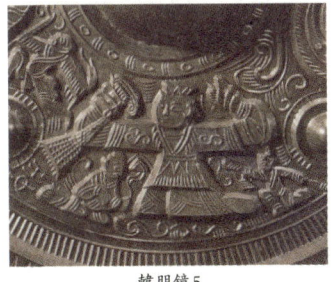

韓朋鏡5

>> 圖16　F貞夫向韓朋發送箭書

用身爲主意遠仕。憶母獨注（母）（住），故娶賢妻，成功索女，始年十七，名曰貞夫。已賢至聖，明顯絕華，刑容窈窕（形），天下更無。雖是女人身，明解經書。凡所造作，皆今天符，入門三日（合），意合同居，共君作誓，各守其軀。君亦不須再取婦（娶），如魚如水；妾亦不再改嫁，死事一夫。韓朋出遊，仕於宋國，期去三年，六秋不歸。

　　從上述兩個文本的比對來看，變文《韓朋賦》中下劃線部分與敦煌漢簡中的内容完全一致。此外，從《搜神記》的相思樹情節與變文《韓朋賦》中大團圓結局非常相似這一點來看，可以推知，現行變文《韓朋賦》版本的整體創作可以追溯到漢代以前。如果不能這樣看待的話，那麼，韓朋鏡與韓朋畫像石的研究就不能向前推進，這亦是韓朋研究的現狀。下面，筆者將按照這一觀點，對韓朋畫像石的圖像内容作進一步的考察。變文《韓朋賦》的内容誠然非常古老，然而，現行變文《韓朋賦》版本却并不是漢代韓朋故事的原貌，在這個意義上，可以說，韓朋畫像石不斷揭示出現行變文《韓朋賦》版本中的局限之處。

十、吴氏藏韓朋畫像石

　　圖17呈現出吴氏藏韓朋畫像石（圖版一）的右半部。該圖右方建築物中有一男子向左而坐（身形較大），圖左方建築物外面有一男子向右跪坐（身形較小）。該圖究竟表示的是韓朋傳説中的哪一部分場景呢？在上述四面韓朋鏡中并没有與該圖相對應的場景，但在韓朋畫像石的6、8、9、10、11的左方却繪

>> 圖17　吴氏藏韓朋畫像石

有與該圖類似的內容（參照圖版六、圖版七）。只不過，上述圖像大多均與該圖繪製內容左右方向相反，即身形較大的人物居左，只有11與該圖相同。而8、9、11三幅圖均將兩位男子繪於建築物內部。此外，韓朋畫像石7、15、20的三幅圖中亦繪有與該圖相同的建築物（參照圖版六、圖版八、圖版九。7的布局與該圖左右位置相反），7、20中建築物臺階下方只繪有一個男子，而15中則完全沒有繪製人物。

從上述可知，該圖（圖17）是東漢畫像石中出現頻率很高的知名場景。"□書，而召輎倗（韩朋）問之。輎倗（韩朋）對曰，臣取婦，二日三夜，去之來遊，三年不歸，婦□。"從敦煌漢簡上述內容來看，可知該圖正是上述宋王與韓朋（輎倗）對話的場景。從與變文《韓朋賦》之間內容的比對來看，敦煌漢簡開頭部分采取借韓朋之口進行敘述的方式，可以想見其故事背景應該是宋王基於某種情況，召見韓朋，并詢問其妻情況及其與韓朋之間的關係等問題。其具體情況應該是上述敦煌漢簡中第二字"書"所提示的情況。在變文《韓朋賦》中，其"書"正是韓朋之妻給三年未歸的丈夫所寫的書信，"其妻念之，內自發心，忽自執筆，遂字造書……其妻有感，直到朋前。韓朋得書，解讀其言……懷書不謹，遺失殿前。宋王得之"。這正是所謂的《烏鵲歌》之書，是宋王搶奪韓朋之妻的導火索。可以想見，在原來漢代韓朋傳說中應該有宋王得到韓朋之妻寫給韓朋的書信并召見韓朋詢問其妻情況方面的情節之描寫。而現行變文《韓朋賦》版本中，之所以沒有該情節的描寫，很有可能是因爲嫌其內容重複而捨棄的緣故。圖17右方男子爲宋王，其左手伸出的手勢很有可能是在催促韓朋講述貞夫的情況；左方的男子爲韓朋，其拱手的畫面描繪的是在向宋王解釋"臣取婦，二日三夜"（敦煌漢簡）的場景。而圖17中的建築物應該是青陵臺。關於青陵臺，後文將有涉及。

與圖17有着相同場景的有6、8、9、10、11等韓朋畫像石（參照圖版六、圖版七）。這亦印證了該場景在漢代是很常見的場景。其中畫像石7（圖版六）、畫像石20（圖版九）的建築物或臺階下僅有一個人物出現，應該是韓朋，所描繪的應該是韓朋在等待宋王召見的場景。從圖

>> 圖18　吳氏藏韓朋畫像石

17來看，韓朋鏡4的A場景（圖11的鏡4）中從右向左依次應爲韓朋（前文曾推斷爲梁伯）、宋王，可以認爲是宋王向韓朋發問的場景，這亦是韓朋鏡與畫像石之間存在緊密關聯的例證之一。

圖18中有四個題記，從右向左依次爲：

1　下寺吏
　　清庭持（請）
2　此孺子
3　此宋王二子
4　此孺子妻

圖18左端上部還殘留有另外一個人物形象的痕迹，此人很有可能是宋王。在上述四個題記中有一個非常少見而且非常珍貴的題記，那就是"此宋王二子"的題記。該題記設置在圖18左下方拱手而立的兩個孩童旁邊（右方孩童右向而立，左方孩童向后〈左〉回首），這表明了此二子爲宋王與貞夫所生。下面將從該題記進行考察。在考察該題記之時，有一個非常重要的相關資料，那就是13山東東平石馬莊東漢畫像

石（參照圖版七）。該畫像石是距今二十多年前於1997年出土的文物，由於其原石後來被埋回原處，無法觀看，山東東平縣博物館中留有其拓本（趙超先生教示）。最初將其作爲韓朋畫像石進行介紹的人是陳秀慧①。在該畫像石上書有三個榜題題記，從左向右分別是：

宋王
立子二人
信夫

圖19是畫像石13上A、B、C三個場景的簡易綫描圖。

>> 圖19　韓朋畫像石13的三個場景

　　如上所述，與吳氏藏韓朋畫像石中"此宋王二子"題記相關聯的資料是圖19中"立子二人"這一題記。圖19從左向右有三個場景，分別爲A、B、C，其中場景A分別爲兩名侍從（右向）、宋王（右向）、韓朋（左向）；場景B爲兩名孩童（身體朝向正前方，面向右）、信夫（貞夫。面向正前方）、侍從（左向）；場景C爲韓朋（右向。後述）。其中場景B中所繪的兩名孩童以及"立子二人"的題記表明畫中的兩位孩童爲貞夫（信夫）和宋王所生之子，與此同時，"立子二人"亦表明宋王正式承認此二子爲自己的孩子，即將其認定爲王子。如圖19所示，韓朋畫像石13由A、B、C三個場景構成。而圖18中"此宋王二子"題記下方的兩個孩童應該就是圖19場景B中"立子二人"題記下方的兩個孩

---

① 陳秀慧《漢代貞夫故事圖像再論》，《南方文物》2017年第4期。

童，因此圖18"此宋王二子"之圖像應該與韓朋畫像石13中的B場景相對應。在該畫像石中，二子的右方有一位面向正前方的女子，其旁側標有"信夫"之榜題（"信夫"這一榜題在畫像石12中亦有標注。參見圖版七），該女子應該就是貞夫，其右方左向而立的女子應爲侍從。在女主人公的名字中所使用的"貞"與"信"兩個字實爲同義字，唐李鼎祚撰《周易集解》卷一中，有"貞固，足以幹事"（《周易》一"乾"），其中所引隋何妥注曰："貞，信也。"從字音上來說，二字發音亦有相通之處，此外，"貞"的同音字還有"眞"。"貞""信""眞"三字自古以來就作爲"誠"字的同義字被廣泛使用，例如《文選》卷十五之張衡《思玄賦》中有"慕古人之貞潔"的說法，其舊注有"貞，誠也"的注釋；此外，《說文解字》卷三上中有"信，誠也"的注釋；荀子《勸學》中則有"眞積力久則入"的說法，唐楊倞注爲"眞，誠也"。從上述可知，"貞""信""眞"三字廣泛通用，而上述三字究竟哪一個才是女主人公名字中原有之字尚有待進一步的考察。

綜上所述，圖19所示韓朋畫像石13之B場景與圖18中"此宋王二子"題記所示場景均表明貞夫（信夫）與A場景中宋王之間育有二子。引人深思的是圖19中的A場景，雖然宋王站立（圖19）與坐（圖17）姿態不同，但是宋王（旁有"宋王"榜題）與其右方韓朋兩人的動作同圖17中的完全一致（只不過左右布局相反，A場景的左側是兩名侍從）。也就是說，圖19韓朋畫像石13中的A場景與圖17相同，均是宋王向韓朋詢問其妻情況的場景。而圖19的C場景描繪的則是韓朋背負箭書向右方奔逃的場景，因此，上述A、B、C三個場景構成了韓朋畫像石13的畫面。而13中的B場景與圖18中二子所反映出來的情節在變文《韓朋賦》中完全沒有蹤跡，但在漢代韓朋傳說中却真實存在，這也意味着，現行的變文《韓朋賦》版本中脫落了這一情節。如果這一情節存在的話，應該插入到成爲皇后的貞夫與被貶餵馬的韓朋重逢情節之前。從圖18中的二子以及圖19中B場景所描繪的情節來看，與現行變文《韓朋賦》版本相比較，漢代的韓朋傳說存在着貞夫身在宋王、心在韓朋這一情節內容，可以說非常婉轉動人，換言之，也可以説非常真實殘酷。同樣的問題也體現在圖17與圖19的A場景之中，那是宋王直接向韓朋詢問其妻情況的場景。

如前所述，韓朋鏡1—4中以銅鈕爲中心，將故事情節切分爲從A到F六個場景，并且上述場景井然有序地配置排列。關於這一點，森下做了如下論述："具有這種特徵的圖像只有少數幾個個例，很難想象這是在銅鏡圖像中創造出來的，可以想見這是基於類似畫卷一樣的粉本而創作出來的。銅鏡很有可能是將粉本中的部分場景再現出來。也就是説，漢代很有可能存在一種故事畫卷，這種畫卷有連續的場景，并由相應的若干畫面所構成。兩鏡的製作年代大約爲公元1世紀前後，可以想象，這一時期的江南正是上述這種故事畫普及的時代。"[1] 上述情況亦適用於圖17（1）與圖19（13）等兩個韓朋畫像石。猶記得二十幾年前，武梁祠與和林格爾東漢壁畫墓中的孝子傳圖引起學界注目之時，筆者曾指出東漢時代應該存在孝子傳圖畫卷之粉本，針對筆者的説法，東野治之曾撰寫論文進一步訂正説，"西漢時代應該就有"，這讓我非常驚訝[2]。尤其是讀了森下等學者的論文，深感我們當時的假説在銅鏡研究中所具有的現實意義。雖然筆者提出西漢末期就存在作爲韓朋鏡粉本的韓朋物語畫卷，但粉本與實際圖像之間的關係絶没有那麽簡單。

這一點從韓朋鏡F場景中所繪二子圖像中可見端倪（參照圖16）。這裏將二子配置在向韓朋發送箭書的貞夫的弓箭之下（韓朋鏡3。韓朋鏡2、5則在手臂之下），這一構圖與圖18相同，與韓朋畫像石6、7、8、9、10（二子配置在貞夫的前後）以及11、14（左右相反）和17、18、20（15中只有一子；19不明）亦有大同小異之處。此外，圖19中所呈現的畫像石13的B場景中貞夫（信夫）的左側繪有二子，乍看起來好像與圖9相同，然而需要引起注意的是，畫像石13的B場景中貞夫手中却没有弓箭，也就是説，這并不是貞夫向韓朋發送箭書的場景。而在畫像石12、

---

[1] 森下章司《漢代の説話画》，《國立歷史民俗博物館研究報告》2015年第194期，第191頁。
[2] 東野治之《律令の孝子伝——漢籍の直接引用と間接引用》，《萬葉集研究》2000年第24期。該文後被收録於氏著《日本古代史料学》，岩波書店，2005年，一章5。

16中，發送箭書的貞夫身旁却没有二子的蹤影。從構圖上説，畫像石12、16更接近貞夫向韓朋發送箭書的原始畫面，因此，如果從變文《韓朋賦》的内容來考慮的話，畫像石13的B場景，畫像石12、16的場景，韓朋鏡2、3、5的F場景，以及圖18中所出現的二子，均應是貞夫與宋王所生二子之場景（畫像石13的B場景）與貞夫向韓朋發送箭書場景重疊交錯的結果。此外，畫像石6之後，在貞夫發送箭書的場景中，貞夫的右側或左側總有宋王影像的出現，這亦可以看作是原本應該出現在諸如畫像石13的B場景中的宋王被交錯重疊使用在其他場景之中（畫像石6、7、8、9、10、12、16、17、18、20）。如上所述，圖18場景的出現絶非那麼簡單。

如前所述，圖18中除了題記3"此宋王二子"，還有1、2、4等三個題記。

圖20所呈現的是圖18右上方所標注的1、2兩個題記。經趙超先生指點，這兩個題記讀爲：

1 下寺吏
　清庭持（請）
2 此孺子

其中，題記1是吴氏藏韓朋畫像石中所獨有的題記，此外再無同例，可謂非常珍貴。然而，題記1究竟是關於什麼方面的内容呢？關於這一點，有幾種思考方式和角度。這裏提供其中的一種。首先請看"清庭持"中的"持"字。東漢劉熙撰《釋名》卷五"釋宫室"中有"臺，持也。築土堅

>> 圖20　題記1（右）、題記2（左）

高，能自勝也"的説法。從這裏可知，漢代將"臺"稱爲"持"，這是因爲"臺"是由土高築之後并在上面修造木製建築物而巋然不動之場所，此字亦由來於此（關於"臺"的詳細解説，可參考：關野雄《臺榭考——中國古代の高臺建築について—》，收録於關野雄《中國考古學研究》，東京大學出版會，1956年，Ⅲ五）。根據《釋名》的解釋，該題記中的"持"可以解釋爲"臺"，即清陵臺。從變文《韓朋賦》中宋王令受到迫害的韓朋"并着故破之衣裳，使築清陵之臺"以及《搜神記》中"王囚之（韓朋），淪爲城旦"（城旦爲一種强制男性罪犯每天早起開始服築城勞役的刑罰，刑期爲四年——《漢書·惠帝紀第二》應劭注）等説法來看，對於遭遇奪妻服刑的韓朋來説，"臺"在其故事傳説中起到了至關重要的作用。如果説"持"指的是"青陵臺"的話，那麽"持"前面的"庭"字則應是修理之意（《詩經·小雅》中《大田》"既庭且碩"的含義，《毛傳》中有"庭，直也"的釋義），亦有校正之含義（《文選》卷二中，張衡《西京賦》中有"參塗夷庭"的説法，李善注爲"庭，猶正也"）。從上述含義出發，題記1左邊的"清庭持（請）"的含義應是請韓朋直持——即讓韓朋修建青陵臺。

而題記1右邊"下寺吏"題記中的"寺吏"指的是獄吏，因此題記1中的"下寺吏清庭持"應爲"下寺吏請庭持"，其含義是宋王下旨命獄吏讓韓朋修建青陵臺。如果這一解釋正確的話，那麽，變文《韓朋賦》中與題記1相對應的内容也就可以追溯到漢代了。因此，題記1很好地説明了圖18右方所繪韓朋背負着貞夫所發箭書，沿青陵臺臺階而上的場景，這一場景出現的原因在於韓朋爲了躲開自己的妻子而逃走①。

① 在參考《釋名》之前，筆者曾將題記1第一行"下寺吏"的"吏"理解爲官員，即韓朋（在變文《韓朋賦》中，提到韓朋"仕於宋國""朋爲公曹（功）"的説法，其中"功曹"爲郡之屬官；在《搜神記》中，有"舍人"的説法，《法苑珠林》卷二十七中有此官職之引用，爲"大夫"之意）；而對於第二行"清庭持"中的"清"字，經趙超先生指點，將其理解爲"請"的含義，而"庭"字則理解爲宮中，"持"字則理解爲"侍"，因此，筆者將"清庭持（請）"理解爲宋王想瞭解韓朋之妻的情況，要求韓朋在宮中（青陵臺）等候召見。因此筆者對於題記1"下寺吏，清庭持（請）"亦理解爲"對於即將離開官衙的韓朋（吏），宋王要求他在宮中（庭）等候召見"。如果這樣理解的話，那麽，題記1則

圖18的中心畫面應該是位於畫面左方的左手持弓右向而立發送箭書的女性形象（旁側有"此孺子之妻"題記），與右脚邁上臺階，一邊向后（左）回首一邊向右逃走的男性形象（旁側有"此孺子"題記）。該男子肩上所負之物上部被箭穿過，從箭的左下方垂下的綫繩末端墜有箭書。毋庸諱言，上述場景中出現的女性形象爲貞夫，右方出現的男性形象爲韓朋，下面將從圖18的另外兩個題記説起。

2 此孺子

4 此孺子妻

首先，從題記中將韓朋稱爲"孺子"（孩子）的問題開始考察（韓朋畫像石12中也有"孺子"之榜題）。作爲參考，筆者想提示另外一個叫做"韓重傳説"的故事，這個故事與變文《韓朋賦》中均有《烏鵲歌》（以韓朋疏忽掉落、宋王拾起信件爲故事發端的歌謡）這一歌謡的出現。兩個故事時期一致，可以認爲曾是同一個故事，後來在某一個時點出現了不同情節而形成了兩個故事。韓重傳説中的"韓重"爲男主人公的名字；以女主人公爲主的故事則叫"紫玉傳説"，見於《搜神記》卷十六第396，古《越絶書》（《吴地記》"女墳湖"條所引）等。韓重傳説講述了吴王夫差不同意其女紫玉與韓重之間的婚事，因此女主人公紫玉身亡，死後靈魂與韓重重逢的靈異事件。這裏值得關注的是韓重的稱呼，《搜神記》中將韓重稱爲"童子韓重"，而《越絶書》則將韓重稱爲"書生韓重"。從這些稱呼中推測，漢代以前韓朋曾被稱爲"孺子"。這亦見於作爲同源資料的"韓壽傳説"（《世説新語》卷六"惑溺"5），韓壽有可以輕易越過常人所無法越過的高墻的能力。從上述傳説資料中可以看出，具有不可思議能力的年輕人通常被稱爲"童子"或"書生"。因此可以推知，由於韓朋在其死後具有斬斷宋王首級的靈異之力，因此

（接上頁）與圖18没有什麽關聯，而是解釋圖17中韓朋跪在臺階之下的題記。這樣一來，韓朋畫像石7（圖版六）和20（圖版九）中所描繪的臺階下方只有一名男子的場景就可以理解爲韓朋在等待宋王的召見。

亦被稱爲"孺子"。然而,"孺子"這一稱呼也僅停留於畫像石的榜題之上,變文《韓朋賦》以及《搜神記》等資料中則完全沒有此方面的記載。

以圖18中的韓朋形象爲代表,畫像石中所表現的韓朋形象基本上都是逃走的形象。那麼,韓朋爲什麼要逃走呢?從變文《韓朋賦》來看,韓朋與貞夫重逢之時,正如韓朋鏡E場景所表現的那樣,是在韓朋成爲囚徒餵馬的狀況之下發生的。在文本中有諸如"見妾羞恥,把草遮臉""取草遮面,避妾隱藏"等韓朋試圖躲避貞夫等方面的描寫,但文本中却沒有韓朋要從貞夫身邊逃走之類的記載,但是圖18中却真實地描繪了韓朋逃走的場景,關於其逃走的理由,有必要進行考察。想來韓朋遭到身體上的迫害并淪爲城旦(《搜神記》)之際,應該已經決心赴死了,剩下的就是何時死的問題。而這個時候也就是向貞夫表明心迹的時候。於是,在與貞夫重逢之時,韓朋向貞夫贈歌如下(變文《韓朋賦》④中韓朋回贈貞夫之歌):"南山有樹,名曰荆蓀(棘),一技兩刑(枝),葉小(莖)心平。形容燋悴(憔),無有心情。蓋聞東流之水,西海之魚,去賤就貴,於意如何。"這是一首帶有字謎的詩歌,大體含義是:我無法反抗擁有權力的宋王,無法和你(貞夫)在一起(自己已有死意),你的心意又如何呢?對於韓朋來説,在有權有勢的宋王面前,貞夫傾心於宋王亦是自然,韓朋對此已經不抱幻想,然而看到貞夫面對自己的提問的反應,韓朋已經瞭解了貞夫的真實想法。於是韓朋明白,自己聽到答案之時就是貞夫(以及自己)赴死之時。在這種情況下,不讓貞夫赴死就要不讓貞夫回答或不聽貞夫回答。這也正是韓朋從貞夫身邊逃走的場景出現的原因。而貞夫在面對無論如何都不聽自己回答的韓朋之時,想出一計,即用弓箭發送自己所寫之血書(箭書)。上述情節内容雖然在變文《韓朋賦》中均未有出現,但是從圖18等畫像石上完全可以推知,漢代的韓朋傳説中已經具備了上述情節内容。

而圖18中從箭上垂下的貞夫箭書上的回答如下,"天雨霖霖,魚游池中,大鼓無聲,小鼓無音",這是變文《韓朋賦》中貞夫向韓朋發送箭書中所寫詩歌。其中"大鼓無聲"表示貞夫知道韓朋赴死的想法,"小鼓無音"表明自己亦將赴死之決心，這是貞夫向韓朋所表之決心。而在《搜神記》中，該箭書内容則變爲"其雨淫淫，河大水深，日出當心"。關於"日出當心"一句，文本中蘇賀對該句明確解釋爲"日出當心，心有死志也"。從故事情節發展來看，韓朋雖然一直躲避并試圖逃離貞夫的回應，但當他讀了貞夫的箭書之後，則結髮而死，變文《韓朋賦》中有"朋得此書，便即自死"的記載，《搜神記》中則爲"俄而憑乃自殺"。其中文字記録過於簡略，我們無從得知關於韓朋自殺的具體情況。那麼，韓朋究竟是在何處如何自殺身亡的呢？解開其謎底的綫索就在圖18題記1下面的圖像之中，圖18中韓朋右脚所踩臺階，應該是通向青陵臺的臺階，而韓朋右側的建築物則是青陵臺。

　　青陵臺的全貌在韓朋鏡2的E場景之右方亦可看到（圖版二b，圖15之E場景），其臺（臺榭）爲中國古代非常流行的高層建築形式，然而這一建築形式却以南北朝爲分水嶺，在之後完全失去了蹤迹，因此，關於此種建築形式尚無法瞭解其實際樣態（請參考前引關野雄《臺榭考—中國古代の高臺建築について—》）。從這一點來看，韓朋鏡2的E場景中所繪青陵臺的圖像具有很高的學術價值，這一點亦是衆所周知的。然而，這裏想提起注意的是，韓朋鏡2的E場景中臺階之下馬匹的右方所繪右向而立的一個身形極小的男子形象（手中好像持有笏板）。該人物形象爲韓朋的可能性很高（馬匹右方身形較大的人物應該也是韓朋），這裏的青陵臺應該就是E場景中韓朋作爲階下囚飼養馬匹的背景畫面。另一方面，如果從韓朋鏡中場景交錯叠加的角度來考慮的話（例如F場景中"二子"的情況），那麼，韓朋鏡2中E場景左方的青陵臺和韓朋形象，與圖17或圖18中的韓朋和青陵臺形象之間有着明顯的關聯，這也應該成爲今後研究的課題。

　　圖18中身負箭書的韓朋所面臨的是之後的赴死，而這應該是在讀了箭書之後所采取的行動，那麼，圖19以及韓朋畫像石6之後所繪登上臺階的韓朋形象正應該是爲了表現韓朋登上青陵臺投身自殺之情節所繪。變文《韓朋賦》中有如下記載："宋王即遣人城東，鞂（掘）百丈之曠（壙），三公葬

之禮也。"從這裏可知，韓朋墳墓建在青陵臺東側是由於其赴死場所就在此處，而貞夫之所以選擇投身於該墓穴自殺亦是因爲這曾是前夫投身赴死之處（"言語未訖，遂即至室，苦酒侵衣，遂脆如蔥"）。這一情節在《搜神記》中亦有明確記載："妻（貞夫）遂自投臺。"而吳氏藏韓朋畫像石（圖版一）中，其畫面右半部分描繪的是韓朋傳說的發端（圖17），其畫面左半部分描繪的是該傳說的結尾（韓朋臨死前場景，并非後來的大團圓結尾。圖18、韓朋畫像石6以下亦有該場景），此處的場景描繪亦是韓朋投身青陵臺赴死的佐證之一。關於韓朋赴死的情節，從畫像石的描繪中我們能夠推知的內容如上所述。然而，接下來的問題是貞夫發送箭書以及韓朋接到箭書的場所是哪裏。圖18以及韓朋畫像石6—11、15、20等畫面明確繪有韓朋登上青陵臺奔逃以及貞夫發送箭書的場景（韓朋畫像石14的第二層畫面亦有貞夫向上方射箭的場景）。然而，讓我產生疑問的是，韓朋畫像石12、13、14、16、17、18、19的畫面并沒有任何關於臺階和青陵臺方面的描繪。關於這一點，有兩種解釋。一是，14之後的韓朋畫像石均省略了臺階和青陵臺的描繪（韓朋畫像石12中有關於闕的描繪）。這種情況很有可能是這些畫像石將發送箭書的貞夫和接到箭書的韓朋放在一個構圖中進行了處理。另一種情況是，對於韓朋畫像石12、13、14、16、17、18、19來說，其粉本中貞夫發送箭書等情況并不是在青陵臺，其粉本中還有一個畫面，就是韓朋讀了箭書之後登上青陵臺并投身赴死的場景。上述兩種情況，從道理上講均有可能存在，如果一定要挑選出一個解釋的話，根據圖18以及之後出現二子與宋王兩個場景交錯重疊的現象來看，筆者認可第二種情況。如上所述，圖18之後出現了種種謎團，本論文所考察的也只能是其中的一部分。

>> 圖版一　吳氏藏韓朋畫像石（正面三層）

>> 圖版一b　吳氏藏韓朋畫像石（背面與正面）

韓朋溯源 | 107

>> 圖版二 2※浙江省文物考古研究所藏宋王貞夫銘畫像鏡

D 梁伯（宋王）迫害韓朋 　　　　A 宋王想得到貞夫

E 韓朋成爲囚徒餵馬 　　　　F 貞夫向韓朋發送箭書

>> 圖版二b A、D、E、F場景

>> 圖版三　3※孔震氏藏貞夫銘畫像鏡

>> 圖版三b　F場景

>> 圖版四　4※孔震氏藏宋王皇后銘畫像鏡

A　宋王想得到貞夫

B　梁伯迎接貞夫

C　宋王迎貞夫爲皇后

>> 圖版四b　A、B、C場景

韓朋溯源 | 109

F 貞夫向韓朋發送箭書

>> 圖版五 5 周曉剛氏藏無銘貞夫畫像鏡　　>> 圖版五b　F場景

6 東漢武氏祠畫像石

7 泰安大汶口東漢畫像石

8 嘉祥南武山東漢畫像石

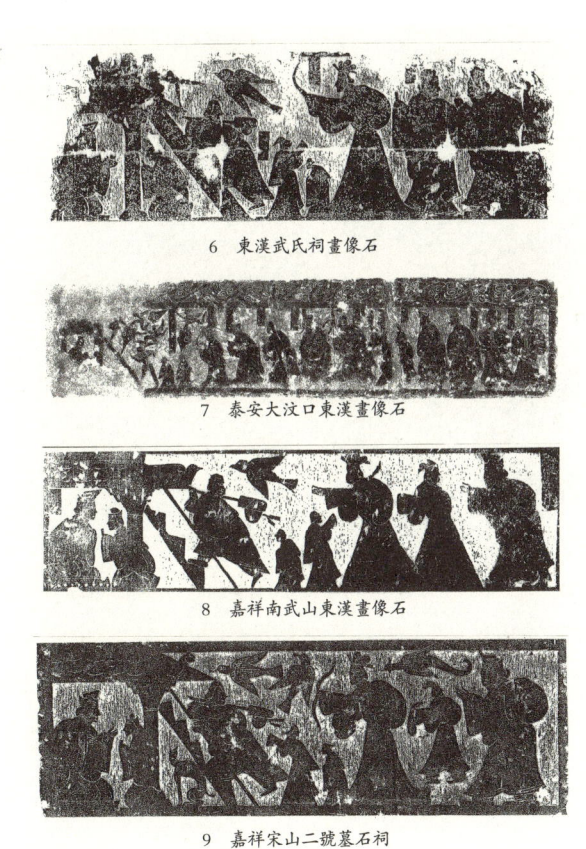

9 嘉祥宋山二號墓石祠

>> 圖版六　韓朋畫像石6—9

10 嘉祥宋山三號墓石祠

11 松永美術館藏東漢畫像石

12 南武陽功曹闕東闕

13 山東東平石馬莊東漢畫像石

>> 圖版七　韓朋畫像石 10—13

韓朋溯源 | 111

14 榆林橫山東漢畫像石

15 莒縣東漢畫像石

16 嘉祥洪山村東漢畫像石

17 嘉祥紙坊鎮東漢畫像石

18 孝堂山石

>> 圖版八 韓朋畫像石 14—18

19　波士頓美術館藏洛陽八里臺西漢壁畫

20　魏曹操高陵出土畫像石

20-b　"宋王車"榜題斷片

>> 圖版九　韓朋畫像石 19、20

从日本伎乐的戏剧因素看南朝乐府的表演功能

葛晓音

（北京大学中文系）

在中国戏剧史上，南北朝似乎是一片空白。尽管这一时期正史的《乐志》和文人的诗赋中也有关于"百戏""倡优"的记载，但因为都属于不合正乐的散乐，所以描述过于简略，很难找到一个可以称之为"戏"的完整例子。但从隋代传到日本的伎乐中可以窥见少数曲目与汉乐府及南朝乐府有关，可以推想当时有些乐府具有可以表演的性质，最早的戏剧因素或许正由此萌芽。

一、日本伎乐的来源和性质

据日本古籍记载，公元612年，百济人味摩之来到日本，教习从吴国学得的伎乐舞。这批乐舞被称为"伎乐"，有时写作"妓乐"，别称"吴乐"。《日本书纪》卷二二载，推古天皇二十年夏五月条，"又百济人味摩之归化，曰学于吴得伎乐舞，则安置樱井而集少年令习伎乐舞。于是真野首弟子，新汉齐文二人习之，传其舞"[①]。此外，早有钦明天皇朝（推定6世纪中）从吴国归化的和药使主带来"伎乐调度一具"的记录，见于平安时代编定的《新撰姓氏录》左京诸蕃下"和药使主"条："出自吴国主照渊孙智聪也，天国排开广庭天皇（谥钦明）御世，随使大伴

[①]《日本书纪》卷二二，岩波书店，1993年，日本古典文学大系新装版。

佐弓比古，持内外典、药书、明堂图等百六十四卷、佛像一躯、伎乐调度一具等入朝。""男善那使主，天万丰日天皇（谥孝德）御世，依献牛乳，赐姓和药使主。奉度本方书一百卅卷、明堂图一、药臼一，及伎乐一具，今在大寺也。"①一些古寺的资财帐也说明大安寺、法隆寺等大寺庙备有豪华的伎乐调度，演出伎乐供养法会。②除奈良的大寺以外，九州岛的观世音寺也具备伎乐调度③，上野国（现在群马县）法林寺、弘轮寺都留下了有关伎乐的记录④，可见对伎乐的欢迎扩展到日本全国。伎乐传到日本后，规模最大的伎乐演出在天平胜宝四年（752）东大寺大佛开眼供养仪式上举行。法会上使用的乐器、面具、乐人的衣服等都有详细的目录记载，收存于正仓院。7、8世纪伎乐曾处于全盛的顶峰，后来随着唐代新舞乐的传入而逐渐衰落。到了平安后期（11、12世纪）几乎再也见不到伎乐表演的记录。

  关于伎乐，日本学者的研究成果很多，也提出了一些疑问：伎乐从哪里来？伎乐的性质如何？可谓众说纷纭。有的认为伎乐是在龟兹兴盛后经过百济传来；有的认为伎乐是南朝末流行于其首都建康一带即日本所谓"吴"地的民间演艺或散乐，传到日本后才开始用作寺院乐；还有的认为来自印度支那甚至印度。韩国学界还提出"吴"是指带方郡（位于百济和高句丽中间的海西半岛，即黄海道），日本学者也有支持此说者。前些年，笔者和东京大学户仓英美教授对于这些争议做过详细的考辨，认为如果说带方和存其遗风的地域是百济、高句丽接受汉文化的一个前站，很有可能是味摩之学习伎乐的所在地，这一见解是可取的。虽然味摩之其人无从考察，但吴乐由百济人传入日本的记载是有根据的。

----

① 《新撰姓氏录》第三秩"左京诸蕃下"。万多秦王等人于弘仁六年（815）七月编定。三都书肆文化四年（1807）。（电子版序列第777条）
② 大安寺、法隆寺等资财帐见佛书刊行会编《大日本佛教全书·寺志丛书一》，佛书刊行会，1922年。
③ 参见观世音寺资财帐，见佛书刊行会编《大日本佛教全书·寺志丛书一》。
④ 竹内理三编《平安遗文》第九卷，九条家本延喜式背面文书，上野国交替实录帐，东京堂。

东晋南朝时期，中国和日本虽有直接交往，但吴文化传入日本，更重要的渠道是通过百济的中转。通过了解百济向日本广泛输入汉文化的背景，可以基本肯定吴乐来自中国。①

从南北朝正史中《乐志》中零散的文献资料中可以窥见，南朝的梁代、北朝的北魏、北齐和北周都是声乐杂伎表演的极盛时期。如《隋书·音乐志》载梁朝的三朝乐多达四十九种，其中一半是散乐，并有《上云乐》《俳歌辞》等少数散乐乐曲传世。《魏书·乐志》说："（后魏道武帝天兴）六年冬，诏太乐、总章、鼓吹增修杂伎，造五兵、角觝、麒麟、凤凰、仙人、长蛇、白象、白虎及诸畏兽、鱼龙、辟邪、鹿马仙车、高絙百尺、长趫、缘橦、跳丸、五案以备百戏。大飨设之于殿庭，如汉、晋之旧也。太宗初，又增修之，撰合大曲，更为钟鼓之节。"②可见其中不少百戏杂伎是可以配合大曲和钟鼓等乐节的。《文献通考》卷一四七说："北齐神武平中山，有鱼龙烂漫、俳优、侏儒、山车、巨象、拔井、种瓜、杀马、剥驴等，奇怪异端，百有余物，名为百戏。"③俳优侏儒的表演也都属于百戏。《隋书·音乐志》说："（北齐）杂乐有西凉鼙舞、清乐、龟兹等。然吹笛、弹琵琶、五弦及歌舞之伎，自文襄以来皆所爱好，至河清（指高澄河清元年，562）以后，传习尤甚。后主唯赏胡戎乐，耽爱无已。于是繁手淫声，争新哀怨。故曹妙达、安未弱、安马驹之徒，至有封王开府者，遂服簪缨而为伶人之事。"④又说："（后周）武帝保定元年，诏罢之（指元会殿庭百戏）。及宣帝即位，而广招杂伎，增修百戏。鱼龙曼衍之伎，常陈殿前，累日继夜，不知休息。好令城市少年有容貌者，妇人服而歌舞相随，引入后庭，与宫人观听。戏乐过度，游幸无节焉。"⑤显然北魏、北齐的杂乐最为兴盛，并且影响了

---
① 参见葛晓音、户仓英美《日本吴乐"师子"与南朝乐府》，《唐研究》第十卷，北京大学出版社，2004年。
② 《魏书》卷一〇九，中华书局，1974年，第2828页。
③ 马端临《文献通考》，中华书局，1986年，第1278页。
④ 《隋书》卷十四，中华书局，1973年，第331页。
⑤ 《隋书》卷十四，第342页。

北周。以上还只是宫廷娱乐的记载，至于民间的歌舞杂伎，还可以从《洛阳伽蓝记》《颜氏家训》等著作的零星记载中想见其风气。今天所知的早期歌舞戏如《兰陵王》也源自北齐，由此不难揣测南北朝已经产生了有故事的歌舞表演。① 只是实证太少，难以想象当时的歌舞伎乐究竟发展到什么程度，因而也无法判断这一时期在中国戏剧史上的意义。

保存在日本的伎乐，因为传自隋代的吴地，是考察南北朝歌舞伎乐的宝贵资料。今人所见伎乐，是指日本古乐记资料中保存的一批称为"吴乐"的曲子。与唐乐舞不同，这一乐种的标志性乐器是细腰鼓。其曲名、表演者所戴的假面、服装，乃至表演形式都有自己的特点。相关记载主要见于《法隆寺伽蓝缘起并流记资财账》（天平十九年，747）载有伎乐假面种类十一种，《西大寺资财流记账》（宝龟十一年，780）载有伎乐假面十四种；《广隆寺资财校赞实录账》（天安二年，858）记载"吴乐面形二十一头"及一些角色所穿的服装目录；《观世音寺资财账》（延喜五年，905）载有假面十三种；《博雅笛谱》（源博雅撰，康保三年，966）依次载有曲名九种，但乐谱已失；《仁智要录》（藤原师长撰，建久三年，1192年以前）卷十二载曲名九种与《博雅笛谱》同，唯顺序稍有差异。《教训抄》（狛近真撰，1233）卷四"妓乐"条载曲名十种，按出场先后次序排列。除了文献资料，当初演出所用的二百多个假面仍然保留在日本。以林谦三为代表的日本音乐专家还对这批伎乐的乐谱做过深入的研究。

由于吴乐是海内外多数汉学家所不熟悉的一个乐种，加上年代久远，古乐书记载失真，中国学者对于伎乐几乎一无所知。在日本的不少研究者中，也存在着分歧和疑问。因此目前中日学术界尚未注意到这批资料对于研究南北朝戏剧萌芽的意义。笔者联系中日文献和实物资料，对这批伎乐的表演内容和题材来源做了全面的考证。首先可以确认的是：从曲目内容和假面形象来看，伎乐是根源于印度佛教文化，但同时

---

① 参见葛晓音、户仓英美《日本唐乐舞"罗陵王"出自北齐"兰陵王"辨》，《唐研究》第六卷，北京大学出版社，2000年。

又融入了西域的各国文化而形成的，而且其中含有中国独特的宗教性要素。日本的吴乐来自中国的东晋南朝统治的地区，但吴乐的产生并不一定限于南方，也可以包含北朝传到南方的伎乐，更不排斥伎乐在梁代直接从西域传入吴地的可能性。而且日本伎乐由百济人在隋代传入，已经具备汇合南北杂伎声乐的时代条件。①

其次，这批伎乐在日本主要用于行道，这是日本佛事活动中的一种仪式。法会中众僧排队边读经边散花，按顺时针方向绕佛堂或佛像周围游行。伎乐是行道的重要组成部分，舞人戴着假面排队游行，表现不同的人物角色和简单的情节，形成不同的曲目，这一娱乐性功用是由伎乐作为杂伎散乐的性质决定的。以下先按《教训抄》卷四"妓乐"条所载曲名十种，介绍其表演的先后出场次序：

> 先师子舞、次吴公、次金刚、次迦楼罗、次婆罗门、次昆仑、次力士、次大孤、次醉胡、次武德乐②

各寺资财帐所记与此略有不同，比《教训抄》所记多了一曲"治道"，但没有"武德乐"。《教训抄》的记载比其他乐书和资财帐多了"武德乐"，其余和《博雅笛谱》《仁智要录》所记录的九曲相同。现在正仓院一共收藏164个伎乐面。经石田茂作研究，并与《资财账》的记载对照，得出的结论是伎乐共用十四种一共23个假面。其细目如下：治道—1、师子—1、师子儿—2、吴公—1、金刚—1、迦楼罗—1、昆仑—1、吴女—1、力士—1、婆罗门—1、大孤—1、大孤儿—2、醉胡王—1、醉胡从—8。③ 也就是说，假面有十四种，乐书记录的曲名是九种或十种。日本学界一致认为"武德乐"是后代附加的唐乐曲，本来与伎乐无关。那么十四种假面怎么与九曲相配呢？从曲名可以推想师子和师子儿、大

---

① 参见葛晓音、户仓英美《日本吴乐"师子"与南朝乐府》，《唐研究》第十卷。
② 植木行宣注《教训抄》，收入林屋辰三郎编《古代中世艺术论》，岩波书店，1973年，第87页。
③ 石田茂作《正仓院伎乐面的研究》，美术出版社，1955年。

孤和大孤儿以及醉胡王和醉胡从各在一个曲中演出。又据《教训抄》卷四"妓乐"条，得知吴女在"昆仑"一曲中登场。此外，对于九个曲目中的"治道"，日本学者有两种不同看法。羽冢启明氏主张原来有"治道"曲，后来失传。[①]但研究者一般认为"治道"非曲名，治道应排在行道的第一，担任镇道的角色。如取后一说，则伎乐中只有八曲是有表演的。

第三，目前所见虽然仅存八种带有故事性表演，但是取材来源较广，从笔者考证的结果来看，按内容可以分为世俗乐舞和佛教乐舞两类。其中取材于佛教传说的有"昆仑""力士""迦楼罗""婆罗门"四种。"师子"也和佛教有密切的关系，《洛阳伽蓝记》中记载北魏佛教行像，都有"辟邪师子"。佛座之处称为狮子座。取材于世俗的有"吴公""大孤"和"醉胡"三种。"吴公"出自《世说新语》，"醉胡"应是当时胡王率胡从来华情景的实录。"大孤"见本文详考。

特别需要指出的是，在这批伎乐的考证中，笔者注意到"师子""吴公""大孤"三个曲目都和汉魏南朝的乐府诗有关，由此不能不联想到乐府诗在汉魏六朝文学中的地位，以及乐府有无表演性的问题。沈约《宋书·乐志》记载十六大曲，全都用汉魏乐府诗的题目。那么其性质是否与唐代大曲一样，都是兼带歌舞表演的大型曲目呢？如果乐府已经含有故事性的表演，那么中国戏剧史的萌芽是否可以从唐代歌舞戏再往前追溯呢？

二、"师子""吴公""大孤"三曲与乐府的关系

日本伎乐"师子"和"吴公"二曲的本事，笔者已经有论文考证。"大孤"的本事将在本文中重点辨析。这三曲与南朝乐府诗都有关联，但方式各不相同。

以下先简介笔者关于"师子"和"吴公"二曲本事的考证结果，《教

---

① 羽冢启明《伎乐考》，载《东亚音乐论丛》，山一书房，1933年。

训抄》卷四"妓乐"条记载行道顺序的一段文字中①，有关于"师子"舞曲所用调性以及曲子的吹奏法，同卷"妓乐"条以前却另立一条舞乐"师子"曲名②，记录如下一段咏词：

师子天竺，问学圣人。琉璃大臣，来朝太子。飞行自在，饮食罗刹。
全身佛性，尽未辇车。毘婆太子，高祖大臣。随身眷属，故我稽首礼。

这段咏词虽然见于舞乐"师子"，并非记载于伎乐"师子"卷中，但已有日本学者研究，认为舞乐"师子"是根据妓乐"师子"舞新创作出来的。到了平安中期伎乐日趋衰落，只有"师子"曲抽出加工成为供养舞乐留存。对此见解学界没有异议。③经考证，我们认为这首咏词大体上保存了伎乐传入日本以前南北朝隋代"师子"曲歌词的原貌。首先从形式风格来看，这首咏词除末句外，全为四言。南北朝至隋代，除了郊庙和燕射歌辞多用四言，曲辞用四言的只有部分雅歌和散乐。风格古奥典雅。而此诗风格比较朴拙，更接近当时一些用四言的江南民间舞曲，联系《乐府诗集》中所载四言《独漉篇》，《南齐书·乐志》"独禄辞"后所引"《伎录》'求禄求禄，清白不浊，清白尚可，贪污杀我'"④，"舞曲歌辞五"中的"散乐附"列有《俳歌辞》，以及《古今乐录》载梁三朝乐第十六设俳伎所录歌词等资料来看，可见这类四言歌辞也是散乐俳伎在表演时的咏词。日本伎乐"师子"的咏词接近江南民间的俳伎类散乐歌辞，说明它很可能与吴地的"俳伎"是同一来源。

其次，从伎乐"师子"的咏词内容来看，和《乐府诗集·清商曲辞八》之《上云乐》歌辞中周舍所作的"老胡文康辞"的内容颇有照应之处。我们将此乐府诗与"师子"相对照⑤，认为这首诗也以四言为主，杂

---

① 林屋辰三郎编《古代中世艺术论》，第88页。
② 林屋辰三郎编《古代中世艺术论》，第87页。
③ 小野功龙《供养舞楽と法会形式の変遷に就いて（供养舞乐与法会形式的变迁）》，载《相爱女子大学·相爱女子短期大学研究论集》1966年第十二至十三卷第二号。
④ 《南齐书》卷一六七，中华书局，1972年，第193页。
⑤ 郭茂倩《乐府诗集》卷五十一，中华书局，1979年，第746页。滨一卫氏早已注目

有六言和七言，末段为五言。内容为老胡带着凤凰、师子和众门徒，在歌管伴奏下，前来献伎上寿，显然是根据来自西域的杂伎艺人献艺时的咏词加工而成。从老胡"非直能俳""前却中规矩，进退得宫商。举技无不佳，胡舞最所长。老胡寄箧中，复有奇乐章"等句来看，老胡不仅会俳伎，还会胡舞，以及配合音乐、进退合节的各种表演。所以这首乐府诗应该是老胡以第一人称为皇帝祝寿的歌辞，其用意又近似雅舞。采用四言，正是综合了民间散乐和雅歌的特点。以此相参看，日本"师子"的咏词文辞质拙有不可解处，应出自表演俳伎一类散乐的民间艺人之口。

从内容来看，"师子"咏词的全辞大意也是以师子为第一人称，自我介绍来自西方，四处周游，来朝见圣人。就像"老胡文康辞"的缩写版或者原型，只是不如"老胡文康辞"那样文采斐然，曲尽形容。如果把"师子"咏词里的"随身眷属"这一句和"老胡文康辞"里"师子是老胡家狗"联系起来看，这段咏词倒像是老胡文康上寿的大段独白之后，再由"师子"进行自我介绍的台词。上文所引郭茂倩《乐府诗集》中《伎录》和《俳歌辞》都是以第一人称的口气、滑稽表演的形式所写的台词式的歌辞。此外，联系《隋书》卷十三《音乐志上》中所记"三朝乐"来看，《上云乐》老胡文康辞里还包含了很多其他伎乐的内容，例如"非直能俳"，指俳伎，梁三朝乐第十六即俳伎；"凤凰""胡舞"与三朝乐第四十四"设寺子导安息孔雀、凤凰、文鹿、胡舞登连《上云乐》歌舞伎"相同；而"门徒从后，济济翼翼"的描写和吴乐的另一个曲目"醉胡王"里胡王带着许多从人出来的排场也类似[①]。

由此比较，可以看出，周舍的《老胡文康辞》采用第一人称的口气，俳谐的语调，形式像表演的台词，这种写法与作者吸取伎乐的表演形式

（接上页）《上云乐》与伎乐的相似，认为其特别与醉胡有密切关系（见滨一卫《伎乐源流考》，载《中国文学报》1962年第9期。此文扩充后收录于《日本艺能的源流》，角川书店，1968年）。

① 以上详见葛晓音、户仓英美《日本吴乐"师子"与南朝乐府》考证。

有关。所以周舍是利用了梁武帝所制《上云乐》的题目，将几种伎乐的表演融合在一个来自西域的老胡身上，创造了一曲本身也可以当表演台词用的乐府诗。由周舍诗与伎乐"师子"咏词的关系，可以看出，在南北朝隋代的百戏散乐中，有些滑稽的俳伎带有歌词，虽然因过于俚俗质拙，大都没有保存下来，但也有一些内容被文人吸收改造成新的乐府，令人从中窥见其原始表演中的故事性。

"吴公"一曲据《教训抄》卷四"妓乐"条①，吴公在行道中排在"师子"后面：因记载错乱，歧解最多。笔者经过详考，认为假面中的"吴女"应属于此曲，伎乐在流传过程中，由于乐人对曲目内容的误解，将"吴女"误置于"昆仑"一曲中。"吴公"的本事依据《世说新语·任诞》篇中桓伊吹笛劝谏晋孝武帝的故事，由于其所吹之曲为《怨诗行》，南朝文献均载《怨诗》是传为班婕妤作的咏扇诗。而"吴女"的假面正是一个梳宫妆大髻的弱女子形象，与陕西考古发掘的7世纪宫妆女俑完全相同，再加上各种旁证，可以推测"吴女"所扮演的正是班婕妤。据此复原其表演场景，先是高贵庄严的吴公持扇子和笛袋出场，然后面向乐屋，随着乐人的笛声响起，做出踞"吴床"吹笛的动作，展示了桓伊吹笛的典型形象。接着是吴女出场，站在灯炉前，表现其被弃冷宫的幽怨，以此展示出桓伊以《怨诗》劝谏的内容。②

"吴公"一曲虽然没有咏词留存，但是其主要道具"持扇"，以及"吴女"假面楚楚可怜的造型都清楚地表现了宫女被冷落的情景。也就是说，"吴公"一曲将汉魏乐府的名作《怨诗行》的内容转换成了假面短剧中的一个场景。由此可以看出有的伎乐直接取材于历史故事和汉魏乐府诗。

"大孤"在《教训抄》卷四"妓乐"条中的排列位置在"昆仑""力士"之后。关于此曲的表演内容，研究者都不理解，有各种猜测，因而也有必要加以考辨。法隆寺献纳御物面的大孤假面里侧有墨书"鵤寺孤

---

① 以下诸条引文见林屋辰三郎编《古代中世艺术论》，第88页。
② 参见葛晓音《日本伎乐"吴公"本事与汉魏乐府》，《北京大学学报》2016年第4期。

子父"。各寺资财帐里也记着"大孤父"的名目,《教训抄》记此曲的表演是:

> 次,大孤。又名继子,序吹物,可吹三返。平调音吹之。老女姿也。子各二人ヲ(グシテ),腰ヲオサシ、膝ヲウタセテ、仏前へ参诣シテ、左右胁、子ヲキテ、仏ヲ礼シタテマツル。
>
> (大意为大孤父为老妇人的样子,有两个儿子伴随。按着腰,弯着膝盖,走向佛前参拜。两个儿子架着他的两胁向佛行礼。)

原田氏认为此曲又名"继子",是表现老妇人责备继子,最后悔悟,向佛礼拜。① 野间氏认为如果是这样的内容,与伎乐的喜剧精神是背道而驰的,虽然与"老女"的说法相应,但是假面的铭文明明写的是"大孤父",资财帐上明记为"大孤父"的例子也很多,而且有大孤铭文的假面也有老翁形的,所以视为老女乃是后代的误传。但如果责备继子的主角是男性,其演技又令人兴味索然了。他认为继子不是前生子女的意思,或者是指具有服侍老翁的那种意味的养子。其演技的着眼点在表现颤颤巍巍的老年走步的可笑。《教训抄》说"老女姿",不能断定是老女。因为老人服装往往男女没有区别,老女姿是强调颓龄的装扮。他又指出现存假面上所植白毛已经脱落,额上刻的皱纹显出老翁的相貌,眼尾的小皱纹和颊上的笑靥般的凹陷都表现出"大孤父"是个好好先生,看不出喜欢虐待孤儿的残忍性。两个孤儿的假面一个颦眉歪口,眼角向下,这悲痛的表情与孤儿名相称。但这种表情又不能作继子受虐待来解释,如果解作侍候孤子父,也是适合的表情。②

井浦氏在分析原田氏和野间氏的说法以后,引证《齐家宝要》一书对孤子的解释"父丧自称",认为如果把大孤父解释为孤儿之父,那就和剧情内容相矛盾。没有服父丧的人还有父亲的道理。所以他认为大孤

---

① 原田亨一《阿国歌舞伎至日本演剧的演变》,载氏著《近世日本演剧的源流》,至文堂,1928年。
② 野间清六《伎乐面》,载氏著《日本假面史》,艺文书院,1943年。

父是指孤子的祖父，因为"大"本来有父亲的意味。至于两个孤儿为何一个表情悲痛，一个表情平和，他认为悲痛的表情是因为丧父；另一个平和是因为年幼，尚不能充分感受丧父的悲痛。而大孤父没有悲痛的表情，是因为谛观无常，而且主要表现对小孙子的慈爱。井浦氏不同意诸家的说法，认为他们的观点都以伎乐的滑稽感为着眼点，而"大孤"一曲的重点不在滑稽表演，只是以佛前礼拜为中心，构思很简单。①

以上几种说法相比较，井浦氏认为"大孤"的重点只是礼佛，符合《教训抄》对此曲表演动作的解释。确实，伎乐也并不一定都是滑稽调笑，八曲中以宣扬佛力、排斥外道为宗旨的还有昆仑、力士、迦楼罗、婆罗门四曲，伎乐作为行道的仪式，礼佛颂佛的内容应是其首选。井浦氏还注意到"孤"字的解释，较原田氏和野间氏又进了一步。只是他认为孤子为父丧自称，虽然有古籍为依据，而且中国文献也同样释丧父为孤②，但是仍有所见不周之处。实际上汉代丧母也可以称孤。如著名的汉乐府《妇病行》③：

妇病连年累岁，传呼丈人前一言。
当言未及得言，不知泪下一何翩翩。
"属累君两三孤子，莫我儿饥且寒，
有过慎莫笪笞，行当折摇，思复念之！"
乱曰：抱时无衣，襦复无里。
闭门塞牖，舍孤儿到市。
道逢亲交，泣坐不能起。
从乞求与孤儿买饵，对交啼泣，
泪不可止："我欲不伤悲不能已。"
探怀中钱持授交。

---

① 井浦芳信《伎乐》，载氏著《日本演剧史》，至文堂，1963年。
② 《孟子·梁惠王下》："老而无子曰独，幼而无父曰孤。"杨伯峻《孟子译注》上册，中华书局，1960年，第36页。许慎《说文》："孤，无父也。"
③ 郭茂倩《乐府诗集》卷三十八，第566页。

入门见孤儿,啼索其母抱。

徘徊空舍中,"行复尔耳,弃置勿复道!"

这首诗里四次出现"孤子""孤儿",都是指病妇去世后留下的小儿。照顾"孤子"的"丈人"是病妇的丈夫,也就是孤子的父亲。诗里的"丈人"和"孤子"的关系正是"大孤"一曲中"大孤父"和"大孤儿"的关系。又如阮瑀的《驾出北郭门行》①:

驾出北郭门,马樊不肯驰。下车步踟蹰,仰折枯杨枝。
顾闻丘林中,嗷嗷有悲啼。借问啼者出,"何为乃如斯?"
"亲母舍我殁,后母憎孤儿。饥寒无衣食,举动鞭捶施。
骨消肌肉尽,体若枯树皮。藏我空室中,父还不能知。
上冢察故处,存亡永别离。亲母何可见,泪下声正嘶。
弃我于此间,穷厄岂有赀?"传告后代人,以此为明规。

这首诗中的"孤儿"则是亲母已亡,受后母虐待,而其父尚在,这种身份正是"大孤"中所说的"继子"。

由于汉乐府写的往往不是某一家人的特殊遭遇,而是概括一类社会问题,这两首乐府诗反映的都是母死之后,父子不能相保的普遍现象。笔者推想,伎乐"大孤"所表现的正是与以上两首乐府诗相似的内容。"孤"的含义不是丧父,而是丧母,这样便较容易说通此曲中人物的关系和表情。"大孤"中的孤儿一个表情悲痛,是因为丧母。由此曲又名"继子"来看,这个表情悲痛的孤儿可能受后母虐待。另一个表情平和,可能如井浦氏所说是年幼不懂事,也可能是后母之子。大孤父的表情慈爱,领着两个儿子到佛前礼拜,应是求佛保佑他们全家和睦太平的意思。

"大孤"一曲中大孤父对丧母的孤子的怜爱,与《妇病行》中"丈人"照顾孤子力不从心的状况颇为相似。由《妇病行》被选入汉乐府,也可

---

① 郭茂倩《乐府诗集》卷六十一,第889页。

揣测"大孤"这类内容进入伎乐的原因。汉乐府的采录标准是体恤鳏寡孤独[1]，北魏时仍有采诗制度，标准与汉代相同[2]。百戏杂乐虽然主要是为了娱乐，但也可能将乐府所采之诗吸收进去，作为表演的题材，这就有可能会关注鳏夫孤儿这类较有普遍性的社会问题。只是《妇病行》重在表现孤儿父子的痛苦无奈，"大孤"重在表现求佛保佑解脱苦恼，这也是供养佛寺的伎乐应有的题中之义。

但"大孤"只是一出简单的假面剧，并无咏词保存，笔者之所以将它和汉魏乐府诗联系起来，只是借汉魏乐府解释其表现内容之谜，反过来又想到二者在表演上的关联性。汉代的乐府特别是部分"行诗"可以制成具有表演性的大曲，沈约《宋书·乐志》记载晋乐所奏汉代大曲十六首，绝大部分是"行"诗。大曲是以歌诗和音乐相配合、可以多遍演唱的一种表演形式。从唐大曲多带舞蹈表演的情况来看，也不排除汉大曲有表演的可能性。虽然《妇病行》并未进入这十六大曲，但《妇病行》由两段以人物对白为主的场面描写结合而成，《驾出北郭门行》也是写孤儿哭诉后母虐待的场景，二者都很适宜于表演。而"大孤"所表演的内容与《妇病行》《驾出北郭门行》中的情节又属于同样的社会问题，也就是说，只要从《妇病行》和《驾出北郭门行》的场面中提取出丈人和孤子的关系，改造为他向佛求助的场景，就变成了"大孤"的表演内容。二者之间的这种关联不能不让人联想到伎乐曲目从乐府取材的可能性。

三、从伎乐的戏剧因素看乐府的表演功能

以上三种伎乐曲目与乐府诗的关系有远有近，"师子"中的咏词既可视为周舍《上云乐》"老胡文康辞"的创作基础，也可以看作其中的一个场面；"吴公"中歌唱的《怨诗行》取自汉乐府，成为情节的重要组成部分，而且直接将诗中内容转化成为场景；"大孤"的人物关系与

---

[1] 参见葛晓音《八代诗史》第一章第一节，中华书局，2007年。
[2] 参见葛晓音《八代诗史》第九章第一节。

汉魏乐府中表现孤子的诗篇相同，但改变了情节处理的方式。尽管乐府诗的内容在伎乐中参与的程度有深有浅，但至少可以看出乐府诗本身的故事性有转化成情节表演的可能，这种可能性取决于伎乐本身所包含的戏剧因素。

林谦三先生在《伎乐》一文中说："伎乐是戴假面的、一半是行道的简单的演技。配合着少量种类的乐器演出的音乐，适合于无言剧风的表演。"① 也就是说，伎乐是一种有简单乐器伴奏的无言的假面剧，这一表演形式决定了它的基本特征。以下首先从取材来看伎乐的编剧特点。

八种伎乐曲的取材主要是佛教传说，其次是世俗题材。其表演内容基本上忠实于所取的素材。例如"昆仑""力士"，据笔者考证取材于佛教制伏外道的斗争。"昆仑"作为外道的代表，其形象以裸形外道和涂灰外道为依据，突出印度人和南海诸国人的特征。"迦楼罗"取材于佛经中的迦楼罗，形象也是金翅鸟传说的再现。"婆罗门"取材于婆罗门结婚生子的事实和《婆罗门子命终爱念不离经》。"吴公"取材于《世说新语》所载桓伊吹笛唱班婕妤《怨诗》的史实。"醉胡"应是当时胡王率胡从来华情景的实录。"大孤"取材于和汉乐府《妇病行》、阮瑀乐府诗《驾出北郭门行》所反映的社会问题相同的现象，只是将解决问题的办法归之于拜佛。这种取材方式与汉代以来的绘画和百戏基本上是相同的。汉魏晋所出土的画像砖、墓壁画取材也无非是仙怪、历史和民俗，而且都有来源和出处。从这八种伎乐曲来看，"师子""醉胡""迦楼罗"只是一个场面，仅五种有简单的表演情节。而且这五种也基本上是照搬原事，因而可以说是继承了汉魏以来的形象表演的传统方式。

但我们也注意到，作者已能运用简单的构思对原来的素材做粗略的剪裁加工。例如"昆仑""力士"合为一曲，是将佛教和外道之间的斗争通过力士和昆仑的对立形象表现出来，外道的形象经过丑化处理。力士代表佛教的力量，他和昆仑之间的争斗动作也是戏剧化的，含有创作

---

① 林谦三《伎乐》，载《大和文华》第八号，大和文华馆，1952年。

者的想象在内。如果按照《教训抄》所载，昆仑先是"悬想"吴女，然后由力士出来打他，情节就更复杂一些，但这更可能是伎乐传入日本以后"卑俗化"的结果。而"卑俗化"的过程也就是后人增添喜剧情节的过程，恐怕不符合伎乐最初的原貌。《婆罗门》将婆罗门不能忘情于世俗的特点通过洗尿布表现出来，也有突出人物特征的夸张处理，是以虚构的动作取得俳谐的效果。"大孤"中的人物关系和礼佛表演则是一种类型化的图解，但也体现了作者虚构形象和场景的意图。总之，五种伎乐都是在忠实于原有素材的基础上，夸张或强化人物的特征，辅之以简单的虚构动作。虽然尚未进入虚构故事的阶段，但这种编剧方式已有戏剧的因素。

其次，从场景和动作看伎乐的表演特点。八种伎乐的表演均以一两个场景和最关键的道具及简单动作阐释该乐曲的基本内容。"师子""迦楼罗""醉胡"三种仅靠人物出场走舞，基本属于舞蹈的范围。"吴公"以舞者吹笛突出桓伊擅长吹笛的主要特征，又以持扇表现他唱《怨诗》的内容是班婕妤咏扇。"吴公"中的另一个人物"吴女"则以持团扇来再现《怨诗》的主题。"吴公"吹笛为一个场景，吴女持扇为另一个场景，两个场景相加便表现了桓伊笛谏的故事。"昆仑"以腰间系物象征其外道身份，力士也仅有一个打折该道具的动作，便表现了制伏外道的主题。"婆罗门"只有一个洗尿布的动作和"帛布"的道具。"大孤"只有孤子二人搀扶大孤父拜佛的一个场景。

伎乐的这些场景、道具和动作虽然极为简略，但因能标志人物特征，抓住主要情节，所以当时熟悉伎乐人物及其背景的观众，一望便可知表演的是什么内容。汉魏乐府叙事诗省略背景，以最简单的动作和场景叙事表意的传统，与南北朝歌舞伎乐的表演艺术的这种相似性，似乎不是偶然的。我们从唐宋以后的戏剧文学和表演方式中仍可见到这种传统，例如被学界公认为具有戏剧特质的宋代参军戏，就是如此。从这个意义上来说，伎乐中已经具备了中国戏剧传统表现方式的基本因素。

再次，从表现主题看伎乐的功利目的。八种伎乐中，"师子"为朝见帝王而作，如与"老胡文康辞"相联系，主要为祝寿而作。"迦楼罗""醉胡"没有明确的表现主题。"吴公"本来取材于桓伊笛谏的故事，原样搬演，又带有劝谏讽喻君王的意味。"昆仑""力士""婆罗门"都是宣扬佛力，嘲弄外道。"大孤"表现求佛解除孤儿丧母的苦恼，也有以佛法劝化世人的意图。这正是中国叙事文学、表演艺术的一个共同特点。伎乐传到日本后，朝着滑稽取乐的方向发展，以致研究者在考证、推测其内容时，均以是否滑稽作为衡量标准。井浦氏曾对此表示异议。我们也认为伎乐不专为滑稽取乐，还有教化劝戒、宣扬佛法的功利目的。

最后，从假面制作看伎乐的戏剧因素。伎乐提供给中国戏剧史研究的最宝贵实证便是它的假面。在中国古籍中，也有关于假面的记载。如《汉书·礼乐志》说："朝贺置酒，陈前殿房中，……有常从倡三十人，常从象人（孟康注："象人若今戏鱼虾狮子者也。"韦昭注："著假面者也。"）四人。"①颜师古认为孟康注是正确的。但韦昭为三国吴人，与曹魏的孟康为同时代人，其注"著假面者"，至少说明汉末三国时已有假面表演，韦昭也见过。王国维认为"以倡而兼象人，则又兼以竞技为事，盖自汉初已有之"；又认为张衡《西京赋》中"'总会仙倡，戏豹舞罴，白虎鼓瑟，苍龙吹篪'，则假面之戏也"。②如据此理解，汉代宫廷象人著假面可以表演仙人形象和各种动物。隋代薛道衡《和许给事善心戏场转韵诗》说："戏笑无穷已，歌咏还相续。羌笛陇头吟，胡舞龟兹曲。假面饰金银，盛服摇珠玉。"③可见在隋代的戏场中，人物表演主要还是戴假面的。至于唐初流行的歌舞戏《兰陵王》更是人所共知的事实，此戏出自北齐。从日本今存唐乐来看，还有一些歌舞是戴假面的。而吴乐每个曲目的表演者都戴假面。而且假面的制作方法和样式也和唐乐不同，唐乐中用的假面只罩住面部，吴乐假面是连整个头部一起套住

---

① 《汉书》卷二二，中华书局，1962年，第1073页，注见第1075页。
② 王国维《宋元戏曲史》，上海古籍出版社，1998年，第5页。
③ 逯钦立《先秦汉魏晋南北朝诗·隋诗》卷四，中华书局，1983年，第2684—2685页。

的。日本现存伎乐假面250多面，其中古面124面，据文物专家研究，最古的来自中国。那么可以推想伎乐在传到日本之前，在吴地表演用的假面就是这种类型。

假面在伎乐表演中如此重要，主要是因为具有刻画人物形貌神情、指示曲目内容的重要作用，与表演场景、动作和道具的简略形成对比，伎乐假面的制作相当精致，不仅用料考究（这与薛道衡所说"假面饰金银"也相符），而且种类多样，有的人物还不止一种假面。表情刻画生动细腻，能表现出人物的不同身份和特征。如"吴公"的尊贵威严，吴女的娇弱可怜，大孤的慈祥，孤儿的悲哀，醉胡王的王者气派，婆罗门的高僧气质，均各具情态。连人物的冠帽、发式也都各不相同。伎乐假面制作的细致，说明假面已经进化到能表现特定人物和简单的故事，这也正是伎乐的戏剧因素之所在。这种假面和伎乐的编剧和表演方式是相辅相成的，假面使人物特征凝固在一种表情上，只适合于表演一个场景或几个动作，所以只能表现最简单的一件事情，或一种现象，其内容和情节一般应该是观众最熟悉的。从伎乐的八种曲目来看，确是如此。再看薛道衡《和许给事善心戏场转韵诗》中写到当时戏场扮演的人物，也是如此，如"衣类何平叔，人同张子房"，"月映班姬扇，风飘韩寿香"等。何晏、张良、班婕妤、韩寿都是著名的历史人物，均因某个故事而为一般观众所熟知。诗人能一眼认出这些人物，显然是根据他们身上与故事有关的某个特征，例如何晏之服装，张良的面相，班婕妤的扇子，韩寿所带的香，这与伎乐的特点正相同。两相联系，可以推想薛道衡所写的戏场中也有与吴乐类似的假面剧。但当戏剧进一步发展到具有复杂的故事情节，需要深入刻画人物内心世界和感情变化时，假面就不再适用了。因此假面的普遍使用只能是在戏剧的萌芽阶段。

王国维曾说："古之俳优，但以歌舞及戏谑为事。自汉以后，则间演故事；而合歌舞以演一事者，实始于北齐。顾其事至简，与其谓之戏，不若谓之舞之为当也。然后世戏剧之源，实自此始。"① 王国维认为北齐以歌舞演一事，虽然过于简单，但可认为是戏剧之源。笔者曾经考察过北齐"兰陵王"最早的故事情节，也认为歌舞戏演故事可追溯到北齐。② 可惜仅此一曲，实证太少。但是通过日本伎乐的考察，我们可以在中国文献有关南北朝至隋代乐舞百戏杂伎等各种演艺的粗略记载中，清理出一种含有戏剧因素的伎乐。并了解到这种伎乐的基本特征是取材于佛教传说、历史故事和社会风俗，通过一两个简单的场景和动作来概括曲目的内容，以假面和典型道具表明人物身份。虽然主要采用假面剧形式，但已有表演人物和故事性场景的戏剧因素，这就在歌舞戏之外又发现了一种可称戏剧萌芽的剧种，填补了中国戏剧史在南北朝这段时期的空白。同时，通过伎乐中"师子""吴公""大孤"这三种与汉魏和南朝乐府诗有关的曲目的考辨，还可以确认乐府诗对伎乐的内容、情节都有不同程度的参与，事实上，南朝《伎录》《俳歌辞》中所收表演俳伎的歌辞，本身就是乐府的组成部分。从伎乐表演方式与汉乐府叙事方式的相似可以推测早期乐府诗有用于表演娱乐的可能性。到南朝以后随着大曲和伎乐的兴盛，乐府被用于表演的概率也明显增加。日本伎乐的重要价值之一即为这种推测提供了宝贵的实证。

---

① 王国维《宋元戏曲史》，第6—7页。
② 参见葛晓音、户仓英美《日本唐乐舞"罗陵王"出自北齐"兰陵王"辨》，《唐研究》第六卷。

《周易》在日本的传播与影响

——以日本记纪神话的影响研究为中心

占才成

（华中师范大学外国语学院）

日本前首相安倍晋三谈及自己的政治交往，曾用到"君子豹变"一词。他解释说自己并非为了保身而豹变，乃是为了国家和人民，舍弃面子来做出判断。"君子豹变"源自《周易》下经《革卦》："上六，君子豹变，小人革面，征凶，居贞吉。"[1] 杨天才、张善文注曰："君子之变，心怀诚信，故能如豹子的花斑一样顺应变革，而'小人'则只变其表面而已。"[2] 可以说，安倍晋三对此处《周易》的理解并不浅薄。已远离古汉文的现代日本人，对《周易》的理解尚有此深度，可见《周易》对日本文化影响之一斑。

日本成书于760年的《藤氏家传》镰足传写道："尝群公子，咸集于旻法师之堂，讲周易焉。"[3] 日本学问僧旻法师随遣隋使小野妹子来中国，唐贞观六年（632）渡海归国后，为"公子"们开堂授课，讲授的正是《周易》。公子们聚集起来读《周易》的情形，宛在目前。757年的《养老令》也记述道："凡经，《周易》《尚书》《周礼》《仪礼》《礼记》《毛诗》《春秋左氏传》，各为一经。《孝经》《论语》，学者兼习之。"[4] 据日

---

[1] 《周易正义》，阮元校刻《十三经注疏》，中华书局，2011年，第61页。
[2] 杨天才、张善文译注《周易》，中华书局，1982年，第61页。
[3] 塙保己一《群书类从》，续群书类从完成会，1960年，第341页。
[4] 会田范治《注解养老令》，有信堂，1964年，第592页。

本早稻田大学河野贵美子教授分析，当时经书的教学方法是先让学生读本文，熟读至能背诵之后，再进行内容的讲义。[1]作为六经之首的《周易》，中国人尚且认为是"一部非常难解之书"[2]，而在隔海相望的东瀛日本，却曾有人讲授其义，还有一群"公子"聚集在一起诵读，实属不易。日本最早的汉籍书目录《日本国见在书目录》记《周易》多达三十三种、一百七十多卷，可见当时传至日本的《周易》及其注释书之规模，也可间接证明《周易》在日本上古文人间备受推崇，广为传阅。

自《周易》传入日本始，日本人对《周易》的研究就未曾停歇，从其义理、思想到注解，甚至于读音，日本学者都有颇为深厚的研究积累。近年来，我国学者管宁、吴伟明、郑吉雄、史少博等，也对日本的《周易》研究情况进行过较为详细的考察，河野贵美子教授还具体研究了《周易》在日本平安时期的接受情况，但《周易》与日本上古神话的比较研究还有讨论的空间。基于此，本文将研究对象聚焦于日本上古记纪神话，试图分析《周易》在日本上古文学中的接受与影响情况，以求抛砖引玉。

一、阴阳思想与记纪神话

记纪神话，即日本现存最早的文学书、历史书《古事记》和被誉为六国史之首的日本第一部正史《日本书纪》中的神话。记纪神话受《周易》影响极大，《古事记》序言有曰："暨飞鸟清原大宫御大八洲天皇御世，潜龙体元，洊雷应期。"[3]其中"潜龙""洊雷"，显然受到了《周易》的影响。《周易》上经《乾卦》曰"初九，潜龙勿用"；下经《震卦》则曰"象曰：洊雷，震。君子以恐惧修身"。[4]记纪神话像这种直接借用《周易》词句的不在少数，而《周易》部分重要的思想更是深入记纪

---

[1] 河野贵美子《古代日本における『周易』の受容》，载《国文学研究》2010年第161号，第23页。
[2] 郭彧注《周易》，中华书局，2010年，第1页。
[3] 西宫一民《古事记》（修订版），おうふう，2000年，第22页。
[4] 《周易正义》，阮元校刻《十三经注疏》，第13、62页。

神话的骨髓，其中"阴阳"思想便是代表。

"阴阳"是《周易》的基本元素，也是它的核心思想，《周易·系辞上》曰："一阴一阳之谓道，继之者善也，成之者性也。"①《庄子》亦曰："《易》以道阴阳。"②阴阳的对立、统一即事物发展的"道"。《周易》就是通过对阴阳两种属性的解析来认识事物的。这一思想对日本记纪神话影响至深。

记纪神话认为天地的初始状态为混沌，阴阳并未分晓。《日本书纪》开篇即言："古，天地未剖，阴阳不分，浑沌如鸡子，溟涬而含牙。"③《古事记》序亦记曰："夫，混元既凝，气象未效。无名无为，谁知其形。"④记纪神话中，混元、混沌（浑沌）、阴阳不分是世界初始状态，其后阴阳才分离，世界由此诞生。《古事记》序曰："然，乾坤初分，参神作造化之首，阴阳斯开，二灵为群品之祖。"⑤其中的"乾坤"，不用说也是《周易》的重要词汇，该词留待后文详述。另外，"参神作造化之首""二灵为群品之祖"的"参神""二灵"则借用了《周易》"参天两地"的数理观。《周易·说卦》曰：

昔者圣人之作《易》也，幽赞于神明而生蓍，参天两地而倚数，观变于阴阳而立卦，发挥于刚柔而生爻，和顺于道德而理于义，穷理尽性以至于命。⑥

象征天的"三"同象征地的"二"，建构了卦中的奇偶数，记纪神话中亦用"参神""二灵"构建了日本神话的天上和地下的神话体系。"参神"（造化三神）为造化之首，立于天；"二灵"（伊耶那岐、伊耶那美）

---

① 《周易正义》，阮元校刻《十三经注疏》，第78页。
② 郭庆藩撰，王孝鱼点校《庄子集释》，中华书局，1961年，第1067页。
③ 坂本太郎、家永三郎、井上光贞、大野晋校注《日本书纪》（上），岩波书店，1967年，第77页。
④ 西宫一民《古事记》（修订版），第21页。
⑤ 西宫一民《古事记》（修订版），第21页。
⑥ 《周易正义》，阮元校刻《十三经注疏》，第93页。

降至地下的苇原中国,创生了日本国土和诸神,地下神话也由此展开。"参神""二灵",绝非简单信手拈来的配置,这与《周易》"参天两地"的数理观应不无关联。

记纪神话的"阴阳不分""阴阳斯开",是以阴阳来解析、认知世界,认为天地由阴阳二气组成,阴阳分离,天地方成。天地诞生之后,记纪神话中万物的化生亦与阴阳有关。天地诞生后,男神伊耶那岐与女神伊耶那美通过巡绕天之御柱而生产日本国土及诸神。这其中男神伊耶那岐在《日本书纪》中称之为阳神伊奘诺尊,而女神伊耶那美在《日本书纪》中称之为阴神伊弉冉尊,阴阳配男女。阴阳二神交合后不仅生下了诸神,而且还生产了日本国土,这正是《周易》所言"男女构精,万物化生"。阴阳的交合,《周易》曰:"阴阳合德而刚柔有体。以体天地之撰,以通神明之德。"① 阴阳合德,可会通创造万物的神明之德,因此,日本记纪神话中才有阴阳二神生下国土,又生下众神的情节设定。

中日比较神话研究学者伊藤清司曾说:"中国神话给予记纪等日本神话的影响,除上述开天辟地神话中能够看到的形而上学的思考——儒道、神仙思想及阴阳五行学说之外,极为有限。"② 可见,即便是想极力抹杀"中国文化"影响,试图"去中国化"的日本学者都不得不承认阴阳思想对日本神话的影响。

阴阳思想对记纪神话的影响不止于天地的初始状态及开辟、阴阳二神的万物创生等方面,在认知四时、人伦、世间万物等方面,也多借用阴阳的对立、统一的辩证思想。

《日本书纪》卷一曰:

初,伊奘诺、伊弉冉尊巡柱之时,阴阳先发喜言。既违阴阳之理。所以,今生蛭儿。③

---

① 《周易正义》,阮元校刻《十三经注疏》,第88、89页。
② 伊藤清司《日本神話と中国》,载松前健等编《日本神話の可能性》,伝統と現代社,1973年,第178页。
③ 坂本太郎、家永三郎、井上光贞、大野晋校注《日本书纪》(上),第89页。

阴阳用以阐发夫妇人伦之理。

《日本书纪》卷五曰：

是以，阴阳谬错，寒暑失序。疫病多起，百姓蒙灾。①

又《日本书纪》卷二十五曰：

秋八月庚申朔癸酉，诏曰，原夫天地阴阳，不使四时像乱。②

在这里，寒暑失序的自然现象，疫病、灾难多发的问题，记纪神话皆以阴阳解释。

又《日本书纪》卷二十二曰：

是以，阴阳开和，造化共调。③

阴阳的对立、统一成为记纪神话认识世界的重要方法论，也是日本创世神话的基本观点和出发点，奠定了日本神话（特别是记纪神话）的基本神话思维，对日本记纪神话影响深远。

二、"女人先言不良"究竟源自"夫唱妇随"？还是"男女之正"？

日本神话天地开辟之后，阴阳二神伊耶那岐命、伊耶那美命随即创生国土。此二神立于天浮桥上，用天沼矛搅动海水，提起矛时，从矛尖滴落的海水形成一岛，此即日本神话中诞生的第一座岛——淤能碁吕岛。二神降至该岛，在岛上竖起天之御柱（或曰找寻天之御柱），围绕此柱绕圈，男神自左转，女神自右转，相逢时，女神先唱曰："啊！多么英俊的男子！"男神随后也唱曰："啊！多么美丽的女子！"说完后，男神说道："女人先说，不良。"虽说如此，两人还是在八寻殿结婚生子，

---

① 坂本太郎、家永三郎、井上光贞、大野晋校注《日本书纪》（上），第249页。
② 坂本太郎、家永三郎、井上光贞、大野晋校注《日本书纪》（上），第299页。
③ 坂本太郎、家永三郎、井上光贞、大野晋校注《日本书纪》（上），第189页。

但最初所生之子为水蛭子，乃是一个畸形儿。二神商议道："我们这次所生子不良，应该请教天神。"于是，上天询问天神。天神为二神占卜，说："女人先开口说，不良。应该再降至该岛，重新说。"二神便重新回到淤能碁吕岛，重新绕天之御柱转，这次男神先开口，女神随后附和，说完后生子并无异样。于是，二神在淤能碁吕岛共生日本诸岛。这便是日本神话中有名的"国生神话"①。

该神话《古事记》《日本书纪》均有载。

《古事记》上卷：

（前略）尔，伊耶那岐命诏："然者，吾与汝行回逢是天之御柱而，为美斗能麻具波比（此七字以音）。"如此之期，乃诏："汝者自右回逢，我者自左回逢。"约竟以回时，伊耶那美命先言："阿那迩夜志，爱袁登古袁（此十字以音，下效此）。"后伊耶那岐命言："阿那迩夜志，爱袁登卖袁。"各言竟之后，告其妹曰："女人先言不良。"虽然，久美度迩（此四字以音）。兴而生子，水蛭子。此子者入苇船而流去。次生淡岛。是亦不入子之例。

于是，二柱神议云："今吾所生之子不良。犹宜白天神之御所。"即共参上，请天神之命。尔，天神之命以，布斗麻迩尔（此五字以音）。卜相而诏之："因女先言而不良。亦还降改言。"故尔，返降，更往回其天之御柱如先。②

《日本书纪》神代上：

伊奘诺尊、伊奘冉尊，立于天浮桥上，共计曰："底下岂无国欤？"乃以天之琼矛，指下而探之。是获沧溟。其矛锋滴沥之潮，凝成一岛，名曰磤驭虑岛。二神于是降居彼岛，因欲共为夫妇，产生洲国。便以磤驭虑岛为国中之柱，（柱，此云美簸旨逻。）而阳神左旋，阴神右旋。分巡

---

① 日文写作"国生み神話"，即日本国土的诞生神话。
② 西宫一民《古事记》（修订版），第27—29页。

国柱,同会一面。时阴神先唱曰,憙哉,遇可美少男焉。(少男,此云乌等孤。)阳神不悦曰,吾是男子,理当先唱,如何妇人反先言乎。事既不祥,宜以改旋。于是二神却更相遇。是行也阳神先唱曰,憙哉,遇可美少女焉。(少女,此云乌等咩。)①

这则神话中有一处需引起注意,即《古事记》中两次提到"女人先言不良",而《日本书纪》本文中也列出"吾是男子,理当先唱,如何妇人反先言乎。事既不祥,宜以改旋"。《古事记》中两次提"女人先言不良",其中一次为伊奘诺尊自己对巡绕天之御柱后,女神先开口唱的不满;另一次则是二神生了畸形儿——水蛭子之后,上天询问天神,天神占卜得到的卜卦之言。这里所谓的"不良""不祥"的直接后果便是生畸形儿。解除这种"不良""不祥"的办法是"亦还降改言""宜以改旋",即重新巡绕合婚,且改为男神先言,女神之后随之。

该神话中"女人先言不良""吾是男子,理当先唱"的思维,历来都认为是中国"夫唱妇随""男尊女卑"思想影响的产物。

日本思想大系本《古事记》注曰:"将女人先唱视为不吉,受到了夫唱妇随、男尊女卑的儒教思想的影响。"②日本古典文学全集本《古事记 上代歌谣》注曰:"(女人先言不良)表现了夫唱妇随的思想。"③尾崎畅殃《古事记全讲》注曰:"女人先开口不合适,即表达了夫唱妇随的思想。"④仓野宪司七卷本大著《古事记全注释》注曰:"(女人先言不良)这大概是中国夫唱妇随、男尊女卑思想的反映。"⑤西乡信纲的《古事记注释》也认为"女人先言不良"系夫唱妇随思想。⑥

不仅是《古事记》,《日本书纪》注释书也大抵持此观点。日本古典

---

① 坂本太郎、家永三郎、井上光贞、大野晋校注《日本书纪》(上),第81页。
② 青木和夫等校注《古事记》,岩波书店,1982年,第22页。
③ 荻原浅男、鸿巢隼雄校注《古事记 上代歌谣》,小学馆,1982年,第53页。
④ 尾崎畅殃《古事记全讲》,加藤中道馆,1966年,第38页。
⑤ 仓野宪司《古事记全注释》,三省堂,1975年,第106页。
⑥ 西乡信纲《古事记注释》,平凡社,1975年,第113页。

文学大系本《日本书纪》注曰:"这一故事①,在被记纪作为记载的形式,形成文字化之际,留下了中国男尊女卑道德思想所润色的痕迹。"②此外,新编日本古典文学全集本《日本书纪》对此神话,亦作注曰:"这来自于男尊女卑、左高右低等中国古代思想。"③由此可见,认为该神话是中国"男尊女卑""夫唱妇随"思想影响的产物,乃是日本学界共识。

然而,日本学界的这一共识却有两点值得商榷。其一,将"夫唱妇随""男尊女卑"思想判定为儒教思想是不全面的。"夫唱妇随"思想出自《关尹子》。《关尹子》极篇曰:"天下之理,夫者倡,妇者随。"④"男尊女卑"思想则出自《列子》。《列子·天瑞篇》曰:"男女之别,男尊女卑,故以男为贵;吾既得为男矣,是二乐也。"⑤众所周知,《关尹子》《列子》均是道家重要典籍,可知"夫唱妇随""男尊女卑"思想不应该简单地归结为儒教思想。其二,认为"女人先言不良"是"夫唱妇随""男尊女卑"思想影响的结果,是不准确的。这一主张并没有进行深入的分析,而仅从故事情节的表象层面简单理解,缺乏理论性证据。诚然,将女人先开口视为不良,确实很容易从表面判定有性别歧视之嫌,但这一思想究竟有无其他理论性根源,还是应该从细节处多寻根求据。

"女人先言不良"思想的深层根源,可能应该要追溯到《周易》的"男女之正"。

《周易兼义》下经《咸传》卷第四曰:

> 彖曰,咸,感也。柔上而刚下,二气感应以相与。止而说,男下女,是以亨利贞取女吉也。⑥

---

① 此处译为"故事"的词,日文原文为"说话","说话"是日本文学中的一种文学类型,类似于民间传说、神话、故事等。
② 坂本太郎、家永三郎、井上光贞、大野晋校注《日本书纪》(上),第552页。
③ 小岛宪之、直木孝次郎、西宫一民、藏中进、毛利正守《日本书纪①》,小学馆,1994年,第26页。
④ 张景、张松辉译注《黄帝四经 关尹子 尸子》,中华书局,2020年,第315页。
⑤ 严北溟、严捷译注《列子译注》,上海古籍出版社,2012年,第11页。
⑥ 《周易正义》,阮元校刻《十三经注疏》,第34页。

其中的"男下女"云云,《周易正义》曰:

此因二卦之象释取女吉之义。<u>艮为少男而居于下,兑为少女而处于上,是男下于女也</u>。婚姻之义,男先求女,亲迎之礼,御轮三周,<u>皆男先下于女,然后女应于男</u>,所以取女得吉者也。①

《周易本义》则释曰:

又艮以少男下于兑之少女,<u>男先于女,得男女之正</u>,婚姻之时,故其卦为咸。②

日本神话中伊耶那岐、伊耶那美二神,在巡绕天之御柱,生日本列岛的过程中,本应"男先于女""男先求女""男先下于女,然后女应于男",但女神伊耶那美违背这一伦理,开口先唱,则是女先于男,未能得"男女之正",故不能得吉,这便是日本神话中所言的"不良""不祥"。《后汉书·荀爽传》曰:"今汉承秦法,设尚主之仪,以妻制夫,以卑临尊,违乾坤之道,失阳唱之义。"③女神先开口,是以妻制夫,以卑临尊,违乾坤之道、夫妇之伦,故失阳唱之义,因而诞生了畸形儿。日本神话的这一描述,根源于《周易》"男女之正"的夫妇之伦,与《后汉书》所谓"失阳唱之义"相吻合。二神改唱之后,男神伊耶那岐先唱,女神伊耶那美随后附和,正是"男先求女",是《周易》所含的"婚姻之义",即回归了乾坤之道、夫妇之伦,所以,其后所生之子,再未出现畸形儿。

当然,《周易》的"男女之正"后来是否经过道家、儒家等各家演绎,形成"夫唱妇随""男尊女卑"的思想,尚可讨论,且男神伊耶那岐应先唱,女神伊耶那美紧随其后,确与"夫唱妇随"思想相同。但伊耶那岐、伊耶那美二神巡绕合婚的神话,更确切地说,应该是直接受《周

---

① 《周易正义》,阮元校刻《十三经注疏》,第34页。
② 朱熹《周易本义》,中华书局,2009年,第128页。
③ 范晔撰,李贤注《后汉书》,中华书局,1965年,第2053页。

易》"男女之正"影响的产物。这不仅有《周易》"男女之正"的理论依据，更留下了《周易》特有的说卦、解卦的卦象解析思想的支持。《古事记》中提到的"女人先言不良"，《日本书纪》中的"事既不祥，宜以改旋"，这其中的"不良""不祥"是典型的吉凶判词。吉凶判词是最初用来占卜的《周易》的关键词，而"不祥"一词在《周易》中时有出现。

《周易》下经《困卦》曰：

《象》曰："据于蒺藜"，乘刚也。"入于其宫，不见其妻"，<u>不祥</u>也。①

《周易》下经《大壮卦》曰：

《象》曰："不能退，不能遂"，<u>不祥</u>也。②

因此，与其说日本"国生神话"的"女人先言不良"是"夫唱妇随""男尊女卑"思想影响的结果，不如说是《周易》判定婚姻、夫妇之伦的"男女之正"卦象解析思想的反映。

三、"乾坤"思想与日本记纪神话

"乾坤"是《周易》中极为重要的一个词，《史记》卷四十七曰："故易基乾坤，诗始关雎，书美厘降，春秋讥不亲迎。"③《三国志·魏书》卷二十九曰："夫乾坤者，易之祖宗，变化之根源，今明府论清浊者有疑，疑则无神，恐非注《易》之符也。"④《周易》不仅开篇的"上经"第一、二卦即为"乾""坤"卦，《系辞上》的开篇亦从"乾坤"的解析始。

《周易·系辞上》曰：

天尊地卑，乾坤定矣。……乾道成男，坤道成女。⑤

---

① 《周易正义》，阮元校刻《十三经注疏》，第59页。
② 《周易正义》，阮元校刻《十三经注疏》，第49页。
③ 司马迁《史记》，中华书局，1959年，第1967页。
④ 陈寿撰，陈乃乾校点《三国志》，中华书局，1959年，第823页。
⑤ 《周易正义》，阮元校刻《十三经注疏》，第63—64页。

天尊地卑，乾为天，坤为地，乾坤之道生，万物方成。这种万物始于天地生成之后的思想，《周易·系卦》起首即曰："有天地，然后万物生焉。"①《后汉书·祭祀志》李贤注曰："《泰卦》，乾坤合体，天地交通，万物聚出，其律太蔟。"②《周易正义》亦曰："乾、坤象天地，咸、恒明夫妇。乾坤乃造化之本，夫妇实人伦之原，因而拟之，何为不可？"③乾坤是造化之本，世间万物莫不合于乾坤之道，夫妇之伦亦当如此。这一"乾坤"之道的思想，对后世文献影响颇深。古代史书多对此有所推演。

《史记·外戚世家》曰：

《礼》贵夫妇，《易》叙《乾坤》。配阳成化，比月居尊。河洲降淑，天曜垂轩。④

《汉书·翟方进传》曰：

昔我高宗崇德建武，克绥西域，以受白虎威胜之瑞，天地判合，乾坤序德。⑤

《后汉书·左周黄列传》曰：

臣闻《易》称"天尊地卑，乾坤以定"。二仪交构，乃生万物，万物之中，以人为贵。⑥

《旧唐书·礼仪志》曰：

轨范乾坤，模拟天地，象玄黄之合德，表覆载以生成。⑦

---

① 《周易正义》，阮元校刻《十三经注疏》，第83页。
② 范晔撰，李贤注《后汉书》，第3158页。
③ 《周易正义》，阮元校刻《十三经注疏》，第34页。
④ 司马迁《史记》，第1986页。
⑤ 班固《汉书》，中华书局，1962年，第3432页。
⑥ 范晔撰，李贤注《后汉书》，第2025页。
⑦ 刘昫等《旧唐书》，中华书局，1975年，第861页。

上述《周易》"乾坤"一词及其衍生的用例不胜枚举，这些例子阐释了《周易》对乾坤的认识：乾坤分别与天地相对、相配，为造化之本；天尊地卑，乾坤之道，与此相对应的则有夫妇之礼、阴阳之合；乾道成男，坤道成女；天地成，然后万物生。

《周易》的"乾坤"思想在日本上古文学的神话中亦有所体现。在日本现存最古的文献《古事记》、日本第一部正史《日本书纪》中，都能找到不少《周易》"乾坤"思想影响的例子。

《古事记》序文曰：

夫，混元既凝，气象未效。无名无为，谁知其形。然，乾坤初分，三神作造化之首；阴阳斯开，二灵为群品之祖。①

这里的"乾坤"亦指天地，与《周易》"乾坤"之意相同；"三神作造化之首"，或与上文提及的《周易正义》"乾坤乃造化之本"同源；"阴阳斯开，二灵为群品之祖"中的"二灵"乃指日本记纪神话中创生国土和神灵的阴阳二神——伊耶那岐命、伊耶那美命②。此二神后行阴阳之道，创生了日本国土，其创生日本国土的过程也与《周易》密切相关，此部分内容上节已有论述，不再赘言。

另一部日本上古重要典籍《日本书纪》中出现"乾坤"一词或"乾""坤"二字的情形则更多。据《日本书纪》第一卷"神代上"记载，天地开辟以后，天地之中生成一物，状如葦芽，此物化成一神，名为国常立尊，后又诞生国挟槌尊、丰斟渟尊二神，关于这三位神，《日本书纪》原文曰：

凡三神矣，乾道独化，所以，成此纯男。③

乾道成"纯男"，这应是《周易·系辞上》"乾道成男，坤道成女"

---

① 西宫一民《古事记》（修订版），第21页。
② 《日本书纪》分别作伊奘诺尊、伊弉冉尊。
③ 坂本太郎、家永三郎、井上光贞、大野晋校注《日本书纪》（上），第77页。

影响的产物。"乾坤成男女"的思想,在《日本书纪》中,紧随上述引文之后,还有出现。诞生上述三位神之后,日本神话中又诞生了五位神灵,而对这天地开辟后合计诞生的八位神,《日本书纪》曰:

> 凡八神矣,乾坤之道,相参而化,所以成此男女。①

乾坤之道相参化而成此男女,即是说八位神是因乾坤之道所成,乾道成男,坤道成女。这一系列男女神生成的过程,显然受到了《周易》思想的影响。

除此以外,另举几例《日本书纪》关于"乾坤"的用例如下。

《日本书纪》卷十七:

> 庚子,大伴大连奏请曰:"臣闻,前王之宰世也,非维城之固,无以镇其乾坤。……"②

《日本书纪》卷十八:

> 故先天皇,建显号垂鸿名,广大配乎乾坤,光华象乎日月。③

《日本书纪》卷二十二:

> 戊子,诏曰:"朕闻之,曩者我皇祖等宰世也,局天蹐地,敦礼神祇,周祠山川,幽通乾坤。……"④

以上"乾坤"用例均与《周易》乾坤为天地的思想一致,指代天地。

除"乾坤"外,对日本上古文学或有影响的,还有与"乾坤"思想相关的《周易·系卦》中的"有天地,然后万物生焉"⑤。乾坤定,则万物生。《日本书纪》虽不是在天地开辟之初,即有"万物生"的表述,

---

① 坂本太郎、家永三郎、井上光贞、大野晋校注《日本书纪》(上),第79页。
② 坂本太郎、家永三郎、井上光贞、大野晋校注《日本书纪》(下),第23页。
③ 坂本太郎、家永三郎、井上光贞、大野晋校注《日本书纪》(下),第53页。
④ 坂本太郎、家永三郎、井上光贞、大野晋校注《日本书纪》(下),第189页。
⑤ 《周易正义》,阮元校刻《十三经注疏》,第83页。

但其后对此说法也有借用。《日本书纪》载伊奘诺尊、伊奘冉尊在创造日本国土并生产诸神时,有曰"然后悉生万物焉"①,该句与上述《周易·系卦》的开篇叙述颇为类似。

《周易》的"阴阳""天尊地卑""乾坤"等思想,对日本神话影响颇大,"男女之正"的婚姻之伦也影响了日本"国生神话"的伊耶那岐、伊耶那美的巡绕合婚。《周易》对日本上古文学(特别是记纪神话)的影响研究,为我们探索《周易》在海外的传播与流布提供了一个研究视角。

---

① 小岛宪之、直木孝次郎、西宫一民、藏中进、毛利正守《日本书纪①》,第42页。

庆应义塾图书馆藏
《论语疏》卷六的文献价值

住吉朋彦 撰　　　　　陈捷 译
（庆应义塾大学附属研究所斯道文库）（东京大学人文社会系研究科）

一、抄本公开经过

本文介绍的抄本2016年以前出现于东京古书市场。庆应义塾在经过种种交涉之后由图书馆购买，在精心修复的同时，专门组织了庆应义塾大学论语疏研究会进行基础研究。三年之后的2019年，由于对该抄本性质有了一定认识，所以开始进行公布的准备，于2020年秋发布信息，并将原本公开展览。

（一）购藏经过

2016年，包括庆应义塾大学教员在内的数名研究者在某古书店内的一个房间中见到了这个卷子本。本人也是其中之一。从该卷尾题之下署名可以确认其内容为梁皇侃《论语义疏》，但是关于这一抄本的具体背景，在座者一时之间都未能下判断。

一个重要线索是卷末和所有纸缝处钤盖的印章。其中"藤"字印章给人的印象是可以上溯到古代。通过调查发现，该印章酷似平安时代藤原氏北家所用印，很有可能是其家在这一时期前后使用的。也就是说，这部《论语义疏》抄本可以追溯到平安时代。即使是像我这样的外行，也觉得它具有特殊文献价值。于是，经过与致力于广收善本的庆应义塾图书馆协商，在有关研究者的帮助下说服了校方，于2017年初秋决定由图书馆购藏。

（二）修复情况

这个卷轴装抄本只有简朴的护首和木轴，原卷用纸经过托裱，比较稳定。托褙纸在有朱印和墨书之处开有小窗，可以看到纸背的朱印墨书。共计20张纸中有3处糨糊开裂，有1张纸处于散叶状态。

经过对文本的简单调查和与已知《论语义疏》的大致对比，发现原本应为第19张的纸叶被卷到第2、3张之间。如下文所述，纸背印章也是按照一定规则钤盖的。考虑到这种一贯性，决定在修复时将这张散叶置于第19张，将其前后及第2、3两张之间接在一起。

（三）公开情况

另一方面，我们感到有必要对抄写本卷轴的具体时期、地点进行跨专业的研究考证。此外，考虑到日本有些研究者在其学术生涯中一直在探讨研究《论语义疏》以及国外学者对其的关注，也有必要将这一资料公正地告知并提供给学术界。因此我们决定，由笔者召集庆应义塾大学周边的专家学者组织内部研究会，在管理有关信息的同时进行基础研究，在条件具备的情况下公布资料。该研究会名称为庆应义塾大学论语疏研究会，由中国文学研究者种村和史教授负责文本过录和校勘，小仓慈司教授负责古代印章和流传情况的考察，笔者则从书志学角度进行研究。研究结果是，我们判定该抄本很可能是中国南北朝时代的抄本，下限当不晚于隋代，并根据这一判断着手制定收藏标准和公布资料的准备。恰好本校佐藤道生名誉教授筹备的庆应义塾图书馆贵重书展示会"古代中世日本人的读书"订于2020年10月举办，于是决定将本书作为该展览第1号展品，在距展览开幕约一个月以前的9月10日向各媒体发布了本抄本的概况及将要公开原本的消息[①]。

---

① 佐藤道生编《古代中世日本人の読书》展图录，庆应义塾图书馆，2020年。

目前日本国内正在准备发布数字化图像并出版与原本尺寸相同的彩色影印本，研究会成员也在继续与世界学术界一起探讨其价值，本文的发表也是作为这一计划的一环而进行的。

二、抄本概要

本抄本由20张纸构成卷子装残本1轴，收有《论语义疏》的《子罕》《乡党》二篇。其中《子罕》阙首1章，此外基本完好。内容包括单行的本文、《论语》经文以及《义疏》所依据的《论语集解》注文，采用的是各附于疏的体式。经、注、疏的区分以朱笔符号加以标识，此外，行间还有标记文本异同的墨笔批注。但是这些多为后人之笔。有两种印章，其中一种为"藤"字，钤于笔者不明的墨笔草书体署名处，尾题之下和所有纸缝背面也有规律地钤有同印。

这方"藤"字印和草书体署名又见于东京国立博物馆藏唐抄本《史记》残卷，而且"藤"字印也酷似于《东寺文书》中的延喜二十年（920）藤原忠平家牒上的印章。内容不明的另一方印还可以追溯到更早。由此看来，此本在平安时代前期已经存于日本，且为藤原氏所有。江户后期考证家藤原贞干（1732—1797）《好古杂记》《好古日录》曾记载这部《论语义疏》残本，《好古杂记》还明确记述该本为中世以来一直掌管官库的壬生家所藏。

（一）装订与存佚

本轴护首为后人所补，高约27 cm。左上方有后人所书"论语疏卷第五"，右下方有"壬生家藏"四字。原纸共20张，第2至第19张长约56 cm，第1张为28 cm，前半阙损。第20张也比较短，但是本文一直到末尾。木轴可能也是后补的。

（二）体式

首先，该本末尾题"论语疏卷第六〈子罕／乡党〉王侃"，"六"字用另笔改为"五"。通常在《论语》十卷本中，《子罕》《乡党》两篇在卷五，但是尚不能断言此处作卷六是简单的错误。原著编撰时是否改变过分卷？在分析时应该考虑到分卷发生变化的可能性。此外著者皇侃的姓名写作"王"，"王"与"皇"中古音只有介音不同，发音极为接近，有可能通用或者省略为"王"字。日本奈良时代的《令集解》、平安时代的《政事要略》引用本书以及镰仓时代的《论语总略》中也可以见到"王侃"的用例。

卷首因首叶阙失前半叶而无法确认，现存内容包括《子罕篇》第2章以下，直至第10叶，以下接《乡党篇》，篇首改行标为"乡党 第十"，然后进入本文。这个抄本有《论语义疏》根据的《论语》经文及《论语集解》注文，两者每节之后分别附以疏文。形式均为单行，经文之后空一格接经文的疏，其次标"注"字，然后为注文，空一格接注文的疏。每章连属，篇中没有有意的改行。

（三）补入与校改

该本在经、注、疏区分处用朱笔符号标识，经文每字加点，注文在"注"字处标以钩符，疏文在开头处标以符号"三"。这些符号是抄写之初所标还是在流传过程中后加的，目前尚不清楚。此外行间还有墨笔旁注，其内容几乎都是单字，从文字结构和墨色看当为后世所加，但偶尔也夹有用墨涂去本文补记在旁边的与本文同笔的墨书。

（四）钤印与流传

在此本轴末尾题下有向左倾斜的正方形"藤"字朱印和类似草书署名的墨书。二者也见于每张纸接缝处纸背，起到骑缝印作用。此外纸背还有另外一种只能辨识出末尾"印"字的方形朱印，从字体看似为日本古代后期官印。此印均钤盖于纸缝背部中央，而"藤"字印和草书署名则避开该印钤于其上下方，由此可见不明印比"藤"字印略早。

与此本相同的"藤"字印和草书署名又见于东京国立博物馆藏唐抄

本《史记》卷二十九《河渠书》，也是作为骑缝印使用的[①]。这种在接缝处向左倾斜钤盖印章的情况也见于京都妙法院、后水尾天皇以后皇室递传王羲之《丧乱帖》和《孔侍中帖》唐摹本所钤奈良末平安初桓武天皇的"延历敕定"印以及唐抄本《礼记子本疏义》残卷所钤奈良时代藤原光明子（光明皇后）的"内家私印"。值得注意的是这些实例都是传至宫廷中枢的唐代抄本或摹本，钤印方法是加盖于历代相传宝物时的特别方法。可见这部《论语疏》也是藤原氏的宝藏本。

此本在中世期间（12—16世纪）传至何处现在完全不清楚。根据论语疏研究会小仓慈司教授的研究，能够确认到的更晚的记录有京都考证学者藤原贞干（1732—1797）《好古杂记》。该书记载："论语王侃疏〈卷第五《三字大字》子罕、乡党〉零本一卷。壬生家藏。卷长九寸（约27cm），纸弘一尺八寸五分（约56cm），详纸性八百年许本。罫七寸五分（约22.7cm）〈上九分，下六分〉，弘五分五厘（约1.7cm）。〇合缝各朱记二面及草名。"如（ ）中补记所示，《好古杂记》所记尺寸与此本相同，而且"壬生家藏"这一记录也与现存本护首所见相同。该本传至自古代以来一直掌管宫中文书和记录的壬生家，这本身就反映了该本曾为宫廷及接近朝廷中枢的公卿公有的性质。

三、书写年代的推定

此本没有书写时的识语，除了可以判断为平安时代（794—1192）前期以前所抄，没有可以据以确定书写年代和地点的记载，因此只能通过对抄本本身，特别是书写情况的分析加以推断。该本文字与结构和日本白凤时代以前书籍有相通之处，但是笔法则有很大差异，可以认为是在海外抄写的。而且，与奈良平安时代抄本及同时代新罗抄本不同，这意味着其笔法与这些抄本所模仿的唐抄本也不相同，具体地说，就是与形成于唐代初期的楷书正体不同。

[①] 太田晶二郎《日本汉籍史札记》，《图书馆学季刊》1955年第2卷第4期；收入《太田晶二郎著作集》第一册，吉川弘文馆，1991年。

从更早的资料看，将此本与敦煌出土的南北朝时代写经相比较，整齐严谨的佛经与抄写得略为潦草而紧密的《论语疏》之间也有很大距离。不过，从文字结构和笔法看，该本与北魏以后的北朝文字有相通之处。将这一时代的论疏写本加以比较，其书写面貌最为相近。由于可以比较的均为北朝资料而没有南朝的实例，所以无法断定其地域。该抄本用纸原料为楮系植物纤维，簾纹较少，这与敦煌本的年代观也是符合的。所以我们推定该本抄写时间在隋统一南北朝前后，大约在6世纪后半叶。

（一）与倭·新罗抄本的对比

首先，由于该本传自日本古代，所以自然会想到它是不是日本古代写本，但是与传世的奈良平安时代抄本比较，却没有共通之处。再将其与数量很少的白凤时代（673—710）以前的书籍相比，文字结构虽有相通之处，但那种柔软的笔法却不相同。具体地说，以皇室御物中被认为是7世纪以前写本的《法华义疏》以及京都国立博物馆藏庆云三年（706）书写的《净名玄论》卷2、3相比较，二者都没有唐初楷书结构中右肩向上突出的特征，而向右下的笔画笔锋露出较少这一特征，与前代隶书相通，显示与该本相同的古色，但是控制着压力柔软地转笔这一书法特征已经具有后来日本书法的特色，这一点与该本是不同的。

如果将目光转向海外，在距离最近的朝鲜半岛上，大致相当于三国时代，这一时期的书写资料非常缺乏，难以比较。以传世极少的8世纪新罗抄本进行比较，均为与该本不同的正楷书体或者整齐的行草书体，这是因为当时新罗抄本和奈良时代以后的日本写本一样，也是以唐初形成的楷行草书式样为范本的。不过因为对7世纪以前朝鲜半岛书写经论的情况尚不清楚，所以需要保留该本与其有相通之处的可能性。

（二）与隋唐抄本的对比

在敦煌等地的出土文献和日本传世品中有一些唐代汉籍手抄本。如果用与此本性质接近的日本传世品加以比较，可以找到同为经书注疏的传本。如东洋文库藏《尚书正义》在旧题《尚书》孔安国传上配以小字双行的孔颖达《正义》，是后世流传的注疏荟本形式，其字体也是与该本不同的正楷书体。另一方面，同样收藏于东洋文库的《礼记正义》则是只录孔颖达《正义》全文，经注部分仅记起止的单疏本。配以单行的中等大小字体，每篇不改行等款式与此本相通，但是从单字书法看，其楷书倾向非常明显。

敦煌出土资料中有《论语疏》抄本卷一至二残本（BnF P.3573）。笔者未见原本，仅从照片来看，的确为通常所说的唐抄本，与《尚书正义》一样是注疏荟本，书法也是后世的。如下文所述，从内容上看，最近似的当属在介绍"内家私印"时所举的早稻田大学图书馆藏《礼记子本疏义》残卷的唐初抄本，但该本单字书体也是完成形态的楷书体。

在现存隋代资料中，佛书以外的资料极少，更不用说儒家典籍。与日本传世品和敦煌出土佛典相比较，东大寺圣语藏传来的《贤劫经》大业六年（610）抄本可以说正是楷书完成前夜的字体，但仍与此本有一定距离。另一方面，敦煌出土、日本书道博物馆所藏《大般涅槃经》大业元年（605）抄本是在敦煌附近的龙勒县抄写的，仍保存北朝古风，从单个字体看与此本有一脉相通之处。

（三）与南北朝写经的对比

如果与隋以前书籍比较，首先，虽然南朝写经传世极少，但是敦煌出土佛经中可以找到齐、梁、陈的作品。书道博物馆所藏《观普贤经》永明元年（483）抄本是5世纪齐朝作品。字体整齐，无论是扁平的结构还是起止的笔法，都保留着很强的隶意。降至6世纪以后有大英图书馆藏有《大般涅槃经》梁天监五年（506）抄本（S.81），而法国国立图书馆藏有《摩诃摩耶经》陈至德四年（586）抄本（P.2160），隶意比较弱，可以看到向楷书发展过程中各个阶段的情况。不过这些作品与此本的相似性也仅限于向楷书过渡的古意，实际字体并不相似。其原因是否与现存资料只有佛经而没有论疏有关，这一点需要慎重考虑。

另一方面，北朝资料中可作比较者较多，如5世纪的有书道博物馆藏《妙法莲华经》北凉抄本，6世纪的有中国国家图书馆藏《大方广佛华严经》北魏延昌二年（513）抄本等，都是尚未定型的隶楷书，整体看款式整齐，但单个文字则笔画屈曲而有其特有的粗细变化。到了西魏时代，在文字水平上，变成了与此本相通的字体。如敦煌出土资料中书道博物馆藏《大般涅槃经》大统十四年（548）抄本、日本传世品中京都知恩院藏《菩萨处胎经》大统十六年抄本等，均是如此。尤其是后者识语部分，书写面貌与此本非常相似。从抄写经典的紧张中放松下来，这或者是其相通之处。

（四）与论疏抄本的对比

敦煌本的古抄本除佛典以外，还有论疏的抄本。其中年代明确的也大多是北朝之作。例如大英图书馆藏《胜鬘义记》北魏正始元年（504）抄本（S.2660），省略字画较多，更近于行书，但是款式和书法均与此本有相同之处。比《胜鬘义记》稍晚的法国国立图书馆藏《十地论义疏》北周保定五年（565）抄本（P.2104）虽然略为粗放，但其书写面貌也是相同的。此外，天津博物馆所藏《成实论疏》〔南北朝〕抄本虽然被视为年代不明，但笔者认为也与上述作品相同，不仅款式字体有相通之处，而且有时不带楷书倾向，笔画屈曲而有粗细变化，密度较大。将这些特征综合来看，可以说6世纪后半叶北朝末期的论疏的书写面貌与此本最为接近，因此目前我们认为此本书写年代在这前后的6世纪到7世纪初。不过，由于目前尚未见到南朝论疏抄本，所以对书写地的南北等问题尚无法判断。

（五）关于纸张的考察

作为上述观点的补充，下面报告一下纸张分析的结果。根据用44.4×4倍放大镜头对纸纤维摄影的观察[①]，此本的纸张是用楮系植物纤

---

① 佐佐木孝浩摄影。

维制造的。中国中世多用麻纸，南北朝后期开始使用谷纸，并且逐渐替代麻纸。敦煌出土的南北朝写本所用谷纸与此本用纸表面的面貌十分相近。

另外一点是，在同为纸张的事例中，此本的纸张簾纹较粗，间隔较大，具体地说1cm之间有大约7条簾纹。这与敦煌写本研究中的北朝至隋抄本数据一致，而与使用细密竹簾制造的唐代纸张有明显区别。虽然这些情况受到个别著录制约，并不能作为决定性依据，但是可以认为是支持根据书写情况所下判断的旁证。①

四、文献学的特色

这部《论语义疏》古抄本从文本上看，有以下几个特色。首先是文本错误较多。不过从另一方面看，作为现存最早的文本，该本也有与他本不同的优点。其次，如下文所述，《义疏》中收录了《论语集解》全文，所以还可以从中见到《集解》古本。特别是当《义疏》全书尚有流通的日本南北朝室町时代的《义疏》抄本群与《集解》存在差异的情况下，根据此本可知，这些差异实际上包括两种情况，一种情况是《义疏》原本确实与《集解》不同，另一种情况是《义疏》与《集解》本来并无不同，只是《义疏》在流传过程中发生讹误。而对《集解》文本校勘又关系到对流传至今的《论语》经文的评价。

如果进一步考察这部抄本与整个皇侃疏义的关系，还会发现有关皇侃疏义原貌的问题。关于《论语义疏》的形式，以往曾经有过围绕日本室町期旧抄本与敦煌本《论语疏》差异的讨论。由此本发现可以得知，各章经疏注疏以单行相连的形式是一种古态。这一形式既与唐抄本《礼记子本疏义》有共通之处，也和日本古代文献《政事要略》的引用相一致。也就是说，敦煌本《论语疏》是经过改编的形式，日本抄本虽然也经过改编，但相比之下更接近于原形。这一事实与以往根据宋版《五经

---

① 法国国立图书馆、龙谷大学编《敦煌文书的科学分析》，http://www.afc.ryukoku.ac.jp/pelliot/contents2000.html。

正义》、唐抄本《礼记正义》和旧抄本《孝经述议》等认为疏文原形是单疏本的说法是不同的。

(一) 文字讹误

这部《论语疏》古抄本讹误之例极多。根据论语疏研究会种村和史先生校勘，有以下错误之处。

《子罕篇》"子曰麻冕礼也"章"今也纯"：

(疏)(略) 卅升布，用功臣多。 →旧抄本作"用功巨多"，当作"巨"。

《乡党篇》"入公门鞠躬如也如不容"章：

(疏)(略) 如君门之侠，不见容受为也。 →旧抄本作"如君门之狭"，当作"狭"。

造成这类单纯讹误的原因是抄写时态度不够慎重，这是使用此本时首先应当注意的。但是也有如下情况，虽然与通行本不同，但不能一概认为是该本的错误。

《子罕篇》"天之将丧斯文"章：

(疏)(略) 文王既没，己亦当几。 →旧抄本作"己亦当终"。

《乡党篇》"执圭鞠躬"章：

(疏)(略) 侯身圭七寸，伯躬圭七寸。 →旧抄本作"侯信圭七寸"。

考虑到此本书写年代和形式，对似乎是错字的异文，也需要慎重对待。

(二) 最古的《论语义疏》

根据上述观点对此本文本加以考察，下列异文值得进一步思考

（[ ]内为破损处）。

《子罕篇》"达巷党人曰大哉孔子"章：

（疏）（略）[江熙曰言其]弥贯六流，不可以一艺名家。
→旧抄本作"不可以一艺名焉"。

《乡党篇》"宾退必复命曰"章疏"复命，反命也"后：

反命谓初受君命以送宾，ˇ退，故返还君命，以白君也。宾若已去，反命白君，道宾已去也。
→旧抄本作"反命谓初受君命以送宾，宾退，故返还君命以白君，道宾已去也"。

《子罕篇》之例还只是提供了可以解释为"名家"的这一另解。但是在《乡党篇》的例子中，旧抄本可能是因怀疑"白君"重出而产生的脱文，而此本在记叙"宾若已去"之后，继之以"宾已去也"这一报告内容，叙述循序渐进，更为细密。从这些例子可以看出，此本作为最古的《论语义疏》抄本，的确具有参考价值。

（三）与《论语集解》的对校

此本值得注意的另外一种异文是注释者姓名的差异。

《子罕篇》"子在川上曰逝者如斯"章：

（注）苞氏曰：逝往也。　→《义疏》旧抄本作"郑玄"，《集解》作"苞氏"，郑注存此文。

在这个例子中，《集解》和《义疏》此本均解释为"苞氏"即包咸之说，但《义疏》旧抄本则作"郑玄"。旧抄本之说又见于唐龙朔二年（662）抄本郑注《论语》卷二（BnF P.2510），可知该说亦自有其根据，不过《集解》本文作"苞氏"的可能性较大。

《子罕篇》"子谓颜渊曰"章：

（注）马融曰：孔子谓颜渊，进益未止。　→《义疏》旧抄本作"马融"，《集解》作"苞氏"。

在这个例子中，《集解》作包咸注，而《义疏》则均作"马融"，与《集解》不同。此本《义疏》所引《集解》作为《集解》古本也有校勘价值。这一点具有重要意义，因为后汉《熹平石经》、竹简本、吐鲁番出土残片、敦煌出土郑玄注本以外的《论语》都是根据《集解》传本，因此可以以此本作为对校本。例如此本《乡党篇》"凶服者必式之"章阙"必"字，与前述唐龙朔二年抄本郑注（P.2510）相同，可见这一文本并非孤例。

（四）皇疏的体式与单疏本

此本特色不仅在于提示了《论语》及其注释书的古本形式，其体式本身也有值得参考之处。在此本出现之前，本书已知最古的本子是敦煌出土唐抄本《论语疏》卷二（BnF P.3573），其体式是经文句下配以双行小字注文，每章经注之后为中字经疏，其后是注疏。而日本旧抄本体式则是经文句下配以双行小字经疏，每章经疏之后低一格接注，注文句下为双行小字注疏。虽然二者都是后世所说的"注疏荟本"，但是敦煌本经注在前，旧抄本经疏在前，体式完全不同[①]。

与以上两种文本相比，此本顺序是经文和与其相对应的经疏、注文和与其相对应的注疏，均用同样大小的中字，中间一直连贯，不改行。下面举《子罕篇》第三章为例。

（经）子闻之谓门弟子曰：吾何执。（疏）孔子闻达巷人美己，故呼弟子而语之也（略）。（经）执御乎，执射乎。（疏）既欲谦己之不多，故陈六艺之下者，以自许也（略）。（经）吾执御。（疏）同欲合以射御自许

[①] 高桥均《論語義疏の研究》，创文社，2013年；影山辉国《『論語』と孔子の生涯》，中央公论新社，2016年。

[嫌太多故,又]减射而云:吾执御也。注:郑玄曰:闻人美之,承以谦也。吾执御者,欲名六艺之卑者也。(疏)六艺,一曰五礼,二曰六乐,三曰五射,四曰五驭,五曰六书,六曰九数也。礼乐射为卑也。礼,谓周礼也。有六。

每句经文之下接经疏,然后是下一句经文,章末为注文和注疏,但也有注文之后没有疏的情况。这种形式见于平安时代明法家惟宗允亮编撰、长保四年(1002)成书的《政事要略》所引《义疏》,可知其至少曾经流传于日本。该书卷二十九在考证十二月举行的"追傩"这一宫中例行活动时引用《义疏》云:

《论语疏》云:乡人傩。夕者逐疫鬼也。(中略)口作傩々之声,改敛疫鬼也。一年三过为之。三月、八月、十二月也。(中略)郑玄云:此傩々阳气也。(中略)侃案:三傩,二是傩阴,一是傩阳,夕阴乃异,俱是天子所命。(中略)今云:乡人傩,是三月。朝服而立于阼阶者,阼阶东阶,主人之阶也。(中略)是卿大夫之祭服也。①

在这段引文中,"乡人傩"与"朝服而立于阼阶"为经文,其他均为《义疏》。"郑玄云"以下为《义疏》的引文,而不是《集解》的引文。因为"《论语疏》云"之下的引文包括被分置两处的经文和疏文,所以比较难以区分。但是从此本来看,实际上的确基本采用上述引文所显示的体裁。在引用经文全文的同时,先加以疏通,再附以注文及其疏文。这种形式既与日本古代通行的《义疏》体式相同,也与古文献的引文相对应。也就是说,此本在含括经注疏这一点上与诸本相同,而在经疏在前这一点上,此本与古文献引文及旧抄本一致。因此可以确定这一形式是最初以来的一贯顺序。

但是此本又有与敦煌本和旧抄本均不相同之处,即不用双行小字的体式而是以注疏接在经疏之后,疏文、注文之前空一格,而且在注文之

---

① 高田宗平《日本古代『論語義疏』受容史の研究》,塙书房,2015年。

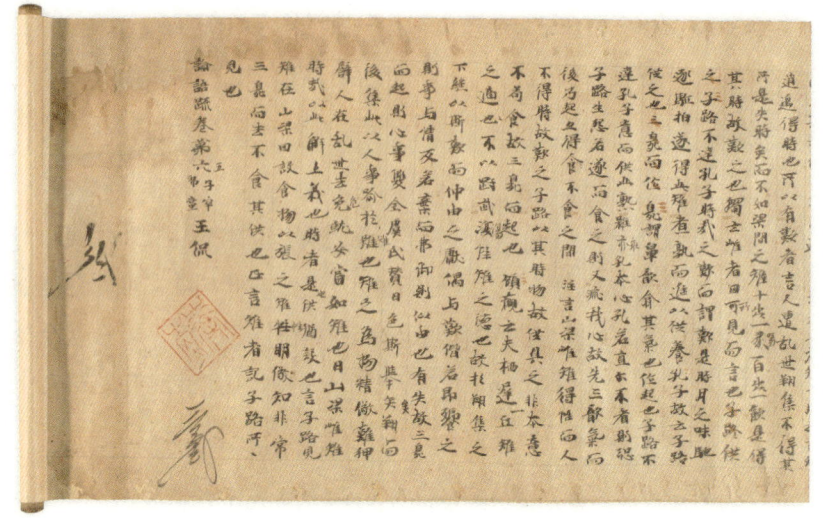

>> 图1　庆应义塾图书馆藏《论语疏》卷六　末尾

前冠以"注"字,以便阅读。此本行间的朱笔符号也是为了阅读时更容易辨识这些区别而加注的。

关于此本的这一形式,在前述唐抄本《礼记子本疏义》中也可以见到几乎同样的体式。后者只有空格,没有标识经疏、注疏区别的"注"字,除此之外均与此本相同。武内义雄博士曾根据被认为同是皇侃撰、弟子刘灼补订的《礼记子本疏义》体例推测《论语义疏》的原形[①],而此本正如其推论,的确具有与该书相同的体式。

另一方面,以往通说根据日本保存的数种宋刻本《五经正义》(具体包括宫内厅书陵部藏宋孝宗朝(1162—1189)《尚书正义》刻本、武田科学振兴财团杏雨书屋藏宋绍兴九年(1139)《毛诗正义》刻本)和东洋文库藏唐抄本《礼记正义》等认为,注疏本的旧貌应当是只标出经注起止而收录疏文全文的"单疏本"。由于不仅孔颖达《正义》,而且京都大学附属图书馆清家文库藏日本室町期旧抄本隋刘炫《孝经述议》残本也具有同样体式,所以这一说法被学术界广泛承认。但是根据此次

---

① 武内义雄《校论语义疏杂识》,载氏著《武内义雄全集》第一卷,角川书店,1978年。

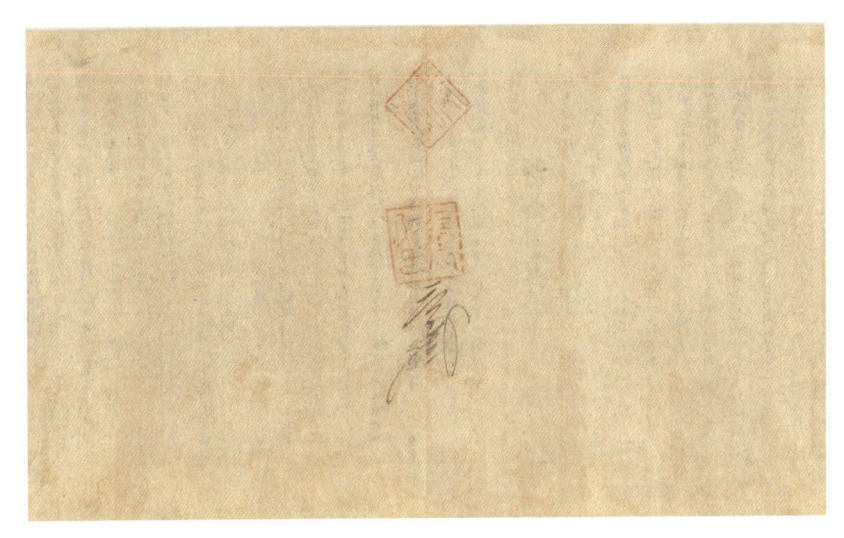

>> 图2　庆应义塾图书馆藏《论语疏》卷六　背面缝印及草名

发现可知，至少皇侃及其门下采用的是收录经注全文的疏本，而且《论语疏》卷六残本作为可以追溯到隋以前的实例就摆在我们眼前。关于这二者之间的关系，今后值得学界进一步探讨。

五、研究课题

　　总结以上论述，可以得出以下结论。第一，此本是《论语》校勘的有用资料。但是首先需要将其与室町期旧抄本群、敦煌本等《论语义疏》古抄本进行全面对比，其次还要经过与《义疏》和《论语集解》等诸本加以比较之后才可以进一步使用。

　　第二，此本作为六朝时代的学术资料具有重要意义。目前首先需要深入探讨的是，经疏注疏本与单疏本的对立与当时学术流变的关系。同时应该超越儒学的束缚，从更广阔的视野对本抄本这一罕见的实例本身进行研究，由此对经典注释所体现的中国中世思想面貌进行考察。

　　第三，此本作为日本汉学史的印迹也具有深刻意义。最明显的是，以往只能通过目录和引文了解的日本古代以来接受《论语义疏》的重要

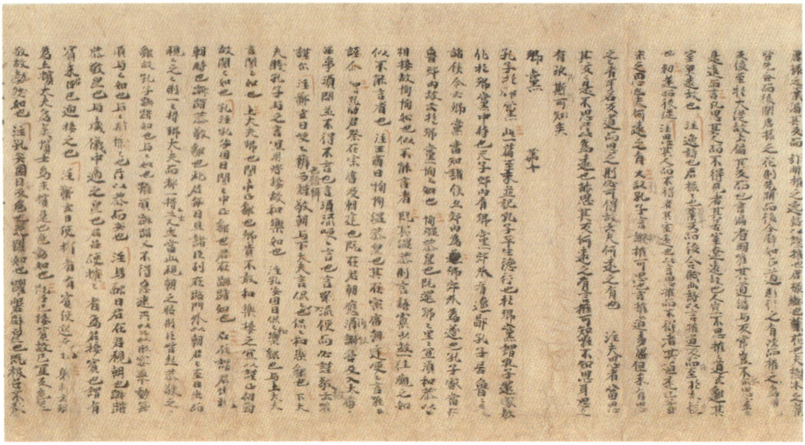

>> 图3　庆应义塾图书馆藏《论语疏》卷六　乡党篇首

底本以实物形式得到确认，构成宫廷及其周边汉学基础的《论语》理解的情况得以判明。不仅如此，此本的出现还让我们看到其背后以讲述为表现方法的传统，同时更生动地理解中世以前汉学秘藏、传承抄本以及中世后期以后开始公开传写秘本的情形。

第四，需要指出的是，此本作为可以上溯至南北朝时代的书籍的文物价值。6—7世纪的书籍实例非常珍贵，除了出土的残篇断简，佛典以外的书籍在传世品中几乎是绝无仅有的。作为以纸本传世的汉籍，本资料堪称是吉光片羽的遗存。考察这些书籍是如何传播、又如何湮灭的问题，是东亚书籍文化史的共同课题，希望此次报告能够为各国专家共同探讨这一课题提供一个契机。

庆应义塾图书馆藏
《论语疏》卷六的文献价值
——通过校勘发现的特征

种村和史

（庆应义塾大学商学部）

前　言

　　近期，庆应义塾大学图书馆收购了抄本《论语疏》（下文简称"庆应本《论语疏》卷六"），此书为残本，共一卷，内容相当于通行本的第五卷，但书末有"论语疏卷六"字样。我们推测此书抄写于南北朝末期至隋朝，并成立了专门的研究会。笔者参加了研究会下属的文本研究班，负责文本校勘工作。通过校勘，笔者对本书的特征有了初步的认识。这虽然还只是个人的印象，但为了给今后的深入研究提供一些线索，笔者想借着这次机会向各位专家报告，也衷心希望得到大家的意见。

　　文中所引用的《论语义疏》原文，均依据庆应本。引用里的号码代表行数。以庆应本与通行本《论语义疏》[①]比勘，推测庆应本有脱字时，用〔　〕填补；推测庆应本有衍字时，用（　）表示；推测庆应本误字时，用〈　〉订正。

[①] 皇侃撰，高尚榘校点《论语义疏》，中国思想史资料丛刊，中华书局，2013年。底本是日本的武内义雄校订本。

一、整体印象

庆应本《论语疏》卷六是一种包含着互相矛盾特征的本子。具体来说，有一些特点能够显示这本书有很高的学术价值，也有一些特点令人不能不怀疑，书写这本书的人学力也许不算很高。相反的特点共存于这本书中。此外，这本书还有一些特点令人很感兴趣，但我们尚未考虑成熟，目前还不能做判断。下文也将介绍这些问题，请各位专家不吝赐教。

二、能够体现本书学术价值的特征

将庆应本《论语疏》卷六与现存的日本室町时代以后手抄的《论语义疏》诸本①比较，可以发现多处文字上的出入。其中有很多是单纯的

---

① 目前笔者还没能看到现存所有的古抄本《论语义疏》，用来校勘的主要是庆应义塾大学附属研究所斯道文库收藏的资料，以及几个收藏单位在网上所提供的电子版资料，一共二十四种，具体情况如下（左列的是本文中用的简称）。关于桃华斋本受到了日本影山辉国先生的教诲。

·京A	京都大学附属图书馆藏清家文库本	〔南北朝〕写
·都	都立中央图书馆藏本	〔室町〕写
·足	足利学校遗迹图书馆藏	〔室町〕写
·蓬	名古屋市立蓬左文库藏	〔室町〕写
·尊A	前田育德会尊经阁文库藏	应永三四年写
·尊B	前田育德会尊经阁文库藏	〔室町〕写
·急A	大东急记念文库藏	延德二年写
·急B	大东急记念文库藏	近世写
·京B	京都大学附属图书馆藏清家文库本	〔江户初〕写
·书	宫内厅书陵部藏	〔室町末〕写
·个	个人藏桃华斋本	〔室町末〕写
·关	关西大学图书馆藏	〔室町末〕写
·国	国立国会图书馆藏	写、文明十四年奥书
·斯A	斯道文库藏大槻本	文明十九年写
·斯B	斯道文库藏宝胜院本	〔室町〕写
·斯C	斯道文库藏江风本	〔室町末〕写
·图	庆应义塾大学图书馆	天文十、十四年写
·龙	龙谷大学图书馆藏	室町中期抄本

误字、脱字、衍字之类，但也有不少异文本身是合理的，对推测《论语义疏》的原始形态很有意义。下面，将尽量选取其中明白易懂的例子，按照异文的性质概括成四类，进行说明。

（一）根据疏里所引的经文，可以判断庆应本《论语疏》卷六的文字合理

关于《子罕》第11条（即"112颜渊喟然叹曰"条）中"125博我以文，约我以礼"一句，庆应本《论语疏》卷六有疏文如下："125此以说善诱之事也。博，广也。文，文章也。言孔子广以文章126诱引于我，故云'博我以文'也。又以礼教约束我，故云'约我以礼'也。"其中的"故云'博我以文'也"，《论语义疏》诸本都作"故云'博我以文章'也"。这句话的目的在于引用经文，庆应本的文字与经文完全一致，因此可以说比诸本更好。在接下来的疏中，庆应本《论语疏》卷六和《论语义疏》诸本都正确引用了经文"故云'约我以礼'也"，这可以看作是以上结论的旁证。

（二）庆应本《论语疏》卷六的文字与《论语注疏》所引《论语义疏》文字一致

关于《子罕》第6条（即"60太宰问于子贡曰"条）中的"70子闻

（接上页）

·神	神宫文库藏	〔室町〕写
·故A	中国台北故宫博物院藏	〔室町〕写
·故B	中国台北故宫博物院藏	〔江户末明治初〕写
·故C	中国台北故宫博物院藏	〔室町〕写
·故D	中国台北故宫博物院藏	〔近世初〕写
·故E	中国台北故宫博物院藏	写

以上本子的书写年代，主要参考日本影山辉国《〈论语义疏〉抄本与根本刻本的底本》，载刘玉才主编《从抄本到刻本：中日〈论语〉文献研究》，北京大学出版社，2013年等。按照影山先生所确认的，古抄本《论语义疏》目前一共有三十六种，笔者看的只不过三分之二。所以，应该说，本文中我研究的基础，是尚未完成的工作，因此本文的观点也还不能作为最终结论。

之曰大宰知我者"一句，庆应本《论语疏》卷六云："71江熙云，大宰嫌多能非圣。72故云知我。谦谦之意也。"此处"谦谦之意也"一句，诸本的情况是，除了都立中央图书馆本作"谦ˎ意也"，其他诸本都作"谦之意也"。而北宋邢昺《论语注疏》在此条的疏中云：

> 孔子闻太宰疑己多能非圣，故云知我乎。谦谦之意也……言君子固不当多能也。今己多能，则为非圣。所以为谦谦也。①

邢昺两次使用"谦谦"的说法，这可能源自《论语义疏》。庆应本《论语疏》卷六文字与此相同，可以推测庆应本此句保留了邢昺所见《论语义疏》的形态。

（三）庆应本《论语疏》卷六的文字跟郑玄的经说一致

关于《乡党》中"349执圭鞠躬如也如不胜"一句的皇侃疏，庆应本《论语疏》卷六的文字如下：

> 349谓为君出使聘350问邻国时也。圭者瑞玉也。周礼，五等诸侯各受王者之玉为瑞信。公，桓圭九寸。侯，351身圭七寸。伯，躬圭七寸。子，穀璧五寸。男，蒲璧五寸。若五等自执朝王，则各如352其寸数。君使其臣出聘国，乃各执其君之玉而各咸其一寸也。今云执圭，鲁是353侯，ˎ执身圭，则孔子执ˎ君之身圭也。

在这里，"侯351身圭七寸""鲁是353侯ˎ执身圭则孔子执ˎ君之身圭也"，三次出现"身圭"，而《论语义疏》诸本都作"信圭"。

《周礼》中多次出现"信圭"，例如《周礼·春官·宗伯·大宗伯》和《典瑞》云"侯执信圭"，《秋官·司寇下·大行人》云"诸侯之礼执信圭，七寸"，《小行人》云"侯用信圭"，《冬官·考工记·玉人》云"圭七寸谓之信圭，侯守之命圭"②……这些例子中都作"信圭"。"信圭"

---

① 《论语注疏》，阮元校刻《十三经注疏》，中华书局，2009年。
② 《周礼注疏》，阮元校刻《十三经注疏》。

这个词也在诸经注疏里屡见。比如，《尚书·舜典》"正月上日受终于文祖……辑五瑞"的《正义》云"周礼典瑞云……侯执信圭"①；《诗经·唐风·无衣》"岂曰无衣七兮"的《正义》云"秋官大行人云诸侯之礼执信圭七寸"②；等等。这样看来，好像可以断定是庆应本《论语疏》卷六的文字错误，但是，庆应本《论语疏》卷六里三个地方同样作"身圭"，因此应该不是偶然的误写。

其实，郑玄已经提出了"信圭"是"身圭"的误写之说。《周礼·大宗伯》中"侯执信圭"一句的郑玄注云："'信'当为'身'。声之误也。身圭、躬圭，盖皆象以人形为瑑饰，文有粗缛耳。欲其慎行以保身。圭皆长七寸。"陆德明《经典释文》云"信，音身"，也认为两字同音；贾公彦疏云"郑必破'信'为'身'者，古者舒申字皆为信。故此人身字亦误为信。故郑云声之误也"③，说明"信"是和"身"音通而假借的。

庆应本《论语疏》卷六作"身圭"正好是跟郑玄的说法一致的，由此看来，不能单纯地认为误写，而可以认为这个本子的书写者所依据的《论语疏》本子，是按照郑玄的说法把"信圭"写成"身圭"的。也许更进一步，可以想象当皇侃依据《周礼》写这个疏时，他按照郑玄注写成"身圭"的可能性，后来的学者不理解皇侃的用意而改写成"信圭"。这样的想象也不无成立的。

（四）从上下文来看庆应本《论语疏》卷六的文字是合理的

《乡党》"321宾322退，必复命曰宾不顾至〈矣〉"的疏，庆应本《论语疏》卷六云：

> 322谓君使己送宾时也。复命反命也。反命谓初受君323命以送宾，㇏退，故返还君命，以白君也。宾若已去，反命白君，道宾已去也。云不324顾者，旧云主人若礼送宾不足，则宾犹回顾；若礼已足，则宾直

---

① 《尚书正义》，阮元校刻《十三经注疏》。
② 《毛诗正义》，阮元校刻《十三经注疏》。
③ 《周礼注疏》，阮元校刻《十三经注疏》。

去,不复326回顾。此则明送宾礼足,故云不顾也。

关于这里的"以白君也。宾若已去,反命白君,道宾已去也。云不顾者",《论语义疏》诸本的异文情况很复杂。悉列出如下:

以白君道宾已去反命白君道宾已去也云不顾者	京A
以白君道宾已去反命白君道宾已去云不顾者	龙
以白君道宾已去●●●■■●●云不顾者	尊A(把八个字涂抹)
以白君道宾已去也□命白君道宾已去云不顾者	京B
以白君道宾已去也云不顾者	国
以白君道宾已去云不顾者	都/足/蓬/尊B/急/书/关/斯A/斯B/图
以白君宾已去云不顾者	个

庆应本《论语疏》卷六中的这段话,字数比诸本多,它的译文如下:"这句经文讲的是君主命令我送宾客时的事情。'复命'即'反命'。'反命'是指我当初受到君主的命令而送宾客,宾客离开后,我要反过来向君主报告执行命令的情况。如果宾客已经离开,就回去向君主报告说:'宾客已经离开了。'"这段话是比较合理的。

庆应本《论语疏》卷六中的"以白君也宾若已去"一句,用"也"字断句。而京A(清家文库本)、龙、京B均作"以白君道宾已去",用"道"字来表示"宾已去"是对君主报告的内容。但是这样一来,跟下面的"反命白君,道宾已去也"内容重复,两句连在一起,就显得难懂了。尊A涂抹了八个字,字数比清家文库本的"反命白君道宾已去也"少一字,而与龙谷大学图书馆本"反命白君道宾已去"的字数一致。也许可以推测,尊A被涂抹的八个字,就是"反命白君道宾已去",抄写者将其涂抹,是为了避免记述的混乱。国立国会图书馆本作"以白君道宾已去也云不顾者",都立中央图书馆本等作"以白君道宾已去云不顾者",个人藏本作"以白君宾已去云不顾者",这几个版本的文字都很简明,也合乎逻辑,但从尊A涂抹文字的例子来看,也许不能排除后人改写的可能。

这样来看,如果我们要推测《论语义疏》原本的情况,庆应本《论语疏》卷六的文字或许可以提供很有意思的资料。

以上是比较容易说明的四种例子。庆应本《论语疏》卷六与《论语义疏》诸本之间形成的异文中,还有很多具备学术价值的例子,希望以后有机会继续向学界介绍。当然,即使从文字合理的角度来看,庆应本《论语疏》卷六的文字有优越性,也不能就此断定这个本子接近皇侃书原本的面貌。但是即便此本经过了后来的改动,不复原来面貌,它也能显示历代学者认真分析、考证和修订《论语义疏》的情形,显示《论语义疏》如何被后世继承,这对于学术研究而言就是很宝贵的。

从校勘发现的异文来看,庆应本《论语疏》卷六可能不是日本现存的室町时代以后诸本《论语义疏》的直接祖本。考虑到现存的《论语义疏》诸本中,庆应本《论语疏》卷六是格外古老的一个本子,我们可以推测,在很早的时候就有不止一个系统的《论语义疏》传到了日本。

三、令人怀疑庆应本《论语疏》卷六抄写者学力不太高的例子

上文提到,庆应本《论语疏》卷六有很高的学术性价值,但另一方面,也有多个例子让我们不能不怀疑,它的抄写者也许是一个儒学水平不太高的人。这主要表现在这本书的书写面貌上。在这本书里,单纯的误字、脱字、衍字等频繁出现。这些例子太繁杂,在此就不一一介绍了,本书除原抄写者的笔迹外,还有一些笔迹,明显出自某位后来阅读本书的学者,我们暂时不能确定其身份。这位学者已经指出这些误字,在其旁边补写了改正的文字。还有,这本书的书体也不是所谓有规范的、整齐谨严的写法,也不算是写得漂亮,倒不如说是个性很强的写法。

下面要介绍的几个例子,显示了这本书的误写当中一些看起来是非

常初步的错误。

（一）怀疑书写者把一个字误认为两个字而分开写的例子

庆应本《论语疏》卷六里有一些应该是一个字而书写者上下分开为两个字来写的例子。比如庆应本《论语疏》卷六《子罕》第三条："11子曰麻冕礼也"的疏云：

> 13故云今也纯卅升布用功臣多难ゝ得ゝ则为大者华而织丝14易ゝ成ゝ则为俭约故云俭也吾从众周末时人也时既人ゝ从易用丝故15孔子云吾亦从众也所以从之者周末每事大者华孔子宁欲抑大者就俭今子曰麻冕礼

这里三次出现"大者"两个字，而《论语义疏》诸本都作"奢"字；从文脉看来，也应该是"奢"；庆应本《论语疏》卷六的书写者好像把"奢"字的上下部分误认为两个字，故而写成"大者"。后来的学者已指出这个错误，在这两个字的旁边补写"奢"字，以示订正。

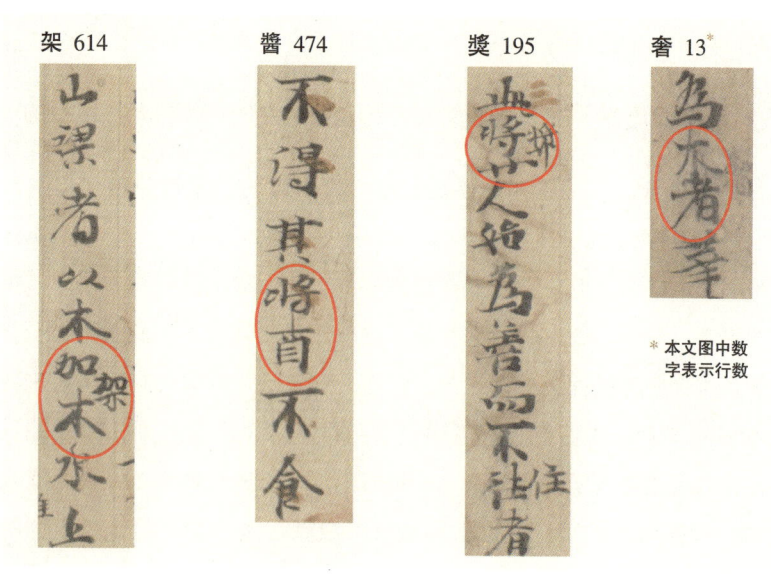

架 614　　酱 474　　奖 195　　奢 13*

* 本文图中数字表示行数

>> 图1

又如《子罕》中"譬如平地虽覆一篑进吾往也"之疏，《论语义疏》诸本皆云"此奖人始为善而不往者也"，其中"奖"字，庆应本《论语疏》卷六第195行将其上下部分分开，写成两个字；《乡党》中"不得其酱不食"的"酱"字，庆应本《论语疏》卷六第474行写成"将酉"；《乡党》中"曰山梁雌时哉时哉"之疏，《论语义疏》通行本皆云"山梁者以木架水上"，庆应本《论语疏》卷六第614行把"架"字写成"架木"。如果书写者了解内容的话，可能就不会这样写错。

（二）怀疑书写者把两个字误认为一个字而合起来写的例子

相反，也有一些例子，本应该是两个字，却被书写者合写成了一个字。这不是所谓"合字"，尽管这本书里也有合字，比如把"五"和"十"紧贴着写作一个字，表示"五十"，但这里说的是把没有必要制作合字的两个字合成了一字。

例如，《子罕》中"子曰，麻冕礼也"的"麻冕"、其疏里的"且周"，

息末 82　　　　　且周 16　　　　　麻冕 11

>> 图2

以及《子罕》中"子曰，我不试，故艺"疏里的"息末"等，好像都被书写者误写成了一个字，后来的学者已在边写改写订正为两个字。庆应本《论语疏》卷六每一行的字数不等，没有必要故意把两个字紧贴着写，所以可以判断，是书写者把两个字误认作了一个字。

（三）怀疑书写者把字的笔画误解的例子

不止如此，也有一些例子，令人不能不怀疑书写者根本没把字的笔画写好。但是如果这样的写法在当时被公认为异体字的话，也不能算是误字，所以很难判断。不过笔者查了几种异体字字典等数据，也没发现这样的写法，因此暂定为误字。

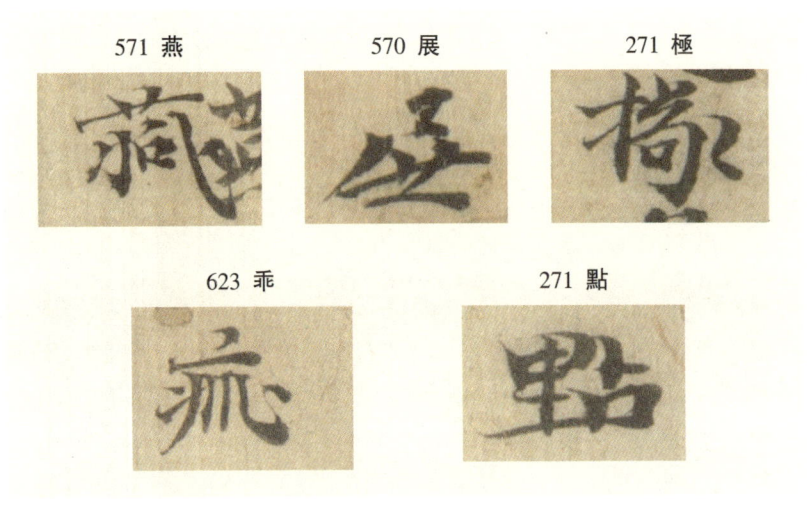

571 燕　　570 展　　271 極

623 乖　　271 點

>> 图3

（四）违反此本的格式

《论语义疏》是由经文、注文和疏文构成的，疏有两种，有对经文的疏和注文的疏，庆应本《论语疏》卷六的标准格式是：经文和经之疏之间空一格，经之疏和注文之间空一格，并且注文之前写"注"字来表示，注文和注之疏之间空一格。然后疏和下一个经文之间不空一格，就

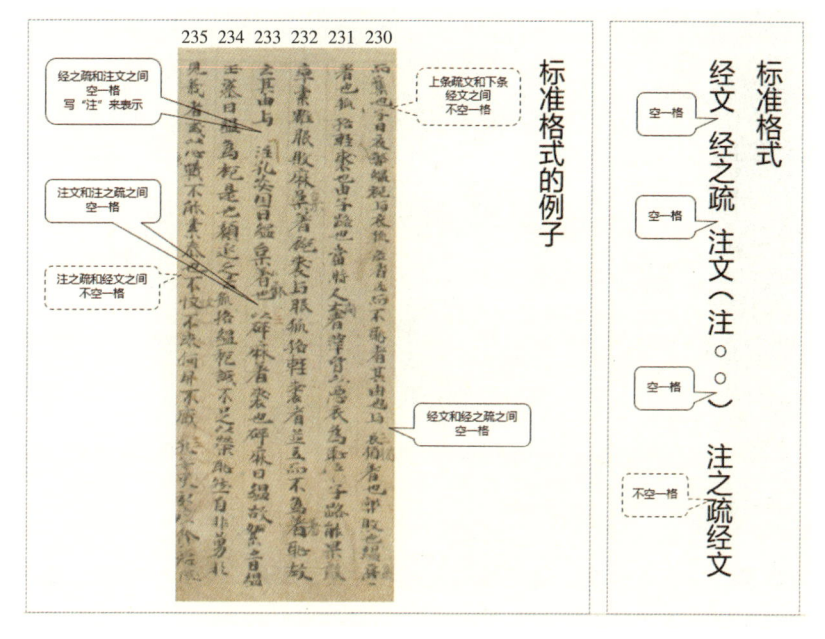

>> 图4

是紧接着写。①

但是在庆应本《论语疏》卷六里常常有不合乎标准格式的地方。按照标准格式，应该空一格的地方，往往不空一格。但这可能是由于抄写者的疏忽而发生的，不算奇怪。更有意思的是，有时也能发现在庆应本《论语疏》卷六里经文或注文末紧接着写疏文第一个字，之后空一格，

---

① 其实，这个格式里也有点不太明白的地方，疏文和下一个经文不空一格，就是疏文的最后一个字跟下一个经文的第一个字连接着写的，那么读者怎么能分别疏和经文呢？这个本子经文的每一个文字上用朱笔打点，疏文第一个字旁边用朱笔写"三"做标识，注文本来先写"注"，又加之在"注"字右边用朱笔写一拐。但这些朱笔是抄写者亲自写的还是后人附加的，目前还没能下结论。假如后人附加的话，那么疏文跟下一个经文，除非背好经文，不能分辨。早稻田大学图书馆藏唐抄本《礼记子本义义》也是保留南北朝时代的义疏格式的，也是跟庆应本《论语疏》卷六一样，用同一个大小的字来写经、经之疏、注、注之疏，而在注或注之疏和下一个经文之间则空一格，这样读者很好分辨。为什么庆应本《论语疏》卷六的格式不是这样？这有点不明白，但这个问题现在不能继续讨论。

>> 图5   >> 图6

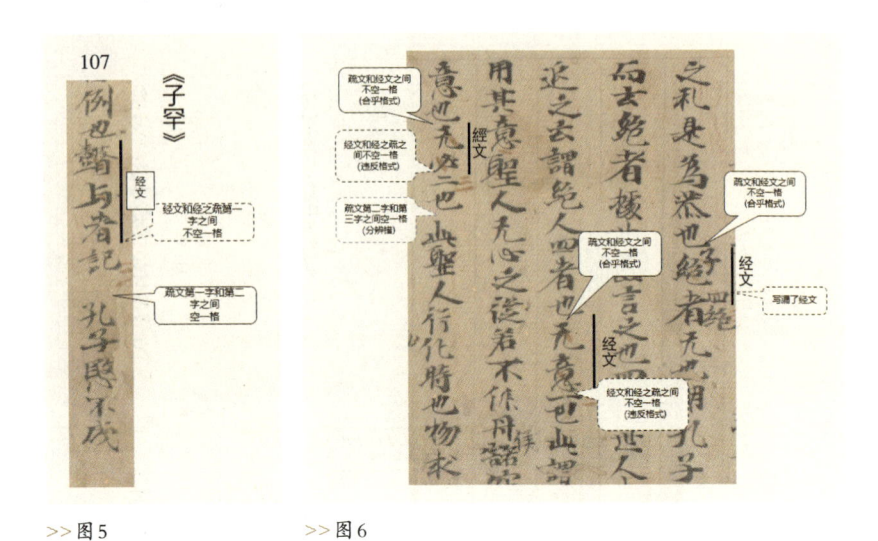

再写第二字以下疏文。就是抄写人把经文或注文跟疏文分辨错了。这种错误在这个本子里起码有七个例子。

《子罕》"子绝四"是写得最乱的,这条经文都很短,所以抄写者把经文和疏文分辨错了,有的写漏了经文,有的经文和疏文之间不空一格,也有的疏文第一、二字和第三字之间空一格。

从以上的例子,以及其他误字、脱字、衍字频繁出现的现象来看,我们猜测书写这本书的人不是专业的、具有高度学力的学者,并且在书写的时候,他也没有保持谨严慎重的态度,而是比较随意。

《论语义疏》对我们来说是专业性很高的文献,那么,是什么样的人,因什么样的动机,在什么样的情况下抄写了它?这就成了问题。并且,这个问题又与《论语义疏》怎样被接受的问题联系在一起,能为考察《论语义疏》接受史提供很有力的线索。这是笔者觉得它尤其有价值的地方。

四、希望向大家请教的几个问题

最后,有几个问题我们研究班觉得很有意思,但不知道应该怎样继续研究,在此提出来,希望向各位专家请教。

（一）异体字的问题

本书出现了很多异体字，其中有一些是《干禄字书》[①]认定为俗字的，也有一些跟北朝碑刻里所见到的字体一样或相近[②]，还有一些在敦煌文书里能发现接近的字体[③]。我们认为，这些例子可能有助于解决本书的书写年代和地域等问题，但后世是否继续使用这样的字体，我们并不确定，所以暂时未将其用作论据。关于这个问题，希望向大家请教。

本书中还有字体多变的情况，即一个字用几个不一样的字体来写的，写法有不稳定的地方，这跟楷书一贯用有规范的字体的写法不同，这也许可以为考察这本书的书写态度提供数据。

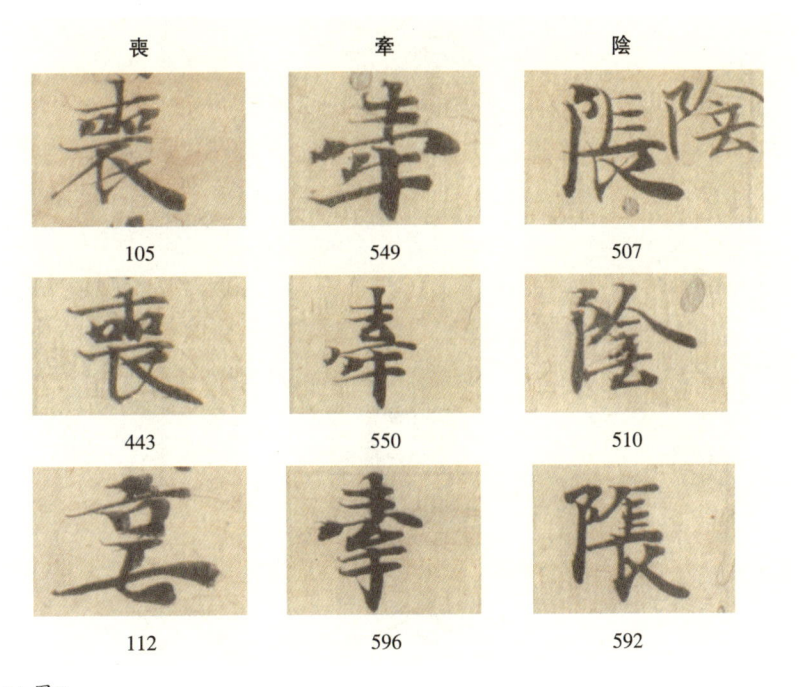

丧	牵	阴
105	549	507
443	550	510
112	596	592

>> 图7

[①] 《干禄字书》，福井大学图书馆藏文化十三年（1816）刊本，http://www.let.osaka-u.ac.jp/~okajima/hyoki/kanji.htm.
[②] 笔者参考了毛远明《汉魏六朝碑刻异体字典》，中华书局，2014年。
[③] 笔者参考了黄征《敦煌俗字典》（第二版），上海教育出版社，2019年。

(二)运笔的问题

我们研究班调查这本书的时候,总觉得书写者的运笔非常有个性。比如写"故"时,起笔是圆转而好像划小圈那样的,写"东""则"的竖笔是从右边斜着写的,也有些字的竖笔像日本平假名的"く"一样地

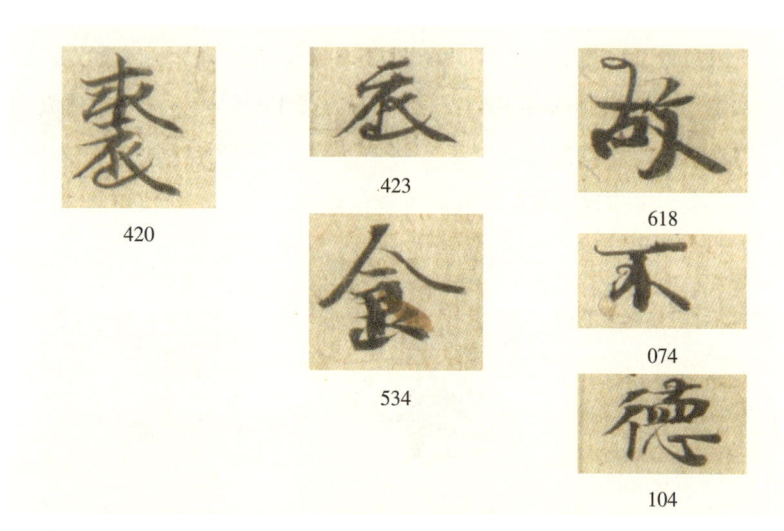

420
423
534
618
074
104

>> 图8

562
495
392
096
103
184

>> 图9

>> 图10   >> 图11

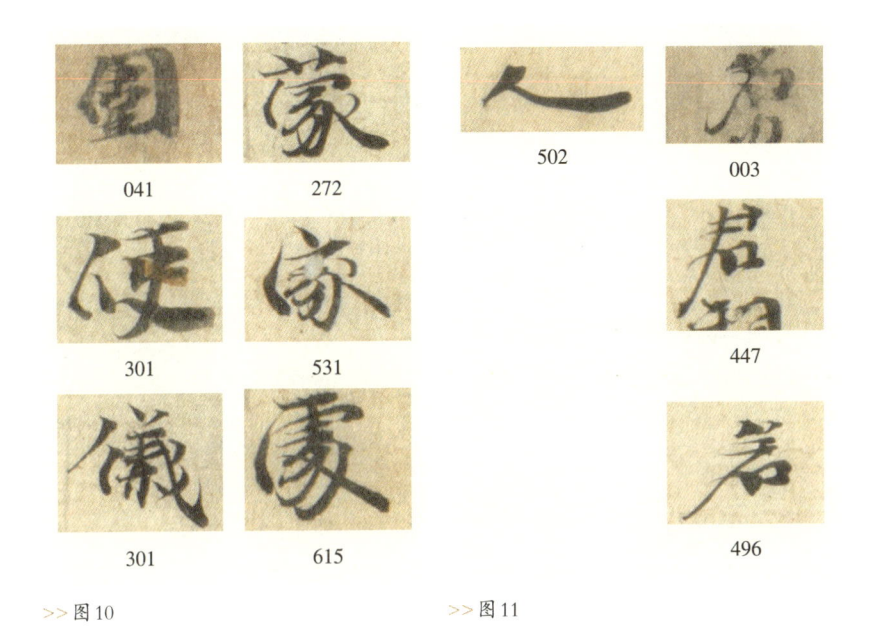

拐弯，还有些像隶书那样的写法，总之，有很多跟楷书的写法不一样的地方。这些特征意味着什么？能说明书写年代或书写地域吗？或者说明书写者的为人学养吗？怎样评价这个特征，我们还没有得出结论。这也是希望向大家请教的一点。

结　语

在本文中，笔者介绍了在校勘本书的工作中得到的印象。总的来看，这本书的书写者好像不是学识很高的人，但同时，这本书里有很多例子似乎保留了《论语义疏》的原始面貌。这两个相反的特征同时存在，笔者觉得特别有意思。因为这或许是一份很重要的材料，可以帮助我们研究一个时代或一个地域的儒学传授的实貌，而且可能是其基层部分的面貌。笔者认为这可以说是这本书真正难得的价值之所在。

（拙稿翻译成中文过程中得到李栋女士的帮助）

存唐旧貌：延文旧抄本
《毛诗郑笺》抄传经纬考略*

陈 翀

（日本广岛大学文学部中国文学语学研究室）

一

日藏延文旧抄本《毛诗郑笺》的文本属性及文献性质，在《诗经》研究史上一直是一个令人困惑的谜团。到目前为止，此古抄本只曾在竹添光鸿（1842—1917）《毛诗会笺》中被提及过。竹添光鸿在撰写《毛诗会笺》时将其与唐石经本列为两个最重要的校本，却也仅在《序说》中提到其书名，未有详考，其文云①：

此书以卷子本为蓝本，以唐石经及延文古抄本校之。卷子本则承安四年清原赖业加点，尔来世世相传授至宣贤。宣贤自永正中讲之，至天文四年毕。卷末记其年月日，卷中傍记"本有""折无"等字，又间有阙画宋讳者。按，其所原盖据家本，传写之际以古抄本及板本对校，此不

---

* 本文为JSPS科研费21K00327"慧萼钞南禅院本『白氏文集（詩集）』の復元に関する文献的研究"研究成果之一。
① 参见竹添光鸿《毛诗会笺·序说》，大通书局，1920年，第20页。竹添光鸿的生平事迹，可参考松崎鹤雄《竹添井井翁に就て》，文收《柔鹤随笔》，座右刊行会，1943年，第169—195页。又，本文所提到的明治时期汉学家的生平事迹及学术著作，亦可参考李庆《日本汉学史》第一卷《起源和确立》中的介绍，上海外语教育出版社，2002年。

特此卷子,如左传卷子本亦然,其所谓椠本,盖指宋椠本,而宋椠本中所阙画字,往往混入,非其书即原于宋椠本也。

按,《毛诗会笺》所用底本之清原家卷子本,今藏静嘉堂文库,汲古书院于1994年将其影印本编入了《古典研究会丛书 汉籍之部》。不过,对于这个抄卷的底本,早在1943年吉川幸次郎就指出当是宋刊本[①],后来米山寅太郎在影印本解题中也沿袭了吉川的观点,根据避讳字进一步指出当是南宋刊本[②],与竹添光鸿所提示的清原世传"家本"一说大相径庭。

清原本之底本属性,不仅关系到清原家的经学源流,也牵涉到日本现存旧抄本及和刻《毛诗郑笺》是延续了南宋刊本的谱系,还是继承了《日本国见在书目录》所载隋唐旧抄谱系等诸多关键问题[③],无疑是我们研究《诗经》宋前旧本及整理《诗经郑笺》的一个不可不予以澄清的重要环节。而要彻底解决这些问题,最为可行的方法就是找到一个比静嘉堂本更古老的旧抄系统本来予以对校。也就是说,竹添光鸿所提到的抄写时间更早的延文古本应该就是一个绝佳的参照物,然其却只是惊鸿一现,片鳞半爪,勿论全卷,学界甚至至今尚未能确认其有过传承的痕迹。

延文本之重要性,从事《诗经》研究的学者也多有认识。譬如,王晓平先生在2012年于凤凰出版社影印出版的《毛诗会笺·解说》中就指出:

---

① 参见吉川幸次郎《东方文化研究所经学文学研究室毛诗正义校定资料解说》,初载《东方学报(京都)》第十三册第二分册,1943年;后收入《吉川幸次郎全集》第十册,筑摩书房,1974年,第446—480页。
② 参见米山寅太郎《毛诗郑笺解题》,载《毛诗郑笺(三)》,《古典研究会丛书汉籍之部》第三卷,汲古书院,1994年,第413—419页。
③ 《日本国见在书目录·诗家》载"毛诗廿卷汉河间大(太)傅毛苌传郑氏笺",参见《日本国见在书目》,古典保存会1925年影印室生寺本(非卖品)。详考另可参照孙猛《日本国见在书目详考》上册,上海古籍出版社,2015年,第88—93页。

《毛诗会笺》(以下简称《会笺》)蓝本为日本高仓天皇承安四年(1174)清原赖业加点的卷子本,校之以唐石经及延文古抄本。"延文"是日本北朝后光严天皇年号,相当于我国元朝至正十六年至二十一年(1356—1361)。此本今已不知存于何处,从《会笺》的引用来看,大体是《毛诗郑笺》完抄本,早于静嘉堂本一百多年,如能寻得,当为至宝。①

王晓平先生是当今日本《诗经》文献研究的著名学者,其《日本诗经学文献考释》及《日本诗经学史》二书更是近来学者涉及日本《诗经》文献研究时的案头之书②。然而,智者千虑,必有一失,其实延文旧抄本原卷虽然下落不明,但其与活字本存在文字异同的本文及原书写奥书、卷末跋语均被海保渔村(1798—1866)抄录在了《旧抄经传考异》(三卷,现藏日本国立国会图书馆,以下简称《考异》)稿本之内(参见图1)。只是由于此稿本在图书目录上没有显示出与《诗经》及延文旧抄本相关信息,才使得这一保存了隋唐旧貌《毛诗郑笺》的珍贵文献一直不为人知,尘封于螨灰之下。

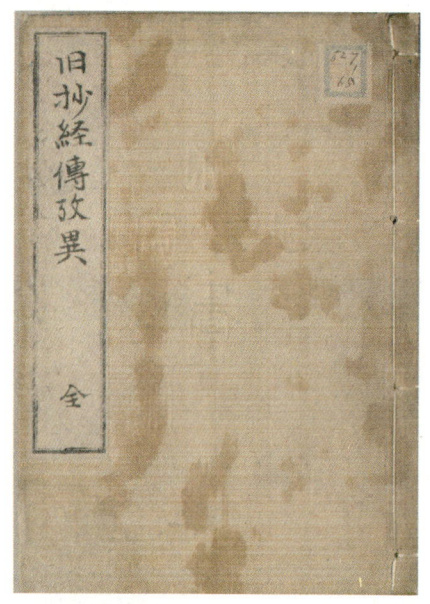

>> 图1　日本国立国会图书馆藏海保渔村自笔稿本《旧抄经传考异》封面

---

① 参见竹添光鸿笺注《毛诗会笺》,凤凰出版社,2012年,第1—7页。另外,根据《毛诗会笺》所引延文本校语对延文旧抄本进行过一些推测性的研究,管见之内,另有沈相辉《〈毛诗〉卷子古本与延文古抄本考论》(《书目文献》2017年第50期第4卷,第1—27页)及《再论竹添光鸿〈毛诗会笺〉所称"卷子古本"》(《书目文献》2018年第51期第4卷,第31—44页)二文。
② 王晓平《日本诗经学史》,学苑出版社,2007年;氏著《日本诗经学文献考释》,中华书局,2012年。

由于篇幅有限，本文旨在对此稿本之发现路径、延文旧抄本源流及传抄经纬、海保渔村的校刊底本与校本资料等先行性问题做一些简介，至于上文所提到的隋唐旧抄本与宋刊本之间的关系、静嘉堂本之底本与和刻诸本之源流等问题，笔者拟在整理完《考异》之后，如有机会，再向大家汇报。

二

之所以能发现海保渔村自笔稿本《考异》是研究并复原延文本《毛诗郑笺》的不二资料，在这里首先还有必要交待一个思考路径，就是著名的"三笺"(《毛诗会笺》《左氏会笺》《论语会笺》)虽然最终是以竹添光鸿之名予以问世的，但笔者一直怀疑其真正的执笔者或资料汇聚及草稿编纂者应该是其弟子、被同时代学者誉为"书志学鬼才"的岛田翰（1879—1915）①。要之，我们如要去确认"三笺"所用底本或校本，单去调查竹添光鸿的相关资料还远远不够，更有必要对岛田翰及其父岛田重礼（1838—1898）乃至岛田重礼的恩师海保渔村（1798—1866）的藏书及稿本资料群予以一个详细的调查与整理。

众所周知，岛田翰的父亲岛田重礼是明治汉学界的重镇。岛田重礼年轻时师从江户末期大儒及著名藏书家海保渔村，继承了海保考证学之精髓，尔后成为明治时期新汉学的一个开山人物。离开师门之后，岛

---

① 有关岛田翰与竹添光鸿的师弟关系及其在《左氏会笺》撰写时所发挥的作用及尔后的恩怨情结，可参考拙稿《竹添井井『左氏會箋』の序文にみえる「剽窃」——島田翰「左氏會箋提要十二編」の行方について》，《中国中世文学研究 森野繁夫博士追悼特集》第六十三·六十四合并号，2014年；后收为拙著《日宋漢籍交流史の諸相——文選と史記、そして白氏文集》第八章，大樟树出版社合同会社，2019年，第195—228页。另外，岛田翰之生平事迹，可参考高野静子《続 蘇峰とその時代——小伝鬼才の書誌学者島田翰他》，德富苏峰纪念馆，1998年；德田武《大田南畝·島田翰と清朝文人》第二部，大樟树出版社合同会社，2019年，第223—266页。还要引起我们注意的是，岛田翰曾刻意模仿学习过竹添光鸿书法，两人笔迹极像，因此今存许多竹添光鸿藏稿本上的眉批，其实均有出自岛田翰之手的可能性，需要细细甄别。于此可参见依田利用著，长泽规矩也、米山寅太郎编《韩非子校注》第一册前附长泽规矩也《韓非子校注の影印に際して》中的说明，古典研究会，1980年。

田重礼先为昌平坂学问所助教，后退任开创私塾双桂精舍。明治八年（1875）被任命为修史局三等协修，十二年（1879）被任命为东京帝国大学文科大学讲师，十四年（1881）升任教授。在东京帝国大学文学部期间岛田重礼首次倡导并创设了古典讲习（乙部）汉书科，之后影响到很多大学的学科建设。

岛田重礼育有三子三女，长女与次男早夭，长子岛田钧一（1866—1937），幼时从藤泽南岳（1842—1920）学习汉学，明治二十一年（1888）毕业于东京大学文学部附属古典讲习汉书科，后任东京文理大学教授、东方文化学院东京研究所研究员、斯文会理事，代表著作有《春秋左氏传新讲》《论语全解》《全译文章轨范新释》等。次女嫁安井小太郎（1858—1938），三女嫁与服部宇之吉（1867—1939）。岛田翰排行最末，自幼聪颖，精于汉籍版本之学，甚至连博学的岛田重礼都将其视为"天才"，宠爱有加。明治三十一年（1898）八月二十七日岛田重礼去世时，刚好满二十岁的岛田翰还是东京外国语学校清语本科（学历相当于现在的高中）二年级学生。岛田重礼死前留下遗言，命岛田翰毕业后跟随好友竹添光鸿继续深造①。

竹添光鸿出生于肥后国天草（今熊本县天草市）医家，其父名列广濑淡窗（1782—1856）门下十八杰。竹添光鸿十五岁时拜木下韡村（1805—1867）为师，后与井上毅（1844—1895）、木村弦雄（1838—1897）并列为木下一门三才子。明治四年（1871）废藩置县，竹添光鸿失去了藩校教职，成为浪人，直到明治八年（1875）才进入修史馆，随即就被胜海舟（1823—1899）推荐为清国全权公使森有礼（1847—1889）的随员，以后就一直在大陆及朝鲜半岛从事外交工作。明治十五年（1882），竹添光鸿被提拔为朝鲜辨理公使，但因卷入明治十七年

---

① 岛田重礼在东大的学术活动，可参照水野博太《『篁村遺稿』から見る漢学者・島田重礼——東京大学草創期における「支那哲学」形成の隠れた立役者》,《東京大学草創期とその周辺：2014—2018年度多分野交流演習「東京大学草創期の授業再現」報告集》,东京大学大学院人文社会系研究科，2019年，第195—205页。

（1884）的甲申政变而被迫辞职回国。直到明治二十六年（1893），竹添光鸿被任命为东京帝国大学汉文学讲座教授，才重新开始了其对于汉文学及儒学经典的研究，此后专心学术，著作等身。岛田重礼之所以会将岛田翰托付给竹添光鸿，一是因为竹添光鸿人脉及学养深厚，又是其修史局前辈，两人私交甚密；二是因为岛田翰天资虽佳，但性格怪僻，极难管教，因此也希望自己去世之后岛田翰能在竹添光鸿身边从事其所爱好的汉籍整理、校勘等学术工作，借此修心养性，避免走入歧途。

岛田翰作为私人助手（当时称之为"书生"）协助竹添光鸿的"三笺"编定工作，其实在同时代的学者之间也并不是什么秘密。①不过有一点值得我们注意的是，岛田翰在明治三十二年（1899）前后开始跟随竹添光鸿，但于明治三十四年（1901）就因足利学校偷书事件不得不离开了竹添光鸿。也就是说，在短短三年不到的时间之内，岛田翰不但完成了尔后获得了日本学术最高荣誉之日本学士院赏的《左氏会笺》初稿，或还深度参与了《论语会笺》（后被编入《崇文丛书》第二辑之二十二至三十六、六十，二十卷，全十六册，崇文院，1930—1934年）、《毛诗会笺》（二十卷，全五册，上海商务印书馆，1921年）的编写工作，显然即使是从小就被誉为天才的岛田翰，勿论学识，从时间来看，也不可不谓是一个令人匪夷所思的学术奇迹②。要之，岛田翰在编写"三笺"草稿时，如刘师培一样，极有可能也是利用了祖辈所留下的相关稿本资料。

---

① 如前引松崎鹤雄《竹添井井翁に就て》中提到："心不甘情不愿地被当时的井上文部大臣推举为帝国大学的教授。当时岛田重礼氏与竹添先生被日本中国学界誉为东京大学中国学之双璧。先生因肺病与胃病退职之后主要居住在小田原从事著述，明治三十五年左右完成了《左氏会笺》的草稿。此书参考了很多著作，并校订了归宫内省图书寮所宝藏的三十轴《左传》。担任这一校订工作的是岛田翰氏（二十三岁左右就写成了《古文旧书考》的著名目录学者）。先生又投入了《毛诗会笺》及《论语会笺》的撰写工作之中。""《毛诗会笺》脱稿之后进入要出版的阶段，因为只有两册原以为先生会自己校正，不料这一年七十六岁撒手人寰。《毛诗会笺》最终还是并非先生自己而是经他人之手校正之后出版问世的。"（原文为日文，此处为笔者译文）
② 海保元起编《海保渔村先生年谱附论语考异》，财团法人斯文会内渔村先生纪念会，1938年。另外，有关海保的生平考证，还可以参考町田三郎《海保渔村觉书》，《日本中国学会报》1997年第49集，第249—264页。

基于此，笔者在调查岛田翰藏书及其学术活动时，同时也留意寻访并收集岛田家旧藏书的相关资料，希望能借此澄清岛田翰对"三笺"成书的参与程度。之所以要上溯到海保渔村，这是因为岛田家藏书很多来自于海保渔村，曾保存了许多渔村的读书笔记与经学考异稿本，不能排除有岛田翰借鉴这些稿本的可能性。海保渔村是江户末期著名儒学家，乃主张恢复魏晋旧注之考证学派的代表学者及江户末期的著名藏书家，特别注重经学旧抄本古卷的搜集与考证。之后还要谈到，海保渔村在中国虽然其不如森立之（1807—1885）有名，但其实他才是《经籍访古志》主要撰写者与校定者。

　　海保渔村的生平事迹详见其子海保元起（1823—1872）所编《海保渔村先生年谱》，书前附有一卷《渔村先生著述书目》。另外，《崇文丛书》收《传经庐文钞》卷头也附有一卷由弟子平松修撰定的《渔村先生著述书目》①。两书目大致相同，共叙录了海保渔村的三十三种著作目录及解题，今将其汉籍相关著作择录于下，以供参考（以●标示者乃笔者推测与"三笺"有关的稿本）：

　　○周易汉注考　三十六卷：主汉人易说。而郑氏爻辰、虞氏卦变类在所不取。参以宋以后诸家说，而宋易亦在所不取。

　　○周易正义点勘　一卷：依旧钞单行正义，以刊正注疏本之讹。并补阮氏校勘记之遗。

　　○尚书汉注考　四十卷：根据马郑注，专疏释孔氏所传真古文，参以史记者，以史公特传孔氏古文之学也。

　　●**毛郑诗义**　三十六卷：以毛郑为主，而参三家异文。

　　●**毛郑诗考异**　三卷：据延文旧钞，以订今本之误。

　　●**左传正义点勘**　三卷：据金泽文库本单行正义，以订今本之误。

　　●**左传补证**　八卷

---

① 参见平松修撰《渔村先生著述书目》，收《传经庐文钞》（《崇文丛书》第一辑之六十），崇文院，1928年。

○国语补证　三卷：诸家辨韦杜之误者，别有专书则皆置而不道，特疏记诸家说所未逮。

●**论语汉注考**　二十卷：根据汉书诸家，一主古义。而宋以后理气心性之谈，一概废之。

○中庸郑氏笺　八卷

○大学郑氏义　四卷专主郑注为说，盖经解之最粹者，唯礼郑氏注为然也。其间考之于经而有可疑者，时加辨订，不必迂拘一义。

○孝经今古文疏证　三卷：孝经之有今古文，不过闺门一章有无，二者并行，未始相悖。故此专主通释二文。

○十七史经说　未完

○史记补证　三卷：依国朝旧刊活字本及旧钞博士家传本，详加校订，补钱氏考异之遗。

○扁鹊传续考　一卷：补多纪氏之遗。

○文章轨范补注　七卷：就谢氏书，疏记古文字句之所渊源。

○读朱笔记　三卷：系读晦庵文集所札记，附以案语，其书至半而缀。

○文林错海　十卷：就经史及文集杂著中，节录字句雅训可充文家使用者，从而为之部分，以便检阅。

●**论语集注**　删存：就晦庵集注中存是去非，其书未成。

○周易古占法　四卷

从这份书目我们可以确认[①]，海保渔村在撰写三卷本《毛郑诗考异》曾"据延文旧钞"。也就是说，在竹添光鸿之前，海保渔村就曾经使用过延文旧抄本。要之，这则解题虽短，但却可谓字字千金，一是帮我们确

[①] 此外著作目录如下：待老笔记五卷、送老笔记无卷数、烟原续录一卷、茗饮考一卷、袱教纪原三卷、叩盆集三卷、西游目录一卷、边政备览一卷、渔村文话一卷。《传经庐文钞目录》后有平松修跋语如下："二书（按，指周易古占法、渔村文话）既刻之家塾，仍有古占法补遗及文话又续、三续、未完之书也【以上通计三十种，二百十三卷，不录卷书者三种云】。昔南郭服子迁详录其师物徂徕著书目以附中庸解之后。余虽谫劣，而其信师之笃则窃肩不敢让他人。爱效服子之例，录先生著书之目，并记一书之大旨，以与同志共之。庆应乙丑秋晚，受业和泉平松修谨记。"

认了延文旧抄本存在的真实性；二是提示我们，如果找到了《毛郑诗考异》，就有可能揭开延文古抄本之文本性质及传承经纬等诸多关键性问题，让我们得以一窥隋唐旧抄本《毛诗郑笺》之真容。

然而，《渔村先生著述书目》中所录著作，管见之内，正式出版过的只有《周易古占法》（二册四卷，木村嘉平刻、大石裕校，家塾刻）、《渔村文话》（同前）、《论语驳异》（《海保渔村先生年谱》附后）、《传经庐文钞》（《崇文丛书》第一辑之六十）。不过，笔者在整理岛田家旧藏书目录时发现其稿本及藏书大都为岛田重礼所继承，部分稿本保存在日本国立国会图书馆。十年前笔者在调查岛田翰与《文选集注》之关系时曾有机会赴国立国会图书馆进行调查，当时经眼发现的海保渔村稿本（包括部分传抄本）大致有如下十五种（黑体字为平松《书目》未记稿本）①：

①**海保渔村草稿**（本别2-6） 一册
②**旧抄经传考异**（827-65） 原上、中、下三册，合订为一册
③渔村文话（WA17-4） 二卷一册
④**经学字义古训**（827-63） 一册
⑤**周易汉注考**（831-23） 二十一册
⑥周易古占法（WA17-5） 二册
⑦**周易象义余录**（WA17-1） 五册
⑧**大学郑氏义**（827-60） 二册
⑨**祆教纪原**（827-64） 一册
⑩传经庐文钞（827-66） 一册
⑪**读文章轨范**（827-59） 一册
⑫**文章轨范补注**（寄别6-4-1-3） 三册
⑬**文林海错**（831-22） 十一册
⑭**名物笺**（传经楼外集名物笺附三余笔丛 827-61） 一册
⑮论语驳异（827-62） 一册

---

① 这些稿本近年大都已经公布在日本国立国会图书馆网站上，大家可以按目查询。

单从书名来看，并没有平松《书目》中的《毛郑诗考异》一稿，似乎也没有与延文本有关的稿本。不过考虑到稿本的装订有可能会错杂入其他文稿，笔者对上述稿本全部进行了翻阅。最终幸运地发现，现题为"旧抄经传考异"三卷稿本，竟然就是《书目》中的《毛郑诗考异》。而且，海保渔村在撰写这部稿本时，除了本文与笺注，还将延文本的形制、各卷末抄写奥书、跋语均予以了忠实的过录。要之，根据海保渔村所过录的讯息，我们基本上可以厘清延文本的本文系谱及其传承经纬，对其文献属性作出一个清晰的判定。

三

对于延文本之形制，海保渔村首先在稿本第一页（图2）中注明"延文旧抄毛诗郑笺二十卷　每半叶五行行十四字无界行"，接着又在"毛诗国风　郑氏笺"后用双行注加按语云：

按，此书毛诗国风下周南关雎诂训传第一上方后半叶诗者志之所之也上方标郑氏笺字，次并载里书本亦作牋同荐年反云云。麟之趾关雎之应也上方亦载里书麟之趾瑞兽也云云。召南鹊巢训传第一上方何彼禯矣郿王姬之车上方并同。可证此本从卷子本钞，则仍是唐以来旧帙也。又每卷载正义卷第，亦足证单疏本之旧次。

根据海保渔村的叙录，我们首先可以知道，延文本其实并不是学界所推测的卷轴本，而是册子装，"每半叶五行行十四字无界行"。不过，其虽然不是卷子本，但却保留了卷子

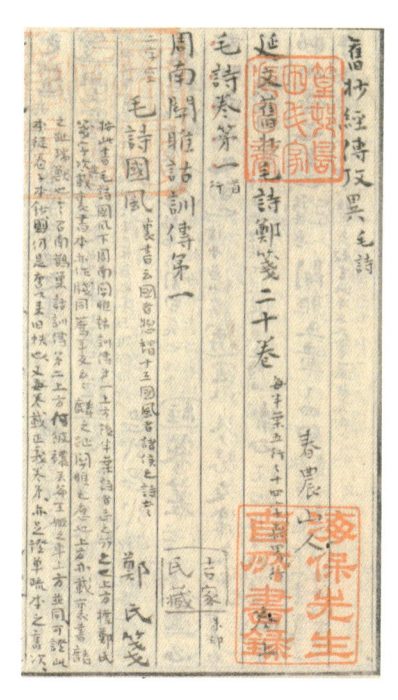

>> 图2

本的基本形态,只是在装订形式上有所不同,改为阅读更为方便的册子装而已。因此海保渔村判断其"从卷子本抄,则仍是唐以来旧帙也"。

那么,延文本的底本之卷子本又属于何种系统的本子,其抄写者又是谁呢?对于此,海保渔村在稿本中将延文本的抄写奥书及卷末跋语也忠实地转录下来了,原卷奥书共十七则,文如下:

毛诗卷第三 丁酉孟夏依英房家本写之。戊戌仲夏十六墨点了。同日朱点了。一校了。

毛诗卷第四 丁酉正阳之月写于建仁蒙堂之南轩。戊戌五月十八日加墨点于侍阳寮。翌旦朱点了。同日一校了。

毛诗卷第五 延文丁酉仲夏下旬以英房家本写之。己亥林钟加墨点于洛东山松冈之客轩焉。同六日朱点了。以先李部东林先生本一校了。

毛诗卷第六 延文丁酉蕤宾中旬写于建仁蒙堂。己亥季夏墨点了。同日朱点了。晚间一校了。

毛诗卷第七 延文二年丁酉仲夏日凭于英房家本写之。己亥六月十五加墨点了。翌日朱点了。同日一校了。

毛诗卷第八 延文强圉作噩,蕤宾下旬以英房家本写之。己亥建未十八日墨点了。同日朱点了。晚间一校了。

毛诗卷第九 丁酉六月书于东山蒙堂寮之南檐。己亥夏廿日加墨点。廿三日朱点了。同时校合之。

毛诗卷第十 丁酉季夏依英房之本书之了。己亥建未之月下弦日加墨点于灵洞东轩了。同廿六日朱点了。廿八旦校合了。

毛诗卷第十一 丁酉林钟以英房家本写乎东山之客檐。己亥六日廿八日午时加墨点于灵洞之东寮。同时朱点了。同脯时一校了。

毛诗卷第十二 延文丁酉建未月书于东山之蒙堂。己亥林钟晦日加点于灵洞之东轩。夷则朔日写朱点了。脯时校合了。

毛诗卷第十三 延文丁酉六月以英房之本写之了。着雍阉茂加墨点于东山之侍阳寮。夷则上旬朱点了。以同本校合讫。

毛诗卷第十四　延文丁酉林钟以英房家本写之了。戊戌蕤宾加墨点。孟秋上旬朱点了。以同本校合焉。

毛诗卷第十五　丁酉六月日写之。己亥上秋五日加墨点于灵洞之东寮。望日朱点了。同十九日一校了。

毛诗卷第十六　延文丁酉季夏以英房家本于建仁蒙堂书焉。己亥建申立秋日写点于洞之客檐。翌日七夕午后加朱点了。

毛诗卷第十七　延文丁酉肇秋上澣写焉。己亥八月朔二日加点。同四日朱点了。晚间一校了。

毛诗卷第十八　延文第二强围作噩建申之月凭英房之家本于洛东东山建仁禅寺蒙堂寮之南轩一日之内写之。己亥南吕朔七日以李部英房之本加点于灵洞东寮了。同十二日朱点毕。同日自万寿中岩和尚普灯之席而还一校之了。

毛诗卷第十九　丁酉上秋以英房之本写之。己亥无射重阳后三日加墨点于洞之东寮焉。

同望日以同本朱点了。同十七夜校合了。

毛诗卷第二十　延文丁酉夷则依英房家本书之了。己亥季秋廿日加墨点讫。廿二日朱点了。翌日校合之。

原卷末跋语云：

毛诗乙部二十卷，凭先李部英房东林先生家传秘本写焉。弗堪一力，旁烦兄弟手笔得圆就。然后摩病眼与静隐法兄同加朱墨二点，并音释涓撮于正义，至要点对校，克终厥功。时太岁己亥延文第四历无射下弦，于洛之东山建仁精舍灵洞东荣之下识之。

根据以上的奥书与跋语，首先我们可以知道延文本的底本之卷子本是"李部英房东林先生家传秘本"，也就是式部（雅称吏部或李部）卿藤原英房家传秘本。藤原英房出生于正应五年（1292），是南北朝时期旧博士家的代表学者之一，其《英房史记钞》保存了大批隋唐时代的《史记》

逸注及平安时期博士家对《史记》的诠释①。也就是说,从藤原英房的学术脉络基本可以判断,延文本之底本英房本,应该就是承袭了《日本国见在书目录》中所记载平安大学寮所藏"毛诗二十卷"的旧抄系统本,也就是海保渔村所谓的"唐以来旧帙也"。

那么,延文本的抄写者又是谁呢?根据以上抄写奥书及跋语可以知道,这二十册首先抄写于延文二年(1357),尔后又花费了将近两年的时间对其本文进行了训点及从《毛诗正义》补入"音释"。而其卷末跋语有"旁烦兄弟手笔得圆就",又可知其抄写者并非一人,而是出自多人之手。另外,奥书中频频出现了建仁寺及灵洞院(位于建仁寺南东的塔头,是建仁寺最重要的学术机构),卷十八奥书中还提到了"自万寿中岩和尚普灯之席而还","万寿中岩和尚"指的是万寿寺中岩圆月(1300—1375)。中岩圆月师事曹洞宗东明慧日,1325年入元求学,1332年归国,被誉为日本宋学东渐之开祖。奥书及跋语中虽然没有明确标出抄写者的名字,当根据其所提供的种种信息,我们初步可以推定其抄写应该就是五山文学初期代表人物之一的建仁寺禅僧义堂周信(1325—1388)等人②。当然,这一推断,还有待今后结合中岩圆月、义堂周信等五山禅僧的资料予以进一步的落实。

四

此外,海保渔村在抄录延文本时,也遵循惯例将自己的抄写时间附记在延文抄写奥书之后,现也将其整理于下,以供参考:

---

① 藤原英房的卒年过去一直不是很清楚,一般推测为死于1348年之后,具体卒年不明。然从这则跋语我们基本可以确定出其卒年之下限,即卒于延文二年(1357)之前。另外,根据这些跋语还可知其晚年当是返回京都在式部任职,号东林先生。有关《英房史记钞》,可参考《古典研究会丛书汉籍之部 28史记(十二)》末附小泽贤二《南化本〈史记〉解说》,汲古书院,1998年,第501—523页。
② 对于五山文学及五山禅僧之简介,可参照拙稿《〈五山文学全集〉所见杜甫资料汇编稿》,《国际汉学研究通讯》2020年第21期,第165—205页;又,《〈五山文学新集〉所见杜甫资料汇编稿》,《国际汉学研究通讯》2021年第23、24期,第112—193页。

毛诗卷第七　嘉永六年癸丑季秋廿夜灯下录　　渔村春农氏

毛诗卷第八　嘉永癸丑仲秋廿一蚤起点灯书　　春农

毛诗卷第九　癸丑晚秋廿二夜校录毕。此本每卷记点校岁月，羞其慎也，爰效颦云。　渔村元备

毛诗卷第十　癸丑九月廿三日校读手录　乡老

毛诗卷第十一　癸丑岁九月廿有四日校录　元备乡老

毛诗卷第十三　癸丑岁九月廿七日校录

毛诗卷第十四　嘉永癸丑季秋念八夜校读并录　渔村

毛诗卷第十五　嘉永癸丑季秋廿九日校录　传经庐主人

毛诗卷第十六　嘉永癸丑初冬三日校录

毛诗卷第十七　嘉永癸丑良月五日校录　元备

毛诗卷第十八　癸丑岁小春八日校读并录　乡老

毛诗卷第十九　嘉永癸丑初冬九日录　春农

由此可见，海保渔村是在嘉永六年（1853）的秋冬时期根据延文古抄本撰写了这部《考异》。在完成了所有校对工作之后，海保渔村还在书末留下了这么一段跋语：

诗唯有毛郑氏本，而今之所传互有纰谬，余所见古本莫出延文旧钞之右者。爰详加点，正庶可补阮氏校勘记之遗云。嘉永癸丑岁小春十夜校读并录　源元备。

跋语中"余所见古本莫出延文旧钞之右者"，无疑是详细比对了延文本本文形态的海保渔村做出的一个极为公允的评价。以考证严谨著称的海保渔村认定其乃所见古本之最佳者，延文抄本的文献价值也就毋庸置疑了。

其实，海保渔村在抄录延文本之后，还将此本的解题补录进了正在校定的《经籍访古志》之中，只是学者们均没有意识到这则解题就是《左氏会笺》中所提到的、学界在苦苦寻找的延文本《毛诗郑笺》。根据岛田重礼旧藏稿本《经籍访古志》可知，海保渔村当时是将此则解题书

写于别纸，然后将其贴在了第38页末，其文云（参照图3）①：

毛诗郑氏笺　旧抄本　成岛氏　藏

  第一卷首行毛诗卷第一，次行周南关雎诂训传第一，第三行毛诗国风郑氏笺。次大序，序后直接本文，每半叶五行，行十四字，无界栏。卷首有吉氏家藏印，第三卷以下每卷末记钞校岁月，第廿卷后又有识语更详。称其从李部英房传本钞创于延文二年，毕于四年己亥，点校精密，字画具存，道劲萧散之志，卷中往往有背记，盖从卷子本抄其间文字异构，与六朝隋唐间碑帖合，知其所从来者远矣。

后来《经籍访古志》在光绪十一年正式铅印出版时也保留了这段解题，只是文字稍微做了一些修改，删去了"次大序，序后直接本文"一文（参见图3下左，《解题丛书》本同）②。如结合这段解题与海保渔村的稿本，我们又可以知道，延文期间所抄写的这二十册《毛诗郑笺》，后来被吉田家，也就是庆长活字本、特别是嵯峨本刊刻的开创者角仓素庵家所收藏③，最终传入了曾担任江户时期书物奉行成岛胜雄、图书头·将军侍读成岛司直（1778—1862）父子的成岛家书库。从嘉永六年（1853）这一抄写时间来看，海保渔村极有可能就是从成岛司直手中借得此本。由此可以看出，从五山建仁寺到江户初期的角仓宗家，再到江户末期的成岛家，这二十册旧抄《毛诗郑笺》一直保存在大刹名家之手，可谓

---

① 此稿本之影印本收入了《书目丛编》，台湾广文书局，1968年。
② 《经籍访古志》除了岛田家旧藏稿本（广文书局影印本，1981年）、光绪十一年（1885）铅印本（姚子梁铅印，六卷补遗一卷共八册），还有《解题丛书》（安政三年［1854］写定本整理本，国书刊行会，1916年）所收本，其中最为通行的光绪本，森立之多有篡改，有条件者建议三本并用，最好以《解题丛书》本为底本。又，明治时期森立之为了高价售书而故意将古本抄写时期推前的具体事例，可参考拙稿《室生寺本〈日本国见在书目录〉之钞写时期考——以〈玉海〉东渐为线索》，文收刘玉才、潘建国主编《日本古抄本与五山版汉籍研究论丛》，北京大学出版社，2015年，第133—145页。
③ 有关角仓素庵的生平事迹及出版活动，可参考林屋辰三郎《角仓素庵》，朝日新闻社，1978年，又神鹰德治『『文集』と『白氏文集』——角倉素庵』，《アジア遊学　特集　漢籍と日本人》第93辑，勉诚出版，2006年，第126—138页。

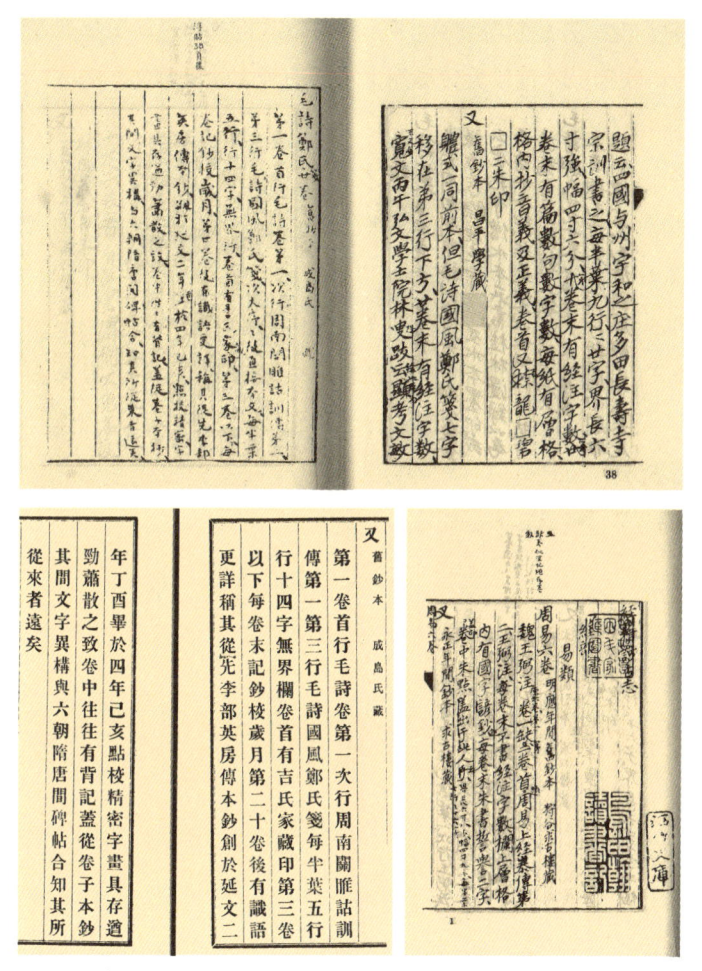

>> 图3　岛田家旧藏《经籍访古志》稿本与光绪十一年铅印

传承有绪，这也就基本上可以排除其为江户时期不良书商伪造的可能性了。

根据《考异》可知，海保渔村使用了刊本《毛诗郑笺》与延文本对校，并将其与刊本有文字异同之处全部过录下来并加上了校语。也就是说，如果能找到海保渔村所使用的刊本，我们基本上就可以将延文抄本的本文予以比较精确的复原。另外，根据《经籍访古志》的解题可以知道，延文本还过录了英房本纸背注（里书）与文字校异，这一部分也被海保渔村在撰写《考异》时做了一些省略。也就是说，单据海保渔村的《考异》，我们虽然可以大致推测出英房旧抄本的大致文本形态，但还是无法更精确的予以复原。

然而，非常幸运的是，笔者在整理收集岛田家旧藏书时，竟然无意在早稻田大学附属图书馆又发现了一套二十册的和刻古刊本《毛诗郑笺》（图4）①，经过比对，基本可以断定其就是海保渔村《考异》中所使用的刊本。更为幸运的是，在《考异》中被省略掉的英房旧抄本的纸背注与文字校异，竟然也被海保渔村详细地转录在了这套和刻古刊本的栏外，以下就来介绍一下这套海保渔村在撰写《考异》时作为对校底本的和刻本。

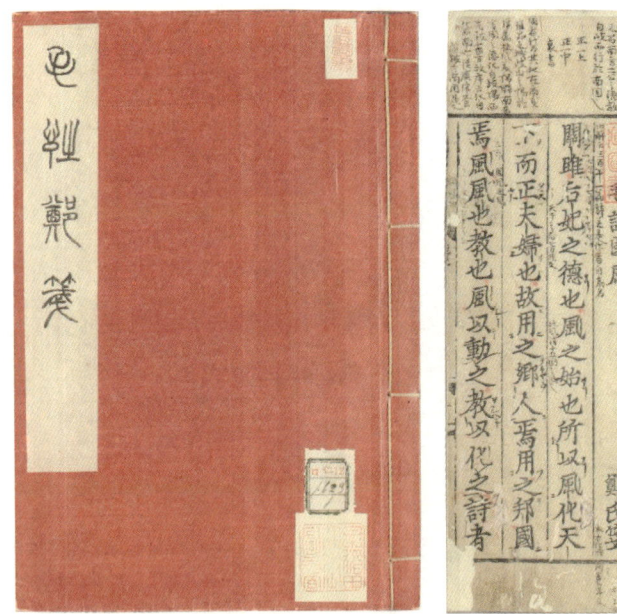

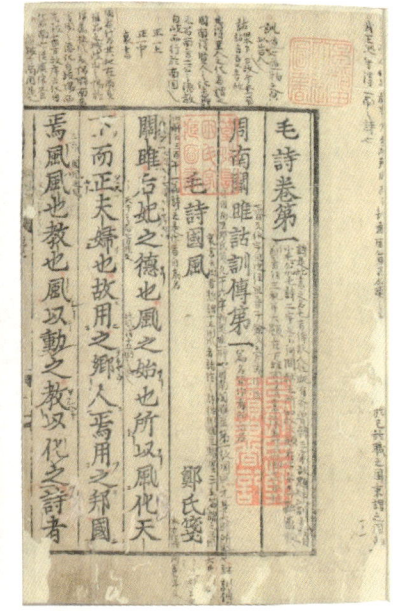

>> 图4　早稻田大学附属图书馆藏岛田家旧藏和刻古刊本第一册封面题签及第一页

---

① 书号"ロ 12 01623"，书名题签为"毛诗郑笺"，共二十册，全书现已公开在早稻田附属图书馆网站上。又，和刻古刊本《毛诗郑笺》之文献价值，可参考刘玉才《毛诗郑笺·解题》，《日本五山版汉籍丛刊》第一辑，北京大学国际汉学家研修基地学术丛刊乙编第4种，北京大学出版社，2018年。

在前文也提到过，海保渔村在撰写《考异》时曾将延文本过录的英房本纸背注及部分文字考异予以省略，比如，第一页"周南关雎诂训传第一"题下考文云："里书：周者，代名，其地在禹贡雍州之域，岐山之阳云云。"而岛田家旧藏本栏外注云：

里书：周者，代名，其地在禹贡雍州之域，岐山之阳，于汉属扶风美阳县。南者，言周之德化自岐阳而先被南方，故序云"化自北西南也。"汉广序又云"□□□（文王之）道被于南国"，是也。

两相对照，不难发现岛田家旧藏本所写入的这段文字，正是《考异》所省略的"里书"。这种例子还有很多，此处就不再枚举。通过这些文字的对校，我们基本可以得出一个结论——现藏于早稻田大学附属图书馆的这套岛田家旧藏《毛诗郑笺》，就是海保渔村用来撰写《考异》时所用的校本。而其在撰写《考异》时所略去的延文本英房注的种种内容，极有可能又被其记录在了和刻本的栏外与行间。也就是说，此次海保渔村的《旧抄经传考异毛诗》稿本与校本《毛诗郑笺》的发现，为我们今后比较精确地复原隋唐旧抄《毛诗郑笺》，提供了一个登堂入室的机会，同时也为我们厘清现存旧抄与和刻本《毛诗》的文本系统提供了一把珍贵的钥匙。

另外，现今学者在调查旧抄本源流之时，往往止步于光绪本《经籍访古志》，其实，海保渔村的校定本也非常重要①。海保渔村所开创的考证学派，虽然与当时的伊藤仁斋、荻生徂徕的古学派思想并不一样，但殊途同归，都是站在反对江户儒学主流的朱子、阳明性理学派，强调对

---

① 又，除了海保渔村，同时代的不忍文库主人的屋代弘贤（1758—1841）及赐芦堂主人新见正路（1791—1848）的著说也是我们确认旧抄本来源及递藏的重要文献。屋代弘贤的藏书目录可参见朝仓治彦编《屋代弘贤·不忍文库藏书目录》（全六卷），ゆまに书房，2001年。新见正路可参见薮田贯整理《大坂西町奉行新见正路日记》，清文堂出版，2010年。新见正路另有《赐芦书院储藏志》十卷，传写本（原本藏东大，毁于战时）影印收《大东急记念文库善本丛刊书目集》（全二册），汲古书院，1977年。《赐芦书院储藏志》为和文撰写，笔者正在整理翻译之中。

宋前经学文本的考据与解读①。而海保一派则更注重对宋前经学文本的复原与考证，这也就自然而然地使海保渔村将精力放在了对继承了隋唐旧抄系统之平安博士家旧抄卷的搜集与研究上。从学术角度来看，海保渔村可谓是将旧抄本从只注重文物价值的"古笔切"传统中脱离出来，开始真正去关注其文献价值的第一人。也正是在其学术思想的延长线上，岛田翰在其《古文旧书考》里单设"旧抄本"一门并将其放在了卷头（参见图5），从书志学角度真正奠定了旧抄本的学术价值。

另外，海保渔村所留下的这批稿本，虽然大都没有出版，但其不少内容都被后续著作予以吸收或转引，如本文所提到的对延文本文字异同的考证，就有一部分被岛田翰转录到了《毛诗会笺》之中，而其《左传会笺》中的金泽文库卷子本文字考异，也极有可能是岛田翰在其《左传正义点勘》基础上扩充而成的。尔后，岛田钧一在编写《全译文章轨范新释》时，也明言其是在参考海保渔村《补注文章轨范校本》的基础上节略而成的。②要之，国立国会图书馆所保存的这些海保渔村汉学稿本资料均已在网上得以公布，如果今后能得到进一步的研究，或许会给我们在探讨宋前经学文本时带来一些意想不到的惊喜。同时也希望有更多年轻学者参与到这些稿本的整理之中来。

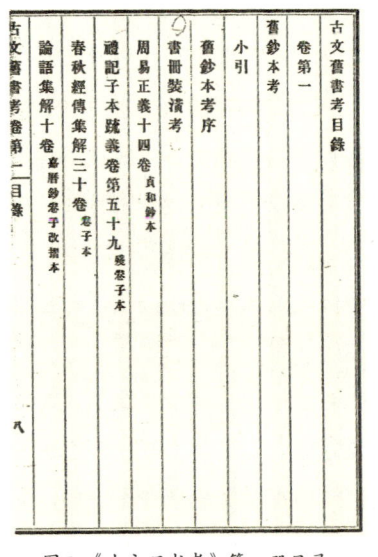

>> 图5 《古文旧书考》第一册目录，民友社，明治三十八年

① 有关江户考证学派的藏书调查，可参见森润三郎著《考證学論攷——江户の古書と蔵書家の調查》，日本书志学大系第九卷，青裳堂书店，1979年。
② 岛田钧一《文章轨范解题略》云："本邦除覆刻本之外，从宽政年间开始出版了伊东龟年的补订本，此后注书盛出，其数大概不下数百种，但感觉大都属于屋上架屋。唯有海保渔村《补注文章轨范校本》考证最为精良，当属第一。"载氏著《全译文章轨范新释》，有精堂书店，1926年，第3页。又，原文为日语，上引文为笔者译文。

日本金刚寺建治写本白居易《文集抄》校议

刘玉才

（北京大学中文系、中国古文献研究中心）

日本大阪府河内长野市天野山金刚寺是真言宗御室派大本山，寺内存藏平安以降珍贵典籍颇丰。新近后藤昭雄主持整理，勉诚出版社刊为《天野山金刚寺善本丛刊》第一、二期，共计五卷，收录文献五十种。其中有日本建治元年（1275）写本《文集抄》，为白居易诗赋选抄本，内容与今存其他白集抄本不同，当是未经流传著录之本。根据整理者的记录，此写本为粘叶装一册，竖24.2cm，横16cm，共二十四页，第五页缺。文内有朱墨傍训、送假名、返点之类符号。外题《文集抄》，内题、尾题《文集抄（钞）》上上。卷尾有"以证本校合了/建治元年五月九日于小坂亭书之/桑门愿海在判/建治二年九月日 于白川之遍写了"题记。据后藤昭雄考证，愿海为京都醍醐寺法系僧人，建治初年受戒于镰仓郡，事见金泽文库古文书记载。而"于白川之遍写了"或是指又在京都传写。[1]

白居易诗文因广受时人欢迎，在其生前即陆续结集。白居易《白氏文集后序》有云："白氏前著《长庆集》五十卷，元微之为序。《后集》二十卷，自为序。今又《续后集》五卷，自为记。前后七十五卷，诗笔大小凡三千八百四十首。集有五本：一本在庐山东林寺经藏院，一本

---

[1] 后藤昭雄《文集抄》解题，《天野山金刚寺善本丛刊》第一期，勉诚出版，2017年。

在苏州南禅寺经藏内,一本在东都圣善寺钵塔院律库楼,一本付侄龟郎,一本付外孙谈阁童。各藏于家,传于后。其日本、新罗诸国及两京人家传写者,不在此记。"① 由此可见,白居易诗文不仅结集置于寺庙和家藏,还广为日本、新罗等国以及两京人家传写。其中日本在9世纪中期即传入白氏文集,并对平安时代文学产生了巨大影响。"我朝词人才子,以白氏文集为规模。故承和(834—848)以来,言诗者皆不失体裁矣。"② 日本传入白氏文集最为完整者,当属著名入唐僧惠萼在苏州抄写的文本。惠萼生卒法脉不详,但与日本皇室关系密切,9世纪中叶曾数度入唐,巡礼普陀山、五台山、天台山诸圣地。根据今存日本金泽文库本《白氏文集》卷末跋语文字,唐会昌四年(844),本拟赴五台山参拜的惠萼,因值会昌法难,滞留于苏州南禅院,遂得以抄写保存于该院的《白氏文集》。跋语文字如:

大唐吴郡苏州南禅院,日本国裏头僧惠萼自写文集。时会昌四年三月十四日,日本承和十一年也。(卷11)

唐会昌四年三月廿三日,勘校了。此集奇绝。借得所以者何,白舍人从东都出,下来苏州,因兹尔耳。他难见,巨得之。赞和尚力,此十卷密写得可。(卷13)

会昌四年五月二日夜,奉为日本国僧惠萼上人写此本。且缘匆匆夜间睡梦,用笔都不堪任,且宛草本了皆疏书之内题内也。(卷33)

时会昌四载四月十六日写取勘毕。

日本国游五台山送供居士空无旧名惠萼,忽然偶著勑难,权时裏头,暂住苏州白舍人禅院。不得东西,毕达本性,随方应物,万法皆心性如是空门之中,何曾忧闷。若有泽潞等宁,国家无事,早入五台,交关文殊之会,拟作山里日本国院,远流国芳名,空无有为境中,虽传痴状,

---

① 谢思炜《白居易文集校注》"补遗",氏著《白居易文集校注》,中华书局,2011年,第2039页。
② 《本朝丽藻》卷下中书王《和高礼部再梦唐故白太保之作》注释。

遥奉报国恩。世间之法皆有相对,恶无者何有善。(卷50)

会昌四年夏五月二日写得勘了惠萼。

乡人发近,不能再勘之。(卷59)

根据卷五十九跋语,惠萼写本《白氏文集》因乡人归期临近,当未得细勘而交付携带回国。日本现今残存写本时代《白氏文集》,以金泽文库旧藏本最古,虽然存在平安末期至镰仓初期抄写与13世纪前期写本、宋版本等多个底本混合而成两个系统,但是究其来源,当是出于惠萼写本。因为白居易诗广受平安时代贵族士人崇尚,于是《白氏文集》又派生出不少日本选抄本,今存《白文集要文抄》(东大寺图书馆藏,建长元年至四年[1249—1252]写本)、《文集抄》(国会图书馆藏,建长二年[1250]写本)、《管见抄》(内阁文库藏,永仁三年[1295]写本)等古抄本即是。此外,还有单行的《长恨歌》《琵琶行》《秦中吟》《新乐府》等等。这些古抄本的文本大多源自基于唐写本的日本写本,但亦不乏宋刊本的掺入与校正现象,日本学界对此有深入细致的文本研究可以参考。

《白氏文集》刊本方面,北宋本已经无存,其文本样式不得而知。今存最早者为南宋绍兴年间刊本,文本已进行过改编加工,最为明显的是编次为先诗后文,改变了白居易自记前后续集的序次,此后中土刊本均以此为体。但是朝鲜传存的铜活字本以及据之摆印的日本那波道圆本,仍维持前后续集的编次,显示根据底本渊源有自,但是经过文本细勘可以发现,该系统文本已经受到宋刊本较大的影响,脱离其底本原貌。因此,考察白集唐时写本面貌,最为接近的文本还是日本传存的以金泽文库本为代表的系列古写本。

金刚寺本《文集抄》,即是日本平安以至镰仓时代《白氏文集》古写本流布的衍生品。该本与学界早已揭示的日本国会图书馆藏《文集抄》同名,但是选目不同,并非同一种书,具有独特的文献价值。金刚寺本《文集抄》卷首列有目录:

赋

汉高帝斩白蛇赋廿一　鸡距笔赋廿一

杂诗上

贺雨诗一　孔戡诗一　（凶宅诗）一　梦仙诗一　（观刈麦诗）一　李都尉古剑诗一　（谕）友诗一　慈乌夜啼诗一　赠元稹诗一

秦中吟二　答四皓庙诗二　效陶潜诗十六首并序五　感时五

秋居书怀五　养拙五　秋山五　归田三首六　隐几六　闲居六

首夏病间六　渭上偶（钓六）　闻哭者六　咏慵六

因为只是《文集抄》的上上部分，所以仅包括赋和杂诗上两类，共二十五题，题后是原卷出处。其中两篇赋文，金泽文库本、那波道圆本正在卷二十一，而宋刊本已移至卷三十八。两赋古写本仅存于金泽文库本和此本，文本价值弥足珍贵。杂诗类选自原集卷一、二、五、六，白诗分讽谕、闲适、感伤三类，其中卷一、二属于讽谕诗，卷五、六属于闲适诗，《文集抄》总括为杂诗，而白集并无杂诗之类。至于选者越过的卷三、四，当是因为《新乐府》有单行本广为流传，所以不选，其他选抄本亦是如此。杂诗类所录诗作之中，"孔戡诗""谕友诗""归田三首"之二，今存古写本没有完整收录，因此《文集抄》本具有重要的文本校勘价值。

金刚寺本《文集抄》录有"秦中吟"十首，但是宋刊本、那波道圆本各首之前冠以"议婚""重赋"等小题，而《文集抄》没有小题，只是在各首第一行端头以朱笔标出一到十的数字。日本研究者认为，这应当是白集的原始样貌。[①]此外，《文集抄》所录"效陶潜诗十六首"，日本正木美术馆藏平安朝写本藤原行成笔《后嵯峨院本白乐天诗卷》也有收录，两本对勘，文字极为相近，这也可作为《文集抄》保存白集原始

[①] 太田次男《本邦伝存「秦中吟」諸本の本文並びに訓読について》，《斯道文库论集》1979年第16期。

样貌的佐证。①此外，《文集抄》有数处以折本校勘注记，折本当即新传入的宋刊本，而注记之字与今存宋本亦正相吻合。由此可知，金刚寺本《文集抄》是以日本传存白集古写本为底本，但是亦吸取宋刊本作为校本。

金刚寺本《文集抄》在文本校勘方面，可以提供许多具体异文之例，笔者将其与金泽文库本（金泽本）、《管见抄》本（管本）、国会图书馆藏《文集抄》本（国会本）、宋绍兴本（宋本）、那波道圆本（那波本）五本进行文字比勘，在此择要予以列述，略见一斑。

汉高帝斩白蛇赋

题下小注，金刚寺本、金泽本作"以汉高皇帝亲斩长蛇依次为韵"，而宋本题作"汉高皇帝亲斩长蛇赋"，小注作"以题为韵依次用"。

拨世乱，金泽本同，宋本作"拨祸乱"。

率众晨往，宋本同，金泽本"往"作"发"。按，《文苑英华》亦作"发"。

被白龙，金泽本同，宋本"白"作"素"。

鳞甲皑，"皑"下小字"皛"；金泽本"皑"作"皠"，旁注"皛"；宋本"皑"作"皛"。按，《文苑英华》亦作"皑"。

肆猛噬，宋本同，金泽本作"肆极猛噬"，"极"字旁注"折本无"。按，根据上下文意，当以金刚寺本、宋本为是。

何天之启，宋本同，金泽本无"何"字，旁注"折有"。

乃武乃文，宋本同，金泽本"文"作"神"。

静灾沴，金泽本同，宋本"沴"作"祸"。按，《文苑英华》作"殄灾祸"。

不躬不亲，金泽本同，宋本作"弗躬弗亲"。

故夫，金泽本同，宋本作"若夫"。

骇八方，金泽本同，宋本"骇"作"威"。

---

① 后藤昭雄《金刚寺藏〈文集抄〉》，《本朝汉诗文资料论》，勉诚出版，2012年。

未若，金泽本作"未若乎"，宋本作"未若我"。按，《文苑英华》亦作"未若"。

鸡距笔赋

头锐小，"锐小"宋本作"锐"，金泽本作"小"，旁注"锐折本"，金刚寺本当是衍入成"锐小"。

文战，金泽本同，宋本作"交战"。按，中华书局整理本已据金泽本改作"文战"。

贺雨诗

已责，国会本同，金泽本、宋本、那波本作"责己"。按，彭叔夏《文苑英华辨证》："责己句用《左传》晋悼公已责事，谓止逋责也。而集本、《文粹》并作责己。上文已云下罪己诏，此不应又云责己。"中华书局整理本已据国会本、彭校校改，此可再增加一校证。

油油，国会本同，宋本、那波本作"悠悠"。

天听，诸本"听"作"聪"，当是。

孔戡诗

北邙原，"原"宋本、那波本作"山"。

归无间，"无"宋本、那波本作"其"。

民生，宋本、那波本作"生民"。

凶宅诗

寝病，国会本"病"作"瘵"，宋本、那波本作"疾"。

但惧，国会本同，宋本、那波本"惧"作"恐"。

位极，国会本、宋本、那波本"极"作"高"。

寄言，国会本同，宋本、那波本"言"作"语"。

梦仙诗

虹旌，国会本同，宋本、那波本"虹"作"红"。

徒授，国会本同，宋本、那波本"徒"作"虚"。

观刈麦诗

挈壶浆，国会本同，宋本、那波本"挈"作"携"。

相从，国会本、宋本、那波本作"相随"。

二千石，国会本同，宋本、那波本作"三百石"。

李都尉古剑诗

持断，国会本同，宋本、那波本作"将断"。

谕友诗

颜不开，宋本作"颜色低"，那波本作"颜色哀"。

董贤，宋本、那波本作"勋贤"。

慈乌夜啼诗

夜半鸣，国会本、管本、宋本、那波本"鸣"作"啼"。

人徒，国会本、管本同，宋本、那波本作"徒辈"。

赠元稹诗

意端，国会本、宋本、那波本作"异端"。

秦中吟

悲叹，管本、宋本、那波本做"悲端"。按，诸明本"叹"作"喘"，《才调集》作"啼"。

高亭，国会本同，管本、宋本、那波本作"高堂"。

凤城，国会本、管本作"奉城"，宋本、那波本作"奉诚"。

衢州，旁注"卫一本"，管本作"卫州"。

五色素，管本同，宋本、那波本"色"作"束"。

答四皓庙诗

皓皓，管本同，国会本、宋本、那波本作"皤皤"。

留不驻，诸本"驻"作"住"。

效陶潜诗十六首

两杯酒，宋本、那波本"两"作"一"。

遗物我，那波本同，宋本作"遗我物"，韵脚不协。

况有好交亲，宋本、那波本作"何况有交亲"。

夕照，宋本、那波本作"夕阳"。

时颁，宋本、那波本作"时倾"。

十方卒，宋本、那波本作"千万卒"。

归乡，宋本、那波本作"及归"。

感时

讵几许，管本作"谁几许"，宋本、那波本作"讵几何"。

在世倏如寄，宋本、那波本"倏"作"犹"。

养拙

深道根，管本、那波本同，宋本作"探道根"。

闻哭者

不思，诸本作"不嫌"。

诸本异文校勘，有助于推断白集原文面貌及其流传讹变，金刚寺本《文集抄》在此方面可以提供不少校例，能够补充此前白集校勘的失校之处，或是丰富书证。此外，异文校勘还可梳理诸本之间的血缘关系，考察文献流传的实际，对于白集这样一部在中日韩流传广泛、影响甚巨的作品，意义更为重大。经过简单的文本校勘，我们可以发现，金刚寺本《文集抄》与日本平安时期最早传入的白集古写本具有密切的关系，而较少刊本影响的痕迹，是日本白集写本流传链条重要的环节，可以与其他古写本一起，作为验证宋刊本、朝鲜活字本系统文本改编、变异的参照物，其文本价值有待深入发掘。

中国古代典籍的流传、重组、变异

——以空海《秘密漫荼罗教付法传》为中心

河野贵美子

（早稻田大学文学学术院）

空海（774—835）曾经作为遣唐僧到长安留学，师从青龙寺惠果阿阇梨，得密宗真传，在日本开创了真言宗。回国时他将相当数量的中国典籍带回了日本。在长安时，他曾接触过唐朝的各种文书，回国后为了建设像唐朝一样的国家，加强与以嵯峨天皇为首的皇家的关系，他积极致力于传播各种中国典籍，自身也留下了很多著作。因此可以说空海是一位体现了中国典籍在东亚流传、重组、变异情况的典型人物。在他的著作中，对中国古典文学研究具有重要意义的并不只是著名的《文镜秘府论》，《秘密漫荼罗教付法传》[①]也是其中之一。本文即以这部书为对象，对其编纂方法和中国古代典籍的利用情况进行分析。

《秘密漫荼罗教付法传》二卷的主要内容是在突出密教的优越性的立场上，叙述从大日如来起到惠果的师徒相承的谱系关系，以及历代法师的业绩。具体则由"叙意""列付法阿阇梨名号及以表德""问答决疑"这三个部分组成。其中篇幅最长、内容最丰富的是第二部分。在这个部分，空海讲述了密教第一祖法身大毗卢遮那如来（大日如来）、第二祖金刚萨埵、第三祖龙猛菩萨、第四祖龙智菩萨、第五祖金刚智三藏、第六祖不空、第七祖惠果，共七位密教祖师的传记。在这些传记中，他引

[①] 也称为《广付法传》或《付法传》。

用了《贞元新定释教目录》以及《表制集》(《代宗朝赠司空大辨正广智三藏和上表制集》)等中国文献，通过对各种资料进行编集统筹，详密地描述了先师的成就。在空海所引的中国文献中，《表制集》以及一部分唐代碑文等在中国早已散佚，在日本则留存至今。本文首先将以这部分内容为对象，对《秘密漫荼罗教付法传》所引中国文献的资料性价值进行探讨。其次，空海对上述《贞元新定释教目录》和《表制集》的引用包含了不少"表"以及唐皇赐给僧人的"批""制""祭文"等文书。这些都是反映唐代之"文"的实际资料。因此，本文也将通过这些佛教典籍中的与"文"相关的资料，从具体作品出发对唐朝的公文制度进行考察。此外，《秘密漫荼罗教付法传》中的一部分密教先师的传记完全出自空海手笔。本文也想将之作为平安初期日本汉文学的成果，对空海的"文学"创作进行分析。

一、《秘密漫荼罗教付法传》引用的《表制集》

空海在《秘密漫荼罗教付法传》中引用了各种佛经和中国文献。在其第二部分"列付法阿阇梨名号及以表德"的从第四祖龙智菩萨到第七祖惠果的传记中，空海主要参考的是唐僧圆照《贞元新定释教目录》以及他编纂的《表制集》。《表制集》六卷是收录了以不空（705—774）向肃宗和代宗的"奏表"和皇帝的"制"等公文书为主的，与不空有关的各种"文"的文集。空海在长安留学时师从的是不空的弟子惠果，所以他带回日本的文献中有《表制集》① 也是理所当然的事。此书在中国早已散佚，然而在日本却一直留传下来，成为一部"佚存书"。杨守敬早就关注到《表制集》，在他的《日本访书志》卷十四中记有"表制集六卷"②。近年陈尚君先生辑校的《全唐文补编》也用《表制集》和《秘密

---

① 空海的《御请来目录》中"大唐大兴善寺大辨正广智三藏表答碑六卷"的记载指的就是《表制集》。
② 参见丛书编目《日本访书志》，台湾广文书局，1967年，第927页。

漫荼罗教付法传》等资料佚了不空、肃宗和代宗等的文章。①另外金程宇先生也有介绍中日学术界《表制集》的研究情况以及《表制集》古抄本和和刻本留传状况的文章。②在这里，本文首先来梳理一下《秘密漫荼罗教付法传》中《表制集》的引用情况。

空海在《秘密漫荼罗教付法传》中常常注明他参考的典籍。在第四祖龙智菩萨传和第六祖不空传中就出现了"大辨正三藏表制集"的书名。③这明确地说明了空海在撰写《秘密漫荼罗教付法传》的时候，参考了自己从中国带回的《表制集》。不过，《表制集》中所收录的各种文章，一部分也收录于《贞元新定释教目录》④。比如，《秘密漫荼罗教付法传》的不空传中引用的大部分内容就在《表制集》与《贞元新定释教目录》中同时可见。但是，以下A至D的部分只有在《表制集》中可以看到。

A《大辨正三藏表制集》曰，昔毗卢遮那佛以瑜伽无上秘密最大乘教传于金刚萨埵。金刚萨埵数百岁方得龙猛菩萨而传授焉。龙猛又数百岁乃传龙智阿阇梨。龙智又数百岁传金刚智阿阇梨云云。⑤

以上是空海为了讲述龙智菩萨的法脉而引用的《表制集》所收严郢

---

① 参见陈尚君辑校《全唐文补编》卷三十九、卷四十一、卷四十四和卷四十五等，中华书局，2005年。
② 参见金程宇《中日〈不空表制集〉文献学研究述评》，载《古典文献研究》第16辑，凤凰出版社，2013年，第203—216页。
③ 参见密教文化研究所弘法大师著作研究会编《定本弘法大师全集》第一卷收录《秘密漫荼罗教付法传》(《广付法传》)，密教文化研究所，1991年，第73、84、104页。底本为东寺观智院藏镰仓时代写本一卷（卷一）、东寺观智院藏嘉禄元年（1225）写本一卷（卷二）。
④《表制集》共有133首（卷一有20首、卷二有24首、卷三有18首、卷四有19首、卷五有30首、卷六有22首），其中39首也收入在《贞元新定释教目录》。
⑤ 引自《表制集》卷四严郢《三藏和上影赞并序一首》，《定本弘法大师全集》第一卷，第73—74页。《表制集》文本参考《大正新修大藏经》第五十二卷，第847页a，底本为《大日本续藏经》本。也与京都栂尾高山寺藏镰仓时代写本、黑板胜美氏藏写本以及大谷大学藏庆安三年（1650）刊本校对。

"不空影赞"(《三藏和上影赞》)的开头部分的内容。对此后藤昭雄先生曾提及空海的一封信①:

> 金刚智三藏影一铺　善无畏三藏影一铺　不空三藏影一铺
> 一行阿阇梨影一铺
> 惠果阿阇梨影一铺　秘密漫荼罗教付法传二卷〔并善无畏三/藏传一卷〕
> 右,大学寮少属河内净滨,到山庵,说左大将相公传语。空海从大唐所将来三藏等影及传等,为比勘赞文等,附使上者。……②

这封信中的左大将相公是当时有权势的贵族藤原冬嗣。应藤原冬嗣的要求,空海将自己从中国带回来的金刚智三藏等"真言五祖"的"影(画像)"③和所撰《秘密漫荼罗教付法传》献给了他。后藤昭雄先生指出这些"影"附带着"赞",空海通过这些资料学习了"赞"的文体,后来自己也写了《故赠僧正勤操大德影赞》④。他还指出,空海还学习了中国的"碑文"的文体,自己撰写了《惠果和尚之碑》⑤。当时日本人撰写的碑文尚不多,空海利用他能直接接触中国文化的优势,学习了各种文体,从而也就能够撰写各种文体的"文"。除上述"不空影赞"外,他在《秘密漫荼罗教付法传》不空传的最后还引用了严郢撰写的《不空三藏碑》。

B 大唐大兴善寺大辨正广智三藏国师之碑铭〔并/序〕
　　银青光禄大夫御史大夫上柱国冯翊县开国公严郢撰
　　　　银青光禄大夫彭王传上柱国会稽郡开国公徐浩书

---

① 后藤昭雄《入唐僧の将来したもの——讚と碑文》,收录于《平安朝漢詩文の文体と語彙》,勉诚出版,2017年,第71—85页。
② 《高野杂笔集》卷下,密教文化研究所弘法大师著作研究会编《定本弘法大师全集》第七卷,密教文化研究所,1992年,第120—121页。
③ "真言五祖像"现藏于京都东寺,被指定为日本国宝。
④ 收录于《续性灵集补阙抄》卷十。
⑤ 收录于《遍照发挥性灵集》卷二。

和上讳不空西域人也。氏族不闻于中夏，故不书。玄宗烛知至道特见高仰。讫肃宗代宗三朝皆为灌顶国师。以玄言德祥开右至尊。代宗初以特进大鸿胪褒表之。及示疾不起，又就卧内加开府仪同三司肃国公。皆牢让不允。特赐法号曰大广智三藏。大历九年夏六月癸未灭度于京城大兴善寺。代宗为之废朝三日，赠司空追谥大辨正广智三藏和上。荼毗之时，诏遣中调者齐祝父祖祭，申如在之敬。睿词深切，嘉荐令芳。礼冠群伦，举无与比。伊年九月，诏以舍利起塔于旧居寺院。和上性聪朗博贯前佛万法要指。缁门独立邈荡荡其无双。稽夫真言字义之宪度，灌顶升坛之轨迹，则时成佛之速应声储祉之妙。天丽且祢地，普而深。固非末学所能详也。敢以概见序其大归。昔金刚萨埵亲于毗卢遮那佛前受瑜伽最上乘义。后数百岁传于龙猛菩萨。龙猛又数百岁传于龙智阿阇梨。龙智传金刚智阿阇梨。金刚智东来传于和上。和上又西游天竺师子等国诣龙智阿阇梨，扬榷十八会法，法化相承，自毗卢遮那如来驰于和上凡六叶矣。每齐戒留中道迎善气。登礼皆答福应较然温树不言。莫可记已。西域隘巷狂象奔突，以慈眼视之，不旋踵而象伏不起。南海半渡天吴鼓骇，以定力对之，未移晷而海静无浪。其生也，母氏有毫光照烛之瑞，其殁也，精舍有池水竭涸之异。凡僧夏五十，享年七十。自成童至于晚暮，常饬供具，坐道场，浴兰焚香。入佛知见五十余年。晨夜寒暑未曾须臾有倾摇懈倦之色。过人绝远乃如是者。后学升堂诵说有法者非一。而沙门惠朗受次补之记得传灯之旨。继明佛日绍六为七，至矣哉。於戏，法子永坏梁木得纪本行托余勒崇。昔承微言，今见几杖。光容眇漠，坛宇清怆。纂书照铭，小子何攘。铭曰：

呜呼大士，有我三宗。道为帝师，秩为仪同。昔在广成，轩后顺风。岁逾三千，复有肃公。瑜伽上乘，真语密契。六叶授受，传灯相继。述者牒之，烂然有第。陆伏狂象，水息天吴。慈心制暴，惠刀降愚。寂然感通，其可测乎。两楹梦奠，双树变色。司空宠终，辨正旌德。天使祖祭，宸衷凄恻。诏起宝塔，旧庭之隅。下藏舍利，上饰浮屠。迹殊生灭，法离有无。刻石为偈，传之大都。

建中二年岁次辛酉十一月乙卯朔十五日己巳建①

以上是"不空三藏碑"的全文。这块石碑现在是西安碑林所收藏的著名文物。②空海除了在《秘密漫荼罗教付法传》中引用了这篇碑文，自己还转抄了一份献给嵯峨天皇。③由此我们能够知道空海积极地学习并吸收了有关这类"文"的知识和形式，对这篇碑文有很深的了解。空海从中国带回的众多典籍中有像《表制集》这样的佚存书。然而他所做出的不只是这种对现代学者有意义的贡献。他将当时中国国家社会中通行的各种"文"传播到日本，自己还亲身实践，创作了各种形式的"文"，成为一位开创日本"文"之世界的人。现存最早的由日本人撰写的别集即是空海的《遍照发挥性灵集》。④

除了以上提到的文章，空海在《秘密漫荼罗教付法传》的惠果传中还引用了《表制集》的以下C和D的部分。

C故三藏遗言中云，普告四众弟子等。大教总持，浩汗深广。瑜伽秘密，谁测其源。吾自髫龀出家，依师学业。讨寻梵夹廿余年，昼夜精勤，伏膺咨禀。方授瑜伽四千颂法，奈何积迭深重。先师寿终，栖托无依，冯何进业。是以远游天竺，涉海乘危，遍学瑜伽，亲礼圣迹。得廿万法藏印可相传，来归帝乡，福地行化。然一朝供奉为三代帝师。人主尽授瑜伽密传法契。爰自今圣弘教最深。十八会瑜伽尽皆建立，世七圣众一一修行。每入道场，依时念诵。九重万乘，恒观五智之心；阙庭百

---

① 《定本弘法大师全集》第一卷，第101—104页。引自《表制集》卷六严郢撰、徐括书《三藏和尚当院碑一首》，《大正新修大藏经》第五十二卷，第860页a-c。
② 参见塚田康信《西安碑林の研究》，东方书店，1983年，第71—73页。另，胜又俊教先生做过碑文、《表制集》和《秘密漫荼罗教付法传》等几种文本的校勘，参见胜又俊教《不空三藏の碑文について》，载《密教学研究》创刊号，日本密教学会，1969年，第97—113页。
③ 参见《遍照发挥性灵集》卷四《奉献杂书迹状》。
④ 参见密教文化研究所弘法大师著作研究会编《定本弘法大师全集》第八卷，密教文化研究所，1996年；渡边照宏、宫坂宥胜校注《日本古典文学大系71 三教指归 性灵集》，岩波书店，1965年。

察，尽指三密之印。吾当代灌顶世余年，入坛授法弟子颇多。五部琢磨成立八个，沦亡相次唯有六人。其谁得之，则有金阁含光、新罗惠超、青龙惠果、崇福惠朗、保寿元皎觉超。后学有疑，汝等开示。法灯不绝，以报吾恩。①

D大历十年十一月十日，皇帝恩赐锦綵等。和尚即表谢，词曰，沙门惠果言。伏奉今月九日，中使李宪诚奉宣进止，赐微僧锦綵共二十匹。捧对忻惧，如山压己。惠果幸逢休明，叨承圣泽。聚砂岁则事先师，廿余年执侍巾锡。瑜伽秘密之宗，<u>大悲胎藏之要</u>，特蒙教诲。偏承意旨，今为国昼夜修行。微僧是以破胆竭肝，亡形殉命，斯须不间。祈誓恳诚，将酬雨露之恩，冀答殊私之造。无任扑跃之至，谨附表陈谢以闻。沙门惠果诚欢诚恐谨言。皇帝批曰，和尚遗教阇梨克遵。秘密之宗流传弟子。贤师精恳表以勤劳，薄锡缣细以崇香火也。所谢知。②

C通过引用《表制集》所收《三藏和上遗书》介绍了惠果是继承不空法脉的弟子之一。D则通过引用《表制集》中惠果的《恩赐锦綵谢表》以及皇帝对此的"批"，叙述了皇帝（代宗）恩赐给惠果锦綵的前因后果。

在此我们需要注意的是，在这部分引用中包含了空海"巧妙"的改写。高木訷元先生等学者已经指出③，不空的第一弟子原来不是惠果，查看当时的一些资料能够发现不空想传予自己法脉的第一弟子是惠朗。此外D引文中的划线部分"大悲胎藏之要"在《表制集》中原作"普贤深妙之要"。此外在C与D的引文间还加上了以下叙述：

---

① 《定本弘法大师全集》第一卷，第106—107页。引自《表制集》卷三《三藏和上遗书》，《大正新修大藏经》第五十二卷，第844页a-b。
② 《定本弘法大师全集》第一卷，第107—108页。引自《表制集》卷五《恩赐锦綵谢表一首 并答》，《大正新修大藏经》第五十二卷，第852页b-c。
③ 参见高木訷元《空海の戒と付法について》，载《密教文化》1967年第82号，第1—18页。也参考松长有庆《「付法傳」の典据と著作目的》，收录于中野义照编《弘法大师研究》，吉川弘文馆，1977年，第1—31页。

孔宣三千，德行四人；广智数万，印可八个。就中七人得金刚界一部，青龙则兼得两部师位。是故代宗德宗及以南内，三代皇帝以为灌顶国师。[①]

通过这段表述空海强调，不空的弟子中只有"青龙（惠果）"继承了"两部（金刚界以及大悲胎藏界）师位"，由此三代皇帝才将惠果作为灌顶国师。这显然是空海为了证明自己从惠果继承法脉的正统性，通过修改一些关键部分的记述而"捏造"的事实。当然，这种"捏造"还是以从惠果继承法脉的经验，以及手中这些资料为基础才得以实现的。尽管如此，笔者还是感到空海是一位有"野心"的精明过人的人。

除了以上引文，空海在《秘密漫荼罗教付法传》中基于《表制集》等中国文献进行改写、重组的还有以下部分。

E第六祖者，案《贞元新定释教录》及《大辨正三藏表制集》等云，大唐特进试鸿胪卿加开府仪同三司封肃国公食邑三千户赠司空谥大辨正广智不空三藏和上者，南天竺国人也。法讳智藏，号大广智不空金刚。计当大唐神龙元年乙巳之岁而诞迹焉。初母氏遇相者曰，尔必当生菩提萨埵也。言已便失。数日之后果梦佛微笑眼光灌顶。既寐犹觉，室明如昼。因而孕焉。天假聪明，幼而慕道。违离父母，落发坏衣。至开元六年岁在戊午，年甫十四，于阇婆国见大弘教三藏金刚智而师事之。和上初试教悉昙章令诵梵经，梵言赊切一闻无坠。便许入坛授发菩提心戒。年甫十五，与出家焉。随侍南溟，乘航架险，惊波骇骏，如影随形。开元八年，方至东洛。十二年甲子，年方弱冠，于荐福寺依一切有部石戒坛所而受近圆。律相洞闲知而不住。欲学声明论穷瑜伽宗以白先师。师未之许。夜梦佛菩萨像悉皆来行，乃曰，我之所梦法藏有付矣。遂授以三密谈于五智。妙达经论，言善唐梵。随师译语，稍得精通。随驾两京，应诏翻译，不离左右，请教抠衣。函丈问端，斯须不舍。开元廿九年秋，先师入塔之后有诏，为请大本金刚顶经及大本毗卢遮那经等最上乘

[①]《定本弘法大师全集》第一卷，第107页。

教,差和上及弟子僧含光惠辩并俗弟子李元琮等令赍国信使南天竺龙智阿阇梨所。从广洲发附舶前进。遇好风便更不停留。未逾一年到师子国。国王郊迎宫中,七日供养。以真金器沐浴和上,肘步问安以存梵礼。王诸眷属宰辅大臣备尽虔敬。便令安置于佛牙寺。即奉遇龙智阿阇梨,肘行膝步,从而问津。即奉献大唐国信金贝等物。龙智曰,吾所宝者心也,非此宝也。寻即授以十八会金刚顶瑜伽十万颂经并大毗卢遮那大悲胎藏十万颂、五部灌顶、真言秘典、经论梵夹五百余部,金以为得其所传矣。金刚界及大悲胎藏两部大曼荼罗法并尊样图等悉蒙指授,不异泻瓶。他日王作调象戏以试和上。和上结佛眼印、住慈心定、诵真言门以却之。其象颠仆不能前进。王甚敬异。与夫指降醉象有何殊哉。既遂所愿,欲归大唐。彼国王副一小使弥陀献方物。于大唐所谓七宝灯树香药等也。天宝五年岁在景戌,自师子国还。玄宗皇帝延入,建坛授灌顶。住净影寺。于时愆亢连日。有诏令和上祈雨。和上结坛应期,油云四起,霈然洪澍。遂内出宝箱,赐紫袈裟一副绢二百匹以旌神用。或大风拔树之灾,祅星失度之殄,和上举心默念如影响焉。至十二载,有敕令往武威。赴节度使哥舒翰请,立大道场,与梵僧含光俗弟子开府李元琮及使幕官寮等,授五部灌顶金刚界大曼荼罗法。时道场地为之大动,有业障者散花不下上着于盖。并译金刚顶真实大教王经等一十卷。十五载,奉敕还京,住大兴善寺,令开灌顶。洎至德中,肃宗皇帝行在灵武,和上密进秘法,并定拨乱收京之日,遂如其言。即。〔表词及皇帝/批具在本传〕①

以上是《秘密漫荼罗教付法传》中不空传的开头部分。在这一部分中空海首先注明了《贞元新定释教录》及《大辨正三藏表制集》这两部参考资料,接着叙述了不空的前半生。引文中的实线部分引自《贞元新定释教录》卷十五的不空传,虚线部分引自《表制集》卷四飞锡撰《大唐故大德开府仪同三司试鸿胪卿肃国公大兴善寺大广智三藏和上之碑》(《贞元新定释教录》未收)。通过上述引文中虚实两线的交错分布我们

---

① 《定本弘法大师全集》第一卷,第84—87页。

就能够看出在利用两种资料撰写不空传时空海所采用的复杂方法和其撰文技术。众所周知，在《文镜秘府论》《篆隶万象名义》等其他著作中，空海展现了他善于通过"拼凑"编纂书籍的能力，而通过改写、重组中国文献写就的"新不空传"则是这种能力的又一体现。

当然除了以上部分，在《秘密漫荼罗教付法传》中我们还能够发现空海的其他"创作"。关于这部分内容，笔者将在本文第三章再做论述。

二、佛教典籍和"文"——《秘密漫荼罗教付法传》不空传的结构

在《秘密漫荼罗教付法传》中，字数最多的是不空传的部分。[①] 那空海为什么这么重视不空呢？在《表制集》中收录了许多不空向肃宗和代宗的上表及皇帝的"制"，我们通过这些文章就能够知道当时一位僧人和皇帝、朝廷之间的以"文"为核心的交流关系。并且，不空是一位"南天竺国人"[②]。在唐朝留学的空海也许是因为自己是与不空一样的"异域人"，而对他产生了特别的亲近感进而崇拜他。笔者估计，空海是想模仿不空，在日本扮演一个像不空那样凭借作"文"的笔力向皇帝和国家社会施加影响力的僧人角色[③]。

下面我们就来看看《秘密漫荼罗教付法传》中的不空传是如何构成的。不空传具体可以分为以下12部分。【】中的是该部分所依据的相关资料。▶部分标注的则是《秘密漫荼罗教付法传》所引文本的文体。

---

① 《定本弘法大师全集》第一卷所载的《秘密漫荼罗教付法传》共有52页，其中不空传部分占有21页，空海师从的惠果传也只有不到8页。

② 有关不空到底是哪里人，众说纷纭难辨其实。本文暂且依据《秘密漫荼罗教付法传》不空传的记载。

③ 关于空海对不空的崇拜意识，参见西本昌弘《空海と弘仁皇帝の時代》，塙书房，2020年；也参见河野贵美子《空海の「文」をめぐる一考察——『遍照発揮性靈集』にみる實踐と思考》，载《国文学研究》2020年第192号，第16—29页。

1.不空的前半生（至至德二年［757］①）【《贞元新定释教录》卷十五/《表制集》卷四飞锡撰《大唐故大德开府仪同三司试鸿胪卿肃国公大兴善寺大广智三藏和上之碑》▶碑文】

2.置灌顶道场【《贞元新定释教录》卷十五/《表制集》卷一《请每载置灌顶道场墨敕》▶奏、墨敕】

3.再译仁王经及庆云的出现【《贞元新定释教录》卷十五/《表制集》卷一《谢御制新仁王经序并贺百座见庆云表一首并答》▶批】

4.告身【《贞元新定释教录》卷十六/《表制集》卷一《拜不空三藏鸿胪兼赐号制书一首》▶敕，同卷二《谢赠故金刚三藏官号等表一首并答》▶批】

5.新翻经入目录流行【《贞元新定释教录》卷十六/《表制集》卷三《三朝所翻经论请入目录流行表一首并答》▶表、批，同《谢恩许新翻经论入目录流行表一首并答》▶批】

6.置文殊院【《贞元新定释教录》卷十六/《表制集》卷三《谢敕置天下文殊师利菩萨院表一首》、卷二《天下寺食堂中置文殊上座制一首》】

7.告身【《贞元新定释教录》卷十六/《表制集》卷一开头部分、卷四《加开府仪同三司及封肃国公制告牒一首》▶敕】

8.辞表【《贞元新定释教录》卷十六/《表制集》卷四《三藏和上临终陈情辞表一首并答》▶表、批，同《赐孝子米面择地等手诏一首》、同《恩赐起造灵塔绢制一首》】

9.告身（追赠）【《贞元新定释教录》卷十六/《表制集》卷四《赠司空并谥号制一首》▶敕】

10.祭文【《贞元新定释教录》卷十六/《表制集》卷四《六日敕遣中使祭文一首》▶祭文】

11.有关后事的敕文和起舍利塔事【《贞元新定释教录》卷十六/《表制集》卷五《敕慧朗教授后学制一首》▶敕、同《敕惠胜依所请制一首》

---

① 《表制集》收录的最早的文本就是至德二年安禄山被压制时不空所上的《贺收复西京表》和《贺收复东京表》。

▶敕、同《停修旧塔地制一首》▶敕、同《敕于当院起灵塔制一首并使牒》▶敕】

12.碑文【《表制集》卷六《唐赠司空大辨正广智不空三藏和上碑一首》严郢文▶碑文】

《秘密漫荼罗教付法传》中的不空传除开头利用了飞锡的碑文，以及最后利用了严郢的碑文外，基本上是依据《贞元新定释教录》卷十五和卷十六编纂的。不过空海所引《贞元新定释教录》的内容与《表制集》大概一致。因此我们通过《表制集》的记载就能够知道每一个文本的具体标题、形式、文体、时间等信息。

通过以上的整理我们能够知道，空海为了撰述不空传，除了利用"奏""表"等不空的文章，还积极地利用了"敕""批"等皇帝的回复。在此尤其值得关注的是，空海从唐朝回国之后，自己也常常上表嵯峨天皇，且这些表文中的表达有与不空表文的一致之处。例如弘仁七年（816）空海上奏嵯峨天皇的《于纪伊国伊都郡高野峰被请乞入定处表》①中有如下记载：

> 沙门空海言。空海闻。……今思，上奉为国家，下为诸修行者，芟夷荒薮，聊建立修禅一院。……若天恩允许，请宣付所司。②

这段文字中的"天恩允许"在其他中国文献中几乎没有，而在不空的"表"中却几次出现，可以说是不空独特的表达方式。

> 大兴善寺三藏沙门不空请为国置灌顶道场。右不空闻。……奉状陈请以闻。天恩允许，请降。……③

上引《请每载置灌顶道场墨敕》即是其一。空海上《于纪伊国伊都郡高

---

① 《续遍照发挥性灵集补阙抄》卷九。
② 《定本弘法大师全集》第八卷，第169—170页。
③ 《秘密漫荼罗教付法传》卷二引《表制集》卷一《请每载置灌顶道场墨敕》，《定本弘法大师全集》第一卷，第87—88页。

野峰被请乞入定处表》的目的是请求天皇将"纪伊国伊都郡高野峰"作为"入定处"赐给自己。而不空《请每载置灌顶道场》则是在向皇帝请求允许设立"灌顶道场"。这两篇上表文都是僧人向国家请求提供非常重要的修行之地的文章。由此我们可以看出空海的上表文明显是通过对不空的"文"的学习而创作的。除了以上所引之"表",空海的别集《遍照发挥性灵集》还收录了很多其他的上表文。① 笔者认为,空海是想在日本实现像唐朝那样的,通过僧人与皇帝的"文"的交换而使僧人活动获得国家支持的社会模式。

在这里,笔者还想强调一下佛教典籍中所收"文"的资料性价值。《表制集》收录的各种文本都是唐代重要的"公文"。空海的《秘密漫荼罗教付法传》也一样包含了不少有关唐代的"文"的资料。此外,在古代日本的文献中还有一些与中国僧人的别集等有关的资料。例如正仓院所藏的圣武天皇宸翰《杂集》中录有唐僧灵实的《释灵实集》。② 这部别集也是在中国没有留传下来的僧人"文"集。在《日本国见在书目录·别集家》中不仅有"释灵实集十"的著录,还有"释惠精集三""慧静师集三""静泰师十二""释复礼集十""道高法师集一""释波仑集一"等其他僧人别集的著录。这些书在中国的目录中都没有记录。另外,《日本国见在书目录·总集家》中除了有唐僧惠静"续古今诗苑英华集十"的著录,还有"注续诗苑英华集廿"的记载。③ 该诗集的这部注释书在中国也找不到相关的记录。虽然这些书都没有留传下来,其内

---

① 《遍照发挥性灵集》卷三有《敕赐屏风书了即献表并诗》《奉谢恩赐百屯绵兼七言诗一首并序》,卷四有《敕赐世说屏风了献表》《奉为国家请修法表》《书刘希夷集献纳表》《奉献杂书迹状》《书刘庭芝集奉献表》《奉献笔表》《献杂文表》《献柑子表》《献梵字并杂文表》《奉贺天长皇帝即位表》《辞小僧都表》,卷六有《奉为桓武皇帝讲太上御书金字法华达嚫》,卷九有《祈誓弘仁天皇御厄表》《奉造东寺塔材木曳运动进表》《大僧都空海婴疾上表辞职奏状》《敕答》《宫中真言院正月御修法奏状》等。
② 参见东京女子大学古代史研究会编《「釈霊実集」研究:聖武天皇宸翰『雑集』》,汲古书院,2010年。
③ 参见河野贵美子《危機下の「文」の機能とその力——空海の場合》,载久保朝孝编《危機下の中古文学2020》,武藏野书院,2021年,第207—221页。

容无从得知,但是像空海这样的日本人的著作中很有可能可以找到其痕迹和线索。笔者认为,为了更加深入唐代"文"的研究,还有不少中日佛教典籍有待考察。

三、空海的改写——《秘密漫荼罗教付法传》中的金刚智的故事

下面我们再从《秘密漫荼罗教付法传》的其他部分,对空海利用中国文献进行加工、改写的状况进行考察:

> 玄宗皇帝有一钟爱公主,忽沉病薨。皇帝请和上命曰:"朕有钟心少女忽然命终。虽死生有命,惜其不幸。冀和上加持令得苏息。"和上即唤两乳母及二童女,着净衣服加持便缚,伏地息绝。乃命左右令作告阎罗王牒讫。即命人于被缚死四人侧披读,则四人一时起坐。和上告曰:"此文牒诵毋惚。"答曰:"得也。"即交诵不错一字。便告曰:"汝等直去至阎王所,宣此文牒将公主来。"言毕四人俱死。从其日辰时至明日初夜四人及公主一时得苏。公主曰:"阎罗王因和上牒旨更却参。虽然,受命有限决定难延,更不须住此国。"三日之后命终。皇帝更得相见,兼闻此言,叹伏极深。事具在大荐福寺南中门西边和上碑铭中。①

以上是《秘密漫荼罗教付法传》卷一"第五祖金刚智"传的一部分。空海在此讲述了一个故事。玄宗皇帝钟爱的一位公主去世后,金刚智受玄宗所委作"告阎罗王牒",并让用咒语束缚住的四人诵此牒,使公主复苏三天。空海最后注明这个故事原载"大荐福寺南中门西边和尚碑铭"中。这篇碑铭现在虽然没有留传②,不过通过空海的文章我们能够知

---

① 《秘密漫荼罗教付法传》卷一,《定本弘法大师全集》第一卷,第78—79页。
② 这故事在宋赞宁《宋高僧传》卷一《唐洛阳广福寺金刚智传》中也有记载:"初,帝之第二十五公主甚钟其爱,久疾不救,移卧于咸宜外馆,闭目不语,已经旬朔。有敕令智授之戒法,此乃料其必终,故有是命。智诣彼,择取宫中七岁二女子,以绯缯缠其面目,卧于地,使牛仙童写敕一纸,焚于他所,智以密语呪之。二女冥然诵得,不遗一字。智入三摩地,以不思议力令二女持敕诣琰摩王。食顷间,王令公主亡保母刘氏

道当时有这样一篇表扬金刚智法力的碑铭。在此笔者想特别关注的是,空海基于这篇碑铭重新创作金刚智传记的写法。空海在上引文章中采用了以登场人物的会话进行叙述的形式。原来的碑铭应该不是这样的文体。采用会话方式进行叙述有可能是空海的主意。在空海他还没有去中国留学的时候就撰写了《聋瞽指归》(后来改写为《三教指归》)①。这部著作像剧本一样由分别代表儒教、道教和佛教的虚构人物的对话展开。通过三人对三教要点的论述,最后强调了佛教的优越性。②此外与空海同一时代的还有《日本灵异记》这样的由日本佛教僧人编纂的古小说。③虽然我们无法知晓空海在此为什么采用如此方式来讲述这故事,但是笔者认为,从这样的例子我们可以一定程度上推测出空海写文章时的思考或者用意等。

接着上引部分,空海还根据同样的碑铭讲述了另外一个故事。

又一时亢旱连月。玄宗皇帝轸虑纳隍即令和上祈雨。和上于大荐福寺廊下结坛密诵真言,食顷,从坛中龙头出现。和上申手把捉龙头须臾放却。其龙直穿廊宇腾空。雷电地震,霈然洪澍,淹日不息。皇帝恐其漂物,更令止雨。和上又坛上布置荷叶,诵真言,须臾,裹之荷叶,悬之树枝,须雨竭天晴。明日敕使临房慰劳。和上答曰:"贫道不曾疲倦。彼佛子等太疲劳。"中使即曰:"何人也。"和上便起就树头即解前所裹悬荷叶。即诸龙等雷鸣腾空。神力难识,率如此类也。由是一人珍敬,四海称叹。〔具如/碑上〕④

(接上页)护送公主魂随二女至,于是公主起坐,开目言语如常。帝闻之,不俟仗卫,驰骑往于外馆。公主奏曰:'冥数难移,今王遣回,略觐圣颜而已。'可半日间,然后长逝。自尔帝方加归仰焉。"《宋高僧传》,中华书局,1987年,第5页。

① 参见密教文化研究所弘法大师著作研究会编《定本弘法大师全集》第七卷;渡边照宏、宫坂宥胜校注《日本古典文学大系71 三教指归性灵集》,岩波书店,1965年。
② 《聋瞽指归》(《三教指归》)的对话形式被认为是空海从王褒《四子讲德论》(《文选》)或者法琳《三教治道篇》(《辩证论》第一、二卷)等学到的。
③ 药师寺沙门景戒撰。参见出云路修校注《新日本古典大系30 日本灵异记》,岩波书店,1996年等。
④ 《秘密漫荼罗教付法传》卷一,《定本弘法大师全集》第一卷,第79—80页。

上引部分是玄宗让金刚智祈雨的故事。①金刚智在大荐福寺结坛诵真言时，出现了一条龙。金刚智先抓住龙，然后又释放龙升天就降了大雨。玄宗让金刚智停止降雨，金刚智就准备了荷叶，把它卷起来挂在树枝上雨就停了。第二天，金刚智解开树枝上的荷叶，里面的龙跳出来升天而去。从空海最后"具如碑上"的标注上我们可以知道这则故事也是从《大荐福寺南中门西边和尚碑铭》取材的。这部分内容也包括会话，也还是用"传记"的形式改写、重组的。此外，需要特别注意的是有关金刚智通过掌管龙控制降雨的描述。如下所示，金刚智祈雨的故事在《宋高僧传》卷一《唐洛阳广福寺金刚智传》也有，不过其中没有出现用"荷叶"控制龙的记述。

其年自正月不雨迄于五月，岳渎灵祠，祷之无应。乃诏智结坛祈请。于是用不空钩、依菩萨法，在所住处起坛，深四肘，躬绘七俱胝菩萨像，立期以开光，明日定随雨焉。帝使一行禅师谨密候之。至第七日，炎气爞爞，天无浮翳。午后，方开眉眼，实时西北风生，飞瓦拔树，崩云泄雨，远近惊骇。而结坛之地，穿穴其屋，洪注道场。质明，京城士庶皆云："智获一龙，穿屋飞去。"求观其处，日千万人，斯乃坛法之神验也。②

但是笔者想到了《日本灵异记》中的一个故事。

……有一农夫，作田引水之时，少细降雨，故隐木本，撑金杖而立。时雷鸣，即恐惊，擎金杖而立。即雷堕于彼人前，雷成小子而随伏。其人持金杖将撞时，雷言，莫害我。我报汝之恩。其人问言，如何报。雷答之言，寄于汝令胎子而报。故为我作楠船入水，泛竹叶而赐。即如雷言，作备而与，时雷言，莫近依，令远避。即霞雾登天。然后所产儿之头，缠蛇二遍，首尾垂后而生。③

---

① 关于中日祈雨风俗等，参见スティーブン・トレンソン（Steven Trenson）《祈雨・宝珠・龙——中世真言密教の深層》，京都大学学术出版会，2016年。
② 《宋高僧传》，第4—5页。
③ 《日本灵异记》上卷"得雷之惠令生子强力在缘第三"，载出云路修校注《新日本古典

这个故事不是讲祈雨的，但是掌握降雨的蛇龙坠落在地，然后借助于竹叶的力量升天的情节与空海讲的金刚智的故事相似。这则故事和空海所写的金刚智的故事是否有直接的关联，目前无法判断。不过《日本灵异记》中这样的故事与《搜神记》等中国"传记"（古小说）有着密切的关系。① 不只是空海，包括其他8、9世纪日本僧人的撰述在内的日本著作与中国典籍的关系，以后还需要进行进一步的探讨研究。

小　结

本文以《秘密漫荼罗教付法传》为主要对象，探讨了中国古代典籍的流传、重组、变异的状况。其实相关的调查还没有完成，比如，《秘密漫荼罗教付法传》卷二"惠果传"中有对其弟子吴殷纂"大唐神都青龙寺东塔院灌顶国师惠果和尚行状"的引用。这是惠果去世第二年（元和元年［806］正月三日）由其弟子撰写的，应该说是一手资料。今后笔者将就这些资料继续进行更为深入的调查研究。

最后，本文想介绍一下《表制集》日本现存的古抄本的情况以及一些有关问题。金程宇先生的论文介绍了日本现存的共十种古抄本《表制集》②：

1. 石山寺旧藏平安初期写本（东京国立博物馆藏卷一［书迹二三九四号］，兵库县上野淳一氏藏卷二、四，石山寺藏卷三［重书函第十三号］，根津美术馆藏卷五,五岛美术馆藏卷六）③。

（接上页）大系30　日本灵异记》，第204页。
① 参见河野贵美子《日本靈異記と中国の傳承》，勉诚社，1996年。
② 参见金程宇《中日〈不空表制集〉文献学研究述评》，载《古典文献研究》第16辑，第213—214页。另武内孝善先生还介绍了"石山寺藏本（附第四函第一一五号），卷第二，一卷，南北朝写"，参见《『不空三藏表制集』の写本をめぐって》，载《宗教研究》1996年第307号，第262—263页。此外，《大日本续藏经》和《大正新修大藏经》作为底本的"德治二年（1307）"写本现在下落不明。
③ 卷三和卷六的影印和校本，参见武内孝善《石山寺藏『不空三藏表制集』の研究》，载《高野山大学密教文化研究所纪要》1992年第5号，第33—119页；《五岛美术馆藏『不空三藏表制集』の研究》，载《高野山大学密教文化研究所纪要》1994年第8号，

2. 东寺观智院金刚藏平安中期写本（六卷全，三册，第二七函第二五号，底本出自天长四年［827］写本）。

3. 高山寺所藏院政时代写本（六卷全，六册，第一部第二三九号）。

4. 高山寺藏镰仓中期写本（阙第一卷，第一七六函第一号、第一八〇函第三四号）。

5. 真福寺宝生院藏平安前期写本（卷三、卷五）。

6. 御茶之水图书馆藏平安前期写本（卷六，一册，载《古律书残篇》纸背，原东大寺东南院、佐佐木信纲、德富苏峰旧藏）①。

7. 青莲院旧藏宽治初年写本（存卷一至卷四）②。

8. 醍醐寺藏庆长七年（1602）写本（六卷全，六册，第一九五函第一号，底本为治承三年［1179］写本）。

9. 高野山宝寿院藏镰仓时代写本（特一、第二五函第一二六号）。

10. 叡山文库藏写本（江户时代写）。

其中笔者想特别关注的是5和6。6的御茶之水图书馆藏平安前期写本中有"东南院本"的朱笔记载。"东南院"是东大寺的一个塔头（子院）。建立东南院的是跟随空海的弟弟真雅（801—879）学习的圣宝（832—909）。其实带有"东南院"朱笔的不只是6的写本，5的真福寺藏写本二卷中也有"东南院"的朱笔。由此我们可以知道5的真福寺藏本和6的御茶之水图书馆藏本原来是一套。后来到了14世纪，真福寺二世信瑜去东大寺东南院跟着圣珍法师学习，那时圣珍转让信瑜的典籍中就包括了这本《表制集》。

更有意思的是，现在真福寺藏的这两卷《表制集》的纸背都抄有

（接上页）第95—158页。

① 《古律书残篇》，古典保存会影印，1934年。该影印本在国立国会图书馆デジタルコレクション网站公开。https://dl.ndl.go.jp/info:ndljp/pid/1218139。参见山田孝雄《古律书残篇纸背大辨正广智三藏和尚表制集》，收录于《典籍杂考》，宝文馆，1956年，第1—13页。

② 参见久曾神升编，久曾神升、筑岛裕、中村裕一解题《不空三藏表制集他二种》，汲古书院，1993年。

"佚存书"①。其中《表制集》卷三的纸背抄有《琱玉集》卷十二和卷十四（有天平十九年［747］的识语），《表制集》卷五的纸背抄有所谓的《翰林学士集》。《琱玉集》是一种类书，在《日本国见在书目录·杂传家》有"琱玉集十五卷"的著录。②《翰林学士集》则是收录了唐太宗和臣下之间互相赠送的诗文的诗文集，其内容有许多是在其他资料中没能找到的，因此被称为"天下孤本"。③

以上的信息说明了《表制集》的写本之一原来在空海弟弟的弟子所开创的寺院中，其后伴随着纸背抄着的中国著作而传播开来。特别是其中的《琱玉集》分类收录了各种典籍所载的故事，对于文人的写作非常有用，空海的著作中也有可能利用了《琱玉集》的痕迹④。通过对于像这样的传播到日本的各种中国典籍的流传情况的考察，就有可能得知每一个时代承担"日本中国学"的具体人物或相关场所、环境等信息。而在日本，佛教僧人和寺院在中国典籍的传播中发挥的作用是尤为巨大的。

（此中文稿的语言表达由早稻田大学大学院文学研究科博士生乐曲同学帮助修改，谨致谢忱）

---

① 参见名古屋市博物馆编《大须观音真福寺展保存版》，名古屋市博物馆，1984年。
② 参见山田孝雄《琱玉集》，收录于《典籍说稿》，西东书房，1954年，第314—329页；柳濑喜代志、矢作武《琱玉集注释》，汲古书院，1985年。
③ 藏中进、藏中しのぶ、福田俊昭《『翰林学士集』注释》，大东文化大学东洋研究所，2006年。
④ 参见三木雅博《『童子教』の成立と『三教指帰』》，载三木雅博《平安朝漢文学鉤沉》，和泉书院，2017年；河野贵美子《空海の文事を通してみる平安朝文学史の一考察》，载《国語と国文学》2021年第98—5号，第3—17页。

作为日本古代汉籍接受形态的"取意略抄"

——日本国立历史民俗博物馆所藏反町茂雄旧藏典籍古文书《贞观政要一节》的简介

高田宗平　撰　　　　　　　刘青　译
（日本中央大学文学部）　　　（庆应义塾大学）

一、日本国立历史民俗博物馆所藏反町茂雄旧藏典籍古文书《贞观政要一节》

在本文中，通过对先行研究中未涉及的日本国立历史民俗博物馆[①]（以下简称"历博"）所藏《贞观政要一节》进行分析，以有异于先行研究的汉籍接受形态"取意略抄"的观点，对日本古代《贞观政要》的接受进行考察。

本文的考察对象《贞观政要》，是历博所藏反町茂雄旧藏典籍古文书（以下简称"反町本"）的构成资料之一。历博所藏的反町本资料编号H—1315，共十五件，是古书肆弘文庄主人反町茂雄（1901—1991）

---

① 日本国立历史民俗博物馆（英文表记：National Museum of Japanese History），千叶县佐仓市，结合了文献史学、考古学、民俗学、情报科学等专业，以综合研究和展示日本的历史、文化为目的的国立博物馆。1983年3月开馆。该馆藏有黄善夫刊《史记》等汉籍。

收集的古籍①。

以下，列出反町本《贞观政要一节》的版本情况和翻刻内容。

历博的数据库记录如下：

登录资料名称：贞观政要一节

藏品目录：反町茂雄旧藏典籍古文书

资料编号：H—1315—30

书写时代：平安时代

数量：一幅

（一）文献情况

据个人所见整理如下：

《贞观政要》（卷第七崇儒学第二十七取意略抄）唐吴兢撰〔日本平安时代中期〕写，一幅

挂轴。新补幢补三段表装②，横幅（命纸）

收在新补桐木箱中（纵深　五九·二×横　宽七·七×高　七·〇其中盖子高　二·五厘米）。盖子上部有墨书"贞观政要一节平安朝初期写"。箱子正面有缺角贴纸（长四·三×宽三·七），上有墨书"贞观政要"。

挂轴全体包含天杆长一一八·五×宽五一·三厘米。轴杆长五六·八厘米，轴头直径二·六厘米，轴端可能为紫檀轴。绳带六四·五厘米，挂绳一九·〇厘米。天杆一·六厘米。另外，装裱、轴、箱均为近代物品，推测是古书肆弘文庄主人反町茂雄所做。

该幅的命纸（长二八·三×宽三九·四厘米）推测为染了茶褐色颜料的有色纸。款式为无边无界，字高二五·八厘米（据第一行测量），九行十字（最后一行五字）。本文为大字单行，无注。无训点及笔记。

---

① 历博所藏的反町本，根据历博主页的馆藏数据库，有佛经和公文类书籍构成。例如，有《唐仪凤北馆厨残牒吐鲁蕃出土》（H—1315—20）。
② 幢补表装，是歌切、怀纸、咏草、色纸、书画等命纸的装裱形式，是一般的挂轴形式。

文字尺寸为长二·五厘米，宽二·三厘米左右。笔迹一致，推断书写时期为平安时代中期。命纸有纵向褶皱，从虫蛀形状推测有被卷起来保存的时期。

综合来看，从现状中可以提出猜想，该幅的命纸原本是被粘贴于屏风或匾额上①，之后，经过改装，被卷起来保管，最终由反町氏进行再改装而形成现在的挂轴。

（二）翻印

翻印时，行款遵循原形态。

太宗以儒学多门章句繁
杂诏师古与孔颖达等诸

---

① 小松茂美氏在《新馆落成记念 センチュリーミュージアム名品展》（センチュリー文化财团，1991年）中，介绍了《贞观政要断简》一幅的存在。《贞观政要断简》，根据同图录，唐代·八世纪写、长二九·〇×宽四〇·二糎、在绿色的纸上刷了带茶褐色的胡粉，书写了《贞观政要》卷第一政体篇第五章的一部分，推测是贴在唐代屏风上的一张有色纸，由遣唐使带来，奇迹般留存下来。关于此图版可以确定以下信息：无边无界、八行九字（末行一行七字）、大字单行、无注。没有训点及笔记。正文笔迹一致。小松氏介绍的《贞观政要断简》一幅，现藏于庆应义塾大学センチュリー（century）赤尾コレクション（collection），由附属研究所斯道文库保管。该幅与历博藏反町本《贞观政要一节》一幅的行数、字数相异，两幅命纸的长宽尺寸，均是长一尺左右，宽一尺三寸，两幅在形态上存在相似之处，值得注目。

晚唐，关于《贞观政要》被书写在屏风之上，在《资治通鉴》卷二四八《唐纪六四》宣宗大中二年有"又书《贞观政要》于屏风、每正色拱手而读之"（《资治通鉴》，中华书局，1956年）的记载，提到大中二年（848）第十九代皇帝宣宗（810—859，846—859在位）把《贞观政要》写于屏风，经常拱手阅读。这则记录，在原田种成的《贞觀政要の研究》（吉川弘文馆，1965年）中已经提到。但是，池田温的《『贞觀政要』の日本流傳とその影響》（载池田温《东アジアの文化交流史》，吉川弘文馆，2002年，最早出于中文《〈贞观政要〉之日本流传与其影响》，载《国学研究》第六卷，北京大学出版社，1999年）中提到，除《贞观政要》之外，《册府元龟》卷第四六《帝王部·知识》，《旧唐书》卷第三《太宗纪下》贞观四年条，《资治通鉴》卷第一九三《唐纪九》贞观四年条也有类似的内容存在。从诸本异同来看，并非是抄录了《贞观政要》，因此认为《册府元龟》和《旧唐书》、《资治通鉴》两《唐纪》的记载应该是从《太宗实录》或者以《实录》为据撰写的《国史》（《唐书》）中进行了抄录的说法更为妥当。

儒撰定五经疏义凡一百
八十卷名曰五经正义尝
曰夫虽禀定性必须博学
以成其道亦犹蜃性含水
待月光而光垂木性怀火
待燧动而焰发人性含灵
待学成为美

二、《贞观政要》概述

《贞观政要》是唐代史官吴兢（669？—749）① 收集唐代第二代皇帝太宗（598—649，626—649在位）与房玄龄（578—648）、魏徵（580—643）、杜如晦（585—630）等群臣直接关于政治的讨论与问答，编纂而成。因为《贞观政要》是记录太宗一代的讨论和问答，所以吴兢的进呈是在太宗崩后，过了半个世纪的景龙三年（709）②。至元代，临川的戈直对《贞观政要》进行校订注释，附上唐代柳芳至吕氏（撰《通鉴精义》）的二十二家论说，刊刻了《贞观政要集论》，通行于元明清。③

《贞观政要》的"贞观"，是被称为"贞观之治"的太宗时期的治世。这个时期，唐王朝处于全盛时期，成为被后代及日本所仰慕的理想盛世。集成了具体实现此理想盛世的太宗和群臣的关于政治的讨论及问答的《贞观政要》，也被汉字文化圈的从政者所重视，得到了广泛的

---

① 根据池田温《『貞觀政要』の日本流傳とその影響》，关于吴兢的出生年，有669年（总章二）说，670年（总章二，咸亨元），约669年之说。669年之说，是吴枫的《隋唐历史文献集释》（中州古籍出版社，1987年），670年之说是《中国历史大辞典》（上海辞书出版社，1983年）史学说所载的瞿林东《吴兢》以及牛致功《试论〈贞观政要〉的中心思想》（《唐研究》第一卷，1995年）中提到。约669年之说是《中国大百科全书》（中国大百科全书出版社，1988年）的中国历史隋唐五代史、《中国大百科全书》（中国大百科全书出版社，1992年）中国历史Ⅲ中的记载。池田论文采用了"669年或稍早年生—749年没"。因此，本稿采用了吴兢出生年为"669年左右"的说法。
② 尾崎康《群书治要とその现存本》，载《斯道文库论集》1990年第25辑，第121—210页。
③ 原田种成《貞觀政要の研究》；池田温《『貞觀政要』の日本流傳とその影響》。

接受。①

首先，作为《贞观政要》的文献学的综合研究，以《贞观政要》的传本为中心，并关注到其接受的，不得不提到原田种成氏的先驱性的研究。②原田氏以传本研究为基础，对于被称为古典学宿愿的原文校勘、复原，定本的作成等方面，发表了诸多成果。可以说原田氏在《贞观政要》的研究史上贡献巨大。

同时，佐佐木馨氏从日本中世思想史的角度出发，分析了在日本中世《贞观政要》的接受阶层、接受领域以及被引用的内容，明确了其在思想史上的意义。③

更进一步，池田温氏的研究以《贞观政要》在日本的接受为轴，介绍《贞观政要》的传本概要，进一步从历史的观点探讨在汉字文化圈中《贞观政要》的接受。④

近年，玄幸子、山田尚子两位进行了基于原本调查的文献研究，玄氏探讨了日本宫内厅书陵部图书寮文库所藏《贞观政要》存卷一的纸背文书，山田氏介绍同书的解题。另外，Brian Steininger 氏从接受史的观点对同书的纸背文书进行了讨论。⑤

如此，关于《贞观政要》的文献学研究、版本学研究、接受史研究，原田氏着先鞭，至今仍为《贞观政要》的基盘研究。关于日本的《贞观

---

① 池田温《『貞觀政要』の日本流傳とその影響》。
② 原田氏关于《贞观政要》有很多研究成果，特别是原田种成编《贞观政要定本》（无穷会东洋文化研究所，1962年）（以下略称定本）、《貞觀政要の研究》两书可谓原田氏关于《贞观政要》研究的集大成之作。之后，原田氏也负责了《新释汉文大系95 贞观政要》上（明治书院，1979年）和《新释汉文大系96 贞观政要》下（明治书院，1979年），留下了很多研究业绩。他的研究业绩，毋庸置疑现在也是《贞观政要》研究的基础。
③ 佐佐木馨《『貞觀政要』の中世受容》,《日本中世における『貞觀政要』受容をめぐって》,《史料と研究》1976年第6号，后收入氏著《日本中世思想の基調》，吉川弘文馆，2006年。
④ 池田温《『貞觀政要』の日本流傳とその影響》。
⑤ Brian Steininger《家学の漏洩——南家本『貞觀政要』を端緒として》，载《艺文研究》2019年第117号，第121—136页。

政要》的接受概况，以原田氏、池田氏为始，各位研究者的研究可谓十分全面。

三、关于日本国立历史民俗博物馆所藏反町茂雄旧藏典籍古文书《贞观政要一节》的"取意略抄"

在本节中，将具体分析历博所藏反町本《贞观政要一节》中的取意略抄。第一节中基于该幅的文献学分析结果，根据定本的先行研究，对该幅的本文进行了如下解释。校异中记载了与定本的异同及与定本校异注的异同。在此对《贞观政要》刊写本的称呼，遵从定本凡例。同时在右侧附上定本的本文以供参考。另外，标点由笔者标注。

（一）翻印（附，标点）

历博所藏反町本

太宗(1)(2)以儒(3)学多门，章句繁杂，诏师古与(4)孔颖达等诸儒，撰定五经疏义。凡一百八十卷，名曰五经正义(5)。(6)尝(7)曰：夫(8)虽禀定性，必须博学以成其道。亦犹蜃性含水，待月光而光(9)垂，木性怀火，待燧动而焰(10)发。人性(11)含灵，待学成(12)(13)为美(14)。

定本

（第五章）
太宗又以儒学多门，章句繁杂，诏师古与国子祭酒孔颖达等诸儒，撰定五经疏义。凡一百八十卷，名曰五经正义，付国学施行。（第六章）太守尝谓中书令岑文本曰：夫人虽禀定性，必须博学以成其道。亦犹蜃性含水，待月光而水垂，木性怀火，待燧动而焰发。人性含灵，待学成而为美。是以苏秦刺股，董生垂帷。不勤道艺，则其名不立。文本曰：夫人性相近，情则迁移。必须以学饰情，以成其性。礼云：玉不琢不成器。人不学不知道。所以古人勤于学问，谓之懿德。

（二）校异

（1）元椠、明初刊本、戈直注所引旧本"太宗又以儒学多门"至"付国学施行"另成一章。

（2）诸本"宗"下有"又"字。

（3）"儒学"，戈直注所引旧本作"文学"，菅家本、元椠、明初刊本、韩版注释本作"儒学"。

（4）诸本"与"下有"国子祭酒"四字。

（5）诸本"义"下有"付国学施行"五字。

（6）诸本"尝"上有"太宗"二字。这以后的第六章，南家本、菅家本、写字台本、天理本属前章（第五章）。定本遵循南家本、菅家本、写字台本、天理本，属第六章。

（7）诸本"尝"下有"谓中书令岑文本"七字。

（8）诸本"夫"下有"人"字。

（9）"光"，诸本作"水"。疑"光"为"水"之讹。

（10）"焰"，刊正《贞观政要》作"火"。

（11）"性含"，南家本二字互乙。

（12）"成"，天理本作"德"。

（13）诸本"成"下有"而"字。

（14）"美"下无字痕，诸本"美"下有文"是以苏秦刺股，董生垂帷。不勤道艺，则其名不立。文本曰：夫人性相近，情则迁移。必须以学饰情，以成其性。礼云：玉不琢不成器。人不学不知道。所以古人勤于学问，谓之懿德"。

（三）针对校异的试读

本文相当于定本的第七卷儒学第二十七的第五章后半到第六章的前半。只是，如（6）所提到，"尝"以下在旧抄本中属于前章。推测该幅的底本"尝"以下内容也属于前章。因此推测，如果遵循旧抄本的分章方式，该幅并非是第七卷儒学第二十七的第五章后半到第六章的前半，而是以从第五章后半到第六章前半为同一章的底本或者祖本中，取意略抄而成。

以下从校异各项中来看与本稿相关的异同原因。

（2）在此"又"的有无对文意的影响不大，推测是为保持文章连续而省略了"又"字。

（4）该文是为了示明颜师古和孔颖达等学者，因此推测省略了在当时日本传播并不广泛的唐名（中国官名）"国子祭酒"。

（5）在当时日本的"国学"（律令制之下各国的国府中设立的培养官员的地方教育机关）与该文辞中提到唐代的"国学"内容不同，推测是为避免误解，省略了包含"国学"的"付国学施行"的内容。或者，（4）（5）是表明唐王朝的皇帝和政治机构（律令国家体制）关系的内容，《贞观政要》予以重视。然而，《贞观政要》的重点与日本国情并不相符，因此可能并没有成为取意略抄者关心的对象。

（6）本纸开头处出现了"太宗"，推测此处为表明文章的连续，而省略了主语。

（7）此处（A）推测因为重视强调太宗的发言内容，（B）太宗的发言对象"中书令岑文本"在当时的日本并不为人熟知，（C）"中书令岑文本"为中书省的长官，非学者（儒者）的官职等方面考虑，所以省略了"谓中书令岑文本"。

（8）此处推测文意限定于学者（儒者），因此省略了通称的"人"。

（9）推测"光"为"水"之讹。

（13）顺接文意的"而"，有无对文意影响不大，推测省略其而尽量缩短抄文的长度。

（14）"待学成为美"以下并无字迹，推测有意以此为终结。（7）以后太宗和岑文本的问答，推测是《贞观政要》应重视和主张的内容。然而，本纸的《贞观政要》省略了后半从"是以苏秦刺股，董生垂帷"到"所以古人勤于学问，谓之懿德"的重要内容。因此，可以说，本纸的

《贞观政要》是脱离了集成太宗和群臣关于政治的讨论和问答的政治言行录性格的转化文本。

（四）小结

以上对历博所藏反町本《贞观政要一节》的（一）翻印（附标点）、（二）校异、（三）针对校异的试读进行了提示。

总结以上试读内容，只有（9）可以看作是误写，其他的异同并非脱误，而可以说是取意略抄。这一点显而易见。

该幅的命纸中，提到了在古代日本熟知的《五经正义》以及其编纂者颜师古、孔颖达之名，修养学问，完善道德之事，成学问为美之事。换言之，学问即儒学，可以看出该幅的命纸按照儒学的兴隆及学者（儒者）应有的姿态的内容进行了取意略抄。

因此，该幅命纸书写的《贞观政要》，推测并非原原本本抄写原文（制作写本），而是以取意略抄的目的而进行的文本转化。命纸书写的《贞观政要》的取意略抄过程不明确，但是目的是以儒学兴隆和学者（儒者）姿态作为象征标语，从《贞观政要·崇儒篇》中取意略抄了内容，放在日常的生活空间，或者公共空间，或者可以看到的地方，以屏风或者匾额的形式进行了粘贴装裱。进一步推测，该幅的命纸应该是贴在屏风上的有色纸类型。所以，该幅命纸书写的《贞观政要》，并非为制作抄本而进行的原文抄写或者单纯的摘抄，而是根据取意略抄者转化的文本而制作的内容——取意略抄文。

四、从汉籍接受形态的"取意略抄"观点分析

以上通过对《贞观政要一节》的详细检讨，关于《贞观政要》在日本的接受问题，试着从不同于先行研究的"取意略抄"观点进行了分析。在此，总结一下本稿所得出的结论。

由以上推测，该幅命纸目的是为凸显儒学兴隆及学者（儒者）应有姿态的象征性内容，从《贞观政要》的《崇儒篇》进行取意略抄，为了

放在日常的生活空间，或者公共空间，或者可以看到的地方，以屏风或者匾额的形式进行了粘贴装裱。进一步推测，该幅的命纸应该是贴在屏风上的有色纸类型。所以，可以说该幅命纸书写的《贞观政要》，是根据取意略抄者转化本文而被写成的文章①。

该幅并非是不同于《贞观政要》"书写"的观点，而是把汉籍的"取意略抄"也纳入视野，通过多角度的分析，成为解明日本古代中世广义的汉学具体样貌的线索，进一步成为考虑古代、中世的日本人如何与汉籍相处的线索之一。

希望本文可以为日本古代中世的汉学多角度检讨提供些许的契机。本文中个人推测颇多，请不吝赐教。

附　记

在此，向允许笔者阅览和翻印日本国立历史民俗博物馆所藏反町茂雄旧藏典籍古文书《贞观政要一节》的日本国立历史民俗博物馆，表示感谢。

本文为《漢籍受容の形態としての「取意略抄」——國立歷史民俗博物館所藏反町茂雄舊藏典籍古文書『貞觀政要一節』をめぐって》②中有关基于版本调查及分析基础上的文献学研究部分。在关于《贞观政要》的接受史上未被提及的，日本平安时代后期藤原宗忠的日记《中右记》中所见《贞观政要》的分析等，详细内容请参照《中央大学文学部纪要》2021年通卷第287号（哲学第63号）所载本人小论。

---

① 本稿是以书写历博藏反町本《贞观政要一节》的人同时进行了取意略抄为前提进行的讨论。但是，也有可能是书写者抄写了先人制作的取意略抄之文。此时，作为先行的取意略抄者的行为，符合此处的观点。
② 载《中央大学文学部纪要》2021年第287号（哲学第63号），第23—40页。

中世日本的"坡诗讲谈师"与"东坡诗抄物"*

王连旺

(郑州大学亚洲研究院)

一、引言

明成化二十二年(1486年,朝鲜成宗十七年,日本文明十八年),朝鲜成宗向明朝派出的圣节使中,有位叫李昌臣的质正官。李昌臣此次燕行的使命之一,是购买一套《苏文忠公集》,但他在北京搜求未果。幸运的是,在回国路经辽东时,李昌臣得遇进士邵奎,并诉说了购书未果之憾。邵奎闻听后邀请李昌臣参观其藏书阁,慷慨赠其一套《苏文忠公集》,以为他日不忘之资。回国后,李昌臣向成宗报告了这次奇遇,成宗大喜曰:"得好书而来,善矣!"① 又明弘治十四年(1501年,朝鲜燕山君七年,日本文龟元年),日本国使臣弸中、智蟾等赴朝鲜求《东坡诗集》等书,朝鲜欣然允诺。② 将两则事例串联起来,便可以清晰地勾勒出一条16世纪前后以朝鲜半岛为媒介,由官方主导的苏轼诗集在东亚的传播路径。

---

* 本文基金项目:国家社科基金一般项目"东亚视域下的日本'东坡诗抄物'研究"(项目批准号:21BZW012);教育部人文社会科学研究青年基金项目"苏轼文学在日本的传播与接受研究"(项目批准号:19YJC751402)。
① 事见《成宗实录》十七年十二月二十八日条,《朝鲜王朝实录》第十一册,国史编纂委员会,1968年,第172页。
② 事见《燕山君日记》七年九月十七日条,《朝鲜王朝实录》第十三册,国史编纂委员会,1969年,第172页。

中世日本的"坡诗讲谈师"与"东坡诗抄物" | 233

其实，苏轼的诗文集在其生前便已大量刊刻，大行海内，北传辽金①，风靡高丽②，其后又东传日本。苏轼诗文集在辽金、高丽的传播与接受群体情况，经国内外学者的研究已基本明确化。但是，苏轼文学初传日本的时间只能大概推断为13世纪中期③，依据是1253年成书的《正法眼藏》（道元著）与1254年成书的《古今著闻集》（橘成季著），但尚不能说明苏轼文学在日本的传播形式及程度。也有研究认为"苏轼在世时，其作品便已传入日本"④，虽然这一蠡测在可能性上是成立的，但毫无依据。实际上，13世纪中期至14世纪的约150年间，苏轼诗文集在东瀛的流布及接受群体的情况依然不甚明晰。

东亚汉文化圈内各国交流与冲突频繁的14至16世纪，元明时期的苏轼研究出现了一个相对低潮，但苏轼文学在日本的传播与接受却出现了一个持续两个多世纪的高峰。大量的苏轼文学作品传入日本，在皇室、公卿、平民，尤其是五山禅林中被广为阅读、注解，且在当地刊刻出版，并催生了《四河入海》等大量文献价值极高的被称为"东坡诗抄物"的注释书，形成了苏轼文学在日本传播与接受的鼎盛时期。本稿在前人研究的基础上，系统梳理现存苏诗抄物的数量、类型及文本形态，进而探讨苏诗"抄物"的注释特色及其文献价值。

厘清苏轼诗歌在日本的传承脉络，对于研究苏轼文学在中世日本传

---

① 曾枣庄《"苏学行于北"——金、元"靡然"期》，载曾枣庄等著《苏轼研究史》，江苏教育出版社，2001年，第156—205页。
② 详参王水照《苏轼文集初传高丽考》，《新民晚报》1997年3月16日；洪瑀钦《"拟把汉江当赤壁"——韩国苏轼研究述略》，载《苏轼研究史》，第571—622页；郑墡谟撰，高卓译《高丽文坛"东坡风"成因论》，载《域外汉籍研究集刊》第22辑，中华书局，2021年。
③ 早川光三郎《蘇東坡と国文学》，《斯文》1954年第10号。王水照《苏轼作品初传日本考》，《湘潭师范学院学报》1998年第2期。
④ 冯宇环《苏轼作品在日本中世的流布与影响》，浙江工商大学2015年硕士学位论文，第1页。关于苏轼在日本的早期传播，吉井和夫做出了突破性研究，参见《日本における蘇東坡受容の搖籃期》（上）（下），载《西山学苑研究纪要》2020年第15号、2021年第16号。

播与接受具有重要意义。基于此，本文从接受主体（坡诗讲谈师）和文献载体（东坡诗抄物）两个维度，介绍苏轼文学在中世日本的传播情况。

二、中世日本的"坡诗讲谈师"

（一）形成期

894年，日本停止向中国派遣遣唐使，中日间官方往来中断，10至14世纪东亚海域的活动主体变为海商与禅僧，中日间横渡沧波的人员在数量和往来频次上较之以往不但没有减少，反而大幅增加①，大量宋代书籍被宋朝商船、日本入宋僧、宋元渡日僧等携往日本，这些承载着宋代文化基因的典籍在东瀛生根发芽，催生了日本镰仓时期（1185—1333）至室町时期（1336—1573）的宋学隆兴，文学风尚亦随之一变，以日本临济宗禅僧为主体、以汉诗文创作为主要形式的五山文学成为文学主流。

五山文学初期的诗文集中，不乏有关苏轼文学的记录。初期代表人物之一虎关师练（1278—1346）的《济北集》卷三中收录《除夜并序》诗一首，序中言："《东坡集》曰：'岁晚相与馈为馈岁，酒食相邀呼为别岁，除夜不眠为守岁，蜀之风俗如是。'因而有三诗各八韵，予嫌其繁冗焉，今夜灯下包三事而赋一绝云。"②明确显示《东坡集》不仅传播至日本，而且影响了虎关师练的汉诗创作。《济北集》以诗体分卷，单卷中的作品以创作时间排序，卷三中有《辛亥之秋余居骏州与富峰密迩偶作二偈》诗一首，辛亥为日本正和元年（1311），该诗又在《除夜并序》之后，据此可以确定1311年之前即14世纪初期便有五山禅僧阅读《东坡集》。值得注意的是，虎关师练曾跟随元大德三年（1299）渡日僧人一山一宁学习禅学与外典之学，一山一宁可能携带《东坡集》至日本。

---

① 榎本涉《遣唐使中止でも日中交流は花盛り》，载《日本史の新常識》，《文艺春秋》，2018年，第90—94页。
② 虎关师练《济北集》卷三，上村观光编《五山文学全集》第一卷，思文阁，1974年，第97页。

日本学者村井章介将13世纪中期至14世纪中期称为"渡来僧的世纪"[①],大批宋元禅僧横渡东海,传法立派,他们不仅促进了禅宗东传,也无疑带去了苏轼文学的诸多信息。

1320年入元、1329年返归日本的临济宗禅僧天岸慧广(1273—1335)曾遍访江南名刹,在游历湖州何山时作有《游何山道场》,诗中有"不啻坡仙题品妙,天开佳境助篇章"[②]句。"坡仙题品"指苏轼《游道场山何山》诗,也就是说,14世纪初期的入元僧在中国江南接触苏诗遗迹是接受苏轼文学的途径之一。至五山文学鼎盛时期的14世纪,五山禅僧研读苏诗的记录明显增多。与绝海中津(1336—1405)并称为五山文学"双璧"的义堂周信(1325—1388)便是苏诗的忠实读者。中岩圆月(1300—1375)于日本延文四年(1359)为义堂周信《空华集》所作序文中称:"友人信义堂,禅文偕熟,余力学诗,风骚以后作者,商参而究之,最于老杜、老坡二集读之稔焉,而酝酿于胸中既久矣。时或感物发兴而作,则雄壮健峻,幽远古淡,众体具矣。"[③]据此可知,义堂周信曾熟读苏诗,并以此感物发兴进行诗歌创作,终成五山文学首屈一指的大家。这也从另一个侧面反映了苏轼诗歌对五山汉文学的影响。值得注意的是,义堂周信不仅研读中国古典诗歌,而且聚集门徒弟子开讲宋人周弼所编唐诗选本《三体诗》,在五山禅林中开创了讲诗的先河。跟随义堂周信学习外典之学的弟子有惟肖得岩、严中周噩、大岳周崇等人,他们三人均是在日本五山禅林讲授苏诗的"坡诗讲谈师"。自此之后,日本的苏诗接受群体虽然仍在五山禅林中,但接受方式已由单纯的阅读苏诗变更为讲读苏诗、注释苏诗。

(二)发展期

曾为后土御门天皇进讲汉诗的兰坡景茝(1417—1501)对日本五山

---

① 村井章介《東アジア往還:漢詩と外交》,朝日新闻社,1995年,第48页。
② 天岸慧广《东归集》,上村观光编《五山文学全集》第一卷,第11页。
③ 中岩圆月《东海一沤集》,上村观光编《五山文学全集》第二卷,第1084页。

禅林中研读苏诗的历史有如下记述：

> 江西曾三度讲授东坡诗，盖已通读《王状元集百家注分类东坡先生诗》，瑞岩亦数次研读苏诗，如此，苏诗诚当读也。总之，唐土无讲诗之风，我朝讲诗亦为一补也。记之方札，阅读五经，凡书皆应自题号讲起。东坡家有《论语》《易》之书，有注《论语》书一部。日本讲诗之风，自义堂讲《三体诗》起。太白、柳文亦有点读。讲东坡诗者，始自惟肖，其后又有瑞岩龙惺、九渊等人。点读四书五经始自吉备大臣。①

兰坡景茝追溯了日本研读中国经典及诗歌之诸端绪，特别指出，最初在日本讲读苏诗的是临济宗禅僧惟肖得岩（1360—1437）。

惟肖得岩②，法讳得岩，道号惟肖，别号蕉雪、歇既道人、山阳备人，备后（今广岛县）人。历任天龙寺、南禅寺住持。师事绝海中津（1336—1405）研习诗文，列席义堂周信（1325—1388）的《三体诗》讲习，远赴镰仓跟随建长寺吉祥庵的藏海性珍（1335—1409）学习韩柳文、苏黄诗，著有《东海琼华集》。惟肖得岩曾列席义堂周信的《三体诗》讲席，不难想象，惟肖讲授、研习苏诗的方式，应该受到了义堂周信的影响。其门生有希世灵彦、瑞溪周凤、存耕祖默、龙冈真圭等人。其中，希世灵彦、瑞溪周凤继承了惟肖得岩及江西龙派的东坡诗讲习，皆有记录存世。

除惟肖得岩外，兰坡景茝还列举了江西龙派（1375—1446）、瑞岩龙惺（1384—1460）、九渊龙眎（？—1474）等三人也曾讲读苏诗。

江西龙派③，临济宗禅僧。道号江西，法讳龙派，号木蛇、续翠，晚号晚泊老人，室号豕庵。承一庵一麟（1329—1407）法嗣，师事绝海中津，擅诗文。历任建仁寺、南禅寺住持。门生有希世灵彦、瑞溪周凤、

---

① 日本市立米泽图书馆藏《增刊校正王状元集注分类东坡先生诗》（米泽善本91）第1册5b。原文为日语，引文系笔者翻译。
② 详参玉村竹二编《五山文学新集》卷二，东京大学出版会，1968年，第1279—1289页。
③ 详参玉村竹二编《五山文学新集》别卷一，东京大学出版会，1977年，第1123—1129页。

胜刚长柔、雪窗慧照、仁甫圣涛、正宗龙统等人，著有《江西和尚语录》《续翠诗稿》《续翠稿》，另著述有"东坡诗抄物"《天马玉津沫》，已佚。

瑞岩龙惺[①]，临济宗黄龙派禅僧。初法讳龙章、道号仲建，后改法讳为龙惺，改道号为瑞岩。别号蝉庵、蝉闇、稻庵，承一庵一麟法嗣，历任建仁寺、南禅寺住持。其学除受于一庵一麟外，还跟随惟肖得岩、江西龙派、慕喆龙攀学习汉诗文，著有《瑞岩和尚语录》《蝉闇外稿》。其门生有天隐龙泽、太极等人，天隐龙泽亦为坡诗讲谈师。

九渊龙眎[②]，临济宗黄龙派禅僧。法讳龙眎，道号九渊，室号葵斋，承一庵一麟法嗣，历任建仁寺、南禅寺住持。日本宝德三年（1451），随遣明使入华，三年后回国。除师事一庵一麟外，还跟随希世灵彦及其同门法兄瑞岩龙惺、江西龙派，门生中有天隐龙泽。善诗文，著有《葵斋集》《九渊唾稿》。

兰坡景茝提及的四人，均是活跃于15世纪前期的临济宗禅僧，是造就日本中世五山文学繁荣局面的核心群体，且都担任过建仁寺、南禅寺住持。除上述四人外，日本"东坡诗抄物"集大成之作《四河入海》的编者笑云清三在该书百家注姓氏后，也列出了一组"日本坡诗讲谈师"，如下：

> 双桂和尚，讳传，字惟肖，号蕉雪，始号樵雪。
> 懒云师讳噩，字严仲，号懒云。
> 北禅师讳凤，字瑞溪，号刻楮子，或号卧云，作《胜说》。
> 大岳师作《翰苑遗芳》。
> 万里居士述《天下白》。
> 木蛇师讳派，字江西，作《天马玉津沫》，号续翠。
> 竹处师讳仙，字桃源，号万菴，或号春雨，在山上讲坡者全部。

---

① 详参玉村竹二《五山禅僧传记集成》，讲谈社，1983年，第339—341页。
② 详参玉村竹二编《五山文学新集》别卷二，东京大学出版会，1981年，第693页。

讳翃，字一韩，坡之闻抄号《蕉雨馀滴》，因桃翁所讲也。桃翁或号蕉了，盖以蕉坚绝海和尚之后裔也。

笑云清三所列的八位坡诗讲谈师中，有六位是兰坡景茝没有提及的，分别是严中周噩（1359—1428）、瑞溪周凤（1391—1473）、大岳周崇（1345—1423）、万里集九（1428—1507）、桃源瑞仙（1430—1489）、一韩智翃（？—？）。

严中周噩①，临济宗梦窗派禅僧。初法讳周祐、道号天助。后避足利义满"道有"之法讳，改道号、法讳为严中周噩，南禅寺第102世住持。跟随义堂周信学习汉诗文，擅长讲读外典，曾讲授《三体诗》及东坡诗，其门生有瑞溪周凤。

瑞溪周凤②，临济宗梦窗派禅僧。法讳周凤，道号瑞溪，别号卧云山人、竹乡子、刻楮子，先后跟随严中周噩、大岳周崇、惟肖得岩、江西龙派、天章澄彧等人学习诗文，转益多师，颇有成就，是继义堂周信、绝海中津之后的代表性诗文名家。著有《卧云日件录》，编有《善邻国宝记》，其讲读苏诗的抄物为《脞说》。

大岳周崇③，临济宗梦窗派禅僧。法讳周崇，道号大岳，别号全愚道人。阿波人，俗姓一宫。应安元年（1368），在镰仓圆觉寺跟随义堂周信学习诗文。另外，还师从东福寺梦岩祖应学习外典之学。自应永十一年（1404）起，继绝海中津之后担任相国寺鹿苑塔主，专司僧录之事长达十一年，后任南禅寺住持。大岳周崇精通《汉书》，曾讲习《汉书》，著有《前汉书抄》，可惜已佚。其门生竺云等连（1383—1471）得其《汉书》学之津要。大岳周崇亦讲授苏诗，编著有《翰苑遗芳》，录入南宋赵次公注、施顾注甚多，价值极高。

万里集九④，临济宗禅僧。法讳集九，道号万里。应仁之乱（1467—

---

① 详参玉村竹二《五山禅僧传记集成》，第185—186页。
② 详参玉村竹二编《五山文学新集》卷五，东京大学出版会，1971年，第1283—1289页。
③ 详参玉村竹二《五山禅僧传记集成》，第402—404页。
④ 详参玉村竹二编《五山文学新集》卷六，东京大学出版会，1972年，第1139—1165页。

1478）后还俗，不再使用法名，以万里作为居士号自称，又常以"漆桶"二字冠于"万里"之前。于美浓鹈沼结庵谓之梅花无尽藏，并以庵号"梅花无尽藏""梅花无尽藏漆桶子"等自称。应仁之乱前，万里集九在东山常在光寺住持一华建怣门下学习，一华建怣善诗文，与瑞溪周凤交往甚密，精于《庄子》，曾讲授林希逸《虏斋口义》，万里集九曾列席讲座。著有《梅花无尽藏》，讲授苏诗、黄诗的抄物分别为《天下白》《帐中香》。万里集九晚年时，桃源瑞仙的门生一韩智翃，以及笑云清三寓居其庵边，学习诗文。

桃源瑞仙①，临济宗梦窗派禅僧。法讳瑞仙，道号桃源，别号蕉了、蕉雨、春雨、亦俺万庵、竹庵等，近江市村人。十余岁时，入相国寺胜定院明远俊哲门下，至二十四岁时明远去世。在相国寺时，与横川景三、万里集九等诗文结社，交往甚密。桃源瑞仙自青年时期起，便转益多师，研读外典。跟随竺云等连、瑞溪周凤学习易经，跟随竺云等连、绵谷周挑、牧仲梵祐学习《史记》，跟随竺云等连学习《汉书》，跟随一条兼良、清原业忠学习《礼记》，还列席过东福寺云章一庆的《敕修百丈清规》讲席。由此可见，桃源瑞仙的知识构成极为丰富。应仁之乱爆发后，桃源多处辗转，终在文明二年（1470）于永源寺建梅岑庵定居，并于文明六年起，在永源寺讲授易学、《史记》《东坡诗集》。门生有季玉承球、一韩智翃、笑云清三等人。桃源瑞仙的易经讲义有《百衲奥》存世，《史记》的讲义录有《史记抄》，《东坡诗集》的讲义被其门人一韩智翃整理为《蕉雨馀滴》，后被收入笑云清三编《四河入海》。

一韩智翃（？—？）②，临济宗禅僧，承东福寺孝仲法嗣，曾任镰仓圆觉寺住持。在京都相国寺师事景徐周麟，亦追随桃源瑞仙学习东坡诗二十余年，后将桃源东坡诗讲义整理为《蕉雨馀滴》，又名《一韩听书》。此外，一韩智翃还讲授过《古文真宝》，有《古文真宝抄》存世。

---

① 详参玉村竹二《五山禅僧传记集成》，第518—521页。
② 详参上村观光《五山诗僧传》，民友社，1912年，第357—358页。

此外,《四河入海》的编者笑云清三①（1429？—1520？）也是五山禅林中整理、传习"东坡诗抄物"的重要人物。笑云清三是临济宗圣一派禅僧,法讳清三,道号笑云,伊势人,曾任东福寺大慈庵塔主。跟随一韩智翃学习苏诗,应仁之乱后,与一韩智翃同赴美浓鹈沼投师万里集九,在其梅花无尽藏边建容安斋卜邻而居,编成《四河入海》,抄录万里集九《帐中香》,并讲授《古文真宝》《无量寿禅师日用清规》《敕修百丈清规》。

除上述禅僧外,市立米泽图书馆藏有一部辑录了十种抄物的东坡诗抄,题为《增刊校正王状元集注分类东坡先生诗》（米泽善本91）②,辑录了以芳、瑞、胜、兰、天、白、顽、幻、马、青等简称的十种抄物材料。

芳,即大岳周崇的《翰苑遗芳》；瑞,指瑞岩龙惺；胜,指瑞溪周凤的《胜说》；兰,指兰坡景茞；天,指天隐龙泽（1422—1500）；白,指万里集九的《天下白》；顽,指河清祖浏（1460？—？）的《豺云集》；幻,指月舟寿桂（1470—1533,别号幻云）；马,待考；青,待考。此本保存了除《四河入海》收录的大岳周崇、瑞溪周凤、桃源瑞仙、万里集九以外六位禅僧的部分东坡诗讲义,可为全面了解中世东坡诗讲谈师提供重要线索。

兰坡景茞③,临济宗禅僧。师事瑞岩龙惺、希世灵彦,与横川景三、天隐龙泽过从甚密,曾任相国寺住持。善诗文,自文明十一年（1479）起,先后三次为后土御门天皇讲授《三体诗》及黄庭坚诗。著有《雪樵独唱集》。

天隐龙泽④,临济宗禅僧。法讳龙泽,道号初为天岩,后改为天隐。

---

① 详参玉村竹二《五山禅僧传记集成》,第323—324页。
② 关于此书,可参见拙稿《日本市立米泽图书馆藏［米泽善本91］〈增刊校正王状元集注分类东坡先生诗〉残卷考》,载《域外汉籍研究集刊》第13辑,中华书局,2016年,第415—432页。
③ 详参玉村竹二编《五山文学新集》卷五,第1235—1247页。
④ 详参玉村竹二编《五山文学新集》卷五,第1315—1325页。

建仁寺大昌院天柱龙济法嗣，师从法兄宝洲宗众。诗文方面，师承江西龙派与心田清播。此外，还列席过东福寺宝渚庵云章一庆的《敕修百丈清规》讲席。天隐龙泽精通杜诗及《三体诗》，喜好讲说，门徒多达七十人，月舟寿桂、祖溪德濬、古桂弘稽、春和启闾、春庄宗椿、雪岭永瑾、仁恕集尧、文捴寿显等人皆其门生。

河清祖洲，临济宗禅僧。承廷瑞祖龟法嗣，建仁寺兴云庵住僧，以诗文名重禅林，与月舟寿桂、龙崇常菴、驴雪鹰灞等有交游，晚年退休越前宝应寺。

月舟寿桂，法讳寿桂，道号月舟，别号幻云、中孚道人。据《新纂禅籍目录》记载，月舟著述颇丰。曾为天隐龙泽编纂的汉诗集《锦绣段》作注，又将常庵龙崇（1469—1536）讲授的黄庭坚诗加以整理，编成《黄氏口义》，而且还著有《史记抄》《三体诗抄》。但《新纂禅籍目录》中并无记载月舟著有《东坡诗抄》。此外，从"大日本史料综合数据库"检索结果来看，月舟于永正六年（1509）四月七日被召入宫，为后柏原天皇（1500—1526在位）进讲杜诗，又分别于享禄元年（1528）十月二十三日、十一月二十三日及享禄三年（1530）受召入宫，为后奈良天皇（1526—1557在位）进讲杜诗及《三体诗》，而尚未发现月舟进讲苏诗的记录。月舟寿桂的谈录《月影集》中有如下记载：

《方舆胜览》可委以查阅南方地理，而不载北方地理。故此，讲释苏、黄诗歌时除使用《方舆胜览》外，还需利用载有北方地理信息的《翰墨全书》。现在的《（大明）一统志》亦是讲读苏、黄诗歌时的重要书籍，兼载南北地理。①

材料中提及，从《方舆胜览》中只能查找南方地理，无法了解北方的地理情况。因此讲授苏轼和黄庭坚诗歌的过程中，需要查询地理信息时，应该兼顾南北，除了《方舆胜览》，还要使用《翰墨全书》《大明一

---

① 转引自住吉朋彦《〈方舆胜览〉版本考》，载《斯道文库论集》2015年第49辑。原文为日文，笔者译。

统志》等书。这条材料可以说明，月舟不仅讲授过苏诗，还讲授过黄庭坚诗。月舟寿桂的东坡诗抄物没有单行本行世，市立米泽图书馆藏《增刊校正王状元集注分类东坡先生诗》（米泽善本91）收录了月舟寿桂的东坡诗抄，且资料来源有三种①。

（三）衰微期

据董舒心考证②，自惟肖得岩至笑云清三之间，还有多位五山禅僧参与苏诗讲谈，包括心田清播、天章澄彧、竺云等连、胜刚长柔、梅阳章江、绵谷周赿、景徐周麟、大圭良价、一华建怂等九人，并绘制了《四河入海》系列抄物关系图。需要注意的是，虽然以上九人都参与过苏诗讲谈，对部分苏诗发表过自己的见解，但尚无材料证明他们讲授过苏诗。另外，董文受论题限制，未对笑云清三之后的苏诗讲读情况作进一步的考证。作为补充，本文介绍室町后期至江户初期的三位坡诗讲谈师。

第一位是彭叔守仙（1490—1555），临济宗禅僧，信浓（今日本长野县）人，别号瓢庵。承东福寺自悦守怪法嗣，天文七年起任东福寺住持，天文十六年升至南禅寺，其后在东福寺建善慧院。著有《犹如昨梦集》《铁酸馅》。彭叔守仙曾在善慧院讲授《江湖风月集》，其自笔《江湖风月集抄》中有跋语两条，如下：

> 斯《江湖风月集》二百六十一首，自永正十八岁辛巳八月十三日至同十月初六，首位十七会，为大仙菴运仲乘公西堂，于善慧境界讲说焉。云云。
>
> 自天文元（1532）壬辰仲冬初七至文二（1533）癸酉仲夏廿八日，为艺阳西禅主盟梁公首座，讲者十五会。云云。③

---

① 关于月舟寿桂，笔者做过专门研究。可详参王连旺《蘇詩及びその注解者の研究》，筑波大学2017年博士学位论文，第63—73页。
② 董舒心《〈四河入海〉研究》，南京大学2012年硕士学位论文。
③ 上村观光《五山诗僧传》，第381页。

由此可知，彭叔守仙每次讲诗的数量为16首前后。西尾市岩瀬文库藏有一部《增刊校正王状元集注分类东坡先生诗》，经与笔者研究过的米泽图书馆藏同名诗集（米泽善本91）为同一系列印本，均系朝鲜甲寅字铜活字版《增刊校正王状元集注分类东坡先生诗》，岩瀬文库本卷一首有"善慧轩"长形墨印，为彭叔守仙的藏书印。据此可知，此书为彭叔守仙旧藏，同米泽本一样，均为万历朝鲜战争以前传入日本的朝鲜铜活字本。该书有彭叔守仙施加的朱引、训点及批注。关于彭叔守仙讲授苏诗，以及与岩瀬文库藏朝鲜铜活字版东坡诗集关系，笔者将做进一步的调查。

第二位是月溪圣澄（1536—1615），临济宗禅僧，法讳圣澄，道号月溪，承器之圣林法嗣，跟随仁恕集尧学习诗文。曾任东福寺住持，著有《月溪和尚疏稿》《月溪和尚文集》。曾于庆长十七年（1612）、十八年受召入宫进讲《古文真宝》，有《古文真宝抄》存世。文禄五年（1596）三月十日，月溪圣澄曾为智仁亲王讲授过苏诗，讲授内容为苏诗类注本卷一纪行第二至第六首，且讲义录被收入智仁亲王自笔《听书拔书类》第三册中，计有两种，藏于宫内厅书陵部，堀川贵司有专文对此做过研究[①]，录入了全文，并加以笺注。

第三位是文英清韩（1568—1621）。文英清韩是安土桃山时代至江户初期的临济宗禅僧，法讳清韩，道号文英，别号不放子。承建长寺文叔清彦法嗣，历住东福寺、南禅寺，深得丰臣一族及加藤清正恩宠，曾随加藤清正军入侵朝鲜，颇有文名。大阪府立中之岛图书馆藏有一部元刊本《增刊校正王状元集注分类东坡先生诗》（索书号：甲汉21），该书余白及行间有大量文英清韩的批注，这种形式即是"書入れ抄（写入抄）"，也是"东坡诗抄物"的一种。该书有文英清韩跋语，如下[②]：

---

① 堀川贵司《禅僧による禁中漢籍講義—近世初頭『東坡集』の例一》，载堀川贵司《続　五山文学研究：資料と論考》，笠间书院，2015年，第86—106页。
② 东京大学史料编纂所《大日本史料》第十二编之三十四，1943年，第296—297页之夹页书影。

天正十三年癸酉（愚十八岁也）四月十九日始讲，天正十九年己卯（二十四岁也）四月二日成就也。

清韩拜

坡讲传受

桃源——一韩（蕉雨馀滴）——笑云三和尚（四河入海述之）——文叔彦和尚——清韩（二十五岁惠日前板秉拂）。

从这条跋语可知，自十八岁至二十四岁的青少年时期，文英清韩跟随文叔清彦研习苏诗长达六年。并且，还列出自己研习苏诗的师承谱系。如此一来，可呈现出一条笑云清三之后五山禅僧中研习苏诗的清晰脉络，将中世禅林的苏诗受容史直接拖进了近世初期。

文英清韩青少年时期的努力在庆长十八年（1613）得到了回馈，四十五岁的他被召入宫中为后水尾天皇（1611—1629年在位）讲授苏诗，也曾入八条宫智仁亲王府邸（1579—1629）讲授苏诗。列席讲席的山科言绪（1577—1620）在其日记《言绪卿记》记载[1]，庆长十八年八月十日，东福寺天得院清韩（文英）进讲《东坡集》，前来听讲的除后水尾天皇和八条宫智仁亲王外，近卫准后、同内大臣、御门迹众、照高院宫、曼珠院宫等人侍听，来听讲的大臣公卿有飞鸟井中纳言、四辻宰相中将、阿野宰相中将、中御门宰相中将、通村朝臣、冬隆朝臣、永庆朝臣、白川雅英、嗣良、安倍泰重、今出川三位中将等人。另外，还有来自鹿苑寺的部分僧众也有参加讲席。由此看来，东坡诗在近世初期依然受到日本上层社会的欢迎，热度未减。幸运的是，文英清韩的这次讲义录尚存世间，名为《东坡诗闻书》，现为庆应义塾大学佐藤道生先生收藏，堀川贵司有专文介绍这件资料，做了详尽的文献学调查，录入全文，且加以笺注[2]，又以此为基础探讨了中世后期五山禅僧与公家之间有关苏诗的

---

[1] 东京大学史料编纂所《大日本史料》第十二编之十一，第405页。
[2] 堀川贵司《东坡诗闻书》，见氏著《五山文学研究：资料と論考》，笠间书院，2011年，第238—262页。

交流与互动①。

　　庆长十九年（1614）四月，丰臣家在京都修建的方广寺大殿竣工，文英清韩受丰臣秀赖之托撰写钟铭，因铭文中"国家安康"的"康"字犯了德川家康的名讳，引发"钟铭事件"，成为德川家与丰臣家对立的口实。文英清韩受此牵连，被逐出南禅寺，住坊天得院也险遭废弃。该年冬季及次年夏季，德川家与丰臣家爆发了"大坂之役"，丰臣家被灭。元和二年（1616）二月，文英清韩被德川家康幽禁在骏府，期间结识了开江户时期一代学问之先的林罗山，二人往来酬唱，惺惺相惜。经林罗山相助，才被赦免。元和六年（1620）九月十三日，文英清韩再次被召入宫中讲授苏诗，听讲者除了后水尾天皇，有近卫殿左府、八条殿、曼殊院宫、青莲院门迹、阿野、中院、日野、花山、东坊城、菊亭、五条、平松、广桥及五山僧众多人列席，这是文英清韩最后一次在日本高层传授东坡诗。元和七年（1621）三月，随着文英清韩去世，五山禅僧中已再无有影响力的东坡诗讲谈师。此时期，以林罗山为代表的江户儒学家们取代了五山学问僧，掀起了日本文化的新风尚，进而执掌德川幕府之文事，苏轼文学在日本的接受主体与传播方式也随之一变。

三、中世日本的"东坡诗抄物"及其文献价值

（一）抄物的定义与"东坡诗抄物"的数量

　　抄物简而言之就是注释书。日本学者柳田征司从成书时代、讲抄者身份、原典资料的类别、与讲义的关系、注释书的性质、文本及文体形态等六个方面对抄物进行了定义②。柳田认为，抄物主要指日本室町时代（1336—1573）京都五山禅僧、博士家、神道家、公卿、医家、足利学校庠主、曹洞宗僧侣等为汉籍、佛典及部分"日本国书"所做的注释资料群；其核心资料为讲授过程中产生的"教案"或"讲义录"形式的文

---

① 堀川贵司《続　五山文学研究：資料と論考》，第86—106页。
② 柳田征司《室町時代語資料としての抄物の研究》，武藏野书院，1998年，第5页。

本,也有部分抄物不是讲授过程中产生的;从文字上看,既有用汉字撰写的"汉文抄",也有用假名书写的"假名抄";从形态来看,不仅限于单独成书的注释书,也包括在原典资料中写入的"汉字假名混淆体"的批注资料,这类资料被称为"書入れ仮名抄"(写入抄)。

此外,堀川贵司《抄物の類型と説話》一文,从原典资料、文体类型、成立时期、注释系统、注释形态、受众群体等方面,梳理了抄物文献的概念、类别、性质、变迁及作用[1]。

柳田征司自20世纪70年代起就致力于调查日本现存抄物文献,先后制作了《書き込み仮名抄一斑》[2]、《抄物目録稿(原典漢集經史子類の部)》[3]、《抄物目録稿(原典漢籍集類の部)》[4]。又在《書入れ仮名抄》[5]一文中统计出日本现存抄物文献有509种,其中经部102种、史部7种、子部83种,集部81种,佛书66种、日本"国书"170种。其中,《抄物目录稿·原典汉籍集部之类》著录了以下9种"东坡诗抄物":

(1)万里集九《天下白》(藏本较多);

(2)笑云清三编《四河入海》(藏本较多);

(3)建仁寺两足院藏林宗二、林宗和《东坡诗抄》;

(4)建仁寺两足院藏林宗和《东坡诗抄》;

(5)米泽图书馆藏月松宗鹤编《东坡诗抄》(米泽善本91);

(6)庆应义塾大学图书馆藏抄者未详《东坡诗抄》;

(7)月溪圣澄讲《东坡闻书》(宫内厅书陵部藏);

(8)文英清韩讲《东坡闻书》(庆应义塾大学佐藤道生教授藏);

(9)江西龙派讲、胜刚长柔抄录《东坡诗抄》。

---

[1] 堀川贵司《続 五山文学研究:資料と論考》,笠間书院,2015年,第56—72页。
[2] 柳田征司《書き込み仮名抄一斑》,《愛媛大学教育学部紀要》1977年第2部第9卷。
[3] 柳田征司《抄物目録稿(原典漢集經史子類の部)》,《訓點語と訓點資料》1983年第70号。
[4] 柳田征司《抄物目録稿(原典漢籍集類の部)》,《訓點語と訓點資料》2004年第113号。
[5] 柳田征司《書入れ仮名抄》,见氏著《室町時代語資料としての抄物の研究》,武藏野书院,1998年,第217—218页。

除柳田著录的9种之外，笔者又调查到以下17种"东坡诗抄物"：

（1）日本国立国会图书馆藏大岳周崇《翰苑遗芳》；

（2）日本国立国会图书馆藏五山版类注本所附"写入抄"；

（3）日本国立国会图书馆藏元刊类注本所附"写入抄"；

（4）米泽图书馆抄者未详元刊类注本（米泽善本90）所附"写入抄"；

（5）庆应义塾大学附属研究所斯道文库藏宋末元初刊类注本所附"写入抄"；

（6）宫内厅书陵部藏南宋黄善夫家塾刊类注本所附"写入抄"；

（7）大阪府中之岛图书馆藏元刊类注本所附文英清韩"写入抄"；

（8）尊经阁文库藏瑞溪周凤《坡诗脞说》；

（9）岩濑文库藏朝鲜铜活字版类注本所附彭叔守仙"写入抄"；

（10）京都大学图书馆谷村文库藏五山版类注本所附"写入抄"；

（11）天理大学图书馆藏五山版类注本所附"写入抄"；

（12）足利学校遗迹图书馆藏五山版类注本所附"写入抄"；

（13）成篑堂文库藏天隐龙泽旧藏五山版类注本所附"写入抄"；

（14）成篑堂文库藏清见寺旧藏五山版类注本所附"写入抄"；

（15）东洋文库藏五山版类注本所附嘉吉元年（1441）"写入抄"；

（16）阳明文库藏五山版类注本所附近卫信尹题识本"写入抄"；

（17）东京卧游堂书店旧售文明十四年移录江西龙派训点本①。

以上26种资料中，大岳周崇（1345—1423）《翰苑遗芳》约成书于14世纪末，是现存最早的"东坡诗抄物"；大阪府中之岛图书馆藏元刊类注本所附文英清韩"書入れ抄（写入抄）"完成于天正十九年（1591），成书时间较晚；1534年，笑云清三所编《四河入海》收录了《翰苑遗芳》《坡诗脞说》《天下白》《一韩听书》等4种抄物，是"东坡诗抄物"中的集大成之作；月松宗鹤（1511—1596）编《东坡诗抄》（米泽善本91）

---

① 承金程宇教授赐教，该书已被日本国学院大学购入。

收录了10种抄物,是收录抄物种类最多的文献,但可惜现在仅存全卷的约六分之一。

(二)"东坡诗抄物"的类型与形态

"东坡诗抄物"多以讲义录的形式保存与流传,以汉文记述的被称为"汉文抄"类型的"东坡诗抄物",《翰苑遗芳》即是此类文献;在宋元版、五山版、朝鲜铜活字版苏诗类注本上直接书写的批注被称为"写入抄",此类文献多是"日本坡诗讲谈师"的"备课教案"及其誊录本,是最原始的"东坡诗抄物",种类数量也是最多的,上述宫内厅书陵部藏南宋黄善夫家塾刊类注本所附"写入抄"便是此类的早期抄物。此本最大的特点是抄录了大量施顾注与赵次公注等南宋古注,与大岳周崇《翰苑遗芳》的内容重合度很高,极有可能是大岳周崇的"写入本"。利用该本与《翰苑遗芳》相互参合,可以离析出多条《翰苑遗芳》未标姓氏的施顾注与赵次公注。

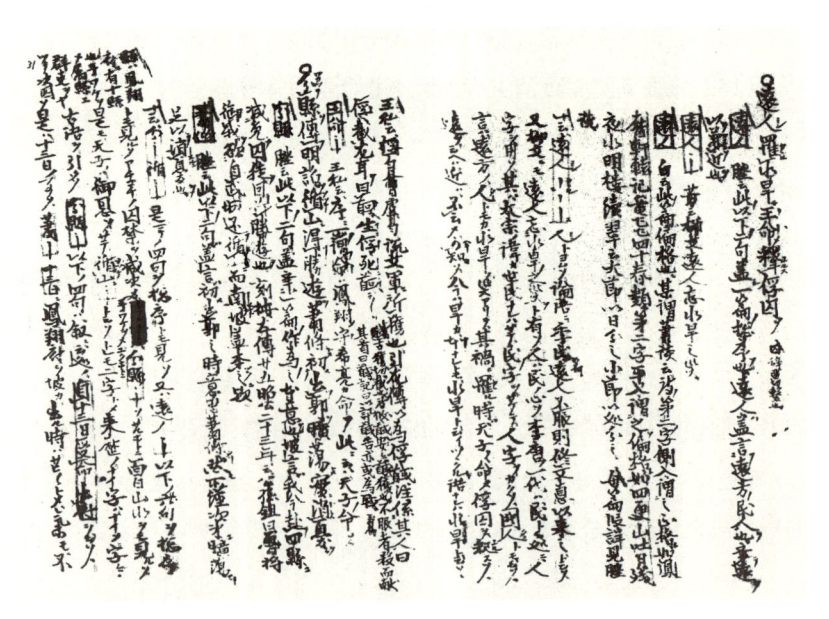

>> 图1 东福寺藏笑云清三自笔稿本《四河入海》卷一之一

>> 图2　米泽善本90所附"写入抄"

>> 图3　月松宗鹤编《东坡诗抄》

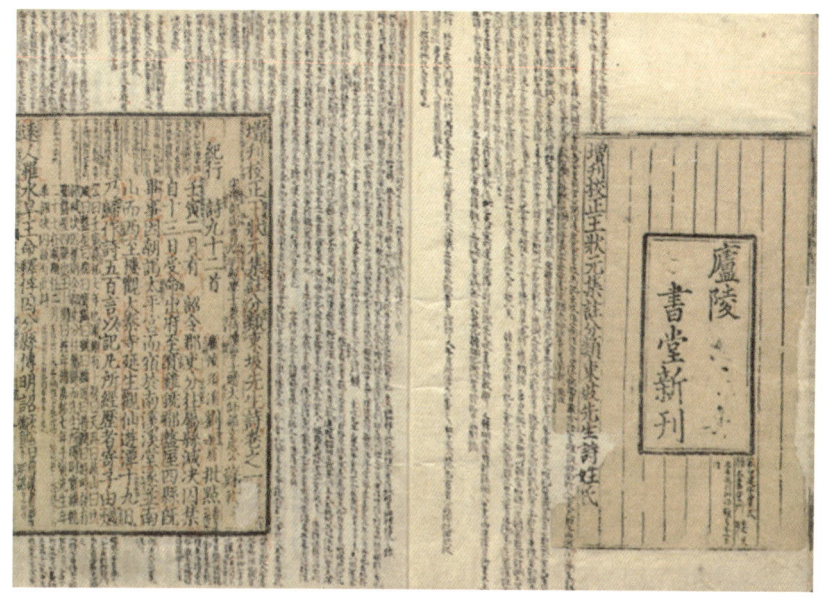

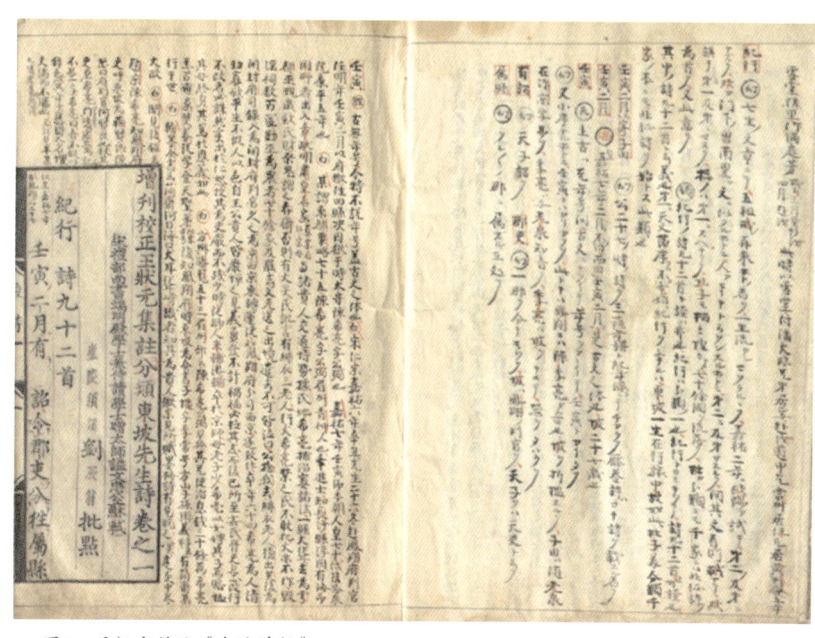

主讲的禅师授课时,列席讲诗会的禅僧们会直接把讲谈师讲授的内容用当时的口语记录,整理成册后便成了"假名抄",《四河入海》所收的《一韩听书》便是此类。苏诗讲谈师世代相传200余年,讲谈师们留下的内容像滚雪球一般愈来愈多,后世禅僧们往往收集多人的抄物类聚编集,形成了极为明显的层累型、类聚型注释书,《天下白》《四河入海》等即是此类。

随着抄物内容的逐代累加,集大成式的类聚抄不断出现,这直接影响了抄物的文本形态。当禅僧们在原典资料上没有空间抄写诸类抄物时,自然会想办法解决抄写空间的问题,方法无外乎两种。一种是离开原典资料另外抄录重编,笑云清三编纂《四河入海》时即采用此法。

另一种是通过改装原典资料制作出更大的纸幅进行抄写,米泽图书馆藏抄者未详元刊类注本(米泽善本90)所附"写入抄"及月松宗鹤编《东坡诗抄》便是很好的例子,后者尤为典型。该本以朝鲜铜活字版《增刊校正王状元集注分类东坡先生诗》刘辰翁批点本为底本,将底本的一叶去掉版框以外的部分,剪去版心,再剪裁为四等分,基本上隔叶贴于高36.5cm、宽26.2cm的和纸之上后(a左下方,b右下方),再绘制上版框及版心,并于和纸的余白处抄写与本叶所附底本内容相符的10种抄物。

(三)"东坡诗抄物"在日本的流布与印行

从现存抄物来看,禅林以外,只有林宗二、林宗和等少数人有传写抄物,绝大部分的传抄者是五山禅僧。由此可知,在庆长、元和年间古活字本《四河入海》印行之前,"东坡诗抄物"的流传范围几乎仅限于五山禅林之中,流传度并不广。

从流传区域来看,越后(今新潟县)曹洞宗禅僧月松宗鹤编于天正十三年(1585)的《东坡诗抄》抄写了10种抄物,说明"东坡诗抄物"在16世纪后期已经从文化中心的京都地区远播至越后,且抄写者中出现了曹洞宗禅僧,丰富了苏诗在日本的受容群体,这也是曹洞宗禅僧参与外典研读活动较早的案例①。

　　庆长、元和年间（1596—1624），日本印行了古活字本《四河入海》，该本现存17种。即国会图书馆藏本、国立公文书馆藏本2种、东洋文库藏本、宫内厅书陵部藏本、大东急纪念文库藏本、静嘉堂文库藏本、东京大学文学部国语研究室藏本、蓬左文库藏本、御茶之水大学成篑堂文库藏本、熊本大学附属图书馆永青文库藏本、阳明文库藏本、庆应义塾大学图书馆藏本、积翠轩文库藏本、龟井孝藏本、冈见正雄藏本、土井洋一藏本。通过对以上藏本递藏过程的考察，可大致了解江户时期古活字本《四河入海》的流布情况，进而探讨中世五山禅林中勃兴二百余年的苏轼诗学在江户时期的延续、影响及嬗变。

　　1970—1972年，中田祝夫影印出版了"东坡诗抄物"的集大成之作《四河入海》②，该本以日本国立国会图书馆藏古活字版移点本（将抄物原稿中的朱批、墨批及日文训点等忠实地移录到古活字本）为底本，比较接近抄本原貌；1971年，冈见正雄、大塚光信影印的《抄物资料集成》中也收录了《四河入海》③，该本以宫内厅书陵部藏无移点的古活字素本为底本，全失抄本原貌，在底本选择上有严重疏漏。除《四河入海》外，尚未有其他"东坡诗抄物"的影印或整理本问世，"东坡诗抄物"的基础文献研究工作尚待加强。

（四）"东坡诗抄物"与五山版苏诗类注本

　　"东坡诗抄物"虽然种类繁多，但有一点是相通的，即均以《王状元集注分类东坡先生诗》宋元版类注本为底本，这与五山禅林中研读苏诗时使用的"讲谈"形式有密切关系，禅僧们不是各自研读，而是跨寺

---

① 关于月松宗鹤编《东坡诗抄》及其"东坡诗抄物"在越前的流布、曹洞宗禅僧参与苏诗文学活动，可参见拙稿《市立米沢図書館蔵『増刊校正王状元集注分類東坡先生詩』残7巻考——朝鮮銅活字版の底本を中心にして》，《中国文化》2016年第74号。
② 中田祝夫整理、笑云清三编《四河入海》，勉诚社，1970—1972年。
③ 冈见正雄、大塚光信《抄物资料集成》，清文堂，1971年。

院、跨派别地聚集在一起来闻听某一位坡诗讲谈师授课，授课时如果没有统一的"教材"，则难以推进。所以，苏诗类注本便成了他们的"通用教材"。五山版刊印之前，"通用教材"主要来自中国，室町后期还有少量来自朝鲜的铜活字版。室町时期之所以覆刻如此多的苏诗类注本，正是宋元版传入日本的数量已远远不能满足禅僧们的使用需求所致。要解决"教材不足"的矛盾，方法无外乎三种。

一是抄写。上述东京卧游堂书店旧售日本文明十四年（1482）移录江西龙派训点本苏诗类注本5册，该本原有8册，阙第2、3、8册（卷4至9、23至25）。册首有题跋：

旧本□九百九十二丁也。诗一千四百七十二首也。文明十三年辛丑林钟廿六日相国寺于鹿苑院之衣钵阁初书之，次之壬寅仲春十又八日嵯峨鹿王院北窗下而书之了，次之癸卯季春于北山之鹿苑寺，江西之点以人之所称之本写之，后览直过惟幸。文明癸卯孟夏下旬志焉。辉子。

由此可知此本抄写之过程。该本可贵之处是移录了江西龙派的训点，以此为依据，使对现存"东坡诗抄物"训点系谱梳理成为可能。

二是引进朝鲜本。关于朝鲜本流入日本，一般认为是丰臣秀吉侵略朝鲜时从朝鲜大量劫回的。但从笔者的研究来看，在万历朝鲜战争以前，至少有市立米泽图书馆藏本、岩濑文库藏本等两种朝鲜铜活字版苏诗类注本已经传入日本并被五山禅僧用于苏诗讲读活动了。而且，《朝鲜王朝实录》中也有日本派使赴朝鲜求苏轼诗集的记载[①]。

三是复制，即刊刻五山版苏诗类注本。川濑一马《五山版の研究》上卷《解说篇》[②]录入了以下23种五山版类注本东坡诗集，又在《新修成篑堂文库善本书目》[③]中增录了1种，计有24种：

[①] 《燕山君日记》七年（1501）九月十七日条载："日本国使臣弸中、智瞻等求《东坡诗集》《碧岩录》《黄山谷》等册。命给之，《碧岩录》未知何册，其问于弸中。"
[②] 川濑一马《五山版の研究》上卷，1970年，第484页。
[③] 川濑一马《新修成篑堂文库善本书目》，1992年，第519页。

（1）宫内厅书陵部藏林罗山旧藏本；

（2）宫内厅书陵部藏长得院旧藏本；

（3）宫内厅书陵部藏松平乐翁旧藏本；

（4）国立国会图书馆藏盐田屯旧藏本；

（5）成篑堂文库藏天隐龙泽手泽本；

（6）成篑堂文库藏清见寺旧藏本（《新修成篑堂文库善本书目》著录）；

（7）东洋文库藏嘉吉元年写入本；

（8）东洋文库藏冈山国清寺旧藏本；

（9）静嘉堂文库藏本；

（10）大东急纪念文库藏本；

（11）足利学校遗迹图书馆藏本（一）；

（12）足利学校遗迹图书馆藏本（二）；

（13）足利学校遗迹图书馆藏零本（卷十五、十七、二十五，计三卷）；

（14）京都大学谷村文库藏本；

（15）龙谷大学图书馆藏本；

（16）宫城县立图书馆藏本；

（17）松平家披云阁文库藏本；

（18）阳明文库藏本；

（19）尊经阁文库藏本；

（20）三井家旧藏本（一），十四册；

（21）三井家旧藏本（二），十册；

（22）天理图书馆藏石井氏积翠轩文库旧藏本；

（23）天理图书馆藏零本（卷十二）；

（24）布施卷太郎藏本。

笔者已经对第（1）（4）（5）（6）（7）（9）（11）（14）（18）（22）等10部进行了确认，均附有"写入抄"。可以推想，尚未调查的14部中附有"写入抄"的可能性极高。五山版中同一种书存有24部是极为罕见的，也从一个侧面说明苏轼诗歌在日本中世禅林中普及程度之高，书上所附禅僧们的"写入抄"更增加了该书的文献价值。这里可以给我们一点启示，整理影印日本五山版汉籍时，是从刊刻艺术角度考虑选择洁净整齐的版本，还是从文本价值角度考虑选择满纸"写入抄"的版本呢？以（5）天隐龙泽旧藏本为例，将该本中的"写入抄"与月松宗鹤编《东坡诗抄》中收录的天隐龙泽抄物进行对比，即可判断该本中的"写入抄"是否为天隐龙泽自笔写入本，若能判明则可全面了解天隐龙泽的苏诗研究，其文献价值之高不言自明。

（五）繁杂但有序："东坡诗抄物"的注释体例与特色

五山禅僧以宋元版类注本为基础，利用海内散逸的施顾注、赵次公注等资料，并大量引用南宋中期以来出现的《翰墨全书》《方舆胜览》《杭州图经》《咸淳临安志》《东都事略》《言行录》《续资治通鉴长编》《宋元通鉴》等重要的宋代地理、人物相关书籍。这些书籍多成书于南宋中后期，故未能被赵次公等南宋初期注家采用。又因在清代流传不广，清代注家也极少使用。从这个角度看，"东坡诗抄物"在引用材料方面完全可以和宋人、清人相媲美。关于"东坡诗抄物"的注释体例及特色，笔者以《四河入海》为例，从题注、分段、校勘、诗语诗句的解释、全篇概括等五个方面展开，撰写过日文论文①，现概述其要如下。

诗歌中的题注主要解决创作时间地点、有关人物等事项，对理解作品非常重要。苏诗南宋古注本中，施顾注的题注最为详细，施宿专门参考《国史》等资料②制作了苏轼的年谱，并将年谱有效地运用到题注中。《四河入海》很好地继承了施顾注的这一特点，把施宿《东坡先生年谱》作为重要的参考文献频繁引用。除此之外，还大量参考了何抡《三苏年

---

① 王连旺《蘇詩注釈書としての『四河入海』》，《筑波中国文化论丛》2014年第33号。
② 施宿在《东坡先生年谱》的跋文中提及"宿即略采《国史》谱先生之年而系其诗于下"。引文见郑骞、严一萍编《增补足本施顾注苏诗》，台湾艺文印书馆，1980年，第107页。

谱》及傅藻《仙溪纪年录》。

注释诗中的宋代人物时,《四河入海》频繁引用《东都事略》《言行录》《宋史全文续资治通鉴》[①]《宋元通鉴》等南宋中期以后出现的书籍,注释尤为详尽。

注释地名、楼阁、历史遗迹时,《四河入海》频繁引用《方舆胜览》《杭州图经》《咸淳临安志》《翰墨全书》等南宋中后期出现的方志、类书,显示出五山禅僧对中国地理的好奇心与熟知度。

我国的诗歌注释多注重字词解说与名物考据,对诗歌作品进行全面或分段分析则多见于诗话或宋末元初兴起的批点之学。南宋的注释家中,赵次公是个特例,他在注释杜诗时便采用了分段分析的方式,五山禅僧在注释苏诗时继承了赵注的特点。关于这一点,瑞溪周凤《刻楮子瑞溪脞说叙》中有明确记载:"长篇分段,盖拟赵次公杜诗之解也。"

苏轼的诗歌在其生前便已出现文字异同,至南宋时,随着苏集的大量印行,异文的情况也愈来愈多,成为南宋苏诗注家们必须要解决的一个重要问题。比如,施顾注本大量引用墨迹及石刻资料对苏诗进行了校勘[②]。和南宋注家一样,五山禅僧也非常重视对苏诗文本的校勘。从《四河入海》的引书情况看,他们所用的校勘资料有《东坡集》《东坡文集》《大全集》《东坡别集》等宋刊东坡集,还广泛搜罗了大量宋元刊本、五山版等苏诗类注本,以"无批语本""无批语唐本""增刊本""批语本""和本""日本本""日本版"等略称。又将新近从中国传入的刊本称为"新度唐本""新渡增刊本",等等。因为苏诗类注本是禅僧们讲授或学习时的"通用教材",故而才出现了这么多的版本。除此之外,中国注家在校勘时使用频度不高的《丛林盛事》《事文类聚》《渔隐丛话》《方舆胜览》《冷斋夜话》《诗学大成》《东京梦华录》等书也频频出现在

[①] 承蒙刘成国教授赐教,《四河入海》所引《续资治通鉴》为《宋史全文续资治通鉴》。
[②] 关于施顾注本利用墨迹、石刻资料校勘的研究,详参浅见洋二《校勘から生成論へ:宋代の詩文集注釋・特に蘇黃詩注における眞蹟・石刻の活用をめぐって》,《东洋史研究》2009 年第 68 卷第 1 号。

他们的校勘中。

除了题注、分段、校勘,"东坡诗抄物"在注释诗歌词句时,多用日语的俚语、谚语、连歌,或者将中日两国的人物与实物进行类比,且多使用图录,是日本文化视角下的苏诗解读,时有新意,可为苏诗文本研究提供新的视角,具有重要的参考价值。

"东坡诗抄物"以宋元版、五山版、朝鲜铜活字版等苏诗类注本为底本,大量引用中国本土已经散逸或部分散逸的施顾注、赵次公注等宋人古注,仿照赵次公注杜甫诗的体例,广泛利用宋人所编苏轼年谱、史籍、诗话、方志、韵书、类书、丛书、佛典等资料,对苏诗进行文本校勘、字词释义、分段赏析,并对南宋旧注及日本古注进行辨析,兼具集注与疏证的特点。可以说,五山禅僧们的苏诗注释充分吸收了南宋注家的已有成果,是在南宋以来的苏诗研究系谱下继续进行的研究活动。

(六)辑佚的宝库:赵次公佚诗的发现与佚注的复原

伴随着宋学的传入,中世日本的学术风尚随之一变,大量宋代典籍传入日本。五山禅僧们在注释苏诗时大量引用了南宋古注及其他宋代文献,使"东坡诗抄物"成为重要的辑佚材料,20世纪60年代以来中日学者都做了这方面的尝试。1965年,小川环树、仓田淳之助在大岳周崇《翰苑遗芳》中辑出大量施顾注、赵次公注,汇集为《苏诗佚注》[①]出版;1998年,王水照利用"东坡诗抄物"及其他资料,整理出《宋人所撰三苏年谱汇刊》[②];董舒心先后发表《论日本苏诗注本〈四河入海〉的学术价值》[③]、《〈四河入海〉所引苏诗佚注与〈东坡别集〉》[④],强调了《四河入海》的引文中包含大量中国本土已佚文献,并以《东坡别集》为例进行

[①] 小川环树、仓田淳之助《苏诗佚注》,京都大学人文科学研究所,1965年。
[②] 王水照《宋人所撰三苏年谱汇刊》,上海古籍出版社,1998年。
[③] 董舒心《论日本苏诗注本〈四河入海〉的学术价值》,《古典文学知识》2012年第3期,第102—109页。
[④] 董舒心《〈四河入海〉所引苏诗佚注与〈东坡别集〉》,《域外汉籍研究集刊》第15辑,中华书局,2017年。

了探讨；卞东波总结了苏诗施顾注的现存状况及前人辑佚的得失，指出以嘉定原刊本为底本，参校景定再刊本，并以《翰苑遗芳》中所引的施顾注为补充，同时参考《四河入海》的古抄本和据古抄本"移点"的古活字本，可以高度复原宋刊本施顾注[①]。除上述成果外，笔者近年来致力于赵次公"和苏诗"[②]及苏诗赵次公佚注的整理研究[③]。

四、结语

自室町初期的惟肖得岩至江户初期的文英清韩，二百余年间，代表日本文化最高水平的五山禅僧群体世代传习苏诗，转益多师，切磋琢磨，不论是应仁之乱后颠沛流离的万里集九，还是被卷入诸侯争霸漩涡的文英清韩，在社会动荡与时代剧变下，五山禅僧们始终没有放弃对苏诗的研读。现存大量的苏诗抄物，既是他们研读苏诗的集体成果，也是研究苏轼文学在日本受容的重要文献。

15至16世纪初期参与苏诗讲习的五山禅僧人数最多、注解活动也最为繁盛；1467至1477年，日本爆发"应仁之乱"，五山禅林遭受重创，知识精英由京都向各地疏散漂泊，苏诗研读活动也随之衰落；日本天文三年（1534），笑云清三所编苏诗抄物集大成之作《四河入海》的成书是对15至16世纪初期五山禅林研读苏诗活动的一个阶段性总结，成为日本苏诗接受由盛至衰的一个分水岭，苏诗接受群体的数量与参与热度由此衰退；但是，《四河入海》之后的五山禅林中苏诗研读并未中止，而是进入16世纪中期至17世纪初期的衰微期，这一时期的代表人物为文英清韩。进入江户时期后，由于江户儒学者的崛起，苏轼文学在日本的接受主体与模式也随之改变，苏诗研读活动中已基本不见五山禅僧的

[①] 卞东波《域外汉籍与施顾〈注东坡先生诗〉之研究》，《文学遗产》2017年第6期。
[②] 王连旺《赵次公"和苏诗"辑考》，《中国典籍与文化论丛》2015年第17辑；王连旺《赵次公诗文汇校稿》，《筑波中国文化论丛》2015年第34号；王连旺《诗人赵次公初探》，《新宋学》2016年第5辑。
[③] 王连旺《苏诗赵次公注的辑佚与整理新考》，《古典文献研究》第21辑，凤凰出版社，2018年。

身影。

南宋中期和清代是苏轼研究史上的两个高峰，出现了大批高水平的苏诗注家。日本五山禅僧的注释活动介于南宋与清代之间的元明时期，使这一时期的苏轼研究出现了"墙里开花墙外香"的异趣。自惟肖得岩、大岳周崇以来，五山禅林中的坡诗讲谈师世代传授、研习苏诗两个多世纪，他们作为日本最一流的知识阶层，跨越法系、学系的拘囿，以苏诗类注本为"通用教材"，广泛搜集各类苏集文献，以"讲谈"的方式研读苏诗，造就了这一时期东亚苏轼诗学研究的高地，为后世留下了大量弥足珍贵的注释材料，使进一步辑佚整理苏诗文献成为可能。他们对"通用教材"的需求，也促进了五山版苏诗类注本的出版。

"东坡诗抄物"具有很高的文献价值，可以作为苏轼诗歌批评资料、苏轼文学海外传播研究资料、中国典籍在海外的流布及辑佚资料，以及中日比较文学研究资料加以利用。从影印整理来看，仅有日本的语言史专家影印出版过《四河入海》一种"东坡诗抄物"，诸如月松宗鹤编《东坡诗抄》及宋元版、五山版、朝鲜版苏诗类注本"写入抄"等大量珍贵文献亟待发掘整理；五山禅僧们对苏诗的注释可以大大丰富苏诗文本批评资料，为作品解读提供一个日本视角。因此，整理或利用"东坡诗抄物"时，不能只限于苏诗"汉文抄"，苏诗"假名抄"中也含有很多真知灼见和苏轼文学在该时期受容情况的重要信息，应摒弃语言和国界的限制，将苏轼诗歌的研究置于东亚坐标中，作为经典的区域文学加以关照。

值得进一步探讨的还有两点。其一，室町前期的坡诗讲谈师多出自建仁寺、南禅寺，而中后期则多出自东福寺，且室町后期至江户初期的五山禅僧与皇室、公家之间有频繁的交流与互动。堀川贵司在《禅僧による禁中漢籍講義—近世初頭『東坡集』の例—》文末提出了一个新的研究课题，想进一步考察五山禅僧与皇室、公家之间的学问互动是否与庆长、元和年间勃兴的古活字出版事业有关联；其二，近世初期公家的苏诗受容也值得关注和研究。前文提及，八条宫智仁亲王曾邀请过月溪圣澄、文英清韩讲授苏诗；另外，阳明文库藏有一部五山版《王状元集百家注分类东坡先生诗》，该书施有训点、朱引及大量批注，卷四末有近卫家第十七代当主近卫信尹（1565—1614）墨笔题识"内大臣信辅"，卷五首有其花押，卷六末有墨书"天正十三年（1585）"。日本学者松尾肇子在对此书调查的基础上，对近卫家的苏诗受容情况进行过考察，是研究近世初期苏诗在公家受容情况的典型个案。① 智仁亲王和近卫信尹均是江户初期文学素养极高的重要文人，他们在文学创作中是否受到了苏诗的影响有待探讨。

---

① 松尾肇子《近衛家における蘇軾の詩文》，载《东海学园言语・文学・文化》2008年第8号。

中日韩曾巩研究管窥

张 剑

（北京大学中文系）

曾巩为唐宋古文八大家之一，然而长期以来，学界对他的研究却显得冷落；这种情况不仅存在于中国，而且在日本和韩国同样如此。近年来，随着中国学界对曾巩研究的改观，同处东亚文化圈内的日本和韩国也受到一些影响。本文拟对中、日、韩三国的曾巩研究做一综述，并借此说明文化交融和互动的意义。有关日、韩的研究状况，因中国国内了解不多，故不惮辞费，论述稍详。

一、中国的曾巩研究

唐宋八大家中，相比于欧阳修、王安石、苏轼，中国学界对于曾巩的研究是较为沉寂的。张毅主编的《宋代文学研究》曾对20世纪的曾巩研究做过统计分析：

世纪初到1980年的80年间，他却颇遭冷落。1949年以前，只有王焕镳撰写的《曾南丰先生年谱》，《江苏国学图书馆馆刊》3卷，1930年11月；熊翘北的《曾巩的生平及其文学》，《江西图书馆馆刊》1期，1934年11月。……1949年以后至70年代末期、80年代初，研究曾巩的论文几乎一篇也没有，文学史提到他往往略略带过。……1983年，在江西南丰举行了纪念曾巩逝世900周年学术研讨会，学者们希望改变过去将文学散文的范围划得过窄、冷落曾巩的现象。此后，陈杏珍、晁继周点校的《曾巩集》,1984年由中华书局出版;据金代中叶临汾刻本影印的《南丰曾子固先生集》,1986年由中华书局出版;江西省文学艺术研究所编辑的《曾巩研究论文集》,1986年12月由江西人民出版社出版;王琦珍撰写的《曾巩评传》,1990年由江西高校出版社出版。曾巩的研究一时反而显得比苏洵、苏辙更加繁荣一些。①

知网数据似乎也能验证以上说法,以"题名"为检索项,在两大关键检索项"学术期刊论文"和"博硕士论文"中(报纸和会议等项由于收入数据尚少,参考价值不大),分别键入八大家姓名,所得各项篇数如下(表1,检索日期2019年8月8日):

表1 知网以"题名"为检索项检索唐宋八大家姓名所得论文数

	韩愈	柳宗元	欧阳修	苏洵	苏轼	苏辙	曾巩	王安石
学术期刊论文	1830	1843	1358	120	5735	205	221	1602
博硕士论文	111	99	105	6	396	29	16	112
合计	1941	1942	1463	126	6131	234	237	1714

因为有的论文题目不一定直接显示姓名,往往使用合称或简称,如欧曾、三苏等,因此须再以"主题"为检索项,所得各项篇数如下(表2,检索日期2019年8月8日):

表2 知网以"主题"为检索项检索唐宋八大家姓名所得论文数

	韩愈	柳宗元	欧阳修	苏洵	苏轼	苏辙	曾巩	王安石
学术期刊论文	4884	3769	3389	388	11928	816	429	4771

---

① 张毅主编《宋代文学研究》下册,北京出版社,2001年,第556—557页。

续表

	韩愈	柳宗元	欧阳修	苏洵	苏轼	苏辙	曾巩	王安石
博硕士论文	712	233	564	55	1615	235	111	373
合计	5596	4002	3953	443	13543	1051	540	5144

其中苏轼一骑绝尘，一人就几乎撑起了唐宋八大家研究成果的半壁江山；居中的是韩愈、柳宗元、欧阳修、王安石四人，虽然单个人的研究成果数量无法追攀苏轼，但合力却足可抗衡；垫底的是苏洵、苏辙和曾巩三人，合起来的研究数量居然赶不上另外五家中的任何一人，足见冷遇。以"题名"为检索项，可以看出曾巩略高于苏洵和苏辙；而以"主题"为检索项，则苏辙高于曾巩，其原因可能在于"主题"检索是将三苏、二苏之类都包括了进去，提到苏轼，难免会顺带提及苏辙，说到底，苏辙的数据，还是沾了苏轼的光。

关于21世纪的曾巩研究，于晓川《20世纪以来曾巩研究述略》[①]中有所涉猎，她列举的研究成果直至2014年。分别从"关于曾巩著述的整理、考辨和辑佚""对曾巩年谱的编订及相关资料的整理""曾巩散文研究""曾巩诗歌、词的研究""曾巩家族、交游和师承关系研究"五个方面概述了研究成绩，但也从四个方面谈了目前存在的问题。一是理论价值不高的重复性研究成果多，近年来的一些研究缺乏创新。二是目前的研究方向较为集中，对曾巩散文中除序、记外的其他方面的关注远远不够，对曾巩骈文、诗歌的理论分析相对较少。三是在曾巩文学研究中，研究方法与视角上有待转变和突破。四是曾巩文学研究之初，有很多在学界有一定影响力的学者加入到这一研究队伍中，但在近一段时间以来，这些学者对曾巩的关注较少，甚至在宋代文学年会中都鲜能见到关于曾巩文学的研究探讨。

[①] 于晓川《20世纪以来曾巩研究述略》，《重庆文理学院学报》2016年第1期。

于文比较翔实中肯,本文不再重复述评。该文中所说的"曾巩文学研究之初,有很多在学界有一定影响力的学者加入到这一研究队伍中",应该是指1983年12月,在江西南丰举行的"江西省纪念曾巩逝世900周年学术研讨会"。这次会议由江西省社联、江西省文学艺术研究所、抚州地区社联、抚州地区文联、南丰县纪念曾巩办公室共同主办,领导小组组长由当时中共江西省委宣传部副部长周銮书担任;邀请到会的供职于外省的专家数量不多,仅十余人,但其中六人当时或后来都是全国著名学者,六人名单及相关信息如下:

王水照,复旦大学中文系副教授,提交论文《曾巩散文的评价问题》;

马兴荣,华东师范大学中文系副教授;

吴新雷,南京大学中文系副教授;

邱俊鹏,四川大学中文系副教授,提交论文《曾巩诗歌散议》;

成复旺,中国人民大学中文系讲师,提交论文《"明道"说的深化,"义法"论的先导——谈曾巩的古文理论》;

刘扬忠,中国社会科学院文学研究所助理研究员,提交论文《关于曾巩诗歌的评价问题》。

另外,中国社会科学院文学研究所副研究员吴庚舜和华东师范大学中文系教授万云骏虽未到会,但分别提交了论文《宋代文学研究亟待加强——为纪念曾巩逝世九百周年而作》和《义理精深,独标灵彩——试论曾巩散文的朴素美》。这次会议以及随后编辑出版的《曾巩研究论文集》,"冲破了沉寂,填补了空白"[①],成为推动曾巩研究走向深入和持续发展的重要开端,也让人们看到了地方政府与学界精英联合起来的益处。

2019年正值曾巩诞辰1000周年,抚州市及南丰县非常重视,联手

---

① 王水照《序言》,载江西省文学艺术研究所编《曾巩研究论文集》,江西人民出版社,1986年。

学界举行了系列纪念活动，取得了令人瞩目的成果。如7月20日，在北京大学召开"曾巩诞辰1000周年纪念活动新闻发布会"，来自北京大学、清华大学、中国社会科学院等机构的30多位知名专家以及人民日报、新华社、中央电视台等主流媒体的近百名记者参加会议。会议展示了由江西人民出版社与曾巩故里南丰县地方文化研究中心共同策划的《曾巩文化丛书》（全8册），包括《曾南丰先生评传》（王琦珍）、《曾巩年谱》（李震）、《曾巩家族》（罗伽禄）、《曾巩散文考论》（李俊标）、《宦游九州：曾巩政治思想研究》（夏老长）、《曾巩诗歌研究》（夏汉宁）、《曾巩故事》（王永明）、《曾布研究》（熊鸣琴）共8册。中国宋代文学学会原会长、复旦大学著名学者王水照说："探寻两宋江右文化繁荣兴盛的原因，必须以深刻分析研究人物个案为切入点。这套《曾巩文化丛书》是一次很好的践行，值得细读精研。"

江西高校出版社也不甘落后，2019年7月27日，在西安第29届全国图书交易博览会举行了国家出版基金项目"曾巩研究书系"（10册）新书首发式。丛书由华南师范大学闵定庆教授主编，包括《曾巩散文研究》（韩国韩信大学金容构）、《曾巩史学活动与史学思想研究》（华南师范大学夏志前）、《曾巩校书考》（澳门大学邓骏捷、闫真真）、《曾氏文学家族研究》（江苏师范大学李俊标）、《曾巩接受史研究》（中国艺术研究院黎清）、《曾巩新传》（广东社会科学院张洲）、《曾巩年谱辑刊》（韩国岭南大学何素雯）、《海峡两岸曾巩研究论集》（何素雯、台湾大学黄馨霈）、《曾巩诗论》（江汉大学喻进芳）、《曾巩学术思想研究》（高雄师范大学罗克洲）。

9月27日至30日，由北京大学中文系、中华文学史料学学会、抚州市人民政府联合主办，南丰县人民政府承办的"纪念曾巩诞辰1000周年学术研讨会"，于南丰县隆重开幕。值得一提的是，这次会议提交论文超过100篇，包括北京大学、清华大学、中国人民大学、北京师范大学、北京语言大学、复旦大学、华东师范大学、华中师范大学、南京大学、浙江大学、武汉大学、中山大学、华南师范大学、四川大学、吉林大学、苏州大学以及中国社会科学院、中国艺术研究院等重点大学和科研单位的知名学者莅会发表宏论,规模和力量都盛况空前,它对曾巩研究的全面繁荣必将起到巨大的推动作用。

二、日韩的曾巩研究

日本和韩国的曾巩研究,长期以来皆颇寂寥,但"他山之石,可以攻玉",其中不乏值得介绍和借鉴之处。

(一)日本的曾巩研究述略

如中国20世纪80年代之前的曾巩研究一样,日本学界也常常是在介绍中国文学史的唐宋八大家时才顺便提到曾巩,迄今并无学术专著问世。日本明治二十五年(1892),东京兴文社开始陆续出版《少年丛书·汉文学讲义》,其第六编至第十七编为《唐宋八大家文讲义》,该书三十卷,由鸿斋石川英、慎斋喰代豹藏等人讲述,实系对沈德潜《唐宋八家文读本》的翻译讲解。卷二十七至卷二十八收录曾巩散文二十篇(卷二十七:《移沧州过阙上殿疏》《福州上执政书》《寄欧阳舍人书》《与孙司封书》《战国策目录序》《列女传目录序》《陈书目录序》《礼阁目录序新仪》《先大夫集后》《范贯之奏议集后》;卷二十八:《送江任序》《送李材叔知柳州序》《宜黄县学记》《抚州颜鲁公祠堂记》《越州赵公救灾记》《思政堂记》《墨池记》《道山亭记》《分宁县云峰院记》《书魏公传》),由喰代豹藏讲述,明治二十六年(1893)印行,先列汉语原文,后继以日文讲解,系铅印本。这是较早介绍曾巩的论著。

之后,关于唐宋八大家的选文、翻译和解说也不断涌现,主要有:

富山房编辑局明治四十一年(1908)到大正五年(1919)刊行的《汉文大系》,第三、四卷收《唐宋八家文》三十卷(即沈德潜的《唐宋八家文读本》),由三岛毅评释,儿岛献吉郎解题,正文前附《唐宋八大家系图并年谱》,以日语的汉文训读体写成;

东京国民文库刊行1925年出版《国译汉文大成》,其中文学部第七卷至第八卷是《唐宋八家文》；

东京朝日新闻社1956年出版清水茂《唐宋八家文》；

东京明治书院1976年出版星川清孝《唐宋八大家文读本》；

东京明德出版社1978—1989年出版《中国古典新书》，第19种系《唐宋八家文》；

东京学习研究社1982年出版藤堂明保监修《中国の古典》，第三十卷至第三十一卷系《唐宋八家文》；

东京角川书店1989年出版笕文生注释、小川环树监修《唐宋八家文》；

东京明治书院1990年开始，陆续出版《新释汉文大系》，其中《唐宋八大家文读本》由田森襄、沢口刚雄、远藤哲夫、向嶋成美、高桥明郎、星川清孝、白石真子等编译。

文学史著述中，多是在论述到宋代文学时简略提及曾巩，如博文馆印刷所1898年出版的笹川种郎著《支那文学史》，该书将中国文学划分为九期，其中第六期为宋代文学，仅分两节，"一、苏轼及其前后""二、陆放翁"，第一节下的关键词为"欧阳修、苏老泉、东坡的传、其为人和文章、其诗、苏辙、曾王二家、黄庭坚"，寥寥数语。富山房1925年出版的儿岛献吉郎著《支那文学史纲》，较早在章节目录中显示出曾巩全名，该书第四篇《近古文学》第十九章标题为"曾巩王安石"，认为曾巩以"学术醇正"和"孝友"闻名，文章"典雅有余，精彩不足"，但能名列八家之中，并非仅由于"学术醇正"。《宋史·曾巩传》称其"文章本原六经，斟酌于司马迁、韩愈"①，儿岛氏接受了这种说法，指出曾巩得欧阳修所传最多，故其长于叙事，学术亦以史学见长。评价比较中肯。影响较大的青木正儿的《支那文学概说》（弘文堂书房，昭和十年版）第四章《文章学》第四节"古文"论及宋代古文时说："欧阳修对古文之法的学习和推动，在文坛上张大了势力，曾巩、王安石、苏轼、

---

① 脱脱等撰《宋史·曾巩传》，中华书局，1985年。

苏辙等皆出其门下,宋代文格遂至大成。"对于曾巩只是一笔带过。其他文学史提及曾巩也很简略,不再赘述。

专门性的研究论文极少,笔者所经眼者仅有四篇:

第一篇是防卫大学麓保孝(1907—1988)教授的《曾南豊の学行に就いて——宋代儒家思想史上に占める地位》①,着眼探讨曾巩在宋代儒家思想形成的过程中,所占据的重要地位。作者征引大量史料,从曾巩自身生平及著述、同时师友弟子的思想、时人与后人的评价诸方面横推竖阐,认为曾巩之学虽然根底于经,但对史部、子部也有深厚修养;他还敏锐发现了曾巩对《大学》的重视,认为不仅在《宜黄县县学记》《筠州学记》中有所体现,而且曾巩于《熙宁转对疏》中率先告君以《大学》的诚意正心修身齐家治国平天下之道(另封《自福州召判太常寺上殿札子》因改明州,不果上),随着《大学》在宋代儒学中地位的提升,曾巩承先启后的重要意义遂得以彰显,作者引述宋元明清不少资料以证成其说。代表性的资料如元代刘埙《隐居通议》卷十四《南丰先生学问》所言:"濂洛诸儒未出之先,杨、刘昆体固不足道,欧苏一变,文始趋古。其论君道、国政、民情、兵略,无不造妙。然以理学,或未之及也。当是时,独南丰先生曾文定公,议论文章,根据性理,论治道则必本于正心诚意,论礼乐则必本于性情,论学必主于务内,论制度必本之先王之法。其初见欧阳公之书有曰'明圣人之心于百世之上,明圣人之心于百世之下',又曰'趋理不避荣辱利害',其卓然绝识,超轶时贤。先儒言欧公之文,纡余曲折,说尽事情,南丰继之,加以谨严,字字有法度。此朱文公评文,专以南丰为法者。盖以其于周程之先,首明理学也。然世俗知之者盖寡,亡他,公之文自经出,深醇雅澹,故非静心探玩不得其味。"

麓保孝娴于汉语,1942年任日本驻华大使馆一等翻译,并且熟悉中国学术史,1943年曾兼任南京汪伪的中央大学教授,后来撰有《宋元明

---

① 麓保孝《曾南豊の学行に就いて——宋代儒家思想史上に占める地位》,《防卫大学校纪要・人文・社会科学编》1963年第7辑。

清近世儒学变迁史论》(东京国书刊行会1976年版),他对曾巩在儒学思想史上地位的揭示,虽史料皆来自前人,却征引丰富,编排合理,基本上让史料自身说话,叙述方式类似刘师培的《中国中古文学史讲义》。其中征引的某些史料,至今还鲜有学者留意。如他引南宋陈埴《木钟集》卷一"此用《论语》意,致知上发源,皆先儒所不道,南丰屡屡言之,度越诸公远矣",揭示出曾巩《梁书目录序》与《论语》的关系;引《宋元学案补遗》卷四元吴澄之语:"南丰先生之学,在孟学不传之后,程学未显之前,而其言真详切实,体用兼该,间有汉唐诸儒不得而闻者。"揭示曾巩在儒学史上的地位。此两条重要史料,搜罗宏富的《曾巩资料汇编》[1]中即未得见。

第二篇是香川大学经济学部高桥明郎教授的《曾鞏の文学理論》[2],这篇文章不是对曾巩文论思想的全面介绍,而是探讨曾巩对"发愤著书"和"穷而后工"的看法,总结曾巩对"穷"与"工"关系的认识。作者认为,欧阳修、苏轼在讲诗人之穷与文章之工的关系时,都很强调二者之间的因果联系,苏轼虽略有变化,如认为穷、工之间有天意存在的成分,后期甚至反过来讲"诗能穷人",但基本上处于欧阳修的理论框架之内。曾巩与欧、苏之间却有实质性的不同,他过于强调"载道","工"只是"载道"时才被重视,才有意义,"穷"与"工"之间不在因果逻辑关系,所谓的"发愤著书"也有着严格的规定性,局限于论述载道之作,与欧、苏相比,他的"发愤著书"欠缺很大的自由度。曾巩对"道"优先而顽固的标举,使其不能像欧阳修那样很好融合与平衡"道"与"文",他虽然提到了"穷"与"工",却漠视其间的联系线索,只是一味将"道"置于首位,这也是他在文体上更加倾力于文章,而对诗歌关注不够的原因之一。

第三篇是九州大学东英寿教授的《曾鞏の散文文體の特色——歐

---

[1] 李震《曾巩资料汇编》,中华书局,2009年。
[2] 内山知也博士古稀纪念会编《中国文人论集》,明治书院,1997年。

陽脩散文との類似點》①，这是迄今为止日本第一篇专门研究曾巩文章特色的论文。如众周知，欧阳修与曾巩关系亲密，两人文风也有相近之处，但学者多停留于似是而非的模糊论断之上，如"纡徐""曲折""简洁""阴柔"等，缺少更为具体细致并且综合的文本分析。东英寿则从虚词使用法来考察曾巩古文的特色，并与欧阳修、韩愈做一比较，以见异同。因为记、序乃曾巩最得意的两种文体，本文将虚词调查的范围限定在曾巩诗文集《曾巩集》所收74篇序记，虚词则限定为"而""也""于""因""乃""则""然""矣""盖""尔""乎""哉""焉""耳""邪""欤"16个最常用的词汇。他先将之与《欧阳文忠公集》所收87篇记序的虚词使用做了分项比对，发现曾、欧两人所使用之各虚词的次数非常接近；然后又以具体篇章为例分析两者虚词使用的倾向，发现曾巩的《宜黄县学记》与欧阳修《醉翁亭记》一样，大量使用了各类虚词。为了加强数据的充分性和对比的鲜明性，作者又调查了16个虚词在韩愈的45篇记序之中的使用频率，并分别使用总量统计、使用万字之频率统计、Spearman相关系数统计，发现曾巩在虚词使用的整体特征上更接近欧阳修，而与韩愈存在着较大的差距。可见，古人将曾、欧两人的古文特色并称为"阴柔"，而将韩愈归为与之相反的"阳刚"，确实有一定道理；他还发现曾巩与韩愈古文写作倾向的距离要较欧阳修与韩愈之间的更大，单就记、序两种文体来说，与韩愈之"阳刚"相比，曾巩古文要较欧阳修更能体现出"阴柔"的一面。全文列有五张表格，详细罗列各项数据，说服力很强。这种具体深细的研究方式，值得学界借鉴和思考。

第四篇是早稻田大学近藤一成教授的《宋代神宗朝の高麗認識と小中華——曾鞏をめぐって》②，文章讨论了曾巩知明州和任史馆修撰时言及宋朝与高丽关系的几封奏书，指出熙宁四年宋朝和高丽恢复使节互通后，基于曾巩所言的"高丽为蛮夷中，为通于文学，颇有知识，可以

---

① 东英寿《曾鞏の散文文體の特色——歐陽脩散文との類似點》，《橄榄》2007年第14号。
② 近藤一成《宋代神宗朝の高麗認識と小中華——曾鞏をめぐって》，《全北史学》2011年第38号。

德怀、难以力服"和神宗所言的"蛮夷归附中国者固亦少,如高丽其俗尚文,其国主颇识礼义,虽远在海外,尊事中朝,未尝少懈",故朝廷"赐予礼遇,皆在诸国之右"。因为相比于辽夏,在宋朝构想的中华秩序中,高丽是唯一完全契合的存在。高丽也借与宋之关系形成了重要的自我认识,元丰三年副使朴寅亮来宋祭吊曹太皇太后葬礼,他与金觐的诗文刊行时就以《小华集》为名,朴寅亮在元丰五年为去世的高丽文宗起草哀册时,就将文宗的兴盛时代比拟为"小中华"。但是,高丽等于小中华,不仅是高丽的自我认识,而且是北宋基于当时的国际形势,不得不把高丽当作礼仪之国来对待,其中也是北宋自我认识的反映。文章还建议在讨论各种仪礼中高丽使节的地位和作用时,注意进一步站在东亚的视野下去看待宋朝和高丽的关系。

(二) 韩国的曾巩研究述略

韩国的曾巩研究成果数量虽较日本为多,但1990年以前基本处于空白阶段。据韩国启明大学中文系诸海星教授所撰《20世纪韩国宋代文学研究现况简介(自1945年至1999年)》[①]统计,五十多年内竟无一篇有关曾巩的研究;他另撰《韩国宋文六大家文学研究现状概括与评价(自1971年至2009年)》一文[②],显示曾巩研究自1990年以后才逐渐有所起色:

1. 硕士、博士学位论文

金钟燮《曾巩散文研究》,首尔大学硕士学位论文,1990年。洪尧翰《曾巩研究——以散文为中心》,明知大学硕士学位论文,1993年。金容杓《曾巩散文研究》,台湾大学博士学位论文,1994年。

2. 学术刊物发表论文

金容杓《由曾巩记叙文看其实用精神》,《中国学研究》1991年第6

---

① 诸海星《20世纪韩国宋代文学研究现况简介(自1945年至1999年)》,邓乔彬编《第五届宋代文学国际研讨会论文集》,暨南大学出版社,2009年。
② 诸海星《韩国宋文六大家文学研究现状概括与评价(自1971年至2009年)》,《常州工学院学报》(社会科学版)2010年第4期。

辑。徐辅卿译《寄欧阳舍人书》,《中国语文学译丛》1997年第6辑。柳莹枃《曾巩〈与王介甫第二书〉的创作动机考察——曾巩与王安石的交游关系研究之一》,《中国文学研究》(庆星大学)1998年第10辑。柳莹枃《曾巩与王安石的交游》,《中国文学》2002年第38辑。白光俊《由墓碑文看曾巩的写作——以对文体的观点之形成背景及其意义为中心》,《中国文学》2000年第33辑。田立立(中)《论曾巩文学地位的研究》,《中语中文学》2008年第43辑。

该文共列举宋文六大家文学研究论文目录近300篇,硕、博士学位论文目录100多篇,今将六家数据统计如下(表3):

**表3 《20世纪韩国宋代文学研究现况简介
(自1945年至1999年)》六大家文学研究论文数量统计**

	欧阳修	苏洵	苏轼	苏辙	王安石	曾巩
专著、译著	6	0	14	0	1	0
博硕士学位论文	25	1	63	1	11	3
学术刊物论文	59	5	171	4	45	6
合计	90	6	248	5	57	9

曾巩总共才有9篇,其实诸海星文尚漏检一篇:郭鲁凤的《曾巩散文理论及特征》(《中国学研究》第9辑,1994年)。即便如此,曾巩研究数量也仅略高于苏洵和苏辙,与欧阳修、苏轼、王安石三家相比仍有天壤之别。最近十年的韩国曾巩研究,笔者尚检得如下6篇(部):

学术专著1部:即前举金容枃博士学位论文《曾巩散文研究》,2019年由江西高校出版社出版。

硕士学位论文2篇:1.金松柱(김송주)《曾巩记文研究》,高丽大学校大学院硕士学位论文,2010年。2.李汝英(이여영)《曾巩序文研究》,全北大学校教育大学院硕士学位论文,2014年。

学术刊物论文3篇:1.吴宪必(오헌필)《曾巩的社会诗内容分析》,

《中国学论丛》第58卷，2017年，高丽大学中国学研究所。2.吴宪必《曾巩的历史观和咏史诗》，《中国学》第65辑，2018年，大韩中国学会。3.安灿顺（안찬순）《朱熹的文学观以及其意义——以朱熹对曾巩的评价为中心》，《中国语文学集》第68辑，2018年，中国语文学会。

以上诸文，在学者集中研究的领域，如曾巩生平及散文研究方面，创获较难。如洪尧翰的硕士学位论文《曾巩研究——以散文为中心》，分为"序言""家世及生平""学问与思想""散文渊源""散文内容分析""散文特色""结论"七章，基本上是对文学史有关章节的扩充，作为重点章节的第六章，将曾巩散文特色总结为"文辞简洁""结构谨严""说理本经""文体阴柔"等，亦属摭拾旧说，但该文成稿较早，不宜苛求。

金松柱的硕士学位论文《曾巩记文研究》共分5章，除序论、结论外，第二、三、四章分别考察了曾巩记文的分类内容和创作艺术。认为曾巩记文具有很强的事实性和明确性，并自然地融合了自己的真实思想和情感，使此类作品中具有了丰富的内涵；曾巩作品的特点是文字简朴，结构非常严谨，甚至无须分段，因为他采用了一定方法把各段划清。李汝英的硕士学位论文《曾巩序文研究》，将《曾巩集》42篇书序按内容分为四类：一为整理古籍所作，二为当代文集所作，三为赠序，四为其他序文。论文对前三类进行了研究分析。认为前两类书序，真正合乎"提要"性质的只有《陈书目录序》一篇。曾巩为文志在明道而好议论，其序文也不例外，每篇几乎都有一段"大议论"，《目录序》主要围绕"先王之道"进行"大议论"，阐明了曾巩"本原六经，修法度，明教化，治国平天下"的儒家思想；为当代文集所作之序，重在阐明曾巩"文道合一"的文道观；赠序主要围绕官吏的职责进行"大议论"，阐明了曾巩爱民、忠于职守的政治观；序文鲜明反映了曾巩的儒家思想，文道观及政治观。论文还对曾巩序文中普遍采用的修辞手法进行了研究，分析了对比、排比、对偶、引用、设问等修辞手法在序文当中的用例和达到的效果。这两篇学位论文中规中矩，但整体创新度明显不足。

值得注意的是，最近发表的三篇学术刊物论文：吴宪必的《曾巩的社会诗内容分析》和《曾巩的历史观和咏史诗》，探讨学界较少关注的曾巩诗歌，通过对曾巩社会诗的研究，指出其对虚矫夸饰的时政和失败的国防政策的批判，以及对民生疾苦的关心，其中体现了曾巩的民生意识；通过对曾巩咏史诗的研究，指出其以简洁的方式描绘历史人物和历史事件，重在借古讽今，表达对当下的思想和情感，具有很强的实用精神。论文还分析了这些诗歌的独创性和艺术风格，角度较以前研究有所推进。安灿顺的《朱熹的文学观以及其意义——以朱熹对曾巩的评价为中心》，指出朱子对韩愈、欧阳修、苏轼、苏辙等古文家往往是批判的，唯独特别偏爱曾巩的著作，论文围绕朱熹对曾巩各方面的评价，条分缕析，对于理解曾巩文章以及朱熹的文学观都有所助益。

当然，最有分量的研究还是韩国韩信大学金容构教授的《曾巩散文研究》，此系其1994年博士学位论文，以繁体中文写成，是他在中国台湾大学师从罗联添教授时完成的，历经25年，始于2019年正式出版。论文作者致力于解决两个问题：一是曾巩作品是否"缺乏现实性"，是否只是"一套陈旧话语"？二是曾巩散文果真没有具备某种审美感（尤其是形象性与抒情性）吗？古今对审美感的观念那么截然不同吗？

对于第一个问题，作者认为很大程度上来自人们对"文以载道"的成见，其实曾巩本原六经，以《大学》《中庸》之道为核心，秉承的是"文以明道"的文学功用论，不同于宋儒"文以载道"的"文学无用论"。曾巩把《大学》中的八条目分成"先觉"和"觉斯民"两个阶段，他基于孟子性善之说，相信道德人格的感染力量，将个人道德的修持视作"先觉"的核心内容；但他并不认为单凭道德的力量就能够"治国平天下"，反而透彻地针对现实社会的种种矛盾，提出非常实际的政治理论。如《洪范传》中，他主张"八政"之说，其重心放在"教育"和"刑政"方面，所谓"教育"是指"培养吏才"，"刑政"要以"刑赏重厚"的原则治理百姓。这就是他所谓"教化"的正确意旨，也是"觉斯民"的具体手段。任地方官时，他非常关心百姓疾苦，处处为民着想，不仅提出水利、救灾、理财等关系到百姓生产和生活的主张，而且力行实践。总之，曾巩的文章绝非缺乏现实性，而是具有强烈的"经世致用"精神。

另外，曾巩对文章内容的理论要求，是在"公且是"的原则下，提出"当于理"。所谓"公且是"乃是"道德之体要"，即无偏无党、大公无私的"中"。所谓"理"是指因时适变的现实政治中的"治理"。前者为"道"，后者为"政"，强调作家务必在不徇私情、公正不阿的道德标准下，写出有关"可行于当今治世之法"的"治理"，文章的内容必须以"道"以"政"为之。但他又认为"无文无以明道"，提出"文道合一"的理论，"重道重政也重文"，因此他的文学理论主张不是陈说，而是推陈出新。

对于第二个问题，作者认为曾巩散文的最大特色是纯以客观的叙述和议论来代替事物、代替人物生动的形象。他的文章几乎没有塑造形象。然而形象给予的美感，是作家主观感情色彩的一种表现，所以过于注重塑造形象，就容易流于主观感情成分，也易于失去冷静客观、大公无私的心理状态，从而丧失了理性分析的说服效果。因此，曾巩散文着重于叙事、议论，而似乎有意避开形象描绘。但是，曾巩文章并不缺乏抒情性，只是这种抒情隐藏于其文字的简洁平易与音声的抑扬节奏之中。文字的"简洁平易"，本身已带有一种"阴柔"或"秀美"的内在艺术美，所以曾巩即使没有塑造鲜明而生动的形象，读者从中仍可隐然感到审美情趣。音声抑扬节奏的变化则是一种语言之美，所谓节奏，就是音长、音高、音势三方面的情感起伏变化。曾巩的散文语言，抑扬的落差、旋律长短的变化，较为缓慢、匀称、和谐，是以其旋律的运动形成了更为规律性的圆满曲线；大致上先以平缓的语调塑造从容不迫、亲切柔和的气氛，然后再以带有周期性的情感的抑扬落差塑造匀称、和谐的节奏，最后以反复咏叹的手法予人悠远的情韵。即古人所谓的"典雅含蓄"。不过，这种"典雅含蓄"，非将其散文朗诵则不能感受到，而务必以柔和的语气、缓慢升降的速度来低徊吟咏时，才能感觉到它的"阴柔之美"。20世纪以来，受西方文学理论的影响，多注意作品文字塑造的形象美,而不甚注重发掘"因声求情""因声求气"的传统古文审美理论的核心,这也是曾巩散文的艺术价值未能被今人真正理解的主要原因之一。

论文第三章将曾巩现存738篇散文作品,大致分成六类,即论辩序跋类、书牍赠序类、奏议诏令类、碑志传状类、哀祭类、杂记类,并分别做了要言不烦的点评。第五章具体考察曾巩散文中的"道",指出现存《元丰类稿》中最能表现其"经世致用"思想面貌的其实是叙事文,而不是论辩文;若不考察其叙事文中隐然所藏的思想底蕴,而仅以论辩文中关于道德修持方面的言论来判断,难免会形成对曾巩思想的错误认识。

该著的若干观点前人虽有论及,然而皆不及其详明剀切。因此,尽管这部专著基本是其博士学位论文的原貌呈现,但在韩国的曾巩散文研究方面,仍堪称标志性的成果。

三、中日韩曾巩研究比较

从以上对中、日、韩曾巩研究的简单考察可以看出,三国之间的研究有分别但也有联系。

首先,中国是理所当然的曾巩研究的主导和主力,不仅成果数量相对庞大,而且地方政府热心标举乡贤,做了不少卓有成效的工作。比如1983年由江西地方政府举办的"纪念曾巩逝世900周年学术研讨会",对于打破曾巩研究的沉寂局面就起到了关键作用,几部经常为学界引用的成果,如陈杏珍、晁继周点校的《曾巩集》,江西省文学艺术研究所编辑的《曾巩研究论文集》等,都是在这次会议后陆续出版的。而2019年的"纪念曾巩诞辰1000周年学术研讨会",则是地方政府携手学界高端力量共同举办的规模空前的盛会,数十所重点大学和科研单位的学者投入研究,视角多样,出手不凡,仅列举几篇拟参会学者的论文题目:《曾巩省试文章论略》《曾南丰应用之文研究》《辨析几微:道论与曾巩古文风格的形成》《曾巩诗歌的溪山佳兴与自然观照》《山水与画图:论曾巩诗歌的景观审美》《欧梅唱和圈中的曾巩形象与创作》，即可推知曾巩研究必将出现新的气象。

日、韩两国的曾巩研究虽然数量较少，但非常注意吸收中国的研究成果，《曾巩集》和《曾巩研究论文集》就是被其经常引用的；当然，由于国别和地域因素，他们引用中国研究成果时往往有一种滞后性。相比而言，中国学者由于较难看到日、韩的研究成果，因此在研究中对他们的成果也很少引用。随着相互交流的频繁和网络技术的发展，这种单向输出的情况有望在以后逐步得到改善，从而在中、日、韩三国之间形成一种文化互动的良性循环。

其次，中国的曾巩研究从20世纪80年代之后开始较快地前进，韩国则滞后十年，于20世纪90年代之后才有所发展。此前，两国的研究景象都十分惨淡。日本专门性的研究论文虽仅有四篇，但20世纪60年代即出现了麓保孝的力作《曾南豊の学行に就いて——宋代儒家思想史上に占める地位》，遗憾的是久久无人跟进，直至20世纪90年代之后才相继出现了另外三篇研究论文。不难看出，日韩两国的研究成果之所以集中出现于20世纪90年代之后，某种程度上是受了中国20世纪80年代之后曾巩研究的影响。

第三，与日本相比，韩国的曾巩研究成果相对丰富。这可能和近些年来，中、韩两国日益密切的互动交流有关，一方面，来中国留学的韩国学生和往韩国访学的中国学者逐渐增多；另一方面，韩国国内一批中青年学者迅速成长起来，成为研究中国古代文学的核心力量。日本方面，不仅曾巩研究，而且近年来整个中国古代文学的研究，都有低落之势，欲现昔日之辉煌，尚待来者。

还有一个有意思的现象是，无论中国还是韩国，不仅对于曾巩的研究，而且对于苏辙和苏洵的研究也十分萧条，如果统计其他国家的相关研究，相信也会是如此结果。这其实反映了一种学术上的"马太效应"，人们对于明星或话题人物，总是倾向给予更多的关注。但学术研究毕竟不同于社会学和经济学，它理应全面理性地衡量历史，从中挖掘出那些少人关注却又值得关注的人物、事件或现象，予以深度分析与研究，才能真正填补学术空白点，推动学术的繁荣和进步。从这个意义上说，中、日、韩三国的曾巩研究还有巨大的空间可以开拓。

学术是天下之公器，文化更是天下之财产，期望各国之间的学术与文化能够相互馈赠①，使世界文明显得更加多元多彩、丰富生动。

（多谢东英寿教授、金程宇教授、卞东波教授、闵定庆教授、李恩周博士、金胜满同学、王永明先生惠赐相关资料）

---

① 此处借鉴袁行霈先生1998年在北京大学举办的汉学研究国际会议上提出的重要概念"文化馈赠"。袁先生说："文化的馈赠是极富活力和魅力的文明创新活动，各个民族既把自己的好东西馈赠给别人，也乐意接受别人的馈赠。馈赠的态度是彼此尊重，尊重别人的选择，绝不强加于人。馈赠和接受的过程是取长补短、融会贯通。馈赠和接受的结果是多种文明互相交融、共同发展，以形成全球多元文明的高度繁荣。"

赴日使节与日本文人之间的诗文交往

——以渤海国与琉球国之使节为例

绀野达也

（日本神户市外国语大学外国语学部）

一

近代之前，中国古代诗文（就是"汉诗文"）传到中国边疆与周围的国家，当地文士接受汉诗文，而且他们又吸纳各地文化与文学，自己创作各自的作品。日本也是一个广泛地接受汉诗文的国家。比如说，日本决定年号之际，除经史文献之外，汉诗文亦成为重要典故。此外，平安时代重视《文选》与《白氏文集》，五山文学尊重杜甫与宋诗，江户时代的诗坛接受唐宋诗文和诗话，诸如此类，不胜枚举。而且汉诗文影响到日语文学，如和歌、俳句与物语文学等。

从日本的角度来说，我们能指出一个事实，就是明治时代之前，日本人与"中国人"直接酬应诗文之例不多。究其原因，中日的"公式"交流不多，特别是中国文人作为使者赴日之例极少。可是朝鲜半岛的国家、渤海国与琉球国却常常向日本派遣使节，与日本汉诗人直接交流。

此文首先对自奈良时代至平安时代初期日本文士与渤海国使节的诗文酬应进行介绍，其次涉及江户时代的日本诗人与琉球国使节的诗文交流，略论以日本为中心的东亚汉诗文交流及其研究意义。

二

渤海国（698—926）是一个由靺鞨族建立的中国边疆政权，领域的范围包括今朝鲜北部、中国东北部及俄罗斯沿海州。渤海国基本上一直向唐朝朝贡，唐朝称其为"海东盛国"。

渤海国之使者又渡日本海来到日本，至渤海国灭亡，达到三十四次。[①]对于渤海国遣使，有些学者认为，他们首先有政治与军事的目的，后来有贩卖毛皮的经济目的，最后是有汉诗文酬应的目的。[②]至少两国越交流，汉诗文的酬应越密切。但是，因为资料的限制，仅能在日本的资料中看到两国文士的诗文，大部分是日本文士赠送渤海国使者的，渤海国使节的作品却不多。

日本天平宝字二年（758），第四次渤海使来日本，回国之际，日本文士在饯别之宴上赋诗。《续日本纪》卷二十二云："当代文士赋诗送别，副使扬（应作"杨"）泰师作诗和之。"[③]可惜的是，日本文士的作品已经散佚，但是日本敕撰汉诗集之一的良岑安世编《经国集》[④]卷十三却收录两首杨泰师的诗歌，即应该是他来日之际所吟的。杨泰师《夜听捣衣》云：

霜天月照夜河明，客子思归别有情。厌坐长宵愁欲死，忽闻邻女捣衣声。声来断续因风至，夜久星低无暂止。自从别国不相闻，今在他乡听相似。不知彩杵重将轻，不悉青碪平不平。遥怜体弱多香汗，预识更深劳玉腕。为当欲救客衣单，为复先愁闺合寒。虽忘容仪难可问，不知遥意怨无端。寄异土兮无新识，想同心兮长叹息。此时独自闺中闻，此

[①] 日本也向渤海国遣船派使，可是日本弘仁二年（811）以后，日本不再派遣使者。现在我们不能确认日本使者在渤海国内吟诵的诗歌。上田雄《渤海使の研究—日本海を渡った使节たちの軌跡—》，明石书店，2002年，第420—422页。
[②] 上田雄《渤海使の研究—日本海を渡った使节たちの軌跡—》，第793页。
[③] 黑板胜美编《续日本纪》卷二十二，吉川弘文馆，2000年。
[④] 塙保己一集《群书类聚》卷一二五，温故学会，1980年。

夜谁知明眸缩。忆忆兮心已悬，重闭兮不可穿。即将因梦寻声去，只为愁多不得眠。①

对于这首诗，小岛宪之先生已指出有初唐的刘希夷《捣衣篇》与乔知之《秋闺》的影响。②杨泰师《奉和纪朝臣咏雪诗》云：

昨夜龙云上，今朝鹤雪新。怪看花发树，不听鸟惊春。回影疑神女，高歌似郢人。幽兰难可继，更欲效而嚬。

此诗应是借骆宾王《咏雪》以改作的。③所以，当时的日本文士可能通过杨泰师这两首诗理解以初唐诗为典故的创作方法。至少《经国集》（日本天长四年［827］成书）的编者认为这两首诗能适合"文章经国之大业，不朽之盛事"（曹丕《典论·论文》）的文学观念。④

第一篇跟渤海国使者有关的日本诗歌是大伴氏上《渤海入朝》（《凌云集》⑤所收）。此篇可能是日本延历十八年（799）渤海使赴日入朝之际所作的。⑥

自从明皇御宝历，悠悠渤海再三朝。乃知玄德已深远，归化纯情是最昭。片席聊悬南北吹，一船长冷去来潮。占星水上非无感，就日遥思眷我尧。

"自从明皇御宝历，悠悠渤海再三朝。乃知玄德已深远，归化纯情是最昭"与"占星水上非无感，就日遥思眷我尧"，基本上都表示渤海国倾慕日本天皇之德化遣使来朝。据此，我们可以看到当时的日本文人对日渤关系怎么认识、文饰。当时的渤海国使者也保持着如此态度，日本弘

---

① 小岛宪之已指出这首诗有错简，因此，此文采用小岛先生修改后的文本。小岛宪之《上代日本文学と中国文学》下册，墇书房，1965年，第1495—1496页。
② 小岛宪之《上代日本文学と中国文学》下册，第1496—1497页。
③ 小岛宪之《上代日本文学と中国文学》下册，第1492—1493页。
④ 松浦友久《日本上代汉诗文论考》，研文出版，2004年，第240—241页。
⑤ 墇保己一集《群书类聚》卷一二三。
⑥ 福田俊昭《大伴氏上の「渤海入朝」詩》，《アジア遊学》2003年第56期。

仁五年（814）赴日的渤海大使王孝廉，第二年正月参加宫中宴会时所吟咏的《奉敕陪内宴诗》（《文华秀丽集》卷上所收）云："海国来朝自远方，百年一醉谒天裳。日宫座外何攸见，五色云飞万岁光。"①也表示渤海国使者向日本渡海朝贡，赞扬天皇的威光。

关于王孝廉，值得我们注意的是，他还在平安京（今日本京都市）之外赋诗。日本敕撰汉诗集之一的《文华秀丽集》卷上收录他的《春日对雨探得情字》②、《在边亭赋得山花戏寄两个领客使并滋三》《和坂领客对月思乡见赠之作》与《从出云州书情寄两个敕使》。《从出云州书情寄两个敕使》云：

南风海路速归思，北雁长天引旅情。赖有锵锵双凤伴，莫愁多日住边庭。③

王孝廉将回国之际，在出云州（指"出云国"，就是今日本岛根县东部）吟诵这首诗。"双凤"指两位敕使，应是迎送渤海国使者的领客使。坂今继（坂上今继）有一首《和渤海大使见寄作》诗，云：

宾亭寂寞对青溪，处处登临旅念凄。万里云边辞国远，三春烟里望乡迷。长天去雁催归思，幽谷来莺助客啼。一面相逢如旧识，交情自与古人齐。④

此诗应该是据《从出云州书情寄两个敕使》的"北雁长天引旅情"所吟诵之和诗。

日渤汉诗交流史上最著名的是菅原道真与渤海大使裴颋之间的诗文酬应。日本元庆六年（882）与宽平六年（894），裴颋任大使赴日。裴颋的作品已经散佚，我们仅能看到菅原道真及其岳父嶋田忠臣⑤的诗歌，

---

① 小岛宪之校注《怀风藻·文华秀丽集·本朝文粹》，岩波书店，1964年，第210页。
② 诗云"主人开宴在边厅，客醉如泥等上京"，所以我们认为使节在日本边疆赋诗。
③ 小岛宪之校注《怀风藻·文华秀丽集·本朝文粹》，第228—229页。
④ 小岛宪之校注《怀风藻·文华秀丽集·本朝文粹》，第225页。
⑤ 嶋田忠臣于日本宽平四年（892）逝世。

还有一篇菅原道真元庆七年五月所写之《鸿胪赠答诗序》。元庆来日之际,裴颋对菅原道真给予"礼部侍郎,得白氏之体"①的评价。关于这个"白氏之体",已经有些学者提到。比如说,河野贵美子女士指出,裴颋给予这个评价的理由,第一是菅原道真在鸿胪赠答诗中吟诵一些表现又独特又自由的作品,第二是菅原道真在这次"公式"的鸿胪馆诗宴中再三表达他的"恨"的心情。②

我们还可以注意的是,在元庆七年的鸿胪馆诗宴中,菅原道真积极地尝试几种诗体。《鸿胪赠答诗序》云:

> 凡厥所作,不起稿草。五言七言,六韵四韵,默记毕篇,文不加点。③

实际上,除了律诗(四韵)和六韵(排律),菅原道真与嶋田忠臣还吟诵一些七言绝句,如《醉中脱衣赠裴大使叙一绝寄以谢之》等。对于这首《醉中脱衣赠裴大使叙一绝寄以谢之》,裴颋也赠送答诗,因此,菅原道真再次吟一篇七言律诗酬答,就是《二十八字谢醉中赠衣裴少监酬答之中似有谢言更述四韵重以戏之》。诗云:

> 不堪造膝接芳言,何事来章似谢恩。腰带两三杯后解,口谈四七字中存。我宁离袂忘新友,君定曳裾到旧门。若有相思常服用,每逢秋雁附寒温。④

---

① 菅原道真有《余近叙诗情怨一篇呈菅十一著作郎(指菅野惟肖),长句二首偶然见酬,更依本韵重答以谢》其二,自注云:"来章曰'苍蝇旧赞元台辩,白体新诗大使裁',注云,'近来有闻,裴颋云:礼部侍郎,得白氏之体。'"载川口久雄校注《菅家文草·菅家后草》卷二,岩波书店,1966年,第204页。
② 河野贵美子《嶋田忠臣、菅原道真の詩と白居易—渤海使との贈答詩を通して—》,载高松寿夫、隽雪艳编《日本古代文学と白居易—王朝文学の形成と東アジア文化交流—》,勉诚出版,2010年,第69—76页。此外,谷口孝介先生认为裴颋对菅原道真的以"交情"为主题之诗歌给予"白氏之体"的评语,见谷口孝介《菅原道真の詩と学問》,塙书房,2006年,第50—52页。
③ 川口久雄校注《菅家文草·菅家后草》卷七,第543页。
④ 川口久雄校注《菅家文草·菅家后草》卷二,第194页。

在元庆七年这些诗宴上,常常有"次韵"诗①,所以,日渤两国的文人都理解"次韵"的方法及其功能。虽然如此,菅原道真在这里敢用七言律诗,我们可以说这篇《二十八字谢醉中赠衣裴少监酬答之中似有谢言更述四韵重以戏之》诗不是菅原道真偶然所作的,而是他有意识地选择这个诗体。

从现存作品来说,如此尝试是很特殊的,因为宽平六年裴颋再次来日之际,菅原道真又在鸿胪馆里开诗宴,但是仅有七首七言律诗。②而且,日本延喜八年(908)和十九年,裴颋儿子裴璆赴日两次③,那时菅原淳茂(菅原道真子)与大江朝纲跟他作诗歌酬应④,除大江朝纲的两首七言绝句⑤之外,都是七言律诗。我们据此认为宽平六年之后,日渤两国文士重视七言律诗的诗体。

设若从中国文明的传播讨论日渤诗文交流,杨泰师据初唐诗赋诗,裴颋对菅原道真评有"白氏之体",所以,我们可以说,渤海国使者用实作和评语来传达唐朝之文学或者文学观念,日方亦理解如此情况。关于日渤诗文交流,我们还考虑一件事,就是"诗宴"的存在。如上所述,日渤文士基本上都在诗宴上作诗文交流。还有一些例子,王孝廉《在边亭赋得山花戏寄两个领客使并滋三》云:"主人每日专攀尽,残片何时赠客情。"他们在平安京外的"边亭"里开宴,此宴当为诗会。元庆七年,菅原道真也有《去春咏渤海大使与贺州善司马赠答之数篇今朝重吟和

---

① 菅原道真之《去春咏渤海大使与贺州善司马赠答之数篇今朝重吟和典客国子纪十二丞见寄之长句感而玩之聊依本韵》《重依行字和裴大使被訓之什》与《依言字重酬裴大使》,嶋田忠臣之《继和渤海裴使头见酬菅侍郎纪典客行字诗》《敬和裴大使重题行韵诗》《同菅侍郎醉中脱衣赠裴大使次韵》与《酬裴大使答诗本韵》,都是次韵诗。
② 川口久雄校注《菅家文草・菅家后草》卷五,第431—436页。
③ 上田雄《渤海使の研究—日本海を渡った使节たちの軌跡—》,第566—603页。此外,渤海国灭亡之后,日本延长七年十二月(930),裴璆任东丹国使来日,却不能入京。
④ 田坂顺子《扶桑集—校本と索引—》卷七,櫂歌书房,1985年,第58—64页。
⑤ 即《奉和裴使主到松原后读予鸿胪南门临别口号追见答和之什次韵》与《奉酬裴大使重依本韵和临别口号之作》,田坂顺子《扶桑集—校本と索引—》卷七,第60—61页。值得注意的是,这两首诗的原诗是口号之作。

典客国子纪十二丞见寄之长句感而玩之聊依本韵》,云:"春游总辔州司马,夏热交襟典客郎。"① 据此,我们能理解"贺州司马"(应指加贺[今日本石川县南部]掾的大藏善行②)与裴颋在赴京之途以诗歌酬应。因为日渤诗文交流史上,诗宴有重要机能,从此以后,我们要从中国文明传播到东亚世界的观点来看外交与诗宴之关系。

三

琉球国(正式国号是中山国)是一个位于日本南西诸岛的国家,近世期(1609—1879)的领域相当于今日本冲绳县。近世期,琉球向中国派遣进贡使,明清两朝也遣使节册封国王。同时琉球国也常常向日本派谢恩使(国王即位之际,派到江户)、庆贺使(日本朝廷任将军之后,派到江户)和年头使(派到萨摩[今日本鹿儿岛县])。谢恩使与庆贺使都称"江户上り","江户上り"之使者达到18次。③

琉球国的"江户上り"的使者往返于本国与江户之间,使节中有些人吟诵汉诗。他们是首里与久米村(今都属于冲绳县那霸市)的士族。比如说,日本宝永七年(1710),富盛亲方在赤间关(今日本山口县下关市)赋一首汉诗和一首日本和歌;日本文化三年(1806)郑家训奉萨摩藩主岛津齐宣之命咏《芝宫望富士山》诗。④

琉球国使者常常在往返之路跟日本诗人交往。日本享保三年(1718),庆贺正使的越来王子尚朝庆回国之际,十一月到尾张(今日本爱知县西部)稻叶。当地禅源寺有一位叫清光座元的僧侣,他向越来王子呈诗,云:

---

① 川口久雄校注《菅家文草·菅家后草》卷二,第190—191页。
② 滨田久美子《渤海との文化交流—領客使と漢詩文—》,《東アジアの古代文化》2008年第136号,第75—77页。
③ 宫城荣昌《琉球使者の江戸上り》,第一书房,1982年,第11—12页。此外,可见纸屋敦之《東アジアのなかの琉球と薩摩藩》,校仓书房,2013年,第218页。
④ 宫城荣昌《琉球使者の江戸上り》,第215—252页。关于琉球国赴日使节及其文化交流,宫城荣昌先生的研究是有开拓性的,也对汉诗文的研究有所启发。但是,从现在的研究来看,有些部分要纠正。

不谓我山簇锦鞍，风光此日与君看。移来霜菊色充把，擎出仙花霜半干。①

越来王子对此吟《次和高韵奉谢金山法严和尚》，云：

金华山上驻吟鞍，霜菊水仙尘外看。风雅高僧能爱客，笔头珠玉色无干。②

我们据此容易看到当时日琉诗文交流不属于难以实现的事情。

日本宽政二年（1790）到三年，庆贺副使马克仪等与三河冈崎（今爱知县冈崎市）的金泽休等的诗文交流也是值得注意的。宽政二年十一月，琉球使节在赴江户之路上投宿于冈崎。冈崎宾馆"柏屋"主人金泽休来到使节所住的地方，赋诗献给仪卫正兼本亲云上毛廷柱与乐师上原亲云上郑永泰，就是《赠兼本上原两亲云上》，云：

万里遥遥绝去来，先闻学士不群才。诗盟今日如相许，隔国风流为我裁。③

我们能理解金泽休要超使节与商人的身份区别来结诗盟。毛廷柱对此赋《答金子匹》诗，云：

万里梯航赴日边，驿中幸遇少陵贤。镂金捧读教人感，更约归程玩简篇。④

金泽休还有《送别两亲云上》诗。使节离开冈崎去江户之后，金泽休以毛廷柱诗和自己的作品寄送自己的教师尾张藩藩儒冈田新川，冈田新川

---

① 天野信景《盐尻》卷九十四，吉川弘文馆，1978年，第235页。此书据日本爱知县刈谷市立刈谷图书馆所藏的村井本。
② 天野信景《盐尻》卷九十四，第236页。
③ 森川重昭《漢詩集『萍水奇賞』—翻刻と注釋—》，《椙山国文学》1991年第15号，第8页。
④ 森川重昭《漢詩集『萍水奇賞』—翻刻と注釋—》，《椙山国文学》1991年第15号，第8—9页。

跟"国学者"（指研究日本国书的学者）河村乾堂与儒者奥田莺谷一起吟和诗寄回金泽休。接冈田新川的回信之后，金泽休寄书琉球使节，同时寄去那些冈田新川等的诗歌，还向他们恳求"来往途中之吟，愿书一纸，以赐休"。①琉球国使节回国之际，再次途经冈崎，毛廷柱、郑永泰与马克仪三人跟金泽休和冈崎藩典医荻须因一起以诗歌酬应。比如说，荻须因《赠幸地副使》云："五马翩翩向凤台，双旗遥傍日边开。仰看礼乐周文物，又有使君经国才。"马克仪对此次韵，即《答荻亲卿》诗，云："遥望城池列阁台，及街潇洒画图开。行人可羡文风盛，诗赋推敲七步才。"据冈田新川的序文，金泽休与荻须因宽政三年编纂这些诗文刊刻，书名是《萍水奇赏》。②

关于《萍水奇赏》所收之诗文，我们可以说，有些日方文人已理解琉球事情。冈田新川《和寄兼本亲云上》云：

客子经过水驿边，词才又似雪堂贤。蓬莱月色梅花影，写得无端入锦篇。③

"雪堂"是琉球国久米村士族的程顺则，冈田新川还在《萍水奇赏》的序文中回忆年轻时的读书经验，云"余少时读《雪堂燕游草》、《日课诗话》，知琉球素习娴诗者"。程顺则所著之《雪堂燕游草》收录康熙三十六年（1697）到第二年其往返于福州与北京之间所赋的诗歌④，《日

---

① 金泽休《与兼本上原两亲云上》（《萍水奇赏》所收）。"来往途中之吟"是琉球国使者在沿路上吟诵的，比如说，毛廷柱与郑永泰都有《富士山》诗。
② 森川重昭《漢詩集『萍水奇賞』—翻刻と注釋—》，《椙山国文学》1991年第15号，第1—29页。此论文据日本爱知县丰桥市立中央图书馆藏本翻刻附注。但是，训读与注释有所错误。关于《萍水奇赏》，亦可参考木村淳也《『萍水奇賞』と寛政年間における冈崎・尾張》，《文艺研究》2019年第139号，第83—103页。
③ 森川重昭《漢詩集『萍水奇賞』—翻刻と注釋—》，《椙山国文学》1991年第15号，第11页。
④ 上里贤一《校订本中山诗文集》，九州大学出版会，1998年，第24页。此书第36页说日本正德四年（1714）京都濑尾源兵卫再刊《雪堂燕游草》。关于这个问题，藤川正数已指出，见藤川正数《『萍水奇賞』について》，《乡土文化》1998年第52卷第3号，第38页。

课诗话》可能是程顺则在福州刊刻之后带来的陈元辅《枕山楼课儿诗话》①。而且，荻须因《赠兼本上原两亲云上二首》其二云：

一时宾馆此相攀，咫尺题诗慰客颜。借问乡园君到日，春花先满七星山。②

这里说的"七星山"应是琉球的地名，康熙五十八年（1719）赴琉的册封副使徐葆光所编的《中山传信录》卷二《封礼宴仪·中山先王庙》云："北折为长虹堤。堤长亘二里许，下作水门七以通潮。堤旁有小石山，名七星山；七石离立沙田中。"③《中山传信录》除清朝之外，还在日本上梓，比如日本明和三年（1766）京都书肆钱屋善兵卫就曾刊刻。④

还有一件事，日方文人对琉球使节的诗歌给予评价。河村乾堂所写的《萍水奇赏》跋文⑤云：

冈崎荻金二子，唱和流虬臣毛廷柱及郑永泰，并得其途中诗若干首，珍奇不置，录为一卷，属跋于余。余始得读琉球诗，其诗所师承，不知出于何人，大抵不过唐末之音也。其书法有四要，而其失在于未熟也。昔王弇州题朝鲜词翰曰，滕生者，呈以其厌家膳，而海错野鹜之是好。二子之意，亦在于斯乎。夫殊俗入贡，大为朝鲜，远为和兰。朝鲜素娴声诗，每使者至，士大夫例为唱和。和兰只国字旁行，而论殚诗耳。琉球琐小国，然以内附萨州，文教所覃，有若毛郑。盖国中犹有称巨擘者，

---

① 조영심（Cho Young-sim）已表示如此推测。조영심《18세기 후반 오와리（尾张）지역 일본인과 조선·류큐인의 필담창화 -『표해영화（表海英华）』와『평수기상（萍水奇赏）』을 중심으로-》，《渊民学志》2016年第26辑，第268页。
② 森川重昭《漢詩集『萍水奇賞』—翻刻と注釋—》，《椙山国文学》1991年第15号，第24页。
③ 徐葆光《中山传信录》卷二，日本国立公文书馆内阁文库藏日本明和三年刊本，第13a页。
④ 明和三年刊本广泛地流通，现在还藏于日本国文学研究资料馆等。
⑤ 조영심《18세기 후반 오와리（尾张）지역 일본인과 조선·류큐인의 필담창화 -『표해영화（表海英华）』와『평수기상（萍水奇赏）』을 중심으로-》，《渊民学志》2016年第26辑，第266—268页。但是所论的问题跟拙文不同。

不知其才藻如何。书以俟它日论焉。①

河村乾堂说，毛廷柱及郑永泰之"诗所师承，不知出于何人，大抵不过唐末之音"，据此，我们可知河村乾堂认为这两位琉球使者诗作未达到高境。还要指出的是，日本文士评价国外诗文之时，有时会用中土的文学观念给予评价。

日本天保十三年（1842），郑元伟、魏学贤与尚元鲁都作为谢恩使赴日。第二年，萨摩的鲛岛玄雾与黑田恒刊刻这三位琉球士族在往返之路所吟之诗歌，名曰《东游草》。②除了在沿路的名胜等处吟诗，他们跟日本文人也有诗歌的交往。郑元伟有《和小松清猷先生送别原韵》和《和山田有裕先生见赠原韵》③，小松清猷与山田有裕都是萨摩藩的士族，他们在鹿儿岛送别琉球使节。比如说，《和山田有裕先生见赠原韵》云：

圣学常将木铎传，门栽桃李艳含烟。才高五岳人无及，句若珠玑笔若椽。④

郑元伟赞扬山田有裕的学才高耸，文采丰富。虽然萨摩藩支配琉球国，但是从文学交流来说，萨摩文人与琉球文人之关系很密切，这些诗歌之酬应也表现了如此关系。

设若从中国文明的传播来探讨日琉诗文交流，我们首先要指出日方文士的身份之多样化。琉方诗人身为国家的使者，都是士族，日方却包

---

① 森川重昭《漢詩集『萍水奇賞』—翻刻と注釋—》，《椙山国文学》1991年第15号，第6—7页。
② 藏于琉球大学附属图书馆仲原善忠文库等。参看琉球大学附属图书馆琉球·冲绳关系贵重资料デジタルアーカイブス（网页是 https://shimuchi.lib.u-ryukyu.ac.jp/，2021年12月）。此外，高津孝、陈捷主编《琉球王国汉文文献集成》第30册已有影印本。高津孝、陈捷主编《琉球王国汉文文献集成》，复旦大学出版社，2013年。
③ 郑元伟、魏学贤、尚元鲁《东游草》卷上，日本天保十四年刊本。
④ 郑元伟、魏学贤、尚元鲁《东游草》卷上，第5b页。

含着士族、僧侣、商人与医生等。江户时代，汉学的流行很广，所以如此情况是理所当然的。但是国家使者与民间诗人能交流，还是值得注意的事情。关于日琉诗文交流，我们还要考虑一件事，就是日方文人用什么文献与知识来理解和评价琉球诗人及其作品。对于这个问题，我们的理解现在尚不全面，此文仅能用一些文献来窥豹一斑。我们更期待着将来新资料的发现。

四

此文首先介绍了日渤的诗文应酬与日琉的诗文交流，提出这些交流的特征及其研究意义。虽然此文暂未涉及，日本与朝鲜的诗文交流也是应该讨论的。这些日本与中国边疆与周围国家的东亚"汉字（汉文）文化圈"之交流反映了当时的日本对外观念、日本诗人的情况等。而且中国诗文与文学观念在日本的接受和演变也跟这些交流有关。因此，我们要从中国文明传播的角度来重新考虑这些问题。

从古文书看汉籍在琉球的流传与再生

王小盾　吴云燕

（温州大学人文学院）

一、问题的提出

　　琉球群岛呈弧状分布在日本九州岛与中国台湾岛之间，由吐噶喇、奄美、琉球、大东、先岛五个岛群组成。它在公元8世纪前后创立农耕文化，公元10至12世纪出现国家，南宋淳熙年间（1174—1190）建舜天王朝，1313年起进入山南、山北、中山三国分治的"三山时代"。1372年，中山国国王察度接受太祖朱元璋诏谕，向明王朝纳贡称臣，明琉之间遂有了正式的政治和文化交往。十年之后，三国皆与明王朝建立稳定的朝贡与册封关系。1429年尚氏王朝统一琉球，仿明朝之法确立官员品秩和朝仪、神官、赋税、行政、教育等制度。1447年以来，琉球政权又进一步通过"改宗"和"征讨"，确立了对周边诸岛的政治统治。这些事件，是中琉文化交流史的几个里程碑。其中有两件事经常被研究者强调：一是从1391年开始，琉球向明清国子监派遣留学生；二是1392年，明政府赐闽人三十六姓善操舟者令往来朝贡。这两件事，为中琉之间的文化与技术传播建立了稳定的通道和载体。但是，以下一件事是不是同样需要给予关注呢？此即宫古岛按司仲宗根丰见亲在1500年攻陷石垣岛，1522年平定与那国岛，1524年将先岛诸岛的直接统治权上交给琉球王国。这件事的意义在于，琉球所有岛群逐渐得到汉文化的浸润。

　　随着视野的扩大，近二十年，琉球日益受到中国学者关注，其中成就较高的是琉球汉文学研究和琉球史研究。琉球汉文学研究的特点是：围绕琉球汉诗而展开，从诗歌史之分期开始，或以时期为单位，或以作者群体为单位，考察中琉诗文往来以及汉文化在琉球的移植与再生。琉球史研究的特点是：主要依托册封使录、琉球汉诗、官话课本、中琉往来文书等资料，考察中琉外交关系下的制度构建与器物交换。显而易见，这两方面研究，都是以琉球文献研究为基础的。

　　那么，以琉球文献为直接对象的研究情况如何呢？据初步考察，有以下三方面成果：

　　（一）编纂史料目录。比如冲绳县立冲绳图书馆编有《琉球史料目录》，成书于大正十三年（1924）；日本学者武藤长平编有《琉球访书志》，成书于1926年；台北"中央图书馆"编有《馆藏琉球资料目录》，成书于1989年；日本学者高津孝等人编有《琉球列岛宗教关系资料汉籍调查目录》和《增补琉球关系汉籍目录》，分别成书于1994年和2005年。其中《增补琉球关系汉籍目录》著录514部汉籍，包括经部110部，史部93部，子部111部，集部55部；此外琉球人著作133部，日本人或朝鲜人著作7部。①

　　（二）整理文献。在这方面，冲绳县立图书馆、琉球大学图书馆、台北"中央图书馆"做了大量工作。在中国大陆，则有北京国家图书馆2000年至2006年编印的《国家图书馆藏琉球资料汇编》《国家图书馆藏琉球资料续编》《国家图书馆藏琉球资料三编》，共7厚册；有鹭江出版社2012年、2015年先后出版的《传世汉文琉球文献辑稿》，两辑共50册；有复旦大学出版社2013年出版的《琉球王国汉文文献集成》，共36册。其中国家图书馆所印之书，重点收录册封使录等中国方面的书籍；复旦大学出版社所印之书，主要是较稀见的图书——琉球版汉籍、琉球人诗

---

① 参见水上雅晴《再论琉球的科：以现存琉球汉籍为线索》，《厦门大学学报》2016年第4期。

集以及琉球官话课本；鹭江出版社所印之书，于册封使录、琉球人著述等均有涉及，惜未著明书籍来源，且有不录封面、漏印书页等情况。

（三）进行文献学研究。作为对以上两项工作的补充和提高，研究者注意编写专题目录，考察琉球汉籍之版本。例如张明明《日本图书馆藏琉球人汉文诗文集叙录》，介绍《琉球王国汉文文献集成》集部所收琉球汉诗文集19部；陈正宏《新发现的两种复旦大学藏琉球汉文文献》，补充《琉球王国汉文文献集成》的遗漏，意在为编辑《续编》作准备；高津孝则著有《琉球の出版文化》《琉球的出版文化与琉球汉诗集》等论文。除此之外，学者们关注琉球官话课本和琉球汉籍训点文献，有《琉球官话课本编写年代考证》《琉球士人汉籍学习举隅——以汉籍中写入的训点和注记为考察中心》《琉球汉籍训点文献的馆藏及研究价值》等文章发表。①

以上工作都是值得称道的。不过，直到今天，到底有多少琉球汉籍存世，这仍然是需要讨论的问题。有人说，已知"琉球王国时期琉球人翻刻的汉籍和自撰的汉文著作，在琉球王国故地遗存已不足五十种，在日本国内似也不超过百种"；②另有人认为，琉球人编撰的汉籍133部，其中"汉诗文集共有二十多种"③。这些说法需要落实。据记载，琉球国"自古有学问文识之士，而俗不刊书行世，如有著书者，则只誊传于子孙云云"。④再加上1609年萨摩藩入侵、1879年日本废藩置县、1940年代世界大战等祸乱的摧残，琉球王国的汉文文献所存不多。这意味着，以上说法有其道理；同时也意味着，对琉球汉籍作一清点，是一件既有迫切性也有可行性的事情。

汉文典籍的传播，曾经在东亚造成人称"汉字文化圈"的现象。这一现象持续到第二次世界大战才逐渐消失。在这个文化圈中，同琉球汉

---

① 参见范常喜《百年来琉球官话课本研究综述与展望》，《域外汉籍研究集刊》第17辑，中华书局，2018年。
② 严明《近世东亚汉诗流变》，凤凰出版社，2018年，第744页。
③ 高津孝《琉球的出版文化与琉球汉诗集》，载《人文中国学报》第22期，第295页。
④ 《金陵集》卷一四，《韩国文集丛刊》第272册，景仁文化社，2001年，第263页。

文文献形态较接近的是越南汉文文献。我们曾经对越南汉籍——包括传入越南的汉籍和越南人自撰的汉籍——做过普查[①]，从中获得三个认识：第一，统计一地的汉籍，编成目录，这件事很难做完全，因为有大量书籍不在图书馆，而流散在民间。第二，一旦进入实际操作，就会遇到"何为汉籍"这个看来简单的问题，被它困扰。因为有大量文本是用貌似汉字的文字书写的，未必属于"汉"籍；又有大量汉文文本，其形态介于书籍与档案之间，只能算作"类汉籍"。第三，为琉球汉籍编制目录，这不仅是一个实践问题，而且是一个理论问题——既要利用古典文献学的全部经验和原则，又要对古典文献学加以改进。

关于这些认识，还可以作以下表述：完整的东亚汉文献学包含典籍学、文书学、记录学三部分。典籍是经过编纂，面向全社会的文献；文书是为处理人际事务而制作，面向少数当事人的文献；记录用于记事，以写作者本人为主要阅读对象。三者功能不同，但有彼此交叉的地方，所以，只有全面掌握古文书、古记录资料，才能准确认识古典籍；只有通过比较，才能辨明典籍的身份。反过来看也一样：若以现存于各公共图书馆的琉球汉籍为标准，来考察文书文献和散见记录，那么，我们又可以窥见关于琉球汉籍传播与再生的若干隐秘的事实。

二、关于琉球汉籍的一份清单

为进行以上比较和考察，我们拟先提出一份清单，以确认琉球汉籍的存世状况和流传情况。这份清单是参照《琉球王国汉文文献集成》和各大图书馆的馆藏信息编制的。它以琉球人撰写、抄录、刊印的书籍为著录对象。这些书籍大致产生在1879年琉球王国灭亡之前。为便于了解其形式与内容，今分为琉球版汉籍、琉球人所撰汉籍两类著录，并按

[①] 参见王小盾等主编《越南汉喃文献目录提要》，台湾"中央研究院"中国文哲研究所，2003年；王小盾、王皓、任子田、黄岭《从越南的四所寺院看汉籍在域外的生存》，《域外汉籍研究集刊》第18辑，中华书局，2019年；王小盾、黄岭《越南汉文佛教典籍的海上来源》，《国际汉学研究通讯》2019年第18期。

四部分类法编列。为反映其发展轨迹，今依年代排列诸书顺序——同类书依出版年代先后为序，出版年代不详者依撰述年代先后为序，撰述年代不详者按书中所记年月先后为序。另外，为便于标注藏地，今为各图书馆和文书库设代号，即位于日本东京的国立国会图书馆代号"国"，国立公文书馆代号"公"，都立中央图书馆代号"中"，早稻田大学图书馆代号"早"，东京大学史料编纂所代号"东"，法政大学冲绳文化研究所代号"法"，庆应义塾大学图书馆代号"庆"，京都大学大学院代号"京"，天理大学图书馆代号"天"；位于日本那霸的琉球大学图书馆代号"琉"，冲绳县立图书馆代号"冲"，那霸市历史博物馆代号"那"，冲绳县教育委员会代号"教"，冲绳县立博物馆美术馆代号"博"；位于日本山形县的市立米泽图书馆代号"米"；位于日本鹿儿岛的鹿儿岛大学图书馆代号"鹿"；位于美国檀香山的夏威夷大学马诺分校图书馆代号"夏"；位于中国台北的台湾大学图书馆代号"台"；位于中国上海的复旦大学图书馆代号"复"。其中法政大学冲绳文化研究所有"楚南家文书"，今以"楚书"为代号；琉球大学图书馆已在"冲绳·琉球贵重关系资料"的名义下，将宫良殿内文库、阪卷—宝玲文库、伊波普猷文库、仲原善忠文库、岛袋源七文库、原忠顺文库的文献电子化，今分别以"宫库""宝玲""伊库""仲库""岛库""原库"为代号。这些文库主要收藏文书文献；库中书籍，皆具典籍、文书双重性格，可资考察从文书到典籍的形态演变，故予以特别重视。

第一部分　琉球版中国书

印本6种：[梁]周兴嗣《千字文》（教），[宋]朱熹《大学章句》（琉）、《孟子集注》卷二、三（那），[明]陈选《小学句读》卷五、六（琉），[清]范鋐《六谕衍义》（冲、中），[清]陈庚焕《陈惕园先生童子摭谈》（冲）。

写本8种：《孝经》（宫库），《二十四章孝行之录》（宫库），《千家诗》（宫库），[明]茅伯符《琉球馆译语》（伊库），[明]陈侃《使琉球录》（伊库），[明]吕坤《吕子节抄》卷四、五、六（宫库），[明]侯继高《全浙兵制考·近报倭警》(伊库)，[清]赵登捷《拟表》(米)。

第二部分　琉球人所抄日本汉籍

写本3种(子部)：佚名《实语教》(岛库)，佚名《经典补注》(宫库、宝玲)，[明]安梦松撰《孔圣全书》(宫库)①。

第三部分　琉球人所编撰之汉籍

(一) 史部

印本2种：程顺则《指南广义》(公)，蔡铎等《琉球国中山王府官制》(东)。

写本58种：蔡铎《中山世谱》(博)，蔡温《中山世谱》(博)，佚名《中山世谱并纪事拔书》(冲)，佚名《世谱订正案》(冲)，佚名《王代记》(伊库)，郑秉哲等《球阳》(那)，郑秉哲等《球阳外卷》(那、伊库、宫库)②，郑秉哲《琉球国旧记》(那、冲)，程顺则《指南广义》(仲库、冲)，魏学源《福建进京水陆路程》(法)，佚名《服制》(宫库)③，蔡铎等《琉球国中山王府官制》(琉、早)，佚名《中山王府相卿传职年谱》(伊库、冲)，琉球王府评定所御系图座《中山官制·诸士系纪法式》(冲)，佚名《琉球国碑文记》(那、冲、伊库)，蔡温《蔡氏祖源宗德总考》，佚名《玉成朝薰家谱抄》，佚名《应姓家谱系图正统》(冲)，佚名《魏姓家谱》(冲)，佚名《魏姓家谱小宗》(冲)，佚名《郑氏古波藏家》(冲)，佚名《大宗梁氏龟嶋家》(冲)，佚名《久米毛景裕田里亲方》(冲)，佚名《红姓和宇庆》(冲)，佚名《大宗蔡氏仪间家》(冲)，佚名［蔡氏伊计家］(冲)，佚名《小宗蔡氏志多伯家》(冲)，佚名《毛氏阿贺岭家》(冲)，佚名［郑

---

① 是书为宫良当宗据宽文八年(1668)武村三郎兵卫刊行本抄写而来。
② 《球阳外卷》是民间传说集，因从《球阳》一书中辑出，故名；又称《遗老说传》。今依高津孝、陈捷主编《琉球王国汉文文献集成》第14册(复旦大学出版社，2013年)列在史部。伊库有此本之别本二，分别编为IH013号、IH014号。
③ 《服制》，松茂氏当宗抄写于光绪六年(1880)，共53页。文库编号为MI015。所抄为琉球王府评定所1725年至1737年之间关于葬礼、丧服等制度的规定，包括本宗五服之图、妻为夫党外族母党妻党服图、出嫁女为本宗降服之图等，用汉字书写。

姓家谱］（冲），佚名《久米魏士哲高岭亲方今庆佐次》（冲），佚名《始宗郑氏湖城家》（冲），佚名《金氏渡具知绍昌》（冲），佚名《大宗王姓国场家》（冲），佚名《蔡氏武岛家》（冲），佚名《郑氏村田家》（冲），佚名《林氏大宗名嘉山家》（冲）①，佚名［毛氏安仁屋］（冲），佚名［毛氏与世山］（冲），佚名《魏学源楚南亲云上》（冲），佚名《毛氏垣花家》（冲），佚名《杨氏古坚家》（冲），佚名《久米蔡国器高良亲方》（冲），佚名《陈姓家谱正统》（冲），佚名《新参慎姓家谱》，佚名《钱姓家谱正统》，佚名［新参六男致贺］（冲），佚名［一世兴行］（冲），佚名《锦芳姓系图家谱小宗》，佚名《锦芳姓系图家谱小宗》②，蔡铎等《历代宝案》（台），佚名《汉文集》（宫库），佚名《纠明法条》（宫库），佚名《呈文集》（楚书），佚名《禀报集》（楚书），佚名《拟庆贺登极表》（楚书），佚名《飘流别地方求口粮呈》（楚书），佚名［漂风难夷收官口供］（楚书），佚名［册封关系］（楚书）。

（二）子部

印本6种：蔡温《要务汇编》（公），蔡温《蓑翁片言》（那）、《一言录》（那），佚名《林政八书》（宝玲）③，吴继志《质问本草》（鹿、上）④，佚名

---

① 《（冲绳）县史编纂史料》载那霸系家谱书《钱姓家谱正统》、［新参六男致贺］和［一世兴行］，又载久米系家谱书《郑氏古波藏家》《大宗梁氏龟嶋家》《久米毛景裕田里亲方》《红姓和宇庆》《大宗蔡氏仪间家》、［蔡氏伊计家］、《小宗蔡氏志多伯家》《毛氏阿贺岭家》、［郑姓家谱］、《久米魏士哲高岭亲方今庆佐次》《始宗郑氏湖城家》《金氏渡具知绍昌》《大宗王姓国场家》《蔡氏武岛家》《郑氏村田家》《林氏大宗名嘉山家》、［毛氏安仁屋］、［毛氏与世山］、《魏学源楚南亲云上》《毛氏垣花家》《杨氏古坚家》和《久米蔡国器高良亲方》等，共28种，今分别著录。此书共六册，1915年出版，冲绳县立图书馆五楼特别收藏库收藏，索书号MK/201/052/1—6。

② 蔡温《蔡氏祖源宗德总考》、佚名《玉成朝熏家谱抄》、佚名《新参慎姓家谱》、佚名《锦芳姓系图家谱小宗》、佚名《锦芳姓系图家谱小宗》，收录在《传世汉文琉球文献辑稿》第1辑第21册、第2辑第2册，藏地不明。

③ 按《四库全书》，"诏令奏议类"属"史部"，但由于《林政八书》所收多出自蔡温之手，为呈现蔡温创作全貌，今列于"子部"。

④ 《质问本草》，今存日本天保八年（1837）刻本，仲库（琉球大学附属图书馆仲原善忠文库）编为NA037号，载《琉球王国汉文文献集成》第22册。

《习字手本》(拓本、宫库)。

写本22种：蔡温《图治要传》(夏)、《蓑翁片言》(公)、《醒梦要论》(冲)、《俗习要论》(冲)、《山林真秘》(琉)，吴继志《本草质问》(冲)，佚名《御膳本草》(宝玲、宝玲)①，佚名《大清乾隆二十七年选日通书》(国)，佚名《推朔望法》(法)，佚名《求节气》(法)，佚名《四行立成》(法)，佚名《太阳均度立成》(法)，佚名《太阴均度立成》(法)，佚名《黄赤道差加减时分立成》(法)，佚名《狂戏いろは诗歌》(宝玲)，郑嘉训《郑嘉训书》(宫库)、《古波藏亲方御手迹》(宫库)，郑元伟《真字手本》(宫库)，佚名《行书唐诗帖》(宫库)，佚名《大桥长右衙门殿御手迹》(宫库)，佚名《一门和睦传》(宫库)，佚名［花木养方之书］(宫库)。

(三) 集部

印本16种：蔡肇功《寒窗纪事》(冲)，程顺则《雪堂燕游草》(公)，蔡文溥《四本堂诗文集》(冲)，杨文凤《四知堂诗稿》(公)，蔡大鼎《漏刻楼集》附《伊计村游草》(庆)、《钦思堂诗文集》(庆)、《闽山游草》《续闽山游草》(冲)、《北燕游草》(冲)、《续钦思堂集》(早)、《北上杂记》(冲)，程顺则《中山诗文集》(复)，郑元伟等《东游草》(琉)，阮宣诏等《琉球诗录》(大、那、宝玲)，阮宣诏等《琉球诗课》(冲、早、宝玲)，林世功等《琉球诗录》(那、宝玲)，林世功等《琉球诗课》(早、宝玲)。

写本20种：周新命《翠云楼诗笺小启》(冲)，毛世辉《毛世辉诗集》(博)，东国兴《东国兴诗集》(琉)、《东子祥先生诗集》(博)、《东国兴诗稿》(冲)，东国兴等《诗集》(博)②，佚名《琉球咏诗》(夏)③，林世功等《琉球诗录》(宝玲)，梁必达等《琉球官生诗集》(博)，蔡德懋《国学槐诗集》(米)、《经传序集》(米)、《御制并和诗》(米)，蔡大鼎《御诗和韵集》(米)，佚名《御茶屋之御挂物并御额御挂床字写》(宝玲)，

---

① 《御膳本草》两种，藏琉球大学附属图书馆，阪卷—宝玲文库HW735、HW736。
② 是书封面题"诗集"，《琉球王国汉文文献集成》录为《琉球诗集》。
③ 藏美国夏威夷大学马诺亚分校图书馆，载《琉球王国汉文文献集成》第31册。此本即琉球大学附属图书馆阪卷—宝玲文库HW571号本。

佚名《中国册封使渡来の时の正·副使及従客と琉球诗人との唱和》(宝玲),佚名《细字手本》(宫库),佚名《诗集》(宫库),《经传序集》(米),佚名《联句集》(宫库),佚名《联语》(夏),佚名《酬世锦囊正家礼大成》(博)。

（四）琉球官话书

写本12种:[清]白世芸《白姓》(京)①,郑□□《官话集》(天),魏宜昌《官话》(法),佚名《官话》(法)②,佚名《官话三字□》(天),佚名《学官话》(天),佚名《尊驾》(天)③,佚名《官话问答便语》(天、法),佚名《条款官话》一卷(那),梁允治《广应官话》(天),佚名《广应官话总录》(法),佚名《□音□要拣选六条》(法)。

以上这份清单,所录并不完备,比如未包含各家博物馆所藏之书,以及非公共图书馆的藏书④;但它能够反映琉球汉籍的大概。它说明：琉球汉籍主体上是以抄写的方式流传的；刊印量较大的是文学典籍,接近半数,乃反映了琉球国人的需求和重视。⑤而若要观察琉球汉籍的功能、来源和保存情况,那么,这份清单还有以下三个可注意的特点。

（一）大批汉籍是应教育的需要而制作出来的。除现存12种官话书外,琉球版的中国书——《千字文》《大学章句》《孟子集注》《小学句读》《六谕衍义》《陈惕园先生童子摭谈》等——也都是教学用书。其中《孟

---

① 《白姓》一书的编写者是清朝漂流民白世芸。白氏于乾隆十五年（1750）漂至琉球,汇纂此书。其书后由琉球人郑凤翼带往福州,经闽人林启升校正而成书。
② 以上二书原皆题为《官话》,法政大学冲绳文化研究所藏,载《琉球土国汉文文献集成》第34册。二书皆按官话字数分类排列,前本以一字官话为主,二字官话次之；后本于二字官话、三字官话外收录四字官话、五字官话。为区别二书,今依前本封面所署"魏宜昌"三字,称之为"魏宜昌《官话》"。
③ 《学官话》《尊驾》二书内容大体一致,有局部差异。
④ 待调查的藏书地尚有：石垣市立八重山博物馆、冲绳县立博物馆、北谷町史编纂室、冲绳县史料编集室、那霸市市民文化部历史资料室、石垣市役所、久米岛自然文化中心、鹿儿岛县奄美群岛历史资料调查室等。
⑤ 集部书有相当一部分刊刻于福建,由诗集主人或后代捐资刊刻。这反映了当时人对文学著述的重视。

子集注》《大学章句》天头皆有小注，以平上去入或反切法标示读音，具体呈现了作为教材的特点。《六谕衍义》则是清人范鋐所撰的通俗伦理书，旨在用注释方式推广顺治九年（1652）的《六谕卧碑文》，俗称"教训书"。据范鋐自序，此书是在康熙四十七年（1708），由程顺则"捐资付梓"刻于福州的。程顺则此举的理由是：《六谕衍义》"词简义深，言近指远。不独可以挽颓风而归淳厚，抑可以教子弟而通正音"①。此书曾通过萨摩藩传到江户幕府，有荻生徂徕的训点本《官刻六谕衍义》②和室鸠巢的和文解说本《官刻六谕衍义大意》。后者曾经于享保七年（1722）被德川吉宗确定为江户寺子屋的习字用书。③这反映了琉球汉籍的一种特殊地位——因其教育功能、知识功能而促进了中、日汉籍的交流。之所以说"知识功能"，是因为有一批琉球药书也在日本流传。比如吴继志所撰《质问本草》，有日本天保八年刻本，今藏于上海图书馆和仲原善忠文库（编号NA037）。

（二）上述情况应放在汉字文化圈的视野中来理解，因为这种流通是多向的——除掉以中国为中心的流通，也有以日本为亚中心的流通。这在清单中有三个例子：岛袋源七文库所藏《实语教》（编号SI030）、宫良殿内文库所藏《孔圣全书》（编号MI018）和宫良殿内、阪卷—宝玲等文库所藏《经典补注》。《实语教》相传由弘法大师空海著于平安时代末期。据书末题记，此本传自日本，由羽地间前地头代川上亲云上（我部祖河村）抄于光绪三年（1877）。《孔圣全书》原有和刻本，由五村三郎兵卫刊于宽文八年（1668）。光绪十年（1884），首里毛氏新城亲云上"上国"之时取来，交松茂氏宫良亲云上当宗抄写。《经典补注》今存两个写本：单行本见于阪卷—宝玲文库（编号HW627），包括《五

---

① 《琉球王国汉文文献集成》第2册，第17—18页。
② 《官刻六谕衍义》一卷，琉球大学附属图书馆阪卷—宝玲文库收藏，编号HW621（1）—HW621（2）。
③ 见琉球大学附属图书馆网站简介，https://shimuchi.lib.u-ryukyu.ac.jp/collection/sakamaki/hw622.

伦名义》《五常要义》《手习法式》《书籍礼式》《学生制诲之目》等篇章，汉字中夹杂假名。据书末题款，原稿产生于樱町天皇元文二年（1737）。合订本则见于宫良殿内文库（编号MI057），杂抄于《孝经》《二十四章孝行之录》《花木养方》等汉文书与《雁之赞书》《孝女口说》《カナリ鸟之说》《雪折れ之松》《拾玉智惠海》等"和文书"之间。抄写者宫良当整将其合并为《孝经其他诸书物缀》一书。这些例证提示我们：琉球汉籍是以多种语言为背景的。正因为这样，在琉球的宫良殿内文库中，既可以看到琉球版的和文书，例如喜舍场盛元所著《太上感应篇大意》（编号MI019）；又可以看到琉球人手抄的日本刻本书，例如新井白蛾所著《易学小筌》（编号MI038）。

（三）琉球汉籍在相当程度上是作为档案而保存下来的。因为清单中153种书，有46种见于各文库，而且，其中36种仅见于各文库。这些文库主体上收存写本书，故未藏琉球版印本书、琉球汉籍史部印本书和官话书。由此可见，在琉球人的心目中，"印刷"是图书的重要标志。各文库的收藏都有一定特色，比如楚南家文书主要收藏《呈文集》《禀报集》等应用性史书，共6种；伊波普猷文库则收藏了陈侃《使琉球录》、郑秉哲等《球阳外卷》、佚名《王代记》等大型史书，共7种。相比之下，以宫良殿内文库、阪卷—宝玲文库藏琉球汉籍最多，分别是20种、12种。阪卷—宝玲文库设在美国夏威夷大学马诺阿分校图书馆，其资料来自英国记者弗兰克·霍雷（1906—1961）和夏威夷大学教授阪卷骏三（1906—1973）的收藏，共有五千多件。霍雷于1931年来东京，此后常年在日本各地搜集古书，并以"宝玲"命名其文库。其库藏重视琉球集部书，共7种，包含4种印本。宫良殿内文库是八重山头宫良家家传资料的总汇，收藏图书档案285件，1962年，由宫良家十代当主宫良当智交付给琉球大学图书馆。这些资料品种丰富，反映了八重山地区150年来的社会生活。其中一篇关于大海啸的报告（编号MI146），写在"明和大海啸"之年，即1771年，代表了宫良殿内文库藏书史的开端。总之，若要考察汉籍在琉球的流传与再生，那么，宫良殿内文库便是一个甚有价值的对象。

三、关于八重山文献中的"类汉籍"

宫良殿内文库之所以值得重视，不仅因为它图书品种丰富，而且因为它出现在八重山这个特别的地区。

前文说过，琉球群岛包含五个岛群。其中最南端的是先岛岛群，由宫古列岛、八重山列岛组成。八重山距琉球本岛最远，达420公里，徐葆光称之为"琉球极西南属界"①。其文化有一定的独立性。在"琉球语"的11个下级方言中，八重山是一个独立方言。

八重山之见于历史记载，最早在洪武二十三年（1390）。此时琉球诸岛初通使节，未通语言（需要"重译"），故史载此年宫古、八重二岛向中山国"重译来贡"。②这种来贡关系一度中断，弘治十三年（1500），尚真王遂命九员大将渡海攻打八重山岛，开通外交。③此事亦见

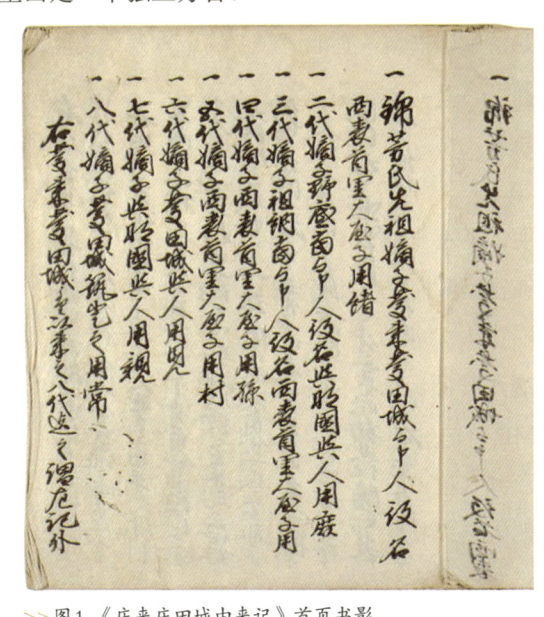

>> 图1 《庆来庆田城由来记》首页书影

---

① 徐葆光《中山传信录》卷四，《国家图书馆藏琉球资料汇编》中册，北京图书出版社，2000年，第10页。

② 参见向象贤《琉球国中山世鉴》卷二，《传世汉文琉球文献辑稿》第1辑第16册，鹭江出版社，2012年，第89页。又见蔡铎、蔡温、郑秉哲著，袁家冬校注《中山世谱校注本》卷三，中国文史出版社，2016年，第46页。又《琉球国旧记》，《琉球王国汉文文献集成》第15册，第29页。

③ 参见郑秉哲、蔡宏谟、梁晃等《球阳》卷三，《琉球王国汉文文献集成》第7册，第248—252页；《琉球国旧记》卷四，《琉球王国汉文文献集成》第15册，第29—31页。

于宫良殿内文库所藏《八重山岛年来记》（编号MI004）一书，云："弘治……十三庚申，来贡年，百十一年。"意思是：从1390年首次通贡起算，到再次通贡，相隔111年。《八重山岛年来记》所记事始于洪武元年；所记八重山事，除以上"弘治……庚申"云云外，则始于庆长七年（1602）和十九年（1614），即说此二年八重山岛皆有疱疮之恶疾流行。可见早在17世纪初，八重山便有了用汉字作记录的习惯。17世纪后期至18世纪，八重山与琉球本岛的文化交流越加密切：1689年和1712年，琉球王室先后两次实行家谱编集①；1719年，徐葆光遍访琉球三十六岛，记云："诸岛无文字，皆奉中山国书。我皇上声教远布各岛，渐通中国字，购蓄中国书籍，有能读《上谕十六条》及能诗者矣。"②1730年，尚敬王又许宫古、八重山人纂修家谱③——这些事件，都是和八重山文化相联系的。比如宫良殿内文库有一本《庆来庆田城由来记》（编号MI227），20纸，写于1771年，记录八重山士族锦芳氏的家族史（图1）。这便说明，至晚在18世纪70年代，八重山地区有了较正式的士族家谱。另外，在宫良殿内文库还有一批1880年前后的文书。比如编号为MI142的"難船唐人の報告書"，记载乾隆三十六年（1771）12月中国船户李振春遇海难漂流来岛的事迹。又如编号为MI138、MI139、MI140、MI143、MI144的一组文书，写在1785年到1786年之间，记录福建等地船民漂流到八重山的经过，并开列船上货物的清单。文库拟其名为"唐人難破船よりの礼状"和"漂流唐船主より八重山への文書"。这些作品，即反映了八重山汉文书写的背景。

八重山的汉文书写，大概有两个动机：一是学习和练习，因而多有模仿痕迹；二是用于日常事务，因而多写为文书。这两个动机是相互交织的。这样一来，在宫良殿内文库中，我们便看到了三类汉文作品：一是汉籍，二是文书，三是典籍与文书的中间形态——"类汉籍"。从文字

---

① 参见李郭俊浩《琉球久米系家谱特征》，《读书》2020年第1期。
② 徐葆光《中山传信录》卷四，《国家图书馆藏琉球资料汇编》中册，第313—314页。
③ 《球阳》卷一二，《琉球王国汉文文献集成》第9册，第219页。

载体的角度看，也可以类分为三：一是汉文书，二是和文书，三是汉文书与和文书的中间形态——用汉文书写但夹杂假名的"类汉籍"。这两种"类汉籍"都是和汉籍如何再生的问题相关联的，今从以下三方面加以讨论。

第一方面，同汉文书相关联的专题文献。这主要是具有文体学意义的文书集，比如编号MI011的《文章用舍》和编号MI108的［文书集］。前者抄写在咸丰十年（1860）前后，共92页，记录关于文书的格式、尺寸、墨书时的注意事项、文书用语的解说，性质是文书写作的指南。后者无封面，据其内文，是由白朝尧在乾隆四十三年（1778）整理的。此书共135页，主要是日琉之间外交文书的例文，其中并对文书的语法、用语做了解说。由于此二书夹用假名，故不属汉籍；但书中每篇文献都显示了汉文文体的影响。

事实上，很大一部分八重山文书是具有文体学意义的，比如《丰川亲方书礼法式习传书》（编号MI132）。此书抄写于同治十年（1871），长达101页。由于字迹潦草，其内容不可尽知，但可辨认——其中有关于书信写法、卷折法和书信格式的解说。又如《稽古案文并万书付集》（编号MI252）和《用事手纸集》（编号MI225），分别写于同治十一年（1872）和光绪十一年（1885）。前者45页，主要是一组外交文献，即萨摩使者、江户使者同琉球尚穆王之间交往的书信，是八重山士族从那霸人桃原筑登之那里得到的。这种外来文献显然有作为文书模板的作用。后者35页，内容很丰富——既有关于太子殿下诞生的文书，也有关于王子死亡的文书——可见同样来自八重山之外岛，是作为文书模板引进的。

在八重山文书中还有这样一批专题文献，即记录重要宴会的"膳部日记"，比如《酉年御在番样招请之时膳部日记》（编号MI094）、《子年御在番样招请之时膳部日记》（编号MI093）、《丑年御在番样招请之时膳府日记》（编号MI092）和《祭之时膳府日记》（编号MI095）。酉年、子年、丑年是此三书的写作年份，分别指的是同治十二年（1873）和光绪二年（1876）、三年。"祭之时"则指盂兰盆会等佛教法事。诸书名称中的"膳部""膳府"又写作"膳符"，指管理官方宴食的部门。记录内容包括料理、供膳、食材和厨师，比如丑年日记记的是在宫良殿内举行的一次重要筵席，首先记了厨师之名，其次记录供奉顺序（包括献御签、御茶、御菓子），再次记御后的酒菜、烟酒、联句，等等。从供膳形式看，膳府食物富于日本料理的文化色彩；但从文献形式看，膳部日记颇接近朝鲜王朝的"进馔仪轨"，乃以中国礼制为渊源。

以上这种情况，表明八重山文书有两重性，一是实用性，即服务于行政事务或家族事务，是暂时的文献或曰法律文献；二是理论性，即用为某种范式，是可以传承的文献或曰文学文献。所谓"类汉籍"，正好兼具这两种特性。

第二方面，具有明显的编纂意识的文献，即对文书的实时性有所超越的文献。这类文献有一个重要表现——署作者、传授者、抄写者之名，以此提示该文书的理论意义和传播功能。比如《花木养方之书》（编号MI060），抄写于光绪十年，书中记有"村山师傅传授"等字样；又如《孝女口说》（编号MI058），为强调作者，封面写"登川亲云上作为"；再如《进贡船·接贡船，唐人通船·朝鲜人乘船·日本他领人乘船，各漂着并破损之时，八重山岛在番役々勤职帐》（编号MI001），署抄写者名为松茂氏崎山与人当亲；《书面集》（编号MI027），署所有者是松茂氏当昌；《细字手本》（编号MI083），署编写者为松

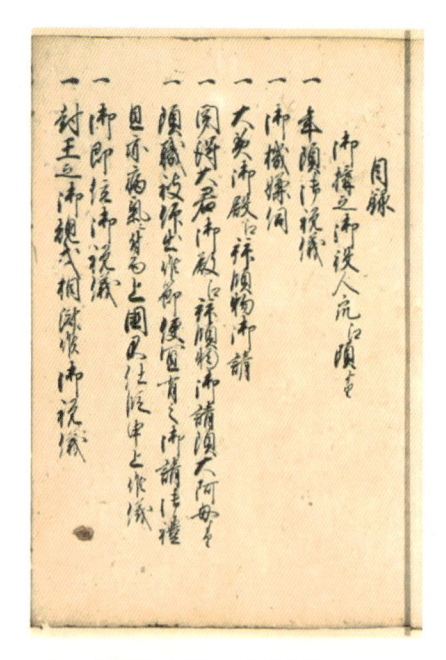

>> 图2 《当用案文集》目录页书影

茂氏当昭；《稽古案文并万书付集》（编号MI250），署抄写者为松茂氏当意；《稽古书面集》（编号MI251），署整理者为松茂氏当昭。另外，《案文集》（编号MI034）、《必要书类集》（编号MI075）、《勤书缀》（编号MI257）等书，署抄写者是宫良当整。下面还要谈到，宫库中有将近40种书，是由松茂氏当宗整理和抄写的。

以上这些作品，虽然未摆脱文书身份，但在抄写者、所有者那里，它们是被当作书籍——经编纂而有传播价值的文献——来看待的。以下这些作品，则以其形式特征对此做了表现。这些形式特征是：

（一）有书名和目录。很多文书写本都有规范的书名和目录。例如《当用案文集》（编号MI030），又名《当用案书》，52页，是松茂氏当亲抄写于咸丰十一年（1861）六月的文书集。其特点是：既有两个书名（两次命名），又有详细的"目录"（图2）。如果说书名意味着主题的形成，那么，目录便是通过编纂而确立了全书结构的标志。

（二）记有编纂事项。例如《八重山岛地船上著公事帐并上国役人公事帐》（编号MI014），内容是关于八重山官船活动的记录——既记录往琉球本岛出差之事务，也记录了一定的业务规程。据扉页和书末所记，此书于咸丰九年（1859）三月写成，其时由松茂氏大目差宫良筑登之当亲"上国之时写调"；又据此书封面，到光绪七年（1881）霜月，松茂氏当宗再次做了"调整"。书中文字并且表明，松茂氏当宗还用朱色字加了批注。这些记录，便展示了本书的编纂过程。

（三）经反复抄写，有多种写本。这种例子也有很多，比如MI039号写本，51页，杂抄多种史料，拟名为［文书集］。所抄《御教条》《诸物代付账》都见于其他写本，本书属于转抄。又如MI053号写本《稽古书面集》，原封面署"咸丰八年戊午稽古书面集，松茂氏当亲"；新封面署"光绪四年戊寅正月□调之稽古书面集，松茂氏当宗"。鉴于宫良殿内文库有另一种《稽古书面集》（编号MI251），由松茂氏当昭抄写于光绪十一年（图3），可以判断，《稽古书面集》经历了咸丰八年（1858）、光绪四年（1878）、光绪十一年三次抄写和整理，抄写整理者分别是

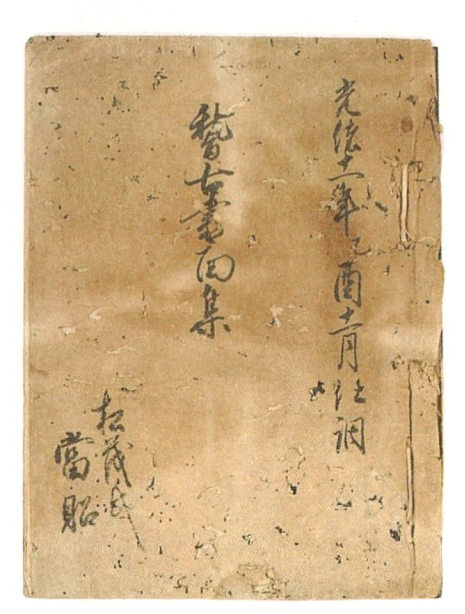

>> 图3 当昭抄本《稽古书面集》封面书影

>> 图4 《小宗竹富与人当永以后历代之勤书缀》封面书影

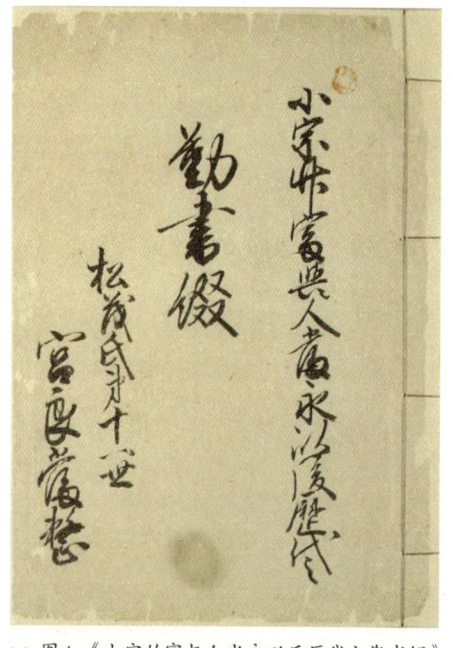

松茂氏当亲、松茂氏当宗和松茂氏当昭。也就是说,当亲、当宗、当昭三人,都参预了《稽古书面集》的编纂。

第三方面,八重山写家松茂氏当宗。松茂氏当宗生活在19世纪。作为一位勤奋的抄写者,他在八重山造就了相当数量的一批类汉籍。其手抄文献,在宫良殿内文库达到40种。据《庆来庆田城由来记》(参看图1,亦见下文),他的抄书生涯开始于1819年以前。据《卯年上国之时日记》(亦见下文),他的抄书生涯持续到1891年。前文目录中的汉文书,颇多是松茂氏当宗在晚年抄写的,比如《服制》抄于光绪六年,《遗老说传》抄于光绪八年(1882),《孔圣全书》和《花木养方之书》抄于光绪十年,《诗集》《行书唐诗帖》和《善导鉴》抄于光绪十四年(1888)。

现在我们要谈谈他抄写的《庆来庆田城由来记》。此书又名《锦芳氏先祖庆来庆田城之由来记》,有两抄本,分别编号为MI227、MI228。两本皆记录八重山士族锦芳氏的家史，从第一代庆来庆田城用绪（西表首里大屋子）到第十代用州（古见目差），止于乾隆三十六年辛卯三月十日，即大海啸发生之时。前本抄写人和抄写时间均不详；后本则在封面署抄写人为"宫良当整"，并在书末记"嘉庆贰拾四卯四月与那国岛今归仁按司将大和船……用庸。右锦芳氏石垣亲云上用能借取物之写，今写了也。用纸贰拾四枚。松茂氏当宗"云云——可见此件抄写于嘉庆二十四年（己卯，1819）。原本属用庸，后由松茂氏当宗从锦芳氏石垣亲云上用能处借来抄写。从宫良殿内文库所藏书看，宫良当整的抄书年代要比当宗晚几十年。这位松茂氏第十一世当整（图4），很可能是当宗的子嗣。

《庆来庆田城由来记》是一部成熟的家谱书。其两写本分别是22页和26页，具一定规模。它们皆按年代先后记事，所记符合程顺则在《孙氏家谱》序文中提出的正本始、明远迹、审同异、序长幼、彰往法来的要求。但这两个写本却程度不同地使用了假名，也就是在抄写时加入了日文习惯，所以我们判其为"类汉籍"。不过这里有一个区别：前本抄写年代早，假名不多；后本抄写年代晚，假名大大增加。这意味着：八重山文献史有两个背道的发展趋向，其一是通过编纂，使类汉籍转变为汉籍；其二是通过增加假名，使汉籍转变为类汉籍。

松茂氏当宗的抄书成果，从形式上看，除上述汉文书外，大致可以分为三类。第一类是自娱之书，或用于书法练习之书，多用假名，例如［马绘］（编号MI136）和《鱼水之解》（编号MI059）。前者由21幅马图构成，画于1872年，作者就是当宗本人。后者由当宗抄写于1884年，内容是关于鱼、水的古诗，前三分之二部分写为和文。第二类是档案杂抄，字迹较潦草，似是不打算公开而用来编写家谱或其他书籍的准备资料。例如上文提到的《勤书缀》，其实是一篇家谱的雏形。又如上文提到的《八重山岛地船上著公事帐并上国役人公事帐》，抄写于1859年，共52页，记录同八重山公务船舶、官员出差等事务相关的内容，各处多用朱书加以订正，可见它计划用来作进一步编订。再如［西之平等文言集］

（编号MI068）和［山阴隐士息］（编号MI012），前者87页，后者41页，都用和文书写。前者是琉球王国首里西平等地区遗留的关于教育等公事的文书，偶而涉及八重山岛；后者则是关于农业、贸易等问题的杂抄，并抄有《朱文公家训》《司马温公六悔之铭》等文献。据末页题词，二书皆是松茂氏当宗在光绪五年（1879）往琉球本岛"上国之时"买来的（图5）。由此可见，当宗有收集文书资料的习惯。至于第三类，则就是各种类汉籍。这有两个比较典型的例子。

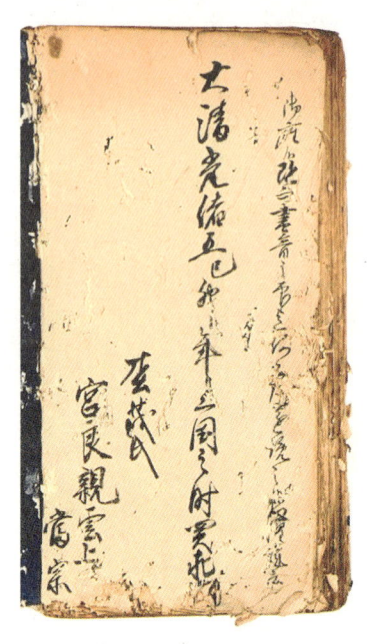

>> 图5 ［西之平等文言集］末页书影

第一个例子是《善导鉴》（编号MI008）。这是一本教训书，抄本，55页。其主要内容是从若干汉文书中摘抄有关因果报应的故事。原书为汉文，由首里田岛亲云上编辑；光绪十四年由松茂氏当宗抄写成书（图6），在抄录时加入了一些假名，并用朱笔加注，朱注中也有假名。这样一来，为求八重山人阅读之方便，一部汉籍便变成了"类汉籍"。

另外两个例子是《历代国王世系之图》（编号MI021）和《八重山岛年来记》（编号MI004）。这是两部史书，分别抄写在光绪二年和七年。前一书26页，首页列天孙氏以来诸王目录，然后次第叙述自"琉球之元来"之诸王神号、即位年和史迹。后一书69页，扉页题"中山王代记诸例拔"，但其内容实为《八重山岛年来记》，故亦以王年为纲要。从结构、叙述法和前部内容看，两书原来都是汉籍。但通过翻抄，假名增多，全书的性质遂被改变，由汉籍变成了类汉籍。

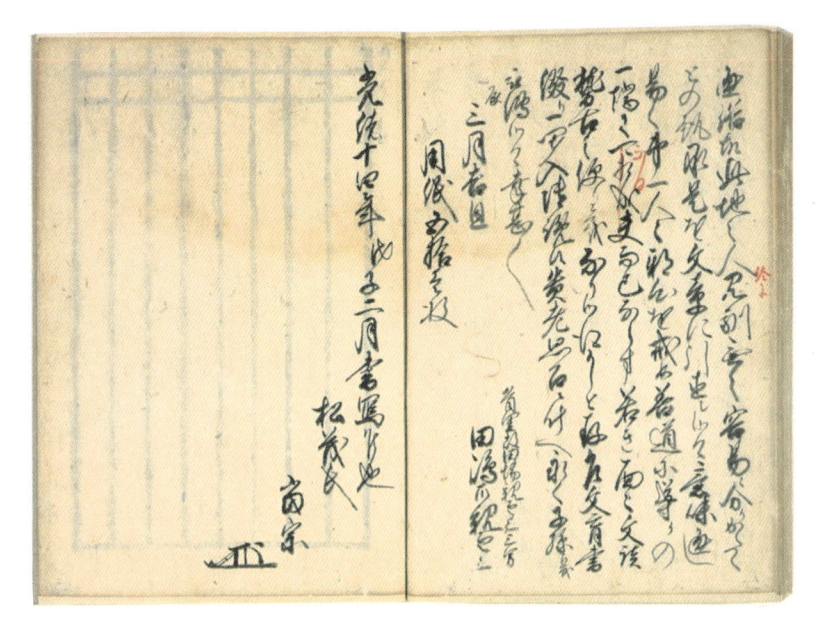

>> 图6 《善导鉴》书末书影

四、总结

综上所述,"汉籍"指的是经过编纂、用汉字书写的书籍,包括少数旁注标音符号和返点符号的书籍。若以此为标准,那么,现存琉球人抄写、刊印或撰著的汉籍至少有153种。其中印本30种,以琉球人所撰集部书最多,达16种;写本123种,以琉球人所撰史部书最多,达58种。这说明,琉球汉籍主体上是以写本方式流传的;其中需求量较大、较受人重视的是文学典籍。

对现存琉球汉籍进行调查统计,主要目的是探知以汉文书为代表的汉文化在琉球的流传情况。因此,我们对上述153种汉籍做了分析,注意到三个特点:(一)大批汉籍是应教育和传授知识的需要而制作出来的;(二)这些书籍,既反映了以中国为中心的流通,也反映了以日本江户、萨摩为亚中心的流通;(三)汉籍在琉球的生存是一种飞地式的生存——生存在文书的环抱当中,在相当程度上是作为档案而保存下来的。由此看来,琉球汉籍是历史文化的结晶,在三个特点背后隐藏了以下三个重要事实。

第一,汉籍在琉球的流传是和汉文教育在琉球的推行相伴随的。潘相《琉球入学见闻录》为此提供了证明。潘相说:"琉球不设科目,故不学制义。所欲讲者《四书五经》《小学》《近思录》,所欲学者诗与四六及论、序、记,而四六尤要。郑秉哲等初入学时,不能声明。至令舍其所学而学制义,三年归国,一切惘惘,甚拂国王遣学之愿。此次郑孝德等到监,即将此告知。故专令读正书,学古、律、骈、散各体。四年归国,颇成章可观。"① 这里说到的郑秉哲,是雍正二年(1724)入学国子监的琉球官。由此可见,在1724年以后不久,琉球官学教育中出现了由尊经到崇文的转折,并在课程设置上得到体现。今存琉球汉籍的结构,便是在这段历史的影响下形成的。

第二,现存琉球汉籍是中、日、萨、琉四国关系史的结晶。其中以下几事可作为里程碑:公元1372年,中琉之间开始有正式的政治和文化交往;1392年,明政府遣闽人三十六姓往琉球专司两国交流;1609年,萨摩藩入侵琉球;1879年,琉球国亡于日本。这里有一个重要转折,即从17世纪开始,日本文化逐渐加大了对琉球的影响。日本所刊《太上感应篇大意》《易学小筌》等书在琉球的流传,即是其表现。也就是说,考察汉籍在琉球的流传,其实也是在考察汉文化与和文化的相互作用,考察这种关系的阶段性演进。

第三,据统计,以上琉球汉籍153种,至少有46种见于各文库,而且有36种仅见于各文库。这说明,汉籍在相当程度上是作为文书档案而保存下来的,文书是琉球汉籍生存的直接背景。既然任何事物都是依靠背景的衬托而被认识的,那么,研究汉籍,就要注意同文书作比较。在这一方面,日本学者提供了很好的经验,比如确认了史料三分法,即

---

① 潘相《琉球入学见闻录》卷三,《传世汉文琉球文献辑稿》第1辑,第259页。

分为文书（用于特定人之间的交流）、记录（用于备忘）和典籍（编纂出来用于公开表达）；又如提出文书研究的四个角度，即样式（文体）研究、形态（载体）研究、功能（制作和使用）研究、传播研究；再如考察了日本古文书的源流，指出这些文书受到唐代律令制的影响，在中世纪分为公家样文书、武家样文书。① 这些认识启发我们，要把琉球古文书看作本土口头范式同外来书写范式的结合，后者（外来书写范式）的主体部分来源于汉籍。鹿儿岛大学教授高津孝说："近世琉球通过萨摩（今鹿儿岛县）全面采用了江户时代日本的行政文书系统，即以写本为核心的文书系统。在文书文化这一点上，近世琉球承接了近世日本的写本文化，属于写本文化社会。在冲绳的许多岛屿，至今仍保存着数量庞大、以江户时代通行的'御家流'这一和式草书体书写的行政文书。要理解近世琉球文化，不能仅仅依靠写本或是汉籍版本，而必须兼顾写本和刊本的相互关联。"② 这也就是说，要把琉球汉籍放在17世纪以来兴起的写本文化社会中来观察。

考虑到以上事实，本文重点分析了位于汉文化圈边缘的一个小岛——八重山岛——存留的古文献。这批文献所记之事始于洪武元年（1368），所记本岛事始于庆长七年（1602），写成于18世纪70年代以还，主体上属于日本文化逐渐生长的年代——其起点，距琉球王室实行家谱编集稍晚几十年，距日本人撤藩设县则早上一百多年。这是一批极贵重的文献，不仅反映了琉球社会在上述变动年代的情况，可资检验八重山的现代著述，恢复其原始形态；而且，提供了从样式、形态、功能、传播等角度考察古文书的基本条件。我们知道，文书的类型取决于政治体制的类型，文书的特点是以不同的纸张、格式、用语、署名方式、钤印方式来表示人与人之间身份、地位的区别。从这个角度看，这批文献是社会文献学的重要资源。又由于这批文献介于几个时期之

---

① 参见大津透著，付晨晨编译《日本古代古文书学研究的进展及课题》，《中国史研究动态》2016年第1期。
② 高津孝《琉球的出版文化与琉球汉诗集》，《人文中国学报》2016年第22期。

间的年代特点，它们还可以作为文化交融史的典型案例，用来考察中、日、萨、琉文化相互作用的种种细节。不过，本文来不及进行这些考察，而只是从典籍形成的角度，或者说汉籍再生的角度，考察了"类汉籍"——典籍与文书的中间形态，或汉文书与和文书的中间形态——的若干特点。

第一个特点是具有文体学意义，即指导写作。其表现有三：一是以文书写作为主题；二是收集来自"庙堂之上"（政治中心地区）的典范文书作品；三是有特定专题，亦即同某些具仪式意义的活动——例如燕飨活动——相关联。这些表现，可以理解为文章书写从具体事务中独立出来了，脱离了简单应用，因而超越了实时性。由此可见，考察汉籍在域外的流传，其实是考察一种文化观念和一种生活方式的流传——因为书籍意味着对长远意义的追求；汉籍的传播，意味着一种具有超越性的意义及其表达方式的流行。所谓"类汉籍"，作为琉球人的主动书写，便反映了这种文化观念和生活方式的流行。

第二个特点是具有明显的编纂意识。八重山文献中的书名、目录、序跋、作者名、传授者名、抄写者名，对编纂事项的记录，以及对某些写本的反复抄写，都是编纂和编纂意识的表现。这可以看作另一个意义上的汉籍传播。因为书名代表书籍的主题，目录代表书籍的结构，序跋代表对编纂过程的自觉，作者名、传授者名、抄写者名代表对书籍编纂责任人的认识，反复抄写意味着对文献功能及其编纂意义的确定——而这一切都是直接或间接地在汉籍编纂观念的影响下形成的。也就是说，考察汉籍在域外的流传，从某一意义上说，是考察中国的历史编纂成就的影响。在古代中国，历史记载是长期连续的，文史哲著作拥有庞大数量，书籍体裁丰富多样，不同书类在体例上都讲究严密精当。这一切便结晶成为由汉籍代表的编纂意识。八重山人的编纂意识，既可以说来自他们的编纂实践，因为编纂是一种社会需要；也可以说来自汉籍的影响，因为汉籍或直接或间接地提供了编纂的意识和编纂的模本。

第三个特点是有专门的制作者，比如八重山的松茂氏当宗。从当宗所留下的题记看，他编抄文书的年代大致在1819年到1891年，长达72年。他的编写成绩，在宫良殿内文库所存285种文献中，达到40种。其中既有和文书，也有汉文书。他常常借书来抄，比如抄写八重山士族锦芳氏的家谱书，抄写的目的是制作其他家谱。他常常赴琉球本岛购买公事文书，既表现了史学爱好，也表现了文书写作方面的爱好。——他抄了很多档案，并且用朱笔订正其中文字，显然在为某种文书写作做准备。除写作外，他应该是一个教育家，所以他另外制作了两种类汉籍：一是摘抄之书——从若干汉文书中摘抄同一主题的故事，并且把汉文写为和文。书中有朱笔注，表明这书可能用于讲学。二是翻抄之书——把汉文史书抄写为和文。从其中所保存的原书目录看，这书是用来阅读的，面向未必懂汉文的八重山人。

  总之，从古文书角度考察汉籍的流传与再生，意义很大，可以揭示书籍文化得以兴盛的内在机理。不过，收藏琉球文献的六大文库保存了1200多件文书，限于时间，本文只考察了其中一部分。从本文主题看，尚遗漏了一事，需要在以后弥补——在各文库中，还保存了一批拥有特殊内容与形式的古文书。例如伊波普猷等文库保存了多种琉歌集，包括《歌集》《古今琉歌集》《おもろさうし》，收载古今歌谣；仲原善忠等文库收藏了多种漂流文书，包括《漂流唐人の经过报告书》《难船唐人の报告书》和文学笔记《满次郎漂流记》及作为漂流文书模板的《汉文集》；阪卷—宝玲等文库收藏了数十种记录上江户使团出使经过的图书，包括《琉球人行列记》《宝永七年琉球人来聘》《琉球人音乐见物御达书并音乐见物之控》和日记体的《离方间切之村々回见日记》；伊波普猷、阪卷—宝玲等文库收藏了多种琉球古典音乐乐谱，例如《工工四》《琴工工四》《八重山工工四》《琉球乐典安富祖流工工四》；各书库都收藏了中日琉使者的笔谈书，例如《琉馆笔谭》《琉客谈记》《古实方答》。这些文献在内容上超越了中国汉籍的范围。他们表明：书籍类型的再生是以文化范围的扩大为基础的；对域外汉籍进行考察，尚有无限大的空间。

明清以来书目文献在日本之传藏[*]

林振岳

(上海交通大学人文学院)

过去国内学界对日本书目文献之关注,主要集中在日本学者书志学著作,如藤原佐世《日本国见在书目录》,兴膳宏、川合康三《隋书经籍志详考》,森立之《经籍访古志》,岛田翰《古文旧书考》,河田罴《静嘉堂秘籍志》,以及近世书志学者长泽规矩也、阿部隆一、尾崎康等人的著述。所关注的内容主要以日本学者对域外汉籍的著录、研究为主,鲜有关注日本收藏的中国书目文献。近年海外汉籍研究渐渐成为学术研究之热点,对海外汉籍的调查工作如"汉籍合璧"、"日本藏中国古籍总目"(山东大学)、"韩国藏中国古籍总目"(复旦大学)等项目正在进行之中,相关专题文献的调查也有很多,对书目文献调查研究也有了一些新的成果,这些成果主要体现在对个别新材料的辨伪、价值介绍。如日本京都大学人文科学研究所的《澹庵书目》,李成晴《日藏抄本〈澹庵书目〉考》[①]、孙海桥《孤本〈澹庵书目〉考述》[②]、王海明等《藏书家忻虞卿的藏书活动与〈澹庵书目〉述略》[③]三篇文章进行了介绍。唐新梅《日本国立国会图书馆藏〈武林妙赏楼藏书志〉辨伪》,考论该书是民国书

---

[*] 本文原载《大学图书馆学报》2022年第5期。
[①] 李成晴《日藏抄本〈澹庵书目〉考》,《山东图书馆学刊》2016年第6期。
[②] 孙海桥《孤本〈澹庵书目〉考述》,《图书馆杂志》2016年第12期。
[③] 王海明、秦俭《藏书家忻虞卿的藏书活动与〈澹庵书目〉述略》,《山东图书馆学刊》2019年第4期。

贾伪造之本。[①]此外，在一些学者专著中，也体现了对日藏书目文献的重视，如王红蕾《钱谦益藏书研究》[②]，利用到日本京都大学人文科学研究所藏《绛云楼书目》抄本。刘蔷《天禄琳琅研究》[③]，著录了日本收藏的一些《天禄琳琅书目》抄本。就目前国内研究情况而言，尚未有对日藏中国书目文献的系统调查与研究。

2016—2017年笔者在日本早稻田大学访学期间，调查了日本公私藏书机构收藏的中国明、清、民国稿抄本书目。此次调查，主要在日本关东（东京）、关西（京都、大阪）两地汉籍收藏机构展开，调查的机构有日本公文书馆内阁文库、东京大学东洋文化研究所、国立国会图书馆、东洋文库、庆应义塾大学斯道文库、静嘉堂文库、尊经阁文库、东京都立中央图书馆（市村文库、田中庆太郎"山田文库"）、京都大学文学部、京都大学人文科学研究所、关西大学图书馆（内藤文库、长泽文库）、大阪府立中之岛图书馆。通过对日本现存明清以来书目文献情况的总结，可以将明清以来中国书目传入日本的时间，分为清前中期及清末民国两个时期。

一、明清以来书目传入日本第一个时期：清前中期

明清以来书目集中传入日本的第一个时期是清前中期，即日本江户时期，主要经长崎舶载而来。这时期传入的书目文献以公文书馆内阁文库收藏最多，大部分是原昌平坂大学头林述斋（1768—1841）旧藏，后收归浅草文库，因而入藏内阁文库。如清抄本《菉竹堂书目》《绛云楼书目》《也是园书目》《述古斋书目》等，都是清朝前中期流入日本。其中清萃古斋抄本《菉竹堂书目》，原为浅草文库藏书，卷首有"享和癸亥"楷书无边框木戳，即日本享和三年（1803），相当于中国清嘉庆八

---

① 唐新梅《日本国立国会图书馆藏〈武林妙赏楼藏书志〉辨伪》，《古典文献研究》第23辑，凤凰出版社，2020年。
② 王红蕾《钱谦益藏书研究》，南开大学出版社，2013年。
③ 刘蔷《天禄琳琅研究》，北京大学出版社，2012年。

年入藏。林述斋旧藏的这批清抄本书目,多在昌平坂学问所录有副本。而现存日本各地的抄本书目,也有不少是源自于此。如东洋文库藏日本抄本《菉竹堂书目》《绛云楼书目》,关西大学图书馆长泽文库藏日本抄本《菉竹堂书目》《绛云楼书目》,尊经阁文库藏日本抄本《菉竹堂书目》等,行款皆与内阁文库所藏清抄本相同,大约即据彼本抄出。不单单是书目文献,其他中国古书在日本的传抄本,也有类似的现象,很多出自浅草文库旧藏本。

此时期传入的书目文献,有的是据刊本覆写,大概是刊本不易得,故有传抄刻本之举。如内阁文库所藏《也是翁藏书目录》,末有"文政庚寅"纪年楷书木戳,即日本文政十三年(1830,实已为天保元年),当清道光十年。书上摹写内封,题有"濮川延古堂"字样,前有雍正六年濮梁序。实则此书即《读书敏求记》,初刻于清雍正四年赵孟升松雪斋,雍正六年濮梁延古堂将原版修补重印。这个抄本行款与松雪斋刊本相同,即系据雍正六年濮梁延古堂后印本抄写,而书贾故意将书名改为"也是翁藏书目录"(内封、卷端题名皆修改),以惑人耳目。又尊经阁文库一部日本雁皮纸影抄本《文瑞楼藏书目录》,系据清《读画斋丛书》本抄录。一般来说传抄一部书籍是比较费事的,只有购求刊本不得的情况下才会传抄的方式复制,这可以在一定程度上反映当时日本学者对这些目录的重视程度。

此时期在日本传藏的中国书目,最具有代表性的是《天禄琳琅书目》。《天禄琳琅书目》是王先谦在光绪十年(1884)才刊刻行世,在此之前只有抄本流传。而此目传入日本的时间较早,据刘蔷先生《天禄琳琅研究》所考,著录此书传入日本的时间在日本文化十二年(1815)八月①,为当时从中国舶载而来者。这部舶来清本现藏内阁文库,仍为十

---

① 内阁文库藏日本文政五年中村知雄抄本《自文化三年丙寅十二月以来新收书目》著录"钦定琳琅书目十册",末注"右三部文化十二年乙亥八月新收"。刘蔷《天禄琳琅研究》:"此外,据现藏日本内阁文库的《自文化三年至文政五年官刻新收书目》所记,日本文化十二年八月(清嘉庆二十年,1815),包括《钦定天禄琳琅书目》十册在内的三部'唐书',入藏御文库。这是已知《天禄琳琅书目》(前编)传至日本的最早文献

册，分装两函。现存的一些日本抄本大多都是根据这部清抄本传抄或者再传抄。如静嘉堂文库藏有一部日本文政十二年（1829）金辰应阳抄本五册，原为小越幸助旧藏本，书上有日本山田九折校，书末有金辰应阳跋："往岁商舶载来抄本一部，今为红叶山官库所藏，顾彼未经剞劂者。近祭酒述斋林先生告官，另写一本，收于昌平黉舍。"①跋文所称"往岁商舶载来抄本一部"，即指文化十二年传入清抄本十册，后藏于红叶山文库。林述斋根据这个清抄本传抄了一部，收藏在昌平坂学问所。二本今皆藏内阁文库。而金辰应阳根据林述斋抄本再传抄了一部，即现藏静嘉堂的这部。东洋文库也收藏有一部日本抄本《天禄琳琅书目》，卷末有太田善世跋②。据跋文可知此本是天保八年（1837）太田善世倩人从杉原氏藏本所抄。《天禄琳琅书目》彼时尚未有刊本，此本传抄之底本、校本都是日本传写本，而行款与内阁文库藏清抄本相同，可知也是源出内阁文库藏清抄本。又日本国立国会图书馆藏日本抄本，行款与上述各本相同，亦为同源。此外，国内华东师范大学图书馆藏有一部日本抄本《天禄琳琅书目》，原愚斋图书馆藏书，为清末盛宣怀从日本购归者。此本行款也与内阁文库藏清抄本相同，可知同样源出彼本。

以上一例可以看出明清书目在日本存藏的路径，主要是以内阁文库所藏的这批原红叶山文库藏抄本为中心，日本学者据此再传抄，因而有

（接上页）记载。"文政十二年传入者即现藏内阁文库所的清抄本十册，见刘蔷《天禄琳琅研究》，第243页。

① "《天禄琳琅书目》十卷，清乾隆帝命儒臣于敏中等所纂修。往岁商舶载来抄本一部，今为红叶山官库所藏，顾彼未经剞劂者。近祭酒述斋林先生告官，另写一本，收于昌平黉舍。今兹己丑火后，余寓于石原观古塾，得观斯书。长夏无事，手誊写焉。始于六月廿一日，越七月九日竣功。……文政己丑孟秋撰观古塾，加贺金辰应阳甫。"见于敏中、彭元瑞等著《天禄琳琅书目》，日本内阁文库藏清抄本。

② "天保八年丁酉之岁，借《天禄琳琅书目》于杉原氏，倩人誊写。是年秋七月，余于役陇城，写本已成，而校字未终。上途前日，以原本奉还杉家，以写本插行橐。已达陇城，镇市书贾告余曰，此中大家有藏此书者焉，秘而不许一见。余曰，汝为余央求。乃谓曰交易两本，以互相校，不亦两宜乎。主人许之，乃得校过一遍也。而共文字舛误脱落，有不可句读者焉。今姑仍其旧，以俟他日得善本。厥明年如月念二日，子龙识。是日也，春风更寒，昨夜有雹雪。"见于敏中、彭元瑞等著《天禄琳琅书目》。

一些日本抄本分藏各地。如《绛云楼书目》《菉竹堂书目》等在日本的传播都体现出了类似的特点。此时期传入日本的书目文献，大多是通过两国图书贸易的路径流入，因为从事两国间贸易商人并非专门学者，甚至不一定是专业的书贾，眼光不会特别高，故此时期流入的书目文献多是当时国内坊市间最常见的一些书籍，文献价值不会特别高。

二、明清以来书目传入日本第二个时期：清末民国

明清以来书目大量传入日本的第二个时期是清末民国，即日本明治末、大正、昭和年间。其中又可以分为两种路径：一是日本书店、学者直接从中国购入者，一是中国学者访日带来而留下者。

日本书店有名者如田中庆太郎文求堂书店，从中国收入大量古籍，其中即有不少稀见的书目文献。如京都大学人文科学研究所收藏有一部民国沈氏感峰楼抄本《顾鹤逸藏书目》，书中夹带来青阁致田中庆太郎一札："此书目乃一寒儒向顾氏商抄出售，务祈宝店帮忙收之，切勿退还。敝店亦受寒儒之托也。此上田中先生台鉴。来青阁拜上，二月廿一日。"此书民国期间从上海来青阁售入文求堂，东方文化学院京都研究所（即人文研前身）于1934年购藏。来青阁书札文字实则是书贾售书之托词，并不可信。《顾鹤逸藏书目》乃当时顾氏拟出售的售书目。如缪荃孙即记录顾麟士出售藏书一事，《艺风老人日记》民国三年三月廿一日，"曹君直自苏州来，带来《鹤逸书目》"。廿三日，"送《授时历注》、《鹤逸书目》与翰怡"。廿四日，"刘翰怡来，交还《鹤逸书目》"。[①]缪荃孙致刘承幹札云："《鹤逸书目》，乞覆一书，以便转致鹤逸。石铭处意见相同。"[②]致曹元忠札云："《鹤逸书目》刘、张二君各有回信，同呈。仍如荃言非拆售不可。"[③]可知当时顾麟士出售藏书，托人带书目给

---

① 缪荃孙著，张廷银、朱玉麒主编《缪荃孙全集　日记3》，凤凰出版社，2014年，第313—314页。
② 缪荃孙著，张廷银、朱玉麒主编《缪荃孙全集　诗文2》，第598页。
③ 缪荃孙著，张廷银、朱玉麒主编《缪荃孙全集　诗文2》，第528页。

刘承幹选购书籍。《国立北平图书馆馆刊》据傅增湘藏抄本排印过此目，傅氏藏本上有的条目标识"已去"等字，表示此书已售。这些都说明此目乃顾氏出售书目，来青阁所谓"寒儒向顾氏商抄出售"云云，乃书商诳人之辞。"感峰楼"为沈韵斋藏书楼名，当时在沪上专门抄录书目出售，刘蔷先生《苏州顾氏过云楼》一文提到清华大学图书馆也藏有"感峰楼抄藏本"《顾鹤逸藏书目》一部①，可见当时抄录的不止一部。此外，上海图书馆也收藏有"感峰楼抄藏本"《咫进斋善本书目》。通过这一封函件，我们可以窥见当时书目文献通过书店流入日本的路径。

又有一部分书目流入日本，与中日两国流通的大宗藏书有关，是这些出售到日本的藏书相关目录。如日本国立国会图书馆所藏《守先阁藏书志》稿本，有岛田翰藏印，书上有"大正4·4·20购求"入藏日期椭圆紫印，即1915年入藏。书前有陆树藩赠岛田翰跋。此本为《皕宋楼藏书志》编纂底稿，可窥其成书之实情，先倩人将张金吾《爱日精庐藏书志》誊清抄写，再按照已藏剪贴排列，偶加删改，而其未有之书，另略加著录补上。各册外封有"已编齐""此册刻讫"。第十二册子部以下改称"皕宋楼藏书志"。皕宋楼藏书出售与静嘉堂文库时，岛田翰乃其中经手人，故陆树藩以此相赠。②

又如东京都立中央图书馆市村文库所藏抄本《陈松山藏明朝人诗文集目录》。陈松山即贵阳陈田（1849—1921），字松山，别号黔灵山樵，编有《明诗纪事》一书，所藏明集甚夥，藏书处号"听诗斋"。民国初年藏书散出，所藏明集为日本文求堂田中庆太郎捆绑东来。此本最末统计总数"计五百八十二部，四千五十七册。内译：明刊白棉纸宣纸本，一百二十二部。明刊竹纸本，二百三十一部。写本，三千四部。顺康以下刊本，一百九十五部"。田中庆太郎将收得的陈田藏书在日出售，其营业书目《文求堂唐本书目》（大正二年四月）附刊有《陈松山

---

① 刘蔷《清华园里读旧书》，岳麓书社，2010年，第14页。
② 刘斯伦《『守先閣藏書志』と陸心源の藏書目録編纂について》，《日本中国学会报》2019年第71集。

旧藏明朝人诗文集》，即出售书目，刊行本末记"共计五百八十七部，四千八十七册。内译：明刊本，三百五十七部。写本，三十四部。顺康以下刊本，一百九十六部。"与此本数字略有出入，此抄本天头间有朱笔圈选者，可能是陈氏藏书刚刚捆绑东来时传抄，用于选购者。

又如人文研收藏有一部日本昭和十二年抄本《嘉业藏书楼宋本书目》，是当时刘承幹拟出售之书目，这部抄本是东方文化学院京都研究所自己抄录的，可能是为了了解嘉业堂藏书或者选购其藏书之用。

另一路径则是日本学者在中国购入的书目。一些日本有名的学者在中国留学、访华期间访书，或者代替某些财团藏书机构收购古籍，买入了不少书目类古籍。其中有名者如内藤湖南、仓石武四郎、长泽规矩也、诸桥辙次等。

如静嘉堂文库所收藏的徐坊藏书目稿本《徐氏书目》、张立庄藏书目稿本《礼庭书目》、王文进经眼录稿本《学斋笔记》等，大约都是长泽规矩也或诸桥辙次代静嘉堂收购者，长泽氏在《支那书籍解题：书目书志之部》（中译本名《中国版本目录学书籍解题》）书中详加著录。长泽氏自己藏书中也有不少稀见书目，其藏书后售归关西大学图书馆，设为"长泽文库"，其中有《晁氏宝文堂目》《内阁书目》《静惕堂藏书目》《传书堂善本书目》等抄本书目。

又如关西大学"内藤文库"，为汉学家内藤湖南藏书，即有不少珍稀的书目文献。如《国史艺文志》《汲古阁珍藏秘本书目》《河内东洋学院藏书目》《王观堂先生校本批本书目》《敦煌石室经卷中未入藏诸经目录》等抄本。内藤文库有一部缪荃孙艺风堂抄本《红雨楼题跋》[①]，缪氏后来重辑徐𤊹红雨楼题跋为《重编红雨楼题跋》，此本乃其重辑参考底本（另有缪氏抄本《徐氏家藏书目》一部藏人文研，当是同时流入）。又如东洋文库一部抄本《孝慈堂书目》，外封有内藤湖南识语"乙巳十二月在燕都购，炳卿"，乃清光绪三十一年内藤湖南在京师所购。

---

① 此本馆方著录为"重编红雨楼题跋不分卷，明徐𤊹撰，清缪荃孙辑"，非是。此为林佶辑本，非缪荃孙辑本。

东京大学东洋文化研究所的"大木文库"藏书，主要为法制契约文书方面书籍文献，原为学者大木幹一旧藏，书上多钤"读数卷残书"印（此原为明人印章，大木氏得此印，因号"读数卷残书堂"）。大木文库有稿抄本书目数种。如梁公约稿本《盋山检书录》与抄本《绛云楼书目》，原为方尔谦（大方）旧藏。《盋山检书录》国内罕见传本（笔者仅见上海图书馆有周大烈旧藏本），清末端方奏购丁氏八千卷楼藏书，于南京龙蟠里惜阴书院旧址筹建江南图书馆，委任缪荃孙、陈庆年为正副总办，民国八年改名江苏省立第一图书馆。梁公约曾与胡宗武合编《江苏第一图书馆覆校善本书目》。东文研收藏的这部是梁公约所撰江南图书馆藏书经眼录，可视为江南图书馆（南京图书馆前身）早期书志。又如清咸丰同治间抄本《内阁大库储藏旧档书籍排架册》，为清代内阁大库清点库中书文件目录原本，与罗振玉刊入《玉简斋丛书》的《内阁大库档册》、方苏生所校刊《清内阁库贮旧档辑刊》的《内阁书籍表章目录》《东大库存贮各项书籍清档》，同为书籍表章库所藏书档旧目，为考察清代内阁大库库物变动情况重要文献。这一时期传入的书目文献异彩纷呈，因为经过日本学者专业的眼光挑选，有不少珍稀文献。

有一些书目是日本学者在中国访问时传抄的。如"长泽文库"有一部抄本《涵芬楼善本书目》。据长泽规矩也《中国版本目录学书籍解题》，此本乃民国二十年（1931）至沪上观涵芬楼藏书时，当时主事者特请人传录一份相赠。次年东方图书馆涵芬楼藏书即毁于战火，原目也化为灰烬了。[①]后来国内反而要从长泽此本抄录回流，当时的北平图书馆、北京人文科学研究所（今中国科学院图书馆）藏本皆据此本传录。张元济在刊行《涵芬楼烬余书录》时，序中提到此事："涵芬善本，原有簿录，未毁之前，外人有借出录副者。起潜语余，北京图书馆有传抄本，盍借归并印，以见全豹。"[②]所称"外人"者，即长泽氏。后以抄回

---

① 长泽规矩也编著，梅宪华、郭宝林译《中国版本目录学书籍解题》，书目文献出版社，1990年，第100页。
② 张元济《张元济全集》第8卷，商务印书馆，2009年，第147页。

之目删汰重编为《涵芬楼原存善本草目》，附刊《书录》之末。

又如《京师图书馆善本书目录》，在日本有两部抄本，分藏于东文研及人文研。两部书目则与仓石武四郎有关。仓石武四郎曾在1928年来华留学，撰有《述学斋日记》①。在华期间，调查了当时京师图书馆收藏的善本，在桥川时雄的资助下，拍摄了《旧京书影》。②东文研现在尚保存有仓石武四郎在华拍摄《旧京书影》的手稿，包括《旧京书影提要》稿本及当时拍摄书影的工作手记。仓石氏为拍摄书影，在徐森玉的帮助下，从京师图书馆借出《京师图书馆善本书目录》抄录，这十册抄本现在也收藏在"仓石文库"。仓石氏留学时所抄的这部《善本书目》主要是供拍摄《旧京书影》之需，当时抄写仓促，所以仅仅摘抄了一部分。可能在后来觉得这个抄本摘抄不全，犹以为憾，后又托人重新据原本誊录了一个完整的副本，送当时"东方文化学院京都研究所"庋藏，即现京都大学人文科学研究所。日本藏两抄本不题撰人，经笔者考证，这部《京师图书馆善本书目录》为史锡永所编，是京师图书馆编纂的最后一部善本书目，在国内已无藏本，仅存日藏两个抄本，弥足珍贵。

以上所举《涵芬楼善本书目》《京师图书馆善本书目录》，都是晚近的文献，却都出现了原本在国内失传，反而因日本学者的传抄本而获保存的情况。这也可以看出文献存亡的偶然性，这些都是离我们时代很近的文献，但遭遇兵燹世变，能够留存后世也非易事。

另外一种比较少见的路径则是中国访日学者在日本期间留下的书目，通过此路径流入日本的书目文献并不算多。其中有名者如杨守敬在日本刊行《留真谱》，留下了一部批校印样《留真谱》（今藏静嘉堂文库），罗振玉在京都期间，所留下的藏书目《罗氏藏书目录》（今藏京都大学附属图书馆，此书已经刘玉才先生介绍影印出版）③。又如董康在日

---

① 仓石武四郎著，荣新江、朱玉麒辑注《仓石武四郎中国留学记》，中华书局，2002年。
② 参见桥本秀美、宋红《〈旧京书影〉〈北平图书馆善本书目〉出版说明》，《版本目录学研究》2009年第1辑；林振岳《仓石武四郎〈旧京书影提要〉稿本述要》，载《中国古籍文化研究论集》，东方书店，2018年，第291—298页。
③ 罗振玉、王国维《罗氏藏书目录》，北京大学出版社，2015年。

期间，拟出售藏书的售书目稿本《诵芬室书籍书目》，此目为笔者2017年5月在东京都立中央图书馆调查发现，同门杨月英博士从事董康研究，故将全目交其研讨，已发表《〈诵芬室书籍目录〉与大仓文库董康旧藏》[①]一文。董康藏书在日期间陆续出售，所得最多的是大仓文库。天道好还，近年这批董康旧藏的汉籍又由北京大学图书馆购归国内。

三、日藏书目文献情况所反映的书籍流通史

从日本现存的一些书目文献，也可以看出当时日本学界对中国藏书动态关注非常密切。比如民国藏书家蒋汝藻的藏书目《传书堂善本书目》，其藏书售归涵芬楼，毁于抗战之中，书目向未刊行，抄本流传。而经过调查发现，日本收藏有6部抄本[②]，数量可谓不少。又如蒋凤藻《秦汉十印斋藏书目》，与前目情况差不多，在日本也收藏有4部抄本[③]。这些书目可能当时在沪上有书商专门抄副出售，故有不少抄本流传。但能通过书店渠道售到日本这么多，足以体现当时日本学者对中国藏书动态关注之密切。

当时中国一些故家藏书出售书目，有不少流入日本。除了前面提到的《顾鹤逸书目》等，此类书目还有不少。如静嘉堂收藏有徐坊藏书目《徐氏书目》抄本一部。长泽规矩也《中国版本目录学书籍解题》谓"此书乃徐氏书出售之际给北京文奎堂者"[④]，为徐氏藏书出售时所编书目。徐氏藏书有京寓与河北定兴两处，民国五年徐氏去世，定兴所藏书民国十五年经其弟徐植以八万金为文友堂、文奎堂、保文堂、晋华书局及待求书庄合股收购，运京出售。民国十九年夫人鹿氏去世，在京寓藏书分归其子徐钟葳及长婿史宝安（吉甫），其后陆续散出。徐氏定兴藏书散

---

① 杨月英《〈诵芬室书籍目录〉与大仓文库董康旧藏》，《文物》2022年第4期。
② 馆藏地分别为：日本京都大学文学部图书馆、京都大学人文科学研究所、东洋文化研究所、国会图书馆、静嘉堂文库、关西大学图书馆（长泽文库）。
③ 馆藏地分别为：日本京都大学文学部图书馆、京都大学人文科学研究所、东洋文化研究所、静嘉堂文库。
④ 长泽规矩也编著，梅宪华、郭宝林译《中国版本目录学书籍解题》，第148页。

出之时，傅增湘、张元济曾来往函札商购。静嘉堂所藏此本，即民国十五年徐氏定兴藏书售予文奎堂等书估之时，依旧宅藏书排架所编之清点草目。徐氏藏目国内未见藏本，山东大学图书馆沙嘉孙先生所编《临清徐氏归朴堂善本书目》稿，系据所经眼的徐氏旧藏辑录而成的知见目。因此静嘉堂藏的这部，可能是现存唯一一部原本徐氏藏书目。又如嘉兴忻宝华藏书目《澹庵书目》稿本两种，一部藏于人文研，一部藏于静嘉堂。忻氏藏书最有名者乃宋本《李群碧诗集》，此书后归邓邦述，即其"群碧楼"之由来，该书现藏中国台北"中研院"傅斯年图书馆。忻氏藏书宣统末年、民国元年散出，多为天津图书馆及傅增湘所得。人文研所藏乃其初稿本，国内有学者称之为"孤本"，实则静嘉堂另藏一部，是藏书出售时经手人谭新嘉手校底稿。①此目国内鲜有藏本，2020年上海博古斋拍卖过一部抄本，为周大烈旧藏，仅存子部不全，而日本藏有其书目稿本两部，足见当时代替这些机构选购图书的日本学者别具只眼。

又如售入北京大学图书馆的李盛铎木犀轩藏书目录，人文研收藏有一部李松年抄本《木犀轩收藏旧本书目》，又有一部打字油印本，都是当时不多见的书目。而作为京师图书馆（北平图书馆前身）善本旧藏来源之一的归安姚氏藏书，沈韵斋辑有《咫进斋善本书目》，人文研也藏有一部抄本。据梶浦晋先生赐教，此抄本乃自中国书店购入。而清末收归江南图书馆的丁氏八千卷楼藏书《八千卷楼书目》，在日本也有3部抄本②，尊经阁文库所藏一部日本抄本有1912年题记："右《八千卷楼书目》一部，借抄河井仙郎氏藏本，收之尊经阁。大正元年八月，永山近彰识。"其抄写之时，八千卷楼藏书刚刚收入江南图书馆不久，可见当

---

① 谭新嘉自编年谱《梦怀录》宣统三年："先是葛星槎丈函告傅公，王店忻虞卿宝华（其第二子余族妹倩），欲售藏书。三月派余带叁千元汇回南选购。傅公以自用马车亲送余登新丰轮船，至沪候提汇款，回里同葛丈往王店挑选数百部，约叁千册左右。会同葛丈与忻氏论价，约费壹千叁百余元……运书至上海，托商务印书馆高翰卿君转运至津，余则乘新铭轮回津。"周和平主编，北京图书馆编《北京图书馆藏珍本年谱丛刊》第196册，北京图书馆出版社，2010年，第692—693页。
② 馆藏地分别为：日本东京都立中央图书馆、尊经阁文库、关西大学图书馆内藤文库。

时日本学人对国内藏书动态关注极为密切。

当时日本一些研究机构,在购藏这些书目时,可能也有一定的计划性。比如京都人文科学研究所、东洋文化研究所设立之时关系密切,两地藏书也多有相同的副本。如前文提到的抄本《传书堂善本书目》《秦汉十印斋藏书目》,两个研究所皆有藏本,此外,京都大学文学部也有购藏,可以看出这些机构在收集此类文献具有一定的计划性和关联性。

四、日藏书目文献中的伪本与日人著述

日本所藏书目文献,尤其是近代传入的这些书目,虽然经日本学者专业的眼光甄选,但也有一些伪本。如日本国立国会图书馆藏《武林妙赏楼藏书志》,乃民国书贾伪造之本。[1]东文研仓石文库有一部书名不详的目录,原馆藏著录为"[某氏书目]一卷",书前有"盛昱之印"白文方印(伪),此书目实为张金吾《爱日精庐藏书志》摘抄出来,可著录为"《爱日精庐藏书简目》"。此目当为书商伪造之目,实则不过据《藏书志》条目摘抄。中国国家图书馆藏有《爱日精庐藏书简目》一部[2],顾廷龙先生致高桥智函云:"《爱日精庐藏书目录》是很少见的,北京图书馆有一部。"(1989年4月18日)[3]当即谓此本。国图藏本与东文研藏本内容、行款相同,字迹亦相近。二本卷端皆无题名,当为坊间摘抄,大概是想以此冒充旧家藏目,或附会张氏早期藏目。辽宁图书馆也藏有一部《爱日精庐藏书目录续志目录》,为清末罗振玉唐风楼抄本,当亦与此本情形相仿。又如关西大学图书馆内藤文库有一部抄本《从好堂藏书志》,卷端署"归安陆心源子刚甫编",卷端钤"湖州陆氏所藏"白文方印。依照署款,似是陆氏皕宋楼藏书目。陆氏未闻有"从好堂"之斋号,此目系据《皕宋楼藏书志》抄出简目,并无特别之处,当为书贾伪造之本。

此外,还有一些日本学者的稿本,是与中国藏书密切相关的。比如

---

[1] 唐新梅《日本国立国会图书馆藏〈武林妙赏楼藏书志〉辨伪》,《古典文献研究》第23辑。
[2] 林夕主编《中国著名藏书家书目汇刊29 明清卷》,商务印书馆,2005年。
[3] 沈津《顾廷龙年谱》,上海古籍出版社,2004年,第701页。

前面提到的东文研藏仓石武四郎稿本《旧京书影提要》，是仓石氏1928年在北京拍摄《旧京书影》时，为书影撰写的提要手稿。通过这个稿本，可以证实《旧京书影》是仓石氏一手成之，并据此可对《旧京书影》的底本来源做一些钩沉。[①]有些日本学者自己所编的藏书目录，也颇有特色。如仓石武四郎在生前将文库藏书按照作者地域编为《仓石文库汉籍目录籍贯别撰者索引》，"对于清人文集，为了方便自己取读，他还专门按作者的地域来区分，编成11本目录，并依次上架排列"[②]。此稿本别具特色。据闻上海图书馆有一套按照作者地域排列的藏书卡片，仓石氏此举与之暗合，可为编纂地方艺文之助。

结　语

以上为针对日本现存明清以来书目文献调查所得出的初步认识。两个不同时期流入日本的书目文献，呈现了不同特点。在清代中前期，更多体现出"被动输入"的特征，流入日本的大多是当时中国坊间常见之物，文献价值不高。而清末民国时期，有大量精通流略之学的日本书贾、学者参与其中，更多体现出"主动索求"的特征。这与中国流略之学发展历史也是相合的，我们所言"版本目录学"，在清前中期逐步成熟，而盛于清末民国时期，对东邻日本也产生了巨大影响。因此，在此时期有不少稀见的书目文献流入日本，甚至还出现了部分书目反而在中国本土失传的情况。由于时力所限，调查未能遍及日本全境的藏书机构。未来将进一步对日本现存明清以来书目文献展开更深入的调查研究，编纂《日藏稀见中国书目文献丛刊》，并借此进一步分析清代书目文献对日本书目体例之影响，以及日本近代书志学之兴起与中国版本目录学之关系。

---

① 林振岳《仓石武四郎〈旧京书影提要〉稿本述要》，载《中国古籍文化研究论集》，第291—298页。
② 仓石武四郎著，荣新江、朱玉麒辑注《仓石武四郎中国留学记》，第11页。

明代公案小说的文本抽毁与东亚流播

——以余象斗《皇明诸司廉明奇判公案》为例

潘建国

（北京大学中文系）

一、《廉明公案》存世版本新调查

《皇明诸司廉明奇判公案》（以下简称《廉明公案》），乃明代万历时期福建书商文人余象斗编撰的小说作品，它的问世，改变了之前所谓"一书一个判官"（如《百家公案》之包公）的"单传体"模式，开创"一书多个判官"的"诸司体"①公案小说，并引发一个连锁反应，陆续产生了《诸司公案》《详刑公案》《律条公案》《明镜公案》《神明公案》《详情公案》等系列作品。

较早关注《廉明公案》版本的是孙楷第，其《日本东京所见小说书目》（1932）及《中国通俗小说书目》（1933），均著录了日本内阁文库所藏明建阳书林萃英堂刊二卷本（以下简称"萃英堂本"）。此后，中日学界续有访查著录：1933年5月23至25日，小说戏曲收藏家周越然在上海《晶报》分上中下三次连载《廉明公案》一文②，介绍家藏明万历

---

① 参见鲁德才《明代各诸司公案短篇小说集的性格形态》，《'93中国古代小说国际研讨会论文集》，开明出版社，1996年，第464—480页；石昌渝《明代公案小说：类型与源流》，《文学遗产》2006年第3期。

② 周越然著，周炳辉辑，周退密校《言言斋古籍丛谈》，辽宁教育出版社，2001年，第16—18页。周越然利用此家藏本，另撰写发表过两篇专文，一为《古之判语》，《大众（上海）》1943年4月号，大众出版社，1943年；一为《关于"皇明诸司廉明奇判公案"》，《文帖》1945年第1卷第4期。

二十六年（1598）建邑书林余氏建泉堂刊四卷本，此本今藏中国国家图书馆（以下简称"建泉堂本"，图1）；1934年9月，长泽规矩也发表《现存明代小说书刊行者表初稿（上）》①，著录日本画家富冈铁斋（1836—1924）所藏明万历三十三年（1605）余氏双峰堂刊本《新刊皇明诸司廉明奇判公案》四卷（以下简称"富冈本"），1936年6月，日本大阪府立图书馆举办"富冈文库善本展览会"，展品中即有此书，并被收入《富冈文库善本书影》②，富冈本遂颇为人所知③；1957年，李田意发表《日本所见中国短篇小说略记》④，著录日本蓬左文库所藏余氏双峰堂刊二卷本（以下简称"蓬左本"）⑤；1962年，路工《古本小说新见》之《新刊皇明诸司廉明奇判公案》，介绍了一部明版"建邑书林余氏建泉堂刊"四卷本，"全书共收一百三十一篇公案小说"⑥，较周越然藏本的一百零五篇，多出二十六篇，可惜路工未交代藏处，无从追踪查验；1975年，马

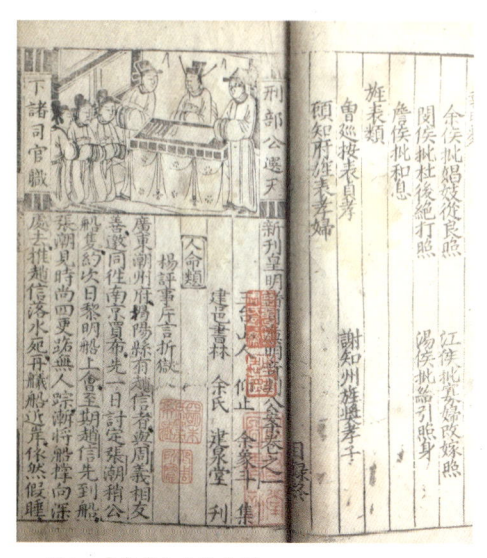

>> 图1　建泉堂本首卷首页

---

① 长泽规矩也《现存明代小说书刊行者表初稿（上）》，《书志学》1934年第3卷第3期；后收入长泽规矩也《长泽规矩也著作集》第5卷，汲古书院，1985年，第227页。
② 大阪府立图书馆编《富冈文库善本书影》，小林写真制版社出版部，1936年。
③ 《书志学》1936年第6卷第6号，及时报道了富冈文库善本展览会的消息，并列举了少量善本，其中就有这部明版《廉明公案》。
④ 李田意《日本所见中国短篇小说略记》，《（台湾）清华学报》1957年新1卷第2期。
⑤ 蓬左本，笔者至今未得目验原书。所幸2019年岁末，日本京都大学博士生中原理惠君来访北京，一起交流《廉明公案》的研究，蒙她帮助，我阅览了她申请复制的蓬左本全书电子版，本文论及蓬左本文字，均据此。在此，谨向中原理惠小姐致以谢忱！
⑥ 该文收入路工《访书见闻录》，上海古籍出版社，1985年，第156页。

幼垣发表《明代公案小说传统：龙图公案考》①，文中综合诸家著录，列出《廉明公案》版本5种，即蓬左本、萃英堂本、江户抄本、建泉堂本、长泽规矩也著录本（即富冈本），此文因重在梳理明代公案小说传统，于《廉明公案》版本细况实未作展开。1982年，日本学者大塚秀高发表《从公案话本到公案小说集——论"丙部小说之末流"在话本研究中所占之地位》②，文中列出《廉明公案》版本也是5种，与马幼垣文相同，但除富冈本、建泉堂本之外，其余版本作者皆曾目验，所论甚详，且对诸版本性质和彼此关系作出了初步探考，然其中亦有误判之处，参见下文；1987年，大塚秀高出版《增补中国通俗小说书目》③，《廉明奇判公案》条目著录5种版本，依次为富冈本、建泉堂本、林罗山手校江户抄本、蓬左本、萃英堂本。2004年，石昌渝主编《中国古代小说总目》（白话卷）之"皇明诸司廉明奇判公案传"条④，著录版本4种，与大塚秀高目录相同，无林罗山手校江户抄本，盖已附入建泉堂刊本。

关于《廉明公案》版本的调查著录小史，大致如上。近年来，笔者对此书版本亦颇为关注，陆续有所知见，列示如下。

1. 日本京都大学法学研究科藏明刊《新刊皇明诸司廉明奇判公案》，京都大学图书馆已公布电子版。⑤是书四卷，首卷首页题"建邑书林余氏双峰堂刊"，书末有莲牌"万历乙巳年孟冬/月余氏双峰堂梓"。经笔者比勘（图2），实即传说已久、大塚秀高亦未曾寓目的富冈本。此本

---

① 原为英文，题作 "The Tradition of Ming Kung-an Fiction: A Study of the Lung-tu kung-an"，《哈佛亚洲研究》(*Harvard Journal of Asiatic Studies*) 1975年总第35号；后由宏建桑译为中文，改题为《明代公案小说的版本传统——龙图公案考》，《中国古典小说研究专集》第2辑，台湾联经出版事业公司，1980年，第245—279页。
② 该文原载《东洋学》1982年总第47号，中文版载《辽宁广播电视大学学报》1988年第2期。
③ 大塚秀高《增补中国通俗小说书目》，汲古书院，1987年，第54页。
④ 石昌渝主编《中国古代小说总目》（白话卷），山西教育出版社，2004年，第147—148页。需要指出的是，此条目书名题作"皇明诸司廉明奇判公案传四卷"，实际并不准确。此书凡卷首书名题为"公案传"者，均为二卷本，四卷本则均题"公案"，无"传"字，详见下文。
⑤ 2019年10月19—20日，笔者在北京大学中文系与中国社科院《文学遗产》联合举办"中国古代国际学术研讨会"上报告本文，承东京大学上原究一博士告知：京都大学博士生中原理惠首先发现法学研究科的藏本，并建议京都大学拍摄公开，惠及学界。

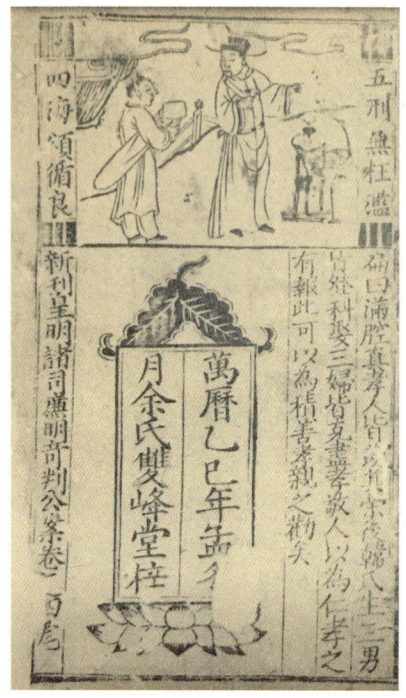

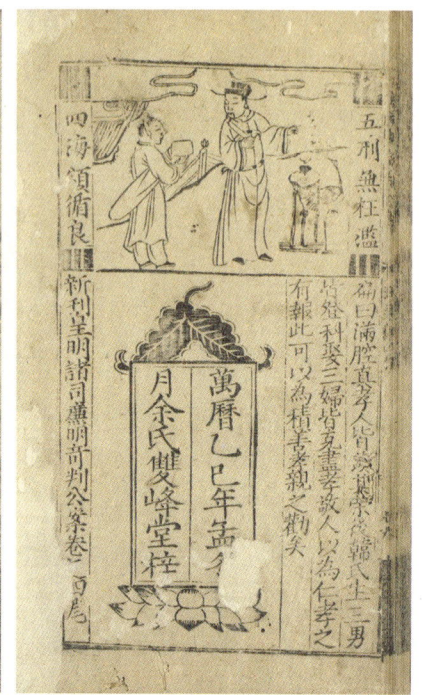

>> 图2　富冈本（左）、京都大学藏本（右）卷末牌记

除卷一残缺第4叶以及第58叶B面之外，余皆完好。

2. 明末金陵大业堂刊本（以下简称"大业堂本"），残存2册，包括卷三凡26则（"争占类"16则、"骗害类"10则），卷四凡42则（"威逼类"4则、"拐带类"3则、"坟山类"2则、"婚姻类"5则、"债负类"5则、"户役类"5则、"斗殴类"3则、"继立类"4则、"脱罪类"3则、"执照类"5则、"旌表类"3则，止于第三则《顾之知府旌表孝妇》之"亲送代巡孝孚神明之匾于范"，尾略残53字）。卷首书名题"新刻全像皇明诸司廉明奇判公案"，另行题"三台山人仰止余象斗集""金陵书坊周氏大业堂梓"，此"金陵周氏大业堂"乃明代万历至明末清初较为活跃的书坊，刊刻了不少小说戏曲书籍[①]。其题曰"全像"，改变了福建刻本上

[①] 参见上原究一《论金陵书坊周曰校万卷楼仁寿堂与周氏大业堂之关系》，《斯道文库论集》2014年总第48辑；许振东《大业堂的白话小说刊刻及其刻书活动》，《廊坊师范学

图下文的样式，采用江南地区流行的整页插图，存有10幅（卷三4幅，卷四6幅），白口无鱼尾，半叶12行，行28字。此本系从韩国回流，原为朝鲜文人柳绖（1684—1752）旧藏，今藏笔者两靖室。大业堂本虽属残帙，但具有特殊的学术文献价值，详见下文。

3. 清初映旭斋重印本（以下简称"映旭斋本"），今藏中国国家图书馆①。残存1册（30叶），包括余象斗《廉明公案序》（序末无"万历戊戌"时间题署）、目录及卷一正文。目录页卷一"人命类"有17则，第18则《邓代巡批人命翻招》空缺②；正文"人命类"第13则《范侯判逼死节妇》有目无文，止于第14则《夏侯判打死弟命》之"乞思详情超豁上诉"，以下残缺。另有整页插图5幅。卷一首页题署（"金陵书坊周氏大业堂梓"）及行款字体，皆与大业堂本完全一致，但无柳绖藏印，两者或非同套书。书首有内封页，题"新刻全像名家廉明公案""映旭斋梓"，据此内封页墨色清晰、字口锐利等特征推测，大概映旭斋曾得到金陵大业堂旧板，予以重印并新刻了内封页。映旭斋本虽残存不足一卷，却保留了卷首目录，对于考察大业堂本的版本面貌，颇为重要。

4. 中国书店2006年6月拍卖过一部明刊二卷本，仅存上卷，首页题"皇明诸司廉明奇判公案传""三台山人仰止余象斗集""建邑书林余氏双峰堂刊"（图，上图下文，正文白口无鱼尾，半叶12行，行22字），通篇有佚名朱笔点读，具有日本点读特征，或自日本回流。此本今归中国私人"独翠堂"收藏，曾在2015年7月国家图书馆举办"册府千华——民间珍贵典籍收藏展"展出，笔者得以目验原书。从分卷、版式、行款、题署来看，似与蓬左本同版。

（接上页）院学报》2015年第5期。
① 上原究一《明末の商業出版における異姓書坊間の広域の連携の存在について》曾有简单提及此本，但未予展开考订，载《东方学》2016年总第131辑。
② 建泉堂本、富冈本"人命类"均有18则，最后一则为《邓代巡批人命翻招》，映旭斋本目录页"人命类"末尾第18则位置空白，则原书残缺此则，并非国图藏本有缺叶，推测金陵大业堂所得初版初印本《廉明公案》，其卷一末尾（即第一册末尾）当已残缺1则。

5.孔夫子旧书网2019年1月9日拍卖过一部明刊残本,据拍主提供的28叶书影,上图下文,半叶12行22字,版心题"全像公案传",惜未见存卷首题署的书叶。经比勘,笔者推断其与萃英堂本同版。残存诸叶均集中于上卷,涉及15则,文字完整者6则,残缺者9则,包括"人命类"之《刘县尹判误妻强奸》(残)、《洪大巡究淹死侍婢》(残)、《吴推官判误杀侄命》(残)、《孙侯判代妹伸冤》(残)、《黄县主义鸦诉冤》(全)、《苏院词判奸僧》(全)、《丁府主判累死人命》(全);"奸情类"之《汪县令烧毁淫寺》(残)、《陈院卖布赚脏》(全)、《海给事辨诈称奸》(全)、《吴县令辨因奸窃银》(残)、《严县令诛污翁奸女》(残)、《魏侯审强奸堕胎》(残)、《孔推府判匿服嫁娶》(全);"盗贼类"之《董巡城捉盗御宝》(残)。此本今未知藏者。

综上,目前所知存世《廉明公案》版本共有9部,包括:余氏建泉堂本(周越然旧藏,现藏中国国家图书馆)、余氏双峰堂刊四卷本(即富冈本,现藏京都大学法学研究科)、余氏双峰堂刊二卷本(凡2部,1部全本即蓬左本,1部残本藏独翠堂)、萃英堂本(凡2部,1部全本现藏日本国立公文书馆,1部残本未知藏者)、金陵大业堂本(残存卷三、卷四,现藏两靖室)、映旭斋重印大业堂本(残存卷一,现藏中国国家图书馆)、林罗山手校江户抄本(现藏日本国立公文书馆)。

二、书林秘闻:《王巡道察出匿名》的抽毁及其原因

大塚秀高《增补中国通俗小说书目》(1987)曾独具慧眼地指出了建泉堂刊本中的两处特殊细节,即卷三第41至46叶缺失,目录页卷三"骗害类"第2则位置空白,有明显的剜削痕迹,但他未能对此作出解释。事实上,笔者一开始也感到困惑,虽然根据建泉堂本"开天窗"的反常情况,可以推测卷三大概缺失了第2则,但因为存世其他版本均无此篇,究竟如何?自亦无从说起。

直到2019年6月,笔者偶然得到大业堂本,惊喜地发现卷三第2则《王巡道察出匿名》竟然完好无损(图3)。对照大业堂本,回看建泉堂

明代公案小说的文本抽毁与东亚流播 | 333

本的种种删削痕迹，乃觉豁然开朗。

卷三第40叶为"骗害类"第1则《韩按院赚脏获贼》末尾文字，B面止于"徒知季玉证杀是真，又兼高"，以下尚有118字，原应刊印在第41叶A面前7行（建泉堂本每行17字），今已缺失。

第41叶A面第8行开始，至第47叶A面第1、2行，均为《王巡道察出匿名》文字，今已删削不存。有意思的是，

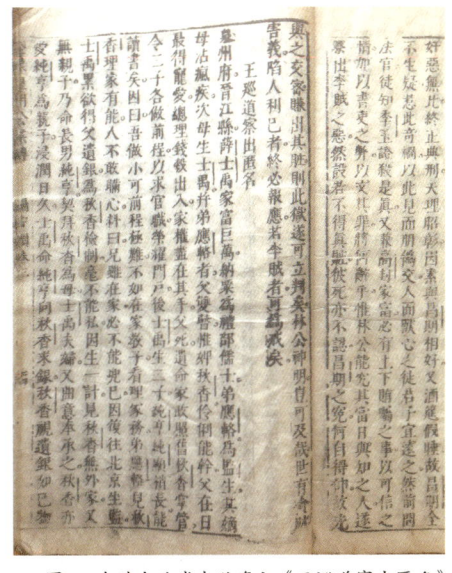

>> 图3　金陵大业堂本独存之《王巡道察出匿名》

建泉堂本第47叶A第3行至B面第5行，仍残留着已被删去的《王巡道察出匿名》篇尾文字（共213字），从第47叶B面第6行开始，才是"骗害类"第3则《朱代巡判告酷吏》。

第47叶A面第1、2行文字已被删削，但第2行尚有残存笔画，对照大业堂本《王巡道察出匿名》，可知这是判语的最后一句"乱法之奸民宜入绞刑之宪网"，依稀可辨（图4）；与此类似，建泉堂本目录卷三第2则《王巡道察出匿名》已被剜削，但"名"字剜挖未尽，尚遗下左下角的笔画。

凡此，均可证建泉堂本《廉明公案》曾通过板木撤削，来完成对《王巡道察出匿名》文本的抽毁，即撤去第41至46叶凡6块板木，又剜去第47叶板木A面前两行，以及目录叶卷三"骗害类"第2则"王巡道察出匿名"七字。这种撤削板木以抽毁文本的现象，在明代通俗小说史、乃至整个中国古代通俗小说史上都是极其罕见的。那么，《王巡道察出匿名》究竟是一篇什么样的公案小说，它因何而遭受抽毁的命运呢？

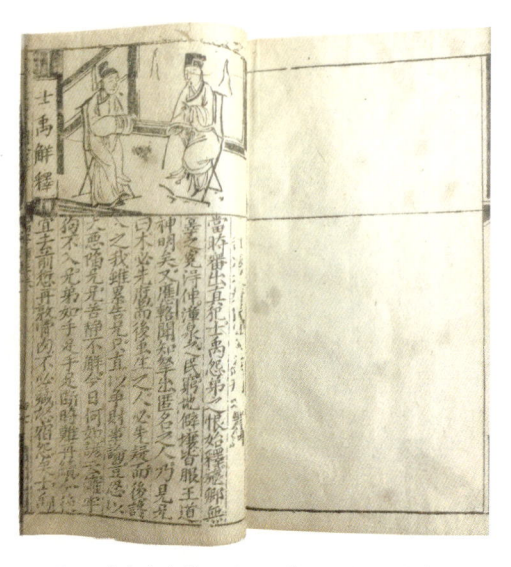

《王巡道察出匿名》叙述了一个王巡道明判两宗匿名诬告案的故事。主要情节如下：福建泉州府晋江县薛士禹、薛应辂为同父异母兄弟，父亡后因家财产生纠纷，诉讼数年，后有匿名状投至泉州府推官丁此吕处，告薛士禹"十恶"罪，士禹怀疑是弟应辂所告，遂贿赂丁推官座主侍郎黄凤翔，求通关节，黄侍郎"误信一偏巧

>> 图 4　建泉堂本第 47 叶 A 面第 2 行剜削板木痕迹

言，授书与之解办"，丁推官"见座主书来，有意偏护"，结果坐薛应辂绞罪。至万历十三年（1585），浙江衢州府王豫升任分巡兴泉道，应辂令其子上诉，王巡道见状批云："既非顿时捉获，又无的确证佐，安得以猜疑之故，而坐应辂投匿耶？"将应辂开罪释放。后年余，当地又有人假冒施卿之名投告张裕贿奸，王巡道批转晋江王知县审理，王知县断施卿"投匿绞罪"，施卿求礼房吏吴正代拟诉状，向王巡道申冤，王巡道因见诉状中有自己昔日为薛应辂所批"开罪之语"，怀疑吴正乃是两宗匿名诬告案的幕后主谋，遂亲自细加审察，并用计赚出真相，最终将吴正问拟绞罪，施卿之冤得雪，薛氏兄弟也尽释前嫌，"漳泉之民"，"皆服王巡道神明矣"。

很显然，这篇小说的抽毁，与古代典籍禁毁的通常原因（如政治违碍、淫秽暴力、邪教迷信等）皆无关涉。笔者查阅了故事叙及的人物，结果发现第一宗匿名案中的两位官员，即泉州府推官"丁此吕"、侍郎"黄凤翔"，均为真实历史人物，而且非同一般。

先来看"丁此吕"，江西新建人，字右武，万历五年（1577）进士，授福建彰州府推官①，清康熙魏荔彤重修本《漳州府志》卷九"秩官·推官"列有"丁此吕"，小字注："新建，进士，五年任。"卷三十三"灾祥·寇乱附"载，万历十一年（1583）四月，奸民吴双引等谋袭漳城，署府推官丁此吕会同地方官员缉捕乱首②，则丁氏担任漳州府推官至少达7年之久。福建泉州文人何乔远（1558—1631）《闽书》卷六十四"文莅志·漳州府·推官"载有丁此吕小传，以颇具文学性的文字，描写了丁推官的断案风采："至任之初，文牒丛委，此吕日坐高堂决判，居数日一空，吏隶旁立若木偶"，又称赞他"明敏精严"，"为人磊落意气，尽友天下士"③。丁此吕与汤显祖、屠隆、黄汝亨等文人交游甚密，万历三十七年（1609）三月，丁氏谢世，黄汝亨作《祭丁右武文》云："维公禀宇宙间出之才，负天地不平之气，其慷慨历落之概，可以移山岳贯金石，而不可以入世途；其高亮坦直之节，可以动四海信千古，而不可以入时贵。乃至老死于睚眦，而终其身于逸言之可畏。呜呼，痛哉！古今贤豪进退非毁之故，大略如此，宁独于公为复不尔耶！"④对丁此吕"慷慨历落""高亮坦直"的品格赞誉有加，祭文还特别提及他担任漳州府推官时的政绩，"为理漳浦，蜚声卓异"，可以说，从地方舆论到友人风评，丁此吕都获得了相当不错的口碑。

值得注意的是，在余象斗的公案小说《王巡道察出匿名》中，丁此吕尽管不是作为清官形象而存在，但小说作者似乎对他的官品仍相当肯定："推官丁此吕，风烈有声"，"丁公为官有名色"，而他之所以误判薛应铬匿告绞罪，乃因受到"座主"黄凤翔侍郎的影响："丁公虽然清止，见座主书来，有意偏护，况与弟评讼事有迹，又状内多告家中阴事，遂疑弟应铬是的。"换言之，产生冤案的主因是黄凤翔的受贿徇私，

---

① 《王巡道察出匿名》小说写丁此吕为"泉州府"推官，与此略有差异。不过，漳州府、泉州府实为近邻，往往并称，小说末尾也有"漳泉之民，穷地僻壤"的说法。
② 清魏荔彤重修本《漳州府志》卷九、卷十三，康熙五十四年（1715）序刻本。
③ 明何乔远《闽书》卷六四，福建人民出版社，1994年，第2册，第1859页。
④ 明黄汝亨《㝢林集》卷十九，《续修四库全书》影印明天启四年（1624）刻本，集部第1369册，第315—316页。

干预司法。实际上,这位黄凤翔大有来头。据研考①,黄凤翔(1540—1614),福建泉州府晋江县人,隆庆二年(1568)一甲第二名进士及第,万历五年任丁丑会试"同考"官,丁此吕正是此科进士及第,按古代科场惯例,黄凤翔确为丁氏"座主",《王巡道察出匿名》小说所述细节"丁公座主侍郎黄凤翔"云云,符合史实;万历十二年(1584)黄凤翔任南国子监祭酒,十六年(1588)任北国子监祭酒,十七年(1589)升吏部右侍郎兼翰林院侍读,二十年(1592),起为吏部左侍郎,二十一年(1593)授南京礼部尚书,黄氏以奉养老母为由作《癸巳起用辞疏》,二十二年(1594)、二十三年(1595)又连续两年上疏辞归,终获恩准以新衔在籍候用。自此,黄凤翔安居泉州老家,直至万历四十二年(1614)去世。

也就是说,余象斗《廉明公案》小说于万历二十六年刊出之时,黄凤翔正居住家乡泉州,小说白纸黑字,写他收受"薛士禹"贿赂,听信"一偏巧言",致函门生丁此吕推官,徇私说情,酿成冤案。可以想见这篇小说的刊行,必定在闽地轰动一时,尤其引发彰州府、泉州府地区的民间舆情,严重损及黄侍郎的社会形象,故黄凤翔及其家族门生,必定运用其在官场和家乡的人脉资源,竭力阻止小说的扩散流播,最后,作者兼出版商的余象斗迫于压力,只得撤削书板,抽毁《王巡道察出匿名》一篇,重新刷印了存在书叶缺失和文字剜削的新版本(即存世之建泉堂本)。然而,含有完整《王巡道察出匿名》的原刻初印本《廉明公案》,大概已经发售了一部分,自然无法逐一追回销毁;若干年后,远在江南的金陵书坊大业堂,可能得到了一部初印本《廉明公案》,并据以翻刻(即存世之大业堂本),这篇本已抽毁的小说《王巡道察出匿名》,遂得以重现于世,又幸运地流传至今,为我们揭开了一段隐藏在纸叶背后的明代小说出版史秘闻。至于余象斗为何编撰刊出《王巡道察出匿名》这篇小说,囿于史料,目前尚无法给出明确的解释。假如这个

---

① 参见陈妙妙《黄凤翔研究》第二章《黄凤翔的生平考略》,闽南师范大学2016年硕士学位论文,第21—32页。

案件纯属虚构，那么余象斗将黄凤翔、丁此吕写入小说，就不免有诽谤的嫌疑，如此自找麻烦，似乎有违常理。因此，不妨推测小说叙述的薛氏兄弟争产案，可能是当时真实发生的案件，黄凤翔、丁此吕的徇私误断，也是甚嚣尘上的民间传闻，余象斗正是基于追逐社会热点的商业化出版的考量，将其采编为《王巡道察出匿名》小说，只是他有些低估了地方权贵的能量，最终招致书版被抽毁的严重后果。

三、版本标记物与《廉明公案》版本关系梳理

　　梳理存世版本之间的学术关系，乃古代小说版本研究的重要内容之一，但如何进行梳理，殊非易事。根据笔者的粗浅经验，确立并运用"版本标记物"，不失为一种行之有效的方法。所谓"版本标记物"，即指某一版本所特有的、能够成为其身份识别之关键的版本特征，其中包括特定文字的增补、删削、剜改、串行、挤行、空白、墨钉、异常文图错讹，等等，首先通过广泛细致的版本调查和比勘，发现并确立上述各类"版本标记物"，然后，追踪考察它们在现存版本中的有无及其变化痕迹，最后，据此辨析诸版本间的传承关系，有时颇有"四两拨千斤"的特殊效果。譬如《水浒传》的简本系统，存世版本甚多且关系复杂，马幼垣曾注意到余象斗万历二十二年刊本《全像水浒志传评林》，也许是出于偏护同宗的游戏心理，竟然对王庆故事中一个原本极为次要的人物"余呈"，大加扩写，增入他临阵勇猛、被俘不屈、慷慨就义、宋江哭祭等细节文字①，这位特殊的英雄人物"余呈"，便可视为《全像水浒志传评林》的"版本标记物"，检阅存世简本关于"余呈"的描述文字情形，可为梳理《水浒传》简本系统内部的版本传承关系，提供一个简便有效的"帮手"。

　　关于《廉明公案》存世版本之间的学术关系，此前大塚秀高《从公案话本到公案小说集——论"丙部小说之末流"在话本研究中所占之

---

① 参见马幼垣《牛津大学所藏明代简本〈水浒〉残叶书后》，《水浒论衡》，生活・读书・新知三联书店，2007年，第9—12页。

地位》一文有所探讨，他认为《廉明公案》原刊本为四卷本、林罗山手校江户抄本是根据建泉堂本抄录的、萃英堂本是蓬左本的"副本"（即翻刻本），这些推测都是正确的；但他认为富冈本是"现存最古老的刊本"、建泉堂本显然不是原刊本，以及存世版本的刊行顺序为富冈本→建泉堂本→蓬左本→萃英堂本，却又是可商榷的。笔者在重新梳理《廉明公案》存世版本关系时，运用了核查"版本标记物"的方法，即把这篇曾被抽毁的《王巡道察出匿名》小说，视作《廉明公案》原刻初印本的"版本标记物"，并据此推衍《廉明公案》诸版本关系如下：

1. **原刻初印本**。四卷，目录页及正文均有《王巡道察出匿名》篇。今未见存世。

2. **原刻初印本的翻刻本**。存世有金陵大业堂本（存卷三、卷四）、映旭斋重印大业堂本（存卷一），翻刻时间大约在明末。据此本推知，原刻初印本当为四卷106则，目录页及正文之《王巡道察出匿名》均完好无缺。

3. **原刻重印本**。存世有建泉堂本。四卷105则，《王巡道察出匿名》一篇的大部分文字已被撤削，目录页卷三"骗害类"第2则空白，正文卷三第41至46叶缺失，留有空白叶面，第47叶A面第1第2行空白，第47叶A面第3行至B面第5行残存《王巡道察出匿名》篇尾213字。

建泉堂本首有"万历戊戌年仲夏月"余象斗序文，尾有"万历戊戌岁仲夏月"莲牌，又保留着板木撤削的明显痕迹，无疑就是《廉明公案》小说"现存最古老的刊本"，精确言之，为原刊重印本①，其重印时间，宜在万历戊戌二十六年之后的一两年内。此本的刊刻者，卷一、卷二、卷四题"余氏建泉堂"，卷三题"余氏双峰堂"，书尾莲牌题"余氏文台堂"，虽不统一，但仔细查勘，似均无剜改痕迹，当是原刊如此，三个书坊均属余氏家族所有，变换题署，在福建刻本中时或有之，亦不足为怪。

---

① 石昌渝《皇明诸司廉明奇判公案传》条目，推断建泉堂本为"原刊后印本"，可谓精审，见《中国古代小说总目》"白话卷"，第147页。

此外，林罗山手校江户抄本，乃据建泉堂本传抄，其书叶缺失与文字空白情况与建泉堂本全同。事实上，这两部藏本还有更密切的人事关系，详见下文。

4. 原刻重印本的翻刻本。 存世有富冈本。据书尾莲牌"万历乙巳年孟冬/月余氏双峰堂梓"，翻刻时间在万历三十三年，距离初刻仅有7年，想来此书当时颇受欢迎。此本四卷105则，上图下文，半叶10行17字，其分卷、篇则、插图、行款，均与建泉堂本一致，而且《王巡道察出匿名》一篇也已被删去，综合上述因素推断：富冈本的翻刻底本，应即为建泉堂本（或某一同属于原刻重印本系统的版本）。

值得注意的是，此本翻刻之时，将底本中原来删而未尽的《王巡道察出匿名》末尾文字（213字），悉数删去，正文卷三"骗害类"第1则《韩按院赚赃获贼》紧接第3则《朱代巡判酷吏》，页码相连，中间无空白叶，已完全看不出第2则被删去的痕迹。鉴于富冈本于万历三十三年翻刻问世时，黄凤翔仍居住在泉州老家，抽毁《王巡道察出匿名》的现实压力依然存在，余氏双峰堂自然也不会再去招惹无谓的麻烦，但此本目录页卷三"骗害类"第2则位置，却仍有意无意地留出了空白（图5），保存着删削迹象，似乎也透露出余氏隐匿在屈服之下的些许不甘的内心情绪。

富冈本的刊刻和保存情况都相当良好，各卷卷首以及书尾牌记，均题"余氏双峰堂"，故大塚秀高推断其为《廉明公案》存世最古之本，不过，根据"版本标记物"《王巡道察出匿名》判断，它只能是一个晚出的翻刻本。

5. 重编新刻二卷本。 存世有蓬左本。此本内封页下部左右双行大书"全像正廉明公案传"，中间题"三台馆梓行"，既云为"正"，必先有"续"，余象斗编撰的另一部公案小说集《皇明诸司公案》，内封页恰题为"全像续廉明公案传"，据此，蓬左本的刊刻时间，当在《皇明诸司公案》一书刊行流播之后。此本将原来的四卷合并为两卷，即卷一卷二合为上卷（凡37则），卷三卷四合为下卷（凡68则），合计105则；但

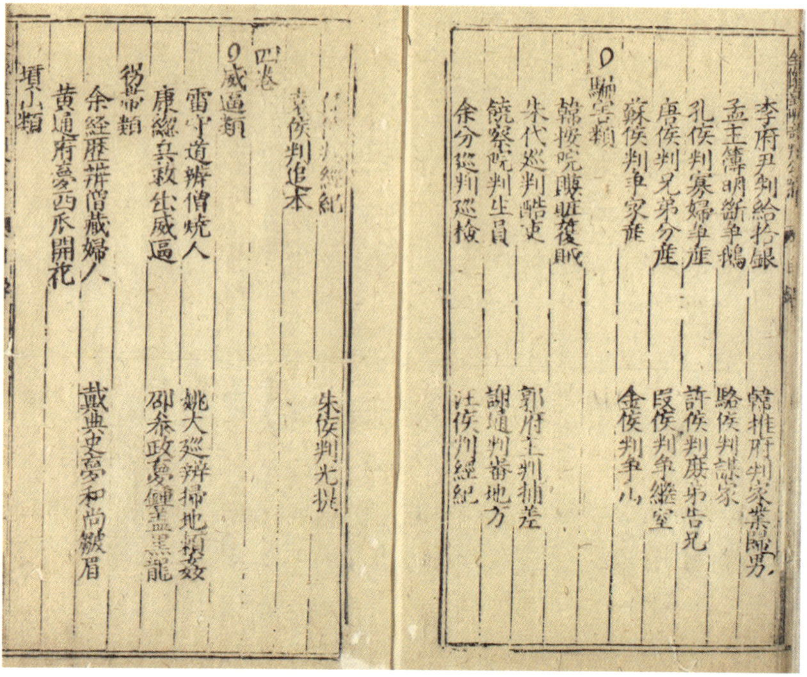
李府尹判給拾銀　韓推府判家業歸男
孟主簿明斷爭鵝　駱侯判謀家
孔侯判寡婦爭産　許侯判庶弟告兄
唐侯判兄弟分産　段侯判爭繼室
蘇侯判爭家産　金侯判爭山
○騙害類
韓按院賺贓獲賊　郭府主判捕差
朱代巡判酷吏　謝通判審地方
饒察院判生員　汪侯判經紀
余分巡判巡檢
朱侯判光棍
袁侯判追本
四卷
○威逼類
雷守道辨僧燒人　姚大巡辨掃地賴姦
康總兵救出威逼　邵參政夢鐘盂黑龍
發冢類
余經歷辨僧藏婦人　戴典史夢和尚皺眉
黃通府夢西瓜開花
墳山類

>>图5　富冈本（即京大本）目录页卷三“骗害类”第二则空白

卷上“人命类”之《范侯判逼死节妇》（第13则）、《邓代巡批人命翻招》（第18则），有目无文，故全书实存103则。此本虽然仍采用四卷本的上图下文，但文字从半叶10行17字，扩增为12行22字，图像所占空间有所压缩，与建泉堂本、富冈本相比较，构图也有简化倾向，再加上书首余象斗序文也被删去了，因此，大塚秀高认为此二卷本的刊行，大概“是在距万历二十六年很久以后的事情”[①]，此说不无道理。不过，日本尾张藩德川家购入蓬左本的时间为宽永十年（参见下文），故蓬左本出版时间的下限为1633年（明崇祯六年）。

查蓬左本的目录页以及正文，“骗害类”第1则《韩按院赚赃获贼》之后，皆紧接第3则《朱代巡判告酷吏》（目录页作《朱代巡判酷吏》），

[①] 大塚秀高《从公案话本到公案小说集——论“丙部小说之末流”在话本研究中所占之地位》，《辽宁广播电视大学学报》1988年第2期。

其间空白删去，页码相连。至此，《王巡道察出匿名》小说已从《廉明公案》中被彻底删削，不留一丝痕迹。

6. 二卷本翻刻本。 存世有萃英堂本。其分卷、篇则、插图、行款均与蓬左本一致，应为蓬左本翻刻本，大塚秀高定为蓬左本的"副本"，甚是。观察"版本标记物"《王巡道察出匿名》的情况，目录页及正文中均未留空白，与蓬左本相同。

四、书籍史与小说史：《廉明公案》的东亚流播及其意义

在明代公案小说之中，《廉明公案》是目前所知存世版本最多的一部，它不仅在中国境内多次刊行，横跨福建建阳与江南金陵两大明代书籍刻印中心；还曾远传日本和朝鲜半岛，又在近现代回流中土，完成了其在东亚地区的流播回环，具有特殊的书籍史及小说史意义。

《廉明公案》由余氏建泉堂初次刊印于万历二十六年，因其中《王巡道察出匿名》一篇，涉嫌损害地方显贵黄凤翔形象，被迫撤版删削，重新刷印行世（即建泉堂本）。不过，抽毁事件，实际上可能大大刺激了《廉明公案》的销售，扩大了公案小说的影响力，好奇的民众，固然千方百计地寻觅收录有这篇禁毁小说的初版本，一探究竟，但同时也会自然而然地关注购阅《廉明公案》，精明的书商文人余象斗，当然不会错失良机，赶印急售，赚取一笔可观的利润。而《廉明公案》第一版的成功，又激起后续涟漪：其一是《廉明公案》书板大概没过几年就因刷印太多而漫漶断裂，余氏双峰堂不得不于万历三十三年投资刊刻了第二套书板（即富冈本）；其二是余象斗再贾其勇，编撰了六卷本的《皇明诸司公案》，此书推出时冠名"全像续廉明公案传"，显然还在消费着《廉明公案》的热销红利。若干时间之后，第二套《廉明公案》书板大概又被刷爆了，余氏三台堂再次投资刊刻了第三套书板（即蓬左本），简单改换一下文本面貌（合四卷为上下两卷），以"全像正廉明公案传"为名，与业已刊行的《皇明诸司公案》形成"正""续"配套，继续销行牟利。在并不长的时间（约十余年）内，余氏家族书坊竟然为

一部公案小说，连续投资刊刻了三套书板，这也称得上是一个小说出版奇观。

事不止此，《廉明公案》的畅销效应还从余氏家族溢出，萃英堂本下卷题"建邑书林郑氏宗文堂梓"、上卷题"建邑书林□（后人墨笔添书"郑"字）氏萃英堂梓"，表明这套建阳郑氏翻刻的书板（乃《廉明公案》的第四套书板），曾在家族内部流转，刷印次数想来也不会少。而远在江南的金陵周氏大业堂书坊，也似乎嗅到了《廉明公案》的商业气息。周氏家族是金陵著名的刻书世家，晚明时期刊刻了数量可观的小说戏曲类书籍，对公案小说情有独钟，早在万历二十五年（1597），金陵周氏万卷楼刊刻了《新锲全像包孝肃公百家公案演义》六卷一百回；万历三十四年（1606），金陵万卷楼刊刻了《新刻全像海刚峰先生居官公案》四卷七十一回；这部金陵周氏大业堂刊《新刻全像皇明诸司廉明奇判公案》四卷（乃《廉明公案》的第五套书板），也很有可能刊印在万历三四十年间。大业堂精准捕捉到了《廉明公案》的"卖点"，推出了根据余氏原刻初印本翻刻的带有禁毁小说《王巡道察出匿名》的新版，新版在书籍形式上也有亮点，即以江南流行的豪华版整页插图，替换了狭小简单的闽版插图，目前残存插图15幅（包括卷一5幅、卷三4幅、卷四6幅），皆绘刻精美，而其书叶边框颇有断版处，表明该套书板也曾多次刷印。金陵大业堂的书板，后又转入映旭斋，映旭斋是一家活跃于清初的江南书坊，且与大业堂关系密切，曾印行过《三宝太监西洋记》《新平妖传》《东西汉演义》等小说①，它为《廉明公案》重印特意新镌了标有"映旭斋"大字名号的内封页，书名改题"新刻全像名家廉明公案"，展露出对于这部公案小说能够继续热销的信心。需要指出的是，福建建阳和江南金陵乃晚明两大书籍刻印中心，就小说戏曲类而言，通常是建阳书坊重版江南书坊的书籍，反之者相对较少，因此，大业堂、映旭斋持续翻印余氏本《廉明公案》，恰可彰显这部公案小说当时所产

---

① 参见韩锡铎等编纂《小说书坊录》，北京图书馆出版社，2002年，第213页。

生的跨地域影响力。

　　《廉明公案》小说还曾越出国门，远传日本和朝鲜半岛。目前所知传入时间相对较早且记载明确的，为日本宽永十年（1633，崇祯六年）尾张藩德川家买入本，即本文所称"蓬左本"。据《尾张德川家藏书目录》第一卷《御书籍目录》之《宽永御书物帐》载①，宽永十年尾张藩买入唐本31部，其中白话小说4部，即《廉明公案》2册、《百家公案》3册、《陈眉公案》（《新镌国朝名公神断陈眉公详情公案》）2册、《警世通言》12册，今皆藏名古屋蓬左文库。

　　稍晚传入的，为江户前期著名儒学者林罗山（1583—1657）第四子林读耕斋（1624—1661）旧藏本，即本文所称"建泉堂本"，序文及卷三首页钤有林氏"读耕斋之家藏"（朱文）印。后从林家散出，先后为天保十三年（1842，道光二十二年）"钟山竹内忠告"、明治四十二年（1909，宣统元年）"无为翁"所藏②。20世纪30年代回流上海，小说戏曲收藏家周越然"以重价得之沪市"④，钤有"言言斋善本图书"（朱文）、"曾留吴兴周氏言言斋"（白文）、"越然"（朱文）、"周越然"（朱文）等藏印多枚。后周氏藏书散出，此书入藏中国国家图书馆。有意思的是，这部林读耕斋旧藏本曾抄录有副本一部，为林罗山朱笔点校一过，钤有"江云渭树"（白朱相间）、"林氏藏书"（朱文）印，书末有林氏朱笔题记"林罗山涂朱"五字，遗憾的是，作为日本最早的《廉明公

---

① 名古屋蓬左文库监修《尾张德川家藏书目录》第1卷，ゆまに书房，1999年，第217页。
② 此本全书末页有墨笔题跋曰："自万历戊戌至今天保壬寅二百四十五年，又云万历二十六年戊戌，当我后阳成天皇庆长三年戊戌，大阁秀吉薨之年也。此书曲亭马琴之藏，有缘故传之。合四册。钟山竹内忠告所藏。"审其语气，此跋为"竹内忠告"题于天保壬寅十三年，然遍查各类工具书及数据库，均未发现与之相符者。日本《甲斐伟人传》著录一位教育家"竹内忠告"，但他生于弘化四年（1847），活跃于明治时代，当非此题跋者。
③ 此本第一册扉页有墨笔题跋："万历戊戌至明治己酉近三百十二年。罗山先生遗书，读耕斋有印。舞隐无为翁志。"钤"娱古"闲章。明治己酉为1909年（清宣统元年），"无为翁"身份待考。
④ 前揭周越然《廉明公案》，第18页。

案》读者,林罗山并未在抄本上或者诗文集中留下关于这部小说的片言只语。此抄本后归入昌平坂学问所、浅草文库、内阁文库,今藏日本国立公文书馆,即本文所称"林罗山手校江户抄本"。父亲传抄儿子的藏本,如今两本并传于世,亦堪为书林佳话。又《罗山先生诗集》卷三二《丙申春点检藏书作一绝示向阳》诗序云:"我家藏书一万卷,或眷写,或中华朝鲜本,或日本开板本,或抄纂,或墨点朱句,共是六十余年间所畜收也。尝分授向阳、函三者一千五六百部许,在我手者居多。"①那么,林读耕斋藏本《廉明公案》会否本来是父亲林罗山的赠书呢?该本卷一首页右下角钤有"就贤堂图书记"(朱文),按照古籍钤印惯例,此位置藏印当属早期收藏者,但笔者迄未查得印主身份,不知是否即为林罗山?此外,竹内忠告题跋称"此书曲亭马琴之藏",曲亭马琴(1767—1848)为日本江户时代著名小说家,对中国小说兴趣浓厚,曾藏有著名的明刊二十回本《三遂平妖传》,但建泉堂本中似未见他存藏的痕迹,不知竹内忠告所据为何。林罗山、林读耕斋、曲亭马琴(?)、竹内忠告、周越然,这一连串名字勾勒出数百年间"建泉堂本"的流播轨迹,也展现了包括小说在内的汉籍如何流转于东亚汉字文化圈的生动景象。

至晚在江户天明年间,又有一部明版《廉明公案》传入日本,原为丰后佐伯第八代藩主毛利高标旧藏,后奉献给江户幕府,见录于《佐伯献书目》,今藏日本国立公文书馆②,此即本文所称"萃英堂本"。目录首页钤有"佐伯侯毛利高标字培松藏书画之印"(朱文),全书末页有墨笔题记:"天明四年甲辰之岁孟秋朔得之乎□□□□","□□□□藏书",空格处原有文字已为墨笔涂去,不能辨识③。天明四年,即清乾隆四十九年(1784),为该本传入日本的时间下限。

---

① 日本京都史迹会编纂《罗山先生诗集》上卷,京都平安考古学会,1920年,第361页。"向阳"为林罗山第三子林鹅峰,"函三"即第四子林读耕斋。
② 参见梅木幸吉编《佐伯文库的藏书目》,佐伯印刷株式会社,1984年,第175页。
③ 撰写本文时,承蒙日本早稻田大学柴崎公美子博士代为拍摄萃英堂本书影,并来信告知,被墨涂去的藏者信息,经观察有可能是"□林阁(阁)"。谨致感谢。

目前所知最晚传入日本的明版《廉明公案》，为富冈铁斋旧藏本，即本文所称"富冈本"。据说富冈铁斋与京都竹苞楼、东京文求堂等古书店关系密切①，这部《廉明公案》或购自古书店亦未可知。富冈去世后，其魁星阁部分善本曾在大阪府立图书馆展出，《廉明公案》亦在展出之列②，书影收入《富冈文库善本书影》（1936）第40号。昭和十三年（1938）六月四、五日，十四年（1939）三月十七、十八日，富冈藏书分两次在东京图书俱乐部拍卖，《廉明公案》为京都大学法学研究科购藏，书首护叶盖有木戳，显示正式入藏京都大学的时间为"昭和十七年八月二十六日"，即1942年8月26日。

与日本相比，《廉明公案》传入朝鲜半岛的版本较为罕见，目前所知仅有寒斋所藏残本（存卷三、卷四），即本文所称"大业堂本"，卷首页右下角钤有"柳绽之印"（白文）藏书章（参图6），柳绽为朝鲜中后期文人，肃宗三十五年（1709）中进士试，次年"增广文科"及第，历任司谏（1727）、承旨（1738）、汉城府右尹（1739）等职。1724年10月，柳绽担任"进贺谢恩兼三节年贡使"使团的书状官，

>> 图6　金陵大业堂本卷四首页"柳绽"藏印

---

① 参见正宗得三郎《富冈铁斋》之《富冈文库》，日本锦城出版社，1942年，第142—144页。
② 参见大阪府立图书馆编《富冈文库善本展览会目录》，1936年。第40号展品为明版《新刊皇明诸司廉明奇判公案》四卷四册。

出使中国[①],不知此部《廉明公案》是否为柳氏居留北京时购藏。2019年6月,此本从韩国回流中国。柳绖藏本虽为晚出之残本,但因系《廉明公案》原刻初印本的翻刻本,独家保留着曾被抽毁的小说《王巡道察出匿名》,具有重要的学术文献价值。

上述《廉明公案》的东亚流播史,可以带给我们若干有意义的思考。

其一,从书籍史的角度。《廉明公案》在晚明至清初流行于中国南北,已知至少镌刻过五套书板,销行总数应相当可观,而传入日本和朝鲜半岛的版本,绝对数量非常有限;但时至今日,《廉明公案》的存藏情况恰好相反,存世9部版本之中,中国公私合计仅有3部残本,日本和朝鲜半岛旧藏则占6种(日本5种,朝鲜半岛1种),且多属重要版本。换言之,如果没有日本及朝鲜半岛藏本,今天甚至无法读到完整的《廉明公案》小说文本,更遑论展开版本研考了。与《廉明公案》类似的情况,也颇多见于其他明代及清初白话小说研究之中。近二十年来,关于海外汉籍的搜访与研究,是中国学术界的热点之一。而在笔者看来,海外存藏汉籍的学术意义,在经史子集不同的部类中亦不尽相同,总体上乃与相应部类文献在中国本土的递藏情况成反比,诸如经部、史部、集部的典籍文献,中国本土存藏情况良好,故海外汉籍的学术意义大多是局部性、补充性的;但对于古代小说戏曲、尤其是明版小说而言,由于稗官野史历来不登大雅之堂,导致中国公私藏书严重不足,故海外(主体是日本)存藏汉籍的学术意义则可能是整体性、决定性的。因此,继续广泛深入调查海外所藏中国小说版本资料,充分挖掘其蕴藏的学术文献价值,或许仍将是未来古代小说研究的重要内容之一。

其二,从明代公案小说史的角度。朝鲜燕行使柳绖旧藏本独存的《王巡道察出匿名》,不仅揭开了一段湮没已久的书林抽毁秘闻,也让我们对于明代"诸司体"(或称"书判体")公案小说的文体特质产生了新的认识,它们并非只是根据《萧曹遗笔》之类的"珥笔书",拼凑一

[①] 参见韩荣奎、韩梅《18—19世纪朝鲜使臣与清朝文人的交流》附录一《18—19世纪燕行使团名单》,中国海洋大学出版社,2014年,第99页。

些空洞的诉讼案例，也有叙写真人实事，揭示社会现实，甚至针砭时弊的时新小说。事实上，《廉明公案》中除了《王巡道察出匿名》一篇曾写及推官丁此吕、侍郎黄凤翔，还有"奸情类"中的《海给事辨诈称奸》，也涉及当时一位真实人物。建泉堂本、富冈本、蓬左本此篇目录及正文篇名，均写作"海给事"，但文本内部则明确说是"给事邹元标"，通篇称以"邹公"，那么，究竟是"海公"还是"邹公"？据映旭斋重印大业堂本目录卷二"奸情类"第3则题为"邹给事辨诈称奸"，可知《廉明公案》原刻初印本的目录和正文，当作"邹给事"①。据《明史》卷二四三《邹元标传》，邹元标，江西吉水人，万历五年进士，与丁此吕同科，座主同为黄凤翔；及第后观政刑部，因上书反对首辅张居正"夺情"（即父丧不停职丁忧），被流放贵州六年；万历十一年，张居正去世，邹元标被征召回京，授吏科给事中，故有"邹给事"之称；万历十八年（1590）授左都御史，因直谏再次遭贬，后丁母忧，居家讲学三十年，声名益盛，至泰昌元年（1620）始重获启用。万历二十六年《廉明公案》小说编刊之际，邹元标正去职居家，余象斗将其作为"良吏"写入小说，对他赞誉有加，小说末尾按语云："邹公立朝谏诤，抗节致忠，人但知其刚直不屈，而一经过河源，即雪理冤狱，奸刁情状，一讯立辨，又良吏也。盖由立心之正如持衡，明如止水，故物莫逃其鉴。在朝为直臣，在外为良吏，真张、韩以上之人物哉。"其艺术形象相当正面。从邹元标履历来看，他虽曾短暂观政刑部，但并未担任过实职，没有审理案件的经历，也许是他的敢言直谏、刚正不阿，符合余象斗心目中的"判官"标准，所以才会被引入《廉明公案》小说。至于建泉堂本何以要将篇名中的"邹公"改为"海公"，是否与黄凤翔及抽毁《王巡道察出匿名》有关？这位"海公"是否就是《新刻全像海刚峰先

---

① 明湖海散人清虚子编《法林灼见》卷一"奸情类"，袭用《廉明公案》此篇，篇名作《邹公判棍除奸》，虽有改题，"邹公"一语犹存原刻本痕迹。此书为明天启闽建书林高阳生刊本，两靖室藏。

生居官公案》所写"海刚峰先生"海瑞①?目前尚难给出明确的答案。不过,可以肯定的是,《廉明公案》对于"当代"社会生活和政治人物的辑采书写,无疑为程式化的公案小说增添了一抹时事亮色,也启发研究者需要进一步关注和探讨明代公案小说的现实品格。

其三,从小说知识学的角度。包括《廉明公案》在内的明代公案小说,因其"似法家书非法家书,似小说亦非小说"的文本面貌,被指斥为"丙部小说之末流"②,站在纯文学的立场,这样的批评似乎也不无道理。但是,研判和阐释一部中国古代小说,除了艺术的维度("涉及审美、语言、叙事、结构等层面")、思想的维度("涉及主题、道德、情感及历史等层面"),还可以有一个"知识的维度"③。乐于在文本中植入若干(其容量有多有寡)与所叙故事有关(其关联性有密有疏)的知识,乃中国古代小说一个历史悠久的编撰传统和文体特点。不仅如此,古代小说作者并非只是简单植入各类或显或隐的知识,还独具匠心地运用知识来构建小说的艺术世界,也就是说,知识不仅是小说文本的叙述对象,也在一定程度上参与了小说的编创过程。据此"知识的维度",重新审视以《廉明公案》为代表的明代公案小说,或许别有一番风貌。

正如论者已经指出的那样,明代公案小说携带有丰富的法律知识,早在编撰之际,它们就曾参考引录《萧曹遗笔》《折狱明珠》之类的司法案例文书集,譬如《廉明公案》全书106则,其中有64则几乎全文袭自《萧曹遗笔》④,占比超过60%;公案小说集的分类也大多模仿珥笔

---

① 大塚秀高认为这位"海公"就是海瑞,而将正文中的邹元标改题"海给事",这是万历三十四年由万卷楼刊行《海公案》以后的现象。见其《从公案话本到公案小说集——论"丙部小说之末流"在话本研究中所占之地位》,《辽宁广播电视大学学报》1988年第2期。
② 孙楷第《日本东京所见小说书目》卷六"子部小说"之四"详情公案"条解题,人民文学出版社,1958年,第141—142页。
③ 参见刘勇强《小说知识学:古代小说研究的一个维度》,《文艺研究》2018年第6期。
④ 参见阿部泰记《明代公案小说的编纂》,《日本中国学会报》1987年总第39期,中文版连载《绥化师专学报》1989年第4期、1991年第1期;前揭鲁德才《明代各诸司公案短篇小说集的性格形态》(1996)。

书,即以各种罪名为类目编缀故事,譬如《廉明公案》分为"人命""奸情""盗贼""争占""骗害""威逼""拐带"等十六类,类目之下分系若干则故事;而在具体展开断案故事时,公案小说对于诉讼程序、搜证方法、文书拟写、适用法律以及断狱量刑等专业知识,描述颇为细致,特别是对诉讼常用文书"三词"(即"状词""诉词""判词"),更青睐有加,反复书写,甚至据以构成部分篇目的文本主体。此外,论者也曾指出明代公案小说之间存在因袭转录的现象①,多所诟病,不过,倘若仔细查阅,可以发现因袭的主体,就是那些以"三词"为主的知识性最强的篇目,因此,它们的因袭互见,实际上不妨视作不同作者对于特定知识的共同传播与普及。更为令人注目的是,《廉明公案》也展现出运用诉讼专业知识来结构小说的艺术尝试。譬如抽毁的《王巡道察出匿名》,通篇叙述两个匿名投告故事,人物情节各不相同,在前一个案件中,王巡道于薛应辂诉状上批曰:"既非登时捉获,又无的确证佐,安得以猜疑之故,而坐应辂投匿耶?"为薛氏开脱死罪;至后一个案件,王巡道看到被告施卿的诉状中竟然也有"既非登时捉获,又无的确证佐"一语,怀疑该诉状可能出自"内鬼"之手,遂循此展开追查,拘捕了礼房吏吴正,王巡道审案时质问:"你代施卿作诉状,缘何用我去年开薛应辂之批语?必你投匿告薛士禹,陷及应辂。故后来开罪之语,汝独记之不忘,非汝匿名而谁?"吴正抵赖不认,但被王巡道设计赚出真相,最终问拟绞罪。此处,王巡道在诉状上的司法"批语",不仅是匿告案侦破的线索,也是联结前后两宗案件的文本纽带,它超越了一般的知识功能,为此篇公案小说提供了一个贴切有效的结构方式。

总之,明代公案小说既是文学作品,也是承担着法律诉讼知识普及功能的实用读本,它们与同时期编纂出版的珥笔书(如《萧曹遗笔》《折

---

① 参见前揭马幼垣《明代公案小说的版本传统——龙图公案考》(中文版,1980);庄司格一《中国之公案小说》附录《类似说话一览》,研文出版,1988年,第431—439页;苗怀明《中国公案小说史论》第二章《明代公案小说的繁盛及其特质》,南京大学出版社,2005年,第59—75页。

狱明珠》《仁狱类编》《大明律临民宝镜》《折狱要编》等),以及日用通俗类书(如《五车拔锦》《三台万用正宗》《文林聚宝万卷星罗》等)设立"律例"栏目收录案例文书,可谓殊途同归,都是明代社会普法文化的产物①。《廉明公案》明末清初在中国南北的流行,表明公案小说这种兼具文学性和知识性的文体特色,甚受当时读者欢迎;而《廉明公案》的远传东瀛,并被京都大学法学研究科当作东亚法制史资料购藏,又似乎意味着即便是在文学性不足的情况下,明代公案小说仍可凭借其知识价值获得现代人的肯定。

① 参见戴健《论明代公案小说与律治之关系》,《江海学刊》2007年第6期。

讽寓阐释的异域回响*

——江户时代《古诗十九首》日本注本考论

卞东波

（南京大学文学院）

一、引言

  以《古诗十九首》（下简称《十九首》）为代表的汉魏"古诗"在"世说新语时代"①颇为流行，《世说》中多次可见当时名士称引"古诗"诗句者，如《世说·文学》篇载："王孝伯在京行散，至其弟王睹户前，问：'古诗中何句为最？'睹思未答。孝伯咏'所遇无故物，焉得不速老？'此句为佳。"②此二句即见于《古诗十九首·回车驾言迈》。《十九首》乃一组流行于汉魏之际的无名氏所作的诗歌，这组诗歌当然不止十九首③，然以收入《文选》且定名为《十九首》的诗歌最为著名，钟嵘《诗品》列为上品，且称其"文温以丽，意悲而远。惊心动魄，可谓几乎一字千金"④！《十九首》风格高古，几无用典，不过正如田晓菲教授指出的，

---

* 本文为国家社科基金冷门"绝学"和国别史等研究专项"中国古代文集日本古写本整理与研究"（2018VJX025）阶段性成果，原载《江西师范大学学报》（哲学社会科学版）2019年第5期。

① "世说新语时代"一词，出自宗白华《〈世说新语〉与晋人的美》，见氏著《美学散步》，上海人民出版社，1981年。

② 刘义庆著，刘孝标注，余嘉锡笺疏，周祖谟等整理《世说新语笺疏》（修订本），上海古籍出版社，1993年，第276页。

③ 关于汉魏之时流行的"古诗"及其形成，参见宇文所安著，胡秋蕾等译《中国早期古典诗歌的生成》，生活·读书·新知三联书店，2012年。

④ 钟嵘著，曹旭集注《诗品集注》（增订本），上海古籍出版社，2011年，第91页。

这组诗歌"文字表面上直白透彻",实则机关重重,有着很多"隐含的信息",盖缘于其"自身的隐性诗学属性"。①

中国历代也产生了不少《十九首》的注解和注本,如唐李善与五臣《文选·古诗十九首》注、元刘履《古诗十九首旨意》、明陆时雍《古诗十九首解析》、清吴淇《古诗十九首定论》、清张庚《古诗十九首解》、清姜任修《古诗十九首绎》、清朱筠《古诗十九首说》、清张玉榖《古诗十九首赏析》、清方东树《论古诗十九首》、清饶学斌《古诗十九首详解》、清刘光蕡《古诗十九首注》等,基本见于今人隋树森所编的《古诗十九首集释》中,但很可惜隋先生《集释》没有收入日本的注本。

日本文人接触《十九首》主要是通过《文选》,《文选》很早就东传到日本,而且是平安时代贵族必读之书,《十九首》就收录在《文选》中,早已为日本人所阅读。另外一个渠道就是书法,文征明书写的《十九首》行草真迹流传到日本②,在日本产生很大的影响,江户时代汉诗人本多忠统(1691—1757)《摹文衡山真迹跋》云:"文衡山《古诗十九首》行草书一卷,虽晚笔哉,遒丽风骨,殆苍然晋人之后,似者谁也。"③千丈实岩(1722—1802)《题文征明书古诗十九首》亦云:"今观某氏所畜文衡山所书,刻以为法帖者,笔力遒劲,行草相半。而其活泼尔者,若游龙之变化乎江海;其飘飘然者,似微云之点缀乎河汉。至其结构间架,肥瘦得宜,以极之妙,则整斜有法,微茫合度,固不可以言形容焉,可谓与其古诗争之艳丽典雅者也。"④明治时代书法家日下部鸣鹤(1838—1922)跋文征明真迹云:"文衡山真迹《古诗十九首》,古

---

① 参见田晓菲撰,卞东波译《高楼女子:〈古诗十九首〉与隐/显诗学》,《文学研究》第2卷第2期,南京大学出版社,2016年。
② 真迹原是石桥犀水(1896—1993)的藏品,日本书道教育学会编《书学》第24卷第12号特集文征明《古诗十九首卷》收录了此幅作品。参见石桥犀水《文征明古诗十九首卷的传来》,载《书学》1973年第24卷第12号。
③ 本多忠统《猗兰台集》初稿卷四,王焱编《日本汉文学百家集》第146册,北京燕山出版社,2019年,第121页。
④ 千丈实岩《幽谷余韵》卷八,王焱编《日本汉文学百家集》第177册,第50—51页。

健遒爽,神采飞动,清俊之气,弈弈行间。款曰年八十八,而通篇无一懈笔。"①受此影响,日本书法家也专门手书过《十九首》,如江户时代书法家细井广泽(1658—1736)就书有《古诗十九首》②。通过阅读与书法,《十九首》在日本汉诗界颇有影响。千丈实岩尝读《十九首》云:"《古诗十九首》,为萧氏采,载在《文选》。以其比兴典雅,辞句艳丽,古今脍炙人口,籍藉未衰。余固不专诗赋,然好此不啻每在佳山水地,对其风花雪月,或以国读咏之,或以华音吟之,但觉铮铮之金声,琅琅之玉振,未始不惜其篇易毕。"③可见其喜爱欣赏之情。其评《十九首》"比兴典雅,辞句艳丽",亦可谓非常有见地。明治时代著名汉诗人森槐南(1862—1911)尝云:"《古诗十九首》直不野。"④森氏又有诗云:"《古诗十九》婉多风,兴到新词愧未工。天籁休将人籁较,不妨好句偶然同。"⑤森槐南用"直不野""婉多风"来评论《十九首》,甚为精到。用"直"来评价《十九首》也呼应了刘勰《文心雕龙·明诗》称《十九首》"直而不野"之语。特别是"婉多风"道出了《十九首》诗意含蓄委婉的特质,"风"即"讽",即《十九首》有"言此意彼"的"讽寓"(allegory)⑥性质,则颇符合日本江户时代《十九首》注本的阐释特色。日本近代汉学家川田瑞穗(1879—1951)有诗云:"苏、李唱酬皆五言,《古诗十九》

---

① 日下部鸣鹤《鸣鹤先生丛话》下卷,昭文堂,1925年,第4页。
② 见下中弥三郎发行《细井广泽古诗十九首》(《和汉名家习字本大成》第三十卷),平凡社,1934年。关于对细川广手书《古诗十九首》的研究,参见平野和彦《细井广泽与其时代——文衡山影响日本近世书坛之一侧面》,载李郁周主编《尚古与尚态:元明书法研究论集》,万卷楼,2013年。
③ 千丈实岩《幽谷余韵》卷八《题文征明书古诗十九首》,王焱编《日本汉文学百家集》第177册,第50页。
④ 森槐南《槐南集》卷二《读空同子集》,富士川英郎、松下忠、佐野正巳编《诗集日本汉诗》第20卷,汲古书院,1990年,第25页。
⑤ 森槐南《槐南集》卷二十《端阳后一日梦山枢密招饮星冈茶寮是日会者十九人因口占绝句即如其数》其十九,富士川英郎、松下忠、佐野正巳编《诗集日本汉诗》第20卷,第207页。
⑥ 关于"讽寓"及"讽寓解读",参见苏源熙著,卞东波译《中国美学问题》第一、第二章,江苏人民出版社,2009年。

是渊源。最欣无缝天衣似,长为后人开法门。"① 此诗则指出了《十九首》是汉魏五言古诗的渊源,而所谓苏武、李陵的唱和可能亦导源于《十九首》,而非汉初之作;《十九首》在艺术上似乎天衣无缝,为后世创作开启了法门。

除书法传播与诗歌评论之外,日本对《十九首》的接受还有另一种形式就是江户时代产生了多部《十九首》的注本,长泽规矩也先生所编的《和刻本汉诗集成·总集篇》第一辑收录了四部《十九首》的日本注本,其中原狂斋《古诗十九首解》、石作驹石《古诗十九首掇解》为汉文注释,中西淡渊《文选古诗十九首国字解》、山景晋《古诗十九首国字解》为假名注本,下文对《古诗十九首解》《古诗十九首掇解》两部汉文注本略作考证。

二、原狂斋《古诗十九首解》考论

《古诗十九首解》(以下简称《十九首解》)不分卷一册,原公逸撰,江户藻雅堂舟木嘉助刊本。该书四周单边,白口,单鱼尾,版心刻"十九首解",下记叶数,第二叶版心有"狂斋藏"三字,则此书可能是原公逸家刻本。(图1)是书每半叶八行,行十六字,注文为双行夹注。书前有天明三年(1783)鸠陵盖延龄《古诗十九首解序》,以及原狂斋本人之序。该书在关西大学图书馆长泽文库、宫城县图书馆小西文库皆有收藏。

原公逸(1735—1790),字飞卿,号狂斋、修真道人,通称豹藏,淡路(兵库县淡路岛)人。狂斋家世仕于稻田氏,"性不好官,廿一岁托家事于三弟,辞禄漫游于浪华、京师,应接诸名流,五年于此。后到江户,入于井金峨之门,寓塾五年"②。井金峨,即江户儒学家井上金峨

---

① 川田瑞穗《青崖先生寿言三十章》其十三,载雅文会编《昭和诗文》第195辑,雅文会,1933年,第22页。
② 东条琴台《先哲丛谈续编》卷十一,东京千锺房明治十六至十七年(1883—1884)刊本,叶16a。

(1732—1784)。井上金峨，名立元，字顺卿（纯卿），通称文平，号金峨、考槃翁、柳塘闲人等。金峨乃江户儒学折衷派之代表，《先哲丛谈后编》载：

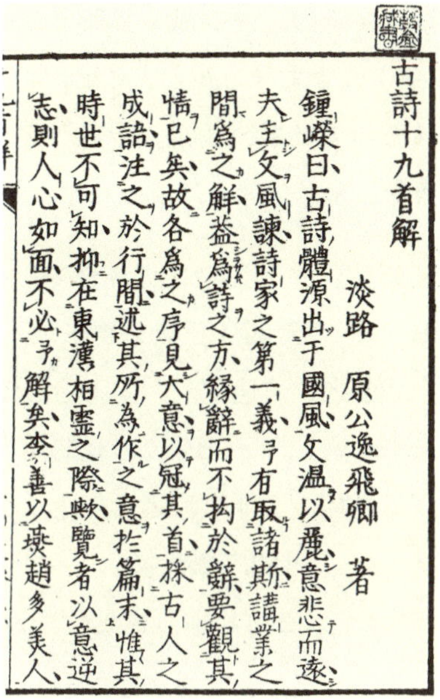
古詩十九首解
淡路　原公逸飛卿　著
鍾嶸曰古詩體源出于國風文溫以麗意悲而遠
夫主文風諫詩家之第一義予有取諸斯講業之
間爲之解蓋爲詩之方緣辭而不拘於辭要觀其
情已矣故各爲之序見大意以冠其首株古人之
成語注之於行間述其所爲作之意於篇末惟其
時世不可知抑在東漢桓靈之際歟覽者以意逆
志則人心如面不必予解矣李善以爲趙多美人

>>图1　原狂斋《古诗十九首解》

金峨之学不偏主一家，取舍训诂于汉唐之注疏；折衷群言，磅礴义理于宋明之诸家。撰择稳当，以阐发先圣之遗旨，匡前修之不逮焉。与近世经生胶滞文字，恣意悍言，求异先儒，联比众说，务事博杂，夸诬后学者不同日而语也。宝历以降，人知物赤城、太宰紫芝以韩商之学，误解六经，绕缠圣言之害者，其辨斥攻击，自金峨始焉。关东之学，为之一变。近时所谓折衷家者，若丰岛丰洲、古昔阳、山本北山、大田锦城等诸家，皆以经义著称，其实皆兴起于金峨之风焉云。①

当时江户思想界流行着朱子学、阳明学、反朱子学的古文辞学派，井上金峨能够“不偏主一家”“折衷群言”，诚有识见。上文中的“物赤城”即荻生徂徕，“太宰紫芝”即徂徕弟子太宰纯，皆为古文辞学派的代表人物。当时古文辞学派风行一时，影响甚巨，而井上金峨能在此风偃草靡之时，对古文辞学派“辨斥攻击”，显示其卓见和勇气，遂使“关东之学，为之一变”。

原狂斋虽仅小井上金峨三岁，但能师事之，受其影响甚深，二人对当时最为流行的荻生徂徕的古文辞之说多所攻击，《先哲丛谈续编》云：

① 东条琴台《先哲丛谈后编》卷七，大阪心斋桥群玉堂等文政十三年（1830）刊本，叶20a。

宝历初,井金峨专唱折衷经义于汉宋历代之众家之说,排击物徂来(徕)修古文辞始知古言之说,其业行于一时。狂斋奉崇其说,能赞成之,继而和者数家,蘐园、赤羽之学为之寖衰。故坚守旧习者,视金峨、狂斋等,殆若仇雠而不能与之争,妒忌者甚多。①

狂斋受到井上金峨极大的影响,而金峨亦非常喜欢狂斋,《先哲丛谈续编》称,"至其(狂斋)到东,入于金峨门,始识学之所向,而信服之。金峨爱之,逾他弟子"②。以至于金峨去世之后,狂斋"郁悒不乐,自髡,号修真道人"③。狂斋"自视缺然,绝意仕进,放浪艺苑,故其学术之醇,识见之粹,实非时流之所能企及也"④。著有《周易启蒙图说》《周易汇攻续》《古诗十九首解》等。

《十九首解》前有盖延龄序云:

> 余读原子所著《古诗十九首解》,喟然叹曰:"美哉!此君子之志也。"盖自有《十九首》之传于世数千百年,人玩其华、珍其词,则世有之,而独至于其发作者忠厚之志、微意所存者,则寥寥乎无所闻。则其传于世,亦犹不传也,不可惜哉!南海原子学识卓立介然,恒存古人之志,故其为古人之诗,所以取义逆志者,殊出人意表,乃所以有此解也。呜呼!《十九首》之传于世,数千百年,而后乃今始有原子之解,而终不隐没作者之志者,岂可不谓奇遇哉?天明三年,岁在癸卯秋九月,鸠陵盖延龄识。⑤

序称《十九首》一千多年来没有注解,当然是不正确的,作者这样说,无非是要强调"原子之解"的重要性。据序称,原狂斋解《十九首》的

---

① 东条琴台《先哲丛谈续编》卷十一,叶16a—16b。
② 东条琴台《先哲丛谈续编》卷十一,叶17b。
③ 东条琴台《先哲丛谈续编》卷十一,叶20b。
④ 东条琴台《先哲丛谈续编》卷十一,叶18a。
⑤ 原狂斋《古诗十九首解》,卞东波、石立善主编《中国文集日本古注本丛刊》第二辑第一册,上海社会科学院出版社,2020年,第383—384页。

特色就在于能够以意逆志,"发作者忠厚之志、微意所存","不隐没作者之志"。序者反复强调"作者之志"或"微意",也就是强调《十九首》并非像传统解读那样只是写游子思妇之情。这种对"作者之志"的强调,在原狂斋之前的清人吴淇(1615—1675)《六朝选诗定论缘起·以意逆志》已有类似的说法:"《诗》有内有外。显于外者曰文、曰辞,蕴于内者曰志、曰意。……意之所到,即志之所在。"①可见,吴淇和原狂斋都相信,诗歌表面的"文""辞",与诗歌蕴含的"志""意"之间存在着一定的张力,也就是说"文""辞"并不等于"志""意",这就为阐释提供了空间。我们不能说,原狂斋是受到吴淇的影响,但这种在《十九首》阐释中注重以意逆志,强调解诗者的能动性方面,两者惊人的相似。

原狂斋本人的序云:

钟嵘曰:"古诗体源出于《国风》,文温以丽,意悲而远。"夫主文风谏,诗家之第一义。予有取诸斯,讲业之间为之解。盖为诗之方,缘辞而不拘于辞,要观其情已矣,故各为之序,见大意以冠其首。采古人之成语注之于行间,述其所为作之意于篇末。惟其时世不可知,抑在东汉桓、灵之际欤?览者以意逆志,则人心如面,不必予解矣。李善以"燕赵多美人"别为一章,今从之,定为二十首,暂存其旧,曰《十九首解》。天明癸卯六月望,书于狂斋南窗下。②

天明癸卯,即天明三年,可见《十九首解》当成书于该年。从狂斋之序看出,本书是在其授业之讲义的基础上整理成书的。他认为,诗之"第一义"在于"主文风谏",而非言志、缘情,也就是说,他更看重诗歌的社会或政治功用。本序也介绍了其解《十九首》的方法,首先是学习《诗小序》的方式,给《十九首》每首写了一篇小序,概括此诗之大意,

---

① 吴淇撰,汪俊、黄进德点校《六朝选诗定论》,广陵书社,2009年,第34页。
② 原狂斋《古诗十九首解》,卞东波、石立善主编《中国文集日本古注本丛刊》第二辑第一册,第385—386页。

如"行行重行行"一首,序云:"贤者放逐,不得立朝,苟全身远害而已。"①"今日良宴会"一首是"燕友伤时也"②。"西北有高楼"一首则是"刺听谗也"③。这种解诗方式与《诗小序》如出一辙。

比较有特色的是其对诗句的解释,传统的注释注重训诂,解释词义,疏通诗意,而该书则是"采古人之成语注之于行间",即对诗句的注释直接引用成语或古诗原句来解释其意,如注"行行重行行"一首如下:

行行重行行,日日斯迈,月月斯征。与君生别离。悲莫悲兮生别离。相去万里余,各在天一涯。山川悠远。道路阻天涯且长,万里余,会面何可知。如之何勿思?胡马依北风,越鸟巢南枝。狐死首丘。相去日已远,不日不月,曷其有佸。衣带日已缓。惨惨日瘁。浮云蔽白日,维日干仕,孔棘且殆。游子不顾返。畏此罪罟。思君令人老,无背无侧,无陪无卿,维忧以老。岁月忽已晚。不我与。弃捐勿复道,我躬不阅,遑恤我后。努力加餐饭。稼穑维宝,代食维好。④

这种用古诗原句来注释诗歌的方式在东亚诗歌注释史上也是比较罕见的,而且据笔者观察,注中所引诗歌之成句大部分来自《诗经》和《离骚》,如"日日斯迈,月月斯征",见于《诗经·小雅·小宛》(原句是"我日斯迈,而月斯征")。"悲莫悲兮生别离",见于《楚辞·九歌·少司命》。"无背无侧,无陪无卿",见于《诗经·大雅·荡》(原句是"不明尔德,时无背无侧。尔德不明,以无陪无卿")。"我躬不阅,遑恤我后",见于《诗经·邶风·谷风》。全书对《十九首》的解释基本如此。

---

① 原狂斋《古诗十九首解》,卞东波、石立善主编《中国文集日本古注本丛刊》第二辑第一册,第386页。
② 原狂斋《古诗十九首解》,卞东波、石立善主编《中国文集日本古注本丛刊》第二辑第一册,第389页。
③ 原狂斋《古诗十九首解》,卞东波、石立善主编《中国文集日本古注本丛刊》第二辑第一册,第390页。
④ 原狂斋《古诗十九首解》,卞东波、石立善主编《中国文集日本古注本丛刊》第二辑第一册,第386—387页。

这种"以诗注诗"的方式，虽以韵文为之，但亦能发诗歌之意。用如"悲莫悲兮生别离"解释"与君生离别"，确实道出了诗句后的"悲"字，而且"生离别"出典也确实出自《少司命》。用"狐死首丘"来解释"胡马依北风，越鸟巢南枝"亦比较恰当。

但是在"述其所为作之意于篇末"的部分，狂斋的解释又回归讽寓阐释传统。日本古代注释中国文学的传统，基本可以分为两派，一派是专注于对诗句文字、典故的训诂和解释，如廓门贯彻的《注石门文字禅》、拙庵元章等的《冠注祖英集》等；另一派则注重对诗歌背后微言大义的发挥和阐发，如室町时代的《中兴禅林风月集注》等。江户中期海门元旷所作的《禅月大师山居诗略注序》中曾云："余所注者，只在质于事实耳，其如演义，余岂与也哉！余岂与也哉！"①这里海门元旷将"事实"与"演义"分得很清楚，所谓"事实"就是语典、事典，而"演义"则是诗意的推衍、发挥。狂斋的《十九首解》属于"演义"一脉，其诗歌解释注重诗意的发挥，且看对"行行重行行"一诗的解释：

赋也。凡忠臣冀君从其谏，庸主忌臣不从其欲，是以其相违不啻胡越也。忠爱之情，不忘其始，憔悴枯槁，欲进尽忠，恐为谗佞所中。虽忧其无辅弼，亦未如之何。岁聿其逝，前路可知矣。自知有命苟安焉，是箕子所以为奴也。②

用赋、比、兴来解释诗歌，是《诗小序》固有模式，《十九首解》又重拾此种阐释方式，其解"青青河畔草"为"兴而比也"，解"青青陵上柏"为"兴也"，不一而足。同时，从君臣关系角度解释《十九首》自唐人注《文选》时即已为之，如"行行重行行"一首，《文选》五臣之张铣注云："此诗意为忠臣遭佞人谗谮见放逐也。"③解诗中"浮云蔽白

---

① 海门元旷《禅月大师山居诗略注》，卞东波、石立善主编《中国文集日本古注本丛刊》第一辑第三册，上海社会科学院出版社，2020年，第10—11页。
② 原狂斋《古诗十九首解》，卞东波、石立善主编《中国文集日本古注本丛刊》第二辑第一册，第387页。
③ 萧统编，李善等注《六臣注文选》卷二十九，中华书局，1987年，第538页。

日,游子不顾反",李善注云:"浮云之蔽白日,以喻邪佞之毁忠良。故游子之行,不顾反也。"① 五臣之刘良注云:"日喻君也,浮云谓谗佞之臣也。言佞臣蔽君之明,使忠臣去而不返也。"② 可见,无论从被讥为"释事而忘意"的李善注,到五臣注都比较注意此诗背后的微言,盖"浮云""白日"之类的意象,在中国古典诗歌中确实有隐喻之意,正如李善注引陆贾《新语》所云的:"邪臣之蔽贤,犹浮云之障日月。"③ 但将此诗解释为臣子对君主的"忠爱之情"则是狂斋的发挥。

原狂斋对《十九首》的阐释基本上都是从君臣大义的角度切入,虽然也可以从中国古典诗歌阐释传统中找到其渊源,但《十九首解》无疑将其发挥到极致,每一首都用这种方式解诗,再如解"西北有高楼"一诗云:

比也。乾位西北为君,宜体仁以临下,而小人蔽贤者之与居焉。故佞臣得志,姻亚焜耀于膴仕,赇以成私家,不为社稷深思远虑,是以上下否塞,民人怨讟,谁莫亡国之哀乎。悲哀之情,不自胜也。盖事君致其身,安爱其劳,然君莫知之。微子去殷,岂其情乎?《北门》之叹,不唯《卫风》矣。④

李善解释此诗为:"此篇明高才之人,仕宦未达,知人者稀也。"⑤ 这种解释比较朴实,也可以理解此诗背后的隐含义,但没有将此诗发挥到"小人""佞臣",以及君臣关系的高度,《十九首解》的解释显然有过度阐释之虞。不过,不能将其简单视为牵强附会,而应从东亚诗歌解释史的脉络来观察。狂斋的解释基本与《文选》五臣注的理路颇为相近,如"西北有高楼"一首,李周翰注云:"此诗喻君暗而贤臣之言不用也。"⑥

---

① 萧统编,李善等注《六臣注文选》卷二十九,第538页。
② 萧统编,李善等注《六臣注文选》卷二十九,第538页。
③ 萧统编,李善等注《六臣注文选》卷二十九,第538页。
④ 原狂斋《古诗十九首解》,卞东波、石立善主编《中国文集日本古注本丛刊》第二辑第一册,第391页。
⑤ 萧统编,李善等注《六臣注文选》卷二十九,第539页。
⑥ 萧统编,李善等注《六臣注文选》卷二十九,第539页。

而且将《十九首》中的物象与君臣关系、君子、忠臣、贤人、小人和佞人等进行比附也是五臣注的特色①，再如"迢迢牵牛星"一诗，吕延济注云："以夫喻君，妇喻臣，言臣有才能不得事君而为谗邪所隔，亦如织女阻其欢情也。"②"东城高且长"，张铣注云："此诗刺小人在位，拥蔽君明，贤人不得进也。"③狂斋的解释与五臣注如出一辙，不过五臣注比较简单，往往只有一两句话，而狂斋之注则将这种模式贯彻全书，而且较为系统化。

另外，用赋比兴定义诗意也见于元代刘履《选诗补注》，我们可以比较一下《选诗补注》和《十九首解》两书的解释（表1）：

表1 《选诗补注》和《古诗十九首解》对《古诗十九首》赋比兴的判定

《古诗十九首》篇名	《选诗补注》	《古诗十九首解》
"行行重行行"	赋中有比也	赋也
"青青河畔草"	兴而比也	兴而比也
"青青陵上柏"	兴也	兴也
"今日良宴会"	赋也	赋也
"西北有高楼"	比也	比也
"涉江采芙蓉"	赋也	比也
"明月皎夜光"	赋而兴也	兴也
"冉冉孤生竹"	兴而比也	比也
"庭中有奇树"	赋也	比也
"迢迢牵牛星"	比也	比也

① 关于这一点，李祥伟《走向经典之路：古诗十九首阐释史研究》第四章《经学的诗法——教化性比兴解读》（暨南大学出版社，2011年）有详细的论述，可以参看。
② 萧统编，李善等注《六臣注文选》卷二十九，第540页。
③ 萧统编，李善等注《六臣注文选》卷二十九，第541页。

续表

《古诗十九首》篇名	《选诗补注》	《古诗十九首解》
"回车驾言迈"	赋也	赋也
"东城高且长"	赋而比也	兴也
"燕赵多佳人"	赋也	比也
"驱车上东门"	赋也	赋也
"去者日以疏"	赋也	赋也
"生年不满百"	赋也	赋也
"凛凛岁云暮"	比也	兴而比也
"孟冬寒气至"	比也	兴也
"客从远方来"	赋也	比也
"明月何皎皎"	赋也	比也

《十九首解》用赋比兴的方式解释《十九首》一方面是受到《诗集传》的影响，另一方面也可能是受到《选诗补注》的直接影响。但我们从上表也可以看出，二书对《十九首》的理解并不完全相同，如"涉江采芙蓉"一诗，《选诗补注》认为是"赋"，而《十九首解》则认为是"比"，就这首诗而言，可能《十九首解》更有说服力，《文选》五臣注早已指出了此诗用了"比"之法："翰曰：此诗怀友之意也，芙蓉、芳草以为香美，比德君子也，故将为辞赠远之美意也。"[1]这种对《十九首》的阐释方式，在后代并没有断绝，如宋代唯一一部《文选》注释书曾原一所著的《选诗演义》卷上在注《十九首》时亦用相似的方法[2]，如"青青陵上柏"："是藏意于言外，意谓戚戚之甚迫也。纵情之过，忧戚随之，不迫者乃所以深迫。其感叹微讽之辞欤？此兴也、风也。"[3]曾原一解"青

---

[1] 萧统编，李善等注《六臣注文选》卷二十九，第539页。
[2] 参见卞东波《曾原一〈选诗演义〉与宋代的"文选学"》，《文学遗产》2013年第4期。
[3] 曾原一《选诗演义》卷上，日本名古屋市蓬左文库藏朝鲜古活字本，叶8下。

青陵上柏"为"兴也",与《选诗补注》《十九首解》相同。虽然《选诗演义》在中国本土失传,但在元代时其依然存世,并对《选诗补注》产生了一定的影响。① 上文提到的清人吴淇,在《古诗十九首定论》认为,《十九首》"要皆臣不得于君,而托意于夫妇朋友,深合风人之旨"②。清人朱筠《古诗十九首说·总说》中提出:"诗有性情,兴观群怨是也;诗有倚托,事父事君是也;诗有比兴,鸟兽草木是也。……《十九首》包涵万有,磕着即是。凡五伦道理,莫不毕该。"③ 可见,从比兴寄托的角度解释《十九首》是东亚诗歌解释的长久传统和共通之处,那么将原狂斋《十九首解》放在这个脉络中加以观照的话,也就可以理解其阐释方式的渊源了。

另外,从日本的中国诗歌阐释史来看,《十九首解》这种解诗方式也是渊源有自。仅举一例,如南宋人所编的宋代诗僧总集《中兴禅林风月集》,有日本中世时期僧人之注(即《中兴禅林风月集注》),其解诗亦从君臣关系切入,以君子、小人作喻,如解卷上僧显万《乘槎图》"昆仑初不隔悬河,逆浪吹槎去若梭。莫信银湾清且浅,料知高处更风波"云:

昆仑山比朝廷大臣也。大臣如城郭藩篱也。"悬河"比朝廷,今君不明而朝廷暗昧,君臣矛盾,故大臣不在朝廷,逸居荒僻之地也。"梭"比贤人进欲拔身也。"银湾""高处"比朝廷。"风波"比逆政崄。言图面虽似浅,定知高处波浪恶也。君子不入污君之朝,不食于不义之禄,故逃野急。④

我们可以看到,《中兴禅林风月集注》解诗方式就是认为诗中每个物象

---

① 参见芳村弘道撰,金程宇译《南宋选学书〈选诗演义〉考》,《域外汉籍研究集刊》第7辑,中华书局,2011年。
② 吴淇撰,汪俊、黄进德点校《六朝选诗定论》卷四,第77页。
③ 隋树森集释《古诗十九首集释》,中华书局,2018年,第109页。
④ 卞东波、石立善主编《中国文集日本古注本丛刊》第三辑第六册,上海社会科学院出版社,2020年,第25页。

背后都有政治隐喻意,一首诗歌就像一篇政治寓言。①《十九首解》虽然没有这么穿凿附会,也没有指出诗歌物象后的隐喻意,但我们看到其解诗方式其实是相同的。②笔者曾将这种解诗方式称之为"讽寓阐释"(allegoresis)③,所谓"讽寓"(allegory)指的是一种"言此意彼"的解释方式,诗歌的字面意与隐含意之间存在着"张力",这种张力就为诗学阐释提供了空间。"讽寓性解读"是日本解读中国古典诗歌的传统,从《中兴禅林风月集注》、《演雅》解释、《十九首解》一以贯之都用了这种方式。从这种角度来看,就能理解《十九首解》在日本出现的背景了。

三、石作驹石《古诗十九首掇解》考论

《古诗十九首掇解》(以下简称《掇解》)不分卷一册,石作驹石撰。该书四周单边,白口,单鱼尾,版心刻"古诗十九首",下记叶数。每半叶六行,行十二字,注文为双行夹注。(图2)书前有石作驹石之序,末有"翠山楼藏版"字样。该书在关西大学图书馆长泽文库、实践女子山岸文库、安昙野市丰科乡土博物馆藤森桂谷文库皆有收藏。

石作贞(1740—1796),字子幹,一作士幹,号驹石,通称贞一郎,信州(长野县及岐阜县之一部分)人。累世仕于信浓福岛之邑主山村氏,特别是得到山村氏冢子山村良由(号苏门)的赏识。明和三年,往伊势桑名,从学于儒学家南宫大湫(1728—1778),"日夜诵习不息,寝食共废,其学大进"④。学成后,归乡福岛,邑之子弟,皆从其学。有吏才,深受山村氏重用,为邑计吏,三年而后邑中为之不匮。后为室老,"治下举措决于其手"⑤。宽政八年卒。著有《论语口义》《翠山楼诗集》《莫

---

① 关于《中兴禅林风月集抄》解诗方式,参见卞东波《〈中兴禅林风月集〉考论》,见氏著《南宋诗选与宋代诗学考论》,中华书局,2009年。
② 日本关于黄庭坚诗歌《演雅》的阐释也用了相似的方式,参见卞东波《宋代文本的异域阐释——黄庭坚〈演雅〉的日本古注考论》,《吉林大学社会科学学报》2019年第1期。
③ 参见卞东波《曾原一〈选诗演义〉与宋代的"文选学"》,《文学遗产》2013年第4期。
④ 东条琴台《先哲丛谈后编》卷八,叶22b。
⑤ 东条琴台《先哲丛谈后编》卷八,叶23b。

逆集》《劝学言志编》《古诗十九首掇解》等。从上可见，石作驹石并非一个纯粹的学者，而是一个地方的儒士，长于吏事，雅爱汉学，多有著述。

值得注意的是，驹石的老师南宫大湫乃中西淡渊（1709—1752）弟子，而中西淡渊也著有《文选古诗十九首国字解》，那么石作驹石著《掇解》亦是承师门之习。上文考证原狂斋乃江户时代所谓折衷派之学者，而中西淡渊、南宫大湫亦被视为折衷派学者。中西淡渊，名维宁，字文邦，号淡渊，通称曾七郎，三河（爱知县）人。名古屋藩家老竹腰氏之家臣，宽延三年（1750）至江户，于芝三岛街开讲堂，号丛桂社，"四方之士，向风辐凑"①。中西淡渊为学尚折衷，"其讲经不拘汉宋，而别新古，从人所求，或用汉唐传疏，或用宋明注解"②。石作驹石之师南宫大湫，名岳，字乔卿，号大湫，通称弥六，美浓（岐阜县）今尾人。本姓井上，后改姓南宫。大湫"蚤有神童之称"，师事中西淡渊，其"学既渊茂，立志以笃实忠诚自勖，其教子弟也，抑浮华而先德行；自处也，履实理而无虚动。居趾进退好依礼义，不苟言笑"③。大湫先游于京都，后往伊势桑名，"侨居授徒，从游甚众，三都之士，莫不识名，声价著闻于一时"④。驹石正是在桑名师从大湫的，自后学问大进。可见，驹石的学术渊源亦是折衷派。

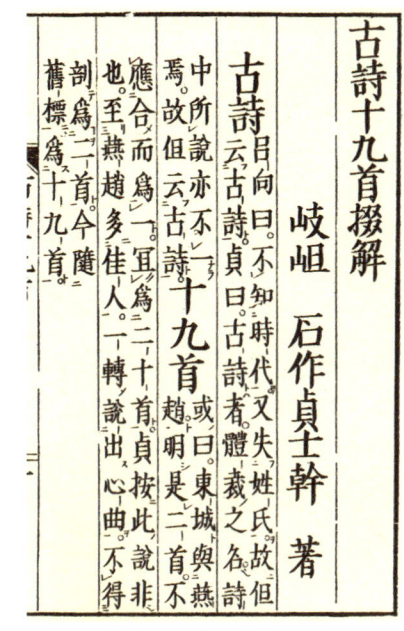

>> 图2　石作驹石《古诗十九首掇解》

---

① 东条琴台《先哲丛谈后编》卷五，叶11a。
② 东条琴台《先哲丛谈后编》卷五，叶11a。
③ 东条琴台《先哲丛谈后编》卷六，叶13a—13b。
④ 东条琴台《先哲丛谈后编》卷六，叶13a。

《掇解》前有驹石所作之序：

> 诗者，景情之二，而有六义焉。若夫三百篇，善美之至，毋论尔，次之《古诗十九首》辞情婉曲，实所宜师法者也。其在昭明之《选》中，不便诵读，余别为一册子，删六臣旧注以附之，而聊以愚管为增注，且概以大意，标各篇之首。盖窃拟卜氏《小序》云。呜呼！虽不免蛇足之讥，抑亦训蒙之一助而已。①

该序透露了驹石本人所持的诗学观，他认为诗分为景和情（南宋周弼《三体诗法》称之为"实"和"虚"）两部分，同时又有赋、比、兴、风、雅、颂之"六义"。又认为，《诗经》是最高的美学规范，所谓"善美之至"。他用"辞情婉曲"来概括《十九首》，这也暗示了《十九首》诗意并非如其字面明白如话。明人谢榛《四溟诗话》卷三曾云"《古诗十九首》，平平道出，且无用工字面，若秀才对朋友说家常话，略不作意"②。但此语明显低估了《十九首》意涵的复杂性，也被《十九首》表面上的语言遮蔽了，所以用"辞情婉曲"来概括应是比较独到的见解，这也与后来的森槐南用"婉多风"来概括《十九首》异曲同工，田晓菲教授也说，《十九首》的佚名性存在着对"对诗意确定性的抵制"③。驹石之所以作《掇解》一书，因为《十九首》收录于《文选》之中，不便阅读，故单独将其抽出并加以注解。其体例是，注解以六臣注为主体，间出以己见，用"贞曰"表示。每首诗之前，或引六臣注，或以自己的话概括每首诗的大意，这种体例与原狂斋的《十九首解》如出一辙，俱是模仿《诗小序》。

本书开篇，有驹石关于"古诗十九首"诗名的解题。关于"古诗"，其先引五臣之一吕向的观点："不知时代，又失姓氏，故但云'古诗'。"

---

① 石作驹石《古诗十九首掇解》，卞东波、石立善主编《中国文集日本古注本丛刊》第二辑第一册，第417—418页。
② 丁福保辑《历代诗话续编》，中华书局，1983年，第1178页。
③ 参见田晓菲撰，卞东波译《高楼女子：〈古诗十九首〉与隐/显诗学》，《文学研究》第2卷第2期。

这是从成书时间上来定义的，而驹石认为："古诗者，体裁之名，诗中所说亦不一焉，故但云古诗。"①则从"体裁"（驹石理解的"体裁"可能更多是"题材"之意："诗中所说亦不一。"）上来定义。关于这组诗是"十九首"还是"二十首"的问题，驹石先引"或曰"："'东城'与'燕赵'明是二首，不应合而为一，宜为二十首。"②这里的"或曰"可能即原狂斋之说，狂斋《十九首解序》中即云："李善以'燕赵多美人'别为一章，今从之，定为二十首。"③但检李善注，并没有将"燕赵多佳人"以下"别为一章"之说，显系误记。《十九首解》成书早于《掇解》，驹石可能见过该书，不过他不同意"二十首"之说："贞按：此说非也。至'燕赵多佳人'一转，说出心曲，不得剖为二首，今随旧，标为十九首。"④驹石关于"古诗"之意及篇数的看法应该是受到中西淡渊的影响，在《文选古诗十九首国字解》前有一段类似解题的文字，淡渊说："古代有种说法，因为分段多种多样，认为有二十首。这种说法难以被认同。"⑤

与《十九首解》注重诗意发挥不同，《掇解》还有对诗歌语汇的训诂，如"今日良宴会"一诗中"弹筝奋逸响"，训"逸"曰："纵也。"⑥"奄忽若飙尘"，训"飙"曰："暴风从下而上曰飙风。"⑦"西北有高楼"一诗，释"阿阁"曰："《说文》曰：阁，楼也。阿，四柱重屋也。曰高楼、曰阿阁，互言也。"⑧这些注释都是《文选》六臣注没有的。再如释"西北

---

① 石作驹石《古诗十九首掇解》，卞东波、石立善主编《中国文集日本古注本丛刊》第二辑第一册，第419页。
② 石作驹石《古诗十九首掇解》，卞东波、石立善主编《中国文集日本古注本丛刊》第二辑第一册，第419页。
③ 原狂斋《古诗十九首解》，卞东波、石立善主编《中国文集日本古注本丛刊》第二辑第一册，第385—386页。
④ 石作驹石《古诗十九首掇解》，卞东波、石立善主编《中国文集日本古注本丛刊》第二辑第一册，第419页。
⑤ 长泽规矩也编《和刻本汉诗集成·总集篇》第一辑，汲古书院，1978年，第157页。
⑥ 石作驹石《古诗十九首掇解》，卞东波、石立善主编《中国文集日本古注本丛刊》第二辑第一册，第426页。
⑦ 石作驹石《古诗十九首掇解》，卞东波、石立善主编《中国文集日本古注本丛刊》第二辑第一册，第427页。
⑧ 石作驹石《古诗十九首掇解》，卞东波、石立善主编《中国文集日本古注本丛刊》第

有高楼"中"清商"曰:"五音之中,唯商最清,故云清商。商,伤也。其气遒劲,凋落万物,配之四时,则秋也。"①这种解释毫不穿凿,清晰准确。《掇解》也注意诗句诗意的串讲,他解"中曲正徘徊"曰:"愁人操曲,不觉入风起商声,却自感哀,终不能成其曲,舍琴而起徘徊也。"②可谓得诗人心曲。

《十九首解》的注解对《十九首》多作"讽寓性解读",而《掇解》则发挥较少,显得比较朴实,如解"涉江采芙蓉"一诗曰:"涉江,羁旅怀友,且起故国之思也。"③而《十九首解》谓此诗"哀弃贤者也"④,显然《掇解》的理解比较切合诗意,故其诗句的解释也不作"演义",而围绕着怀友的主题来展开:

涉江采芙蓉,贞曰:荷华。兰泽贞曰:兰多生之泽。多芳草。翰曰:芙蓉、芳草,以香美比德君子也。采之欲遗谁?所思在远道。贞曰:采香美之物,忽怀友生之德,故为诗以赠。还顾望旧乡,贞曰:因怀友生,递生乡思。长路漫浩浩。贞曰:无穷也。同心向曰:友人也。而离居,贞曰:离群索居。忧伤以终老。贞曰:离忧与乡思交伤,人故老也。⑤

再如"客从远方来""明月何皎皎"二首诗,驹石皆解释为"妇人思夫也"⑥,而《十九首解》释前诗"风信谆也"⑦,释后诗"戒君虽不君,臣不

(接上页)二辑第一册,第428页。
① 石作驹石《古诗十九首掇解》,卞东波、石立善主编《中国文集日本古注本丛刊》第二辑第一册,第429页。
② 石作驹石《古诗十九首掇解》,卞东波、石立善主编《中国文集日本古注本丛刊》第二辑第一册,第429页。
③ 石作驹石《古诗十九首掇解》,卞东波、石立善主编《中国文集日本古注本丛刊》第二辑第一册,第430页。
④ 原狂斋《古诗十九首解》,卞东波、石立善主编《中国文集日本古注本丛刊》第二辑第一册,第391页。
⑤ 石作驹石《古诗十九首掇解》,卞东波、石立善主编《中国文集日本古注本丛刊》第二辑第一册,第431页。
⑥ 石作驹石《古诗十九首掇解》,卞东波、石立善主编《中国文集日本古注本丛刊》第二辑第一册,第453、455页。
⑦ 原狂斋《古诗十九首解》,卞东波、石立善主编《中国文集日本古注本丛刊》第二辑第一册,第402页。

可以不臣也"①，则是从君臣关系角度解读这两首诗。可见，《掇解》的解释平实可靠。

但五臣注以来的诗歌阐释传统特别强大，对《十九首》的解释产生了非常大的影响，《掇解》对一些诗歌的解读也不免运用这种模式，有的时候他是直接引五臣之注，有的时候是自己直接从君臣关系角度发表意见，如解"东城高且长"引张铣之说："此诗刺小人在位，拥蔽明君，贤人不得进也。"②这些诗，驹石自己没有发表意见，说明他是同意五臣观点的。而如"迢迢牵牛星"一诗，驹石释"终日不成章"曰："不成锦也，喻臣虽有勋劳，不见用也。"③"青青河畔草"一诗，驹石释"今为荡子妇"曰："贤者有才而不见用，偶遇主则君暗昧，而唯好征役，譬若倡家女有伎艺而不沽，偶嫁则夫远行四方而不归者也。"④这些解释在书中还有一些，固然是受到传统解释的影响，恐怕亦是驹石在本书序中所言的注重诗句"辞情婉曲"有关。即使如此，与《十九首解》比较起来，《掇解》的解释还算平实，"辞"与"意"之间的诠释张力没有《十九首解》那么夸张。

四、余论

除了《掇解》《十九首解》两种汉文注本，日本还有两种假名注本：中西淡渊的《文选古诗十九首国字解》、山景晋的《古诗十九首国字解》。此两书注重对《十九首》诗意的串讲，对日本人理解《十九首》的诗意较有帮助。中西淡渊在《文选古诗十九首国字解》前的解题中对《古诗十九首》的含义、作者、分篇、内容都有所评论：

---

① 原狂斋《古诗十九首解》，卞东波、石立善主编《中国文集日本古注本丛刊》第二辑第一册，第403页。
② 萧统编，李善等注《六臣注文选》卷二十九，第541页。
③ 石作驹石《古诗十九首掇解》，卞东波、石立善主编《中国文集日本古注本丛刊》第二辑第一册，第438页。
④ 石作驹石《古诗十九首掇解》，卞东波、石立善主编《中国文集日本古注本丛刊》第二辑第一册，第423页。

古诗指的是古代的诗。时代、作者均不可考，被称为"古诗"的缘由，在《诗薮》里有所记载。据说本来有几十首，逐渐散佚，只有二十九首流传了下来。因此，称"十九首"也并非从汉代开始，而是后来才说的。枚乘所作，子建所作，众说纷纭，李善认为并非是枚乘所作。据说昭明太子编纂《文选》时，因为作者名不明，说应将其排在李陵的诗之前；严沧浪认为"行行重行行"这首诗"乐府以为枚乘之作"，一人一首，作者各不相同。此外，《诗薮》中一一评述了曹子建学习十九首的缘由，因此不应该用"子建所作"这一说法。以梁朝钟嵘在《诗品》中的简要论述为开端，众多诗话中众说纷纭，难以一一列举。但是，无论如何，如果没有确凿的证据，还是应当采用"佚名"说。因此，自古以来每首诗都没有题目，是后人根据每一篇的意思，推测此诗是咏何物、抒何情而附上去的。继《诗经》、《楚辞》之后，因其诗情、辞藻十分古雅，成了诗人首先要吟咏背诵的内容。古代有种说法，因为分篇多种多样，认为有二十首。这种说法难以被认同。将其称作《诗经》之后的诗篇，并划分为十九首是近来才有的事情。李沧溟《送李相府》诗中也有提到"可怜郢曲今亡久，下里之歌吾何有。文章稍近五千言，雅颂以还十九首"。因（提及《十九首》的）诗话，均认为其"神奇""温厚""感怆""和平"，故称赞文则《檀弓》，诗则《十九首》等，言其有着难以言喻的意趣，一字一句都补了上去。在文中，其深意或许难以得见，但是暂且可以略解其文字之意一二。这完全不是《十九首》本来的样子。徐祯卿也说："遗编十九，可以约其趣。"①

淡渊认为"古诗"是"古代的诗"，这其实是《文选》五臣之一吕向注的看法。他又否定了《十九首》是枚乘、曹植所作的观点，认为"还是应当采用'佚名'说"，这种观点在今天看来已经稀松平常，但在几百

---

① 长泽规矩也编《和刻本汉诗集成·总集篇》第一辑，第157页。李沧溟《送李相府》诗，即李攀龙《送新喻李明府伯承》。徐祯卿之语见其所著《谈艺录》。本文原为日文，承早稻田大学文学学术院伊丹博士相助译为中文，特此感谢。因为假名注本牵涉到日本国语学、国文学，本文暂且不论。

年前诚属卓识。正如田晓菲教授所言的"佚名性只是《古诗十九首》多种隐晦特质（dark qualities）中的一项"①，而"佚名性"也导致了《十九首》阐释的开放性。故淡渊下文又言《十九首》"有着难以言喻的意趣"，这也与古人尝言的《十九首》含蓄或"婉多风"的特质相近，而与陈绎曾称《十九首》"澄至清"②有一定的距离。从上我们可以看到，日本的《十九首》阐释比较偏向于"讽寓阐释"一面，即强调《十九首》直白如话的语言背后有"难以言喻的意趣"，故《十九首解》《掇解》都倾向于从微言大义的角度解读《十九首》。淡渊虽然学术思想上属于折衷学派，但上文中他多次引用明人的诗句和诗话来评论《十九首》，这也是受到古文辞学派影响的痕迹。

《古诗十九首国字解》前有山景晋之《古诗大意辨题言》汉文序：

> 萧太子之《选》冠弁艺文，苟抵掌词苑、妆饰藻翰者，无不倚赖之者也。古人谓"《文选》烂，天下半"焉。今古宇宙，中华、吾邦，与经史并驱也，复那待余言乎哉？积翠散人尝喻予曰："《古诗十九首》，其句温柔，其意敦厚，宜写一通贴诸壁上，而晨昏目视肄之，口诵习之，务之不已，则风韵格调浸润肺肝，而俗意日退，雅音月进也。"是仲英服先生之言也。尔后一奉教喻，卧而诵，起而吟，积累日月，换替裘葛，体裁熟目，声律上口。于是乎始览往日喻方之效，为诗肠针砭，斗酒嘤鸣，不啻是以欲授诸后学。而童子辈目熟之、口诵之，不解熟风调、气格之为益，有欲晓其意者，是亦非无益。因删改训点，解释以国字，虽然其字古而雅，其意仿佛，至可解、不可解之妙旨幽致，非国字所尽，聊举大纲，而塞童蒙之责云尔。壬子之春，山景晋孟大识。③

本段首先介绍了《文选》的重要性，无论是"抵掌词苑"者，还是"妆

---

① 参见田晓菲撰，卞东波译《高楼女子：〈古诗十九首〉与隐/显诗学》，《文学研究》第2卷第2期。
② 陈绎曾《诗谱》，见隋树森编著《古诗十九首集释》卷四《评论》引，第2页。
③ 长泽规矩也编《和刻本汉诗集成·总集篇》第一辑，第175页。

饰藻翰"者都倚赖于《文选》。正所以讲到《文选》，就因为《十九首》是见载于《文选》的，故从学习文学的角度而言，《十九首》的重要性不言而喻。接着又引用积翠散人对《十九首》的评论"其句温柔，其意敦厚"，所谓"温柔敦厚"是对《诗经》的定评，这里用来评论《十九首》，无疑抬高了《十九首》的地位。而且学习《十九首》还有另一层功效，即如果浸润其风韵格调的话，则作诗"俗意日退，雅音月进"。正因为《十九首》的重要性，有必要向日本学人阐释其大意，故山景晋才决定以"国字"即日本的假名解释《十九首》。最后又提到《十九首》"字古而雅"，而且其意也在可解与不可解之间，假名注释可能并不能阐发出其"妙旨幽致"，但对于《十九首》在日本的普及意义还是非常重大的。

在《古诗十九首国字解》前亦一段假名写成的解题，山景晋介绍了其用"国字"解释《十九首》方法与原则："如果按照理解近体诗的方式，句句字字都加以翻译，反而会脱离了古诗的旨趣，因而止于介绍梗概。"①所以国字解以介绍大意为主，并无发挥。汉文序中，山景晋提到《十九首》可以使人"俗意日退，雅音月进"，而在假名的解题中，他也提出相似的观点："有益于清洗俗肠。"

江户时代中后期的汉诗坛，先是荻生徂徕为首的"古文辞学派"（又称"蘐园学派"）主张学习唐诗和明诗，明代七子之诗风靡一时，后堕入剽窃、剿袭恶习之中，故山本北山（1752—1812）、大窪诗佛（1767—1837）等人组成的"江湖诗社"提倡"清新自然"的宋诗，陆游、杨万里、范成大等南宋三大家成为当时诗坛学习的典范，但并没有兴起学习汉魏六朝诗的风习，何以当时会出现四部《十九首》的日本注本，很值得玩味，而且这四部注本中至少有三部与当时儒学发展中的折衷学派有关联，这就更值得仔细探究了。不过，这些《十九首》的注本成书就在"蘐园学

---

① 长泽规矩也编《和刻本汉诗集成·总集篇》第一辑，第175页。本文原为日文，承日本菲利斯女学院大学宋晗教授相助译为中文，特此感谢。

派"大行其道之时,从上文所引《先哲丛谈续编》可见金峨、狂斋等人还排击过徂徕之学。其时徂徕等人倡导的伪唐诗流行一时,折衷学派应是不满于当时的诗风,故有意以古朴的汉魏诗代之,遂取《十九首》而注之,这可能是江户时代《十九首》注本出现的学术背景。后来山本北山等人兴起宗宋诗风,肃清了伪唐诗和明诗之风,而山本北山亦为折衷派学者,可见江户诗坛诗风的变化其实背后都有其思想史背景的。

服部南郭对杜甫诗的接受路径[*]

严 明　陈 阳

（上海师范大学人文学院）

《新唐书·杜甫传》卷二百一记载："唐兴，诗人承陈、隋风流，浮靡相矜。至宋之问、沈佺期等，研揣声音，浮切不差，而号'律诗'，竞相袭沿。逮开元间，稍裁以雅正，然恃华者质反，好丽者壮违，人得一概，皆自名所长。至甫，浑涵汪茫，千汇万状，兼古今而有之，它人不足。"[①]杜甫是中国诗歌史上的一颗耀眼璀璨的明星，其忠君爱国的思想和沉郁顿挫的诗风不仅泽被后世，也对异域文人群体的汉诗创作产生了实际的影响。平安时代的贵族文人大江维时[②]编选的唐诗佳句集《千载佳句》，共收录了六联杜甫诗句，分别是《清明》中的"秦中楼阁樱花里，汉主山河锦绣中"，《曲江对雨》中的"林花著雨胭脂湿，水荇牵风翠带长"，《九日蓝田崔氏庄》中的"蓝水远从千涧落，玉山高并玉峰寒"，《早朝大明宫》中的"五夜漏声催晓箭，九天春色醉仙桃"，《城西陂泛舟》中的"渔吹细浪摇歌扇，燕蹴飞花落舞筵"，《陪郑驸马韦曲》史会乐游原》中的"数茎白发那得抛，百罚深杯也不辞"。这六联诗句虽不能作为大江维时接受杜诗的直接证据，但足以说明在此时期或者更

---

[*] 本文为国家社科基金重大项目"东亚汉诗史（多卷本）"（批准号：19ZDA295）的中期成果之一。
[①] 欧阳修、宋祁《新唐书·杜甫传》，中华书局，1975年，第5738页。
[②] 大江维时（888—963），日本平安时代中期的汉学家，代表作《千载佳句》。

早之前就已经传入日本了。

　　五山时代,以京都"五山十刹"为中心的禅僧成为汉文化传播的主体,随着宋学的传入,杜甫的诗文开始在一些禅僧之间流行开来。著名的诗僧虎关师炼①在《济北诗话》中多次提及杜诗,如评"老杜《别赞上人》诗:'杨枝晨在手,豆子雨已熟。'诸注皆非。"②在他看来,"李杜皆上才"③,千家之人,能超越杜甫的诗人寥寥无几。有五山双璧之一之称的义堂周信④,"继踵前人而明确标举杜甫,一方面在理论上深探杜诗的内在意蕴,发掘杜甫的诗史诗心和忠义之节,一方面在创作中以杜诗为楷模"⑤,在《空华集》中写下了数量可观的崇杜学杜的汉诗,颇得杜诗之风骨神韵。此外如雪村友梅⑥等五山诗僧都有相关诗作传世。但"此一时期对杜甫诗歌的关心并非源于杜甫诗歌本身的魅力,亦与之前平安文人对杜诗享受甚无关系,只是五山禅林宋诗崇拜的一个间接产物",对杜诗的认识"是建立在苏黄等宋代大诗人对杜诗的评论之上,属于一种爱屋及乌的现象"⑦。

　　汉诗创作鼎盛时期的江户时代,尊杜学杜已经成为一种潮流,如硕儒林罗山、藤原惺窝以及有"日中李杜"之称的石川丈山等人,都从杜诗中汲取养料,并运用于自己的汉诗创作中。王京钰在《概论日本汉文

---

① 虎关师炼(1278—1346),日本临济宗僧。京都人,俗姓藤原。法名师炼。幼时颖悟而好读书,时人称文殊童子。十岁,在比睿山出家,并受具足戒。不仅研究宗乘,亦通内外之学。正平元年示寂于海藏院,世寿六十九。
② 马歌东《日本诗话二十种》(上卷),暨南大学出版社,2014年,第4页。
③ 马歌东《日本诗话二十种》(上卷),第9页。
④ 义堂周信(1325—1388),日本佛教禅宗僧人。在1342年接受禅宗临济宗的教导,成为临济宗日本创始人梦窗疏石的门徒。后来他成为禅宗御前文学的首要倡导者,被认为是御前文学最有成就的诗人。
⑤ 尚永亮《论前期五山文学对杜诗的接受与嬗变——以义堂周信对杜甫的受容为中心》,《长江学术》2007年第3期。
⑥ 雪村友梅(1290—1347),元朝时日本高僧,是元朝普陀山高僧一山一宁的弟子,18岁时出访元朝,朝拜祖庭,访遍高僧大德,精通佛法和汉学。
⑦ 静永健著,陈翀译《近世日本〈杜甫诗集〉阅读史考》,《中国文论》2014年第1辑。

学中的杜甫受容》①一文中指出，江户初期的儒者藤原惺窝对杜甫的受容更多地体现在对杜甫"落月满屋梁，犹疑照颜色"和"感时花溅泪，恨别鸟惊心"这些诗句的运用上。江户初年大诗人林罗山更进一步，他在化用杜诗诗语、吸收杜甫爱国爱民的思想同时，对杜甫"卖药"的逸事也表现出极大的兴趣，对杜甫儒家思想的认同和相关逸事的关注是林罗山学杜的特色。而有"日中李杜"之称的石川丈山对杜甫更是倾心不已，他建造三十六诗仙堂内悬挂杜甫的画像，在诗体模习与人格塑造上皆以杜甫为楷模。

关于日本汉诗对杜诗的接受已引起中日学者的多方关注②，但服部南郭作为接受杜诗影响的重要个案，却尚未引起学界的充分重视。南郭对杜诗的受容是他形成独特诗风的关键所在，也是他在诗人辈出的江户诗坛脱颖而出的重要原因之一。南郭自幼便学习杜诗，他的汉诗创作在很大程度上受到了杜甫诗歌的影响，据《先哲丛谈》记载，高野兰亭曾问南郭："先生诗以谁为准的？"南郭回复曰："余非必有所蹈法焉。初年唯好读杜诗，今窃而思之，拙劣间得杜之仿佛者，盖为此故也。"③杜诗创作技巧对南郭的汉诗创作影响较大，而在思想方面的影响则相对较小，此为南郭受容杜诗的特点。在南郭的1500余首汉诗中，五律和七律是其用力较深的部分，有明显模仿杜甫诗歌的痕迹，其中七律受杜甫的影响尤为显著。除此之外，其七言歌行体也有效仿杜甫的痕迹。本文拟从南郭学杜的具体方式及诗歌艺术表现来展开这一论述，并探讨其原因。

---

① 王京钰《概论日本汉文学中的杜甫受容》，《辽宁工学院学报》2005年第1期。
② 可参见张伯伟《典范之形成：东亚文学中的杜诗》，《中国社会科学》2012年第9期；祁晓明《杜甫在日本江户诗坛的地位——兼与张伯伟先生商榷》，《玉溪师范学院学报》2016年第3期；李寅生《略谈杜甫诗在日本的流传及日本学者杜诗研究主要方法》，《杜甫研究学刊》2000年第3期；静永健、刘维治《日本的杜甫研究述要》，《南阳师范学院学报》2010年第7期；蒋义乔《菅原道真的咏物诗与杜甫诗歌的关联》，《日语学习与研究》2018年第2期；黄自鸿《江户时代杜甫研究与接受——大典显常的〈杜律发挥〉》，《杜甫研究学刊》2019年第2期。王京钰《试论五山句题的新特点——以典出杜甫〈夜宴左氏庄〉》，《常熟理工学院学报》2011年第11期。此处不一一赘述。
③ 原念斋《先哲丛谈》，国史研究会，1916年，第57页。

一、袭用杜诗诗语

南郭熟读杜诗,其汉诗创作中经常化用杜诗诗语,如《秋日抒怀七首》其一:

尚似文园令,敢论武库才。一樽求酒起,四壁典衣回。
懒性堪闲地,薄宦谢吹台。醉来秋兴切,作赋让邹枚。①

诗中提到的典衣沽酒出自杜甫诗《曲江二首》:"朝回日日典春衣,每日江头尽醉归。酒债寻常行处有,人生七十古来稀。""文园令"指西汉有"辞宗""赋圣"之称的司马相如。"武库"一词出自房玄龄等撰《晋书·杜预传》:"预在内(朝廷)七年,损益万机,不可胜数,朝野称美,号曰'杜武库',言其无所不有也。"②杜预不仅武功卓著,又博学多通,著有《春秋左氏传集解》。南郭以"文园令""武库才"作比,谓自己有济世之才。无奈拙于政事,生活清苦,只能典衣换钱买酒喝。南郭的穷困经历与杜甫相似,因此他能熟练化用杜诗诗语及相关典故,且生动自然,不着痕迹。

又如《每旦得井花水解渴爽然常足因有感赋以自喜》:

衰年病渴到三更,含水华池液亦生。
常喜邻家扣门得,不忧童竖挈瓶争。
汉宫承露金茎赐,魏殿凝冰玉井清。
寄道营求丹鼎子,人间大药有天成。③

---

① 《秋日抒怀七首》,服部南郭《南郭先生文集》初编卷三,嵩山房,1727年,第27页。服部南郭的《南郭先生文集》分为四编,初编由嵩山房刊行,收录了他从正德初年入徂徕门下,到享保十年左右的汉诗文,即南郭28岁到43岁之前的汉诗文;二编由嵩山房刊行,收录其享保九年到元文元年的汉诗文,即南郭42岁到54岁的汉诗文。
② 房玄龄等《晋书·杜预传》,中华书局,1974年,第1028页。
③ 《每旦得井花水解渴爽然常足因有感赋以自喜》,服部南郭《南郭先生文集》四编卷二,富士川英郎、松下忠、佐野正巳编《诗集日本汉诗》第四卷,汲古书院,1985年,第335—336页。

南郭与杜甫一样患有消渴症,即糖尿病,诗中的"衰年"一句化用杜甫的《示獠奴阿段》中的"病渴三更回白首,传声一注湿青云",表现出南郭饮井水解渴的欣喜。再如《西庄秋意六首》其三中的"绕堂燕子故飞飞,摇落悲秋坐翠微",直接沿用杜甫《秋兴八首》中"清秋燕子故飞飞,日日江楼坐翠微"的句式来描写秋意。

南郭的诗中多处化用杜诗,笔者通过对南郭1500余首汉诗的统计,将有明显化用痕迹的诗句加以整理,并以表格的形式呈现如下(表1):

表1 服部南郭诗化用杜诗统计

服部南郭		杜 甫	
诗 句	诗 题	诗 句	诗 题
(1) 一樽求酒起, 四壁典衣回。	《秋日抒怀七首》其一	朝回日日典春衣, 每日江头尽醉归。	《曲江二首》其二
(2) 天旷鸟飞回。	《哭滕东壁十首》其七	渚清沙白鸟飞回。	《登高》
(3) 心事自今浑漫兴, 登高作赋转堪哀。	《早春有感二首》其一	老去诗篇浑漫与, 春来花鸟莫深愁。	《江上值水如海势聊短述》
(4) 客地风光休照眼, 春来花鸟不胜悲。	《高楼》		
(5) 连城抱璞多时泣, 通邑传书百岁心。	《即事二首》其二	匡衡抗疏功名薄, 刘向传经心事违。	《秋兴八首》其三
(6) 侧身天地羡渔樵。	《秋怀二首》其二	侧身天地更怀古, 回首风尘甘息机。	《将赴成都草堂》
(7) 生憎黄鸟近人来。	《早春怀子和》	生憎柳絮白于绵。	《送路六侍御入朝》
(8) 野鸟背人飞。	《春郊晚归》	双双瞻客上, 一一背人飞。	《归雁二首》
(9) 酒楼行处有。	《江上杂诗十首》其十	酒债寻常行处有, 人生七十古来稀。	《曲江二首》其二
(10) 人间七十古来稀。	《新师松前公见贻熊皮古枪几死散人年六十四自嘲作歌》		
(11) 八珍携妓太宫膳, 内府更进白玉盘。	《汉宫词》	御厨络绎送八珍。	《丽人行》
(12) 潮公荡胸睨乾坤, 文章日月启天阊。	《牛门送大潮师西归》	荡胸生层云。	《望岳》
(13) 吏情顾笑为何趣, 一醉沧州不可求。	《月夜忆子和》	吏情更觉沧州远, 老大徒伤未拂衣。	《曲江对酒》

续表

服部南郭		杜 甫	
诗 句	诗 题	诗 句	诗 题
（14）临海断碑秦代字。 （15）人烟连海驿， 官道控江城。	《游江岛》 《春日经赤羽桥》	孤嶂秦碑在， 荒城鲁殿馀。 浮云连海岱， 平野入青徐。	《登兖州城楼》
（16）江山短景随南至， 雨雪长风从北来。	《至日偶作》	岁暮阴阳催短景， 天涯霜雪霁寒宵。	《阁夜》
（17）千载香魂空有曲。	《登总州国府台是里见氏亡处又有氏胡祠二首》	千载琵琶作胡语， 分明怨恨曲中论。	《咏怀古迹五首》其三
（18）主新巢燕定空梁。 （19）村醪倾尽忘吾老， 鼓缶高歌送夕阳。	《白贲墅四首》其一	频来语燕定新巢。 犹酣甘泉歌， 歌长击樽破。	《堂成》 《屏迹三首》其三
（20）孰如富贵似云浮。	《西庄秋意六首》其二	丹青不知老将至， 富贵于我如浮云。	《丹青引赠答曹将军霸》
（21）绕堂燕子故飞飞， 摇落悲秋坐翠微。	《西庄秋意六首》其三	清秋燕子故飞飞， 日日江楼坐翠微。	《秋兴八首》其三
（22）舍南舍北比邻微。 （23）约童勿复为瓮耻， 所有携壶尽醉还。	《西庄秋意六首》其六	舍南舍北皆春水。 茗饮蔗浆携所有， 瓷罂无谢玉为缸。	《客至》 《进艇》
（24）止酒多时唯药物， 抚床无日不萧条。	《顷有壮游约病不果作示诸子二首》	多病所需唯药物， 微躯此外更何求。	《江村》
（25）不尽秋风天地来。 （26）作吏尚应干气象， （27）悲秋偏自到渔樵。 （28）心事功名一羽毛。	《秋日作八首和岛归德》	不尽长江滚滚来。 彩笔昔曾干气象， 白头吟望苦低垂。 江湖满地一渔翁， 万古云霄一羽毛。	《登高》 《秋兴八首》其八 《秋兴八首》其七 《咏怀古迹五首》
（29）看羡卖鱼去， 生涯向酒垆。	《江村晚眺》	浅把涓涓酒， 深凭送此生。 应须美酒送生涯。	《水槛遣心二首》 《江畔独步寻花七绝句》
（30）极目四郊时跨马。	《偶成五首》其四	跨马出郊时极目。	《野望》
（31）大岳登临小鲁心。	《送石仲绿还筑波田庐》	会当凌绝顶， 一览众山小。	《望岳》
（32）明月含天末， 清风落太虚。	《月下怀友人》	凉风起天末， 君子意如何？	《天末怀李白》
（33）清味杯还厚。 应怜漉酒生。	《游云海上人居》	只作披衣惯， 常从漉酒生。	《漫成二首》

续表

服部南郭		杜　甫	
诗　句	诗　题	诗　句	诗　题
（34）别辟乾坤涵日月，更浮湖海入楼台。	《至后二日游严邑侯相忘园》	乾坤日月浮。	《登岳阳楼》
（35）细看春不背，物理入幽襟。 （36）风光不负人。	《赤水春兴三首》其三 《寒食新晴》	细推物理须行乐，何用浮名绊此身。 传语风光共流转，暂时相赏莫相违。	《曲江二首》其一 《曲江二首》其二
（37）衰年病渴到三更，含水华池液亦生。	《每旦得井花水解渴爽然常足因有感赋以自喜》	病渴三更回白首，传声一注湿青云。	《示獠奴阿段》
（38）一时奔走今谁在？ （39）转畏人间行路难。	《夏日闲居八首》其四	三年奔走空皮骨，信有人间行路难。	《将赴成都草堂途中有作先寄严郑公五首》其四
（40）锦缆牙樯凌潜府。	《夏日闲居八首》其七	锦缆牙樯起白鸥。	《秋兴八首》其六
（41）万古频繁永配天。	《营相祠二首》其二	三顾频繁天下计。	《蜀相》

　　服部南郭创作汉诗存量据《南郭先生文集》有1451首；杜甫存诗见清仇兆鳌《杜诗详注》（中华书局，1979年）有1400余首诗歌。杜甫诗歌真实地反映了唐朝由盛转衰的历史背景和社会现实，精心比兴，微言大义，堪称"诗史"。其"为人性僻耽佳句，语不惊人死不休"的苦心经营，"致君尧舜上，再使风俗淳"的理想追求与爱国情怀，让杜诗不仅成为中国诗人追慕的典范，其影响也波及日本江户文坛。作为接受杜甫诗歌影响的典范诗人，南郭侧重于学习杜诗的遣词造句，如对篇章字句的雕琢，对杜诗句式的套用等。从上述表格的初步比对看，南郭对杜诗的受容主要体现在对名篇名句的多种方式的借鉴化用。南郭自幼学习杜诗，这些诗语在南郭的脑海中积淀、融汇，因此在汉诗创作中多将其作为直接的诗歌素材及表现句式，且显得妥帖自然。

二、沿袭杜诗构思立意

　　从上述表格可以看出，南郭对杜甫的诗作是非常熟悉的。但他不仅限于简单地化用杜甫诗语,而是朝着将学杜作为毕生事业的方向努力。因此,随着南郭汉诗技艺的精进,其汉诗的创作风格愈来愈沉郁温厚,精粹老练,可谓深得杜诗三昧。南郭的《钓客行》,即模仿杜甫的《兵车行》,以主客问答的形式结撰全篇,全诗如下:

> 江崖聊容钓系舟,葛藟间手援赤岸,轮囷之怪木目极。青天突兀之高山,
> 傍有钓客苍颜古,问之五言白日闲。舟中携壶味颇厚,钓翁劝尔一杯酒。
> 此翁不辞就我欢,醉来欲语呻吟久。心中万事为君开,今日何须更闭口。
> 峄阳蓊郁佳树地,蓝田为出瑚琏器。少壮漫期才足成,中间陆沉诸侯吏。
> 诸侯弓箭重武人,三冬文史坐相弃。时非频进逐客策,事变蹉跌违宿志。
> 芙蓉秋满江上花,移居且拟徐孺家。无奈负郭无寸亩,去在青门不种瓜。
> 家人数厌斧中鱼,蚯蚓生突绝菜茹。债家子钱督责频,计穷散件鬻茅宇。
> 已见今年随转蓬,未知明年住何处。由来磊落大丈夫,妻孥忧愁一何愚。
> 对此陶然唯浊酒,日日钓竿游太湖。太湖潺潺鲤鱼肥,来者可追往者非。
> 三千六百十年钓,钓钓天真知者稀。狂语醉言君不信,请看湖上白云飞。①

在这首七言歌行中,南郭既作为旁观者又作为抒情主体,其复杂的思想感情难以直接抒发,故借钓者一吐胸中之抑郁。此诗的开头五句为第一段,写作者与钓客相遇,饮酒抒怀的场景;"峄阳"十句为第二段,通过钓者的自述,诉世道艰难,无仕进之路以及家境贫寒、生活清苦;最后四句写钓客以浊酒钓鱼为乐,自我宽慰,这实际上是南郭用代言体的方式委婉地道出自身的辛酸经历。杜甫的《兵车行》,以设问的方式揭露社会现实,将唐王朝穷兵黩武的罪恶描写得淋漓尽致。由此可见,南郭在诗体的选择和构思立意上往往与杜诗如出一辙。

南郭诗作追随杜甫,其名篇《画龙引》也可见其端倪:

> 君不见南宋牧溪画,先笔力壮至今传。墨龙之迹最生动,神理兼存五百年。又不见海云上人缁流豪,禅余游艺功亦高。尝技画龙聊腾写,

---

① 《钓客行》,服部南郭《南郭先生文集》初编卷二,第24页。

与真无二祈毫毛。展开咫尺大云垂，天门嘘雨墨淋漓。中有灵怪之神物，雷电晦明看仿佛。岐角竦鳞随劲气，草成信乎何真率。鬼眼深似牖中窥，阿堵一点黑如漆。体毛簇簇削剑锋，鬃鬣直从肉中出。九似三停何必论？出没云烟变未毕。乃知五百年来上人继，此道亦应称命世。笑他叶公好未深，吾爱真夺天龙势。只恐风雨擘壁间，双飞时不可复制。①

诗首所言牧溪（约1210—1291），南宋画家，佛名法常，四川人，其画疏简清幽，颇有禅意，当时名气不大。访宋日僧将其画作大量带回日本，大受欢迎。②如《龙虎》对幅、《远帆归浦图》《潇湘八景图》等佳作，对日本五山战国时期的绘画发展影响甚深，这些画作目前均收藏在日本，被视为国宝。此诗中提及的海云，即日僧忍海之号，江户增上寺院第九世住持。享保五年（1720），南郭在增上寺门前的山岛町下帷授业，忍海便是从学者。

  杜甫在其名作《丹青引》中极写马之神致，历历在目，堪称绝唱。此诗中南郭盛赞海云画龙的高超技法，笔力酣畅，气韵生动，神龙之姿宛如目前，较叶公更胜一筹。诗末写"笑他叶公好未深，吾爱真夺天龙势。只恐风雨擘壁间，双飞时不可复制。"整首诗对照杜诗《丹青引》："弟子韩幹早入室，亦能画马穷殊相。幹惟画肉不画骨，忍使骅骝气凋丧。将军画善盖有神，必逢佳士亦写真。"南郭咏画龙与杜诗写马，有明显的相承痕迹。南郭在展现龙的传神面貌时，惨淡经营，可谓深得老杜笔法。

  三国时代的诸葛亮是史家笔下的能臣，小说家笔下神机妙算的智者，也是诗人笔下忠贞耿直的千古良相。杜甫极为推重诸葛亮，留下诸多脍炙人口的诗篇，其七律《蜀相》，形式整饬，庄重典雅，给南郭的汉诗创作很大的启发，如其《菅相祠二首》其二：

---

① 《画龙引》，服部南郭《南郭先生文集》三编卷一，第214页。
② 元末吴大素《松斋梅谱》评牧溪画作较为公允："喜画龙虎，猿鹤、禽鸟、山水、树石、人物，不曾设色，多用芦荟、草结，又随笔点墨，意思简当，不费妆缀。松竹梅兰，不具形似。鹤鸳芦雁，具有高致。"见日本大东急记念文库藏手抄本。

千松佳气郁葱然，城北祠堂傍日边。终是民功齐社稷，岂唯王祭望山川。一时文献空经国，万古频繁永配天。无奈宵衣有惭德，至今犹憾中兴年。①

南郭既以杜诗为学习典范，自然会从中汲取作诗的养料，这首汉诗也不例外。《蜀相》是杜甫初定居成都，翌年游览武侯祠时创作的一首咏史怀古诗，上四句言祠堂之景，后四句言丞相之事。首联点明祠堂所在，颔联写祠堂环境荒凉，"天下计，见匡时雄略；老臣心，见报国苦衷"②。该诗的前两联记行写景，感怀现实，后两联转而议事论人，缅怀先贤。南郭的这首汉诗，先表营相功绩，后惜其志之不成，首联写景，以"千松""日边"点明祠堂的地理位置，渲染出静谧肃穆的气氛，后两联概括营原道真辅佐君王、匡扶社稷的不朽功业，末两句表达了诗人对营相未能中兴的无限惋惜之情，悲凉慷慨，言有尽而意无穷。细加比对，南郭用杜甫的句法与诗意，模拟痕迹明显。

南郭尤爱杜诗，因此格外留意杜甫的名篇。《南郭先生文集》卷一有《秋日八首》，与《秋兴八首》之间的承续关系非常明显，他在《与岛归德》一文中说：

向所顾赐《秋兴》佳篇，清妙既远，今乃不愧蚩鄙，谨和八首奉上。而所仆所题代以秋日者，盖将有说也。惟足下多闻，素虽所知，千虑一得，不能不进之，请陈其固陋。夫少陵作非无精粗，而《秋兴》一出，千古诡异，无以尚矣。孰不令人感慨兴起者，遂使后世争为优孟，不堪纷纷。乃自空同辈一二家，高视一世者。亦皆刻意模拟，而非不俨然似也。惟是较之其平生所著，力竭神匮，既已不及，岂为避其光炎，而逸气未道邪。至今为恨耳。况吾侪一见西施，退愧其貌，其尚可为颦哉。且夫如少陵之时，亦惟有若秦中、夔府，有若巫峡，有若白帝，有若昆明、蓬莱、花萼、御宿诸宫壮观。有若文物、山川，而今有一于此乎！有若明皇、奢侈、富丽、仙术、边事，有若杜甫朝班及飘零感慨，而今有一

---

① 《营相祠二首》，服部南郭《南郭先生文集》二编卷四，第142页。
② 仇兆鳌《杜诗详注》卷十六，中华书局，1979年，第737页。

于此乎！诗盖即事感兴，纵有少陵复起，恐未可若是悲壮而已，况吾侪乎！若仆此篇，人将议曰："以羊代牛"，可也。曰："朝三暮四"，可也。点者颇窥伎俩。苟不免疑则有之，亦可也。人将曰："触兴命题，自我为之，《秋兴八首》，何不可哉？"盖仆之志，以为模拟之作，实夺其人，仅可为也。不然，少避耳。即拙亦仆之拙也，岂不愈画虎不成哉？①

在这里，南郭将创作缘起和改题原因表达得很清楚：一方面是南郭强调汉诗要有真情实感，时过境迁，山川文物不存，因此，秦中、夔府、巫峡、昆明皆不入诗，况且人的感受是瞬间的体验，难以复制，即使杜甫复生，也写不出一模一样的诗作。另一方面是杜甫的《秋兴八首》千古独擅，是横亘于眼前的难以逾越的高峰。为避其光焰，南郭将诗题改为《秋日八首》。南郭对杜甫的激赏，在这组七言律诗中表现得甚是充分，兹摘录如下，以窥两者之关联：

弄月南楼海上高，云飞影涌夜观涛。天涯索寞双蓬鬓，心事功名一羽毛。
渤澥潮来珠满蚌，瀛洲岳出浪连鳌。短歌长啸秋风起，铿尔腰间落大刀。

草堂卜筑对江流，枫岸芦洲摇落秋。渔夫唱歌混鼓枻，仲宣词赋入登楼。
云黄返照沉还见，天白回涛涌不休。海气东来萧瑟甚，何由学道接浮丘。

雄都缭绕八州边，湖海同朝更森然。徐福泛舟空万里，秦皇驱石几万年。
秋通三岛东溟近，夜转群星北极悬。留滞久违行乐地，南山自有未耕田。

近邻箫鼓凤凰城，肺病频年卧汉京。大岳晴云朝不动，中州佳气日还生。
秋深欲隐青门道，霜坠但关白发情。圣代如君须努力，早知金马勒声名。

不尽秋风天地来，故人感兴入悲哉。寒江日暮朱华落，月夜关山玉笛哀。
邺下西园时欲宴，平津东阁晚新开。右文自古荣词赋，何啻空穿楚客才。

承华渡口倚龙桥，城外沟渠动暮潮。锦缆楼船汾水下，金门鞍马汉京朝。

---

① 《与岛归德》，服部南郭《南郭先生文集》初编卷十，第94页。

芙蓉玉露多不尽，闾阎祥云久不消。作吏尚应干气象，悲秋偏自到渔樵。

落日金龙动寺门，驹蹄口上欲黄昏。文章遣闷思玄赋，山水关心乐志论。
归马平原通猎苑，行人古渡向渔村。看云相忆江东树，漠漠天边失雨痕。

衡门萝薛事栖迟，北郭西山劳转移。夜冷嫦娥看捣药，昼闲稚子惯蒸芝。
三秋野色来无赖，万古江流逝若斯。醉击玉壶心谩壮，自怜驹马老偏羸。

杜甫的《秋兴八首》组诗前后蝉联，宏大精严，脉络分明。熔铸了夔州凄清萧条的秋色、诗人对乡园的思念和国家命运的深情以及暮年衰老多病的境况，悲怆苍凉，是杜甫晚年思想情感和精思结撰的高度统一。南郭的《秋日八首》组诗，是他由对外部世界的感知逐渐趋向于内心情感的陶写，杜甫的《秋兴八首》则是启发其构建起这种联系的桥梁。将中日此两组《秋兴》组诗对照看，不难发现南郭的组诗在基调、诗体、内容等方面对杜诗都是亦步亦趋。但更应注意到，南郭对杜诗中如"秋风""渔樵""青门""白头"的运用，是动态的、灵活的，是立足于当下的情境而生发的感受。两组诗有不同处，南郭的组诗先从回忆处落笔，诗中"南楼"语出《世说新语·容止》，用庾亮的典故，此处指南郭当年与友人赏月观涛、戏谑游乐之所。南郭由眼前的月色想到昔日的欢聚，"天涯"一句转回现实，在今夕对比中抒发功业未就、天涯索居的落寞之感。我们既知杜甫《秋兴八首》是南郭创作取法的渊源，这组和诗除了表达和杜甫相似的情感体验，还包含了汉诗人滞留他乡的孤独、对徜徉于山水之间的憧憬、对友人的思念与期待，这些复杂的情感被南郭反复吟咏，哀伤缠绵，婉转低回。

三、对杜诗"野老"意象的化用

"诗的本质就是一个表情的符号系统，一个呼唤性的意象结构。意象是诗人感知的物象。在创作构思时，意象是艺术思维的联想作用纷至沓来，经诗人构思过程的过滤选择和联结建构活动，凝聚为一个有机的符号结构,显出独特的结构特征。"① 也就是说,意象在"经过诗人的关照从而融入了主观情意"②,逐渐具有了普遍的社会意义,且能引起审美主体的情感共鸣。诗人在进行诗歌创作时,会根据自己的需要来择取前人诗歌中的意象。

南郭与杜甫诗之间的情感关联是深刻的,且二人都有闲居草堂、疾病缠身、贫困潦倒、受人接济的生活经历。正因为人生经历的相似,南郭在读杜诗时更容易产生类似的情感体验,杜甫诗中常出现的"野老"意象自然也会进入南郭的视野。南郭是一位富有创新精神的汉诗人,因此他在继承"野老"这一意象的同时融入了自我的情感体验,故而其笔下的"野老"意象又呈现出独特性。

杜甫的祖上是京兆杜陵人,少陵在杜陵附近,杜甫在入长安求职时曾住在那里。"朝叩富儿门,暮随肥马尘。残杯与冷炙,到处遣悲辛"的艰难处境、"致君尧舜上"理想的落空以及终日疾病缠身等消磨了杜甫的意志,使得才40岁的诗人感受到衰老,故自称为少陵野老。与杜甫一样,南郭在汉诗中常以"野老""野人""野翁"自比,这与南郭远离政治,卜居草堂,常与乡野村夫为伍不无联系。据笔者粗略地统计,"野老"及与之意思相近的词共计10例,其中有7处出现在初编。正德四年(1714)十一月二日吉保去世,吉里及其同党对于主导权的暗地里的抗争也随之浮于表面,南郭的处境愈发尴尬,新旧幕府权贵集团的权力争夺,以及被猜忌排挤的不公待遇,给南郭带来了巨大的心理压力。其诗写道:"苍颜野老称养拙,提壶挈榼无所知。"③ "到处从他争坐席,不教野老姓名闻。"④ 此时的南郭对时局已有了清醒的认识,慷慨之气已销,加之体弱多病,让正处于壮年的他视杜甫为异代知己,亦以"野老"自居。

---

① 蒋寅《大历诗风》,凤凰出版社,2009年,第179页。
② 莫砺锋《论唐诗意象的密度》,《学术月刊》2010年第11期。
③ 《集高秀才匏瓜亭》,服部南郭《南郭先生文集》初编卷一,第24页。
④ 《即事二首》其一,服部南郭《南郭先生文集》初编卷四,第36页。

杜甫在诗中自称"野老""老翁"的例子很多,如《投简咸华两县诸子》中写道"长安苦寒谁独悲？杜陵野老骨欲折……饥卧动即向一旬,敝衣何啻联百结",这里塑造的是一位贫困潦倒、苦寒悲酸的老者;《哀江头》中的"少陵野老吞声哭,春日潜行曲江曲",这里是一位感时伤世、哀恸欲绝的老者;《野老》中的"野老篱边江岸回,柴门不正逐江开",此处是幽居浣花溪畔,闲适自足的老者。但无论是哪一种形象的老者,都或浓或淡的渗透着杜甫内心深处壮志未酬和抑郁孤独的情思意绪,这种萦绕在字里行间中的难以抑制的愁绪,不仅源于杜甫个人身世的不幸,更含有对朝廷命运的担忧。

与此前寄人篱下、颠沛流离的生活相比,杜甫在成都草堂的日子是较为安定的,其心态也尤为闲适,此一时期的诗歌更多地表现了草堂周围清幽静谧的自然风光和优游其中的心理感受。如《绝句二首》:"迟日江山丽,春风花草香。泥融飞燕子,沙暖睡鸳鸯。"杜甫从烦闷痛苦的状态中抽离出来,草堂周围的春风、花草、燕子、鸳鸯成为诗人的审美对象,杜甫惬意自适的心态可见一斑。杜甫出生在奉儒守官之家,儒家积极入世的思想是根深蒂固的,他将"致君尧舜上,再使风俗淳"视为人生的最高理想,所以,其描写村居生活和自然风光的诗作,也隐隐透露着作者愁苦抑郁的情绪。"其寓居草堂,完全是迫于无奈,并不安心在此幽居闲置。虽然浣花溪秀美宁静的自然风光和村居生活的淳厚恬谧,使诗人得到不少慰藉和乐趣,但胸中郁结着的家国身世之感和羁旅牢落的苦闷,却是无法清除的。"①如《野老》:"野老篱边江岸回,柴门不正逐江开。渔人网集澄潭下,估客船随返照来。长路关心悲剑阁,片云何以傍琴台。王师未报收东郡,城阙秋生画角哀。"诗的前四句文笔简淡,出语自然。渔人撒网、估客往来,生动地描绘出真率淳厚的乡野风情和村居生活的清幽闲适,也是诗人远离尘嚣后轻松愉悦之情的流露。后四句转而写对朝廷命运的关注,发出画角声哀、叛乱未平的无限感

---

① 陈子建《杜甫草堂诗平淡自然的风格艺术》,《成都大学学报》(社会科学版)1989年第4期。

慨。儒家悲天悯人的仁爱情怀与强烈的社会责任感在杜甫身上得到集中体现,可见杜甫内心的闲适只是暂时的。

相比于杜甫,服部南郭无意于江户幕府政治斗争,其笔下的"野老"则是一位远离世俗、萧散自适的真正的隐者。如其诗中多写:"稍似野人趣,放歌步出门"①、"世人惭醉态,野老少机心"②,天真自由,意趣超然。南郭尽情地享受着自然风光与村居生活给他带来的惬意自足,与杜甫闲居草堂时所描绘的"野老"意蕴相似。随着老庄思想在日本的广泛传播,南郭思想中的道家因素对丰富其笔下"野老"意象产生了重要的影响,南郭将自己生命与自然万物融为一体,尽情地享徜徉其中的乐趣。在《白贲墅四首》中,南郭的山林情趣得到进一步地展示:

古木疏篱绕草堂,天开地僻爱荒荒。东邻幸假青松色,西岳何来白雪光。春及农人治废圃,主新巢燕定空梁。村醪倾尽忘吾老,鼓缶高歌送夕阳。③

郊云深处静帘前,细雨霏霏春可怜。已老松杉看改色,新栽竹树更生烟。家贫不羡山阴墅,酒薄难招林下贤。头白事闲幽意足,悔同尘俗误芳年。④

诗中以平淡自然的笔触,刻画出一个远离尘世纷扰、在优美的自然环境中感受生命律动的老者形象。

总的来说,从杜诗到南郭诗中的"野老"内涵有同有异,而杜诗中"野老"的意蕴更为丰富。杜甫生活的时代是唐朝由盛转衰的时代,国家处在战乱频仍的动荡之中,"对国家的安危、人民痛苦的深切关注和忧虑也始终是杜甫诗歌贯穿的一条主脉"⑤。在南郭的1500余首汉诗中,几乎没有表现对幕府前途命运关怀与担忧的诗篇,当然,这是不同的社会环境所造成的差异。作为江户时代典型的远离政治的文人,南郭笔下

---

① 《郊行二首·其一》,服部南郭《南郭先生文集》初编卷三,第25页。
② 《郊行》,服部南郭《南郭先生文集》初编卷三,第29页。
③ 《白贲墅四首·其一》,服部南郭《南郭先生文集》四编卷三,第337页。
④ 《白贲墅四首·其三》,服部南郭《南郭先生文集》四编卷三,第337页。
⑤ 张宗福《杜甫寓居草堂心态与草堂诗的生成》,《杜甫研究学刊》2006年第2期。

的"野老"没有继承杜甫诗中忠君爱国的精神品格,而是接受了杜诗中闲淡疏散的侧面,这一意象更接近于杜甫草堂诗中的"野老",同时也增添了庄子式的一份天真洒脱。

四、组诗形式及议论入诗

胡应麟说:"初唐无七言律,五言亦未超然。二体之妙,杜审言实为首倡……少陵继起,百代楷模,有自来矣。"[①]杜甫之前已有七言律诗,其艺术表现与审美价值还没有达到相应的高度。杜甫是第一位大力创作七言律诗的诗人,他的七言律诗在内容与艺术上都进行了大胆地创新与开拓,为后世诗人树立了学习的标杆。正如白敦仁先生在《论简斋学杜》一文中指出:"正是老杜对这一约束性很大的诗体从内容到形式,进行了无比深广的创造性开掘,七律这种诗体才真正成熟起来。"[②]南郭对杜诗的体悟是深刻的,他并不限于对杜诗字词章句的模仿,而是将杜诗酝酿于胸并融入切身的体验,这是南郭学杜的实绩,因而值得重视。以下从两个方面来论述:

首先是杜甫创作了大量的七言律诗,并创造性的将组诗的形式运用到律诗中。丰富的律诗的表现形式与情感表达,这也是杜诗的特色之一。正如胡震亨所言:"少陵七律与诸家异者有五:篇制多,一也;一题数首不尽,二也;好作拗体,三也;诗料无所不入,四也;好自标榜,即以诗入诗,五也,此皆诸家所无。其他作法之变,更难尽数。"[③]杜甫七律曲尽其变,难以一言以尽之。萧涤非先生也有类似的论述,他说杜甫写了151首七律,这数量,超过了他以前初唐和盛唐诗人们所作七律的总和,杜甫还打破了固有的模式,将组诗的形式运用到七律中,名为"连章体"[④],如《秋兴八首》《咏怀古迹五首》《诸将五首》,皆是杜诗中

---

① 胡应麟《诗薮·内篇》,上海古籍出版社,1979年,第67页。
② 白敦仁《论简斋学杜》,《杜甫研究学刊》1993年第3期。
③ 胡震亨《唐音癸签》卷十,《钦定四库全书》本。
④ 萧涤非《杜甫研究》,山东大学出版社,1980年,第131页。

的名篇。

　　杜诗的这一创新为南郭所继承。据笔者统计，南郭的诗作总量1552首，拟古诗101首，五古64首，七古60首，五律342首，五排24首，六律1首，五绝135首，七绝440首，七律385首。笔者经考察认为，七律是南郭用力较深的部分，就诗体而言，也是受杜甫影响最为显著的。南郭的连章组诗很多，除了前面已提到的模仿《秋兴八首》而作的《秋日作八首和岛归德》，还有《镰仓怀古七首》《白贲墅四首》《西庄秋意六首》《游玉笥山六首》《夏日闲居八首》《览芳野宫迹五首》。自汉魏以来，就有一题数首的诗作，但章法结构上比较散漫，内容上也有疏离。杜甫的七律组诗，变化纵横，一气贯注，首尾遥相呼应，其组诗在整体性与和谐性上取得了超越前人的艺术成就，其《秋兴八首》，堪为经典，叶嘉莹先生对此评论道：

　　……《秋兴》八章自一本发为万殊，又复总万殊归于一本……羁使府值秋日而念长安，斯为八诗之骨干，所谓一本者也。而八诗中或以夔府为主而遥念长安，或以长安为主而映带夔府，至于念长安之所感，则小至一身之今昔，大至国家之盛衰，诚所谓百感交集，所怀万端者也。而复于此百感万端之中，或明写，或暗点，处处不忘对夔府秋日之呼应，此岂非万殊一本，一本万殊者乎？

　　……八诗皆以地名为发端，前三章以夔州为主，自第四章以后则转入长安。首章"巫山巫峡"、次章"夔府孤城"、三章"千家山郭"，皆以夔府秋日起兴，遥遥以"故园"、"京华"、"五陵"唤起长安；四句"闻道长安"，为正式转入长安之始，承以上三章，启以下四章，而其感慨亦复由一身而转入朝廷；五章以后，以"蓬莱宫"、"曲江头"、"昆明池"、"镁破"分咏故国平居所思之事，而以五章之"沧江"、六章之"瞿塘"、七章之"关塞"、"江湖"映带夔府，八章总以一"昔"字、一"今"字作长安与夔府之总结。而首章"玉露凋伤"、次章"洲前芦荻"、三章"清秋燕子"、四章"寂寞秋江"、五章"沧江岁晚"、六章"风烟素秋"，皆实写夔府之秋以为感兴,至七章之"波漂露冷",而秋兴反于遥想之长安系出,八章更着一"春"字以为余韵,虚实映带,各极其妙。①

南郭的组诗也具有这样的特征,其《览芳野宫迹五首》②前后照应,意脉相连,一气呵成,诗云:

> 君王驻辇白云隈,自狩南山久不回。大宝虚怀传国玺,黄金徒筑待贤台。
> 非无险地分兵守,转使中原隔贡来。兴复群臣疲庙略,乾坤终尔别难开。
>
> 南朝天子紫宸宫,文物萧条谷响空。谁劝清原回驾策,难成蜀土出师功。
> 溪流不竭悲王泽,地势无兴入国风。纵是先踪频问道,深山唯有葛仙翁。
>
> 薄蚀曾消日月光,耀兵多岁换垂裳。九州画野供龙战,万乘无时附龙翔。
> 帝运百王移谷处,天衷一统诱何方?中朝尚被强臣制,不独南迁远上皇。
>
> 金峰捧日驻朝霞,御越群山入犬牙。只道千年三建阙,何如四海一为家?
> 兰台浑作空王殿,玉树难分上苑花。更问攀髯号泣路,六龙安在五云车?
>
> 楠公慷慨昔登坛,寇望旂头破胆寒。河内拜恩悬日誓,葛城图敌依云看。
> 一身已殉勤王略,三世犹劳复祚难。闉外恃乘豹虎乱,南方岁月委偏安。

芳野宫,是后醍醐天皇迁往吉野时在金轮寺设置的古行宫,南郭因览旧宫迹而百感交集,写下这组怀古诗。1336年,后醍醐天皇③被迫退位,他带着象征皇权的三国器在南方吉野建立新的政权,国家自此一分为二。在与北方政权对立的数十年中,后醍醐天皇励精图治,为收复北朝政权实现一统的群臣披肝沥胆,然而愿望终未实现。首章的"兴复"与五章的"闉外"遥相呼应,意为北朝势力强盛,难以扭转乾坤。"兴复"

---

① 叶嘉莹《杜甫秋兴八首集说》,河北教育出版社,1997年,第32页。
② 《览芳野宫迹五首》,服部南郭《南郭先生文集》四编卷二,第331页。
③ 后醍醐天皇(1288—1339),日本镰仓后期、南北朝时代初期第96代天皇。镰仓政府结束后实施建武新政,由于足利尊氏的反叛而南狩大和吉野,建立南朝政权,1339年逝世,享年52岁。

又照应二章的"谁劝",唤起四章"更问"的感慨与五章对一身勤王的"楠公"的追忆。首章"自狩南山",二章"南朝天子",皆言南方天子;三章为过渡,"薄蚀""中朝",言强臣把持朝政,正是征夷大将军足利尊氏①的反叛才使得国家政权混乱,后醍醐天皇流落南方,"南迁"承上二章,又开启四五二章。国家分裂是迫不得已,统一则是后醍醐天皇的最大心愿,首四章言希望兴复皇权,四海统一,可没有能实现一统大业的忠臣良将,故而五章忆"楠公",也正是北朝内部权力的纷争,才使得"南方岁月委偏安"。南郭继承了杜甫的组诗形式,在这组汉诗里,有历史事件的铺述,有深刻独到的议论,也有沉郁蕴藉的抒情,这种开放式的结构突破了单篇七言律诗在情感表达方面的局限,使其汉诗呈现出一个完整的结构,足见南郭的汉诗功力。

其次是以议论入诗。严羽在评论宋诗时,曾明确地指出宋诗人"以议论为诗",若从诗歌发展的角度来看,以议论入诗在杜甫诗中已见端倪。杜诗中的议论不落窠臼,以浓烈饱满的情感发他人之未发,如组诗《咏怀古迹》其五:

> 诸葛大名垂宇宙,宗臣遗像肃清高。三分割据纡筹策,万古云霄一羽毛。伯仲之间见伊吕,指挥若定失萧曹。运移汉祚终难复,志决身歼军务劳。②

沈德潜说:"《蜀相》《咏怀》《诸将》诸作,纯乎议论。"③诗歌主性情,不主议论,似乎是定论,但也有"带情韵以行"的佳作,《咏怀古迹》即是。该诗咏古迹以抒己怀,前四句称诸葛名垂不朽,后四句惜诸葛大功未成。颔联"三分割据纡筹策,万古云霄一羽毛"是对诸葛亮奇功伟绩及杰出才品的评论,"伯仲之间见伊吕,指挥若定失萧曹"一联更是议论之最高者。刘克庄曰:"卧龙没已千载,而有志世道者,皆以

---

① 足利尊氏(1305—1358),日本室町幕府的第一代征夷大将军。原名足利高氏。建武政权建立后,足利尊氏与后醍醐天皇之间的矛盾加深,建武三年(1336),尊氏率军攻入京都,拥持光明天皇,并受封征夷大将军,建立幕府政权。
② 仇兆鳌《杜诗详注》卷十七,第1506页。
③ 沈德潜《说晬诗语》卷下,《钦定四库全书》本。

三代之佐许之。此诗侪之伊吕伯仲之间，而以萧曹为不足道，此论皆自子美发之。"①语言警策凝练，议论如盐着水，让人浑然不觉。

杜诗中《诸将五首》，可以视为以议论入诗的佳作代表。首章为吐蕃内侵，诸将不能御敌，借汉为比，由现实引入历史，"多少材官守泾渭，将军且莫破愁颜"；其二为回纥入境，责诸将不能为君主分忧，"独使至尊忧社稷，诸君何以答生平"；其三责诸将不行屯田，致民于危困之中，"朝廷衮职谁争补？天下军储不自供给"；其四为负赋不修，责诸将不尽抚绥之道，"越裳翡翠无消息，南海明珠久寂寥。殊锡曾为大司马，总戎皆插侍中貂"；其五言镇蜀失守，而思严武之将略，以"西蜀地形天下险，安危须仗出群才"②作为议论的终结。关注现实，抨击时弊一直是杜诗的重要内容，他将个人命运、现实政治与历史感慨完美地熔铸在诗歌中，使人产生强烈的共鸣，密集的意象、真挚的情感、严谨的章法、博大的襟怀、精深的议论，是这组七律具有强大生命力的缘由。郝敬在评论此组诗时说："此以诗当纪传，议论时事，非吟风弄月，登临游览，可任性漫作也。必有子美忧时之真心，又有其识学笔力，乃能斟酌裁补，合度如律。其各章纵横开合，宛是一篇奏议，一篇训诰，与三百篇并存可也。"③陆时雍曰："《诸将》数首，皆以议论行诗。"④杜诗中的议论，不是千篇一律的理论和空洞乏味的说教，也不同于史学家笔下的客观事实再现，而是融入了个人对于事件的情感与态度，是其学识笔力和忧时真心的体现，因此千载之下，犹有生气。

南郭也将议论运用到七律之中，仍以上述提到的《览芳野宫迹五首》为例。这组汉诗，是围绕着同一个历史主题来写的，五首汉诗以议论为叙事，形式整饬、语言精练、情感饱满，将对历史的追溯与自身的见解有机地结合在一起，具有历史的沧桑感。首章总览全篇，言国家策

---

① 仇兆鳌《杜诗详注》卷十六，第1507页。
② 诗句引自《诸将五首》，仇兆鳌《杜诗详注》卷十六，第1370页。
③ 仇兆鳌《杜诗详注》卷十六，第1371页。
④ 仇兆鳌《杜诗详注》卷十六，第1372页。

略不当,致使天皇南迁,国家分裂,"非无险地分兵守,转使中原隔贡来";其二言天子居南,却无人能献兴复良策,"谁劝清原回驾策,难成蜀土出师功";其三为北朝的强臣专权,皇权衰落,"中朝尚被强臣制,不独南迁远上皇";其四言南北对峙,天下未能一统,"只道千年三建阙,何如四海一为家",国家的统一离不开智勇的武将,故而生发出"更问攀髯号泣路,六龙安在五云车"的感慨,字里行间中蕴含着无限悲凉;其五忆楠公勤王之艰辛,而思可完成兴王事业的将才。楠木正成(1294—1336),是镰仓幕府末期南北朝著名的武将,有武神之称,他在推翻镰仓幕府、中兴皇权中起到了重要的作用,建武三年(1336),叛军足利尊氏卷土重来,楠木正成兵败于兵库一带,在许下"七生报国"的誓言后自杀,享年43岁。楠木正成的一生,以勤王为己任,殚精竭虑,鞠躬尽瘁,死而后已,被尊称为"日本的诸葛亮"。"河内"一联,是楠木正成以功任河内国守以及河内、摄津、和泉三国守护之职,是对他武略与忠君思想的评价;"一身"言楠木正成以身殉国的大义,"三世"言其匡扶社稷的雄心,但时势艰难,有志难为,楠木正成轰轰烈烈的一生都浓缩在这十四字的议论之中。

此外,南郭《镰仓怀古七首》也是以议论出之的佳作,诗云:

阖国相山碧海通,披图感慨古今同。萧墙两阋人为虎,鸡夜三司牝作雄。社稷频移盟主地,坛场无恙应神宫。营丘原自称侯伯,谁料终归田氏功。①

镰仓幕府(1185—1333)是由源赖朝②建立的。其弟源义经③骁勇善战,为幕府的建立立下了汗马功劳,但源义经的巨大声望也埋下他被猜忌的种子,最终兄弟二人反目成仇,"萧墙"一联,是南郭对源氏江

---

① 《镰仓怀古七首》,服部南郭《南郭先生文集》二编卷四,第132页。
② 源赖朝(1147—1199),出生于尾张国热田(现爱知县名古屋市),日本平安时代末期至镰仓时代著名武将、政治家。镰仓幕府首任征夷大将军,也是日本幕府制度的建立者。
③ 源义经(1159—1189),日本传奇英雄,平安时代末期的名将。出身于河内源氏的武士,家系乃清和源氏其中一支,河内源氏的栋梁源赖信的后代。

山最后落入他人之手的看法。镰仓作为古战场,见证了一个个朝代的兴盛与灭亡,1333年,各地武士起义和大将足利尊氏倒戈,迅速地削弱了幕府的实力,随着新田义贞攻占镰仓,也就宣告着源氏本家三代断嗣,镰仓幕府灭亡。"营丘"一联,可见世事无常,祸福难料,令人唏嘘。

五、南郭学杜的原因探讨

受明代李攀龙、王世贞尊唐复古思潮的影响,江户时期的日本诗坛掀起了追崇唐诗的热潮。"延至元禄、享保,作者林立,就中木门、萱园之徒最盛,人人口开天而不舍,羞用唐以后事。"①当萱园诗派风靡海内时,江户诗坛的诗风也逐渐由沿袭宋调转向标举唐音。在此背景下,尊崇唐诗的《唐诗选》取代了近世前期最受读者欢迎的《三体诗》的权威地位,成为流传最广、影响最大的本子。《唐诗选》冒名李攀龙选编,共七卷,收录诗歌共计465首,其中杜甫52首,选诗数量之多位居所收唐代诗人之首。此外李白33首,王维31首,王昌龄27首,初唐沈佺期、宋之问等人录有数首,中唐韩愈仅录一首,晚唐的杜牧无一首收录。从整部书的收录情况来看,充分体现了选编者宗初、盛唐的诗学倾向及审美意趣,显然南郭诗接受这一基本立场的。南郭在《唐诗选附言》中写道:"近体诗尽于唐,尽也者,尽善之谓,而莫善于沧溟选。……人或谓沧溟选过刻,然予谓后世诸家纷然,邪路旁径,往往蓁塞,初学进步一左,蹶然陷大泽。故取路之法明为之标,而后不容田夫欺。……故学诗先择其善者而从之,不必取其亿。准绳一立,离明输工,无施不可。沧溟之刻,安知非严师友哉。"②在这里南郭认为李攀龙选诗精严,为后世提供了唐诗的学习典范与入门之径。在徂徕蘐园学派的大力倡导下,服部南郭重新考订了李攀龙编选的《唐诗选》,这一重要举措对南郭学习杜甫起到了关键的作用。同时南郭又编写了通俗的注

---

① 马歌东《日本诗话二十种》(下卷),暨南大学出版社,2014年,第104页。
② 服部南郭《唐诗选附言》,载久保天随《唐诗选新释》第一册,博文馆,1908年,第167—168页。

释书《唐诗选国字解》，因此作为初学者精进汉诗技艺榜样的杜甫，进入南郭的视野，并成为他终身效仿的高山仰止。

南郭对杜甫诗的学习仿效，与明人风气尤其是李、王对杜甫的推崇有很大的关系。南郭在《唐诗选附言》中还写道：

初学熟沧溟选，乃后稍稍就诸家读焉，则左右取之，无不逢其原。诸家则《沧浪诗话》、《品汇》、《正声》、弇州《卮言》、元瑞《诗薮》，此其杰然者，亦不可不读焉。蒋氏所注二三评语，诸家已具，读之可，不读亦可。①

在上述表述中，南郭强调了研习明代诗学著作的重要意义。荻生徂徕在给入江若水的书信中同样有类似的交代：

夫盛唐主格，中唐主情，晚唐主意，古人曰在可解不可解之间，可见情意两者非最上乘焉。吾东方学者，以和训读华书，故其病多得意而不得语。……虽然，足下或能以《沧浪诗话》、廷礼《品汇》、于鳞《诗删》、弇州《卮言》、元瑞《诗薮》，朝夕把玩，诗亦在阿堵中。②

都在强调日本人要想写出上乘汉诗，就须仿效盛唐主格，写出如盛唐格调诗，其诗学主张自然就趋同明七子。明代"宗唐派"代表人物有"前后七子"、胡应麟等人。"后七子"的领袖人物王世贞对杜甫更是赞赏有加："五言律、七言歌行，子美神矣。"又说："七言律不难中二联，难在发端及结句耳。发端，盛唐人无不佳者。结颇有之，然亦无转入他调及收顿不住之病。篇法有起有束缚，有放有敛，有唤有应，大抵一开则一阖，一扬则一抑，一象则一意，无偏用者。句法有直下者，有倒插者，倒插最难，非老杜不能也。"③强调杜甫在结撰全篇和句法上的功力，

---

① 服部南郭《唐诗选附言》，载久保天随《唐诗选新释》第一册，第168页。
② 《与入江若水》，荻生徂徕《徂徕集》卷二十六，载富士川英郎、松下忠、佐野正巳编《诗集日本汉诗》第三卷，第273页。
③ 王世贞著，陆洁栋、周明初批注《艺苑卮言》，凤凰出版社，2009年，第12页。

达到了其他诗人难以企及的地步。再如："青莲古乐府，以己才己意发之，尚沿六朝旧习，不如少陵以时事创新题也。"① 李白性情豪放，意到笔随，顷刻间便能成诗，但是他的古乐府仍然属于六朝余绪，在以时事创新题这一点上，李白不如杜甫，可见其扬杜抑李的倾向。

李攀龙更是以学杜而著称。② 王世贞在《艺苑卮言》中将李攀龙与杜甫并称，"古惟子美，今或于鳞"③，将李攀龙抬高至与杜甫并肩的地位，显然是过誉了，但此处意在强调两人在诗歌创作上的源流关系，从而为复古派营造声势。李攀龙在《选唐诗序》中说："七言古诗，唯子美不失初唐气格而纵横有之，太白纵横，往往强弩之末。间杂长语，英雄欺人耳。"④ 掌握江户文坛话语权的荻生徂徕，四十岁时"得王、李二家书以读之，始识有古文辞"⑤，然后才有其主导的江户"古文辞派"。受徂徕的影响，其门人弟子对明代李、王的推崇更是趋之若鹜。如服部南郭就认为李攀龙的诗文作品是"拔天下之萃，极古今之高"，其诗学主张也深刻影响到了南郭的诗论。

关于杜甫在江户时代的地位和杜诗的广泛的影响，今人祁晓明有言："江户时代的前期、中期、后期，诗坛对杜甫的尊崇持续了300年，日本诗论、诗话中对杜诗的评价均超过李白，其独尊的地位从未动摇过。"⑥ 在这样的时代风气下，对于以盛唐诗为典范的服部南郭来说，荟萃前人、滥觞后世"集大成"的杜甫，无疑是其终身效仿的诗家典范。

---

① 王世贞著，陆洁栋、周明初批注《艺苑卮言》，第56页。
② 参见胡应麟《诗薮》所论，"国朝惟仲默、于鳞、明卿、元美，妙得其法，皆取材盛唐，极变老杜"，"于鳞七言律，所以能奔走一代者，实源流早朝、秋兴、李颀、祖咏等诗。大率句法得之老杜，篇法得之李颀"。还有王世懋《艺圃撷余》所言"子美之后，能为其言而真足追配者，献吉、于鳞两家耳。以五言言之，献吉以气合，于鳞以趣合"云云。
③ 王世贞著，陆洁栋、周明初批注《艺苑卮言》，第12页。
④ 李攀龙《选唐诗序》，载久保天随《唐诗选新释》第一册，第156页。
⑤ 《辨道》，荻生徂徕《徂徕集》卷十六，载富士川英郎、松下忠、佐野正巳编《诗集日本汉诗》第三卷，第178页。
⑥ 祁晓明《杜甫在江户诗坛的地位——兼与张伯伟先生商榷》，《玉溪师范学院学报》2016年第3期。

秉承严沧浪以来"入门须正，立志须高"的诗学志向，南郭将杜诗视为汉诗创作的至高典范，这与江户时期尊杜的风气的逐步加强直接相关，同时也是南郭在其中推波助澜，追求卓越汉诗的重要体现。服部南郭在化用杜诗诗语、沿袭杜诗构思立意的同时，将重点落到杜诗连章造句的艺术手法上，比如运用连章体的组诗形式扩充汉诗的日本化内容，强化本土因素及心情的表达，也尝试将议论运用到律诗表现中，因而在江户乃至于日本汉诗史上留下了灿烂的华彩乐章。

关于岳飞"文艺"在日本演变的初步调查[*]

松浦智子

(神奈川大学外国语学部中国语学科)

一、绪言

明代中后期,随着出版文化的勃兴,此前鲜少被书写的基层故事得以文艺作品的形式大量刊行。这当中,多有"水浒传""杨家将""岳飞"故事等以宋代历史事迹为题材的一系列"宋代型文艺"。

所谓"宋代型文艺",即以"宋代的英雄豪杰为主角,高举'忠义·忠国'的思想,在内忧外患中战斗"为共同主题的作品。以本稿的考察对象——岳飞文艺——为例,在《大宋中兴通俗演义》(《大宋中兴》)、《岳武穆精忠传》(《精忠传》)、《岳武穆尽忠报国传》(《报国传》)等小说里描写的"尽忠报国的武将岳飞,即便在与金的战斗中取胜从而实现了南宋中兴,却仍被秦桧谋杀"的情节正是符合"宋代型文艺"的典型。

另一方面,在"宋代型文艺"诸作品涌现的明代中后期,也是"北虏""南倭"等外患屡侵、政治斗争激烈、民变内忧频传的艰困时代。正是在这一时期,诸如主张宋代正统性的刘剡编《少微家塾点校附音通鉴节要续编》(《节要续编》,宣德四年[1429]成书)和商辂等奉敕撰《续资治通鉴纲目》(《续纲目》,成化十二年[1472]成书)等强烈反

---

[*] 本文日语版载《人文研究》2021年第203号。

映朱熹"正统论"衍伸之"正统观念"的史书接连问世。① 如先行研究所述,熊大木参与编辑的岳飞小说《大宋中兴》和杨家将小说《北宋志传》挪用了这些史书的部分内容。②

如此来看,明代中后期出现的"宋代型文艺",以源自当时社会情况的对外观念为基础,建构出了力战内忧外患的宋代武将之形象③。

如若把分析视角聚焦于岳飞通俗文艺之上,有一部书籍更可印证此事。那就是辑录了岳飞传记、诗文的《会纂宋鄂武穆王精忠录》(《精忠录》)。《精忠录》是以1449年英宗被"北虏"也先军俘虏的土木之变为契机作成,书内反映了明朝当时的对外观念。而岳飞通俗文艺《大宋中兴》有挪用《精忠录》绘画和内容的痕迹,并留存有名为《会纂宋鄂武穆王精忠录后集》(《精忠录后集》)的附录。加之,《大宋中兴》为后出的《精忠传》《报国传》等岳飞小说底本。④ 由此可见,岳飞通俗文艺是以与明代当时受"北虏"侵扰这一史实联动之下编撰的多部书籍,为一个重要的渊源而成立的。

岳飞在这一文脉中被描绘成了"忠义武将"的形象,对于同样面对

---

① 参见中砂明德《通鉴一族の繁衍》,载氏著《江南——中国文雅の源流》,讲谈社,2002年,第97—130页。
② 高津孝《按鉴考》,《鹿大史学》1991年第39期;上田望《講史小説と歴史書(3)『北宋志伝』『楊家将演義』の成書過程と構造》,《金泽大学中国语学中国文学教室纪要》1999年第3期;上田望《講史小説と歴史書(4)英雄物語から歴史演義へ》,《金泽大学中国语学中国文学教室纪要》2000年第4期。
③ 笠井直美《〈われわれ〉の境界——岳飛故事の通俗文藝の言説における國家と民族》上,《言语文化论集》2002年第23卷第2号;笠井直美《〈われわれ〉の境界——岳飛故事の通俗文藝の言説における國家と民族》下,《言语文化论集》2002年第24卷第1号。二文详细论述岳飞通俗文艺和"国家""民族"观念的关系。
④ 关于《大宋中兴》和《精忠录》《精忠录后集》的关系,参照石昌渝《朝鲜古铜活字本〈精忠录〉与嘉靖本〈大宋中兴通俗演义〉》,《东北アジア研究》1998年第2期;大塚秀高《歴史演義小説の図像の淵源》,《埼玉大学纪要》(教养学部)2012年第47卷第2号;涂秀虹《前言》,载氏著《精忠录》,上海古籍出版社,2014年,第1—19页;松浦智子《明代内府で受容された宋の武人の絵物語——とくに岳飛の物語から》,《宋代史研究会报告集(11)宋代史料への回帰と展開》,汲古书院,2019年,第147—188页。

内忧外患难题的明代中后期民众来说，这十分符合他们的心境。那么我们可以指出，在明代中后期"宋代型文艺"频出的背后，除了出版文化勃兴的这一重要原因，还存在着故事主题和时代潮流交互作用的因素。

二、江户时期的岳飞"文艺"

（一）江户初期·中期的岳飞"文艺"

文艺在本身具有的主题性和时代潮流的相关性里，逐渐改变自身形象的事例，正可见于日本接受和演化岳飞"文艺"的过程中。

日本开始接受和演化岳飞"文艺"的基础，来自于上述《大宋中兴》为首的通俗文艺，以《续纲目》等通鉴体为首的史书，以及明代后期编纂的《精忠录》等岳飞的传记资料和诗文集。这些汉籍多数于江户时代传入日本，并且岳飞与他的相关事迹，最先流传于儒者、大夫、士人等能接触汉籍、理解汉籍的识字阶层。

例如，江户初期的儒者林罗山（1583—1657）崇奉朱子学，奠定了幕府教学的基础。他曾以《岳飞》为题作画赞二首。其一，正保二年十二月（1645年1月），罗山在《三十六武将图中四人》[①]里称颂岳飞，"武穆战功立，精忠谁敢及。阃外属将军，长恨金牌急"。而后，正保三年（1646）九月，在《三十六将图中十二人》[②]里，他又如此赞颂岳飞："中原恢复一生涯，只恨奸臣和议邪。马上胡儿相戏虎，我军倚赖岳爷爷。"罗山在两首画赞中提到的有关岳飞的知识，源自于他手中及周边所藏的汉籍史书[③]。

---

① 林罗山《罗山林先生诗集》卷六九，载氏著《罗山林先生文集》，荒川宗长，宽文二年（1662）。另外，题目下面有如下注释："吏部大卿源忠次（榊原忠次）屏风，正保二年十二月，应其求作之赞。然此时有病故，仅赞左右始末，其馀三十二将，使恕靖作之。"
② 《罗山林先生文集》卷六九。另外，题目下面有如下注释："春斋家所藏屏风。正保三年九月作之赞。其馀二十二将，使春斋函三作之。"
③ 关于罗山的读书情况，参看《罗山先生诗集》附录卷一《年谱》（上）等。

再者，罗山的第二首画赞题于他的儿子林鹅峰（别号为春斋，1618—1680）收藏的《三十六将图》上。林鹅峰以编撰《本朝通鉴》而闻名，他还收藏了明代万历余氏三台馆本的岳飞通俗小说《大宋中兴》。由这一系列现象可见，其一，对当时的日本儒者来说，以历史为题材的通俗文艺与史书相类，也是重要的"汉籍"①；其二，依据这些"汉籍"叙述的历史，他们进而以绘画和汉诗等形式的文艺进行再创作。

此后，至江户中期，随着接触儒学等学问的阶层逐渐扩展，能够理解汉籍的识字阶层也逐步增加。在此背景下，在先奉朱子学后转至古文辞学的荻生徂徕（1666—1728）的门下（蘐园学派），出现了一位"翻译"《大宋中兴》的入江若水（1671—1729）②。当时，蘐园学派主张不依靠先学的注释来解读古文原义，为了理解古文热心地推动学习唐话（学习中文）。入江若水虽是酿酒商人，却能"翻译"混杂着明代白话的通俗文艺，其原因之一是与当时学习唐话的热潮有关。③但他在"翻译"的同时，也将唐代小说等其他文艺的情节穿插进"翻译"中，借此提高作品的娱乐性。④这种"翻译"方式，也见于元禄到享保年间里出现的一系列中国历史小说——通俗军谈⑤——的"翻译"作品中。

① 《罗山先生诗集》附录卷一的罗山读书目录里有如"史记、汉书、后汉书、荀悦汉纪、袁宏后汉书、吴越春秋、通俗三国志演义、唐鉴、通鉴纲目、十八史略"记载，在此《通俗三国志演义》和史书被并列记载一事也表示此事。
② 关于入江若水的经历，见日野龙夫《入江若水传资料》，载大谷笃藏编《近世大阪艺文丛谈》，大阪艺文会，1973年，第155—212页。此外，若水在江户拜荻生徂徕为师之前，在京都从鸟山芝轩学习汉诗。
③ 但是，入江若水在《通俗两国志》"翻译"之前的宝永二年（1705），对大阪池田的大夫清地以立翻译的《通俗列国志》寄送了序文。另外，《水浒传》的译解本《通俗忠义水浒传》以担任蘐园学派唐话学习讲师的冈岛冠山的名义被出版，这一事实明示了中国通俗小说的日文翻译和唐话研究之间的相关性。关于这些论点，参照石崎又造《近世日本に於ける支那俗語文学史》，清水弘文堂书房，1967年；中村绫《日本近世白话小說受容の研究》，汲古书院，2011年等。
④ 根据德田武编《解说》，载氏编《新刊大宋中兴通俗演义》，ゆまに书房，1983年，第305—312页。
⑤ 关于通俗军谈研究，参照中村幸彦《通俗物雑談：近世翻訳小說について》，《关西大学东西学术研究所纪要》1982年第15号；德田武《日本近世小說と中国小說》，青裳

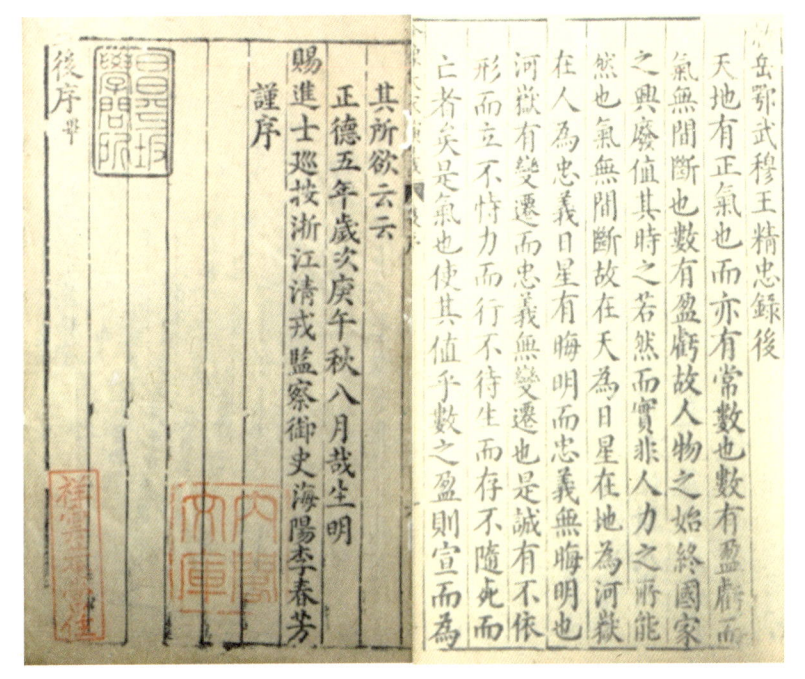

>> 图1 《大宋中兴》卷十附《精忠录后集》,李春芳序,日本国立公文书馆内阁文库藏本

如此,入江若水将自己的《大宋中兴》"翻译本"题为《通俗两国志》,于享保六年(1721)由京都一家书肆出版。在此要注意的是,若水刊行《通俗两国志》时,删除了《大宋中兴》熊大木的序文,取而代之的是将《大宋中兴》附录《精忠录后集》收录的李春芳《重刊〈精忠录〉后序》(图1)作为序文附在《通俗两国志》之前(图2)[①]。由此可见,入江若水认为《精忠录》是《大宋中兴》的一部分,且《精忠录》序文含有明代中后期"北虏"外压背景下产生的对外观念,更适合作为岳飞"文艺"的开头。

(二)江户后期·幕末维新期的岳飞"文艺"

随着带有这种文脉的岳飞小说"翻译"的出现,进入江户后期,岳

(接上页)堂书店,1987年;德田武编《对译中国历史小说选》,ゆまに书房,1983年等。
① 此外,《通俗两国志》的开头也有林罗山的"武穆战功立……"诗。

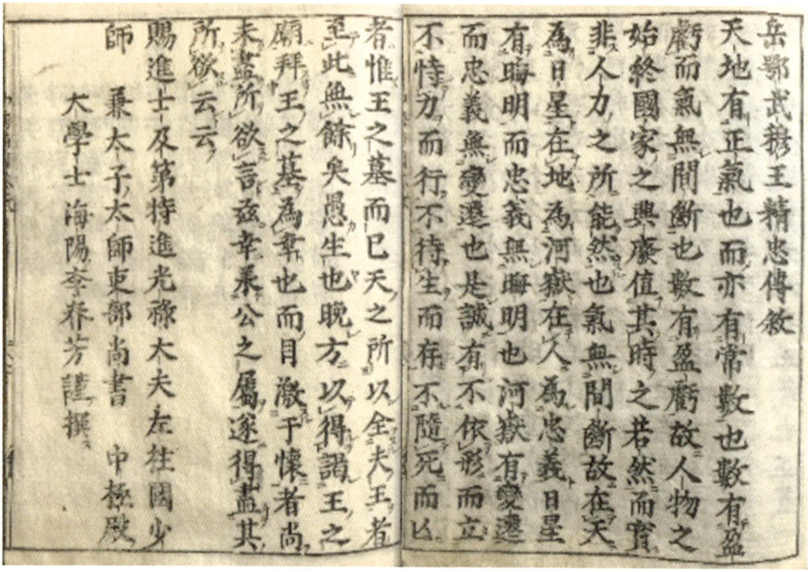

岳鄂武穆王精忠傳敍
天地有正氣也而亦有常數也數有盈虧而氣無間斷也數有盈虧故人物之始終國家之興廢值其時之若然而實非人力之所能然也氣無間斷故在天爲日星在地爲河嶽在人爲忠義日星有晦明而忠義無晦明也河嶽有變遷而忠義無變遷也是誠有不依形而立不恃力而行不待生而存不隨死而亡者惟王之墓而已天之所以全夫王者至此無餘矣愚生也晚方以得謁王之廟拜王之墓爲榮也而目激于懐者尚未盡所欲言兹幸承公之屬遂得盡其所欲云云
賜進士及第特進光祿大夫左柱國少師兼太子太師吏部尚書中極殿大學士海陽李春芳謹撰

>>图2　入江若水《通俗两国志》，李春芳序，松浦个人藏本

飞“文艺”与大义名分论、“正统”意识以及对历史叙述的兴趣等方面的关联性，更加扩大了其传播与普及。

例如，赖山阳（1781—1832）因其撰述了倡导“尊王”思想的《日本外史》，且对水户学派及幕末志士产生了影响而为人所知。宽政九年（1797），此时尚在江户昌平黉学习朱子学的赖山阳曾作诗称赞岳飞的智谋，在《武将赞三十首》之《岳飞》中，他这样写道：“运用之妙，存于一心。惟此两言，超出古今。”（《赖山阳诗集》卷九）其中两句出自《宋史·岳飞传》[①]。此外，文化十一年（1814），他在画赞《岳飞》里，如“唾手燕云志已空，两河百郡虏尘重。西湖赢得坟三尺，留与游人认宋封”，慨叹即将收复华北之地前被谋杀的岳飞的冤气。

赖山阳对岳飞的认识可以认为源自于他对历史和历史叙述的兴趣，同时他对历史叙述的态度也是值得注意的。这是因为赖山阳撰写《日本

---

① 《宋史·岳飞传》：“阵而后战，兵法之常，运用之妙，存乎一心。”

外史》时，重视历史叙述的戏剧性及真实感，因而参考了历史通俗文艺的军记故事[①]。从他的著述态度里，可以看出历史通俗文艺和历史叙述的连续性。这种连续性也能够在他对中国历史的兴趣中看到，比如在《三国志演义序》(《赖山阳文集》《外集》)和《咏三国人物十二绝句》(《赖山阳诗集》卷十八)等作品中。

另外，还有一点值得注意的是，赖山阳的历史叙述是以容易理解与朗诵的汉诗、汉文等方式创作的。例如，他撰写的《日本外史》，因采用"适于背诵，即适合于人之呼吸节奏的雄辩风格"[②]的汉文而易于普及全国，并且对幕末尊王运动产生了很大影响。由此可见，赖山阳的历史叙述是在重视带有戏剧性、朗诵性的汉诗文文脉中展开的，而这种叙述方式具有使作者和接受者双方精神昂扬的功能。在此意义上，赖山阳的历史叙述方式很符合岳飞"文艺""忠义·忠国"的主题性。赖山阳的《岳飞》诗也产生于这种历史叙述的文脉中。

以戏剧性的表现手法有节奏地叙述"忠义·忠国"主题的历史文艺，可以说很符合当时正在走向动乱的时势。仿佛印证此事般，到了幕末·明治维新的动乱时期，崇尚水户学和尊王思想的人们，以朗诵起来情绪高昂的汉诗形式积极地创作发扬岳飞"文艺"。

例如，安政大狱被处刑的幕末志士桥本左内（1834—1859）是赖山阳《日本外史》的热心读者，并且"追慕宋岳飞而自号为景岳"[③]。因为

[①] 德富苏峰（1863—1957）在他的著作《赖山阳》（民友社，1926年）第十六《日本外史论》中指出，《日本外史》具有与《八犬传》和《水浒传》等小说类似的娱乐性，而讲述"治乱兴废を、剧作家の眼光を以て之を観、剧作家の笔を挥うて之を描き出したものだ"。实际上，赖山阳为了给《日本外史》叙述赋予戏剧性，采取如改变战争时间和军兵数量等类似于小说家的手法。关于《日本外史》和历史叙述之关联，参照中村真一郎，《赖山阳とその时代》上下，中央公论社，1971年；斋藤希史，《汉文脉と近代日本》"第一章汉文の読み书きはなぜ広まったのか——《日本外史》と训読の声"，角川ソフィア文库，2014年，第45—86页等。
[②] 中村真一郎《山阳の学芸》，载氏著《赖山阳とその时代》，第546页。
[③] 景岳会编《桥本景岳先生年谱》，载桥本景岳《桥本景岳全集》，东京大学出版会，1977年，第2页。

对岳飞的兴趣，左内对岳飞的诗文多有涉猎①，自己也创作以岳飞为题材的汉诗。在安政五年（1858）的作品《书怀》第二首（《景岳诗文集》第一）里，左内咏叹道："宝刀传祚武功巍，北虏东夷王化归。一自埠关宽锁钥，遂伻廷议误枢机。相臣翻恨无秦桧，都督宁论不岳飞。御侮折冲今日是，孰航西海耀皇威。"他以诗中描写的主和派秦桧和主战派岳飞，表达自己对围绕日美修好通商条约的幕府"失策"的不满。又如，安政五年十月以后，左内被关押在越前藩邸内时的作品《偶咏五首》之第四首、第五首里，如"淮阴尝坐法，武穆亦将刑。危矣二公命，风灯照面青"。"莫须有岳成，不说坏长城。独有皇天谅，燕云尚系情"（《景岳诗文集》第二）。他以自身拟为被处刑的"功臣"韩信、檀道济以及岳飞，感慨自己被囚禁的现状。作此诗的第二年，左内于江户传马牢里被处刑。

　　同样在安政大狱被处刑的勤王家吉田松阴（1830—1859）也是《日本外史》的忠实读者，并且在安政六年（1859）三月五日创作了题为《韩世忠岳飞》的汉诗。当时被囚禁在长州野山狱里的松阴，作诗一首："秦桧当国难与争，杜门谢客不言兵。尽忠报国赫赫名，此人不死和不成。韩岳忠武难弟兄，千岁吾尤悲鹏卿。"（《己未文稿》）松阴将因"尽忠报国"而驰名的岳飞被谋杀的事，投射到自己的处境之上，借此抒发自己的慷慨之气。松阴作此诗半年以后，也与左内同样于江户传马牢里被处刑。

　　与桥本左内、吉田松阴均相识的西乡隆盛（1828—1877）在"明治六年（1873）政变"发生后不久创作了《辞阙》，诗文如下："独不适时情，岂听欢笑声。雪羞论战略，忘义唱和平。秦桧多遗类，武公难再生。正邪今那定，后世必知清。"（《西乡隆盛全集·汉诗》）他将自己比拟为岳飞，感叹因为内治优先的大久保利通等人的反对，使得自己无法实现被派往朝鲜的经过。西乡在四年之后，于西南战争里自刃而亡。

---

① 参照桥本景岳《桥本景岳全集》"第十杂记抄录类"，第1379—1406页。

另外，投身尊王攘夷运动并在倒幕后成为西乡隆盛僚友的副岛种臣（1828—1905）也创作了多首关于岳飞的汉诗。尤其是他在逗留清国之际（1876—1878），拜访西湖畔岳飞庙而创作的《岳武穆墓》诗，如"呜呼岳公何早死，若不早死国之祉。中原可复敌可歼，王室岂至咏如毁。奸人误国古来同，忠而得死不独公。唯公之死尤惨怛，唯公之忠尤大忠。帝鉴孔章灵在天，墓木南向悲偶然。鼓厉天下忠义气，后贤宜须则前贤。千载之下钦高义，自东海来表敬意。维时十月天如拭，湖山呈送清明色"①。副岛以易懂的汉语歌颂岳飞之"忠"。此后，这首诗成为作诗的教材，也在一定程度上影响了岳飞"文艺"的演化。副岛还创作了《观岳飞书》等作品。

如前所述，在幕末·明治维新的动乱期里，诸多汉诗以"忠义·忠国"的岳飞为咏叹对象，通过具备朗诵性、戏剧性的表现方式，陆续被创作出来。其中，我们应该关注的是，桥本左内、吉田松阴、西乡隆盛在走向死刑、自刃等象征动乱时期的人生的最后历程，为了抒情地表明自己的主张，利用了岳飞"文艺"这一点。

另一方面，幕末·明治维新时期，仿佛与岳飞诗的频出保持同步一般，岳飞的相关传记资料集接连问世，并且广泛流传。例如，嘉永四年（1851），《岳飞本传》一册由江户书肆尚友堂刊行，该书收录了《宋史·岳飞传》以及其他杂志上岳飞的相关文章。文久三年（1863），明末单恂编《岳忠武王集》（《岳忠武》）一册的和刻本由江户书肆玉岩堂和泉屋金右卫门刊行。这两部书均收藏于昌平黉等学问所②，上述的幕末志士看到的可能性很高。

幕末志士与这些岳飞传记资料集的关联性，可见于《岳忠武》的刊行背景中。在《岳忠武》的开头附上了水户藩江户诘（在江户执勤）藩士·寺门谨（政次郎）的序文，赖山阳"运用之妙……"诗，以及岳飞的图像。其中，作序的寺门谨是影响了幕末志士的江户后期水户学派代

---

① 副岛种臣《苍海全集》卷一，副岛道正，1917年，第10A—10B页。
② 例如，国立公文书馆内阁文库藏本均是昌平黉的旧藏本。

表人物会泽正志斋（1782—1863）的侄儿。① 会泽正志斋与刊行《岳忠武》的江户书肆玉岩堂和泉屋金右卫门（太田金右卫门）② 有着亲密的关系。文久元年（1861），他将记录其老师藤田幽谷（1774—1826）言行的《及门遗范》交由玉岩堂刊行，也有将自己著述集日后交由玉岩堂付梓的计划（但此计划因会泽正志斋之死没能实现）。此外，自文久元年至文久二年（1862），在会泽正志斋与寺门谨的往来书简中，谈到与和泉屋金右卫门交流时，多次出现"岳文跋""岳序""岳序之事""岳文序"等文字。③ 由此可见，在会泽正志斋死后，寺门谨继承其意向，将《岳忠武》交由与水户学派有着密切关系的玉岩堂刊行出版。

诞生于与幕末志士密切交流中的《岳忠武》，如前所述，书前附有赖山阳"运用之妙……"诗和寺门谨的序。由此看来，当时，岳飞"文艺"的推广与具备朗诵性、戏剧性的汉诗的普及是同步进行的。也就是说，幕末·维新时期，岳飞"文艺"因获得并固定了使作者和读者双方精神昂扬的叙述·文艺方式，其"忠义·忠国"的主题性更加"纯化"，在动乱时代的潮流中增加了自己出现的机会。

三、近代日本与岳飞"文艺"

概括至此的演变可知，与江户初期的岳飞"文艺"相比，从江户后期到幕末·明治维新动乱时期，岳飞"文艺"出现了内容和数量上的变

---

① 关于寺门谨，参照饭冢一幸《解题》，载会泽正志斋《会泽正志斋书简集》，思文阁出版，2016年，第303—313页。
② 关于江户末期书肆玉岩堂和泉屋金右卫门即太田金右卫门，除了服部清道在《江户の书肆和泉屋金右卫门》（《风俗》1967年第6卷第3号）中有详细的考证，还可参考奈良胜司《会沢正志斎の政治思想と著作出版事情》，载会泽正志斋《会泽正志斋书简集》，第314—327页。另外，服部氏和奈良氏在论文中没有指出的是，明治维新之后，金右卫门关闭书肆改做邮政事业的承包人，借着这一层关系，他受邮政之父前岛密的托付，明治五年（1872）起负责《邮便报知新闻》之发刊。此《邮便报知新闻》就是现在仍在发行的《报知新闻》的前身。在考察幕末·明治初期的书肆和文艺出版与近代报纸媒体的关联性时，此事是不容忽视的。
③ 参照会泽正志斋《会泽正志斋书简集》，第210—222页。

化。尤其是在幕末·明治维新时期里屡屡出现的岳飞"文艺",更强调了岳飞"主战派""尽忠报国""忠义"的侧面。这个现象与面对"内忧外患"的明代中后期出现众多反映当时对外观念的岳飞"文艺"的情况相似。

然而,尽管从江户后期到幕末·明治维新,岳飞"文艺"得到了相对的普及,但是其接受、传播的范围依然以能够理解汉籍、汉文、汉诗的高级识字阶层为中心。进入明治时代后,在新国家形成的过程中,天皇之下的国内统一、富国强兵、臣民教化等方针备受重视,加上近代的学校教育,使得岳飞"文艺"的受众范围一下扩大。

鉴于此,本稿以下将以国立国会图书馆所藏相关资料的调查为线索,分析明治以后岳飞"文艺"的质量与数量变化、扩大接受和制作范围的过程。

(一)学校教材里的岳飞

以所谓"富国强兵"为目标设计出来的近代学校教育对明治以后的岳飞"文艺"产生了很大影响。

日本近代学校教育始于明治五年公布的学制,而决定其整体方向性的却是在明治十二年(1879)侍讲元田永孚(1818—1891)受天皇命令起草的《教学圣旨》[1]。《教学圣旨》在明治二十三年(1890)结为《教育敕语》,明确了日本近代学校教育趋向于"仁义忠孝"等儒教式德育主义,即臣民教育的方向。

《教学圣旨》决定了近代学校作为臣民教育场所的性格,尤其重视对培育"忠良臣民"不可或缺的"忠孝"涵养,主张"在小学,……张贴古今忠臣、义士、孝士、节妇的画像、照片的同时,说明他们行事的概略",阐明了使得"忠孝之大义"渗透到儿童"脑髓"之中的必要性。

---

[1] 《教学圣旨》是由"教学大旨"和"小学条目二件"构成的。关于元田永孚和《教学圣旨》,参照森川辉纪《教育敕語への道》,三元社,1990年;沼田哲《元田永孚と明治国家》,吉川弘文馆,2005年等。

于是，从小就将忠臣的具体形象灌输到"脑髓"的这项提议，首先在明治十五年（1882）编成的修身书《幼学纲要》①上被切实地实行了。

《幼学纲要》也是元田永孚受明治天皇敕命编撰的儿童用修身书，包括"孝行""忠节"等十二个德目的人物故事②，辅以松元枫湖（1840—1923）的62张插画。其中在"忠节第二"条里，为"宋の岳飛、高宗の爲に忠節を盡す（宋岳飞为高宗尽忠节）"的故事搭配了题为"宋岳飛詔を奉じて師を班すとき河南の民泣て之を慕う（宋岳飞奉诏班师，河南民泣而慕之）"的插画（图3）。这个岳飞故事的大体内容来自《宋史·岳飞传》，但其描写以比较简单的训读文和插画结合而成，所以具有与从前岳飞"文艺"相比更让人容易理解的结构。这种结构正是为了让儿童的"脑髓"来"感觉"故事内容。

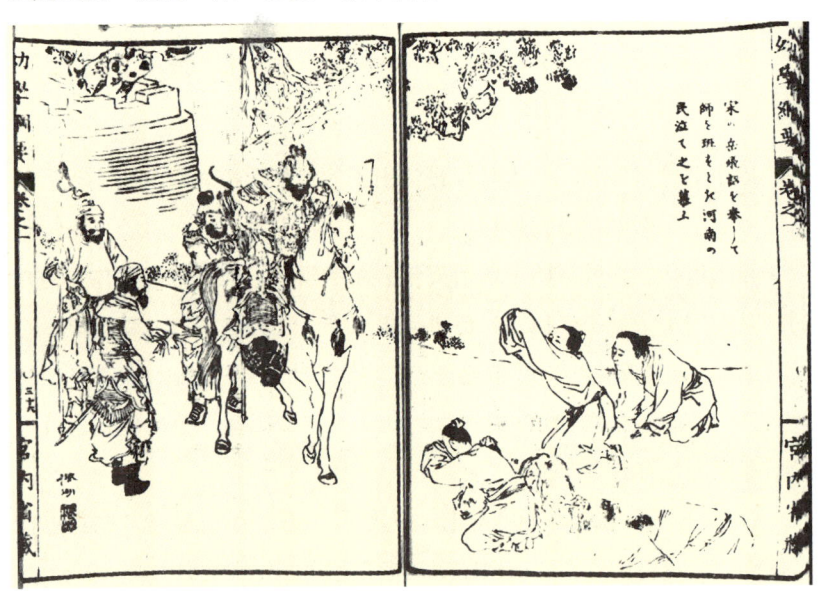

>> 图3 《幼学纲要》（明治十六年版）卷一 "宋岳飞为高宗尽忠节"插画，日本国立公文书馆内阁文库藏本

① 关于《幼学纲要》，参照中村格《天皇制教育と正成像：『幼学綱要』を中心に》，《日本文学》1990年第39卷第1号；杉江京子《『幼学綱要』插畫成立事情考——松本楓湖·五姓田芳雄·月岡芳年との関わりをめぐって》，《美术史研究》2011年第49号等。
② 全229话。其中117讲述中国人物的事迹。

其后,《幼学纲要》的刊行持续到了昭和二十年(1945)的战败,在此期间被全国各地的学校广泛使用。因此,这部书有着非常大的影响力,书里出现的"忠孝"人物故事,有很大几率作为教材收入学校教科书。岳飞的故事也不例外,成了中学高年级汉文教科书常用的题材。例如,国立国会图书馆所藏的明治十九年(1886)检定制度出现以后的中学汉文教科书中,与岳飞有关的被采用的教材如下(表1)所示。

表1 明治十九年以后采用岳飞的日本教材

	教材题名	著者·出典	所收教科书(M明治、T大正、S昭和)
1	乞出师札	宋岳飞	M26、松本丰多《汉文中学读本》卷3下 M28、深井鉴一郎《中学汉文》第4上 M32、深井鉴一郎《改订中学汉文》卷9 M32、游佐诚甫等《中等汉文读本》卷6 M32、山室茂次郎《中学汉文津梁》卷6
2	岳忠武王小传	明单恂	M26、松本丰多《汉文中学读本》卷3下 M32、游佐诚甫等《中等汉文读本》卷6 M32、山室茂次郎《中学汉文津梁》卷6
3	岳飞精忠(岳飞、宋高宗绍兴十一年)	(续)通鉴纲目	M39、秋山四郎《新撰汉文读本》卷9 M43、简野道明《再订新编汉文教科书》卷5 T2、汉文研究会《新编汉文读本参考书》卷5 T6、久米卯之彦等《中学汉文和译自修书》 S12、大东文化协会《皇国汉文读本》第5学年 S19、文部省编《中等汉文》第3
4	岳忠武王传	通鉴辑览	T7、青木晦藏《中等汉文读本》卷3
5	岳飞梗概	宋史	S11、远藤隆吉《中等汉文读本》入门编
6	题青泥市寺壁	宋岳飞	M39、秋山四郎《新撰汉文读本》卷9 M43、简野道明《再订新编汉文教科书》卷5 T6、久米卯之彦《中学汉文和译自修书》
7	题伏魔寺壁	宋岳飞	T7、青木晦藏《中等汉文读本》卷3
8	岳王墓	马存(马子才)	M39、秋山四郎《新撰汉文读本》卷9 T7、青木晦藏《中等汉文读本》卷3
9	岳飞	清郑元庆	M28、深井鉴一郎《中学汉文》第4上
10	岳飞论	清廖燕	M28、深井鉴一郎《中学汉文》第4上
11	拟褒崇岳忠武王议	清魏禧	M28、深井鉴一郎《中学汉文》第4上

续表

	教材题名	著者·出典	所收教科书（M明治、T大正、S昭和）
12	宋武穆王著述跋	（日）室鸠巢	M32、山室茂次郎《中学汉文津梁》卷6
13	岳武穆故里	（日）竹添光鸿	M32、山室茂次郎《中学汉文津梁》卷7
14	岳飞传	（日）福永亨吉	M42、福永亨吉《汉文副读本》卷2

（中学汉文教科书除了国立国会图书馆所藏本，还有很多留存，但由于本稿不以考察教育史为主要目的，限于篇幅，不再赘述[①]）

在明治、大正、昭和各时期，如此多的教科书采用了各种各样的岳飞故事。这是因为当时的政府意图通过教科书把臣民应有的形象渗透到全国各地，若考虑到当时大众传媒的弱势地位，作为媒体的教科书在知识扩散的能力上，可以说是相当大的。此事也奠定了岳飞"文艺"普及的基础。于是，通过教科书扩散岳飞知识的同时，陆续出现了儿童岳飞"文艺"。

（二）明治期的岳飞"文艺"

最初的儿童岳飞"文艺"，是以学校制度的普及为背景，在明治二十年代面向儿童和少年的杂志和文艺陆续创刊的趋势中出现。

首先，在明治二十六年（1893）九月，博文馆的《幼年杂志》第3卷第18号上刊登了幸田露伴（1867—1947）的《岳忠武王の遺事》与两张插图。露伴的文章以抒情的文言体书写，开头一句，"宋の岳飛が支那に於いて関羽以來唯一人の大丈夫たることは幼年諸氏も知れるなる

[①] 关于明治以后汉文教科书，参照石毛慎一《日本近代汉文教育の系譜》，湘南社，2009年；木村淳《明治·大正期の汉文教科书》，载中村春作等《続「訓読」論——東アジア漢文世界の形成》，勉诚出版，2010年，第366—399页；加藤国安编·解说《『明治漢文教科書集成』第Ⅰ期·第Ⅱ期解説》，不二出版，2013年；加藤国安编·解说《『明治漢文教科書集成』第Ⅲ期解説·総索引》，不二出版，2015年等。

べし（在支那，宋朝的岳飞是关羽以来唯一的豪杰，这件事各个幼童应该都知道）"，以及末尾两句，"我が邦近來の豪傑西鄕隆盛岳公の書を學びたりといふよしなり。隆盛の性行を考ふるに或いは公の人となりを慕ひて學びしものか非耶。隆盛の書実にまた公の書に似たるところあり（据说，我国近来的豪杰西乡隆盛学习了岳公的书法。考虑到西乡隆盛的性行，或许是仰慕岳公的为人才学习的吧。西乡隆盛的书法中，确实有着与岳公的书法相似的地方）"，表明了露伴本身对中国通俗文艺的兴趣和素养①，以及江户以来的岳飞"文艺"文脉上的成立。加之，文章中"忠义""大忠臣""尽忠报国""赤心""大孝子""大英雄""真の武人""利己の卑心無き"等词语的反复使用和搭配插画，可知此文章反映了《教学圣旨》颁布后的教育方针。露伴文中引用的岳飞《题伏魔寺壁》诗，后来成为教材被收录到汉文教科书里一事，也表示此文章贴近于学校教育。

此后，明治三十二年（1899）十二月，笹川种郎（临风。1870—1949）②著、渡边金秋画《岳飞》作为博文馆面向儿童刊行的传记丛书"世界历史谈"③之一问世。"绪言"中的"宋史本伝を基とし、傍ら宋史、金史、岳忠武王文集（八卷）、和刻岳忠武王集（一卷）及び二三の書を參考して僅に此著をなす（这本书是在宋史本传的基础上，参考了宋史、金史、岳忠武王集、和刻岳忠武王集，以及其他二、三种书籍，才写成）"一句，记述了笹川临风根据史书和岳飞的资料集等创作这部传

---

① 已有众多的先行研究讨论幸田露伴对中国通俗文学的关心，由于篇幅限制，本稿对此不再赘述。
② 笹川临风以在日本首次出版中国小说戏曲的专门著述《支那小说戏曲小史》（东华堂，1897年）而闻名于世。关于笹川临风，参照平野晶子《笹川临风》，昭和女子本科近代文学研究所，1992年，第89—200页；西上胜《人情の探求と小説史の構築——笹川種郎著『支那小説戲曲小史』をめぐって》，载川合康三编《中国の文学史観》，创文社，2002年等。
③ 胜尾金弥《伝記叢書「世界歷史譚」の著者たち》，《爱知县立大学文学部论集》（儿童教育学科编）1988年第37号；胜尾金弥《传记丛书"世界历史谈"考》，《爱知县立大学儿童教育学科论集》1989年第22号，详细论述了"世界历史谈"出版的经过。

记的经过。对于毕业东京帝国大学史学科的笹川来说,这种编写工作似乎已经习以为常,与露伴《岳忠武王の遺事》相比,他使用的文体去除了抒情性,更靠近学问的训读体。

但是,他在书中也反复使用了"忠义""勤王""志""忠君""爱国""孝子""忠孝""忠义报国""忠烈""烈士""精忠""赤子"等词语,还另配有7张插画(图4)。由此可见,这部传记也继承了用"画像"让儿童理解"忠义之大义"的《教学圣旨》中传递的教育方针。

此外,书中屡次出现的笹川评论也值得关注。比如在论及"支那"部分,如"支那なる問題は東亜に於ける、否寧ろ世界に於ける今後の一大疑案に屬せり。而して実に靖康の禍は支那中國が蠻夷の為に被りたる打擊中其最大なるものの最初ならずんばあらざるなり(中国这个问题在东亚,不,不如说在世界上都会是今后的一大疑案。而实际上,靖康之祸无非是中原王朝受到少数民族的打击当中,最大并且是最初的一次)",以联系靖康之变的形式插入自己对明治当时的政局论。这种类似的评论除此之外还有很多。由此可以看出,具有"忠义·忠国"主题性的岳飞"文艺",反映了当时的社会潮流,并将自身形态融入潮流之中。

从别的角度也可以看到这种现象,明治二十九年(1896),受到日清战争影响,小松直之进在远离中央的秋田编撰并出版了《宋岳忠武

>> 图4　笹川种郎『岳飞』表纸以及插画,松浦个人藏本

传：军人龟鉴》。这部书讴歌为"天皇"尽忠的"军人教育",收集了有关岳飞的传记和诗文。书中收录了引自江户中期入江若水的和译小说《通俗两国志》中李春芳的序文,以及明治维新时期副岛种臣的"岳武穆庙"诗。在这部书中出现的现象,可以整理如下:受明"北虏"侵扰这一史实影响下出现《精忠录》后,这部书的一部分被用于《大宋中兴》。后来,这些书传入日本,李春芳的序文被附于和译本《通俗两国志》的书前。日清战争后,《军人龟鉴》这部带有民族主义色彩的明治时期书籍中收录了这篇序文,以及幕末·维新时期的文艺(副岛种臣汉诗)。

由此可见,在军事色彩浓厚的时代潮流中(包含教育政策),具有"忠义·忠国"主题性的文艺,既反映了时代的特征,又推动了这一潮流的发展。

这种相关性促进了收录《通俗两国志》(含有李春芳序)的通俗军谈丛书《通俗二十一史》全十二卷的出现。这部丛书是以京都大丸和服商店主人下村正太郎捐赠给早稻田大学图书馆的"通俗二十一史"为底本,在明治四十四到四十五年(1911—1912),由早稻田大学出版部出版刊行[1]。丛书卷一开头的"绪言"中说明了包括《通俗两国志》的一系列通俗军谈出版之目的和效用。

首先,"绪言"的"支那军谈书の薰化"条指出,阅读以中国历史为题材的通俗军谈一般对"尚武の気象を鼓舞し、正善の慕ふべく邪悪の卑しむべきを知らしめ、人格の育成を資けしこと(鼓舞尚武气象,令人敬慕正善而鄙视邪恶,培养人格)"有效,然后在"支那史研究の必要(研究中国史的必要)"条,如"今や支那は正に世界列強の角逐場たり。支那と唇歯の関係にある本邦の為に、支那の史的研究が、如何に切要なるかは、之を言ふを要せず(今日,中国正成为世界列强的角逐场。考虑到与中国唇齿相依的本国的未来,研究中国历史就是极为紧要的,这无待赘言)",主张鉴于世界情势的中国研究的重要性,

---

[1]《通俗二十一史》卷一开头"通俗二十一史原本の全備に就きて"。

接着在"歴史は感想なるべからず（历史不该成为感想）"条指出，如"二十一史"和《纲鉴易知录》等平淡无味的史书很难通读。最后，在"学界の庆事"条论述如下：

趣味娯楽の間に、知らず識らず歴史の大要に通ずるに非ざれば、到底史的智識を得るを能はざるなり。然るに前掲二十一種の軍談書は、正史の粋を抜きて之に豊富の趣味を加へしものなれば、二十一史の和解と見るべく、又、二十一史の精華ともみるべきものたり。故に是等の書に依れば、娯楽の間に支那史の心髄を得べきなり。

（除非在娱乐间不知不觉地精通历史的大要，否则怎么也不会学到历史知识。然而，上述二十一种军谈书是从正史中择出其精粹，加之以丰富的趣味性而成的，因此应当视其为对二十一史的日式解释，或是二十一史的精华。故而，通过阅读这些书籍，可以在娱乐中理解中国历史的核心。）

"绪言"说明，围绕着具有军事色彩中国的世界情势之下，为了鼓励尚武的风气、培养有道德的人，刊行包含《通俗两国志》的娱乐通俗文艺《通俗二十一史》是有其必然性的。当然，《通俗两国志》的内容本身，与当初入江若水的"翻译"基本没有任何出入。但是，考虑到《教育圣旨》以后的教育政策、当时社会潮流和娱乐文艺间的关系，我们不该忽略的是，在这种名义下包含《通俗两国志》的《通俗二十一史》由与大学教育有关的早稻田大学出版部出版[①]的意义。

但是，也有对当时文艺上的这种趋势采取冷漠态度的人。事实上，创建早稻田大学的大隈重信（1838—1922）本人，也对岳飞"忠义"和日本世情的关系有如下表述：

本来支那は文字の国でね、文字が豊富だから扇動には持つて来い

---

① 但是，在出版《通俗二十一史》时，早稻田大学出版部已与本科分离成为独立的组织，见《出版部の大学からの分離》，载早稻田大学出版部编《早稻田大学出版部100年小史》，早稻田大学出版部，1986年，第37—51页。

である。彼の夸张した巧みな修辞で、国家の兴废今日にありといった调子の文句をざらに并べて檄文を飞ばす、或いは演坛に立って悲歌慷慨する。そこで无智な民众がワッと骚いで见るんだ。秦桧が岳飞を杀そうとして中丞何铸に命じて之を鞠问させたら、岳飞は衣を裂き、自ら其背を示したが、背に尽忠报国の文字が鲜やかに刻み込んであったというんで、大変な事の様に日本人などの间には伝えられて居るが、何も珍しい事は无い。…岳飞も矢张り其出身を见れば、一介の无赖汉たるに过ぎぬ、曾て法を犯して罪を问われんとしたのを救われて、功を建てて罪を偿わされた者だから、背中の入墨位は当然の话だ。取り立てて言う丈の事では无いんだ。（大隈重信『早稲田清话』「岳飞の尽忠报国」、冬夏社、1912）

（中国本就是个文字的国家，因其具有丰富的文字，所以极富煽动性。岳飞使用夸张巧妙的修辞，发出由好像国家兴废就在今日一般的句子排列起的檄文，或站在坛上慷慨悲歌。无知的民众喧哗地看着。秦桧为了谋杀岳飞使中丞何铸鞠问他之际，岳飞撕开衣服，露出自己的背，展示刻在后背的尽忠报国文字。此事虽然好像非常重要的事一样在日本人之间流传，但其实不是什么稀奇的事。……看岳飞出身就知道他只是个流氓，从前因犯法而被问罪，被拯救之后，将功赎罪。他的后背有刺青是理所当然的。这没有什么值得说的。）

（三）大正·昭和期的岳飞"文艺"

尽管当时存在这种冷静的看法，岳飞故事以后还"好像非常重要的事一样在日本人之间流传"。但与此同时，进入了大正时代后，岳飞"文艺"在文体上发生了明显的变化。

例如，大正十四年（1925），藤森淳三（1897—？）所写的少女小说《尽忠报国岳飞武勇谈》在实业之日本社发刊的少女文艺杂志《少女の友》上连载。作者藤森淳三从早稻田大学英文科中途退学，在写作这部作品前的大正十年（1921），他与受志贺直哉之写实主义影响的横光利一(1898—1947,早稻田大学中途退学)等人一起创刊同人杂志《街》,在西欧文学影响下摸索小说的表现技法。

在此背景之下,大正末期,藤森撰写了以言文一致、多用会话的短文体为构成的岳飞小说。比如,刊登在大正十四年八月《少女の友》18(8)的《尽忠报国岳飞武勇谈》(二)开头部分。

ひと月ばかり経った。ある日岳飛は身に覚えのない罪で劉将軍の前に引き出された。
「しぶとい奴め、こうなった上はなんと云いくるめようと無駄じゃ。有体に申せ」
「と申されるのは一体何事でござりますか」
岳飛には何のことなのか、とんと合点がゆかぬ。
…ははア、この間兜を割った士が讒言したなと気がついたが、それにしても白状しろ、白状しろだけでは、あの男はどんな偽りを申し立てたのかさえの見当がつかぬ。

(过了一个月左右。一日,岳飞因自己也不记得的罪名被带到刘将军面前。
"你这个顽固的家伙,事到如今,竟然还想要蒙骗过去,没用的!原原本本地给我招供出来!"
"您这样说,究竟是怎么回事?"
对岳飞来说,刘将军说的到底是什么事,他完全无法理解。
忽然他心里明白了……哈哈,前几天被我打碎头盔的武将进了谗言。但是即使如此,只是被说快点招供、快点招供这样的话,岳飞连那个男人供出了什么样的谎言都摸不着头脑。)

会话文、说明与叙述文、独白文都以言文一致的短文体表现出来。这种文体与幸田露伴、笹川临风的文体完全不同。至此,岳飞"文艺"的文体开始脱离汉文体的束缚。

令人注目的是,本作品的每页上都配有在少女杂志里常见的少女漫画似的华丽绘图。这是此前的岳飞"文艺"没有的描写模式，可以说是针对当时少女读者设计的一种战略。但是，这种新战略也没有超出以"画像"涵养"忠孝"概念的《教学圣旨》的框架。在此作品中，"國を愛する念""君に仕えては忠""忠义""國を思う""忠臣"等词语也被反复使用。

此外，从大正十四年到昭和三年（1928）七月，猪狩史山（又藏。1873—1938）撰述的小说《岳飞》全八十回在三宅雪岭（1860—1945）和杉浦重刚（1855—1924）等人创设的政教社的杂志《日本及日本人》上连载。作者猪狩又藏，明治二十六年从东京文学院哲学科毕业后，担任过中学教员，后在东宫御学问所御用挂的杉浦重刚之下，帮助编撰皇太子用的"伦理"教科书草案。

根据小说最后一回末尾的"附言"，其中"大体を说岳全传から写した"，"私は支那语が出来ないから说岳全传を其のまま翻訳することは出来ません。矢張り大体を借りて自分で胜手にまとめたことになりました"等句子可知猪狩是根据《说岳全传》（《说岳》）来构筑本作。与藤森作品出现在约同一时期的本作品，其构成也以言文一致、多用会话的短文体。例如，第六回的岳飞武艺考试场面。

「聴け聴け。箭羽根の音はするけれどもサッパリ太鼓が鳴らないネ。あれは皆当たらないのだよ」
「そうですか。当たれば其の度ごとに太鼓が鳴りますか」
「そうじゃ。もう麒麟村の順番が来るだろう」
「三兄弟がよくやってくれればよいですネ」
「大丈夫、間違いは無いよ」
（周侗与弟子岳飞一同在茶肆休息，忽然叫着岳飞，说：
"你听，你听。虽然有箭羽的声音，但是却没有一点鼓声吧。那表示都没射中呢。"

"是吗。如果射中的话,每次都会响起鼓声吗?"

"当然了。麒麟村的人差不多要登场了吧。"

"希望三兄弟能够好好干。"

"不用担心,一定不会出错的。")

这部分是根据《说岳》第五回"岳飞巧试九枝箭,李春慨缔百年姻"以下的部分作成:

那周侗和岳大爷在茶篷内,侧着耳朵,听着那些武童们的射声。周侗不觉微微含笑。岳飞问道:"爹爹为何好笑?"周侗道:"我儿,你听见么?那些比箭的,但听得弓声箭响,不听得鼓声响,岂不好笑么?"①

如此,本作先依据《说岳》构成大体内容和主要情节,然后对于读者来说需要解释的部分以及猪狩判断需要更改的部分,进行会话、句子的增删调整。

在他的著述中需要注意的是,猪狩使用"忠义""忠孝""忠臣""忠勇""诚忠"等称赞忠孝的词汇的同时,也使用"國家の为""国事""公に奉ず""大本营"等词语。比如,见于《岳飞》(44)"67二美人(下)"(《日本及日本人》1926年12月15日号)中的接待岳飞部下汤怀和孟邦杰的樊瑞道白:

「いや御両所は国家の为とはいえ誠に御苦労に存じます。方今我が宋室に於ては不幸続出し、奸臣権を弄する有様でありますから、真に国事を憂い、誠忠を捧げて公に奉ずるのは、サア御両所の兄たり将たる岳元帥位のものでありましょうか。私も蔭ながら元帥の忠勇を敬慕して居るのであります。どうぞ御両所も遠慮なくお過ごし下され」

("哎呀,您二位虽说是为了国家,但确实是辛苦了。方今在我们宋

---

① 引用自以大连图书馆藏锦春堂本为底本的上海古籍出版社排印本《说岳全传》。

室，不幸频出，奸臣弄权。因此，真正担忧国事，为国家献出诚忠，奉行公事之人，啊，也许只有二位的兄长、将军的岳元帅了吧。私下里我也很敬慕元帅的忠勇。请您二位也不要客气地休息吧。"）

此道白的原型是《说岳》第三五回"九宫山解粮遇盗，樊家庄争鹿招亲"里的"二位将军在外，终日在兵戈丛内驰骋，还念及家中父母妻孥否"这一句。由此可知，猪狩通过插入"国家""国事""公""诚忠""忠勇"等词汇，给作品附上国家主义色彩。他这种论调也出现于他的随笔《岳飞》上，此随笔刊载在开始小说《岳飞》连载的前一期《日本及日本人》大正十四年纪元节号"武士道の華やかなりし頃"的专题文章集上：

忠孝とか、信義とか、廉潔とかいうことは、何時になっても美わしいことであると思う。…岳飛は猛然として起って金の兵と戦ったのみならず、…三面六臂の働きをして、それが皆"君国の为め"という一精神から出発しているのである。此の間に於ける、彼の英姿は、真に武士道の華である。…平和主義の奸相秦檜の为に陥られて、裁判官の前に立たなければならぬようになった時、衣を裂いて"尽忠報国"の四字を入墨した背中を裁判官に見せたなど、何たる立派な振る舞いであろう。（猪狩史山《岳飞》）

（忠孝、信义、廉洁等观念，在任何时代都可以视为美丽的东西……不仅在岳飞猛然而起与金兵战斗……他的这些行为都基于"君国"这种精神。那时，他的英姿就是真正的武士道的精华……当他为平和主义的奸相秦桧所陷害，必须站在法官面前之际，他撕开衣服，将自己后背所刺尽忠报国四字展示给法官，这是多么伟大的行为啊。）

猪狩将岳飞"忠义·忠国"的主题性结合与当时的武士道思想相结合。如猪狩所述，他的"武士道"是为了实现所谓的富国强兵，明治时代以后基于国家主义思潮被重建的思想①。可以认为，吸收这种思想的论

---

① 关于明治以后的"武士道"，参照小岛毅《Ⅳ帝国を支えるもの——カント·武士道·陽

调出现,是以伴随第一次世界大战(1914—1918)后的不景气和关东大地震(1923)后的震灾恐慌,在民间逐渐活跃的民族主义论调为背景的。至此,日本的岳飞"文艺",在与时代潮流的相关性里,连"武士道"的思想也吸纳进来。

此后,众所周知,日本的国家主义—军事化的时代潮流,到了20世纪30年代、40年代更加强化。于是,经过日本侵华战争(1937)的全面开战,太平洋战争开始的第二年即昭和十七年(1942)的二月到四月,在大日本兴亚同盟的杂志《兴亚》上开始连载有插图的小说《岳飞》①。作者国枝史郎,与藤森淳三同样中途从早稻田大学英文科退学后,在大正时期的"大众文艺"运动中活跃在新兴的传奇小说领域。

刊载岳飞小说的《兴亚》是由53个民族主义团体集合而成的大日本兴亚同盟②发刊,这表示这篇小说也带有基于战争时流·时局的"民族·国家主义"色彩。小说的基本情节依据《宋史》记载的事迹,为了强调"忠君·忠国"的主题性,在会话文、说明与叙述文、独白文等所有文体中,经常使用感叹号。

- 「機會が来た!今、君国のために力をつくさないで何時つくすというのだ!」

("机会来了!现在不为君国尽力,更待何时呢!")

- すなわち、オール、オワ、ナッシング!俺の云う通りになって、宋朝に仕えるか、それが厭なら死ね!殺すぞ!これであった!

(也就是说,全都有,或者全都没有。照我说的,为宋朝效劳么,要是不愿意就去死吧!杀了他!就是这个!)

- 宋の以前の首都汴京!この汴京さえ攻略したら、中原恢復を大半成功させたことになるのだ。…汴京攻略!汴京攻略!それも、もう一

(接上页)明学》,载氏著《近代日本の陽明学》,讲谈社,2015年,第94—133页。
① 这部作品也收入末国善已编《国枝史郎历史小说杰作选》,作品社,2006年,第231—262页。
② 大日本兴亚同盟在1943年被大政翼赞会的兴亚总本部吸收合并。

息だ！

（宋朝以前的首都汴京！只要攻克了汴京，恢复中原可以说是成功大半了。…攻克汴京！攻克汴京！还差一口气了！）

另外，值得注意的是，文章在使用"忠义""君国""尽忠报国""忠臣""忠节の士""精忠""勇武""义士"等从前的岳飞"文艺"里被使用过的词语的同时，"お國の为""赤诚""至诚""草莽""诚心"等日本侵华战争到太平洋战争时期的国策文艺里频出的词汇也多次出现。

しかるに彼は至誠そのもののような人間であった。そこで彼は無位無官、草莽の一人物であるという自分の位置をはっきり認識し、そういう自分に出来ることだけやってお国の为になろうと決心した。

（然而他是个至诚之人。所以他清楚地知道自己的位置——一个无位无官、草莽之人，却仍下定决心尽己所能为国效劳。）

国枝的小说《岳飞》刊载在《兴亚》的昭和十七年二月到四月，正是同年五月日本文学报国会——这一由内阁情报局和大政翼赞会为后援的组织创立的前夕。众所周知，日本文学报国会是在国家统制下利用文艺宣传国策的团体。这表明，在战争时代的潮流中，岳飞"文艺"已然沦为鼓吹战争的宣传工具。

四、结语

岳飞事迹与各个时代、各个地域里的社会趋势互相关联，逐步地文艺化。岳飞事迹的"文艺"化，其本身是在岳飞死后不久，自他的孙儿岳珂（1183—1243）编撰《金佗稡编》《金佗稡续编》开始的。岳珂解说岳飞功绩的这本书对后世岳飞评价的影响相当大，《宋史·岳飞传》也有不少部分沿袭《金佗稡编》《金佗稡续编》的属性。那么可以说，在此阶段，岳飞"文艺""忠义·忠国"的主题性一定程度上已经开始形成。"岳飞"成为与需求"忠义·忠国"观念的时代相契合的素材。

在明代中后期的"内忧外患"下，当时的社会潮流与岳飞"忠义·忠国"的主题性互相作用，出现了众多的通俗文艺。此现象也可以放在这个文脉中来理解。这种结构，正可见于岳飞"文艺"于日本的接受和演化过程。江户初期，有关岳飞事迹的知识首先通过史书、传记、诗文逐渐流传于能够理解汉籍的高级识字阶层，以后其知识逐步演化，形成如日本汉诗、绘图和翻译小说等"文艺"。这些"文艺"的表现形态也极受时代潮流的影响。在日本，经历了江户后期到幕末之际社会的不稳定，明治以后近代学校教育的出现和渗透，对外扩张主义和军国主义等时代潮流的变动，以这些时代变动为背景，岳飞"文艺"的普及速度加快，表现主题性的手法和自身包容的思想也与此同时发生着变化。

既然存在这种现象，那么进行文艺研究之际，我们或许要考究文艺素材本身具有的性质、内容的同时，也要分析、理解在其背后存在的社会、时代的样态。

舶载小说的重新发现：
从江户到大正的"三言二拍"学术史

周健强

（北京外国语大学中国语言文学学院）

20世纪初古典小说研究刚刚起步时，"三言二拍"的发现与阐释曾经是中日两国学术界的标志性事件，盐谷温、新岛骁、长泽规矩也、鲁迅、马廉、孙楷第、郑振铎、叶德均、赵景深、谭正璧等均为此倾注过心血，而盐谷温的发现之功尤其受到后人的纪念；但"三言二拍"之所以被纳入研究视野，与盐谷温所受教育以及留学德国、浸淫欧洲汉学的经历密不可分，法国汉学家德理文、雷慕莎、儒莲，英国汉学家翟里斯都曾对其学术志趣和研究对象有推波助澜之力，这是盐谷温在文章中坦然承认的。而《拍案惊奇》《二刻拍案惊奇》早在1910年便已著录在法国国家图书馆的目录中，早于盐谷温的"发现"16年；伯希和在盐谷温刊行《关于明代小说〈三言〉》之前一年，在《通报》上发表了《论〈今古奇观〉》，根据对"三言二拍"的调查考证出《今古奇观》的刊行时间。关于欧洲汉学界对盐谷温的影响，以及伯希和对"二拍"的关注，笔者尚未看到学术界的探讨。

随着1926年"三言二拍"的发现，原本不受重视的《小说精言》《小说奇言》《小说粹言》等江户时期的翻刻小说也逐渐纳入学术视野，青木正儿、长泽规矩也、近藤杢、石崎又造等人先后于1932—1940年间考察了江户时期"三言二拍"等白话小说的翻刻与传播,近年来中、日、美三国均出现了与此相关的多种专著或博士论文,但关注的重点大多是翻译与翻案,而"三言二拍"何时传入日本、公私藏书目录中如何著录、文人学者如何阅读接受,曾经盛极一时的"三言二拍"又如何被人"遗忘",以至于需要重新"发现",这些问题大都未得到详细的梳理。

一、江户前期"三言二拍"的传入与流播

盐谷温考证,"三言二拍"从最早的《古今小说》到最晚的《二刻拍案惊奇》,刊刻时间大约在1621—1632年之间,而选刻"三言二拍"的《今古奇观》大约成书于1632—1644年之间①。目前,江户时期中日书籍贸易的主要资料是《大意书》《书籍元账》《直组账》《见账》《落札账》《舶载书目》《商舶载来书目》等长崎的交易账目以及据此编纂的书目。这些文书中最早著录《警世通言》者为《舶载书目》,宽保三年(1743)亥十四番船携来《警世通言》八本,有天启甲子豫章无碍居士序,三桂堂王振华谨藏,可一主人评,无碍居士较,全四十卷②;《商舶载来书目》享保十六辛亥年(1731)著录有"《今古奇观》一部二套"③,"三言二拍"中的其他小说未见著录。如果以这些材料为依据,则"三言二拍"与《今古奇观》约在刊刻百年后传入日本。但来源于长崎的资料最早只能追溯到元禄七年(1694),而且现存长崎文书多有残缺,并非当时书籍贸易的完整呈现。如果将目光转向公私藏书目录,"三言二拍"在江户时期的传播情况将会面目一新。

在笔者视野中,最早收藏"三言二拍"的是日光山轮王寺僧人天海、

---

① 盐谷温《明の小説三言に就て》,《斯文》1926年第8编第5、6、7号。中译文为《关于明代小说〈三言〉》,载《中国文学研究译丛》,北新书局,1930,第3—62页。若无特别说明,本文引文均出自此译文。
② 大庭修《舶载书目》下,关西大学东西学术研究所,1972年,第35册,第16—17页。
③ 大庭修《江户时代における唐船持渡書の研究》,关西大学东西学术研究所,1967年,第717页。

尾张藩初代藩主德川义直与幕府官库。自江户初期以来，轮王寺慈眼堂的天海藏书一直少为人知，享和三年（1803）志村凤山曾抄录慈眼堂书库的外典目录，辗转流入东京大学图书馆，1940年至1941年长泽规矩也在调查东大藏书时发现这一目录，在授课时透露了慈眼堂藏有不少小说珍本甚至孤本的信息，课上的丰田穰又将其转告东京文理科大学讲师王古鲁，中国学术界才逐渐得知天海藏书[①]，但这些典籍至今秘不示人，只有轮王寺特许的少数人才得入库阅览。据长泽规矩也编《日光山天海藏主要古书解题》，其中有《拍案惊奇》四十卷，明崇祯中安少云尚友堂刊本[②]；天海于1643年去世，此本当在1643年之前传入日本。

尾张藩宽永年间（1624—1643）的《御书籍目录》"酉年买本"条目下著录有"《警世通言》十二册"，注明为"唐本"。[③] 宽永时期仅有一个"酉年"，即宽永十年癸酉，公历1633年。1616年德川家康去世后，他在骏府的部分藏书分赐尾张、纪伊、水户三家，文献学上称为"骏河御让本"，川濑一马整理的《骏河御让本目录》中未见《警世通言》[④]。而德川义直于1616到1650年间就任藩主[⑤]，由此看来此书是德川义直在藩主任上所得，并非德川家康转赠。江户时期尾张藩的藏书目录普通人难得一见，明治时期废藩置县，1912年成立的蓬左文库接管了尾张德川家的藏书，并逐渐对外开放。继盐谷温在内阁文库发现"三言"之后，长泽规矩也又于1916年发现了蓬左文库所藏的十二册《警世通言》，与《御文库目录》的著录一致，很可能就是德川义直藏本，此间详情见于《蓬左文库观书记》[⑥]。

---

① 参见长泽规矩也《日光慈眼堂の小説書について》，载氏著《长泽规矩也著作集》第5卷，汲古书院，1985年，第426—429页。
② 长泽规矩也《日光山天海藏主要古书解题》，日光山轮王寺，1976年，第116页。
③ 蓬左文库监修《尾张德川家藏书目录》第1卷，ゆまに书房，1999年，第217页。
④ 川濑一马《骏河御让本の研究》，载氏著《日本书志学之研究》，大日本雄辩会讲谈社，1943年，第572—674页。
⑤ 工藤宽正编《江户时代全大名家事典》，东京堂，2008年，第594页。
⑥ 刘倩编《马隅卿小说戏曲论集》，中华书局，2006年，第116—119页。

自初代将军德川家康开始,幕府书库(家康在世时为骏府文库,去世后转移至江户城红叶山,史称红叶山文库或枫山官库)陆续从长崎购买商船载来的汉籍,日本东北大学狩野文库藏有《御文库目录》,逐年著录幕府书库享保七年(1722)之前购入的典籍,其中正保二年(1645)著录有《柏案惊奇》二本①,"柏"当为"拍"之误写。明治维新以后随着内阁制度的创始,新成立的内阁文库接管了枫山官库的藏书,《内阁文库汉籍分类目录》中著录有"《二刻拍案惊奇》三九卷《宋公明闹元宵》杂剧一卷,明凌濛初,明崇祯五序刊(尚友堂)(枫)"②,末尾的"枫"字表示此书原为枫山官库所藏,据此看来,枫山官库购入的可能是《二刻拍案惊奇》,而非《拍案惊奇》的初刻,只是编纂目录时省去"二刻"两字。

从以上三种目录的著录来看,《警世通言》《拍案惊奇》均在1643年之前传入日本,而《二刻拍案惊奇》在1645年之前传入。《警世通言》有天启甲子(1624)年豫章无碍居士序,成书最迟不到20年就已传入日本,而《二刻拍案惊奇》有睡乡居士"崇祯壬申冬日"即1632年序,最迟也在成书13年后传入日本。江户初期汉籍外典藏书目前可考的似乎只有幕府官库《御文库目录》、尾张藩《御书籍目录》、日光山天海藏书和公文书馆的林罗山藏书四种,其他公私机构或个人的藏书虽然散见于各种图书馆,但尚未编集成目。与尾张藩同为"御三家"之一的水户藩,自二代藩主德川光国时藏书事业始成规模,他在明历三年(1657)于江户驻地开设史局,后改名为彰考馆,广收典籍,现存《彰考馆图书目录》中有《拍案惊奇》十本③,不过该目录为1918年编成,并未注明典籍的购买时间,难以确定《拍案惊奇》何时入藏。

总之,目前可考的江户初期四种藏书目录中,三种著录有"三言二

---

① 大庭修《東北大学狩野文庫架藏の旧幕府御文庫目録》,《关西大学东西学术研究所纪要》1970年第3期。
② 内阁文库《内阁文库汉籍分类目录》,内阁文库,1956年,第438页。
③ 彰考馆文库《彰考馆图书目录》,彰考馆文库,1918年,第1229页。

拍",而且距离成书时间最迟不到二十年。可以想见,江户初期传入日本的"三言二拍"刊本很多。不过,当时日本的汉学教育以文言训读为主,精通白话者大概只有长崎译官、以"唐音"读经的黄檗宗僧人以及远渡日本的明朝遗民,直到正德、享保年间荻生徂徕的萱园、伊藤东涯的古义堂先后热衷于学习"唐话",主流文人才逐渐培养出白话阅读能力,因此,江户初期文人学者的著作中对"三言二拍"的翻译或引用较为罕见。

在幕府、大名与僧人的收藏之外,图书流通中最早出现"三言二拍"是元禄元年(1688)田中清兵卫的《唐本目录》[①]。据《庆长以来书贾集览》,田中清兵卫是正德(1711—1716)到天明(1781—1789)年间江户的"唐本屋",即经营汉籍的书肆,同时作为"御书物所"向幕府、大名出售典籍,出版"武鉴"(武士家谱)[②],尊经阁文库另藏有贞享四年(1687)呈递加贺藩主前田纲纪的《唐本屋清兵卫同善兵卫唐本价格账目》[③]。任职于幕府的新井白石,日记中也经常出现"朔日,召唐本屋清兵卫,赴职"[④]、"宫内、四郎左卫门回信,称今日令清兵卫将《经解》藏本一帙带入宫内"[⑤]、"十一日,清兵卫携来《通鉴》《六经》《政要》抄本等九书"[⑥]等关于田中清兵卫的记载。大庭修在解题中称,这份《唐本目录》可能是水户藩通过田中清兵卫购买的汉籍目录。目录中有《拍案惊奇》,但未注明册数,或许就是前述《彰考馆图书目录》中的《拍案惊奇》十本。田中清兵卫服务的对象不止幕府、水户藩和加贺藩,而且除田中清兵卫之外,正德时期见于《庆长以来书贾集览》的唐本屋还有京都的八郎兵卫[⑦],虽然没有其他资料可以确证,但这一时期市场中流通的"三言二拍"很可能不止于此。

---

① 全文收录于大庭修《元禄元年版の唐本目录》,《史泉》1967年第35—36期。
② 井上和雄编《庆长以来书贾集览:书籍商名鉴》,高尾书店,1970年,第58页。
③ 全文收入大庭修《漢籍輸入の文化史》,研文出版,1997年,第259—261页。
④ 新井白石《新井白石日记》上,岩波书店,1952年,第51页。
⑤ 新井白石《新井白石日记》上,第59页。
⑥ 新井白石《新井白石日记》上,第68页。
⑦ 井上和雄编《庆长以来书贾集览:书籍商名鉴》,第58页。

除了收藏，部分学者还曾留下阅读"三言二拍"的记录。最早在著作中提到"三言二拍"的是儒者田中大观，他曾随黄檗宗僧人大通元信学习"唐话"，著有《大观随笔》，至迟在享保二十年（1735）大观逝世前完成。书中称："尝观小说名《警世通言》者，中有说钱过当处，则上方有评云：宋人小说，凡说赏劳及使费，动是若干两、若干贯，何其多也！盖小说是进御者，恐启官家减省之端，是以务从广大，观者不可不知。乃信彼中钱物固贵，而其大多过当者，本出文人弄笔之间也。"①实为《警世通言》卷十九《崔衙内白鹞招妖》的眉批。

　　与田中大观同时或稍后，江户中期鸿儒伊藤东涯也曾留下阅读"三言二拍"的痕迹。他编有类书体典籍《名物六帖》，目录前有正德甲午岁（1714）正月自序，大约此时已经成书，后来时加修订。伊藤氏元文元年（1736）去世，生前只于享保十年（1725）刊行了第一帖，第二帖刊行于去世后的宝历五年（1755）。该帖《人品笺三》"舟车舆马"门的"扛夫"条，引《拍案惊奇》"雇了几个扛夫抬出去殡葬了"②，即卷十三《赵六老舐犊丧残生　张知县诛枭成铁案》中的文字；"看马的"条，引《拍案惊奇》"遂认他这看马的做叔叔"③，即卷二十二《钱多处白丁横带　运退时刺史当艄》，文字略有出入。"贾伧典当"门的"店小二"条，注出《古今小说》④。由此看来，伊藤东涯最晚也当在辞世的1736年前读到《拍案惊奇》与《古今小说》。

　　1743年，即伊藤东涯去世后7年，风月堂刊行了冈白驹从《醒世恒言》中选择四篇编成的《小说精言》。冈白驹在序言中称"独至乎平常俚言，不啻耳之侏离，即载之笔，亦谓之鴂舌，惟玫诸象胥，学者不讲。夫国音自资用，奚必华音？而至读不能句，实学人之大阙也"⑤，

---

① 田中大观《大观随笔》卷一，国立公文书馆藏写本。
② 伊藤东涯《名物六帖》第二帖《人品笺三》"舟车舆马"，国立公文书馆藏宝历五年刊本。
③ 伊藤东涯《名物六帖》第二帖《人品笺三》"舟车舆马"。
④ 伊藤东涯《名物六帖》第二帖《人品笺三》"贾伧典当"。
⑤ 冈白驹、泽田一斋施训《小说三言》，ゆまに书房，1976年，第12—13页。

表达了对学者们冷落白话小说的不满，从此"三言二拍"的各种选刻本陆续出现，盐谷温曾在《关于明代小说〈三言〉》中详加考察，此后中、日、美三国学者多有探讨，笔者不再赘述。但冈白驹的《小说精言》（1743年刊）中翻刻了《醒世恒言》卷九《陈多寿生死夫妻》、卷二十一《张淑儿巧智脱杨生》、卷三十三《十五贯戏言成巧祸》，《小说奇言》（1753年刊）翻刻了《醒世恒言》卷十《刘小官雌雄兄弟》，泽田一斋的《小说粹言》（1758年刊）翻刻了《警世通言》卷三《王安石三难苏学士》、《初刻拍案惊奇》卷三十三《张员外义抚螟蛉子 包龙图智赚合同文》，这些篇目均未收录在《今古奇观》中，可见冈白驹读过《醒世恒言》，泽田一斋读过《警世通言》与《初刻拍案惊奇》。

二、江户后期"三言二拍"的收藏与阅读

日本文学研究者经常以宝历（1751—1764）为界，将江户时代划分为前后两期。自从冈白驹的《小说精言》、《小说奇言》和泽田一斋的《小说粹言》刊行以来，很多知识人通过和刻本读到"三言二拍"中的故事，同时相继涌现出多种翻案小说，相关的研究也比较多。但相对而言，"三言二拍"原书的流传受到了学术界的忽视。其实这段时间公私藏书机构仍在收藏"三言二拍"，同时选刻本《今古奇观》与《小说精言》等也日益流行；随着幕府屡次"禁异学"，由荻生徂徕的萱园、伊藤东涯的古义堂门人先后推动的"唐话"热潮逐渐退去，儒生与白话小说渐行渐远，富商、医者、小说家等群体成为"三言二拍"的主要收藏与阅读者。

笔者查考江户后期书目，仅在丰后佐伯藩与曲亭马琴的藏书中发现《古今小说》与《警世通言》的记载。丰后佐伯藩八代藩主毛利高标（1755—1801）雅好典籍，号称宽政三位学者大名之一，在任时大大扩展藩府藏书，尤其酷爱白话小说，佐伯文库至今仍为中国古典小说的宝库。日本东北大学藏有佐伯藩的《以吕波分书目》，著录文政十一年（1828）之后的藩府藏书。据《以吕波分书目》记载，此前一年佐伯藩

将1723部、20758册珍本典籍献予幕府①，该书目或为整理献书后的典籍而编，其中"计"部著录《警世通言》十本②。1984年日本学者梅木幸吉曾整理过当时发现的佐伯文库各种藏书目录，汇编为《佐伯文库的藏书目》，其中子部小说家类另有《古今小说》五册四十卷，为佐伯藩的幕府献纳本。③

曲亭马琴晚年欲为子孙谋得"御家人"身份，苦于钱财不足，不得不于天保七年（1836）卖掉部分藏书。水谷不倒曾考察过这一事件，指出马琴所售典籍中包含《今古奇观》一部，当初的买价为二百匹（约合18匁），天保七年卖价为二朱（约为7匁）；另有《拍案惊奇》一部，买价为二分二朱（约为36.25匁），卖价为二朱（约为7匁）。④这两部书不见于《曲亭藏书目录》⑤，或为晚年购置。

除去丰后佐伯藩与曲亭马琴，江户后期其他藏书目录中并未发现"三言二拍"的收藏信息。如果将目光转向长崎的书籍贸易文书，则《舶载书目》的时间下限为宝历四年（1754），并未涵盖江户后期传入日本的典籍；这一时期主要的资料是《赍来书目》《书籍元账》《书籍见账》《直组账》《落札账》，其中也未著录"三言二拍"，但《今古奇观》却频繁出现，如：

1. 《赍来书目》著录文化二年（1805）丑六番船载来《绣像今古奇观》一部二套⑥；
2. 《文政十二年（1829）丑五番船直组账》著录《今古奇观》十部，

---

① 矶部彰编《東北大学所蔵豊後佐伯藩以呂波分書目の研究》，東北大学東北アジア研究センター，2003年，第419页。
② 矶部彰编《東北大学所蔵豊後佐伯藩以呂波分書目の研究》，第223页。
③ 梅木幸吉《佐伯文庫の蔵書目》，梅木氏，1984年，第184页。
④ 水谷不倒《古書の研究》，载氏著《水谷不倒著作集》第6卷，中央公论社，1975年，第198页。
⑤ 《曲亭藏书目录》，载日本古典文学会编《近世书目集》，日本古典文学会，1989年，第185—264页。
⑥ 大庭修《江戸時代における唐船持渡書の研究》，第260页。

原价七匁五，加价三匁五分，总计十匁五分①；

3. 《天保十四年（1843）卯临时拂会所请达物书籍见账》著录《今古奇观》二部，竞标的富士屋出价十一匁、高中出价十匁九分、のと屋出价十匁②；

4. 《天保十四年卯临时拂落札账》著录《今古奇观》二部，小本各二套，总计十二册。竞标的富中出价廿匁，木下出价十七匁，大坂屋出价十六匁八分③；

5. 《天保十五年辰六番割会所请达物书籍见账残》著录《今古奇观》一部二套，竞标的金泽屋出价十四匁，永见屋出价十三匁二分，木下出价十三匁一分④；

6. 《天保十五年辰二番割落札账》著录《袖珍今古奇观》二部二堂（按：原文如此，疑为"套"之误）各八册，竞标的大坂屋出价十一匁，村卜出价十匁六分，长冈出价九匁一分⑤；

7. 《天保十五年辰六番割落札账》著录《今古奇观》一部一套十二本，竞标的永见屋出价十五匁八分，长冈出价十四匁一分，安田屋出价十三匁四分⑥；同一账目另著录《今古奇观》一部二套总计十六本，竞标的金泽屋出价十四匁，永见屋出价十三匁二分，木下出价十三匁一分⑦；

8. 《弘化二年（1845）巳二番割落札账》著录《今古奇观》六部，竞标的菱屋出价十一匁八分，铁屋出价九匁一分，永见屋出价七匁五分⑧。

---

① 大庭修《江户時代における唐船持渡書の研究》，第584页。
② 大庭修《江户時代における唐船持渡書の研究》，第592页。
③ 大庭修《江户時代における唐船持渡書の研究》，第604页。
④ 大庭修《江户時代における唐船持渡書の研究》，第596页。
⑤ 大庭修《江户時代における唐船持渡書の研究》，第609页。
⑥ 大庭修《江户時代における唐船持渡書の研究》，第613页。
⑦ 大庭修《江户時代における唐船持渡書の研究》，第615页。
⑧ 大庭修《江户時代における唐船持渡書の研究》，第627页。

另外，书肆和泉屋喜兵卫抄录了天保二年至三年（1831—1832）的《新渡唐本市控书》①，即刚刚传到日本的汉籍目录，著录汉籍1987种，其中"词曲·戏曲·小说"类包含两部《今古奇观》，买家均为河太五，价格分别为17匁与21.5匁②，却未著录"三言二拍"。内阁文库还藏有一份《购来书籍目录》③，按伊吕波顺序著录舶来汉籍的书名、套数、运载船名以及书价。据大庭修考证，这些典籍在天保六年（1835）到弘化元年（1844）之间传入日本。目录中有《今古奇观》一部，1837年舶来，价格为6匁④，但依然未著录"三言二拍"。

由此看来，与清代一样，江户后期《今古奇观》逐渐在书籍贸易中取代了"三言二拍"。不过不同于中国，江户时期还发生了另一种情况，即《小说精言》《小说奇言》《小说粹言》也在取代《今古奇观》的位置。

三河国渥美郡设有羽田文库，以神官羽田野敬雄的藏书为主，其中包含汉籍404部3009卷⑤，《羽田文库藏书目录》中有《搜神记》《列仙全传》《博物志》《棠阴比事》《肉蒲团》等多种汉文小说，还有《小说精言》《小说奇言》《小说粹言》等选刻小说⑥，却未收藏"三言"与《今古奇观》原书，尽管《今古奇观》并非罕见。江户后期读本小说大家曲亭马琴的《曲亭藏书目录》中有《平山冷燕》《石点头》《醉菩提》《隋史遗文》等白话小说，却并未收藏《古今小说》《警世通言》《醒世恒言》。江户后期著名的贷本屋（租书店）大总屋藏有《通俗今古奇观》《通俗醒世恒言》《通俗赤绳奇缘》（《卖油郎独占花魁》的日译）⑦，却未收藏"三言二拍"或《今古奇观》。由于贷本屋以大众读者为服务对象，其典籍选择很能

---

① 全文收录于弥吉光长著《弥吉光长著作集》第3卷，日外アソシエーツ，1980年，第269—290页。
② 弥吉光长著《弥吉光长著作集》第3卷，第286页。
③ 大庭修《内閣文庫の購来書籍目録〔翻刻〕》，《关西大学东西学术研究所纪要》1968年第1辑。
④ 大庭修《内閣文庫の購来書籍目録〔翻刻〕》，第61页。
⑤ 藤井隆编《近世三河·尾张文化人藏书目录》第2卷，ゆまに书房，2005年，第247页。
⑥ 藤井隆编《近世三河·尾张文化人藏书目录》第2卷，第172页。
⑦ 柴田光彦编《大惣藏书目录と研究本文篇》，青裳堂书店，1983年，第666页。

反映当时的阅读倾向。

虽然"三言二拍"较少见于藏书目录，但并未从阅读视野中消失，知识人或小说家的随笔日记中还可见到阅读"三言二拍"的记载，只是频率仍难与《今古奇观》相比。

俳人胜部青鱼（1712—1788）著有《剪灯随笔》，对中日文学多所评骘，是江户时期至为难得的小说评论资料。书中卷三提到"卖油郎之事，初见于《小说奇言》，此外出于《赤绳奇缘》，详见《今古奇观》"[1]，《卖油郎独占花魁》首见于《醒世恒言》，后收入《今古奇观》，而胜部青鱼仅谈到《今古奇观》，很可能并未看到《醒世恒言》；另一处提到"小说多妄，但偶有足观之事。《今古奇观》载，一少年书生萧秀才（忘其名），孤贫，独居读书，其家对面有土埋神祠"[2]，即《今古奇观》卷十八《刘元普双生贵子》，原为《初刻拍案惊奇》卷二十《李克让竟达空函　刘元普双生贵子》，胜部青鱼只论《今古奇观》，很可能并未看到《初刻拍案惊奇》。

江户中后期小说家都贺庭钟（1718？—1794？）向来被视为读本小说的开创者，他大量阅读传入日本的汉文小说，其《英草纸》《繁野话》等小说频繁取材于"三言二拍"。天理大学图书馆藏有都贺庭钟的读书札记《过目抄》十三册，其中包含《今古奇观》（乾隆乙丑重镌，墨憨斋手订，植桂楼藏版）和《拍案惊奇》（姑苏原本，消闲居精刊）[3]，据稻田笃信等人的调查，《过目抄》中著录的典籍可能是宽延到明和年间都贺庭钟所读[4]。

前文已述曲亭马琴藏有《今古奇观》与《拍案惊奇》，他初次看到《拍案惊奇》可能在文政十三年（1830），其读书笔记《著作堂杂记》中

---

[1] 胜部青鱼《剪灯随笔》卷三《今古奇観の一话》，载森铣三等编《随笔百花苑》第6卷，中央公论社，1983年，第296页。
[2] 森铣三等编《随笔百花苑》第6卷，第294页。
[3] 参见中村幸彦《中村幸彦著述集》第7卷，中央公论社，1982年，第38页。
[4] 高田卫监修《都贺庭钟集　伊丹椿园集》，国书刊行会，2001年，第768页。该书收录都贺庭钟《过目抄》全十三册中的最后一册。

有"《拍案惊奇》十八卷,合十册,俗语小说,题目抄录仿《西洋记通俗演义》《西游记》"①。马琴日记中也多次出现《拍案惊奇》,如天保二年正月十日"高松家老木村亘来信。为庆贺新年,特赠京扇三把,并言欲借《拍案惊奇》"②,木村亘即木村通明,曾评点过《三遂平妖传》《后西游记》《金瓶梅》等白话小说以及马琴的《八犬传》,二人在中国小说阅读中同气相求,马琴的日记与书信中多有与其交往的文字,两人彼此借阅的书籍不止《拍案惊奇》一种。

同年正月十七日,马琴又写道:"顺便往冈田屋嘉七处,请借《拍案惊奇》《狯园》《秋灯丛话》三书。然,《拍案惊奇》去春购入,中有缺叶,借阅该书,欲补足也。"③据《日本古典籍书志学辞典》④,冈田屋嘉七为江户初期到明治年间书肆,佐久间氏,堂号为尚古堂。文政七年(1824)刊行的《江户买物独案内》"本屋"条有"诸宗御经类、芝神明前、唐本、和本、佛书、石刻、和汉法帖、书物问屋,尚古堂冈田屋嘉七",即冈田屋嘉七经营"唐本"(舶来汉籍)的买卖,其中还包括《拍案惊奇》等白话小说。同年二月一日写道:"午后,清右卫门来。(中略)另,奉寄木村亘书信一封、《拍案惊奇》一部,今日送抵府上,令清右卫门持去。"⑤二月二十七日写道:"木村亘来信,先前所借《拍案惊奇》,今返还。"⑥回溯整个经过,木村通明正月十日欲借马琴所藏《拍案惊奇》,马琴或许早已得知冈田屋嘉七另藏一部较为完整的版本,于是正月十七日借来校补自己的藏本后,在二月一日将《拍案惊奇》借给木村通明,木村在26天后看完并返还。

除去《拍案惊奇》,曲亭马琴日记天保三年和天保五年还多次出现

---

① 《曲亭遗稿》,国书刊行会,1911年,第452页。按,《曲亭遗稿》中收录的《著作堂杂记》并非全本,故名《著作堂杂记抄》。
② 紫田光彦新订增补《曲亭马琴日记》第2册,中央公论新社,2009年,第294页。
③ 紫田光彦新订增补《曲亭马琴日记》第2册,第299页。
④ 井上宗雄编《日本古典籍书志学辞典》,岩波书店,1999年,第81页。
⑤ 紫田光彦新订增补《曲亭马琴日记》第2册,第308页。
⑥ 紫田光彦新订增补《曲亭马琴日记》第2册,第326页。

《今古奇观》，如天保三年七月四日写道："午后，飞脚屋伊势松坂殿村佐六，送一纸包来，速速开封。此前该人曾有书信，言明将借来《今古奇观》《野作纪事》《金兰筏》等，重七百匁。六月十五日寄出，与书信同于二十日后之今日抵达。"①所谓飞脚，即江户时代负责运送书信、金银和包裹的邮递员，根据上下文判断，"此人"实为伊势松坂的富商兼藏书家殿村篠斋，酷爱和汉小说，曾评点马琴的《八犬传》，两人多有书信往来。查马琴书信集，此前三天他曾寄书与殿村篠斋，称："日前所论《野作》之事写本五册，并《今古奇观》《金兰筏》，允借于吾，十四日同付飞脚。每承厚爱，不胜感激。敬候书达。"②马琴此时身在江户，距离伊势松坂不过五六百公里，从殿村处借得的《今古奇观》经过二十天才送达，可见异地文人之间书籍往来耗时之久。从七月五日开始，连续十几天的日记均有阅读《今古奇观》的记载，直到七月十七日"予将《今古奇观》中熟字、诗句等抄入《杂记》，毕"，即12天后才读完《今古奇观》。所谓《杂记》或指前述读书笔记《著作堂杂记》，但现存《著作堂杂记抄》天保三年未曾著录《今古奇观》，相关记载或已佚失。

上述留下阅读小说痕迹的知识人，无论胜部青鱼、都贺庭钟，还是曲亭马琴、木村通明、殿村篠斋，均非正统儒者。胜部青鱼是寂寂无闻的西宫医者，存世著作只有《剪灯随笔》；都贺庭钟也以医为业，兼写小说；曲亭马琴出身武士，却脱离主家、以戏作谋生；殿村篠斋身为伊势富商，以国学与和歌著称；木村通明是高松藩家老，颇有治世之才，却非正统学者，生平著作也以小说与歌舞伎评论为主。如果说江户前期林罗山、荻生徂徕、伊藤东涯等名儒还曾热衷于收藏或阅读小说，甚至成为"唐话"与白话小说热潮的主要推动者，那么江户后期白话小说的阅读主体已经转向商人、医者或小说家，以汉学立身的儒生逐渐远离白话小说，至少公开场合谈论甚少，也难得形诸文字。比较一下前后两期

---

① 紫田光彦新订增补《曲亭马琴日记》第3册，第151页。
② 天理图书馆编《马琴书翰集 翻刻篇》，天理大学出版部，1980年，第60页。

汉学家的著作,就会发现其中的差别。

江户前期主流汉学者林罗山(《怪谈》《狐媚抄》《梅村载笔》)、室鸠巢(《骏台杂话》《鸠巢小说》)、中江藤树(《为人抄》《鉴草》)、贝原益轩(《京城胜览》)、熊泽蕃山(《三轮物语》《源氏外传》)、荻生徂徕(《萱园随笔》《风流使者记》)、雨森芳洲(《多波礼草》《橘窗茶话》)、伊藤东涯(《名物六帖》《盍簪录》)等基本都撰有小说杂纂类著作,而江户后期的主流汉学者如江村北海、山本北山、市河宽斋、赖山阳、广濑淡窗、佐藤一斋、藤田幽谷等却少有此类著作。这固然与学术分流与学者的专门化有关,也反映出幕府屡次"禁异学"导致昌平官学与诸藩学塾的儒生日益埋头于经史①。自享保年间开始,"文人意识"逐渐增强,具有汉学修养的服部南郭、祇园南海、彭城百川、宫崎筠圃、柳里恭等书画名家更热衷于诗文雅趣②,"文人"世界也与小说渐行渐远。这时认真阅读"三言二拍"等白话小说的,恐怕多为商人、医生、小说家等群体。明治时期从事中国文学研究的新一代学者,其父祖辈或者授业之师往往以汉学或汉诗著称,对白话小说并不熟识,江户前期林罗山、中江藤树、荻生徂徕、伊藤东涯那种兼具诗文与小说素养的汉学家已为数不多,于是当盐谷温在内阁文库、长泽规矩也在蓬左文库发现江户时期枫山官库与尾张藩收藏的"三言二拍"时,才有发现新天地之感。

三、"发现""三言二拍":大学教育与英法汉学

盐谷氏为汉学世家,在学界知交甚广,盐谷温便求知于学术名家。他在学习院中等科时跟随市村瓒次郎学习中国史长达三年,当时的教授

---

① 江户后期藩校藏书中也有白话小说或其译本,如彦根藩弘道馆藏有《通俗战国策》《通俗三国志》《通俗十二朝军谈》《通俗元明军谈》《通俗南北军谈》《吴越军谈》《续后三国志》,甚至还有《西游记》三册,只是仅录书名与册数,不知是否为白话小说《西游记》。参见朝仓治彦监修《彦根藩弘道馆书籍目录》,ゆまに书房,2005年。藩校所藏小说多为历史演义,意在从中汲取历史知识。

② 中村幸彦《近世文人意識の成立》,载《中村幸彦著述集》第11卷,第378页。

还有白鸟库吉、萩野由之、横井简治、安井小太郎等名儒或史学者。①无论从家庭出身、大学学科设置还是授课教师来讲，除森槐南之外他所接受的教育很少涉及白话小说，或许在远赴欧洲留学之前读过的白话小说也屈指可数。

盐谷温1899年考入东京大学（当时正式名称为"帝国大学"，1897年京都帝国大学成立后改名为"东京帝国大学"，1947年恢复建校时的旧称"东京大学"）文科大学汉文学科，1902年毕业。据他本人回忆，当时汉文学科分为经、史、文三个小班，他所在的是史班，而非文班②，初衷是从事中国历史研究。此前从汉文学科毕业且以中国文学研究为业的有狩野直喜（1895）、藤田丰八（1895）、久保天随（1899）、铃木虎雄（1900）③，这些学者的父祖辈也大都是传统的旧藩士或汉学者。盐谷温的父亲盐谷青山、伯祖盐谷宕阴都是昌平官学出身的一代名儒；狩野直喜幼年父母双亡，祖父为肥后细川藩藩儒，自己也曾就学于具有儒教之风的济济黉④；铃木虎雄的祖父开创汉学塾长善馆，父亲继任馆主⑤；久保天随的父亲是信浓国高远藩藩士，只有藤田丰八的父祖均为德岛县美马郡郡里村的旧家，不以学识见长⑥。

根据明治十九年的《帝国大学文科大学学科课程改正》⑦，东京大学汉文学科学制三年，每年都有"东洋哲学""中国经学""中国历史""汉文学"课程，这项制度一直沿用到盐谷温入学时。由于大学成立不久，师资缺乏，授课者往往是旧派汉学家。据盐谷温回忆，学制要求汉文学

---

① 盐谷温《天马行空》，日本加除出版，1956年，第63页。
② 盐谷温《天马行空》，第56页。
③ 三浦叶《明治の漢学》，汲古书院，1998年，第213页。
④ 狩野直祯《祖父狩野直喜传略》，载氏著，周先民译《中国学文薮》，中华书局，2011年，第2页。
⑤ 东方学会编《东方学回想》第2卷，刀水书房，2000年，第115—120页。
⑥ 小柳司气太《文学博士藤田丰八君略传》，载藤田丰八等《東西交渉史の研究南海篇》，荻原星文馆，1943年，第1页。
⑦ 参见东京大学出版会《东京大学百年版史·资料二》，东京大学出版会，1985年，第639—640页。

科经、史、文三班每周一课程各异，经班是"中国哲学史"，史班是"中国法制史"，文班是"中国文学史"，但现实中三门课程均由儒学者根本通明讲授《易经》，三班同时上课，不过经班将其当作哲学史，史班将其当作法制史，文班将其当作文学史。听到有人提出异议，根本通明声称"《易》中既有哲学，又兼备法制、文学，换言之，《易》为万物根本，通于《易》即可"①。最后一学年的授课教师有星野恒，讲授内容为唐宋八家文与《左传》。盐谷温说："我根据中国研究会的官命，留学中从事中国文学尚未开拓的戏曲小说研究。回国后立于大学讲坛，正欲别开生面，却被（星野恒）斥责为'不袭传家之业，舍唐宋八家而趋就金圣叹，意欲何为'。"②

汉文学科的讲师，史班有那珂通世，文班有盐谷青山（盐谷温之父）与森槐南。盐谷青山为传统汉学家，那珂通世专攻中国史，均未涉足中国小说研究。森槐南1899年就任东京大学文科大学讲师，讲授的课程除唐诗外，还有元曲《西厢记》以及汉唐小说③，盐谷温自称森槐南为其"中国戏曲小说的启蒙"④。神田喜一郎编有《森槐南遗稿：中国诗学概说》，在序言中称"昔，彼为东京帝国大学文科大学讲师，门人森川竹磎将授课所用手稿汇而成编"，并提到除此之外尚有《词曲概论》《汉唐小说史》《作诗法讲话》等数种⑤，则《中国诗学概说》《词曲概论》《汉唐小说史》《作诗法讲话》可能均为森槐南授课讲义，其中与小说相关者为《汉唐小说史》与《作诗法讲话》。除此之外，森槐南在盐谷温1906年赴欧之前还曾发表过《话说中国小说》（1891—1892），翻译过《鹤归楼》（1889—1890）与《水浒后传》（1893—1895），并与森鸥外、三木竹二、依田学海、幸田露伴、森田思轩合评过《水浒传》（1897）。⑥

---

① 盐谷温《天马行空》，第56页。
② 盐谷温《天马行空》，第60页。
③ 盐谷温《天马行空》，第69页。
④ 盐谷温《天马行空》，第70页。
⑤ 森槐南《中国诗学概说：森槐南遗稿》，临川书店，1982年，第1—3页。
⑥ 沟部良惠《森槐南の中国小说史研究について：唐代以前を中心に》，《中国研究》

《汉唐小说史》全十三回，体例与大学课程相符，仅涉《山海经》《穆天子传》《搜神记》《世说新语》《虬髯客传》《霍小玉传》《李娃传》《柳毅传》《枕中记》《南柯记》等文言小说，论及故事梗概与目录源流的演变，虽然对小说研究有推进之功，却并未超出传统子部之学①。《作诗法讲话》在末章《小说概要》中论及中国小说发展史，篇幅较短，文言部分与《汉唐小说史》多有重合。谈到白话小说一再强调其"言文一致"符合现代小说观念，"今人最欣赏"②，呼应着明治时期日本小说的文体改革。书中借鉴郎瑛《七修类稿》或《水浒传》天都外臣序的说法，称白话小说源自宋仁宗时，起初是笔录说书内容如《宣和遗事》，谈到的作品主要是"四大奇书"、《女仙外史》《红楼梦》《儒林外史》等长篇小说。

《汉唐小说史》与《作诗法讲话》两门讲义具体于何时讲授已难加查考，尤其是《作诗法讲话》可能是晚年之作，讲授时盐谷温已经毕业，而且讲义出版当年盐谷温即赴欧求学。即便二者均在盐谷温就学东大（1899—1902）时讲授，也只能说森槐南为他打开了中国小说的门户，却未铺就白话短篇小说研究之路。如果走出课堂，那么1906年盐谷温赴欧之前日本已出版九部中国文学史③，不过内容多限于诗文，古城贞吉甚至在《支那文学史》订正版的余论中称"士君子非无作传奇小说之意，而竟不为之者，性情卑劣之徒执笔墨，（士君子）耻于颓波浊流间争论短长。自古以来此类著作大都摈弃于文学之外，由是观之，岂偶然哉"④。盐谷温考入东京大学之前两年，笹川种郎出版《中国小说戏曲小史》⑤，小说部分专论白话而不及文言，详细讨论的作品只有《水浒传》《三国志》《西游记》《红楼梦》四种，谈到李渔只论戏曲而不涉小说。

（接上页）2008年第1期。
① 森槐南《森槐南先生手稿汉唐小说史》，早稻田大学图书馆藏，出版时间与地点不详。
② 森槐南《作诗法讲话》，文会堂书店，1911年，第335页。
③ 陈广宏《中国文学史著作编年简表（1854—1949）》，载氏著《中国文学史之成立》，上海古籍出版社，2016年，第321—360页。
④ 古城贞吉《支那文学史》，富山房，1902年，第585页。
⑤ 笹川种郎《支那文学史》，博文馆，1898年。

总而言之，可以说盐谷温就学于东京大学时专攻史学，授课教师也多为旧派汉学家，或接受现代学术训练但从事经史诗文研究的新一代学者；只有森槐南担任东京大学讲师时，可能在诗文之余兼及戏曲小说，这对盐谷温走上戏曲小说研究起到了启蒙发凡之功，但具体到白话短篇小说却非森槐南所长。包括"三言二拍"在内的短篇小说尚在内阁文库、蓬左文库、佐伯文库、尊经阁文库等藏书机构中少人问津。甚至不止学术训练，东京大学的汉文教育也延续着江户时期的传统，以和音训读和诗文创作为主，极少培养会话能力，课程设置中也没有类似内容，以至于1908年盐谷温在留学德国期间赴剑桥拜访汉学家翟里斯，见面后翟里斯问他能否以汉语对话，汉文学科出身的盐谷温以英文回答不能、但可以用德语交谈①。

从另一角度来看，东京大学汉文学科给盐谷温提供了扎实的外语训练。东京大学自1877年创立伊始便有文学部，部内分史学、哲学、政治学的第一科与和汉文学的第二科，和汉文学科每年均有英语或英文学课程，而且连续三年必修欧美史学与哲学②，非常注重青年一代对西方文史研究的了解，1881年学科改组后，甚至将第一科修习的第二外语扩展到整个文、理学部③。明治时期东京大学汉文学科培养的学者大多具有优秀的外语能力，很多学者掌握两种或两种以上西方语言。藤田丰八曾在上海东文学社教授王国维英文，还精通法文，曾经在大学讲授卢梭的《爱弥儿》④；狩野直喜从小就在济济黉学习英语，也能流利地用法语交谈⑤；久保天随通英文、德文，曾翻译歌德的《浮士德》⑥；铃木虎雄13岁

---

① 盐谷温《天马行空》，第101页。
② 《东京大学百年版史·部局史1》，东京大学出版会，1986年，第413—414页。
③ 《东京大学百年版史·部局史1》，第415页。
④ 东方学会编《东方学回想》第1卷，刀水书房，2000年，第199页。
⑤ 东方学会编《东方学回想》第1卷，第167页。
⑥ 黄得时《久保天随博士小传》，《中国中世文学研究》1962年第2期。

入东京英语学校①。盐谷温本人在翟里斯面前称能以英文、德文会话②，多半也能阅读法文著作。当时东京大学的教师若要晋升职称，往往要有留学欧洲的经历，盐谷温也不例外。

据1906年11月7日《官报》"留学生出发"条记载："文部省外国留学生东京帝国大学文科大学助教授盐谷温、同东京高等工业学校教授松浦和平，均于去月三十日出发"③，先在慕尼黑大学学习德语一年，后赴莱比锡大学学习一年半。德国汉学家海尼士1930年称莱比锡大学"实为德国大学中唯一无二具有久而不断之汉学教授历史"，但莱比锡的汉学研究以语言学为主，文学研究并非所长，当时德国汉学不振，欧洲汉学界英、法、荷走在前列。盐谷温后来回忆这段留学经历时，最常提到的名字也多来自英法，称"意外的是，法国学者中有巴赞、茹理安、德尼等，翻译了诗曲、小说，我对此吃了一惊。这毕竟是对于中国语学研修的结果。这是纯文学方面的工作。面对在日语中都还没有见到适当翻译的《西厢记》《琵琶记》等的法语翻译本，实在感到汗颜"⑤，在抵达德国之前，他已对英法汉学有所了解，甚至学习汉语的教科书就是威妥玛的《语言自迩集》和翟里斯的《华英词典》⑥。

日本学术界逐渐遗忘了江户时期盛行的"三言二拍"等白话短篇小说，但法国却从来华传教士开始，白话短篇小说的翻译与改编不绝如缕。自1814年法兰西学院设立汉语教授席位开始，现代汉学逐渐确立，首任教授雷慕莎（1788—1832）就编纂过三卷本的《中国短篇小说》，收录《今古奇观》卷二十六《蔡小姐忍辱报仇》、李渔《十二楼》中的

---

① 东方学会《东方学回想》第2卷，第121页。
② 盐谷温《天马行空》，第101页。
③ 《官报》1906年11月7日第7008号。
④ 海尼士《近五十年德国之汉学研究》，载李雪涛编《民国时期的德国汉学：文献与研究》，外语教学与研究出版社，2013年，第37页。
⑤ 盐谷温《游学漫言》，《东亚研究》1912年11月号，参见李庆《日本汉学史》第2部，上海人民出版社，2016年，第349页。
⑥ 盐谷温《天马行空》，第101页。

《合影楼》《夺锦楼》《三与楼》等短篇小说。他在前言中称"这些小说已展现在欧洲读者面前，希望它们能备受珍视。（中略）期待着学者的一片热忱能满足票友们的好奇心，对中国某种次要文体如道德小说与短篇故事具备鉴赏品味的人，它能让你心有戚戚焉。这些作品通常篇幅不长，从艺术角度来说不能与传奇作家的鸿篇巨制相提并论。如果说小说背景与人物形象通常不够鲜明，我们却可以从中看到五花八门的故事与细节，引人注目，揭露越来越多的私人内心生活以及社会隐秘的家庭习俗"①，这已经超出了传教士或18世纪启蒙思想家们因陌生而对中国小说产生的幻想，近似严肃的文学批评。他还在自己翻译的《玉娇梨》序言中称：

那些短得多的作品，类似我们的Nouvelles（短篇小说）一样小巧。如果把相同的汇集成册，可以容纳好几百篇。有些是用诗体写的，有些则是用文学笔调将其汇聚成编，往往多达数百篇。有些是韵文体，有些为文艺体。以散文写就者，常含相当数量的诗歌。有的通篇会话，这是所谓小说家们最钟情的，以至于部分章节整体就像三两个话篓子撑起的喜剧。②

盐谷温提到的德尼（Le Marquis d'Hervey de Saint Denys），现在多译为德理文（1822—1892），他在《三种中国小说》中翻译了《今古奇观》中的三篇小说，分别是卷三十九《夸妙术丹客提金》、卷十《看财奴刁买冤家主》与卷二十七《钱秀才错占凤凰俦》，正文之前附有《今古奇观》中已被译为英、法文的小说目录，共有15篇。他在序言中称：

这是包含40篇作品的小说集，以"官话"写成，起源于13世纪。一位中国编者在成于众手的珠玉宝库中慧眼识荆。初版《今古奇观》可以追溯到明亡前一个多世纪，它在1368至1616年间稳坐龙庭，远早于目下的

---

① Abel Rémusat ed. *Contes chinois*, Tome 1, Chez Moutardier, 1827, pp. V-VI.
② Jean-Pierre Abel-Rémusat Trad. *Iu-Kiao-Li, ou les Deux cousines*. Tome 1, Ernest Leroux, Editeur, 1885, pp. 26-27.

鞑靼王朝初掌天下之时。观察这个时代，对判断小说舞台上众多角色的音容笑貌与生活习性不无裨益。①

盐谷温留学德国时，欧洲汉学界的权威期刊是荷兰学者施古德（Gustaaf Schlegel）与法国学者考狄（Henri Cordier）共同主编的《通报》（T'oung Pao），1890年创刊第一卷就刊发了考狄的《〈今古奇观〉已译篇目》②，在德理文整理的目录基础上做了增补。法国汉学界对白话短篇小说的翻译与研究始终未曾断绝，但由于图书收藏与阅览的困难，对象多为《今古奇观》或李渔的小说。虽然现代汉学研究早在19世纪初就已确立，但苦于资料缺乏，直到现代图书馆制度确立、各大机构的藏书目录编纂完成，汉学家们才对传到欧洲的小说文献有了系统的了解。

1870年以后随着工业化的发展，大学教育日益普及，知识阶层数量增加，以图书档案为基础的学术研究逐渐确立，欧洲各国相继建立近代实用性的图书馆③，以往国王、贵族或教会广储珍本、秘不示人的状态有了明显改观，英法两国汉学家也在致力于整理大学或公共图书馆的汉籍藏书。1902至1912年间汉学家古恒（Maurice Courant）为法国国家图书馆编纂完成《中、朝、日等图书目录》④，1903年汉学家道格拉斯（Robert Kennaway Douglas）编纂完成《大英博物馆汉文典籍与抄本增补目录》⑤，1915年汉学家翟里斯（Herbert A. Giles）编纂完成《剑桥大学图书馆威妥玛文库汉文与满文文献增补目录》⑥。这三部目录均著录了《今古奇观》，法国国家图书馆的《中、朝、日等图书目录》第1卷（1902年出

---

① Le Marquis D'Hervey-Saint-Denys, *Trois Nouvelles Chinoises*, Ernest Leroux, Editeur, 1885, pp. V-VI.
② *T'oung Pao*, Vol. I, 1890, pp. 266-273.
③ Joris Vorstius, Siegfried Joost著，藤野幸雄译《图书馆史要说》，日外アソシエーツ1980年，第115页。
④ Maurice Courant: *Catalogue des livres chinois, coréens, japonais, etc.* E. Leroux,1900-1912.
⑤ Robert Kennaway Douglas: *Supplementary catalogue of Chinese books and manuscripts in the British Museum*, British Museum, 1903.
⑥ Herbert A. Giles: *Supplementary catalogue of the Wade Collection of Chinese and Manchu books in the library of the University of Cambridge*, Cambridge University press, 1915.

版）还著录《醒世恒言》一部，编号为4246—4248①；《拍案惊奇》两部，编号分别为4252—4254、4258②；《拍案惊奇二集》一部，编号为4255—4257③，早于盐谷温在内阁文库的发现22年，编者古恒曾任里昂大学汉学教授，但主要关注对象为语言学，不以小说研究见长。

在盐谷温发表《关于明代小说〈三言〉》前一年，法国汉学家伯希和1925年在《通报》上发表了《论〈今古奇观〉》④，可能是欧洲汉学界最早利用《拍案惊奇》写成的论文。伯希和的原意是评论豪厄尔（E. B. Howell）编译的《今古奇观：庄子妻水性杨花等中土小说》，主要精力却放在了《今古奇观》故事来源与刊刻时间的考察上。他调查了大英博物馆、法国国家图书馆等藏书机构收藏的《今古奇观》与《拍案惊奇》《二刻拍案惊奇》，由笑花主人序言提到的"皇明"推测《今古奇观》刊刻于明亡前，又根据卷五《杜十娘怒沉百宝箱》中提到万历"在位四十八年"，推测刊刻时间最早为泰昌元年，即1620年。笑花主人序提到《今古奇观》是从墨憨斋所纂"《喻世》《警世》《醒世》三言"、以及即空观主人"爰有《拍案惊奇》两刻"中选刻而成，而《二刻拍案惊奇》有睡乡居士"壬申冬日"序，即1632年，于是将《今古奇观》的刊刻时间锁定在1632到1644年之间，与盐谷温、马廉的推测一致。

盐谷温的《关于明代小说〈三言〉》原本分三期连载于《斯文》杂志1926年第8编5、6、7号，在第二期连载时，正文后附有"追记"，称：

> 经神田博士提醒，注意到《通报》第二十四卷登载法国东洋学者伯希和与《今古奇观》有关之研究，遂一睹为快。论源流而引笑花主人序，述及《三言》与《拍案惊奇》，诚感佩之至，深自惭愧。其所见《今古奇观》，题为"喻世明言二刻"，且有"墨憨斋手定""吴郡宝翰楼"。今宇野博士渡欧，赴巴黎访伯希和，遂托其往国民图书馆调查原本。明春归

---

① Maurice Courant:*Catalogue des livres chinois, coréens, japonais, etc.*,Tome 1, pp.425-426.
② Maurice Courant:*Catalogue des livres chinois, coréens, japonais, etc.*,Tome 1, pp.426-427.
③ Maurice Courant:*Catalogue des livres chinois, coréens, japonais, etc.*,Tome 1, p.426.
④ Paul Pelliot:"Le Kin kou k'i kouan",*T'oung Pao*,Vol. 24, 1925, pp. 54-60.

来，或可请教新闻，欣然待之。①

伯希和论《今古奇观》的论文早于盐谷温一年发表，即1925年，两人独立从事与"三言二拍"相关的研究。而且，伯希和论文的日语译本1927年刊载在《斯文》杂志②，也即连载盐谷温《关于明代小说〈三言〉》的同一份杂志，同一期还刊载了马廉《关于白话短篇小说"三言二拍"》的译文，这段学术公案如此结束，盐谷温成人之美的君子之风令人动容。

盐谷温离开德国后，旋即奔赴中国，开始了新的留学生活，这段时间与叶德辉的师生情谊已经成为一段学术佳话。1912年8月29日的《官报》"学事：留学生出发及归朝"项记载"东京帝国大学文科大学助教授盐谷温本月一日归朝"③，自1906年10月30日离开日本，到1912年8月1日返回，结束了将近六年的留学生活，盐谷温的学术生涯已进入一片新天地。

结　语

"三言二拍"成书后不久就已传入日本，被日光轮王寺僧人天海、尾张藩初代藩主德川义直与幕府将军等人收藏，但江户初期日本文人大多不通白话，其著作对"三言二拍"的翻译或引用较少。由于荻生徂徕、伊藤东涯等当世名儒对"唐话"的热衷，文人阅读白话小说的能力逐渐提升，最迟自享保年间开始，田中大观、伊藤东涯、冈白驹、泽田一斋等人就已留下阅读"三言二拍"的记录。日本选刻"三言二拍"的"小说三言"刊行以后，这些小说流传日广，江户后期丰后佐伯藩与曲亭马琴均曾收藏《古今小说》或《警世通言》，但宝历以后的书籍贸易中再未出现"三言二拍"的记录，《今古奇观》却频繁出现在《舶载书目》等唐船持渡目录中，逐渐取代"三言二拍"，成为主要的阅读对象，同

---

① 盐谷温《明の小説三言に就て（二）》，《斯文》1926年第8编第6号。
② パウル・ペリオ述《今古奇観に就て》，《斯文》1927年第9编第4号。
③ 《官报》1911年8月29日第26号。

时"小说三言"也在阅读与收藏中逐渐取代《今古奇观》。

从江户前期到江户后期，小说阅读群体发生了变化，由前期以汉学者为主，转变为后期的富商、医生或小说家为主，汉学家日益疏远小说。这种趋势延续到现代，明治时期的新一代中国文学研究者父祖辈多为以经史诗文立身的旧藩士或汉学者，最早在东京大学汉文学科授课的也大都是这些人。盐谷温等青年学者在大学里学到的往往是诗文，白话小说很少进入大学课堂，甚至对盐谷温有启蒙之功的森槐南对白话短篇小说也知之不多，以至于盐谷温初次接触江户时期曾经盛行的"三言二拍"时，才会有重新发现之感。东京大学为青年学子打下了良好的外语基础，又设置多门西方文史课程，为他们接受西方学术创造了条件。盐谷温留学德国期间对英法两国的汉学研究多所了解，尤其是法国的白话短篇小说翻译与评论。从1925年到1926年之间，伯希和在法国、盐谷温在日本，几乎同时写下与"三言二拍"相关的研究文章，逐渐确立了"三言二拍"在中国小说史上的地位。

古城贞吉及其对《楚辞》的收藏与研究[*]

郑 幸

（上海大学文学院）

古城贞吉（1866—1949），号坦堂，日本熊本县人。六岁就开始跟随著名汉学家竹添进一郎（号井济）学习，汉学功底深厚。明治十八年（1885）从济济黉高等学校毕业后，就一直在家自研汉学，并于明治二十九年（1896）出版了《支那文学史》，这部书被公认为世界第一部叙述全备的中国文学通史。其后曾多次前往中国，并受聘担任《时务报》"东文报译"栏目的翻译工作，将大量日语词汇引入中国，是一位与中国近代史、文学史都关系密切的重要学者。回国后历任拓殖大学讲师、东洋大学教授，又曾兼任早稻田大学、日本大学、立教大学、大东文化学院、庆应义塾大学等校讲师，是日本近代中国文学研究的开拓者之一。[①]

---

[*] 本文是2020年度日本学术振兴会科学研究费补助金国际共同研究加速基金（国际共同研究强化［b］）课题"以在美日本汉籍的藏书学——今关天彭收集书为例"（课题编号：19KK0008）的阶段性成果。

[①] 关于古城贞吉的生平及相关情况，先后有平田武彦《坦堂古城贞吉先生》（西海时论社，1954年）、宇野精一主持的座谈会纪要《「先学を語る」古城貞吉先生》及其所附《古城貞吉先生年譜》（《东方学》1986年第71辑）可供参考。此外，关于古城贞吉的专论则有杜轶文《古城貞吉と支那文学史について》（《二松大学院纪要》2003年，第388—409页）、沈国威《关于古城贞吉的〈沪上销夏录〉》（《或问》2004年第8号）、陈一容《古城贞吉与〈时务报〉"东文报译"论略》（《历史研究》2010年第1期）等文，都围绕古城贞吉的相关论著与活动展开了非常具体的讨论。还有一些通论性质的著作，

古城贞吉一生专注汉学研究，同时也是一位颇具代表性的汉籍藏书家。其藏书目前以"坦堂文库"之名，由财团法人"永青文库"寄存于庆应义塾大学附属研究所斯道文库内（以下简称"斯道文库"），数量多达28000余册。笔者去年因有幸参与由斯道文库住吉朋彦教授主持的围绕古城贞吉、今关天彭等几位日本汉籍藏书家所展开的研究工作，因得以近距离接触、浏览相关的汉籍藏书，并计划对这两位藏书家做一些个案与对比的研究。从内容看，两位藏书家所藏基本上都是学者治学的基本用书，以历代名家经典著作居多；版本上则以清代、民国时期的刻本为主，也有少量明代刻本。所以两家的藏书目录，重叠的部分不少。不过有一点不同的是，古城贞吉"坦堂文库"中的大部分书籍都留下了本人点读、批注的痕迹，而这一现象在今关天彭的藏书中则不是非常突出。本文即尝试从"坦堂文库"中的一批《楚辞》文献入手，对其版本情况、收藏过程以及收藏者亲笔批注的方式和内容等，展开一定的梳理与分析，以期揭示古城贞吉此前并不为人所熟知的《楚辞》研究成果，并为我们了解早期日本汉学家的治学方法、藏书兴趣等诸多问题提供一些可资借鉴的参考。

一、"坦堂文库"中的《楚辞》文献概况

在"坦堂文库"诸多藏书中，有一批与《楚辞》有关的藏书，引起了笔者的注意。根据斯道文库的卡片目录，这批藏书基本上按照四部分类法被归入集部总集的"楚辞类"之下，也有几种被归入其他分类，如《屈宋古音义》《楚辞韵读》等，合计总数为50种53部（其中3部为副本）。在以收藏常用书为主的"坦堂文库"中，这样特色鲜明而又具有一定数量的主题性藏书显得颇为引人注目。尽管这一数量相比浩如烟海

（接上页）如李庆《日本汉学史》（上海人民出版社，2010年，第一部，第371—375页）、陈广宏《中国文学史之成立》（上海古籍出版社，2017年，第97—98页）、赵苗《日本明治时期刊行的中国文学史研究》（大象出版社，2018年，第105—124页）等中，也有专门章节介绍古城贞吉及其文学史，可供参考。

的《楚辞》文献而言①，并不算十分全备，但在19世纪末到20世纪前期，也算是相当可观了。事实上，就笔者浅见所及，其《楚辞》文献收藏之富，在日本近代可能仅次于大阪大学"怀德堂文库"所收录之"楚辞百种"，而有些版本甚至连"楚辞百种"都不曾收藏，其价值可谓不言而喻，故有必要为之作一些梳理与介绍。

由于"坦堂文库"本以收藏汉籍为主，因此在这50种《楚辞》文献中，中国本占据了绝对优势，共44种。其中又以清刻本居多，明刻本只有6种，包括隆庆五年（1571）豫章夫容馆刻《楚辞章句》十七卷、万历三十九年（1611）刻《楚辞述注》十卷、万历四十三年（1615）汪文英刻《楚辞集解》十五卷（存八卷）、天启六年（1626）忠雅堂刻《（七十二家批评）楚辞集注》八卷《附览》二卷《辩证》二卷《后语》八卷、崇祯十年（1637）刻《楚辞评林》八卷以及明末缉柳斋刻《楚辞疏》十九卷附《读楚辞语》一卷《楚辞杂论》一卷。尽管明刻本的数量并不算很多，但却集中了几个比较有代表性的明代《楚辞》版本，有些版本还能补"楚辞百种"之阙。例如夫容馆本《楚辞章句》，崔富章《楚辞书目五种续编》称"此本刻印俱精，为藏书家所重视"②，而"楚辞百种"收录了各种明版《楚辞章句》，却恰恰缺少这一种；又如明末缉柳斋本《楚辞疏》，"楚辞百种"亦只有康熙四十四年（1705）的重刻本。此外值得一提的是，在万历四十三年汪文英刻《楚辞集解》中，有大量古城贞吉的朱笔批注，可知这是其曾经潜心细读过的版本之一。不过此本仅存八卷，因此后来古城贞吉又辗转觅得了一部曾经"昌平坂学问所""浅草文库"等递藏的足本《楚辞集解》，正是以此万历四十三年刻本为底本所抄写。不过在那部抄本中，古城贞吉并没有留下批注，甚至连藏书印都没有加盖。

---

① 按姜亮夫《楚辞书目五种》第一部《楚辞书目提要》列举了《楚辞》书目228种、图谱47种，其后崔富章《楚辞书目五种续编》则又新增书目141种、图谱27种，故总数实际上达到了400余种的规模。而据周建忠《五百种楚辞著作提要》、黄灵庚《楚辞文献丛刊》等可知，《楚辞》文献的实际数量至少在500种以上，而版本数量则还要更多。
② 崔富章《楚辞书目五种续编》，上海古籍出版社，1993年，第21页。

清刻本中，嘉庆以前的刻本有18种，基本上集中了清代前中期学者在《楚辞》方面的代表性成果。其中有一部康熙元年（1662）毛氏汲古阁校刻《楚辞补注》十七卷，内有大量古城贞吉的亲笔圈点、批注，而且还是以朱、墨、蓝三色反复出现，可见这部书曾被不止一次地阅读并添加批注。这也不难理解，毕竟《楚辞补注》是《楚辞》文献中最为基础的注本之一，而汲古阁本又是此书早期最为通行且校勘精良之本。不过想要获得一部真正的汲古阁本也并不容易。在"楚辞百种"中，收录了宝翰楼、金陵书局、中华书局乃至日本宽延二年（1749）皇都书林诸家翻刻（排印）的汲古阁本，却没有一部真正的汲古阁本。联系前文提到过的同样失收于"楚辞百种"的几部明刻本（清刻本亦不乏其例），就足以看出古城贞吉在《楚辞》文献的收藏上确实也花费了很大的心思，并不逊色于同时代的西村时彦。

至于清后期至民国间的诸多版本，则主要是晚清、民国学者的相关研究，也有不少是早期刻本的影印本。如中华民国六年（1917）铁琴铜剑楼影宋本《离骚集传》、中华民国十三年（1924）罗振常蟫隐庐影明末清初《陈萧二家绘离骚图》等，这显然是在某些贵重稀见的刻本无法轻易获得的情况下，所做的折衷选择。

而六种日本本中，三种为中国刻本的重刻本，两种为抄本，还有一种则为日本学者冈松瓮谷的著作《楚辞考》。其中三种重刻本分别为庆安四年（1651）村上平乐寺刻《楚辞集注》八卷（后附享保九年［1724］补刻《后语》六卷《辩证》二卷）、宽政十年（1798）刻《楚辞灯》四卷以及明治间大阪青木嵩山堂刻《楚辞章句》十七卷，其中又以《楚辞集注》最为重要。据崔富章《楚辞书目五种续编》介绍，此书为《楚辞》在日本"最为古老"的刻本，且其日语训读"把音训两读的所谓'文选读'方式推到登峰造极地步，在汉文训读史上占有特殊地位"[①]。而这也确实是古城贞吉点读、批注数量最多的书籍之一，可谓丹黄满纸，部分

---

① 崔富章《楚辞书目五种续编》，第66—67页。

卷末还有朱笔识语，详细记载了阅读和批注的时间：

> 壬子二月念七夜读，目白山人记。（卷一）
> 点读于目白山房，抄记诸家说，未必折其中也。坦堂外史。（卷三）
> 十一月十八夜读。（卷四）
> 大正改元秋晚点读于山斋。（卷五）
> 坦史点读于目白山斋。（卷八）
> 壬子春初坦史读。（《后语》卷二）
> 壬子二月念八夜读，坦父。（《后语》卷六）
> 点读于目白山斋。坦父书。（《辩证》卷末）

这里的"壬子""大正改元"都是指1912年，这说明古城贞吉至少在是年春二月前后、秋十一月前后分两次点读并批注了这部《楚辞》研究领域中的基本文献。至于批注的内容，则主要是抄录各家的注释及研究。对此，本文下节还将作一些展开，此不赘述。

此外两部抄本也值得一提。其中一部《楚辞集解》十五卷附《楚辞蒙引》二卷《楚辞考异》一卷，前文曾经提及，系以明万历四十三年汪文英刻本为底本抄写。其抄写者与抄写时间不详，但应早于日本文政九年（1826，清道光六年）。这是因为书中有"昌平坂学问所"墨文长方印、"文政丙戌"朱文长方印、"浅草文库"朱文长方印、"日本政府图书"朱文方印等印章，可知当于文政九年前后入藏昌平坂学问所，又辗转入浅草文库、内阁文库。值得一提的是，在"坦堂文库"所藏的一部清康熙间听雨斋刻朱墨套印本《（八十四家评点）楚辞集注》中，也有上述"昌平坂学问所""文政丙戌""浅草文库"等藏书印，可知很可能是同一批收入的。另一部抄本为清人张诗的《屈子贯》五卷，从抄写字迹看似为古城贞吉亲笔。又卷五"远游"篇末有朱笔识语"昭和十八年十月据冈口邨所藏原刻本校读"，此当中华民国三十二年（1943）曾据清康熙四十年（1701）原刻本校正，惟所谓"冈口邨"则未详何人。

至于冈松瓮谷的《楚辞考》，则是"坦堂文库"诸多《楚辞》文献中惟一一部日人《楚辞》研究著作。尽管此书上留下的古城贞吉的批语并不多，但在前及庆安四年刻《楚辞集注》中，有不少批注引到了冈松氏《楚辞考》的相关研究，可见古城贞吉曾经非常认真地通读过《楚辞考》。考虑到这些批注大多作于1912年，而《楚辞考》首次出版是在1910年，因此其购入与阅读的时间应该基本上就在这一阶段之间。

二、古城贞吉的中国之行与《楚辞》文献的收藏

这些《楚辞》文献大概收藏于何时，现在已无法一一详考，但亦可略加追溯其购藏之来源。平田武彦在《坦堂古城贞吉先生》第三章"先生と書籍購入"中曾云：

> 先生多达五万册的藏书，当然绝非一朝一夕所收集。早在逗留中国期间，先生就已在当地购买并带回了很多书籍。但更多的，还是先生后来所时时留心搜购的——东京、京都等地的知名旧书店自不必说，还有全国各地的旧书店——为了找到心中所想的书籍，常年耐心地搜集并购买。①

书中明确提到，早在古城贞吉逗留中国期间，就已经开始大量购买书籍并携归中国，这其中应该也包括部分《楚辞》文献。因此在讨论这些《楚辞》文献的购藏时间之前，我们有必要先简单梳理一下古城贞吉来往中国的几次行程。

根据《古城贞吉先生年谱》记载②，古城贞吉曾先后三次前往中国游

---

① 见平田武彦《坦堂古城贞吉先生》，西海时论社，1954年，第15页。此为笔者所译，原文作："先生の五萬冊にものぼる藏書は、決して一朝一夕にして集められたものではない。先生が中国に滞留中に彼の地で購入して持ち帰られたものも大分あったが、他の多くは先生が常に心がけて、東京や京都の有名な古本屋は無論、全国各地の古書店等で、『これは』と思うものをさがし出しては、永年にわたって根気よく購入し、蒐集されたものであった。"

② 见宇野精一主持的座谈会纪要《「先学を語る」古城贞吉先生》附录，载《东方学》1986年第71辑。

学。第一次是在1897—1901年（光绪二十三年至二十七年）①，先后在上海、北京等地停留，并称在1899年遭遇了义和团围攻北京东交民巷使馆区的所谓"笼城"事件；第二次是在1907年（光绪三十三年），有过一次短期的中国游学，具体地点则不详；第三次则是在1929年（中华民国十八年），逗留时间不到一年，具体地点仍不详。不过根据笔者所掌握的材料并结合已有研究来看，上述记载都有一些问题。事实上，古城贞吉来华的次数可能多至五次，具体如下：

第一次（1896.7—1898初），以《时务报》日文翻译身份赴上海，期间曾返回日本。据杜轶文考订，在《中国文学史》甫完稿之际亦即1896年（光绪二十二年）7月初，古城贞吉就应汪康年之聘，前往上海担任《时务报》的日文翻译。②又据沈国威考订，至少在1896年末至1897年1月间（光绪二十二年），古城贞吉曾短暂返回日本，为《时务报》馆购入各种书籍、报纸、杂志，并于1897年2月前后（光绪二十三年）再次回到上海。而其最终离开上海回国，则是在1898年初（光绪二十四年）③。此后古城贞吉即以邮寄译稿的方式继续担任《时务报》翻译，直至1899年（光绪二十五年）初《时务报》（时已改名为《昌言报》）停刊。

第二次（1899.6—1900.11前），以"日报社"记者身份赴北京。据杜轶文考订，古城贞吉大约在1899年5月出发，6月抵达北京；又于次年6月至8月间遭遇所谓"北京笼城"事件。④至于古城贞吉返回日本的时间，《年谱》及相关研究者均说是在1901年（光绪二十七年）某日，事实上则可能更早一些。"坦堂文库"所藏《阅微草堂笔记》二十四卷有古城贞吉题识，作"明治三十三年十一月在东京又读，坦公自记"，这里的"明治三十三年"即1900年（光绪二十六年）；又《竹叶亭杂

---

① 按，因日本使用公历，月份与农历不同，为免混淆，本文主要使用公历年月，同时括注中国纪年。
② 杜轶文《古城贞吉と支那文学史について》，《二松大学院纪要》2003年第17号。
③ 沈国威《关于古城贞吉的〈沪上销夏录〉》，《或问》2004年第8号。
④ 杜轶文《古城贞吉と支那文学史について》，《二松大学院纪要》2003年第17号。

记》八卷中也有古城氏题识，作"辛丑二月于东京又捡读"，这里的"辛丑"指1901年（光绪二十六年底至二十七年初）。据此可知，古城贞吉在1900年11月至1901年2月均在东京，这说明他在11月之前就已经回到了日本。

第三次（1907，短期），地点不详。据《年谱》。

第四次（1911.8），杭州、苏州、南京一带。关于此次中国之行，似未见其他文献提及，惟于"坦堂文库"诸书题跋中多次涉及，具体内容如下：

《经典释文》三十卷，题识："辛亥入清将来之一，耕斋点读。"

《草木子》四卷，题识："辛亥之夏游历杭州，购获此书，即卒读。"又："辛亥之秋灯下卒读。"

《庸闲斋笔记》十二卷附二卷，题识："八月念二读，苏州客次（原注：月屋楼上书）。"又："八月念二读于苏州客次。"又："八月念三读于苏州客舍。"又："辛亥八月念三读于南京旅次。"

这里的辛亥，均指1911年（宣统三年）。根据诸题跋内容，可知古城贞吉曾于是年八月游历江南一带；而结合三城市之地理位置，其游踪次序很可能是自杭州途经苏州前往南京。至于其具体的逗留时间，以及此行目的，则暂未详。不过《经典释文》和《草木子》的题识中，均明确提到了此行有购买书籍之举。

第五次（1929，不满一年），地点不详。据《年谱》。

以上是根据现有材料可以考得的古城贞吉中国之行的次数和时间，如果不计其中短暂归国的次数，则前后共计五次。不过需要注意的是，其中第三次、第五次除了《年谱》有记载，暂时并未找到其他相关佐证。事实上，尽管古城贞吉在读书题识中不太习惯标注确切年份，但对地点却时时加以提及。因此，无论是此前在上海、北京的行迹，还是后来在江南的行迹，都在题识中多有体现。从这一点来看，《年谱》所载之两次中国之行在诸多题识中竟丝毫未见提及，实在是比较奇怪的。考虑到这部年谱的多处记载已被杜轶文、沈国威等人证实有误,因此其中对这两次中国之行的记载,很可能也是有问题的。当然,具体情况究竟如何,还需要收集更多材料以作进一步的考察。

通过以上梳理可知,古城贞吉来往中国不仅次数较多,而且有两次逗留的时间还非常长,十分有利于书籍的搜罗与购买。尽管暂时并没有材料明确提到在华期间曾购买《楚辞》文献,但还是可以找到一些相关信息。如"坦堂文库"所藏康熙间刻本《庄屈合诂》一书,其最末夹有棕色行格信纸一张,上有古城贞吉墨笔云:"渔父莞尔云 /《集注》:鼓枻,扣舷也。沧浪,即汉水之下。/(诂)曰:原以湘流可葬,渔父以沧浪可濯……"其下有朱笔画线,并朱笔小字注云:"**コノ下ノ處キレテ字ナシ**。"意指以下无字。又左侧朱笔云:"末叶缺几个字,只因此书北京各处均无,故此不能补上,请见谅。**トノ　ハサキ**笺。"检核《庄屈合诂》一书,信中提到的这些内容正好位于最末叶,虽然在"濯"字之后尚有"濯沧浪足以"数字,但以下确实整页缺失,与信中所云大致吻合,则所谓"末叶缺几个字"之书当即指此部《庄屈合诂》。根据本文此前所考,古城贞吉应该只去过一次北京,即1899年(光绪二十五年)6月至1900年(光绪二十六年)11月间,则此书很可能正是购买于这一阶段。而从此信语气看,这应该是古城贞吉响应某人咨询的答复。信纸上还贴有日本"内阁印刷局制造"四钱邮票一枚,应该是寄信方预付的邮资,可见来询者也是日人。根据服部宇之吉《北京笼城日记》的记载,当时在京日人不少,其中就包括著名汉学家服部宇之吉、狩野直喜等。① 此外内藤湖南游历北京期间,也曾拜访古城贞吉,并与几位在京日人一起登上崇文门古城墙喝酒赏月。② 尽管这些并不能说明古城贞吉在北京

---

① 服部宇之吉《北京笼城日记》,服部宇之吉,1926年,第33—34页。
② 内藤湖南《北京,变迁,城墙观月》:"这次旅行,本打算在长城上观赏中秋月,但因事出发推迟了一天。去长城的前夜,在北京城里过了中秋节。这天,我拜访了古城贞吉氏,谈话间决定在城墙赏月。筑紫办馆的中村氏为此准备了酒肴。一起赏月的有古城氏,大阪每日的安东氏,筑紫的中村、伊藤二氏,还有小贯氏和我。"载氏著,吴卫峰译《燕山楚水·禹域鸿爪记》,中华书局,2007年,第41页。

期间就已经开始研究《楚辞》文献，但从"北京各处均无"云云來看，他确实曾经非常认真地关注并寻找过《庄屈合诂》一书的足本，且古城贞吉对北京的旧书市场，应该也是相当熟悉的。

此外，"坦堂文库"中还有一部清代康熙间听雨斋朱墨套印本《（八十四家评点）楚辞集注》，其函套外有"书业德自在江/浙苏闽拣选古/今书籍发兑印"朱文长方印。据《聊城四大书庄》一文介绍，"书业德"是清代康熙开业于山东聊城地区的一家历史悠久的书坊，其书"营销于京津、张家口、绥远、晋、冀、鲁、豫、东北三省、上海、南京以及徐州、宿县等地"①。尽管并不能据此断定古城贞吉是在中国旧书店中购得此书，但可能性还是相当大的。

由于我们暂时没有找到民国以后古城贞吉曾经来华的材料，因此"坦堂文库"中民国后出版的诸多文献，应该都是在日本旧书店中陆续购买的。值得一提的是，在一部嘉庆十七年（1812）刻《屈辞精义》的卷首，有所谓"参引诸家"，是作者陈本礼所罗列的参考书目，共计36种。其中《离骚章句》《离骚补注》《离骚集注》《离骚草木疏》《离骚集传》《楚词疏》《楚辞灯》《文选评》《离骚新注》这9种书名上方，盖有朱色戳记"藏"。检"坦堂文库"，除吴仁杰《离骚草木疏》、何焯《文选评》未见外②，其余7种俱有收藏。其中屈复《离骚新注》（乾隆三年刻本）卷一末有朱笔"甲寅六月初四夜读于目白山斋"，此"甲寅"当为民国三年（1914）；又钱杲之《离骚集传》，"坦堂文库"所藏只有民国七年（1918）铁琴铜剑楼影宋本。此外，也有虽然未盖"藏"之戳记，而实际见藏于"坦堂文库"者，包括沈云翔《楚辞评林》、王萌《楚辞评注》、朱翼《骚辩》、王邦采《离骚汇订》、蒋骥《山带阁注》、姚培谦《楚辞节注》、方人杰《楚词读本》这7种。如果这些"藏"字戳记

---

① 金紫垣、胡国典、刘伯纪《聊城四大书庄》，收入山东省聊城市委员会文史资料研究委员会编《聊城文史资料》第4辑，山东省聊城市委员会文史资料研究委员会，1987年，第85—87页。
② 按前文所引平田武彦《坦堂古城贞吉先生》称古城贞吉藏书五万册，而"坦堂文库"只有28000余册，则未见者很可能是在另外两万余册藏书之中。

确实为古城贞吉所加，则可以大致反映"坦堂文库"在民国七年或稍后时期的《楚辞》文献收藏情况。不难发现，古城贞吉点读、批注最多的几个本子，都已经出现在已藏目录中，这与古城贞吉的《楚辞》研究进程显然也是相匹配的。

三、古城贞吉的《楚辞》研究

早在江户时代，日本就已有学者对《楚辞》展开研究。根据徐志啸《日本楚辞研究论纲》的梳理，日本早期《楚辞》研究者包括浅见絅斋、芦东山、林罗山、龟井昭阳、冈松瓮谷以及西村时彦等人，其中又以西村时彦（1865—1924）最为著名。[①] 按西村时彦著述颇多，曾先后编撰《屈原赋说》《楚辞王注考异》《楚辞纂说》《楚辞集释》等书。而其所收藏的《楚辞》文献之富，更是屡为后人所称道。徐志啸在遍览日本学者的《楚辞》研究之后，曾总结云："在日本早期的楚辞研究者中，西村硕园无论在文献的采录收藏保存上，还是对屈原与楚辞的专门研究上，都达到了史无前例的水平，不少方面甚至可以说后无来者。"[②] 这评价可以说是相当高的。然而无论是徐志啸，还是其他日本研究者，似乎都没有注意到与西村时彦同时代的古城贞吉，也曾在《楚辞》文献的收藏与研究上倾注心力。前文已就其《楚辞》文献的收藏情况略作介绍，接下来就围绕其研究情况略作一些梳理。

最早在1896年出版的《支那文学史》中，古城贞吉就曾在第二编第九章"赋家"中专门介绍过屈原、宋玉及其赋，不过内容比较简单。随后，在前文所提及的和刻本《楚辞集注》八卷《后语》六卷《辩证》二卷中，曾留下大量古城贞吉的亲笔批注，以及一些有确切阅读时间的识语，基本上集中在1912年2月至11月间，这说明最晚到这一年，古城贞吉就已开始细致研读《楚辞》注本。而其大量搜集《楚辞》文献，应该也开始于这一时期。

[①] 徐志啸《日本楚辞研究论纲》，福建人民出版社，2015年，第11—17页。
[②] 徐志啸《日本楚辞研究论纲》，第15页。

而在一些日本学者的记载中，我们也能找到一些与古城贞吉《楚辞》研究相关的零星材料。如藤野岩友曾在其《巫系文学论》的自序中云：

> 后来感到需要研究汉文，在创办大东文化学院时就进入该校学习，聆听已故西村天囚和古城坦堂两教授讲授《楚辞》，不胜铭感。由此便抱有通过民俗学乃至文学的考察研究《楚辞》的希望。[1]

序中提到古城贞吉曾与西村时彦一起，在大东文化学院教授《楚辞》。这里的大东文化学院创办于1923年，即现在大东文化大学的前身。根据《古城贞吉先生年谱》的记载，古城贞吉在大东文化学院成立之初，就受初代总长井上哲次郎之招前往任教，一直到1929年才辞去教职，转而任教于新设立的东方文化学院东京研究所。[2]平田武彦曾云，他在昭和初年到六年间，曾在大东文化学院修习汉学，而坦堂先生是在昭和四年（1929）辞去教职的，因此由坦堂先生担任的高年级科目《尚书》《礼记》《楚辞》等都很遗憾没有听到。[3]由此可知，古城贞吉的《楚辞》课程主要面向高年级学生，且在《楚辞》之外，还教授《尚书》《礼记》等课程。这里值得一提的是，同时在大东文化学院教授《楚辞》的西村时彦，次年就去世了，因此实际任教时间并不长。而古城贞吉很可能正是接替西村时彦，才开始教授《楚辞》。

尽管《古城贞吉先生年谱》中没有提到其在大东文化学院时的授课内容，但在东方文化学院东京研究所阶段，则明确提到其"《楚辞》研

---

[1] 藤野岩友著，韩基国编译《巫系文学论》，重庆出版社，2005年，第3页。
[2] 宇野精一主持座谈会纪要《「先学を語る」古城贞吉先生》附录《古城贞吉先生年谱》，第20页。
[3] 宇野精一主持座谈会纪要《「先学を語る」古城贞吉先生》，第13页。原文作："私は昭和の初年から六年間大東文化学院で漢学を修めましたが、坦堂先生は昭和四年に教授を辞せられましたので、高等科での先生ご擔當の『尚書』、『禮記』、『楚辭』の講義は受けられませずず誠に殘念なことでした。"

究之余，也指导后学"①。对于这段经历，平田武彦和宇野精一也曾在访谈中予以提及：

  用先生的话说，如果能够将自己的《楚辞》研究整理汇总，那么希望能做成像竹添先生《左传会笺》那样的作品。然而最终还是没能完成。（平田武彦）
  先生作东方文化的研究员时，他的研究课题就是《楚辞》研究吧。（宇野精一）②

由此可知，最迟在任职东方文化学院期间，《楚辞》已经成为古城贞吉学术研究的重心之一，并曾有整理汇总其研究成果的打算，可惜最终未果。而按照《年谱》的记载，古城贞吉在任职东方文化学院之前（或相近时期），曾前往中国。如果记载属实，那么这一次来华，可能会更加积极地寻访并购入《楚辞》文献。

  由于古城贞吉并没有留下系统而完整的《楚辞》研究著作，因此对于他的研究成果，我们只能通过"坦堂文库"所藏《楚辞》文献中所留下的批注来作一些了解。就笔者所见来看，53部《楚辞》文献绝大多数都留下了古城贞吉的点读痕迹，有些还有批注。其中批注数量最多的主要有三部，即北宋洪兴祖《楚辞补注》十七卷（清康熙元年汲古阁刻本，以下简称"汲古阁本"）、南宋朱熹《楚辞集注》八卷《后语》六卷《辩证》二卷（日本庆安四年村上平乐寺刻、享保九年补刻本，以下简称"和刻本"）以及明汪瑗《楚辞集解》十五卷存八卷（明万历四十三年汪文英刻本，以下简称"汪文英本"）。这三个本子，不仅内容极其重要，

---

① 宇野精一主持座谈会纪要《「先学を語る」古城貞吉先生》附录《古城貞吉先生年譜》，第20页。原文作："『楚辭』の研究の傍、後進の指導にあたる。"
② 宇野精一主持座谈会纪要《「先学を語る」古城貞吉先生》，第7—8页。原文作："先生のお話によりますと、自分の『楚辭』の研究を、もしまとめられるならば、やはり竹添先生の『左傳会箋』のようなものをつくりたいとおっしゃっていられました。とうとう、あれは未完成で終わりましたが。"（平田武彦）"先生が東方文化の研究員でいらしたときの研究題目というのは、『楚辭』研究ということだったのですね。"（宇野精一）

而且版本亦颇为精善，可见古城贞吉对《楚辞》文献相当了解，故能择善而从。而书中除大量点读痕迹外，往往还有朱笔、墨笔、蓝笔等多种颜色的批注交错其间，这说明这些书很可能被阅读了不止一遍，由此可见古城贞吉在《楚辞》研读上的用功和细致。

至于批注的内容，则绝大多数可以概括为以下三个方面：

第一，抄录各家相关评注。正如前文所引平田武彦转述古城贞吉之语，他所期望的《楚辞》研究形式，更接近于"会笺"。因此在诸多批注中，以此类内容最为常见。其格式一般是"某某云"，或在所注最后加姓名出处，如朱骏声、戴震、王夫之，等等。有时候这类批注又会以"吉案"的形式出现，或不标出处，但实际上仍然是引自他书。如汲古阁本《楚辞补注》卷一第3b页"帝高阳之苗裔兮"句，天头处有朱笔："吉案：楚姓芈，芈音弥反。芈，羊声也。"这里引的实际上是《史记·楚世家》的《索隐》文字。又如同卷第9a页"恐皇舆之败绩"句，天头处有朱笔："车覆曰败绩。《礼·檀弓》：'马惊败绩。'是其证。"这里未言出处，但实际上是摘引自戴震的《屈原赋注》。还有一些批注虽注明了出处，但却是用不同颜色，似为后来所加。这说明古城贞吉在抄录各家批注时，最初可能有些随意，后来才逐渐形成了一些体例。此外值得注意的是，在和刻本《楚辞集注》的批注中，多次出现了"冈松云""瓮云""考云"之语，这应该是指冈松瓮谷的《楚辞考》。此书出版于1910年，而《楚辞集注》批阅于1912年，可知古城贞吉此时已非常关注日本汉学界的《楚辞》研究成果，并积极加以吸收利用。

第二，针对各家评注，发表自己的看法。在广泛征引诸家评注的时候，古城贞吉也会对这些评注进行比较分析，并表达自己的一些看法。如对于《楚辞》各篇作者，其在汲古阁本《楚辞补注》卷十一《惜誓》首叶批云："贞吉案：《惜誓》以下非屈宋所作，本不在汉初所定之内，戴东原所注止于《渔父》为有见。"故此书卷十二以下基本只有句读，而较少出现批注。又和刻本《楚辞集注》则多针对朱熹注发表看法，如卷三第21b叶云："朱子每拟理解古传说何意，传说本出于委巷之言，自匪可以理解也。"数叶后又云:"朱子痼疾又复见矣。"又卷四第4a叶,针对注中对"疾""亲君"等词的解释,认为"亦异王注,似朱说为是"。而针对其所附《楚辞辩证》的看法则更多,如卷上第9b叶,针对朱熹"然经传所无,则自不必论也"一语,批云:"经传所无一语,竟是朱翁病根。"又卷下第16a叶,针对"颜监又精史学,而不梏于专经之陋"之句,蓝笔批云:"朱熹指专经为陋,其言太鲁莽,宋儒之陋亦如此。"又在汪文英刻本《楚辞集解》中的批注,则多针对汪瑗。如卷三第35b叶,批云:"玉卿先生每于无关系无紧要处呶呶嚄咋,动翻千言,因思读书不可无识。"又针对《九章·惜往日》篇中汪瑗"子胥死而夫差犹悔之,介子枯而文公犹报之"一段,评曰:"此段更入一层,妙。"而针对汪瑗翻案屈原投江之说,古城贞吉亦发表看法云:"玉卿注《楚辞》,全意要翻汨罗未沉也。然汉去战国未远,当时大儒所说皆尔尔,而篇中语又频有之,不能尽翻案也。"可见是持保留意见的。

第三,在诸家评注的基础上,进一步对篇章大意、文辞结构作分析串讲。此类批注主要集中在汪文英本《楚辞集解》之中,且语气颇类授课之口吻,则此本或即当时授课之讲义亦未可知。如对"九章·橘颂"篇,批云:"首节禀于天,二节根于性,三节外有文章,四节内怀粹白,五六节自幼抱而不改其初,七节全天之受命,末二节师友序所志也。"这实际上是在汪瑗注释的基础上,概括梳理了《橘颂》篇的大致内容。此外,对《离骚》中"跪敷衽以陈辞兮"一段,亦围绕汪瑗之注别作阐发云:"陈辞重华已痛畅矣,以亦可以已矣,乃又思上征,如见帝不难,再诉衷曲,即重叠不堪读矣,妙在此下段之作虚步,事事不称心,极奇极恣,而皆如风雨雷电之不可以迹求也。"稍后汪瑗围绕叩帝阍、求神女、失简狄、留二姚诸事有一番总结,古城贞吉复于天头批注云:"上文叩帝阍、求神女,止二事也,而所以曲写其情事者,波澜何阔;后文失简狄、留二姚,亦二事也,而所以描写营图者,又何渊永。繁简短长,参差缓急,千古之至文在是矣。如前后一辙,板实何足赏哉!"这些批注则更多着眼于行文之结构布局。当然,其他两部书中也有类似批注，不过数量较少，内容也较简单。如和刻本《楚辞集注》卷四"涉江"篇，即有朱笔批注云："此篇《涉江》述被迁道上之事也。"

除了以上三类内容，也有小部分批注属于字词解释与文本校勘。前者无需赘言，后者则可试举两例。如汲古阁本《楚辞补注》卷十五第9a页"霜疑微薄"句，天头处有朱笔"吉案：疑，覆宋本作凝。"又"覆宋本"旁注："夫容本。"可知曾校以明隆庆五年夫容馆刻本。但两本之差异实不止此，而他处似未见校记，可知并未通校。又和刻本《楚辞集注》目录卷端"朱子校定"旁有朱笔"覆元本无此四字"，目录"卷二"条下有"一本此篇以下皆有'传'字"。这里的"覆元本"，应该是指收入《古逸丛书》之中的光绪十年（1884）影元本，而"皆有'传'字"的"一本"则可能是指明正德十三年（1518）黄省曾刻本。然而此二书"坦堂文库"俱未见，故未详所校之本源于何处。不过总体而言，这类校勘性质的批注并不多见，可知古城贞吉的研究重点并不是在版本比勘上。

四、结语

在"坦堂文库"所藏《楚辞》文献中，除了那些文献与版本价值相对较大的明刻本、清初刻本、批注本，还有不少看上去并不太引人注意的出版于清末民初的《楚辞》文献。据笔者的统计，其中光绪以后出版的《楚辞》文献共计19种21部，差不多占据了总数近一半的比例。这部分文献中，绝大多数都是晚清至民国间中国学者新出的研究著述，如民国二十一年（1932）石印出版的《诗骚联绵字考》七卷，正是年轻的姜亮夫在清华国学院时的毕业论文。此书据说印量极少，日本总共只分发了20部[①]，而古城贞吉得其一，并加以点读校正，足见其对中国年轻学者的关注。此外，在另一位民国学者陈培寿所撰之《楚辞大义述》中，

---

① 姜亮夫《自订年谱》"民国二十一年四月"条："石印《诗骚联绵字考》一百部寄沪装帙，并分寄国内外学人。国内七十册，日本二十册，欧美十册。"收入氏著《姜亮夫全集》第24册，云南人民出版社，2002年，第407—408页。

我们也发现了不少点读痕迹，且卷末有古城贞吉朱笔识语云："丙子一月念六夜点读于耕养斋。"此丙子当民国二十五年（1936），这也是目前笔者所找到的古城贞吉最晚的阅读《楚辞》文献的记录，其时他已是七十高龄了。可以说，对《楚辞》的阅读与研究，几乎贯穿了古城贞吉的后半生。

然而遗憾的是，由于访学时间有限，我并没有完整拜读并摘录古城先生所有的《楚辞》文献批注，因此本文所梳理者，恐怕也只是古城先生《楚辞》研究非常粗浅的一个轮廓。与此同时，由于疫情的影响，计划中对今关天彭藏书的研究也被迫中止。不过，对于这些汉学家及其汉籍藏书的关注，想必还是会持续进行下去。且如果本文能够起到一点抛砖引玉的作用，提醒学界关注这些学者的藏书和相关研究成果，那么就是本文最大的意义了。

最后，非常感谢斯道文库住吉朋彦教授邀请我参与古城贞吉、今关天彭及其藏书的相关研究工作，使我得以近距离地接近并研读这些汉籍文献。同时，也特别感谢斯道文库在本人访学期间毫无保留地敞开书库供我浏览，使我得以自由徜徉于书海之中。

近代日本的《庄子》译注

——以福永光司、金谷治、兴膳宏的译注本为中心

李 庆

(日本国立金泽大学)

一、日本《庄子》文本流传的历史概览

《庄子》作为影响中国人思维的一部代表性文献，很早就传到了国外，成为中国文化的一个象征。在同为汉字文化圈的日本，受容的历史更是悠久。本文探讨的对象是近年日本学者的《庄子》译注，作为背景情况，先简单概述日本《庄子》文本受容的大致情况。[①]

(一) 传入日本的汉字《庄子》文本

早在《日本国见在书目录》中就有记载，当时传入日本的庄子书有二十多种。现在日本仍存有写本残卷，比如高山寺的郭象《庄子注》残卷。抄写本主要被僧人和学者阅读，庄子的故事和传说很早就流传。

在日本流传的《庄子》刊本，主要有这样几种：

道教系统的《南华真经注疏》本，也就是郭象的注本（比如现存于静嘉堂文库的宋本，还有金泽文库本等）。

---

① 主要根据笔者收集的资料，并参考国书研究室编《日本国书总目录》(岩波书店，1963—1976年)、二松学舍大学21世纪COEプログラム编《江户汉学书目》(二松学舍大学21世纪COEプログラム，2016年)、日本中国思想宗教史研究会编《中国思想宗教文化关系论文目录》(日本国书刊行会，1976年)、长泽孝三编《汉文学者总览》(汲古书院，1979年)等。

林希逸的《庄子鬳斋口义》，此书带有以佛教解说《庄子》的色彩。据说，林希逸的后裔僧人如一即非（1616—1671），于1658年把此书带到日本，被日本林罗山重视推广，故在江户时期得以流传。①

焦竑的《庄子翼》十一卷，此书明治时期，被服部宇之吉等编入《汉文大系》第9卷（富山房，1974年），在日本流传。②

（二）日本对《庄子》文本的解读

对于以上《庄子》文本，日本学者进行了解读和阐释，著述很多。

关于郭象注本《庄子》的解读，主要有：

物茂乡《庄子国字解》（1894年出版）。物茂乡，就是荻村徂徕（1666—1728），字茂卿，江户人。日本江户时期"蘐园学派"（古文辞派）的代表人物。此书又作《庄子南华真经》十卷。③

皆川淇园《庄子绎解》。皆川淇园（1735—1807），名愿，字伯恭，号淇园。生于京都，对《易经》《论语》《庄》《孟》均有"释义"之作。

帆足万里《庄子解》。帆足万里（1778—1852），生于丰后（现在的大分县）儒学者。为藩校教授。藩校改革后，学习荷兰语，研究自然科学。

还有同名为《庄子国字解》的著作，作者有：

海保青陵（1755—1817）江户人。巡游诸国、诸藩，讲说商业繁盛方策。晚年在京都开塾授徒。

金子鹤村（1759—1841）生于白山（今石川县白山市鹤来地区）。曾前往京都就学，入皆川淇园之门。回故乡，在集义堂（在今小松市）任教授。后从金泽藩的重臣今枝氏。

---

① 参见池田知久《日本における林希逸『莊子鬳斋口义』の受容》，《二松学舍大学论集》1988年第31号，周一良译文为《林希逸〈庄子鬳斋口义〉在日本》，载周启成注《庄子鬳斋口义校注》，中华书局，1997年。

② 关于此书流布情况，可参见川崎大学连清吉《日本江户后期以来的〈庄子〉研究》（台湾学生书局，1998年）第七部分"焦竑《庄子翼》及其在日本流传的情形"。

③ 二松学舍大学图书馆有存书，卷十缺。

伴东山（1773—1834）曾为彦根藩（今滋贺县）藩校稽古馆的儒官，藩主的侍讲。

照井一宅（1819—？）生于盛冈。是盛冈藩士照井小兵卫全秀之子。

研究的著作有：

森多秀峰《郭注庄子覈玄》12卷，文化一年（1804）刊，现存新潟大学的佐野文库。森多秀峰，又作杜多秀峰。

中井积德《庄子雕题》，中井积德（1732—1817），号履轩。父子两代在大阪怀德堂讲学，有脱朱子学的倾向。

龟井昭阳《庄子琐说》，龟井昭阳（1773—1836）名昱，字符凤，生于筑前（今九州福冈）。江户后期著名儒学者。是学者龟井南冥的长子。

西山元文《南华真经标注》，西山元文，生卒待考。曾选定翻刻在安永四年（1775）编集的《官中秘策》，汲古书院有影印本。

堤它山《庄子全解》《庄子诠》。堤它山（1783—1849）生于越前（今福井县）。字公甫，别号稚松亭。姓又作"塘"。为大田锦城门人。江户后期儒者。

冈松瓮谷《庄子考》。冈松瓮谷（1820—1895）生于丰后国（今大分县）江户末期到明治中期活跃在肥后、熊本藩的著名儒学者。

佐藤东斋《庄子筌》。佐藤东斋著，生平不详，此书现存日本关西大学图书馆长泽文库。

岩井文《庄子集注》，日本文政七年（1824）弦升馆刊本。此书又名《南华真经集解》，明治二十六年再版本改《庄子增注》并加入《庄子列传》。

有关《庄子口义》《庄子翼注抄》的著作有：

人见卜幽轩《庄子口义栈航》十卷，日本延宝八年山本景正刊本。作者又作"小野篁"撰，小野为本姓。生于京都。宽文十年（1671）卒。

田边乐斋《庄子翼注抄》，田边乐斋（1754—1823），名匡敕，字子顺，号乐斋。京师人。田边晋斋之孙，本姓野中。为仙台藩的文学

（官职名）。

此外还有所谓"讲义"类的著述，如：

大田才次郎《庄子讲义》，当时的《支那文学全书》第7、8编收录（博文馆，1892年）。

大野云潭《庄子讲义》（至诚堂，1910年）。大野云潭（1821—1877），幕末到明治时代的画家。

总之，在明治时代之前相当长的历史时期，从日本的九州到东北地区，从太平洋一边，到日本海沿岸，讲述《庄子》的学者和著述，遍及日本全国，可见其影响。[1]

（三）近代日本的《庄子》译注

"明治维新"以后，随着现代日语——日本的"国语"规范的确立和普及[2]，日本对中国古籍的解读，脱出了根据汉文原本进行训读标识的阶段，开始把一些汉文经典翻译成现代日语。第二次世界大战以后，更多的学者使用已经成熟的现代日语进行著述。作为对日本文化有相当影响的《庄子》，自然成为翻译的主要典籍。

近代以来，因欧洲"哲学"等学术概念和研究理念的导入，日本对于《庄子》的研究，显现了新的变化，渐渐脱离日本传统"汉学"（也就是日语中所谓"汉文之学"）的藩篱，进入了"汉学"（sinology）的时代，出现了新式的译本和研究著作。[3]

---

[1] 关于日本对《庄子》的受容，神田秀夫曾有论文介绍，见氏著《庄子的复苏再生》（明治书院，1988年）的第二部分《日本的庄子》（第13—187页），比较简略，可进一步探讨。又，现存日本明治以前的《庄子》解说文本，严灵峰编《无求备斋庄子集成初编》（台湾艺文印书馆，1972年）收录有十余种，可查阅，不详列。以上所列书名作者情况，系笔者根据日本有关词典和前揭所列资料所得。

[2] 日本"国语"限定汉字使用，确立假名的情况，参见日本教育会《关于改良国字国语国文的请愿书》，载《国语改良意见书》，明治三十五年（1902）。又见井之口有一著《明治以后的汉字政策》，日本学术振兴会，1982年，第23—26页。

[3] 关于笔者所说的"汉学"的概念，参见李庆《日本汉学史·前言》，《日本汉学史》第一部，上海人民出版社，2016年。

明治以后,《庄子》的译注本,据笔者所知,有:

安井小太郎《庄子》(哲学馆,1900年)。

冈松瓮谷《庄子考》(松冈参太郎刊,1907年)。

菊池晚香、林南轩翻译《庄子和解》(龟井商店书籍部,1907年)。

岩垂苍松《庄子新解》(文华堂,1910年)。

牧野谦次郎《庄子国字解》(见福永光司《庄子》解说,原书未见)。

久保天随《庄子新译》(博文馆,1910年),这是在明治以后较早的翻译。

前田利镰《庄子》,《宗教和人间》丛书收录。(岩波书店,1932年)

公田连太郎《庄子全译》(アトリエ社,1937年)。

日本在这一时期,有关解说论述,有山口察常《庄子译话》(章华社,1936年)、武内义雄《老子和庄子》(岩波书店,1939年)、小柳司气太的《老庄思想和道教》(森北书店,1943年)等,其他论文等,已有若干汇总的目录,在此不赘引。①

1945年,第二次世界大战日本战败,日本社会发生巨大变革。在这样的时期,许多日本学者关注《庄子》,从中吸取思想智慧,探求人生理念,出现了许多研究和翻译著作。笔者所见的研究著述有:

后藤基巳《新庄子物语》(河出书房新社,1958年)。

山田统《庄子》(收入东京大学中国哲学研究室编《中国的思想家》上卷,劲草书房,1963年)。

山室三良《儒教和老庄》(明德出版社,1966年)。

小川环树《老子和庄子》(中央公论社,1968年)。

阿部吉雄《庄子》(明德出版社,1968年)。

赤冢忠《庄子研究杂记》(该文为1973年所撰,载氏著《赤冢忠著作集》第四卷,研文社,1987年)。

蜂屋邦夫《读老庄》(讲谈社,1981年)。

---

① 参见日本中国思想宗教史研究会编《中国思想宗教文化关系论文目录》,日本国书刊行会,1976年,第119—121页。

泽田多喜男《庄子之心》（有斐阁，1983年）。

服部武《庄子——大知何逍遥的世界》（富山房，1990年）。

这些书是对《庄子》的评述和论说。①

《庄子》的译注有：

原富雄《现代语译庄子》（春秋社，1962年）。原富雄（1898—？），生于山梨县，1929—1931年曾到中国留学。东京教育大学、文理大学教授。

岸阳子《庄子》（德间书店，1965年）。岸阳子（1933—？），生于中国沈阳。东京外国语大学毕业。早稻田大学教授。

福永光司《庄子》（朝日新闻社，1966年）。此书作为吉川幸次郎先生监修的朝日新闻社《新订中国古典选》丛书的一种，分为《内篇》《外篇》《杂篇》（包括一篇外篇）三册出版，以下简称"福永本"。

市川安司、远藤哲夫《庄子》（明治书院，1967年）。市井安司（1910—1997）曾为东京大学教授、二松学舍大学教授。远藤哲夫（1926—？），岩手大学教育学部教授。

森三树三郎《庄子》（最初收入《世界の名著》，中央公论社，1968年，署名小川环树，森三树三郎。后《内篇》1974年由中央公论社出版）。森三树三郎（1906—1986），舞鹤市人，京都大学文学部、哲学科毕业，后为大阪大学教授。发表过关于养生和"性"（性、理）的思想等多种论著。

金谷治《庄子译注》。金谷治从1971年开始，出版了《庄子》的译注本，先出《内篇》，陆续出版其他部分。收入《岩波文库》（1971—1983年）。2008年，他的弟子、东北大学教授中岛隆藏帮助做了索引再版，以下简称"金谷本"。

---

① 以上各书的著者：后藤基巳（1915—1977），白百合大学教授。山室三良（1905—1997），长野县人。山田统（1906—1976）有《山田统著作集》（明治书院，1982年）。服部武（1908—？），生于北京，东京大学毕业，曾在东方文化研究所任职，东京水产大学教授，九州东海大学图书馆长。以上作者生平，见各自所著书的"作者简介"。其他作者，拙著《日本汉学史》附有作者所引，虽简略，且有误，但仍可查找。

仓石武四郎、关正郎《庄子》。此书收入《中国古典文学大系》（平凡社，1973年），实际是由关正郎翻译，仓石有所校订。关正郎（1915—？），新潟人。京都大学毕业，为新潟大学教授。

赤冢忠《庄子》（集英社，1974—1977年）。

兴膳宏《庄子》译本，和福永光司翻译的《老子》合为一册，收入日本筑摩书房2004年出版的《世界古典文学大系》。2013年，兴膳重新整理的福永光司本《庄子》署名"福永光司、兴膳宏"，分为《内篇》《外篇》《杂篇》三册，由筑摩书房出版。这是在原来福永光司先生译注本上，进一步修订而成的最新译注本，以下简称"兴膳本"。

池田知久译注本《庄子》收入《讲谈社学术文库》（讲谈社，2014年）。池田知久1942年生，东京大学毕业。东京大学教授。他早年就写有关于《庄子》的论文。他对《庄子》文本的看法，基本是传统的见解，认为《外篇》《杂篇》是庄子的弟子、后辈亚流之作。《内篇》成立最早，价值最高；《外篇》成立稍晚，价值也稍低；《杂篇》成立最晚，价值也最低。但是，《内篇》《外篇》《杂篇》都并非庄子之作。[1] 这是最新的庄子译本。

以上是日本近年《庄子》译注本出版的大致情况。[2]

对于历史上的解读著述，福永光司曾这样评价：在德川时代，虽说"《庄子》广被阅读，但是关于该书的研究，几乎没有可观者"。而明治以后的译注，仅有个别的译注，如前田利镰《庄子》，有其特色，可谓一语言断。[3] 参考这一见解，笔者认为，或许研究日本的《庄子》受容状况，首先应该关注近年以来，更带有近现代学术色彩的《庄子》注释本。

在近现代日本的《庄子》著述中，福永、金谷、兴膳的译注本，被

---

[1] 参见池田知久《庄子·解说》，载氏译注《庄子》，讲谈社，2014年。
[2] 关于上述译注的作者情况，凡未说明者，可参见拙著《日本汉学史》第三、第四、第五部中有关章节，不一一详述。
[3] 福永光司《庄子内篇解说》，载福永光司《庄子内篇》，朝日新闻社，1966年，第18页。又见兴膳宏《庄子内篇》，筑摩书店，2013年，第302页。

认为是具有代表性的著作。下面，就以这三种著作为对象，介绍日本近年《庄子》译注的一些主要成果。(其他新出的译注本，有的尚未仔细阅读，留待有机会再论)

二、"金谷本"的考订——《庄子》的文本探索

进行翻译和注释，首先就要对译注底本加以选择和考订。

《庄子》文本，随着《古逸丛书》《续古逸丛书》的刊行，被日本学界多加采用。尤其张元济先生主持的商务印书馆印行的《续古逸丛书》，所收《南华真经》郭象注本，前六卷为南宋本，后四卷为北宋本。这是现在世界上现存的、稀有的宋刊本之一。福永、金谷、兴膳三种译注，采用的底本都是《续古逸丛书》本。

金谷治译注的《庄子》，尤其注重《庄子》文本考订研究，吸收了之前的各种研究成果，对文本做了新的整理、补充。他所参照和吸收的主要文本有：

写本，包括敦煌写本《天运品》《刻意品》等，莫斯科博物馆藏吕惠卿《庄子义》本①，京都高山寺藏写本《庄子》残卷等②。

参校的其他文本和前人著述有：北宋褚伯秀《南华真经义海纂微》(此书《四库全书》收录)；清代以来的著述，如王船山《庄子解》《庄子通》、林云铭《庄子因》、姚鼐《庄子义证》、郭庆藩《庄子集释》、俞樾《庄子平议》、王先谦《庄子集解》、马其昶《庄子故》，近人章炳麟《庄子解诂》、马叙伦《庄子笺证》、钱穆《庄子纂笺》、闻一多《庄子内篇校释》、王叔岷《庄子校释》、关锋《庄子内篇译解和批判》、阮毓崧《庄子集注》等，在校核文本上，有不少成果。

下面列举金谷本在《内篇·逍遥游》《齐物论》中，对文本校订的

---

① 俄国探险家柯兹洛夫（1863—1935），在1908至1909年间，于我国内蒙古黑水城遗址发掘所得北宋刊《吕观文进庄子义》残本，凡一百一十叶。
② 高山寺残本，共七卷，见小林芳规等编《高山寺古训点资料》2，东京大学出版会，1984年。

若干成果。

《逍遥游》中：

"抟扶摇而上者九万里"，根据王叔岷说，"抟"当作"搏"。①

"蜩与学鸠笑之曰"，根据《注疏》本，"学鸠"，当作"鸴鸠"，与《经典释文》所引一本合。②

"抢榆枋"，根据王叔岷说，当从宋代陈碧虚《庄子阙误》，后补"而止"二字。③

"岂唯形骸有聋盲哉"，《庄子阙误》引一本"聋盲"作"聋瞽"。从上下文看，当作"聋瞽"。④

《齐物论》中：

"山林之畏佳"，依照奚侗说，"山林"当作"山陵"。⑤

"小恐惴惴，大恐缦缦"，当从上下文意，当改为"大恐缦缦，小恐惴惴"。⑥

"不亡以待尽"，根据《田子方》中所引文，"不亡"当作"不化"。⑦

"万物一马也"的后面，为"可乎可，不可乎不可。道行之而成，物谓之而然。恶乎然？然于然。恶乎不然？不然于不然。""可乎可，不可乎不可"，当根据王先谦之说，根据《寓言》篇所见，补"恶乎可""恶乎不可"两句，成为"恶乎可，可乎可，恶乎不可，不可乎不可"这样的重复句型，并移动位置，移到"不然于不然"句之后。正文变成"道行之而成，物谓之而然。恶乎然？然于然。恶乎不然？不然于不然。恶乎可，可乎可，恶乎不可，不可乎不可"。⑧

---

① 金谷治译注《庄子·内篇》，岩波书店，1971—1983年，第19页。
② 金谷治译注《庄子·内篇》，第22页。
③ 金谷治译注《庄子·内篇》，第22页。
④ 金谷治译注《庄子·内篇》，第32页。
⑤ 金谷治译注《庄子·内篇》，第42页。
⑥ 金谷治译注《庄子·内篇》，第45页。
⑦ 金谷治译注《庄子·内篇》，第49页。
⑧ 金谷治译注《庄子·内篇》，第57—58页。

"言辩而不及,仁常而不成",从上下文看"言辩"或为"辩言"之误,"不成",根据《庄子阙误》、郭象注,当作"不周"。①

"尧问于舜曰,我欲伐宗脍胥敖",从孙诒让说,"胥敖"当作"骨敖"。此见于《齐物论》篇,又《吕氏春秋》有"屈敖"。为苗族之人。②

"疾雷破山风振海而不能惊",据《庄子阙误》所引江南旧本,"风"前当补一"飘"字,"成疾雷破山飘风振海而不能惊"。③

"何谓和之以天倪?曰:是不是,然不然。是若果是也,则是之异乎不是也,亦无辩;然若果然也,则然之异乎不然也,亦无辩。化声之相待,若其不相待。和之以天倪,因之以曼衍,所以穷年也。忘年忘义,振于无竟,故寓诸无竟。"金谷认为,"化声之相待,若其不相待。和之以天倪,因之以曼衍,所以穷年也",这二十五个字,按照原文,文意不顺。根据宋吕惠卿之说,从宣颖《南华真经解》本,当移到"何谓和之以天倪?"之前,全文当作:

化声之相待,若其不相待。和之以天倪,因之以曼衍,所以穷年也。何谓和之以天倪?曰:是不是,然不然。是若果是也,则是之异乎不是也,亦无辩;然若果然也,则然之异乎不然也,亦无辩。忘年忘义,振于无竟,故寓诸无竟。④

"吾待蛇蚹蜩翼邪",根据陶鸿庆《读诸子札记》,"待"字乃"特"字之误。⑤

鉴于篇幅,以上列举,只是金谷治《庄子译注》中文本校订的一些成果。

由此可见,作者在文本上下了相当的功夫。通过这样的校核,为读者提供了一个相对可靠的文本。

---

① 金谷治译注《庄子·内篇》,第72页。
② 金谷治译注《庄子·内篇》,第74页。
③ 金谷治译注《庄子·内篇》,第78页。
④ 金谷治译注《庄子·内篇》,第68页。
⑤ 金谷治译注《庄子·内篇》,第88页。

不仅金谷治本，福永光司和兴膳的译注本中，对原文也有不少校订。如福永本在《内篇》部分，改正了三处：

《人间世》的"颜阖将傅卫灵公大子"，"大子"当为"卫灵公太子"，① 兴膳本直接按福永本所改，作"太子"。②

《德充符》的"申屠嘉曰：'先王之门，固有执政为如此哉'"，福永认为"先王之门"当为"先生之门"。③并在文本中改正。④兴膳同此。⑤此处金谷本也做了改动。⑥

《大宗师》的"犁往问之"，福永认为当为"子犁往问之"。⑦兴膳本同。⑧金谷本也改之。⑨

此外在《外篇》和《杂篇》，福永和兴膳也做了不少校订，略举数例如下：

《外篇》的《天道篇》："世虽贵之哉犹不足贵也"，福永和兴膳依照《古逸丛书》本，改"哉"为"我"，断句为："世虽贵之，我犹不足贵也。"⑩

《缮性篇》"德无不容，仁也……"，福永、兴膳认为：根据马叙伦所说，此处原来有"□□而□□，信也"七个字，当补。⑪

《知北游》："魏魏乎其"，福永认为当依据马叙伦说，在"其"后，

---

① 福永光司译《庄子·内篇》，载福永光司、兴膳宏译《老子·庄子》，筑摩书房，2004年，第166页。
② 兴膳宏译《庄子·内篇》，载福永光司、兴膳宏译《老子·庄子》，第138页。
③ 福永光司译《庄子·内篇解说》附记，第18页。
④ 福永光司译《庄子·内篇》，第197页。
⑤ 兴膳宏译《庄子·内篇》，第170页。
⑥ 金谷治译注《庄子·内篇》，第153页。
⑦ 福永光司译《庄子·内篇》，第262页。
⑧ 兴膳宏译《庄子·内篇》，第224页。
⑨ 金谷治译注《庄子·内篇》，第198页。
⑩ 福永光司译《庄子·外篇》，第265页；兴膳宏译《庄子·外篇》，第219页。
⑪ 福永光司译《庄子·外篇》，第355页；兴膳宏译《庄子·外篇》，第300页。

补上"若山"二字,以和"渊渊乎其若海"相对应。① 兴膳同。②

《杂篇》的《庚桑楚》:"道通其分也成也"的"成也"二字,系福永本根据日本所藏高山寺本补。并根据《齐物论》,认为"道通"下脱落了"为一"二字,当补。③兴膳本将此句标点为:"道通为一,其分也,成也。其成也,毁也。"④

以上是文本校订的少数例子,限于篇幅,无法全部列出。

从上述校订例子可见,除了注意文本对校,他们都注意运用前人各种研究成果,结合各篇内的引文,并推敲本书内部的上下文关系和文义,进行理校。这些文本的校订考证,对于我们进一步整理《庄子》的文本,可作为参考。

三、"福永本"的研究——《庄子》的构造和"生命意识"

除了文本的校正,在全书的解说和注释、翻译上,日本学者也有新的成果。这方面,福永本,尤其兴膳本,颇有代表性。下面以此二本为中心,略作探讨。

先看福永本的译注。

福永本把《内篇》和《外篇》《杂篇》分为两大部分,对《庄子》全书原文做了日文训读的翻译,并用现代日语,写了注释、解说。注释和解说包括对原文难解文字的阐释,对出现的人物、引用的典故的说明。

在解说中,福永说道,根据亲身经历,在战争硝烟中领悟到生命的真实,对《庄子》的学说有所感悟。他多引罗根泽、马叙伦、王叔岷、刘文典,以及当代郭沫若、关锋等研究者的看法。并在很多地方展开论说,明显带有那个时代的印记。在20世纪中期,此书是日本最有影响

---

① 福永光司译《庄子·外篇》,第665页。此篇收在刊本的《杂篇》中。
② 兴膳宏译《庄子·外篇》,第562页。
③ 福永光司译《庄子·杂篇》,第46页。
④ 兴膳宏译《庄子·杂篇》,第39、46页。

的《庄子》读本。兴膳宏先生说，自己在年轻时，读了福永的《庄子》，非常感动，觉得该书"充满了清新的创见"，获益匪浅。[1]

笔者认为，该书的译注、解说，有如下特点：

其一，注意探讨各篇的内在联系。

对于《庄子》一书，一般的说法：《内篇》成文最早，多为庄子自作；《外篇》稍晚，为庄子弟子或再传之作；《杂篇》最后出。各篇之间，比较散乱。福永不满足概括的叙述，注意梳理和探讨《内篇》《外篇》《杂篇》中各篇的内在逻辑关系和构成情况。他在解说中指出了《内篇》的七篇之间的内在联系，他认为《逍遥游》《齐物论》乃是《庄子》最古的篇章，是庄子最基本的思想理念的阐述。[2]

《养生主》是论述这一思想降落到世俗社会，在现实人生的反映。[3]

《人间世》《德充符》《大宗师》是有关理念在现实的政治、道德领域的展开，以及作为"道德现实体现"的"真人"的论说。[4]《应帝王》论述的是"绝对者的治世之术，作为政治性统治者的性质"。[5]

《外篇》中，注意各篇之间的组成关系，福永认为，前面的《骈拇》《马蹄》《胠箧》为一组，阐述《内篇》中所见的道家思想，严厉地反驳儒家之说。[6]《在宥》由三部分组成，和前面三篇以及后面各篇有关系。[7]《天地》《天道》《天运》为一组，主要是理论上的论道，对《老子》有关天地自然、无为之德的阐述。[8]其中《天地》《天道》，对于儒家的批判不如前四篇，有所变化。怀疑不是一时之作。甚至是宋钘、尹文一派的作品（此乃引用罗根泽的看法）。《天运》篇，对于儒家的批判又严厉

---

[1] 兴膳宏译《庄子·内篇》的《文库版后记》，第304页。
[2] 福永光司译《庄子·内篇》，第15页。
[3] 福永光司译《庄子·内篇》，第111页。
[4] 福永光司译《庄子·内篇》，第129、189、227页。
[5] 福永光司译《庄子·内篇》，第291页。
[6] 福永光司译《庄子·外篇》，第11页。
[7] 福永光司译《庄子·外篇》，参见第83页以降。
[8] 福永光司译《庄子·外篇》，第12页。

起来。《刻意》《缮性》和《天道》论述的思想有密切关系①，两篇都比较短，或是中间编入的。

他认为，以上九篇，作为道家思想的延续，多阐述了《老子》的思想。与此相对，此后的十一篇，更多反映了《庄子》的思想。尤其《秋水》到《知北游》这六篇，还有《杂篇》中的《则阳》《寓言》两篇，和《庄子》思想的关联明显。②《外篇》的最后四篇，《达生》《山水》《田子方》《知北游》和《列子》有相似的内容，当为一组。③

关于《杂篇》，福永认为，《庚桑楚》《徐无鬼》《则阳》《外物》《寓言》这前面六篇相对思想内容比较一致，后四篇《让王》《盗跖》《说剑》《渔父》，内容则比较杂乱。他赞同苏轼的说法，这四篇乃为后出而加入者。④

他还认为，《列御寇》带有《庄子》后序的作用。⑤《天下》篇，是全书的总结，对当时的各种学派进行了分析批判。⑥

福永不仅探讨《内篇》《外篇》《杂篇》内部的组合关系，而且注意到这三篇之间的内在联系。他认为《外篇》中的《秋水》和《内篇》的《逍遥游》《齐物论》，《外篇》的《天运》⑦；《至乐》和《齐物论》《大宗师》，有着某种对应的关系⑧。《外篇》中的四篇《达生》《山水》《田子方》《知北游》和《内篇》中的《养生主》《人间世》《德充符》《大宗师》有着对应的关系。⑨

以上是福永对于《庄子》三十三篇关系的基本分析。

这样的解说，是一家之言，在日本学界自然也有不同的意见，但通

---

① 福永光司译《庄子·外篇》，第12页。
② 福永光司译《庄子·外篇》，第12页。
③ 参见福永本《外篇》，第465、519、575、631页。
④ 苏轼说，见福永《外篇解说》《杂篇解说》，载福永光司译《庄子·外篇》，第13页；福永光司译《庄子·杂篇》，第297页。
⑤ 福永光司译《庄子·杂篇》，第437页。
⑥ 福永光司译《庄子·杂篇》，第477页。
⑦ 福永光司译《庄子·外篇》，第369页。
⑧ 福永光司译《庄子·外篇》，第12—13页。
⑨ 福永光司译《庄子·外篇》，第13页。

贯全书,指出各篇之间的相互关系,以辨明主次,理解庄子的思想,这作为一种理解和解说,无疑对后人有启迪意义。

其二,注重思想概念的阐释考订。

福永光司的《庄子》译注中,注重对重要的思想概念进行辨析和考证。比如,对于《老子》和《庄子》中对于"道"的理解的差异,他认为:老子和庄子虽然生活在春秋战国时代,两者生活的地域相差不远,而且都具有相同的基本思想(道家的),但是,两者却有着相当的差异。他说:

可以认为:相对于老子的思想更多具有处事的智慧,庄子的思想更多具有解脱的智慧;

相对于老子的思想更多地以现世的生作为问题,庄子的思想更多地以绝对的生作为问题;

相对于老子多带有或是被和黄帝连接,或是他自身被偶像化、成为卑俗的民间宗教对象的性质;庄子则有着不依赖世俗偶像化的思想的严肃性和奔放性。①

这是很精彩的概括。

又比如,对于中国先秦时代诸子论说中的"性理"之"性"的概念,他认为这是在"外篇"中出现的。他指出:

意味着人的生命本质的"性"的概念,在《内篇》中完全未见。开始见到"性"的概念,而且有八十回以上频繁使用中,对此展开各种各样的思索和议论,使"性"的哲学成为一个最重要被关注之事,那是《庄子·外篇》《杂篇》很重要的特征。

他认为,在这里"'性'的概念已经和'理(天理)'的概念相关联,甚至明确显示了把人存在的本质加上宇宙论根据的形而上学的意图"。他

---

① 福永本《内篇》,第14页;兴膳本《内篇》,第297页。

又指出，儒家的文献中开始对"性"哲学的重视，是《中庸》。由此可见《庄子·外篇》《杂篇》和《中庸》在这一点上，互为表里。而且这成为后来唐代李翱的"复性"论、宋明性理哲学的源流。①

这些都是建立在对于文本的全面理解基础上的解说，值得研究者倾听。

其三，自由地展开论述，扩展到各个方面。

在对《庄子》的注释中，福永不仅只对文本进行解释，而且联系到中国思想史各个方面，自由地展开论述。比如，在《内篇·德充符》的注释中，福永"顺便"提到了庄子和惠施问答的问题："圣人是否有情？"于是，福永列举了汉魏时期何晏的"圣人无情说"，王弼的"圣人有情说"，认为"王弼的主张，得庄子之真意"。②

又如，在《外篇·天运》篇，有关"北门成向黄帝问乐"的注释中，福永不仅把有关的故事和《庄子》中的《天下》篇、《至乐》篇、《礼记·乐记》《汉书·礼乐志》等有关的记载联系起来，还进一步展开了有关中国"音乐"的论说，指出中国的音乐多有和"愉悦"相联系的倾向；而"至乐无乐"，也就是要"体得天地自然之道"。这样的音乐哲学，在魏晋夏侯玄的《辨乐论》、阮籍的《乐论》、嵇康的《琴赋》《声无哀乐论》中得到了继承和展开。③

此外，上文谈到的有关"性"的论说等，都是如此。

这些问题，从先秦直至今日，其实都是中国文化、中国思想史中被人们关注和议论的课题。这些议论，显现了福永融会贯通地把握文献的娴熟和中国思想研究的厚重功底，肆扬磅礴，多有新见。

其四，尤其注重生命意识。

福永在译注中，对《庄子》所包含的思想，有着独特的感知和诠释。

在《中国古典选》版的《庄子·后记》中记载了他在战争中读《庄

---

① 以上论说，见福永光司译《庄子·外篇》，第606—607页。
② 福永光司译《庄子·内篇》，第224—225页。
③ 福永光司译《庄子·外篇》，第292—296页。

子》的一些情况,"爆炸的炮弹呼啸和颤慄的精神狂躁"中,在战场昏暗的煤油灯下,阅读《庄子》。在不知明天会如何的战场生活中,是《庄子》慰藉了他的心灵。所以他对《庄子》有一种特殊的感情。①

正因为福永的这种亲身经历,所以在译注中,他注重生命意识的强烈色彩,便自觉或不知觉地显现出来。比如在《人间世》的最后,关于那段有名的孔子和狂接舆的对话,福永有一段精彩的叙述:

要之,对于庄子来说,现在自我的生存是人生第一要义。这个自我,是没有任何目的手段,自身绝对的存在。这个现在,是未来无偿、过去无替的绝对的给与。

因此对于他(庄子)来说,在既得的现在中,使这个既得的自我如何生存,就是所有的一切。在这里,不允许把现在和历史进步中的因果相联系,不允许自我在人类理想之前被手段化。

福永又指出:

庄子对于孔子批判态度的根底上,有着对于所有理想主义者惨痛悲剧性命运的深刻的共感,有着对人、对人的社会的阴暗险恶的无声恸哭。庄子在这恸哭和共感中,有着对孔子、对狂接舆的理解。孔子和狂接舆——这在现代也可以看到。那不是对于自己和人生诚实之人的两种人的形象吗?②

这些都反映出福永强烈的"存在意识""生命意识"。这是福永译注中非常重要的特色。对于《人间世》最后那段孔子和狂接舆的对话,可能还有不同解释,比如,在陈鼓应对这一节的解说中,强调的是庄子对于前途的不屈不挠,"不辞艰辛地于荆棘中曲折地探寻出路"③。福永自己也说,并不认为自己对于《庄子》的理解一定准确。但是,福永特别强

---

① 福永光司译《庄子·内篇》后记,第1—2页。
② 福永光司译《庄子·内篇》,第188页。
③ 参见陈鼓应《老庄新论》,上海古籍出版社,1992年,第159—160页。

调"生命意识",自我保存意识,则是显而易见的。

总之,在20世纪中叶,这是一部日本最有特色的《庄子》译本。有相当的社会影响。记得日本报纸曾报道,当自民党的小渊惠三当选为日本首相时,日本政界元老送给他的就是福永注译的《庄子》。此后,中国台湾出现了陈鼓应的《今注今译》,陈鼓应曾告诉笔者,他在日本留学时,曾听过福永的课,殆受到过福永先生的影响。①

四、"兴膳本"的整理和阐释——《庄子》的文学性和"无用之用"

鉴于福永的译注,当时设定为面向"一般读者的解说书"②,虽说在解说上非常精彩易读,但还存在可进一步推敲、改进的余地。对于社会上再加整理出版的要求,因各种原因,福永未能完成。鉴于兴膳宏也为筑摩书房的《世界古典文学大系》翻译过《庄子》,于是,这项工作就落到了兴膳那里。福永光司曾这样托付兴膳:"你就按自己的想法去干吧。"兴膳"多受福永的学恩",于是担当起了重新整理之任。其结果,就是2013年陆续出版的署名"福永光司、兴膳宏"译注本《庄子》。此书收入《筑摩学艺文库》。③

和福永本相比,此书有如下新的特点:

其一,在形式和体例上做了整理,更具有学术的规范性。

兴膳本在福永本的基础上,做了新的整理和改动,全书分为《内篇》《外篇》《杂篇》,每一部分,都包括这样五个部分:1. 解题。这是对每一篇的题目内容做说明。2. 日语训读译文。3. 汉语原文,这是校订过的文本。4. 现代日语译文。5. 注释。这部分是新增加的。福永本对于一些词语的注释,夹杂在解说和论述之中,兴膳进行了整理,把注释特列一项,并有所增补,全书附有人名和主题词索引。

---

① 陈鼓应先生和笔者所说,又见给笔者的来函。
② 兴膳宏译《庄子·内篇》,《文库版后记》,第304页。
③ 兴膳宏译《庄子·内篇》,第305页。

兴膳本把福永本原来在《内篇》《外篇·杂篇》的两篇解说，放到了《内篇》和《外篇》最后，并且在《杂篇》后，增加了自己写的《作为文学来读的〈庄子〉》一文，作为解说。

另外，因为文库本《内篇》《外篇》《杂篇》三册是分别独立发行的，所以在每册后，都增列了自己写的《后记》。

这样，在整体的形式上，更加井然，使全书更带有学术译注的色彩。这样的古典整理体例，对于我们中国学界也是很有学习和借鉴价值的。

其二，对"福永本"，做了删削和增补。

兴膳本对于福永在解释原文基础上展开的议论，做了删削。

如上文谈到的《德充符》注释中，福永关于"圣人是否有情？"的议论①，从思想研究的角度而言，这当然有意义，或因为不是直接对《德充符》的注释，兴膳本中删去。

除了福永的议论，对福永引述的资料和前人论述也做了删削。如《外篇·天道》篇"夫虚静恬淡寂寞无为"一段的注解中②，福永引述了郭庆藩说、马叙伦说、陈碧虚《庄子阙误》所引江南古藏本说、俞樾说等多种学者的论说，此外，还有一段联想到和《韩非子·主道》篇关系的论述，这些在兴膳本中删去。③

又如《杂篇·天下》篇："天下大乱，贤圣不明，道德不一。天下多得一察，焉以自好。"对"一察"，福永主要采用俞樾之说，认为乃是"一际"之意，也就是只有一边、一部分的意思。"一曲之士也，判天地之美，析万物之理，察古人之全"的"曲士"，福永引用了《天道》篇、《秋水》篇、《则阳》篇等出现的文字，加以说明。关于"察"字，福永列举了马叙伦的看法，认为是"檫"字，分散之意。④

---

① 福永光司译《庄子·内篇》，第225页。
② 福永光司译《庄子·外篇》，第223页。
③ 兴膳宏译《庄子·外篇》，第182—183页。
④ 福永光司译《庄子·杂篇》，第489—490页。

对于这些议论和解释，兴膳采用俞樾之说。但删除了福永本中引用《庄子》各篇的文字和引述的马叙伦的叙说①，并把有关内容作为注释，列于文后。这样的删改以后，使得行文比较简练。

删削之外，兴膳对"福永本"也做了增补。其中尤其值得注意的是增补了一些近代欧美各国研究者的成果。比如，兴膳参考了当代欧美学者的译本，其中有：

Burton Watson: THE COMPLETE WORKS OF CHUANG TZU (Columbia Uneversity Press，1968)

Liou.Kia-hway：TCHOUANG_TSEU,L,CEuvre complete (Bibliotheque de la Pleiade，1969)

Jean Levi: LES CEUVRES DE MAITRE TCHOUANG (Editions de L Encychopedie des Nuisances，2010)②

又如，对于《养生主》，兴膳介绍了瑞士学者的看法：瑞士的学者认为庖丁解牛的情况和他们对于外语学习和音乐的训练过程类似。③关于《庄子》一书的性质，兴膳引述美国汉学家梅维恒的说法④，认为《庄子》与其说是一部哲学著作，不如说更是一部文学作品。⑤

福永本也引用一些西方研究者的意见，比如《韩非子·主道》篇的解说中，认为在庄子的思想中，可以看到马克斯·韦伯所说的"宗教的性质"。⑥但相比之下，兴膳在这方面的增补更多。

这是从更广阔的文化视野来探讨《庄子》。

---

① 兴膳宏译《庄子·杂篇》，第468页。
② 兴膳宏译《庄子·内篇》，第306—307页。
③ 兴膳宏译《庄子·杂篇》，第529页。
④ 梅维恒（Victor.H.Mair，1943—），哈佛大学博士，宾夕法尼亚大学教授，曾在京都大学、香港大学、北京大学任教。
⑤ WANDERING ON THE WAY, Early Taoist and Parables of Chuang Tzu,Translated with an Introduction and Commentary 1994,University of Hawaii Press. 见兴膳宏译《庄子·杂篇》，第521页。
⑥ 福永光司译《庄子·内篇》，第196页。

其三，斟酌和修改，以求文本、注译更加精准。

兴膳对于"福永本"一些的文本注释进行了斟酌和修改。首先是文本的修改，如《庄子·齐物论》"茶然疲役而不知其所归"原本当如此，福永本此处作"繭"①，兴膳依照原文，未从福永本，体现了原本面目。②

其次，对词语进行斟酌和调整。如《逍遥游》"抟扶摇而上九万里"，"抟"当作"搏"，已如上文所述。此句的翻译，福永译作：在扶摇（狂飙）中"振翅而上"③；兴膳译作"拍击着狂飙而上"④。从原文的意思看，作"拍击"似更直接、准确。

特别对于一些虚词，做了更多的斟酌。如《齐物论》"何居乎？形固可使如槁木"的"何居乎"，福永译作：看着师傅那种无表情无感动的姿态，或像枯木那样突立，问道："做什么了呢？"⑤兴膳译作："怎么啦？真的能使身体如枯木那样吗？"⑥

"何居乎"，一作"做什么了呢？"，一作"怎么啦？"。这关系到"居"的词性和理解。金谷治本也作"怎么啦？"，是根据清代王引之《经传释词》的解释，认为"居，和其同音，乃问词的助字"。⑦后者似更加精确。

还有，对福永本各篇的解题，进行了相当的修改。

如《养生主》，福永本认为该篇是明确在现实社会中，超越者"至人"的生活的智慧。就是要完善地保全自己。⑧兴膳本则曰："是说保养生命的根本之道。""一言以蔽之，就是要依天理。"虚己以随顺本来的自然。又指出，此篇在所有《庄子》中最短，恐怕已非原貌，在形成现在的《庄子》文本之前，有所亡佚。⑨可见二者侧重面有所不同。

---

① 福永光司译《庄子·内篇》，第43页。
② 兴膳宏译《庄子·内篇》，第46页。
③ 福永光司译《庄子·内篇》，第2页。
④ 兴膳宏译《庄子·内篇》，第8页。
⑤ 福永光司译《庄子·内篇》，第33页。
⑥ 兴膳宏译《庄子·内篇》，第40页。
⑦ 金谷治译注《庄子·内篇》，第41页。
⑧ 福永光司译《庄子·内篇》，第111页。
⑨ 兴膳宏译《庄子·内篇》，第94页。

《德充符》，福永本认为："在《德充符》篇中，打破对于世俗人间形骸的执着，明确了真的德，在于超越形象的内面。"①兴膳本先说明《德充符》的意思："德充符，就是充满了道德的'记号'。"接着指出，该篇强调："与充满了德之人相符的姿态，并不在于外在的美丑之形，而是在于超越了肉体条件的内面的充实。"②

《大宗师》福永本在《解题》中这样说明：大宗师，就是大而高贵之师。也就是"道"的意思。"道，就是作为宇宙实在的自然。以这样的道为师，就是顺随自然，和宇宙的实在为一体，不受任何之物牵连的真正自由的人的生活。"这里把自然人格化了。③兴膳本认为："大宗师，是大而当尊崇之师。"大而高贵，带有本身高贵之意，而当尊崇，避开了对其本身的价值判断。在这一点的解说上，笔者认为，和福永有微妙的差异。还在解说中指出："融通无碍的真人的各种形象，是本篇当注目之处。"对福永本的解释做了带有文学性的展开。④

这些，都显现出兴膳本的独特性。

其四，重视文学性的阐述。

兴膳本在各篇的注释中，重视文学性的说明，比如《渔父》篇福永关注的是其中关于思想和宗教领域中，常被引述的"道"和"真"的关系。⑤而兴膳本则指出，作为"文学作品"的魅力，指出其所具有的戏剧性和《楚辞·渔父》在构想上的关联。⑥

在解题中，这样的说明尤为明显。如《逍遥游》，福永本认为：该篇"是指不受任何束缚的绝对自由的人的生活"。这样的人是"至人"，超越了人的人是"神人"。"是庄子希见特有的想象和机智纵横的描

---

① 福永光司译《庄子·内篇》，第189页。
② 兴膳宏译《庄子·内篇》，第161页。
③ 福永光司译《庄子·内篇》，第222页。
④ 兴膳宏译《庄子·内篇》，第195—198页。
⑤ 福永光司译《庄子·杂篇》，第411页。
⑥ 兴膳宏译《庄子·杂篇》，第389页。

写。"① 兴膳本增加了："这是庄子驱使奔放的想象力，为读者展现了超脱的世界，乃是象征庄子全篇境界的壮阔的开篇。"② 可见更注重对其中想象力的解说。

《应帝王》的解说中，兴膳本特地对篇中的"寓言"做了说明。指出：此篇中最后的"浑沌七窍之死"的故事，和首篇《逍遥游》中的"鲲鹏展翅"一起，是《庄子》众多寓言故事中最为人所知者。③

除了具体部分的解说中，注重文学色彩的阐述之外，兴膳在《杂篇》最后，特地增加了一篇《作为文学来读的〈庄子〉》。这可以看作是他对全书改定以后，自己注释意向的一个说明。他从三个方面论说《庄子》的文学性：

（1）有丰富的想象力。他指出，庄子对于语言表述的局限性，有明确的认识，所谓"语言不能完全达意"（言不及意），所以特别注意运用寓言的方式，用想象和塑造的形象，如大家熟知的蝴蝶、鲲鹏等来说明。④

（2）注重对话，人物形象的生动、细腻。比如在全书有七处老子和孔子的对话（《天地》《天道》《田子方》《知北游》）都很生动，而在各篇中，孔子相比于老子，是"彻头彻尾的劣势力"。⑤

有的部分，虽然使用《论语》中的故事，但是在话语中，就显现了对于孔子的批判和揶揄。这都表现出《庄子》的文学表现力。⑥

（3）场面构成的戏剧性。比如，《盗跖》中的场面，就非常具有戏剧性。认为："虽说中国戏剧文学的登场是要到13世纪以后，但是这里作为检讨对象的《盗跖》篇中的故事，对于遥远后世的文学，作为一种可能性，似乎乃是其胚胎。至少，在从战国到汉代的哲学、文学著作

---

① 福永光司译《庄子·内篇》，第1页。
② 兴膳宏译《庄子·内篇》，第7—10页。
③ 兴膳宏译《庄子·内篇》，第254页。
④ 兴膳宏译《庄子·杂篇》，第527页。
⑤ 兴膳宏译《庄子·杂篇》，第550页。
⑥ 兴膳宏译《庄子·杂篇》，第552页。

中，没有见到有那样程度戏剧性构成的作品。"①

凡此，都可以看到兴膳本对于《庄子》文学性的阐发。

其五，强调"无用之用"的价值观。

庄子的思想的探讨，是个非常大的课题，可以说，涉及思想史的所有方面。比如，关于无穷大和无穷小的时空观念，关于万物齐一的观念，关于生命的观念，关于事物对立转化的观念（祸福、存亡；功利、得失；自然、人为；有与无），等等，自古以来，多有论说。在近代日本的《庄子》译注中，如果说，福永本关注生命意识的话，那么，兴膳本更多地关注"有"与"无"的思想。强调"无用之用"的价值观。

兴膳在《文库版后记》中，强调"《庄子》思想的主要支柱之一就是'无用之用'"，并指出：

"无用之用"的"无用"，究竟对谁来说是"无用"的呢？那是占世界上百分之九十九以上有常识之人的眼中所见的"无用"。是常识之人为了生存下去，为了社会生活，大多数人共有的认识。毫无疑问，没有常识，便没有人的社会。但是，同时，常识并非真理。从长远的视角来看，常识在不断变化。百年前的常识在今日已非常识。

举一个容易理解的例子，那就是科学的进步。止步于现在的常识，科学就无法进步。百分之九十九以上的人信之无疑，而由于很少的一部分人提出了疑问，却开拓了通向未来的可能性。如果无此（疑问），也就没地动说和相对论的发现。

这样考虑的话，《庄子》所说的"无用之用"，包含着现在仍是出色的问题的提出。②

他强调："可以说，《庄子》是照射现代文明偏颇的镜子。"③

这是非常精彩独到的见解。

---

① 兴膳宏译《庄子·杂篇》，第561页。
② 兴膳宏译《庄子·内篇》，第303页。
③ 兴膳宏译《庄子·内篇》，第303页。

总之，笔者认为，兴膳本更合乎现代的经典译本的学术规范，更具有广阔的学术视野，突破了文学和哲学思想的藩篱，引进了欧美学者的研究成果，使得这部译注更具有世界性，值得我们关注。可以说，这部署名为"福永光司、兴膳宏"的《庄子》译注本，这是日本近年有关《庄子》研究的代表性之作。

五、结语

以上对近年日本《庄子》的译注，以福永光司、金谷治、兴膳宏的文本为中心，略作叙述，最后想简单谈几点感想，作为结语。

1. 对于域外汉籍和汉学的研究，自20世纪80年代以来，多为学界关注。关于这一领域的状况，笔者想起清代洪亮吉的话。他将藏书家分为五种：考订家、校雠家、收藏家、鉴赏家、掠贩家。（见《北江诗话》）对于文献研究，我想，大致也可分为几个方面，收集、介绍、汇总、整理、出版、考证研究，各个方面都不可或缺。

就现状而言，我们不应只限于介绍收集文本的层面，似还应该进一步进行文本受容的研究：即如何被解读、流传，如何被吸收到其他文化之中，如何被扬弃、融合的。这也许比较困难，但若非此，学术无法深入。

2. 中国文化走向世界，是一个漫长的历史展开过程，并不是从现在开始。文本的翻译，总要经过一个由粗到精，由概述大意，到逐字逐句解读，再到精雕细凿品味的过程。这使笔者想起西班牙文《庄子》的译者宋雅青在所著《老庄思想与西方哲学》中介绍的拉丁文字《庄子》的翻译过程：

戴遂良翻译的法文《庄子》其目的不在预备把《庄子》作一番科学的研究，而只是为了向外籍传教士简单的介绍道家的思想。对于《庄子》原文艰深之处往往信凭译者个人的想象，信手翻译，以至失去原文的真意。

后来有了巴尔福的 The Divine Classic of Nan-Hwa(kelly and walsh, 1881), 也并不甚佳。翟理斯的 Chuang-tzu Mystic, Moralist and Social Reformer(B. Quaritch, 1889)对上面的译本多有不满。直到理雅各译本（牛津, 1879—1890）问世，被称为"信雅达兼筹并顾，诚属不可多得"，可见有个循序渐进的过程。到1964年，西方又出现了新的译本。①日本的译注，也是如此。

《庄子》在日本，乃至在世界的流传受容，都是渐渐融入的。文化的传播，无法像战争般地"攻略"，"工程项目"般地"建设"，限时限刻完成。那样完成的"成果"，如不扎根于现实社会生活的土壤，便没有生命力，摆设而已。有时"无声胜有声"，无为胜过强加。强加于人，可能适得其反。

3. 人类流传下来各种经典，都凝聚着人类的某些合理的内容。各种文化正是在互相的交融中，才逐渐形成了现代人类的文明。共性存在于特性和个性之中。中外文化的交流，中国和日本的汉学发展，也是如此。

《庄子》在数千年的中国历史上，曾经是无数文人学者的思想支撑，其中不少观念已经被不同文化的人们所吸收、参考，或者说，有着和其他文化中共有的因素。因此，在现代的社会中，仍有生存的土壤和空间。相信其中具有普遍价值的内容，会在人类的文明中存在下去。

---

① 见宋雅青《庄子的译本》，载氏著《老庄思想与西方哲学》第一章第三节，台湾三民书局，1982年，第11页。

后　记

　　古代中国是向周边地区辐射的文化源地，东亚的朝鲜半岛、日本列岛，东南亚的越南等地，全面受容中国文化，形成以汉字、儒教、中国式律令、科技、中国化佛教为基本要素的汉文化圈。在汉文化圈内，书籍传播成为重要的交流形式。根据文献记载和出土发现，早在两汉之际，《诗经》《论语》等中国经典就流入朝鲜半岛，并辗转传入日本。在写本繁盛的隋唐时期，日本列岛诸国屡有遣隋使、遣唐使远赴中国，其中重要任务就是访求书籍。官方使臣之外，入唐求法的留学僧侣也携回大量书籍。两宋以降，朝鲜和日本使臣、僧侣购求书籍的事例，仍不绝于书。朝鲜使臣出访中国记录的《朝天录》《燕行录》，就有不少购求书籍的内容。由于雕版印刷术的流行，书籍不但数量剧增，而且变身为商品，因此商舶贩运也成为中国典籍外传的重要形式，尤其是在明清时期，书籍成为东亚贸易的大宗货物。

　　中国典籍流传至周边地区，除原本得以存藏之外，通常再以传抄、翻刻的形式扩大辐射面，衍生出和本、高丽本（朝鲜本）、安南本；其后又以注疏、谚解、选编、评点、翻案等形式融入异族文化元素；然后接受汉籍文化熏陶的域外文人，通过学习借鉴和消化吸收，又仿作或创作出本土汉文著作。其中，汉文学作品为数最众，成为日本、韩国文学史的重要内容，而且从诗文到小说，无不效法中国文学。如颇受东亚地区欢迎的白居易诗文，唐代即广为日本、新罗传写。《白氏文集》传入日本之后，对平安时代文学产生了巨大影响。

　　东亚汉籍具有丰富的历史遗存，而且作为东亚汉文化圈联系的纽带，极大地促进了中华文明传播与东亚文化的交流。汉籍与汉文学参与甚或主导了东亚地区学术文化共性的塑造，而各接受国家亦未失其民族文化特质。时至今日，传统汉籍经典仍是东亚国家守望学术、安顿心灵的重要依托。因此，梳理东亚汉籍传播、接受、变异的过程，揭示其中文明塑造与互鉴的价值，具有鲜明的现实意义，跨国别、跨专业领域的共同研究则是既有意义、又有实效的方法。

有鉴于此，北京大学国际汉学家研修基地袁行霈先生主持的《中华文明传播史》编纂项目，2019年8月、2021年4月分别举办了"中国古典文学在东亚的传播""东亚汉籍传播研究"国际学术讨论会，来自中、日、韩各专业领域前沿学者立足文献、文物，在文献整理的基础上展示了中华文明东亚传播和接受的不同样式，体现了中华文明共性和个性并存的传播特色，显示出文化交流领域所蕴含的多样研究视角和广阔研究空间。学者们新见共享、疑义相析、通力合作，共同推动了中华文明传播史的研究进程。

本书是上述两次会议的论文选集。所选论文文献、文学研究并重，文献研究方面论文致力于新材料的挖掘与价值意义揭示，并以精详的校勘成果见长，文学研究方面论文则多立足文献传播探讨文本变异背后的深层原因。其中，在国内率先公布的日本庆应义塾大学图书馆藏南北朝至隋末间抄本《论语疏》残卷，堪称迄今发现佛书之外时代最早的汉籍纸写本，整理团队成员住吉朋彦、种村和史的两篇论文，分别围绕此书的文献价值及其文本校勘特征进行了论述。黑田彰《韓朋溯源——關於吳氏藏韓朋畫像石》利用最新发现的吴强华所藏东汉韩朋画像石，通过传统"比翼连理"故事的梳理、韩朋传说文学史的构建，文物、图像与文献综合研究，提出诸多新见。王小盾、吴云燕的《从古文书看汉籍在琉球的流传与再生》考察了琉球汉籍尤其是八重山类汉籍的存世与流传情况，指出汉籍在琉球的流传与汉文教育在琉球的推行密切相关，属于填补空白的研究。葛晓音《从日本伎乐的戏剧因素看南朝乐府的表演功能》一文，从"师子""吴公""大孤"三曲日本伎乐入手，厘析出乐府诗对伎乐内容、情节不同程度的参与，进而考察南朝乐府在编剧、表演、目的、戏剧因素等方面的基本特征。总之，收录论文专题性强，材料新鲜，视角独到，内容丰富，相信出版之后定会得到国际汉学和东亚文化交流研究者的重视，促进相关领域研究的开展。

  本书的结集出版，得到了两次会议与会学者和商务印书馆的倾力支持。我们特别感谢商务印书馆顾青、郑勇两位领导，文津公司王希总经理、关杰编辑，没有他们的帮助，本书不可能排除疫情干扰，顺利面世。日本早稻田大学稻畑耕一郎教授参与北京大学国际汉学家研修基地《中华文明传播史》编纂项目，共同主持了"中国古典文学在东亚的传播"国际学术讨论会，研修基地郑倩、谢文君助理参与会议的组织联络，进行论文的格式加工，都付出了辛苦的劳动，在此一并表示衷心的感谢。因为文成众手，统稿或存在这样那样的问题，敬祈作者和读者见谅。

刘玉才

壬寅年夏于燕园大雅堂